Éditions Prise de parole
205-109, rue Elm
Sudbury (Ontario)
Canada P3C 1T4
www.prisedeparole.ca

Nous remercions le gouvernement du Canada, le Conseil des arts du Canada, le Conseil des arts de l'Ontario et la Ville du Grand Sudbury de leur appui financier.

Lettres à mon ami américain
1967-2003

Du même auteur

L'extrême frontière, nouvelle édition, coll. «BCF», Sudbury, Éditions Prise de parole, 2015 [1988], prix littéraire de la Ville de Moncton.

Éloge du chiac, Moncton, Éditions Perce-Neige, 2015 [1995].

Complaintes du continent, Moncton, Éditions Perce-Neige, 2014 [1993], prix de poésie des Terrasses Saint-Sulpice.

Moncton mantra, nouvelle édition, coll. «BCF», Sudbury, Éditions Prise de parole, 2012 [2008, 1997].

Poèmes new-yorkais, Moncton, Éditions Perce-Neige, 2005.

Techgnose, Moncton, Éditions Perce-Neige, 2004.

Géomancie, nouvelle édition, coll. «BCF», des recueils *Comme un otage quotidien* [1981], *Géographie de la nuit rouge* [1984] et *Lieux transitoires* [1986], Ottawa, Éditions L'Interligne, 2003.

Le plus clair du temps, Moncton, Éditions Perce-Neige, 2001.

Avec Claude Beausoleil (choix et présentation), *La poésie acadienne, une anthologie*, Moncton, Éditions Perce-Neige et Trois-Rivières, Écrits des Forges, 1999.

Je n'en connais pas la fin, Moncton, Éditions Perce-Neige, 1999.

Méditations sur le désir, Moncton, livre d'artiste avec Guy Duguay, Atelier Imago, 1996.

Avec Jean-Paul Daoust, «De la rue, la mémoire, la musique», *Lèvres urbaines*, n° 24, 1993.

Amazon Angel, traduction d'*Ange Amazone* de Yolande Villemaire, paru en 1982, Toronto, Guernica, 1993.

Avec Herménégilde Chiasson et Claude Beausoleil, *L'événement Rimbaud*, Moncton, Éditions Perce-Neige et Trois-Rivières, Écrits des Forges, 1991.

Les matins habitables, Moncton, Éditions Perce-Neige, 1991.

Avec Claude Beausoleil, *La poésie acadienne, 1948-1988*, Trois-Rivières, Écrits des Forges, 1988.

Lieux transitoires, Moncton, Michel Henry Éditeur, 1986; [épuisé, voir *Géomancie*, 2003].

Avec Herménégilde Chiasson, «Précis d'intensité», *Lèvres urbaines*, n° 12, 1985.

Géographie de la nuit rouge, Moncton, Éditions d'Acadie, 1984; [épuisé, voir *Géomancie*, 2003].

Comme un otage du quotidien, Moncton, Éditions Perce-Neige, 1981; [épuisé, voir *Géomancie*, 2003].

Lettres à mon ami américain
1967-2003

Édition annotée préparée par Benoit Doyon-Gosselin

Correspondance

Éditions Prise de parole
Sudbury 2018

Œuvre en première de couverture: Olivier Lasser, d'après une photo prise par un inconnu, gracieuseté de Nathan Roy
Conception de la première de couverture: Olivier Lasser

Infographie: Camille Contré
Correction d'épreuves: Gérald Beaulieu, Maude Bourassa Francoeur, Camille Contré et Pierre-Luc Landry

Diffusion au Canada: Dimedia

Catalogage avant publication de Bibliothèque et Archives Canada

Leblanc, Gérald, 1945-2005
[Correspondance. Extraits]
Lettres à mon ami américain: 1967-2003/Gérald Leblanc.
Comprend des références bibliographiques et un index.
Publié en formats imprimé(s) et électronique(s).
ISBN 978-2-89744-123-4 (couverture souple).
– ISBN 978-2-89744-124-1 (PDF).
– ISBN 978-2-89744-125-8 (EPUB)
1. Leblanc, Gérald, 1945-2005–Correspondance. 2. Roy, Joseph Olivier–Correspondance. 3. Écrivains acadiens–20ᵉ siècle–Correspondance. I. Roy, Joseph Olivier, destinataire II. Titre.
PS8573.E326Z48 2018   C841'.54   C2018-903391-6
                                            C2018-903392-4

INTRODUCTION

*Aujourd'hui je sais que mon destin se trouve lié
à un projet de création qui est rattaché à l'Acadie.*

Au tournant des années 2000, le poète acadien Gérald Leblanc (1945-2005) décide de vendre ses archives à Bibliothèque et Archives Canada. Après avoir soigneusement classé une bonne partie de ses dossiers (manuscrits, journaux intimes, correspondances, etc.), il effectue un premier versement (LMS 0254 2003-05), transféré en 2003, qui contient 3,25 mètres de documents. Le second versement (LMS 0254 2005-06), acheminé à la suite du décès de l'auteur, comporte 2 mètres linéaires de documents. Le fonds contient onze séries séparées selon les genres; la première série intitulée *Correspondance 1967-2005* est celle qui contient les documents les plus importants et qui met en lumière le capital relationnel de Leblanc. Les autres séries regroupent les documents ainsi:

Journal et documents de voyage

Carnets, cahiers et agendas

Poésie

Chansons

Romans, nouvelles, contes et récits

Théâtre, télévision, cinéma

Textes de performances, lectures de poésie, spectacles

Essais, articles et autres écrits

Traductions

Photographies

On retrouve dans le fonds des documents olographes, des dactylogrammes, des tapuscrits et à peu près 200 photographies. L'ayant-droit du fonds est Paul J. Bourque, son ami et compagnon de longue date[1].

Si le grand public connaît Gérald Leblanc (parfois sans même le savoir) à cause de ses paroles de chansons écrites pour le groupe 1755 comme *Le monde a bien changé* et *Rue Dufferin*, les amoureux de la littérature ont apprécié sa poésie et son unique roman *Moncton mantra*. Il a aussi été un acteur culturel majeur de l'Acadie contemporaine, que ce soit avec les Éditions Perce-Neige ou encore assis à son autre bureau de travail de la cour Robinson. En tout, Leblanc aura publié 12 recueils de poésie entre 1981 et 2006. En plus de toutes ses activités dans le monde de l'édition, une des raisons qui explique le nombre relativement faible de recueils publiés est que Leblanc entretenait des correspondances avec bon nombre d'écrivains et amis. Ce livre constitue la première publication de la partie épistolaire de l'œuvre de Gérald Leblanc. Il s'agit de 161 lettres envoyées à Joseph Olivier Roy entre le 7 septembre 1967 et le 15 août 2003. Autant en raison du nombre de lettres que par sa durée dans le temps, cette correspondance demeure la plus importante du fonds d'archives Gérald-Leblanc. Cet échange épistolaire constitue, selon l'archiviste Monique Ostiguy,

> une sorte de chronique politique, culturelle et sociale de l'Acadie, mais aussi une chronique de la recherche spirituelle, des états d'âme, des aventures, des amours, des lectures et des travaux d'écriture des deux hommes. [...] On y retrouve un Gérald Leblanc soucieux de faire découvrir la vie culturelle de l'Amérique française à son cousin du sud, soucieux de bien l'informer de ce qui s'y passe sur le plan de la création artistique, musicale et littéraire. Cette correspondance reflète les interrogations et les profonds bouleversements sociaux et politiques, de même que l'évolution des sociétés acadienne et québécoise modernes[2].

Cette correspondance permet entre autres de mieux comprendre les années de formation de Leblanc et de dresser un portrait diachronique de sa pensée.

QUI ÉTAIT JOSEPH OLIVIER ROY?

Joseph Olivier Roy n'est pas un écrivain ou une personnalité publique. Enfant unique, il est né le 23 novembre 1946 à Leominster, Massachusetts. Son père, Léandre Roy, est originaire de Bouctouche. Sa mère, Corinne Côté, est originaire de Moncton. Ses parents se sont séparés alors qu'il était âgé de neuf ans. Alors que le jeune homme était dans la vingtaine, son père est retourné vivre le reste de sa vie à Bouctouche. Comme Roy l'explique,

> *My father is buried in Bouctouche. Neighboring Sainte-Marie was where the family lived for generations. I am the only Roy cousin to have entered «the States» by virtue of being born in Massachusetts after WWII. Dad left the farm as a teenager to work in the lumber camps of northern Maine, eventually going to Massachusetts to make furniture at Heywood-Wakefield in Gardner until the Depression. Enlisting in the Army at Fort Devens and going to England to fight the great war [sic], he returned to Leominster, Massachusetts, once known as «The Plastic City», home of celluloid combs, brushes, and sunglasses. Celluloid was very flammable and it was at a fire where my parents met. This conflagration was indicative of their relationship. I was their only child[3].*

Roy a grandi dans le quartier nommé « French Hill[4] » où de nombreux Canadiens français et Acadiens avaient élu domicile afin de travailler dans les usines de transformation du plastique. Sa langue maternelle ainsi que la langue d'instruction de ses premières années à l'école est le français. Après avoir tenté une carrière dans la Force aérienne américaine, il finit par obtenir un baccalauréat ès arts avec une majeure en anglais du Fitchburg State College (Fitchburg State University depuis 2010). En 1980, il épouse Chanthy Moon Sansavath avec qui il aura deux enfants: Nathan Roy né le 8 octobre 1982 et Jennifer Roy née le 21 octobre 1984. Au fil des ans, Roy déménage à Springfield, Vermont et à Antioch, Tennessee. Il a surtout travaillé dans le domaine de l'enseignement au niveau primaire et secondaire. Joseph Olivier Roy est décédé d'une crise cardiaque le 30 octobre 2003, ce qui explique la date du dernier courriel envoyé par Leblanc le 15 août de la même année. Un tapuscrit de son roman inédit, intitulé *French Hill*, se trouve dans le fonds d'archives de Leblanc. Il s'agit d'un roman autobiographique qui raconte la vie d'un enfant acadien né aux États-Unis, mais qui possède des liens familiaux du côté paternel à Bouctouche.

LA PREMIÈRE RENCONTRE ÉPISTOLAIRE

Au cours de l'été 1967, Gilles LeBlanc, le cousin du poète, voyage vers Leominster pour rendre visite à des membres de sa famille, mais également pour y décrocher un emploi saisonnier. Les soirées permettent à Gilles de rencontrer des jeunes gens de la ville dont Joseph Olivier Roy. Gilles se rend compte que le jeune homme aime la lecture, la philosophie et les discussions enflammées. Il finit par dire à Roy qu'il ressemble beaucoup à son cousin et presque à la blague, Gilles ajoute qu'il demandera à Gérald de lui écrire une lettre. Ainsi, à l'automne 1967, Leblanc, 22 ans, et Roy, 20 ans, s'écrivent une première fois sans même avoir eu l'occasion de se rencontrer en personne. De nombreuses lettres écrites à la main et à la dactylo, puis des courriels, scellent une amitié que seule la mort brisera. Cette rencontre épistolaire est également racontée deux fois à travers la fiction.

Dès les premières pages de *Moncton mantra*, Gérald Leblanc, sous le couvert de son alter ego Alain Gautreau, explique sa rencontre avec un certain Xavier Roy. Dans le roman, son cousin Gilles Gautreau, qui avait connu Roy à Leominster, suggère à Alain de lui écrire une lettre. Le narrateur se met à la tâche et «Xavier [lui] répond aussitôt par une lettre regorgeant d'intelligence et d'amitié. À partir de ce premier échange, [leur] correspondance s'est poursuivie au rythme d'une lettre au moins par semaine[5]». Cette version romancée se rapproche en tout point de la relation épistolaire qu'a entretenue Leblanc avec son ami américain.

Dans *French Hill*, le narrateur offre le même récit:

Gerald's cousin had come to Massachusetts to work in the plastic factories for the summer, factories where French was the working language for half a century. We became friends over evening beer. Throughout his stay he kept mentioning how much like his cousin's my interests were. Giving me Gerald's address upon returning home, I promised to write and never once associated the name of my childhood playmate. After the initial exchange of letters, it was Gerald who wrote if I was the same... during one summer in Bouctouche... yes, yes of course I remembered[6].

C'est en raison de leur passion commune de la lecture que Leblanc choisit d'écrire à Roy. Les deux correspondants partageront des coups de cœur. Alors que Leblanc fait découvrir la littérature canadienne-française à Roy, ce dernier lui propose des ouvrages de psychologie majeurs. Il est intéressant de noter que les premières lettres de Gérald Leblanc sont écrites en anglais, ce dernier ne connaissant pas le niveau de français de son correspondant. Il passe rapidement au français en intégrant parfois des phrases ou de longs paragraphes en anglais, même s'il est clairement moins à l'aise dans cette langue. D'ailleurs, les lettres sont essentiellement écrites dans un français et un anglais standards. Le chiac n'y est pas mis de l'avant. Puis à partir de l'envoi de courriels (1997 à 2003), Leblanc revient plus souvent à l'anglais et le format du courriel fait en sorte que les missives sont beaucoup plus courtes.

PARCOURS D'UNE RÉFLEXION

Les lettres de Gérald Leblanc destinées à Roy offrent d'abord et avant tout une meilleure compréhension de l'œuvre et de la posture d'écrivain du poète acadien. Comme son interlocuteur n'est pas un écrivain, n'est pas un Québécois ou un Acadien, il peut se permettre d'aller plus loin, d'aller au fond de sa pensée sans devoir ménager les sensibilités. Les lettres témoignent d'une volonté de faire éclater les frontières, d'être un citoyen du monde, et surtout de la curiosité d'un autodidacte culturel. Alors que l'Acadie se transforme sous ses yeux, la pensée de Leblanc passe d'une certaine naïveté de jeunesse à une réflexion singulière sur la littérature et sa propre culture. Si les propos de Leblanc sont souvent tranchés et tranchants, noirs ou blancs sans teintes de gris, il n'en demeure pas moins qu'ils montrent l'évolution de l'écrivain sur le plan littéraire et social. En voulant faire découvrir des nouveautés à son «cousin» américain, Leblanc se découvre lui-même. C'est en se nourrissant du meilleur des autres cultures qu'il parviendra à trouver sa voie.

Ces lettres offrent également la possibilité de connaître le Gérald Leblanc d'avant son arrivée à Moncton, c'est-à-dire de 1967 à 1971, une période de sa vie qui se déroule surtout à Saint John, mais également à Bouctouche entre 22 ans et 26 ans. D'ailleurs, les cent premières lettres (80 % de l'ouvrage) couvrent les années 1967-1976 alors que les 61 suivantes (20 % de l'ouvrage), plus brèves, ont été envoyées entre 1976 et 2003.

Chez le Leblanc des années 1960, on se trouve à des lieues de la défense et de l'illustration du chiac. Son séjour dans la ville anglophone de Saint John contribue à exacerber sa position par rapport à la langue. Il affirme:

> Si j'avais voulu j'aurais pu laisser tout et adopter l'anglais mais je suis de tempérament français, J'AI CHOISI DE ME BATTRE! Pourquoi? Parce que le bilinguisme demeure un grave danger. Lorsque les Français du Canada seront suffisamment bilingues, lorsque notre langue aura été suffisamment rongée par les anglicismes, lorsque nous déclinerons suffisamment sur les plans économiques et démographiques nous cesserons d'être bilingues pour devenir unilingues anglais. (9 septembre 1968)

Avant 1971, l'idée de lutte pour Leblanc s'inscrit surtout dans le mouvement d'émancipation des Canadiens français. Il propose un rapport de similitude entre les Noirs et les Blancs et entre les francophones et les anglophones. Il parle de libération et la question nationale qui l'intéresse vraiment est celle du Québec. Avec passion, il écrit:

> Lorsque TRUDEAU (le vendu) dit: «Canada speaks with one voice» – il ne ment pas. Canada parle anglais – Québec lui parle quelque chose d'autre... Québec n'a pas le mot... Québec n'a pas de voix... [...] Dis-moi, Olivier, pourquoi on devrait accepter d'être exploités par des étrangers qui ne veulent pas de nous dans notre propre maison! NOUS SOMMES DES NÈGRES BLANCS! (9 septembre 1968)

La référence à l'expression consacrée de Pierre Vallières n'est pas anodine. En effet, Leblanc avait lu l'essai de Vallières et le considérait important: «j'ai relu les *Nègres blancs d'Amérique* de Pierre Vallières. Ma deuxième lecture augmenta mon estime de ce livre-témoignage. J'irai jusqu'à dire qu'il est essentiel pour quiconque désire mieux connaître le Québec et le problème du nègre-blanc» (7 juin 1971). Le poète acadien en devenir absorbe les différents discours ambiants et parle assez peu du devenir de l'Acadie, mais plutôt de celui du Canada français. Il ira même écouter les conférences de René Lévesque prononcées à Moncton en 1968.

On ne s'étonnera pas du fait que le discours de Leblanc se limite souvent à des oppositions binaires. Il ne se prend pas pour un intellectuel et nuance rarement ses propos. Il fait souvent preuve d'un anti-américanisme primaire surtout pour provoquer son épistolier: «Je suis anti-Canada anglais, mais je ne garderais pas mon calme lorsqu'un Américain aura l'audace de venir les appeler "backwards". J'admets que nos anglais sont sexuellement informes, des licheurs du cul de la reine, ils n'ont pas d'âme, etc., mais un Américain!» (14 août 1968) Il dira à son correspondant de ne pas le prendre au sérieux. Malgré ses opinions péremptoires, le poète effectue une séparation certaine entre la langue et la littérature. En effet, s'il déteste l'anglais avec une lettre minuscule et avec une lettre majuscule, il tient en haute estime la littérature américaine.

Quand on connaît le parcours de Leblanc et le rôle crucial qu'il a joué pour la littérature et la culture acadienne, il est difficile de croire que le poète ne réfléchissait pas vraiment à l'Acadie avant les années 1970. Il faut dire que les institutions littéraires et culturelles sont à peu près inexistantes à l'époque. En fait, la pensée de Leblanc sur l'Acadie évolue au fil des événements marquants pendant lesquels il agit comme témoin et comme acteur. Dans sa correspondance, il parle de ses rencontres avec Raymond LeBlanc et Guy Arsenault ainsi que de la jeune poésie acadienne. Il envoie même des poèmes épars et des recueils à son correspondant américain. L'année 1971 peut à juste titre être considérée comme le tournant acadien de Gérald Leblanc. Dans une lettre écrite dans l'urgence, Leblanc fait état de la situation culturelle:

In 1971. The number of poets, writers, painters and chansonniers here is INCREDIBLE!!!! I am enclosing poems here by Raymond Leblanc who is nothing short from a mad genius who will be published in the fall (I got poems from a friend), also Roméo Savoie a poète-chansonnier. Pierre Godin had a novel published last month called *5 ans de trop*; singers like les

Gélélou, Donat Lacroix, Benoit Duguay are almost as well-known (and appreciated) in Québec as here. And from Claude Roussel's art school come originals like Herménégilde Chiasson, Edouard Léger, Claude Picard, etc. Finally, last year at the University they had a <u>NUIT DE LA POÉSIE</u> where local (Acadien) poets read and sang their poèmes from midnight to 6 A.M. The auditorium was packed and close to a hundred «poets» READ. (Fuck! you couldn't find enough poets in Boston to read one by one poems for 6 hours). Alors, «Acadie» is alive, very, very sick, but recuperating from a long illness of 200 years. (7 juin 1971)

Le bouillonnement culturel dont témoigne Leblanc dans sa lettre culminera avec le début de l'institutionnalisation de la culture en Acadie, notamment dans le domaine de l'édition.

Cependant, la véritable prise de conscience acadienne de Leblanc se concrétise avec la pièce de théâtre *La Sagouine*. La prestation de Viola Léger et les mots d'Antonine Maillet transforment Leblanc qui ne tarit pas d'éloges dans ses lettres. À plusieurs reprises, il tente d'expliquer l'importance de cette pièce à Joseph Olivier Roy autant au plan sociologique que littéraire. Il écrit entre autres que

[...] les Acadiens n'ont qu'Évangéline pour leur rappeler ce qu'ils sont (ou ont été). Mais Évangéline, la pauvre pucelle, a beaucoup voyagé et elle est fatiguée... aussi fatigante: elle fatigue les Acadiens. Aujourd'hui, voilà qu'une femme s'amène et parle «acadjen», raconte un tas de choses que nous avons tous connues... eh bien ça ne s'est jamais vu... et jamais fait. Les gens de l'Acadie aiment <u>s'entendre parler</u>. La Sagouine, c'est eux! (12 février 1972)

En paraphrasant la célèbre expression de Flaubert au sujet de *Madame Bovary*, Leblanc ne souhaite pas s'approprier le personnage d'Antonine Maillet (c'est moi), mais plutôt le tendre tel un miroir au peuple acadien (c'est eux). *La Sagouine* participe au réveil acadien des années 1970 et semble recentrer Gérald Leblanc sur la question du vivre-ensemble en Acadie. Il ajoute:

En acceptant la Sagouine les Acadiens acceptent une partie d'eux-mêmes, <u>on assume son passé</u>. Inutile de dire à quel point ceci est important pour l'évolution d'un peuple qui un jour, espérons-le, sera engagé dans la lutte pour sa libération, dans la dialectique de l'histoire, etc., etc., etc. (2 janvier 1972)

Ainsi, même si les liens avec le Québec restent importants, notamment par sa littérature, il n'en demeure pas moins que Leblanc prend conscience de tout ce qu'il y a à faire en Acadie. L'urgence l'habite et c'est surtout par la lecture qu'il va parfaire sa culture et sa pensée.

À l'été 1971, Gérald Leblanc prend la décision d'aller à l'université. Alors que Roy interroge Leblanc sur ses véritables motivations, ce dernier lui répond: «Non, je ne suis pas dupe à ce point; c'est-à-dire, je ne me rendrais certainement pas à l'université dans le but "d'apprendre" quoi que ce soit. Si j'ai quelque chose à apprendre, je le ferai de moi-même. Oui, Olivier, j'ai la prétention d'artiste, et j'entends demeurer artiste à l'université». (17 août 1971) À la lecture des lettres, on se rend compte que le poète est habité par de nombreux écrivains qu'il veut faire découvrir à Olivier Roy. Par exemple, il évoquera les écrivains J.D. Salinger, Lawrence Durrell, Walt Whitman, Edward Albee, Saul Bellow ou encore Carson McCullers. Leblanc lit sans arrêt en véritable passionné. Plus particulièrement, il se rapproche de deux mouvements intimement liés: la *Beat Generation* et la littérature des Noirs américains. Aussi, les lettres confirment que l'intérêt premier du poète acadien est le *non-fiction novel*:

En lisant le *Kérouac* de V.-L. Beaulieu, et le *Allen Ginsberg in America* de J. Krammer, je m'intéresse un peu au phénomène Beat. Ainsi, je lis présentement un ouvrage qui s'intitule justement *The Beat Generation* de Bruce Cook, et je trouve ça ben l'fun. Un livre me ramène à un autre livre puis un autre, et un autre... c'est ça l'éducation... donc, et ce livre de Cook m'amène à lire *The Electric Kool Aid Acid Test* de Tom Wolfe que je trouve exceptionnel. Il y a des choses intéressantes qui se font en littérature aux États-Unis. Depuis le début janvier je fais un peu de recherche dans ce sens et je découvre des bons textes. Tom Wolfe me renvoie à Norman Mailer, que je connaissais déjà mais son livre *The Armies of the Night* est vraiment bien. Après le Québec, j'oserais même dire que les États-Unis se classent en deuxième place (avant la France même! Qui est devenue sclérosée si l'on excepte le groupe *Tel Quel* et quelques autres). Pour en revenir à Wolfe et Mailer, je trouve très sympathique ce qu'ils font. Un genre de réalisme social à la XXᵉ siècle qui vous plonge dans le vécu; aussi le renouveau de la forme n'est pas à négliger. J'aime beaucoup... (27 janvier 1973)

Les livres de Wolfe et de Mailer appartiennent à un genre nouveau à l'époque, le *non-fiction novel* dont le plus célèbre livre est *In Cold Blood* de Truman Capote. Fonctionnant par contamination, de livre en livre, Gérald Leblanc retrouve sa condition minoritaire à travers la littérature afro-américaine. Il découvre Eldridge Cleaver, qui œuvrait chez les Black Panthers, et James Baldwin. Ce lien avec la littérature afro-américaine persiste dans le temps. Même dans les années 1990, Leblanc écrit à Roy qu'il a lu un livre magnifique: *High Cotton* de Darryl Pinckney.

De même, la musique noire américaine séduit le poète. Dès 1967, il écrit avec enthousiasme: «J'adore les interprètes négresses: Ella Fitzgerald, Sarah Vaughan, Lena Horne et dans une classe toute à elle, la fantaisiste Pearl Bailey. Mon penchant sentimental me fait aimer Dinah Washington». (4 novembre 1967) En plus du rapport au sentiment minoritaire, Leblanc apprécie la contre-culture associée aux chanteurs noirs. Selon lui, «ces artistes noirs: c'est de la sédition tout pur. Tu penses qu'un artiste comme B.B. King accepte un système de Nixon par exemple? Sans chanter politique, King, Muddy Waters, etc. sont les meilleurs critiques de la grande blague amérikaine. Chansons subversives et séditieuses». (16 octobre 1971)

Plus importantes encore que la littérature et la musique américaine, la littérature et la musique québécoise occupent une place de choix chez Leblanc. En plus de faire un survol des meilleurs romans à lire: *Bonheur d'occasion* de Gabrielle Roy, *Le Survenant* de Germaine Guèvremont, *Une saison dans la vie d'Emmanuel* de Marie-Claire Blais, *Ethel et le terroriste* de Claude Jasmin et *Poussière sur la ville* d'André Langevin, il évoque également un florilège de poètes et chanteurs québécois[7]. Il livre ses impressions sur Gilles Vigneault ou Louise Forestier. Leblanc tente souvent de mettre en lumière les liens qui unissent les Québécois et les Acadiens en passant par l'art. Ainsi, écrivant au sujet d'un spectacle de Pauline Julien à Moncton, il indique que «[s]es commentaires au sujet de l'Acadie au cours de son spectacle étaient... touchants. À la fin, suivant d'innombrables rappels, elle dit "Nous les Québécois, nous vous aimons beaucoup... et vous êtes très, très <u>près</u> de nous..."». (10 mars 1972)

L'attirance pour la culture québécoise et pour la culture américaine fonctionne de façon concomitante. Chez le jeune Leblanc, l'influence française que l'on retrouve dans les premières lettres est rapidement remplacée par les deux pôles d'attraction culturels nord-américains. S'il puise ses références à l'extérieur de l'Acadie, c'est d'une part pour s'ouvrir sur le monde et, d'autre part, parce qu'il peint un portrait très sombre de la culture acadienne en 1971 :

> Et je m'amène à parler de l'aspect culturel... Qu'est-ce que la culture acadienne? Eh bien, je réponds sans broncher: <u>il n'y en a pas</u>. Nous avons un folklore... un très riche folklore (peut-être même le plus riche au monde d'après Luc Lacourcière de l'Université Laval); mais folklore n'est pas culture. La culture, c'est l'assimilation du folklore, plus une identité (tu as vu l'importance du chapitre «Le Recensement»), un débouché sur le monde de 1971, etc. Donc, en Acadie, nous sommes au point critique, au tournant décisif de notre existence en tant que peuple. [...] deux influences nous parviennent de deux sources: américaine et québécoise. Les deux courants sont <u>TRÈS FORTS</u>. D'ici 10 ans, les jeux seront faits. Les Acadiens auront à choisir s'ils veulent devenir un peuple réuni dans une province du Québec appelée Acadie; ou tout simplement se laisser aller à l'assimilation. Voilà le défi... Voilà notre défi. (6 novembre 1971)

Bref, cette correspondance de Leblanc éclaire l'œuvre et le parcours de l'auteur. Sur le plan sociopolitique, on note que Leblanc, sans être sur le terrain, est un militant souverainiste québécois et ce, jusqu'au début des années 1970. À la suite de la publication de *La Sagouine* et de différents événements culturels et politiques, Leblanc comprend que c'est plutôt l'avenir de l'Acadie qui lui importe et qu'il devra y jouer un rôle à sa façon. Pour bien résumer cette position, il faut citer *in extenso* un extrait d'une lettre datée du 6 novembre 1972 :

> En Acadie, présentement, il se produit la même chose qui s'est produite au Québec au début des années 1960 avec la mort de Duplessis et l'avènement de Jean Lesage au pouvoir. Pendant les années 50 au Québec, une révolution culturelle se faisait et elle a éclaté en 60. En Acadie, une révolution culturelle

germe depuis quelques années et petit à petit prend forme. Le MOMENT DE VÉRITÉ arrive, et <u>nous ne pouvons plus reculer</u>. En Acadie, la révolution sera d'abord <u>CULTURELLE</u>, la révolution va d'abord se faire dans les <u>têtes</u>. La Sagouine n'est qu'un <u>avant-goût</u> de ce qui s'en vient. Il faut que je t'aie devant moi pour vraiment expliquer en détail ce qui se passe... En parlant de ce phénomène, je deviens, j'ai peur de devenir trop incohérent. Vois-tu, il y a eu la Nuit de la Poésie le 8 avril dernier. Des gens de tous les coins de l'Acadie y étaient, et ces gens se sont rendu compte d'une chose: la richesse de notre passé, notre culture, notre <u>être-au-monde</u> différent, notre manière à nous autres d'exprimer l'humanité... une manière d'exprimer l'humanité non en français ou en québécois mais en acadien. Il s'est créé un courant dans la tête des gens qui ne meurt pas. Depuis, des gens d'Edmundston échangent des poèmes, peintures, etc. avec des gens de Moncton, ceux de Moncton avec ceux de Bathurst. On se reconnaît, et on se rattache tous au même courant. Nous sommes enfin <u>mûrs</u> (ripe) pour assumer notre histoire collective. Il faut absolument que tu viennes voir ça. (6 novembre 1972)

Certes, il n'y a pas eu de révolution politique ou de révolution culturelle, mais aujourd'hui, malgré la disparition de quelques institutions, il existe une culture acadienne qui dépasse sa seule littérature. Les lettres écrites par Gérald Leblanc à Joseph Olivier Roy s'avèrent précieuses car elles témoignent de l'évolution de la pensée du poète par rapport à la littérature, à la langue, à la musique et offrent un regard neuf sur les motivations de son œuvre poétique. Après avoir cru un peu naïvement que le salut de l'Acadie passait obligatoirement par la souveraineté du Québec, il réalise dès 1971 que l'Acadie doit compter sur ses forces vives pour s'inscrire de façon durable dans la francophonie continentale. En fait, la synthèse de cette correspondance réside peut-être dans un passage d'une lettre de 1993 où Leblanc affirme: « Il en est passé de l'eau sous les ponts depuis mes rêves d'enfance. Aujourd'hui je sais que mon "destin" se trouve lié à un projet de création qui est rattaché à l'Acadie. » (6 février 1993)

NOTES SUR L'ÉTABLISSEMENT DU TEXTE

Nous avons choisi de publier uniquement les lettres envoyées par Gérald Leblanc, ce qui constitue en soi un ensemble volumineux. Les lettres écrites par Joseph Olivier Roy offrent un intérêt moindre pour celui qui s'intéresse à la trajectoire d'auteur du poète acadien. Nous avons mis en annexe les lettres 152 à 154, car la lettre 151, par son sujet méta-épistolaire et en raison de sa phrase conclusive, sert de chute à cette formidable relation. De plus, en juillet 2018, nous avons retrouvé sept lettres (155 à 161) de façon *in extremis* dans des recueils de Leblanc ayant appartenu à Roy. Ces lettres sont publiées en annexe. Les erreurs de grammaire, d'orthographe ou de syntaxe ont été corrigées à même le texte à moins que celles-ci soient directement liées à la façon dont s'exprime Leblanc (parler acadien). Par exemple, lorsque Leblanc écrit: «Ah! Ma vie est devenue ennuyante! Je vais, je viens. Il me faut un change.», nous n'avons pas remplacé «change» par «changement». Tous les éléments entre crochets sont des ajouts: du texte dans la marge de certaines lettres par exemple. Le plus rarement possible, nous avons retranché certains passages en utilisant les points de suspension entre crochets afin de préserver la vie privée des gens. En ce qui concerne les notes de fin, nous avons fait le choix de proposer des informations biographiques sur toutes les personnes publiques qui ont soit eu une influence sur les réflexions ou sur l'œuvre de Leblanc ou soit eu une incidence même minime sur la culture acadienne. Ainsi, nous n'avons pas établi de notes pour les personnalités qui devraient être connues du grand public (par exemple, Shakespeare ou Camus). De même, il n'y a pas de notes explicatives pour des gens qui n'ont eu aucune incidence pour la culture acadienne. Les notes ont pour but d'orienter le lecteur en lui présentant des informations générales. Elles ne constituent pas une recherche exhaustive, mais visent plutôt à donner quelques repères au lecteur et à faire en sorte qu'il n'ait pas à interrompre sa lecture. Elles se basent parfois sur des sites Internet d'auteurs, mais le plus souvent sur des entrées bibliographiques dans Wikipédia. En fin de volume, deux index regroupent les créateurs mentionnés par Leblanc et les œuvres littéraires ou cinématographiques dont il est question dans les lettres.

Benoit Doyon-Gosselin
Université de Moncton
Mars 2017

[1]
Sept. 7, 1967

Dear Joey;

Greeting! I have heard so much about you from Gilles in the last few days that my curiosity is getting the better of me. He said you wanted to write to me. Go ahead, there is nothing I would like any better.

Gilles told me you read a lot. My friend, that is one thing at least we have in common. Ever since I was six years old I have had my nose glued to a book, from the Comtesse de Ségur[1] to the present day Jean-Paul Sartre and Albert Camus. My reading material is as varied as my bizarre tastes. Poetry, I love Charles Baudelaire & Stéphane Mallarmé and among the moderns, Paul Éluard is the best. In English, John Donne is my favourite and T.S. Eliot and Walt Whitman are my favourite moderns. Among playwrights my tall towering figure of the modern theatre is Jean Anouilh – I have seen most of his plays and read and reread them and they never cease to amaze me. In the American theatre I signal out Eugene O'Neill[2] and more modern, Tennessee Williams and Edward Albee[3]. I won't start on novelists because this letter would never come to an end. Let me just say that I could start reading François Mauriac today continually for 20 years and still not tire of him. His polished and profound style of writing has very few equals in the annals of the modern novel, French, English and German, the three tongues I can read.

From hearing Gilles talk, he gave me the impression that you were very pessimistic, bordering on suicide, etc. My friend, I don't believe you've any reason to be such. Your outlook lacks objectivity at being rational in your way of behaving. But then again I'm just going by what Gilles told me of you. Write and express your philosophy, I would like that very much. As for myself I am very content with myself and would certainly be no other than myself had I the chance. I figure that I made myself what I am (I am not referring here to my hereditary characteristics et al.) by way of outlook on life and way of living. I am far from being the happiest person in the world, and even at times I will have a severe depression that makes me hate myself a little. We all have those at intervals, but we get over them. I have never pondered on suicide long enough to be serious about it. I love living too much. Then again I may not be as content with everything as I want to be but who is? I consider myself lucky to be what I am and how I am. I'm in love with a wonderful man and he likes me very much. He is slowly learning to love me and I have all the patience in the world. Before him, I loved sex – I mean «one-night-stands» and those sorts of things. But with him I have found a calm, a beauty – J'ai vu mes amours mourir et renaître, mais ce n'était pas l'amour, ce n'était pas beau comme l'amour. Ceci c'est l'oubli de soi pour un autre. Do you understand? Even if my feelings for him is not reciprocal, it does not matter. We see each other for 2 or 3 weeks and then I don't hear from him for the same amount of time, but when I do I figure it's worth the days make weeks. This has been going on now for something like two years. Last year I got the idea that it wasn't him that I wanted, that maybe it was all in my mind. I left this city for two months and moved to Fredericton. There I found out who I really loved. I had about 3 affairs and disgusted with myself I came back, dans ses bras. When I go away again, it will be with him. Regardless if he only likes me instead of loves me, with him I am happy. I never think of myself, I never think of my fancies and various whims, the only thing I care for is to make him happy. Everything I do is Bob. I will never replace him, or never wish to. He is very intelligent, has gone to college for 2 years but then he had a breakdown and was committed to an asylum for several weeks. Ever since then (about 4 years ago) he has had trouble rehabilitating himself to working. He is not mental now, but he needs help. He is 25 and living with his mother (she was divorced). I read a lot and if there is anything that I find worthwhile I make him read it and we discuss it, etc. He is now working part time as a journalist and it makes me glad to see he has progressed that much.

I wrote some poetry (about 10-12 poems) that I thought were pretty good. I showed some of it to him and the first 4 or 5 embarrassed him because he saw himself in it. It was him that inspired me of course but after he read them several times, he realized that the dominant sentiment in them was authentic and not forced. I'll send you a few in my next letter if you want me to. I want to know if you write also. Gilles told me you had ambitions to write. Have you tried anything? Tell me about it, won't you?

You have records of Édith Piaf! Marvelous! She is outstanding and as much talent as can come out of France or anywhere else, she cannot be replaced. I listen to her and I think, have you ever heard the nightingale sing? It lets out a sound, it is rough, it falls and tries again. It chirps and then comes the music, the beautiful sounds. Quickly, Édith Piaf has found her song. When she sings, it is not a song we hear, it is the wind that blows, the night that falls and the moon that spreads its silver colours on the ground. I can only listen to her for short periods of time because, I can't say this in English – « Elle m'ébranle ».

A friend of mine saw her in Montreal about 6 years ago and he said he would never forget the experience. She came out on the stage and all those frogs in Montreal were screaming, hollering « Bravo! », etc. for about half an hour before they finally stopped. Then she spoke and began her first selection. When she started singing, he said there was a chilling silence and not a sound could be heard. There was nothing else in that hall but the little bit of woman on stage that had 2,000 people in a trance singing of love.

Well, Joey, I've rambled and carried on enough in this letter, seeing I don't even know who you are. I wish you would write and tell me about yourself, your likes and dislikes so on and so forth. Hope you can make sense out of this letter, because I certainly can't. My English is not Betty Shakespeare's either, I write and express myself better in French. Oh well, all for now and à la prochaine.

Sincerely
Peanuts, known to a very few (?) as
Gérald Leblanc
302, River Hill Drive
Saint John, NB

*excuse-moi de m'avoir servi d'une telle enveloppe, mais c'est tout ce que j'ai à la main.

[2]
Sept. 22/[19]67

Mon cher ami,

I have just returned from Montréal & Québec City after 2 weeks. I found your letter awaiting me. I decided to answer immediately as it was quite a fury of words you hurled at me. I admire your choice of authors although I do not approve of some of them but that, my friend, is a matter of taste. Unfortunately (or perhaps fortunately (?)) I have not read many philosophers as I do not think myself « ready » for a great many of them. I presume I am now, but I have always put off reading them so far and have only begun recently to touch some of our great thinkers. Most of my philosophic musings were derived from novelists & poets. But I will read more philosophy in the future.

As I mentioned at first I have just arrived from Montréal & Québec. I have been completely French for 2 weeks. I nearly ruined myself in buying books & records. I have had many memorable incidents during my stay there. One is that I met a singer that I had admired for a very long time. Her name is Pauline Julien[1] and I have all her records, she is a very intelligent interpreter of songs. I met her by chance immediately before entering a theatre. I ran up to her and spoke to her for about half an hour. We talked of many things and she gave me her autograph. She was just leaving for Paris in a « tour de chant ». I enjoyed conversing with her very much.

You did not tell me if you had read *The Alexandria Quartet*, by Lawrence Durrell[2]. The *Quartet* consists of *Justine*, *Balthazar*, *Mountolive* and *Clea*. Four very different novels (or as the author calls them, «siblings»). Try and read them if you haven't already, I recommend them highly.

Well! After what you said about Bob, I'm well aware that you didn't (or excuse me, I didn't make the point as clear as I wanted to) understand what I meant and said. First of all, Bob does not «love» me as I love him. He is learning though. But to me Joey, without wanting to be melodramatic, he is the only man I will ever love. I can love no other. Even if he damns me with every breath he takes, my feelings towards him remain unchanged. Byron said: «Had sighed to many, though he loved but one.» I have in my 22 years seen, tried and done every conceivable thing. I always come back to my senses and at the end my ideal is Bob. Joey, have you ever loved? Not physical or platonically or whatever terms love can fall under. I mean love wholly. With me, my conception of love (and I do not think it is wrong) is that other than my love for Bob, nothing else exists. Lawrence Durrell says it for me: «I realized then the truth about all love: that is an absolute which takes all or forfeits all. The other feelings, compassion, tenderness and so on, exist only on the periphery and belong to the constructions of society and habit.» I believe this and yes, Bob is still debating with himself as to my need of him. Amidst all this I can still keep a happy face. Sure, like I said I have depressions every so often but when I do I count my blessings and never look at life with a hateful glance. Unfortunately I have not much religion. I believe and yet... C'est bien triste parfois. I have not come to any conclusions about my faith. I stand with an open mind. At times I will pray, I am sort of agnostic. I could say I am an atheist but without much conviction.

If you find this letter incoherent you are not misled. I feel a need to explain so much since I do not know you as well as I would wish to. Perhaps with many letters...

You love Charles Aznavour! He is a great poet of love. His voice is as entertaining as 2 weeks of uninterrupted diarrhea but with his songs as he performs them, an outstanding voice is not necessary. It's the message. I have 5 or 6 of his records. Some of his compositions are really moving.

> Je ne me soucierais, ni de Dieu, ni des hommes
> Je suis prêt à mourir, si tu mourrais un jour
> Car la mort n'est qu'un jeu, comparée à l'amour...

Ça fait penser, n'est-ce pas? Of course many French singers are as good. My little angel of French songs is the actress-singer Juliette Gréco. She is the existentialist singer. So much so that Jean-Paul Sartre, Françoise Sagan[3], etc., had written lyrics for her songs. She's terrific.

Your poetry. First of all, I have just gotten back from Montréal and haven't slept in nearly 36 hours. I cannot offer an honest appraisal. Your first poem « It is my loneliness which makes me love..., etc. » is very superficial. I doubt if you were sincere when you wrote this. But what has more authenticity of feeling is the short « I have missed the quality of your smile... » J'aime beaucoup celui-là. The *New Years' Eve 65-66* – « a single voice sings... » leaves the reader with the note of « aloneness » – and I presume the poem was written in that state. After reading it twice it left me with a melancholy I am sure borders on classicism. It is very well done and well presented. I'll re-read them and offer more criticism in the next letter. My English vocabulary is limited and I'm much better in French but I'll do my best. As for my poetry, I write it in French also. I'm sending you translations. I have written a series of poems on Bob (Robert) and if I ever even think of publishing them I would have to publish under a pseudonym or change the name Robert. I sent you this poem which I think is one of my better ones. If things, symbols or illusions are not too clear or seem vague, remember that I translated from the French, but even in translation I think the dominant theme remains the same. Do not spare the criticism and be honest in your judgment. I will send more in the future. I am terribly tired and I have to go.

Amitiés

Gérald Leblanc

(Peanuts)

P.S. Your command of the English language makes me blush when I read your letter and mine. I have not yet expressed any philosophies or ways of life as wholly as I want to. I want to discuss books, etc. I have so many things to say. Bear a little patience. I will write to greater lengths in my next epistle, right now, onward to my virginal cot for 24 hours of uninterrupted sleep.

Encore une fois, Bonjour,

Peanuts

[3]
Sept. 26, 1967

Cher correspondant;

This letter will follow the one I wrote Saturday. The reason I make this quick comeback is that I have changed address and that I am in a better state of composure since the last time I wrote.

Premièrement, I have quit my job in Saint John and taken a better paying one in Moncton. I had been contemplating on this for a while but at my arrival from Québec I decided to act. It is better in many ways (Moncton is). Truthfully, Saint John is a cultural swamp. Moncton is no Paris but nevertheless, here we have French television and radio as well as English. There is also a French university and a more positive atmosphere than that of Saint John's. The library has a predominantly French choice of books. So, all in all, I will live in both cultures whereas in the other city my activités françaises were very limited. J'étais parmi les sauvages.

As I said earlier I am in a much better state now than I was when I got back from Québec. God! I hadn't slept for nearly 36 hours. I could've slept on the train but fortunately I started to converse with this seemingly drab and colourless girl seated next to me and lo and behold! The girl was returning to college to finish her doctorate in psychology. Did I jump up? I didn't shut up for 2 hours and then she started expressing her views of everything from chamber pots to Picasso's Chicago sculpture. She could not speak one word of English and was typically French Canadian. Incidentally, several time since the beginning of this letter I have raved about French this and that, more or less rebuking English. Well, first of all, in Canada (I imagine you are at least vaguely aware of what the problem is) there are two groups that make up our country. The two official languages are French and English. Now as it has always been part of the revered WASP tradition to condemn, ridicule and look down on anything and everything that is not of their following, the French Canadians for over 200 years were dismissed as an ignorant group of people, speaking a cacophonic jargon that will eventually become extinct! Some opinions weren't that strong but the WASP have always been the same (e.g. look at what prejudice is flying in the States – they're anti-Negro, anti-Jew, anti-Italian, etc.). In Canada they have preferred to limit their pre-Victorian, narrow-mindedness on the French. Right here and now I say it – there is only one culture in Canada and that is the French-Canadian culture. (If you have not read any French-Canadian writings I will recommend you some and send you some.) Well out of 65,000 originals from France, Canada now counts over 6,000,000 proved French Canadian (with that small number of pioneers to the number it has grown to, you can bet there was a bit of fucking done somewhere), now after 6-7 generations, the French feel as proud of Canada as the English. I won't go into another long parable but there is the problem. English or French? (that is the question) Well, I'm not French, but French Canadian, and that is why I've always been giving priority in that language. I was brought up in French, had my schooling in French, etc. So now, the best means of expressing myself is en français. But on the other hand, I am glad I learned English. It opened up a whole new world to me. For example, before I knew enough English I would read American and British literature in French translations which is better than nothing but it is so much more rewarding to read them in their originals. Jesus! Where am I? All this rattling because my acquaintance couldn't speak English! Revenons à nos moutons! She was a devout catholic, church-geek, etc. But she was very broad-minded. After talking with her an hour or so I told her everything about me, my private affairs and everything. I spoke to her of Bob and she offered very great advice. That's another thing. My relationship with Bob. That is one of the major factors of my life and it will take an extremely long letter to get your « seal of approval » on the whole affair. I'll go into it next time around. Anyways, she was very delighting. I wish you could have met her. She would have given you a lot to think about. While talking to you she would suddenly snap something like « you love reading François Mauriac, don't you? ». Startled, I would answer, « how do you know, what makes you say that? ». She would explain. Just by listening to me rave on for about an hour she told me more about myself than I know myself. A truly exceptional person. I enjoyed my trip back immensely.

You had asked me if I had read *Six Characters in Search of an Author* by Pirandello[1]. I have the book but have not read it. I have hundreds of books that I buy, put away on a shelf and only read months or even years after. As for Pirandello's « necessity of illusion », I believe in this also. Que serait la vie et l'existence quotidienne sans le soulagement que l'on trouve dans un monde que l'on ne cesse [de] rechercher et [d']exploiter... le paradis des illusions!

For the past 3 weeks, I have not read anything except magazines. In Québec and Montréal I would pass a newsstand and snatch dozens of European and English, American, Canadian revues. I bought many books like I said before. Just now I have begun *Les nourritures terrestres* d'André Gide. You must have heard of France's Gide. His style is lucid and puts the reader in a trance. Today, wearily sixty years after its publication, *Les nourritures* are still an arresting book. I'm halfway through it now and recommend it to you. The liberation of « moi » (the self). I cannot agree with everything Mr. Gide writes but he is a brilliant thinker and artist. I will comment more on his book next letter.

Knowing you reach two orgasms when you hear Peter, Paul and Mary[2] I can only hope you don't listen to them too frequently. Well aware that other singers besides French artists exist, I have a passion for Bob Dylan – especially his love songs. I can't take his voice and I prefer his songs interpreted by Joan Baez[3]. I lose my composure when I hear her sing Bob Dylan's *Daddy, You Been on My Mind*; *Don't Think Twice*; *It Ain't Me, Babe* and *It's All Over Now, Baby Blue*. She is truly « une grande artiste ». Incidentally I also love Peter, Paul and Mary. Need to ask you if you like Judy Garland? There was an article on her in *Time Magazine* (my Bible) a few weeks ago. They said she had a large homosexual following mainly because of her torrid and fast living (many marriages, breakdowns, attempted suicides, etc.) and that the lavender set identified with her. Now, she couldn't sing to save her life but she's still a star. On her Carnegie Hall concert, when she sang *The Man That Got Away*, I passed out. I can't stand her singing *Over the Rainbow*, she sang that so many times it's got hair on it. But *The Man...* is real Judy. The song has always moved me. I also like Frank Sinatra. Very good interpreter.

Well, Joey, for someone who wanted to drop you a note to say I was changing address, I feel that it is high time I shut the fuck up. I must also write to Bob and with the length that letter will be I'm going to end up with writer's cramp for sure.

Bon! J'en finis!

À la prochaine,

Toujours

G. Leblanc

*Thoughts on re-reading my letter: « The cup of triviality does over-floweth ».

[4]
Bouctouche, NB
Oct. 4/[19]67

Bien cher Joey;

Another letter. One of my great passions is letter writing, I am a compulsive <u>vache à écrire</u>. Last night Raymond Dionne (a friend of mine) and myself went to Moncton and dropped in on some friends. By eight o'clock (or as we're saying in Canada now « à vingt heures ») we were at the lounge, I got loaded to the gills and I came home and wanted to write to you. Thank God I didn't because that letter would've made less sense then the 3 others that I have sent you. When I drink, all my biases and prejudices come out and I don't make any sense whatever. I had been on pills for about 2 months for my nerves. Due to many unfortunate incidents that had happened to me ever since the end of July, I became a nervous wreck. Trouble begat trouble and I became so depressed and confused, nothing made sense to me anymore. I was forever running away from something. I tell you, my friend, I was a mess. I went to Montréal & Québec for 2 weeks and although that was a great vacation when I came back it hadn't done a thing for me. Then what do I do? I quit my job and come down here in this god-forsaken little hole called Bouctouche (it sounds like a reservation). Of course I do like Moncton and that's probably where I'll be moving once I start working there. I'll probably end up in Québec or Montréal eventually.

One good thing about being down here and doing nothing, rather not working: I'm reading like a fiend. I've even done a little writing. In the past 3 weeks I had travelled about 4,000 miles and when I travel I think a lot. On the train from Saint John to Moncton, I began this poem that went pretty good and on the bus from Moncton to Bouctouche, I corrected some of it. Now I'm working on it and I'll send it to you (with more of my stuff) in the near future. I go for walks a little out of town and everything is so beautiful and very inspirational. If I ever write anything worthwhile, I'll certainly never be able to write anywhere but down here. I'm so serene and undisturbed. Il y a une ambiance quelconque que je n'ai pu trouver nulle autre part. Si jamais on pouvait se rencontrer, c'est ici dans cette atmosphère de certitude d'esprit que je pourrai mieux me révéler, comme ami et comme artiste. Anyways, I have read a lot in the past week and a half. Amongst others I have read Henry de Montherlant's[1] beautiful *La ville dont le prince est un enfant*. And if you haven't read it, you're missing something extremely well-done. It is a play and concerns 2 young men (16 & 13) who begin a « friendship » that is broken by a priest of that college. The priest, thinking that by breaking that friendship, wants the younger to grow up under the right influence. Only to find out at the end that his concern for the youngster was not only spiritual. This drama is written with such finesse and power and makes it one of the great dramas of the French (and world) theatre. I have also read *David Sterne* by French-Canadian author Marie-Claire Blais. I won't comment on the book as a whole but will quote one passage that stands out – Michel Ramcan's persistent idea of suicide.

> ...Il avait beaucoup lu..., mais se souvenant de ses lectures, il les méprisait amèrement, se répétant à lui-même comme il l'avait dit à David, la veille:
> – Des ruses de l'esprit, de l'imagination, les livres ne sont que cela pour moi. Un masque sur les choses ! Je ne m'abandonnerai plus à ces tendresses.
> – Ta philosophie à toi, répondit David, d'un air absent (...) c'est de faire mûrir ta mort. Rien d'autre.
> Il avait beaucoup vécu, aussi, mais à part l'expérience finale, quelle moqueuse vie pouvait donc compter ?
> – Pourtant il y a trop de choses que j'ignore, avait dit Michel.

Michel is 19 years old. I'll tell you more about this hauntingly arresting novel. You know Marie-Claire Blais is French Canadian (as I said before) but lives in a little shack somewhere around Cape Cod by herself. There are one or two painters in the neighborhood but she doesn't see them or anyone often. She returns to Québec every so often to renew her experiences, etc. then goes back and writes steadily. Edmund Wilson[2] (the American writer) hails her as « a genius ». She has a very off-beat way of living but personally I have never judged a work of art by the standards of an artist's life.

I have almost finished *Les nourritures terrestres* by André Gide. I am taking my time reading him because his style is so beautiful, lucid, that I want to savour him fully. The trouble with Mr. Gide is that he calls the reader to disown everything that binds him to being completely free to savour life. To exhale himself to the fullest. Damn the family, God, etc. This can be true to some extent and Gide is very persuasive but to him the supreme happiness is the hunger he induces and the greatest thing is hunger but he cannot quench it so he lags and discourages (he does me, anyways). Under a clear-cut perfected style, the clever thinking never ceases, he is truly one of the great artists of the XXth century. If you have not read *Les nourritures*... I will send them to you.

J'ai commencé une autre lettre hier et puis hier soir j'ai eu la chance d'aller à Saint John. Lorsque je suis arrivé à la ville je me rendis chez mon «bijou» Bob. On a parlé et on s'est rendus chez moi où ta lettre m'attendait. Inutile de dire que j'étais bien content et tu ne cesses de me surprendre avec tes arguments. Tu es fou! Je t'aime!!! Continue comme ça – ris de moi, insulte-moi, je t'admire. Mais au sujet de notre liaison à Bob et à moi, il y a beaucoup d'autres qui sont d'accord avec ce que tu dis. Néanmoins à cette question beaucoup est en jeu – il y a d'innombrables facteurs qui contribuent à l'affection (ou au sentiment) qu'il éprouve à mon égard. De mon côté, j'ai tombé en amour avec lui comme une feuille ou une fleur tourne vers le soleil. L'année dernière j'ai mis mon amour pour lui à l'épreuve – quand je suis revenu de mon fameux pèlerinage dans une autre ville avec le goût âpre dans la bouche, j'ai réalisé que lui serait pour moi à jamais l'homme que j'aimerais jusqu'à ce que je franchisse le seuil de l'éternité. Mais toi, tu semblais tracassé du rapport ou plutôt de ce que Bob sent envers moi. Il y a bien des choses, cher Joey, qu'il faut aussi prendre en considération. Premièrement, il est très intellectuel, en effet, trop intellectuel. À seize ans il avait déjà gradué de l'école secondaire et il avait fait son diplôme de l'école normale pour enseigner. Imagine-toi qu'à 16 ans il faisait la classe. Mais tout n'est pas musique et fleurs. Sa raison fit naufrage et il fut commis à la Provinciale (the asylum – the Jung form). Il y est resté un ou deux mois. Lorsqu'il en est sorti il est parti pour Toronto et devint journaliste. Environ deux ans après il s'en est revenu et encore une fois il retourne à la Provinciale. Malheureusement, il en sort très instable. Un autre séjour à Toronto, il regagne Saint John (et c'est ici que je l'ai rencontré) dans un état d'esprit assez désespéré. On est devenus amis. Ici, j'étouffais dans l'environnement ou l'atmosphère que la situation posait. J'ai reconnu où j'étais, je réalisais que j'étais en amour avec. Pas la pitié, Joey, pas par pitié, mais par amour, tout simplement. Sachant que si je lui révélais ma passion [elle] l'aurait peut-être rebuté. Alors, je plie mon bagage et je pars pour Fredericton où j'ai demeuré pour 2 mois. C'est ici que j'ai devenu «la grande tapette – ou la grande putain du continent

Amérique du Nord». J'ai eu plusieurs liaisons avec un Allemand, un Français et un autre. Au fond de moi-même, je savais que je vivais très superficiellement – j'en avais marre. Inutile d'essayer autre chose, je retournais à Saint John. Ici je lui ai laissé à comprendre comment je l'aimais. Tout simplement il ne m'a pas cru. Essaye, si tu peux, de t'imaginer comment je me suis senti lorsqu'il m'a dit en souriant que l'amour que j'avais pour lui n'était pas sincère! Moi qui avais tout renoncé, tout essayé, afin de prouver que je ne l'aimais pas et quand j'ai su que c'était de la folie, à m'aveugler de ce qui était réel, je me fais dire que mon amour n'est pas sincère. Autant que j'ai vécu, rien ne m'a saigné comme ceci. J'étais près d'une dépression nerveuse mais Noël approchait et je lui envoie une carte de Noël avec les mots très nets (en français, naturellement): «Cher Bob, je t'aime, je t'ai toujours aimé et je t'aimerai toujours.» Bon! Quelques jours après qu'il ait reçu cette carte on se rencontre et il me dit que tout ça, ce simple petit aveu sur une carte, ça l'avait bouleversé. Il s'était renfermé dans sa chambre pendant 2 jours – pensant à moi. Ça l'avait touché. Pas longtemps après, environ 4 ou 5 jours, on était couchés ensemble. Je ne l'ai pas touché sexuellement, seulement je l'ai embrassé et je l'ai baisé quelques fois. J'avais à lui prouver que mourant d'amour pour lui que son corps n'était pas ce que je voulais. Alors cette fois et quelques autres après, il reconnut (merci Dieu!) qu'au moins ce n'était pas pour son corps que je le voulais. NOTA BENE: l'aspect physique de notre relation figure très peu. Alors d'ici je devais travailler pour le convaincre qu'ensemble on serait capables de se complémenter pour devenir utiles et même nécessaires l'un à l'autre. (I have phrased very poorly, more the last sentence – I am writing feverishly and what I am trying to get across is that he needs someone desperately to believe in him, etc. also that I love him and I can help him, etc.) Encore il y a le fait qu'il est dans les mains d'un psychiatre. Il l'est depuis au-delà d'un an – une fois à trois fois par semaine il est sur le «couch». Mais depuis quelque temps son analyste lui dit qu'il progresse à merveille. Je le vois très souvent et je le conseille – il s'éveille d'un sommeil qui l'avait éteint et borné qu'à lui-même. À ceux qui font observer qu'il est un «ego-maniaque» je réponds que ceci n'est qu'un facteur minuscule au portrait fini de Bob. Je dis qu'il s'éveille – alors tu comprends que je ne parle pas de l'homme de la rue (the average man) lorsque je parle de Bob. Alors, Joey, mon petit philosophe embêté que tu es, tu ne peux pas rationaliser la conduite que j'ai vers mon <u>monstre sacré</u>. Bien sûr, il y a encore énormément à dire à cette affaire. J'en reparlerai (hélas!).

Bon! Tu dois être prêt à tomber endormi avec tout ce flux de mots. J'en ai bombardé une vraie. Écris-moi et ne t'inquiète pas pour l'unité et la forme de tes lettres, je les adore! J'espère que tu pourras me suivre un peu en français parce qu'après tout, ou plutôt quand tout est en français ou en anglais, je ne fais pas toujours du bon sens. Prospère avec moi, ça me fait beaucoup de bien de t'écrire.

Tout en passant, j'ai vu Gilles hier soir (Bob et moi sommes allés le voir pour 2-3 heures) et il m'a dit qu'il t'écrirait prochainement.

Amitiés toujours au petit philosophe dont je doute qu'il soit aussi vicieux qu'il le croit.

Peanuts

Envoie-moi d'autre poésie, histoire que tu as faite.

Je ne peux me taire. Écoute, j'ai le livre *The Story of Philosophy* by Will Durant[3] et j'en ai lu que 40-50 pages. C'est <u>merveilleux</u>! C'est du génie! Malheureusement, j'ai oublié le livre à Saint John et je n'y retournerai qu'en 2 semaines. Mais je veux définitivement lire ce précieux trésor qu'est *The Story of Philosophy*.

Aussi, aujourd'hui sur le kiosque à journaux j'ai acheté la revue *Evergreen*. J'en avais bien entendu parler mais je n'en avais jamais eu l'occasion d'en lire. L'édition d'août est bien intéressante, je vais probablement m'y abonner.

Tu veux dire quoi en appelant être français «paradox»? Moi, je suis typiquement «canadien-français» (à [l']exception que le Canadien français typique n'est pas homosexuel – il le tolère généralement mieux que l'Anglais, par exemple). Mais je ne vais pas juger le Français d'après moi. Le Français «average» est avant tout un <u>bon vivant</u>. Sa philosophie d'être va un peu comme ceci: «Je ne vivrai pas éternellement. J'aime le "beau". J'aime vivre – donnez-moi une "femme" (rappelle-toi, Joey, que je parle pour un Français normal), une bouteille de bon vin, de la bonne littérature, et je suis bien heureux.» Bien sûr, les Français sont plus émotionnels que les Anglais, Allemands, etc. Jusqu'à dans leur langue (il y a quelques livres à ce sujet mais je n'en ai lu aucun – more's the pity). La langue française bien utilisée (non la façon sauvage & barbare dont je m'en sers) n'a aucune rivale. Le vocabulaire est assez efficace et l'énonciation de ces mots compte beaucoup sur la beauté de cette langue. Les Français assez fiers en général surveillent leur français comme on surveille un trésor. Alors, le français, qui est la langue des émotions, reflète dans celui qui s'en sert un certain besoin naturel d'être émotionnel. En tout cas, je ne peux pas comprendre ce que tu veux dire par paradox. Explique-moi, s'il vous plaît.

Ah! Je suis bien content que tu es en train de lire Lawrence Durrell. Monsieur Durrell est un écrivain, un artiste si vous voulez, de première classe. Son style est assez remarquable et si son récit des *Quartet* semble parfois superficiel ou même daté (quelquefois!), son style sauve la monotonie que l'on ressentirait chez un autre écrivain. C'est un grand «romantic» – mais, comme vous dites en anglais «not overbearingly so».

Un autre livre que j'ai lu assez récemment et que j'avais déjà c'est *The Catcher in the Rye* de J.D. Salinger (un autre bon écrivain). Ce livre est si bien fait et y présente si brillamment la société des «phonies».

Épatant! La deuxième lecture du roman n'a pas diminué le goût que j'y avais savouré la première fois.

Depuis au-delà d'une semaine en flânant à la belle étoile, vivant à la légère, j'hésite beaucoup à commencer un roman que je porte dans mon petit cerveau borné depuis environ deux ans. J'ai tellement d'idées et je barbouille partout des points de travail. Le thème général est de la «solitude» de 4 personnages majeurs – et le rôle que joue cette solitude dans leur vie (toi, tu es philosophe, moi, ce que je cherche être et ce qui m'intéresse c'est ce qui motive les gens – la psychologie). Hélas! Pour m'asseoir et m'y mettre à un roman prend un grand souffle. J'écrirais comme un fou pour quelques mois, mais m'asseoir pour une ou deux heures par jour ce ne serait pas bon – j'aurais peur de me décourager moi-même. Mes «poèmes» (?!#»!) (for lack of a better word) sont inspirés de plusieurs choses – je les porte en moi pour quelque temps, je les écris «in one sitting» ensuite j'y touche et retouche jusqu'à ce qu'ils me plaisent. Je ne sais pas si je peux m'encourager assez pour mettre quelques pages de ce roman, peut-être j'aurais assez de volonté pour y persévérer pour en finir. En tout cas...

En écrivant ceci (en écrivant n'importe quelle lettre) j'écoute toujours des disques. Juliette Gréco chante. La chanson qu'elle interprète maintenant est «Si tu t'imagines» de Raymond Queneau (un des grands écrivains modernes de France). La chanson (les paroles me semblent à ce que tu dis «damned to heartbreak»). Écoute – la chanson va comme ceci:

> Si tu t'imagines, si tu t'imagines
> Juliette, fillette, si tu t'imagines
> Xa va, xa va, xa
> Va durer toujours
> La saison des za, saison des za
> Saison des z'amours
> Ce que tu te bourres, etc.˙

C'est bien beau. Tu sais, Juliette Gréco arrive à Montréal en novembre. Naturellement, je ne peux la manquer. J'essaye déjà d'avoir mes billets. Elle va aussi tourner en province (Québec). Ensuite elle se rend à New York – si tu as la chance, vas-y! Je t'enverrai les paroles de ses plus grands succès. C'est une éducation en elle-même.

Une autre folie! Comme je t'ai dit déjà, Bob est bien intellectuel et cultivé. Il a cessé un peu de faire trop de lecture, mais quand je trouve quelques livres «that are a must», j'y donne et il en profite. Quelques mois passés, en voyant *Who's Afraid of Virginia Woolf?* d'Edward Albee, j'en suis devenu fou! Je me suis procuré le livre de ce drame et un soir chez moi, alors que l'on buvait assez fortement, on décide de créer la pièce (premier acte). Qu'ai-je fait? Je vais chercher mon enregistreur («tape recorder») et j'ai pris cette interprétation de deux grands

---

˙ [Note en marge] Raymond Queneau pense que la prononciation vaut beaucoup. Alors il n'épelle pas toujours à la règle. Quand on le lit tout fort, on reçoit le message.

artistes! (Bob et moi!) C'est tellement chouette! Si canaille! Mais bien amusant. Tu en crèverais sûrement si tu entendais cette farce! Dans mes moments d'ivresse, j'ai de drôles de manières d'agir. Pour ne pas traiter trop légèrement ce chef-d'œuvre d'Edward Albee je l'ai lu et relu. J'ai vu le film à plusieurs reprises et je ne cesse de l'aimer. Il y a certainement du génie dans les lettres américaines avec ce géant du théâtre moderne. À mes yeux par exemple, je trouve Eugene O'Neill fameux. Je viens justement de m'acheter *Long Day's Journey into the Night*. J'en ai commencé la lecture et c'est bien. J'en reparlerai.

J'aime savoir que tu lis (ou « travailles ») une douzaine de livres à la fois puisque j'ai la même habitude. Aussitôt que j'aurai fini *Les nourritures terrestres* d'André Gide je vais me planter dans *À la recherche du temps perdu* de Marcel Proust. J'hésite depuis longtemps, mais je suis juste dans la bonne atmosphère pour le lire maintenant. Alors je commence avec *Du côté de chez Swann* quelque temps cette semaine. Je sais qu'il (Proust) est difficile à lire, mais j'ai assez de notes pour m'aider.

Il faut bien que j'en vienne à une fin! J'aime tellement écrire! Si j'avais tout ce que j'ai écrit depuis l'âge de 6 ans – lettres, nouvelles, poésies, etc. – j'en remplirais plusieurs maisons. La fatigue me force à arrêter et j'espère recevoir un mot de toi avant trop longtemps.

Parle-moi de toi.

Parlez-moi de vous.

Je me tais.

À la prochaine

Gérald Leblanc

J'espère au moins que tu puisses comprendre mon écriture. J'essayerai de me forcer à écrire au dactylo la prochaine fois.

Mes fautes de français feraient horreur à mon ancien professeur de grammaire. Je n'accorde pas toujours mes verbes et noms, etc. En tout cas, ignore le massacre de cette si belle langue.

[5]

Oct. 7, 1967

Beloved Joey;

You're insane! I love it! J'ai justement posté la dernière lettre que je t'ai écrite ce matin, mais comme je n'ai rien d'autre à faire dans cette jungle qu'est Bouctouche, je vais en écrire une autre.

Your letter was mad! I laughed, I screamed! I clutched my sides in an orgasm of excruciating glee! Ta vie, par exemple, n'a pas été si stable que l'on désirerait, mais j'ai bien aimé la manière dont tu m'as tout conté. C'était très à la légère mais tu as certainement réussi à te faire comprendre.

De mon côté, mon enfance, ma vie est composée de bien des choses. Moi, j'ai le complex Œdipus. Tu sais bien l'histoire, n'est-ce pas? Mon père, lui, buvait comme un poisson et on n'était pas bien riches. Ce n'est pas que mon père ne faisait pas d'assez bon salaire, mais seulement qu'il le buvait au fur et à mesure. Bien des fois, maman devait emprunter de ma tante ou de proches amies pour mettre du pain sur la table. Dieu merci que j'avais mes livres pour m'aveugler un peu à la réalité morne que présentait une telle situation. Maman, je l'aime. Elle est si bonne, elle a un cœur grand comme tout l'univers. Je sais qu'elle m'aime beaucoup et j'espère toujours pouvoir lui donner un peu de ce grand confort d'esprit qu'elle m'a toujours confié. Drôle, aujourd'hui j'aime aussi mon père. Je le détestais pourtant, mais quand nous sommes déménagés à Saint John, il y a de ça environ 4 ans, il s'est réformé et il est bien bon pour maman et pour nous. Je sais que lui aussi m'aime et à son égard je sens aujourd'hui un peu de respect juste à savoir qu'il ait pu au moins surmonter son problème.

Mon caractère à moi, c'est une autre histoire. Je suis une série de «paradoxes»... quoi. Je suis Canadien français et je me vante que dans mes veines il ne coule pas une goutte de sang anglais. Je refuse complètement de parler anglais partout où je vais (même aux États-Unis) à moins que ce soit complètement nécessaire. Je suis très réaliste, avec un petit mélange de sentimentalité, quelques fois même cynique. J'ai assez de facilité avec les gens, j'ai une foule d'amis que je respecte au plus haut degré, même si parfois il arrive que l'on ne soit pas toujours d'accord – e.g. tous mes amis (90%) à Saint John sont Anglais. Alors comme j'ai dit, avec eux, s'ils ne peuvent pas parler français, je parlerais anglais. Mais il arrivera peut-être que X dira « Actually, English is Canada's official language and I feel everyone should speak thus. » Alors, tout de suite je saute! « For the past seven generations my ancestors have lived in Canada I am as Canadian as any of you here but my tongue & culture are French. Furthermore, French is also Canada's official language. » Je ne leur en veux pas. Parfois, c'est l'anglais et le français, parfois c'est la religion, la guerre au Viêt Nam, etc. J'aime argumenter et essayer de convaincre quiconque je débats avec, de les gagner à penser comme moi. But I would not do this at the price of a friendship. Je me pense assez stable. J'aime la musique. J'ai étudié le piano pour environ 9 ans avec d'assez bons résultats, mais dernièrement je ne joue guère. J'aime la danse. J'ai quelques médailles pour le « Ballroom dancing » et j'ai enseigné la danse pendant quelques années – à Moncton et Saint John. J'ai parfois beaucoup trop d'intérêts. Je me passionne de bien des choses. J'ai toujours été optimiste. Même dans mes dépressions les plus navrées, je reste optimiste. Pourquoi? Peut-être je suis idiot. J'en ai dit assez sur mon compte à propos de mon caractère bizarre.

Mon homosexualité. Ceci ne m'a jamais tracassé. [...] Je ne souffre pas de promiscuité. Je suis très sensuel, passionné. Avec Bob, il n'y a aucune chose interdite (no holds barred). Mais en même temps, je ne me suis jamais couché avec un homme en pensant à moi-même – je me donne à lui et je cherche à lui plaire – mon propre plaisir ne m'occupe pas. Je n'en dirai pas plus puisque ceci tournera en pornographie.

COME! to Canada, it's beautiful! Montréal est le centre culturel de l'Amérique du Nord. Better, much better than New York. En anglais, I will try to explain all this French/English bit. First of all, for the past two hundred years, the majority (maybe as high as 85%) of all frogs worked in farms and in factories under English dominance. They went to school until they could scribble their names and then left. This was due to financial difficulties and in some cases sheer ignorance. Well, you can only pound on a Frenchman for so long. The small minorities of French Canadians were realizing that they were drowning in a sea of barbarians, c'est-à-dire les Anglais. So, as times changed, the Canadians (French) realized that they needed education like everyone else, and they got their education in French-language institutions. As they progressed, they realized that their culture was French, dated from France, which is still the great country of arts and cultural life. Why learn English when our tongue and culture is as good and in some instances better than theirs? The Quiet Revolution began. The French Canadians became proud and more are prospering to greater things still. In New Brunswick, French language universities are popping up with one very good one in Moncton. Next year, a French teacher's College, etc. So now, French Canadians can hardly be called « Stupid Frenchmen » anymore as they are always striving to better themselves. Moncton in New Brunswick is fast becoming a nice little (75 000 âmes) cultural centre. Montréal counts over 2,000,000 people out of which over 1,650,000 are French-speaking. Québec City which is over 500,000 people is completely French. English does not even exist for them. Truly, Québec City is like a piece of France that fell right into the heart of the Québec province. Vive les Canadiens français! Vive le Québec libre! – Charles de Gaulle famous cry which means not to separate from Confederation but be French and proud of it within Confederation. I doubt if a man of de Gaulle's stature would call for such an unorthodox thing as the separation of Québec which would inevitably lead to its ruination. He was simply misinterpreted by the press. I told you in one of my first letters that I would talk to you about French-Canadian culture well, it is very interesting.

En littérature il y a Marie-Claire Blais (qui a remporté plusieurs prix littéraires de valeur en France), Jacques Godbout[1], Claude Jasmin[2], Réjean Ducharme (lui aussi connaît un très grand public en France), Gabrielle Roy, Yves Thériault[3] et François Hertel[4]. Il y a aussi les grands poètes Anne Hébert, Alain Grandbois[5], Saint-Denys Garneau[6] et autres, les dramaturges Marcel Dubé[7] et Gratien Gélinas[8]. Tous sont appréciés du public canadien, plusieurs sont bien connus et admirés en France, il y en a même qui en traduction anglaise eurent un certain succès aux États-Unis (entre autres, Gabrielle Roy – *Bonheur d'occasion* – *The Tin Flute*). Les auteurs canadiens-anglais ne sont presque pas lus par les Anglais et peu connus. Il y en a quelques bons (Morley Callaghan[9], puis Irving Layton[10] et Leonard Cohen) mais ils ne sont pas appréciés par les Canadiens anglais comme ils le devraient.

En musique populaire, les chansonniers canadiens sont grands. Le meilleur du Canada français en musique peut facilement être comparé avec le meilleur de France, États-Unis et autres. En effet, l'année dernière dans les compétitions internationales en Pologne, une vingtaine de pays y étaient représentés (y compris les États) et le Canadien Gilles Vigneault[11] remporta le premier prix pour la meilleure chanson et Monique Leyrac[12], le premier prix comme interprète. Il y en a d'autres. Claude Léveillée[13] (pur Canadien français) a jusqu'à écrit des chansons pour Édith Piaf (la grande disparue) et il compose encore. Il y a les chansonniers Jean-Pierre Ferland[14], Stéphane Venne[15], Hervé Brousseau[16], Raymond Lévesque[17], Claude Gauthier[18] – et puis les grands interprètes Pauline Julien (que j'ai rencontrée personnellement à Montréal), Ginette Ravel[19], Donald Lautrec[20], Renée Claude[21], etc.

Nous avons aussi l'ensemble folklorique Les feux-follets[22] qui ont connu un grand succès en Europe et à travers les États-Unis. Aussi Les Grands Ballets canadiens[23], troupe renommée de la danse classique.

Tout ceci et beaucoup d'autres choses au Canada français. Alors ce n'est pas sans raison que je crie à pleine tête que je suis fier d'être français-canadien en Amérique.

Assez. Il ne faut pas toujours me prendre au sérieux – quand je relis ce que je viens d'écrire, je constate que je suis devenu loquace, je cherche à épuiser un sujet dont on ne connaît pas la fin. Peut-être avec beaucoup de lettres et beaucoup de patience de ta part je viendrai à éclairer ce que je crois, que je suis.

J'avais laissé cette lettre dans mon bureau pour la longue fin de semaine d'Action de grâce (Thanksgiving!). Je la reprends. J'ai été chercher quelques livres à la bibliothèque samedi. Je lis *L'exilé de Capri* par le grand écrivain Roger Peyrefitte[24] – ce livre m'amuse mais je le trouve très désappointant après avoir lu le chef-d'œuvre du même auteur *Les amitiés particulières*. Dans *L'exilé de Capri*, Peyrefitte essaye (peut-être involontairement) de faire de la grande littérature avec la passion d'homosexualité. Il n'arrive qu'à donner l'impression qu'il veut choquer, mais en même temps demande au lecteur d'accepter sa légèreté. Je le finirai quand même; dommage de gaspiller un si grand talent.

Encore une fois, Marie-Claire Blais ne cessera pas de m'étonner. Mlle Blais est la Canadienne française dont je te parlais qui écrivait les si beaux romans. Je ferme justement un de ses deux recueils de poèmes et elle sait bien m'émouvoir avec son lyrisme. Lis tout et rêve:

> ...
> Réveille-moi tôt demain
> Nul autre que toi ne doit me surprendre
> Dans l'ensevelissement de notre muette volupté...

Le poème est intitulé *L'amante*: c'est bien.

Non, mon cher ami, je n'ai pas encore lu la poésie de Yevtushenko[25]. Je n'ai lu aucun auteur russe moderne. Pourquoi? Assez longtemps passé je me suis fait l'impression que toute littérature russe n'était que propagande, que l'État bornait la pensée des écrivains et qu'ils devenaient limités au point de vue d'idées et d'expressions. Tout ceci je sais est complètement fou mais il va falloir que je remédie à cette petite idée fantastique. D'après ce que tu as cité de Yevtushenko, ça m'a l'air bien fait.

J'ai surveillé hier soir le «special» Barbra Streisand, «Belle of 14th Street» qui m'a désappointé pour la première demi-heure. Ce qui me choquait le plus c'était de voir Jason Robards[26] (un très grand acteur, mais hors de place ici) avec Mlle Streisand. Une artiste du calibre de Barbra S. n'a guère besoin de recourir à quelqu'un d'autre pour faire une réussite de son spectacle. J'ai bien aimé la dernière partie, néanmoins. Une grande interprète, cette Barbra.

Je relis encore Edward Albee, *Who's Afraid of Virginia Woolf?*, mais cette fois-ci en français, *Qui a peur de Virginia Woolf?* Le cannibalisme dynamique d'Edward Albee... Le long cri dure presque trop longtemps... à la fin, à côté de l'inquiétude réapparaît l'espoir. Mademoiselle Edward Albee a certainement prouvé son génie avec cette grande pièce de théâtre.

Enfin, j'ai *Les yeux d'Elsa* d'Aragon. C'est bien. En écrivant à Bob hier soir, j'ai cité en haut de la lettre les paroles du poète:

Tes yeux sont si profonds qu'en me penchant pour boire
J'ai vu tous les soleils y venir se mirer
S'y jeter à mourir tous les désespérés
Tes yeux sont si profonds que j'y perds la mémoire...

Oh! Bonne nouvelle aussi. Bob me dit que son psychiatre lui a donné des tests d'orientation et qu'il en a fait plusieurs. J'essaie de le faire venir dans ces bouts-ci, au moins Moncton, puisque lui-même avoue qu'à Saint John, un arrangement entre nous deux ne réussirait jamais. Bien des choses lui font dire cela et je suis d'accord. On est tous deux rappelés d'un passé (à Saint John) qui n'est pas trop attrayant. De sa part, lui devient psychotique et moi j'ai une réputation assez méchante et pernicieuse dans cette ville. On serait ensemble très fiers de s'en défaire. D'autres raisons sont aussi en jeu mais inutile d'en parler.

Bon! Assez pour cette fois-ci. J'espère que Gilles t'a écrit, sinon tu devrais recevoir quelques nouvelles dans peu de temps. [...]

Je termine avec un bonjour – reste comme tu es dans tes lettres que j'aime à la folie.

Sois sage
Amitiés
    Gérald Leblanc
    (notoriously known in the demi-monde as Peanuts)

Si je peux secouer ma paresse déplorable je te copierais quelques-uns de mes autres poèmes secs et sales.

Oh! Et merci pour toute la verdure qui fleurissait ta lettre, très Jean-Jacques Rousseau. Et le sou américain, ah, c'était bien chouette, je m'en ai servi pour un paiement... Down payment on my sex-change operation. Not really. You see I was abroad for a few years until a psychiatrist fixed me up... Don't mind the sick joke it's part of my therapy (and it's not getting anywhere near my problem). The psychiatrist got me believing I don't suck cocks anymore, now I hide them in my mouth. I'm making progress for I've almost stopped wearing make-up except for one thing that's doing wonders for my face... plaster of Paris. I've even given up flying... now I take planes. Anyways, almost bedtime I have to rush so à la prochaine.

P.S. Listen putain, I just got your 2 letters (orgasms, orgasms, orgasms) and I had written this one already. Je l'envoie pareil – I started another one and you'll get it tomorrow probably – I'll return the pictures (I'm keeping yours though, O.K.?). And I'll send some in the near future: good for constipation, heartburn and lover's nuts. We took millions of pics in Montréal and Québec.

[6]
Oct. 12/[19]67

Cher ami,

Je viens justement de recevoir tes deux lettres que je vais tâcher de répondre tout de suite. Tout ce que je viens de lire de tes deux lettres me sonne encore dans la tête et je ne sais où commencer. Oh! Judy Garland. Oui, je l'aime – je hais *Over the Rainbow, Smile* et *Make Someone Happy*. Ça me rend malade. Loin de m'identifier avec Judy Garland, j'aime son jus et elle projette très bien quelques chansons comme *The Man That Got Away, I Will Never Marry, The Music That Makes Me Dance, Ol' Man River, How Long Has This Been Going On, Come Rain or Come Shine*, etc. De ces chansons, je ne me lasse jamais. Maintenant, elle ne peut plus chanter, elle crie. Cependant, sur ses vieux disques de quelques années j'éprouve encore un plaisir de l'entendre.

L'épisode Marianne, David et cher petit Joey m'a bien amusé. Je ne peux te raconter toutes les folies que j'ai essayées. En effet, à 22 ans il n'y a aucune chose que je n'ai pas faite, j'ai épuisé toutes les audaces de la vie. J'en ai tant vu, j'en ai tant fait. C'est pas un long chemin que j'ai parcouru et qui me ramène à Bouctouche. Comme toi, j'avais un groupe d'amis artistiques qui comblait mon existence. Très souvent je vivais très chouettement – j'étais très vicieux et débauché. Des mauvais types j'en ai

connu. Avant Bob, les deux amants qui le précédaient étaient tous deux
«ex-convict» du pénitencier de Dorchester. L'un d'eux m'a volé bien
des bagues, montres, bracelets (chaînes), pour moi je vivais comme une
«reine» (excuse le terme). Inutile de te dire que c'était pas par amour
que je sortais avec eux, mais plutôt j'étais à la recherche de «kicks»,
d'expériences, etc. Je sortais (cruising) et ce n'est pas avec fierté que je dis
que j'ai eu presque 90% des hommes de Saint John. J'en ai marre. Mais,
dans cette période de ma vie, je ne peux pas dire que je regrette d'y avoir
vécu. Ce que j'y ai retiré me vaut une fortune. Maintenant ou plutôt
pour le moment je suis à Bouctouche dans une période de contempla-
tion et je réfléchis beaucoup. J'ai vécu comme de la canaille, comme une
grande «putain» et maintenant je suis tout à coup tranquille. À mon
idée, je pense que j'ai brûlé le méchant, la curiosité en moi, et que je peux
finalement commencer à vivre une vie «normale». Inutile de dire, par
exemple, que l'expérience de ces quelques dernières années sont précieuses. J'ai tout essayé: jusqu'à fumer la marijuana et danser dans un
ensemble de jazz. Si je te contais, tu rirais à en rompre. Et puis les
bateaux! À Saint John, la rivière ne gèle pas l'hiver et tous les bateaux
d'Europe, de Russie, etc. entrent au port de Saint John. Quelques-uns de
nous, très canailles que nous étions, descendaient à un petit restaurant
que tous les marins fréquentaient. Pour près de 3 ans, presque tous les
soirs on descendait sur les bateaux – j'ai tout eu! Des Allemands, Italiens,
Norvégiens, Grecs, Bretons, Français – tout y passait! Ici, encore il y a
bien du drôle. Si jamais on vient à se rencontrer je te réciterai toutes mes
aventures bohémiennes. Comme Charles Aznavour le chante si bien.

> La Bohême, la Bohême, ça voulait dire qu'on s'aimait
> ...La Bohême, la Bohême, ça ne veut plus rien dire du tout.

Ah! Je change de sujet – je suis bien trop fatigué pour élaborer mon
passé reprochable.

Maudite télévision! Je suis constamment en avant de cette boîte
démoniaque. Dieu merci que le réseau français est beaucoup plus intellectuel que l'anglais, mais quand même, je suis à m'emmerder terriblement.
Jamais de ma vie n'ai-je été aussi paresseux! Je ne fais que lire, écrire et

bien sûr, m'écraser devant la télévision. Je suis aussi à progresser mon cancer d'estomac en fumant paquet sur paquet. Oh! je parlais de Charles Aznavour tout à l'heure, tu me disais qu'il venait à Boston. Oui, va le voir et donne-lui un grand baiser pour moi (essaye même de lui frôler le cul un peu, ça l'inspirera peut-être d'écrire une chanson sur mon problème). J'ai plusieurs de ses disques que j'aime bien et j'espère que tu as déjà entendu sa chanson *La Bohème* – qui est, même après 2 ans, beaucoup jouée à Montréal. *L'amour, c'est comme un jour* me laisse toujours pensif, ah! c'est un des grands! Il ne peut guère chanter, mais cela ne diminue pas la valeur de son jeu que j'admire beaucoup.

À Montréal! Le trou de péchés! (bon, je vais prendre ici un ton religieux pour maudire cette ville qui est le nid des perversions les plus dégoûtantes et pour tout dire: que J'AIME!) Sérieusement, Montréal, c'est le «Paris du Nord». Pour se trouver de l'emploi ce serait assez facile dans ton cas puisque tu as du collège. Premièrement, n'y va pas avant le mois de janvier ou février puisqu'à la fin de ce mois, l'Expo termine et des milliers de personnes seront hors d'emploi, alors essayer de se placer pourrait être assez embêtant. Au mois de janvier tout sera [revenu] à la normale et je ne pense pas que tu aies trop de complication. Un petit mot d'ami – si tu parles français assez passablement, pratique-le beaucoup si tu as quelques amis français puisqu'à Montréal qui est environ ¾ français et même plus, c'est assez embarrassant de se trouver une position lorsque l'on parle seulement l'anglais. En plus une bonne position («Office job») d'office qui te ramènerait un salaire confortable demande d'être bilingue. Alors, pratique ton français si tu peux. Une fois par là, tu auras certainement la chance de le mettre en usage. Si tu aimes une grande ville cosmopolitaine, tu vas certainement aimer Montréal. Moi, j'y vais le plus souvent possible, je pense y retourner le mois prochain pour quelques jours. Mais je ne pourrais jamais y vivre. C'est trop grand. They live too fast.

La littérature canadienne-française! Ah! Mon cher petit Joey. Commence par *Bonheur d'occasion* (1945) de Gabrielle Roy (tu vois qu'elle porte même ton nom, alors you can't go wrong). C'est un roman bien fait, avec une psychologie fine, très émouvant et que je pense tu aimeras. Ensuite, essaye de lire *Le Survenant* de Germaine Guèvremont. Ce roman-ci, avec sa grande simplicité, cache de beaux petits trésors qui sont de valeur universelle. C'est un roman bien simple, l'histoire de même. Tu sais, aujourd'hui en littérature moderne, si on ne tue pas notre père on est considéré daté (out-of-date, old-fashioned). Pas vrai, *Le Survenant* parle de beaux sentiments, ça fait du bien au cœur. Ces deux derniers romans sont 1944-1945, ils ne perdent pas leur saveur. Plus moderne, il y a *Une saison dans la vie d'Emmanuel* de Marie-Claire Blais. Un GRAND roman, plein de génie créateur. Aussi par Marie-Claire Blais, *Tête blanche* et *Le jour est noir*. C'est merveilleux. Il y a encore *Éthel et le terroriste* de Claude Jasmin. *Poussière sur la ville* d'André Langevin[1] – un autre GRAND roman. Assez pour cette fois-ci. J'en reparlerai et je te donnerai des conseils sur ces livres.

Hier, j'ai commencé la lecture de *Les semailles et les moissons* d'Henri Troyat[2]. J'en ai lu environ 200 pages et c'est simple, bien construit et je l'aime. Son style rappelle celui de Tchekhov et Katherine Mansfield[3] par la simplicité qui dit beaucoup, car les sentiments profonds sont cachés sous l'apparence simple du récit. Jusqu'ici une parfaite réussite.

Bon, petit Joey, je viens justement de poster une lettre à toi avec quelques photos de journaux de Pauline Julien. J'avais commencé à écrire cette lettre mais j'ai encore beaucoup à dire, alors je continue.

J'ai aimé tes opinions sur les psychologistes. Moi, je m'intéresse à cette «science» parce que le comportement des gens me passionne. Je cherche à savoir ce qui les motive et c'est une des grandes raisons qui explique pourquoi j'aime tant rencontrer toutes les espèces de caractères: des types mal tournés, des types religieux ou athés, etc. Cela me vaut énormément dans le métier d'écrivain aussi.

Quoting Roy: «Your English is fantastic, believe me. On par with your French» – my friend my way of writing laisse beaucoup à desirer. J'écris comme je parle. Quand j'écris une lettre, je lance une fièvre de mots et je ne reviens pas pour corriger, je m'exprime en écrit comme je m'exprime en conversation. Si je compose c'est bien différent – je rature énormément (grossly!), je viens et reviens sur mes phrases, expressions.

Alors, il arrive bien souvent que dans ces lettres s'échappent des «slangs», etc., si j'écris quelque chose que tu ne peux comprendre, dis-le-moi et j'essayerai d'éclairer sur la façon barbare dont je me sers du français.

L'article que tu m'envoies au sujet de la marijuana est bien fait. De ma part je ne sais quoi penser là-dessus. J'en ai déjà fumé, mais je préfère la bouteille (vodka est ma boisson, avec un goût pour le scotch – c'est tout). En vue de légaliser cette cigarette, il y a beaucoup en jeu. Peut-être le bord puritain de ma nature y refuse d'écouter aucun argument pour et mon côté blasé en apprend fortement. Je refuse de me prononcer.

Littérature américaine: Saul Bellow[4], cette fois-ci. Il nous présente une image de l'homme contemporain, de l'homme qui, malgré tout, veut traverser le monde. Il y a chez Bellow une constante recherche d'équilibre entre la nécessité et la liberté. Cette image de l'homme est au centre d'*Adventures of Augie March* et son chef-d'œuvre *Herzog*, où ce dernier est crucifié par une société qui le déchire, détruit par une épouse qui l'humilie, il refuse cependant de se soumettre au chaos ou de se vautrer dans l'absurde. Il tente d'établir un équilibre sur des bases qu'il sait inévitablement instables, mais qui réaffirment la possibilité du rire, de l'amour et du courage individuel. Un des grands romans du XXᵉ siècle à tous points de vue. J'espère que tu l'as lu. J'admire aussi James Baldwin[5] dans ses romans «blancs». Malheureusement je ne fais guère de lecture anglaise (américaine ou anglaise) au présent, je lis beaucoup de français... En effet, les derniers romans que j'ai lus étaient ceux du merveilleux Lawrence Durrell.

Je suis allé à Saint John hier soir. Imagine-toi qu'à six heures (18 heures) on était encore à Bouctouche et je m'écrie tout à coup: «On devrait partir pour Saint John, ce n'est que 130 miles»! Sans plus d'apprêts, on part. En arrivant je me rends chez Bob et de là on gagne notre maison. Encore j'ai oublié *The Story of Philosophy* de Will Durant. J'aurais pu me botter le cul. Bob et moi sommes allés voir Gilles pour quelques minutes et il me dit qu'il ne t'a pas encore écrit mais qu'il va tâcher d'y répondre à ta lettre qui date déjà de plusieurs siècles. J'étais bien fier de voir Bob (je ne l'avais pas vu depuis une semaine) on s'écrit mais la chaleur de ses lettres ne se compare guère à celle de ses bras. Je ne vis que pour le jour où l'on pourra vivre ensemble. À l'automne (comme ton ami qui peint) je deviens très pensif. Comment se fait-il que la mort dans la nature crée une certaine ambiance lugubre sur ma vie ? Je suis loin de franchir le seuil de l'éternité avec une lame à rasoir mais cela me tracasse énormément (grossly) de sentir en moi une si grande dépression. Depuis hier j'ai écrit 8 lettres à des amis et ayant vu Bob m'a fait d'immense bien. Ce n'est définitivement pas un temps pour écouter Édith Piaf.

Monique Leyrac vient à Moncton lundi et ça va sans dire que je vais la voir. J'ai assisté à son spectacle trois semaines passées à Montréal et elle était charmante. Tu dois avoir remarqué que je mentionne beaucoup les chanteurs, chansonniers, etc., c'est vrai, la musique figure grandement dans mon humble existence. La musique rock'n'roll ne fait pas grand-chose pour moi – à un party j'aime y danser mais je ne pourrais jamais m'asseoir et écouter les Beatles, Rolling Stones, Jefferson Airplane[6], etc. qui me rendent malade. En Amérique, j'aime Frank Sinatra, Johnny Mathis[7], Barbra Streisand, Lana Contrell[8], Dionne Warwick, Peggy Lee[9] beaucoup, un peu Andy Williams[10] et quelques autres. Mais le rock'n'roll comme musique à écouter me laisse froid. En France, j'aime Aznavour, Barbara[11], Juliette Gréco, Léo Ferré, Jacques Brel, Yves Montand (très sexy, je l'aime beaucoup), Philippe Clay[12] et quelques autres. Au Canada je les ai déjà nommés souvent mais en France, l'on prend la chanson bien sérieusement. C'est une forme d'art comme les autres... Puisque Leyrac (appelée parfois Canada's Streisand) est d'une classe unique. Elle chante très bien le folklore et Gilles Vigneault :

> Mon pays ce n'est pas un pays, c'est l'hiver... Ma chanson ce n'est pas une chanson, c'est ma vie. Et c'est pour toi que je veux posséder mes hivers.

Elle a un bon jeu, elle sait comment s'y prendre pour faire justice à une chanson, elle se montre très bien en scène et fait très bonne figure au firmament de la chanson moderne. Je t'enverrai le programme de son spectacle dans ma prochaine lettre. Parlant de chanson populaire, tu sais toi-même que les Français « call a spade a spade ». On the French network there is not even a board of censors, alors tu vois que les Canadiens français ne sont pas si arriérés que l'on croirait. Bon ! Une interprète, Ginette Ravel, avait une chanson au «Hit Parade» français que j'aimais bien – j'en cite quelques paroles:

I – Le champagne est froid
Les femmes sont chaudes
Joue avec mes doigts
Baguette et me rôde
Caresse mes seins
Je serais docile
Ne va pas trop loin
Mon cœur est fragile

II – Je bois à ta bouche
Et je m'y enivre
Regarde ta couche
Elle nous invite
C'est la farandole
Dans ma tête folle
Serait-ce le vin?
Ou ton jeu de main

III – Je veux boire encore
Jusqu'à être saoule
Même si j'ai tort
Même si je coule
Prends un peu mon corps
Car je le désire
Je t'aime si fort
Et je suis si grise

Isn't that fabulous! On the «Hit Parade» yes! They wouldn't even allow that in a brothel in the States and English Canada but les Canadiens français disent: «C'est naturel que voulez-vous qu'on fasse?» But that song was composed by a 17 years old girl. The music qui l'accompagne est très sensuelle – when Bob comes home I put it on and scream for hours just before swooping down on him for the kill! Enough nonsense. I'm too much at times, much too much... I feel wonderful now! I stopped writing this last night and now instead of going to church, I'll rave and rant.

What could I rave on about now? Hier soir, (samedi) je me suis saoulé sur quelques bouteilles de vodka avec 4 filles (ne t'évanouis pas, elles savent que je marche) et on est partis pour la danse. En entrant dans cette salle de danse très populeuse on ne voyait que des corps battre à la musique (???) et on a dansé quelques danses. Je devenais de plus en plus saoul – presqu'au point où j'allais attaquer quelques hommes. J'avais l'œil sur un et je l'ai dit à Florence (une des 4). [...] Florence, je l'aime, elle est très sympathique. Elle est folle de Bob... Mais elle nous aime tous les deux. Si ce n'était pas d'elle, je n'aurais pas sorti hier soir. Tu aurais dû l'entendre: «Bob est à Saint John, Peanuts est à Bouctouche. Sors et viens t'amuser ça te fera du bien». [...]

Si je veux finir cette lettre avant l'été prochain il va bien falloir que j'arrête. J'ai commencé à l'écrire vendredi après avoir posté l'autre. Aujourd'hui, c'est lundi et j'écris encore. Je vais écrire jusqu'à ce que je parte pour Moncton voir Monique Leyrac. Tu disais dans une de tes lettres que tu avais un ami peintre qui était «serious» (because there are so many phonies around!). Que c'est vrai! Il y en a tant de «phonies». À Saint John je pense que c'est cela qui m'étouffait le plus... Espèce d'hypocrites qui ne peuvent jamais être sincères, qui ne peuvent pas montrer leurs vrais visages, qui se pensent meilleurs que tous. J'en ai vu, j'en connais beaucoup trop – à cet égard le livre de J.D. Salinger, *Catcher in the Rye*, figure très bien. À tous mes amis j'ai dit bien des fois: «Je suis comme je suis, aimez-moi de même ou ne vous occupez pas de m'amuser. S'il faut que je me forme d'après vos goûts pour vous plaire, que le diable vous emporte.» My friends like me the way I am – I couldn't stand anyone saying they love classical music or *Le Cid* de Corneille just to please me and to sound intellectual. I want my friends to be earnest, I don't want them to be what they're not or as a replica of what they'd like to be. At first, I though Bob was a big phony. When I nearly suffered a nervous breakdown, I realized what Bob was going through – my nerves or system (was or were?) suffering from something entirely different from Bob, but the weakness or sickness was the same. J'ai constaté alors que l'homme que j'aime est «malade» et non «malade imaginaire». He is earnest. Je pensais que la cause primaire de son état était qu'il voulait de l'attention, même qu'il souffrait d'un complexe d'infériorité. Pas du tout. Son problème est beaucoup plus profond et maintenant qu'il en revient assez mieux, je préfère même pas y penser. Il doit venir passer quelques jours avec moi à Bouctouche, d'ici 2 semaines. Cela me fera énormément de bien. Je suis toujours bien avec l'homme que j'aime.

Assez dit, je termine et n'ose même pas relire cette lettre de peur que je détruise. C'est l'incohérence par excellence. Il faut me pardonner, Joey, je suis depuis quelques jours dans un état d'esprit lamentable. J'en ressortirai prochainement. Les lettres me font du bien.

Bonjour!

Your sister in sin

Peanuts

Ton ami perdu parmi les sauvages,

Gérald Leblanc

P.S. Je t'envoie un de mes «vieux» poèmes et pour un antidote au poison qu'est ce poème j'en envoie un de Marie-Claire Blais que j'aime beaucoup.

P.P.S. Je garde ta photo – je te retourne les 2 autres, merci bien, je t'en enverrai prochainement. Je me dépêche – il faut partir.

À bientôt

P.P.P.P.P.P.S. Si je peux me débarrasser de la maudite paresse qui m'enveloppe, je promets aussi une lettre sur la littérature française, une sur l'anglaise, une autre sur l'américaine et finalement une sur la scène canadienne-française. J'en ai de l'ambition, hein? J'espère aussi ta lettre sur le plan littéraire et je souhaite secrètement qu'il y ait un ou deux de tes auteurs préférés que je déteste – alors, on commencera la bataille! J'adore essayer de convaincre quelqu'un (même si je ne réussis pas toujours). Oh – j'aime ce que tu as cité de Whitman, je le sais par cœur – Walt est un des grands innovateurs de la littérature moderne. Bien! Bien! As-tu déjà lu François Mauriac? (Si tu veux en lire je te défends de le lire en traduction. Ce serait, mon ami, un sacrilège – François Mauriac, c'est le Dieu de la littérature au XXe siècle.)

ANNEXE

Joey: Read this at least 3 times over, about and taste the beautiful savor of genius.

« L'amante » dans *Existences* (1964), Marie-Claire Blais

Il dit parfois que je suis libre
Mais se penche sur ma nuque fatiguée
Retient ma taille de sa brûlante main
Son souffle erre sur mes tempes
Puis sans me voir, il m'invite à la caresse
La plus lente...

⁂

J'habite ce pays serein, celui de mon mari
Dans la même maison, le même espace
L'étroite solitude des jours nous ressemble
Et parfois, calmant entre mes bras une obscure faim,
Une obscure soif,
Son corps saisit le mien qui dormait encore.

⁂

Je ne suis pas étrangère auprès de sa force
Son épaule m'accueille, il commence parfois
Des gestes au matin que seule la plénitude du soir
Achève lentement,
Si cette main se pose sur mon front
Déjà je la précède dans le tendre abîme de l'étreinte

⁂

Réveille-moi tôt demain,
Nul autre que toi ne doit me surprendre
Dans l'ensevelissement de notre muette volupté...

⁂

Mes enfants, allez à lui, et retenez-le
Au seuil de la maison,
Je ne voudrais pas qu'il parte aujourd'hui

⁜

« Cette femme qui coud dans la maison, là-bas, c'est la mienne,
j'apporte du muguet que je déposerai sur la table... »
— Ainsi pense-t-il en marchant dans le jour d'été que j'écoute frémir
derrière les volets...

⁜

Nous courons avec les enfants jusqu'au vallon des coquelicots
Qui s'éteint doucement sous le soleil
Nous courons avec mes enfants et ils rient
Moi j'oublie ces villes que je ne connais pas
(et peut-être cet amant que je désire en rêve?)
Quand le jour descend avec les glaciers de l'ombre
Quand les montagnes s'effacent
Eux pleurent parfois d'épuisement entre mes genoux osseux!

⁜

Soufflons la bougie
Et que ces enfants nocturnes ne m'appellent
Plus encore à travers leur sommeil!

⁜

(un passant m'a supplié de le suivre dans la nuit éphémère...)
Peut-être est-ce son haleine qui chante en moi ou mon corps triom-
phant qui fléchit lorsque se referme la calme étendue du plaisir
Je crois entendre de la colline
Le jaillissant délire des flûtes
Qui accompagne mon repos...

⁜

J'ai lourdement vécu aujourd'hui,
Tu répètes chaque jour, les mêmes choses

À l'amante naufragée
Cette femme aux vêtements ternes
Qui t'apparut au commencement des soirs....

❖

Mon mari oublie ses enfants
Dans sa propre maison
Il parle de la récolte à la lueur des lampes
Et ignore que passe en songe
Dans le regard étonné de notre fils
Un vif été de paille
Qui se consume aussitôt
Et ses prunelles ardentes.

❖

Mon enfant immobile au pied de l'escalier
Oublie de cueillir les fruits tombés du panier
Les pigeons dorment sur le toit
Offerts à la chaleur du matin
Autrefois, j'étais une vierge noire comme tes sœurs
Ton père et moi parlions déjà de toi
Et un océan de jours nous séparait de ta naissance.

❖

Ne m'abandonne pas [à] cette heure infinie
Tu ne sais combien m'étreint toujours
Le regret de ce sol fragile et tremblant
Cet amour si près de la mort
Prompte saison très tôt ravie !

❖

Il a aimé une étrangère cette nuit
Ô mes enfants endormis,
Sans ce pays de douce faim où il vit
Parfois je crois entendre notre fleur sauvage
Au creux de sa voix,
Et mille petites choses de ma vie secrète

Dont je ne puis parler,
Poussières brûlantes à l'ombre de nos destins
Qui font tressaillir la nuit

❖

– Marie-Claire Blais

Souviens-toi de ce nom.

[7]
Oct. 19/[19]67

Dear friend,

Orgasm, orgasm, INTENSE ORGASM!!!! I have just finished watching on television *Slow Dance on the Killing Ground* by William Hanley[1] and I'm beside myself. That play ran on Broadway several years ago but I don't think it ran too long – anyways, the CBC did it and I enjoyed it immensely. I love William Hanley very, very much. He is very talented and promises wonders. One night (about 4 years ago), I saw 2 one-act plays of him *Mrs Dally Has a Lover* and *Today Is Independence Day* – much carrying on for weeks after. If you can find any of his plays, read them, they're magnificent.

Bon je reviens à ma langue maternelle. J'étais totalement inondé d'anglais pendant que je surveillais le drame de William Hanley. Encore cette semaine j'ai passé bien des heures en avant de la télévision mais j'en ai tiré quelques prix. Lundi soir au programme *Sel de la semaine*, on présentait Henri Troyat de l'Académie française en interview pendant une heure. J'étais justement à lire un de ses romans et j'ai profité de l'émission pour mieux connaître l'auteur. Henri Troyat offrait de très bonnes discussions sur le roman. L'émission ne durait qu'une heure, j'aurais aimé 3 fois ça. Il expliqua à fond sa théorie d'écrivain. En plus, il reprocha aux auteurs du Nouveau Roman en France d'être «trop» intelligents – ça le peine de voir quelqu'un avec du talent s'asseoir pour écrire en se tenant bien consciencieux des « règles » du roman, dit-il, chaque auteur ne doit pas se conformer à une technique ou à certains règlements, il doit s'exprimer à sa façon soit en formant ses propres règles. C'est ceci qui fait les grands auteurs comme Marcel Proust, Joyce, André Malraux, etc. Il en a tellement dit – j'aurais bien aimé que tu puisses voir cette émission. Chaque semaine ils ont des invités très intéressants, des écrivains souvent, parfois des comédiens (acteurs), etc.

Je viens justement de recevoir ta lettre qui me met de bonne humeur. Commençant par la fin tu me demandes pourquoi ou comment se fait-il que j'aie une réputation à Saint John ? You force me to write in the barbaric, cacophonic tongue that is the English language – of course it's easier now that I can laugh at myself for what I have done. Écoute, cher ami sympathique, Saint John is a large enough city (for New Brunswick) counting 100,000 people. Now, it has the largest gay set « per capita » in North America. No word of a lie – I have been told this and seen it myself. San Francisco and Los Angeles have nothing in Saint John (per capita, remember!). Alors! This could be paradise but it is also the roughest city on the globe. Two winters ago there were 7 murders, millions of break-ins, etc. Last winter was quiet – only 4 or 5 murder cases (one of which a man was stabbed right on Charlotte Street (« Main street » of the city)). I'd mind this madness I lived for 3 years. Those 3 years taught me everything (including the English language – my English was very, very limited when I moved there, so to me Saint John means English – so I am writing the story in English). Someone as well as I was then got to know many, many people. I became overnight the wonderful legend of Peanuts – mad Frenchman whore whose tongue is acid, does mad impersonations of Marlene Dietrich, Mae West[2] and Tallulah Bankhead[3] (not in drag though, I'm a mess in drag), has anyone she lays eyes on. All this is a mixture of fact and fiction. You see, every night, Bob (« Roxie »), Sonny (« Pearl ») and yours truly (« Peanuts ») would be out loose in the city screaming. We have a gay tavern in Saint John (The Royal Tavern) and we would walk in there and take over... we'd serve customers (about ¼ of the clientele was straight but understanding), dance (Bobby and I taught dancing Ballroom and Jazz at the New Brunswick dance academy) and then I would gulp down 5 or 6 beers, sit down and rake a couple of the queens or butches over the fires of hell, you know, I'd look at something butch and say «Hello there tall, dark and handsome! Well... Tall and dark. I like that sweater you're wearing, sometimes I wish the style would come back, and stop looking at me like that, fancy, you know you can't afford me, I'm a luxury. But you're a nice kid, listen sweetie, what's that there, that a gun in your pocket or you just glad to see me?...» And all that shit. The queens and other gay kids would scream and the straight ones would get a big kick out of it. We'd go in restaurants and straight bars or lounges and carry on like white trash. I mean we got to be known. You can go in any city from here to Timbuktu and chances are you'll run into someone that knows either Roxie, Pearl or Peanuts or probably all three. Then I met Bob, l'homme que j'aime. After cooling down for him, I tried to persuade myself I was only infatuated with him and stopped seeing him and became Peanuts again. It was more than I could bear. I left Saint John and moved to Fredericton where they knew the name but not the person – I lived up to the name. Raymond and I shared an apartment (we were school friends from way back to Bouctouche) and we turned it into a brothel. We had a lesbian living with us (I love, adore many lez-zies, of course some I can't stomach). I took first a German lover (blend, could hardly speak English, spoke beautiful French and I brushed up on the German I know that I had picked up in Saint John when Roxie, Pearl and I used to go down to the boats, he was 28, a dream-boat, hung like a fuckin' horse, and one of the most wonderful persons I've ever met). The affair lasted not too long, because we decided to become friends ins-tead of lovers (he lives in Vancouver now, he was down in Mexico for a year and just got back) – we still correspond. When we were lovers, he knew I was trying to drive someone out of my mind, so our affair wasn't doing anything for either of us. He was an intellectual (much education in Germany, etc.). I'm glad I met him. Anyways when Emile and I became friends, I picked up another lover and then another one and finally I said fuck it! Bob is the man I love, I'll go back to Saint John and face it. Bob was (and is) the man I love but he adored Peanuts as a friend but c'était tout. One night shortly after I returned to Saint John we were out together in a parked car with another couple and I began (I was drunk): «Bob, tu ne sauras jamais ce que tu es pour moi. Je tourne vers toi comme une feuille au soleil, embrasse-moi un peu. Je ne peux me défaire de toi, mon grand, il n'y a pas de bout du monde mais pourtant je partirais...» Well, Bob was drunk also and his understanding of French under the influence of intoxicants is limited. However, he got the general drift of the declamation, we kissed, kissed, kissed. No sex. I didn't want it. Shortly after we slept together, I still didn't touch him sexually, we repeated our sleeping habits and one night I said that I was going to show him how much I loved him in a different way. (Be not shocked, my child, for I have been scarred by life, my way of behaving is not without reproach, but I am of French temperament and act accordingly.) [...] I stayed away from Bob for 5 months and became promiscuous again. On the streets every night, partying like mad, drinking like a whale and staying depressed. [...] That is why I am in Bouctouche now. There is so much to be said, so much.

Bon! Je reprends mon français. Écoute, mon ami, parfois, et bien souvent, je pense IGNORANCE IS BLISS. Oui, oui, oui!!!! Je regarde le monde simple et tranquille de Bouctouche et je constate: ils ne savent rien, ils sont heureux. Moi, je suis perdu, je suis désespéré, si je n'avais pas voulu tant, je ne serais pas où je suis aujourd'hui. Je regarde le monde, l'univers avec des couleurs très sombres. Où en est rendu l'humanité? Comme William Golding tout le monde est méchant, tout le monde est indifférent. Que de mal sortant des foules de nos villes. La solitude. La solitude, la réalisation que personne n'écoute, que personne n'est là, combien de gens en constatant ceci sont menés au suicide. C'est une morne pensée. Il fait pourtant si beau à la campagne. Tout le monde connaît tout le monde, on sent la chaleur de ceux qu'on côtoie.

Assez! Parlons de lecture. Je t'avais dit que je voulais me lancer dans *À la recherche du temps perdu* de Marcel Proust, mais à la bibliothèque, la semaine dernière, j'ai décidé de lire du Balzac, que je n'avais jamais lu d'ailleurs, et je finis justement *Eugénie Grandet*. C'est assez bien. L'auteur présente des détails qui lui permettent de faire rebondir l'action et ainsi le drame avance, les sentiments de ses personnages se développent. Il n'analyse pas ses créations mais par la structure du récit il réussit à donner de l'ampleur et de la densité dramatique. Je vais en lire quelques autres avant de m'aventurer sur Proust.

Marie-Claire Blais! Ne vas-tu pas cesser de m'étonner avec tout ce talent!!! J'ai trouvé un de ses romans que je n'avais pas lu soit *L'insoumise*. Je commence la lecture et il est si bien fait que je vais certainement le lire 2 ou 3 fois avant de le retourner. Pas de littérature canadienne-française moderne à votre bibliothèque!!!!! Qu'attends-tu? Have a demonstration immediately!!! Comment osent ces barbares américains, vous priver de la culture de votre voisin le Canada! Scandale! Un sacrilège! Va falloir que j'écrive quelques lettres insolentes au Département de l'éducation ou quiconque s'occupe de cela. As-tu aimé le poème de Marie-Claire Blais que je t'ai envoyé?

Gilles t'a finalement écrit! Pauvre Gilles – je l'aime bien ce petit mignon cousin. Sa conscience catholique le tracasse beaucoup. Tu n'aurais jamais dû lui donner ces livres de Bertrand Russell et autres philosophes à lire! Il n'a pas de base, ça l'a beaucoup bouleversé. Pauvre petit, il n'a jamais lu que quelques romans catholiques. Tu as tort! Pire qu'André Gide. Quand même je m'imagine que tu l'as fait en bonne volonté. Gilles se passionne de plusieurs intérêts. Une fois je m'en souviens, il était à essayer d'apprendre l'allemand (parce que moi je peux parler l'allemand assez passablement). Je lui ai dit: «Quoi? Améliore ton français! Ensuite tu apprendras l'allemand!» Son français (à Gilles) me scandalise! Tellement que ensemble on parle anglais, je lui ai dit – surveille ton français! Applique-toi! Il fait un petit effort. C'est dommage, mais quelques semaines avec des Français qui savent un peu leur langue lui ferait des miracles. C'est à vivre parmi les sauvages (les Anglais) qu'il a pris préférence à cette langue. Peut-être dans le futur... Toi aussi, reprends ton français IMMÉDIATEMENT!!! Tu es certainement de tempérament français, ne laisse pas ces types barbares et de peu de cerveau te faire croire que l'anglais est la langue – écoute j'avoue que l'anglais est considéré la langue du commerce, etc., mais je lis et entends chaque jour que l'anglais perd chaque jour un peu de son autorité. En Europe, les

États-Unis sont vus avec un regard assez dédaigneux. Les Américains se croient meilleurs que tous, la plus grande figure politique, le plus grand homme du XXᵉ siècle est, sans aucun doute, Charles de Gaulle (écris-moi et ose me contredire). Les sentiments qu'il éprouve à l'égard des États sont les miens. Oh Peanuts! Shut the fuck up! Ce que je veux dire, la langue française est des plus belles. Perds ton honneur, ta foi, ta fortune, NE PERDS PAS TON FRANÇAIS! (what an extremist, a fanatic, a lunatic I am. Don't mind my goings-on.)

André Maurois[4] writes the biographies, André Malraux writes the great, great novels of l'homme au XXᵉ siècle. Son roman, *La condition humaine*, est parmi les 10 plus grands romans de tous les temps! Quand même! Le regretté André Maurois écrivait de grandes biographies. Plusieurs y sont passés, Byron, Shelley, George Sand (j'ai beaucoup aimé *Lélia ou la vie de George Sand*), Balzac, Proust, etc. Un grand vide dans les lettres françaises. Parfois, lorsque je lis Maurois, il me donne l'impression de Will Durant (il n'a pas la profondeur de Durant) par son humour, son amour d'anecdotes, etc. Malheureusement je n'ai pas lu *Prométhée ou la vie de Balzac*, mais étant à lire du Balzac, j'en profiterai pour me procurer sa biographie de Maurois. Je reparlerai de Maurois et certainement de Malraux.

Naked Came I was a masterpiece. C'est tout.

Je réalise qu'il me sera impossible de t'écrire une lettre sur diverses littératures (anglaise, française, américaine, etc.) puisque j'en finirais jamais – la lettre deviendrait en fin de compte un livre. Le mieux que je puisse faire c'est attaquer un auteur ou deux à la fois, comme ceci, dans 40 ans, on sera encore correspondants.

Avant tout. Je n'ai jamais, jamais lu de philosophie ou de poésie en effet aucun écrit de la civilisation «Est». Je suis ignorant du zen, etc. J'ai tort, je le sais. À la bibliothèque de Moncton, il y a un grand, grand choix de lectures à ce sujet – et en français, alors je vais en commencer – aucune suggestion ?

Carson McCullers[5] – orgasm, orgasm, orgasm, what a loss her death is to American literature!!! L'artiste de l'implacable géométrie des cœurs. Elle n'est pas «regionalist» (même si elle est de l'école

« sud ») ses thèmes émouvants sont de valeurs universelles. Ses personnages grotesques qui veulent aimer, qui désirent être aimés, mais avec le triste destin qui les force à l'amour solitaire. L'amour réciproque est étranger dans son œuvre. Tous ses écrits sont la perfection du style, une ambiance gothique remarquable. *The Ballad of the Sad Café* est une des plus grandes réussites du genre. *The Member of the Wedding*, c'est encore la solitude. *The Heart Is a Lonely Hunter* son premier roman est presque parfait, symbolique. Déserverait un prix Nobel. Une figure gigantesque dans la littérature moderne, son œuvre durera.

Je te disais que j'étais à lire *L'insoumise* de Marie-Claire Blais – j'en finis justement la lecture. Je le préfère « presque » à *Une saison dans la vie d'Emmanuel*. Il faut absolument que tu trouves un de ses livres.

Tu as raison, Norman Mailer[6] veut avant tout être l'homme enragé (ou engagé). Il force ses idées, cherche à choquer, donne souvent l'impression de ne pas être tout à fait convaincu lui-même de ce qu'il dit. Je ne l'ai pas beaucoup lu, seulement quelques articles et son roman *The Naked and the Dead*.

Le catholicisme! Franchement si je suis en discussion avec un protestant, je défends cette religion avec ardeur. Avec un prêtre ou quelqu'un qui connaît sa théologie à fond, je me montre presque incroyant. Comme je disais dans une de mes premières lettres, je pourrais bien dire que je suis athée, mais sans conviction. Je veux croire, je doute, je manque de foi. Souvent, j'ai réfléchi à l'argument que tu présentes: Dieu est créateur de tout: Dieu est créateur du Démon: Dieu est bonté: le Mal est le Bien. Drôle de dilemme. Pourtant, je prie parfois avec croyance. Je ne crois pas à l'enfer. (Jean-Paul Sartre: « L'enfer c'est les autres ».) Disons que je suis agnostique.

Tu vas voir Charles Aznavour! Chanceux! S'il chante *La Bohême*, saute debout et crie! En expliquant au public: « C'est de la part de Peanuts, qui, hélas, n'est pas ici pour crier elle-même. »

J'ai bien aimé le dessin du *New Republic*. C'est une bonne revue, je la suivais assez régulièrement mais ici je n'ai aucune chance de l'acheter. J'aime aussi *The New York Times Book Review*. Je suis abonné à *Time*, *Newsweek*, *Sept jours*, etc. *Time* est ma bible, je n'aime pas *Newsweek*. Ça ne veut pas dire que je suis d'accord avec tout ce que raconte *Time*, mais j'aime énormément le lire.

Vendredi dernier j'ai vu un très bon film au réseau français: *Et Satan conduisait le bal*, avec Catherine Deneuve. Film qui présentait la vie de 3 jeunes couples qui se trompent, qui se font tromper lors d'une soirée chez l'un d'eux. Beaucoup d'emphase sur le bord sexuel (physique) de ces trois couples – présente comment déçus de l'amour l'on peut être lorsque ce sentiment se base sur l'aspect physique. Un bon film.

SLUT! How dare you call my Œdipus complex a disease! À vrai dire, c'est ceci qui a causé le fond de mon homosexualité mais je respecte mon père aujourd'hui, j'adore ma mère (elle est très «broad-minded», tous mes amis l'aiment, elle est très sociable, etc.) mais mon sentiment ne borde pas le fanatisme (?! Je ne sais pas si c'est un bon mot, mais tu sais qu'est-ce que je veux dire). Je n'ai pas encore construit un sanctuaire pour me prosterner devant sa photo! Vraiment mon homosexualité ne me problème guère. Je ne voudrais être nul autre que ce que je suis, je ne désire pas être hétéro˙, après tout je ne serais pas heureux. Par exemple, je pense parfois, j'aimerais être comme tel ou tel type que j'admire, etc. Je me reprends en disant «Oui, mais ce type quelconque a ses problèmes lui aussi, etc.» J'ai mes problèmes à moi et pour la plupart je sais comment les surmonter. Ne va pas croire que je vis dans un petit paradis terrestre, mais ma vie pourrait être pire et bien pire. L'affaire Bob et moi me cause assez d'ennuis de temps à autre, mais comme le dit la chanson: «I'd rather be lonely/And wait for you only». De Bob, d'ailleurs, André Gide a dit bien avant moi ce que je veux exprimer: «Tu m'as appris l'amour...(Bob)... non la sagesse, mais l'amour.» «Avec cette expérience, brutalement humain, je sais ce que c'est aimer, non la sympathie mais l'amour» (Gide encore). Ah! Quel animal complexe je suis!

Tu aimes Van Gogh? Moi de même. J'ai un penchant pour les peintres français: Cézanne, Braque, Monet, Gauguin, etc. Je peux

---

˙ [Dans la marge de gauche] J'ai déjà couché avec quelques filles, j'ai su me comporter, me satisfaire, mais soyons raisonnables, mon cœur n'y était pas, c'était un sentiment bien vide.

m'asseoir devant un Picasso durant toute une journée et en sortir ébloui. Picasso est le peintre contemporain capital. Génie.

Tu te déclares «an emotional idiot» – je ne suis pas sans émotion non plus. Je ne peux pas pleurer, c'est peut-être ça mon plus grand problème. La vie m'a durci, j'ai le cœur fait en roche... [...] A good cry night do to me miracles. Many, many incidents move me but never to tears. Lorsque je suis en face de génie, je deviens en extase. Exemple: la meilleure actrice au monde est Ingrid Bergman (pas ma favorite, mais elle est la plus grande). Je regarde Ingrid jouer n'importe quel rôle et je gèle, tu pourrais planter en moi des aiguilles, je ne les sentirais point tellement je suis envahi par la grandeur du génie qu'est le métier d'Ingrid Bergman. Mes 3 actrices préférées (parmi les 5 meilleures de tous les temps) sont Simone Signoret[7], Bette Davis et Jeanne Moreau. Simone Signoret (here while I stop and think of her great performances, I shall stop for 5 minutes for 3 consecutive orgasms, screams, groans, cries and other nauseating things). Bette Davis can do more with a puff of a cigarette and a stare than 95% of all actresses can accomplish in a whole career. Jeanne Moreau. La déesse. Son jeu est la subtilité même, l'éternelle femme, l'âme, le classique.

Ah! J'ai un certain*

Excuse the sloppiness. Je suis beaucoup trop paresseux pour recopier l'envers de ceci sur une autre page alors je l'envoie comme ça. Qui suis-je? Je veux t'expliquer tout de suite quelque chose. Mes opinions sont parfois très lâches; il ne faut pas prendre à cœur tout ce que j'écris. Je suis extrémiste parfois fanatique, etc. Tu comprends. Je dis que je hais les Anglais. Oui, j'ai un certain dédain des Anglais, pourtant l'homme que j'aime est Anglais presqu'au bout des doigts, etc. Alors j'espère qu'aucune chose que j'écris ne t'offense. Reste d'accord avec les sages paroles de mon père à mon égard: «C'est un p'tit fou.»

En finissant *Les nourritures terrestres* d'André Gide, je prends son autobiographie *Si le grain ne meurt*. Jusqu'ici je n'en ai lu qu'une quarantaine de pages, mais l'écriture est si plaisante, même si Gide ne parle que d'un jouet, ou s'il décrit qu'un sentiment quelconque, toujours reste

---

* [Le reste de la lettre est déchiré. La lettre se poursuit sur une autre page.]

la beauté d'un style lucide et prenant. L'opinion générale cite les premiers chapitres de *Si le grain...* parmi les plus belles pages de la littérature française. J'en suis d'accord. Tu disais que tu as aimé Gide dans *La symphonie pastorale*. J'ai aimé ce roman (récit) aussi malgré ses terribles gaucheries. Il avait pensé longtemps à écrire ce récit d'une aveugle (symbole de l'esprit innocent – «uncommitted») qui monte jusqu'à ce qu'elle voit, seulement pour comprendre qu'elle aurait les yeux sur une lamentable situation. La construction de ce roman est très gauche et dans la deuxième partie, Gide manipule l'histoire pour en finir brusquement. Mais je suis d'accord avec le thème: peut-être ignorance is bliss que Gide semble vouloir dire. Ici encore, le style vaut beaucoup.

Encore du Marie-Claire Blais:

> Tu es ténèbres fraîches quand tu fermes les yeux,
> Tu es la forêt close où je ne pénètre pas,
> Tu es l'herbe mouillée que l'on foule, le matin,
> Tu es une parole dure, tu es une parole tendre
> Et j'aime ton corps assombri, à peine beau
> Quand tu marches vers moi dans la lumière fugitive...˙

J'ai un autre recueil de ses poèmes, intitulé *Pays voilés*. Depuis quelques semaines, je lis énormément de poèmes et je rêve...

Inclus dans cette lettre est un poème d'Aragon, que j'aime – Aragon est meilleur romancier que poète; sa poésie est souvent propagandiste (il est communiste), elle touche parfois au «pamphlet» politique quoi. Néanmoins il a écrit de très belles lignes – surtout pour Elsa (sa femme) comme:

> Ô mon amour ô mon amour toi seule existe
> À cette heure pour moi du crépuscule triste
> Où je perds à la fois le fil de mon poème
> Et celui de ma vie et la joie et la voix
> Parce que j'ai voulu te redire je t'aime
> Et que ce mot fait mal quand il est dit sans toi.

˙ [Dans la marge de gauche] Tous ses poèmes presque terminent comme ceci. 2 lignes qui vous laissent pensif...

Peut-être tu aimeras le *Cantique à Elsa*.

Je suis devenu fou d'une nouvelle chanteuse! Ce soir elle était en récital à la télévision française. Simplement Eva[8]. Haute, visage rond avec deux rideaux de cheveux noirs, les yeux bleus, avec une bouche expressive. Allemande, elle chante français (avec une note d'accent qui charme). Ainsi elle a fait ses débuts dans les boîtes de nuit de la Rive gauche de Paris. Elle est au Canada français pour quelques mois. Voix prenante, elle chante comme une Négresse, voix languissante. Je l'ai enregistrée (taped). Je l'aime.

Voici quelques notes sur Marie-Claire Blais (encore?) de *Time*.

As slight as a praying mantis, she might be a harpist, or perhaps a nun. Marie-Claire Blais, 27, is instead an author of torrential talent who finds beauty in the brutality of misery and madness. Her phantasmagoric explorations, mainly of québécois poverty at its most wretched, fill five [now 6] novels, and it was for one of these *Une saison dans la vie d'Emmanuel* (1966) that she won France's Medicis last week.

« No one in France is guiltless enough to write *Emmanuel* wrote Claude Mauriac[9] in *Figaro*, We are all too tired, used up and have read or seen too much. »

Like many of Marie-Claire's earlier poetries outpourings, *Emmanuel* is a story of rural squalor that raises realism to Gothic Romance. Emmanuel is the 16th child born to a woman married to an illiterate tyrant and sustained in perpetual grief only by a faith she fails to question. In Emmanuel's first winter of life, one of the older sister proceeds from religious devotion to prostitution, a brother has 3 fingers cut off in a shoe factory, another brother dies of TB in a <u>Noviciat</u> after numberless orgies with Frère Théodore Crapula. It is all an icy chronicle of degradation that *Le Monde*'s critic Alain Bosquet[10] found « a remarkable parable of inexhaustible richness ».

...She grew up in a 3-room flat with 2 brothers and 3 sisters in Québec City's stably Saint-Pascal district, read Poe and Baudelaire, and poured out sensual poems and stories on tattered loose-leaf paper...

She now lives in near seclusion in a century old wooden house in Cape Cod. « I am a solitary person », she says. « I love the woods, the fields and quiet, but I can't love human beings. » A compulsive writer, she rises each day at 7 : 30, starts typing while the coffee boils, continues far into the afternoon.

« The well of my experience is French Canada, and I need to return from time to time. But writers really belong only to the empty sea. I've written 6 books already, and I'm afraid I have many more to write – too many, far too many.»

Ceci est qu'un bref aperçu de quoi me faire crier, et abuser de son nom et de ses écrits. J'ai lu *Une saison dans la vie d'Emmanuel* 2 fois et lorsque je pourrai le reprendre à la bibliothèque, je veux en refaire la lecture. Disons que je puisse le sortir pour plus de deux semaines (le renouveler qui fera un mois) je te l'enverrai par la malle. Il est impossible pour moi de vivre en sachant que tu n'as pas lu du Marie-Claire Blais.

Bon, je dois en venir à une fin. Que j'aime écrire! Même si je ne fais pas toujours le rusé – quand même! Il faut encore que j'écrive à l'homme que j'aime et ensuite me perdre quelques heures dans le beau pays des livres. Continue tes lettres adorables qui m'apprennent un peu chaque fois qui tu es.

À la prochaine
Amitiés sincères
Gérald Leblanc
(called Peanuts – or has been known to be called something else like queer, fruits, cocksucker, knot gobber, well anyways, me! Moi!)

Pensées

Chacun n'est que sa biographie (Nietzsche)
À propos de l'homme que j'aime.

Il fallait bien qu'un visage
Réponde à tous les noms du monde... (Paul Éluard)

Encore Éluard que j'aime beaucoup. Il dit:

Et quand tu n'es pas là
Je rêve que je dors je rêve que je rêve.

ANNEXE

«Cantique à Elsa» *Les yeux d'Elsa* (1942) d'Aragon
1. Je te touche et je vois ton corps et tu respires

Ce ne sont plus les jours du vivre séparés
C'est toi tu vas tu viens et je suis ton empire
Pour le meilleur et pour le pire
Et jamais tu ne fus si lointaine à mon gré

Ensemble nous trouvons au pays des merveilles
Le plaisir sérieux couleur de l'absolu
Mais lorsque je reviens à nous que je m'éveille
Si je soupire à ton oreille
Comme des mots d'adieu tu ne les entends plus

Elle dort longuement je l'écoute se taire
C'est elle dans mes bras présente et cependant
Plus absente d'y être et moi plus solitaire
D'être plus près de son mystère
Comme un joueur qui lit aux dés le point perdant

Le jour qui semblera l'arracher à l'absence
Ne la rend plus touchante et plus belle que lui
De l'ombre elle a gardé les parfums et l'essence
Elle est comme un songe des sens
Le jour qui la ramène est encore une nuit

Comme le coquillage enregistre la mer
Grisant mon cœur treize ans treize hivers treize étés
J'aurai tremblé treize ans sur le seuil des chimères
Treize ans d'une peur douce-amère
Et treize ans conjuré des périls inventés

Ô mon enfant le temps n'est pas à notre taille
Que mille et une nuits sont peu pour des amants
Treize ans c'est comme un jour et c'est un feu de paille
Qui brûle à nos pieds maille à maille
Le magique tapis de notre isolement.
– Aragon

P.S. Another 15 pages of nonsense. Again I bring to you that aura of drunkenness that filters through these drag and colourless pages. – Peanuts, shut the fuck up.

[8]
Enveloppe datée du 24 octobre 1967

IMPORTANT
READ THIS FIRST!!!
Joseph Olivier Roy = we have met before: you see ever since Gilles told me you had relatives in Bouctouche, the only one I could think of in Bouctouche that I knew was, en effet, Marguerite King (Roy). I let it go at that. Then today I got your letter telling me that she was your aunt!!! Well, scratch your brain and try to remember about 12-13 years ago when you came to Bouctouche for a week or so with your parents and you met this dark, young kid living next door (in the same house as Marguerite), we played around like 8-9 years old would – you know walking around town talking about our toy, etc. That was me and I'm quite sure the other one was you. We (my parents and family) lived in Marguerite Roy's house 7 years, moved somewhere else, then Saint John. I was living next door when you came down (2 summers until we moved out) and was introduced to you as Gérald and you as Olivier (if that is what that O. stands for). I had just recuperated from a 9 months battle with T.B. Tell me you remember as I'm quite sure that « dark little boy from the States » is you. My father's name is Louis – your parents would certainly remember. Let me know, eh? If it was you, I'll scream for days...

Another chapter in the Life of a Femme de Vie

Oct. 24/[19]67

Cher Joey,
Voilà qu'il est 2 h 36 du matin, je viens de surveiller un film (avec Charles Aznavour) et il m'est impossible de dormir. Que vais-je faire? Avec quelques bières dans le réfrégidaire et quelques paquets de cigarettes, je vais m'asseoir et écrire toute la nuit. Le film d'Aznavour. Je ne sais pas si tu savais, Charles Aznavour est aussi comédien (acteur) et il ne chante pas dans ses films (maudit!). Dans un film Aznavour est toujours Aznavour et nul autre. Le film, intitulé *Le rat d'Amérique*, était assez divertissant.

Voici quelques mots de dialogue du film: «Ne fais pas le con, suivez-moi... ne t'en fais pas pour elle, c'est une putain... comment veux-tu sortir d'ici on est dans la merde jusqu'au cou...», etc., etc. Loosely translated: «Don't be a cunt follow me... don't sigh over her she's but a slut... how do you want to get out of here, we're up to our necks in shit...». This is what I like about French films, and also the French-Canadian network, you can always be sure that when they're talking about a cunt, they say cunt (plutôt con) and not «the lower part of the female abdomen». J'étais furieux assez récemment en apprenant qu'un certain réseau américain refusait de permettre une scène d'homosexualité essentielle au thème du film en question. Quelle abomination! Au Canada, même les Anglais laissent passer presque toutes les audacités si on les juge nécessaires au thème d'une émission. Souvenir d'un merveilleux épisode de série canadienne appelée *Wojeck*, dans laquelle on touchait au lesbianisme. Une scène en particulier m'a fait crier pour quelques semaines après. Deux femmes (après bien des complications) demeurent ensemble. Une d'elles, une Noire qui parle seulement le français, est allongée sur le lit, regardant l'autre en plein visage disant: «Chère, chère... viens ici avec moi, viens...». Elle y va et merveille! Elles font l'amour, mais je ne cesse pas de revoir dans mon esprit cette jolie Noire murmurant «Chère» en appelant son amie. Aussi quand cette série *Wojeck* a été vendue aux Américains, l'épisode en question a failli [subir] la censure. Simplement à cause des sujets d'homosexualité et d'avortement! Allen Ginsberg a encore un long chemin à parcourir!!! (soit dit en passant que l'on a eu Mlle Ginsberg à la télévision quelques fois pour réciter sa poésie... si l'on peut appeler ça de la poésie). Enfin! Je suis pour la censure, mais il ne faut pas abuser d'une bonne chose.

Tu es allé voir Charles Aznavour? Raconte-moi tout. Il vient au Canada français pour quelques semaines en novembre et décembre alors j'aurai certainement la chance de le voir. Son récital à la Comédie-canadienne à Montréal sera filmé et par la suite je pourrai le revoir à la télévision. (Juliette Gréco vient à la fin de ce mois aussi jusqu'au mois de décembre. J'espère mes billets pour la voir à la Comédie-canadienne puisque je vais à Montréal pour quelques jours, le 3, 4, 5 et 6 novembre.)

Chère Juliette! Comme j'ai déjà dit, elle est la chanteuse existentialiste, elle chante les poètes: Pierre Mac Orlan[1], Jean-Paul Sartre, Françoise Sagan, R. Queneau, et il y a une chanson que Charles Aznavour écrivit pour Édith Piaf, mais celle-ci la refusa. Il est allé frapper à la porte de Juliette Gréco, qui mit aussitôt cette chanson à son répertoire. Il s'agit de *Je hais les dimanches*, paroles d'Aznavour sur une musique de Florence Véran[2]. J'espère ne pas trop t'ennuyer en la copiant. Ça va:

> Tous les jours de la semaine
> Sont vides et sonnent le creux
> Mais y'a pire que la semaine
> Le dimanche prétentieux
> Qui veut paraître rose
> Et jouer les généreux
> Le dimanche qui s'impose
> Comme un jour bienheureux
> Je hais les dimanches
> Je hais les dimanches!
> Dans la rue y'a la foule
> Des milliers de passants
> Cette foule qui coule
> D'un air indifférent
> Cette foule qui marche
> Comme à un enterrement
> L'enterrement d'un dimanche
> Qu'est mort depuis longtemps
> Je hais les dimanches
> Je hais les dimanches!
> Tu travailles toute la semaine et le dimanche aussi
> C'est peut-être pour ça que je suis de parti pris
> Chéri si simplement tu étais près de moi
> Je serais prêt à aimer tout ce que je n'aime pas.
> Les dimanches de printemps
> Tout flanqués de soleil
> Qui effacent en brillant
> Les soucis de la veille
> Dimanche plein de ciel bleu

Et de rires d'enfants
De promenades d'amoureux
Aux timides serments
Et de fleurs aux branches
Et de fleurs aux branches
Et parmi la cohue
Des gens qui sans s'presser
Vont à travers les rues
Nous irions nous glisser
Tous deux main dans la main
Sans chercher à savoir
N'ayant pour tout espoir
Que d'autres dimanches
Que d'autres dimanches

Et tous les honnêtes gens
Que l'on dit bien-pensants
Et ceux qui ne le sont pas
Mais qui veulent qu'on le croie
Et qui vont à l'Église
Parce que c'est la coutume
Et qui changent de chemise
Et mettent un beau costume
Ceux qui dorment à vingt heures
Car rien ne les en empêche
Ceux qui se lèvent de bonne heure
Pour aller à la pêche
Ceux pour qui c'est le jour
D'aller au cimetière
Et ceux qui font l'amour
Parce qu'ils n'ont rien à faire
Envieraient notre bonheur
Tout comme j'envie le leur
D'aimer les dimanches
De croire aux dimanches
D'avoir des dimanches
Que je hais les dimanches.
– Aznavour.

N'est-ce pas «français» ? Et puis, Juliette y fait tellement justice.

Pour revenir à la littérature sur un plus grand scale, je choisis Henry de Montherlant. Doué d'un style «parfait» il est plaisant à lire. Son plus grand défaut serait qu'il ne semble jamais croire profondément à ce qu'il dit... Il manque de passion: il fait toujours le littérateur (comme Norman Mailer qui avant tout veut être l'«angry young man» – Montherlant veut être littérateur).

Je ferme justement *Les jeunes filles* (1936) qui est le premier volume d'une tétralogie appelée *Les jeunes filles*. Le thème de ces quatre livres est essentiellement celui des rapports (et du conflit) de l'artiste et de la vie, de l'homme et de l'œuvre, de l'homme et de la femme. Montherlant prend toujours la part de l'homme et ne manque jamais la chance d'attaquer vivement la sentimentalité, l'irréalisme, le dolorisme, etc. Son principal personnage, Pierre Costals, est une admirable création, imposante. Dans ce roman de Montherlant, avec son habileté stylistique, il nous enchante.

Les grandes œuvres de Montherlant (d'après moi) sont au théâtre. Il a donné une série de chefs-d'œuvre qui comprend *La reine morte, Port-Royal, Malatesta, Le maître de Santiago* et *La ville dont le prince est un enfant* (orgasm, orgasm, orgasm). Ces pièces sont caractérisées tout d'abord par l'intensité des sentiments qui animent les personnages. Encore ici ce qu'il reste de plus frappant chez M. de Montherlant, c'est le style: sa haute tenue littéraire fait tomber bien des critiques dans un pays où l'on apprécie le style. As-tu déjà lu quelque chose écrit par Henry de Montherlant?

Oct. 30/[19]67 (6 jours après)

Joey! Mon ami! Aaaah! (ici aussi j'échappe un cri d'agonie!) J'arrive de Saint John avec les pensées bouleversées... Ta lettre m'attendait quand je suis arrivé et je t'attaquerai tout à l'heure. Bob. Bob. Bob! Le grand! Le maudit! Voici qu'on s'est parlé environ une heure au téléphone et il m'a donné l'impression qu'il ne souhaitait pas me rencontrer. Immédiatement, je pense qu'il subit une dépression, qu'il serait peut-être mieux le laisser seul s'il le préfère pour se tirer d'affaire. C'est exactement ce que je lui ai

dit et il fut d'accord. Avant de raccrocher il m'annonce: « I think the reason I'm being distant and hesitate to go right into an affair with you is
because I'm afraid of getting involved. » Sans perdre une minute j'avale
75 pilules Barbiturates – sérieusement, j'ai trouvé cette déclaration un peu
moche de sa part. Alors, samedi soir j'ai fait quelques visites à des amis
pour effacer son image persistante dans mon idée. Dimanche (voir *Je hais
les dimanches*) il m'appelle et après les formalités habituelles: « Can you
come over, I want to talk to you so much. » Je lui ai dit de venir mais de
s'abstenir d'aucune sorte de pilule (que le psychiatre lui donne pour ses
nerfs, etc.). Voilà qu'arrive cet Anglais (mot de dédain) avec 3, 4 bouteilles
de pilules dans le corps. Je ne suis pas de ceux qui crient à tue-tête tout ce
qui les désappointe, alors je me suis fermé et j'ai agi comme d'habitude.
[...] Quelques remarques que Bob me fait: « I can never love. » « I have to
break away from home, from mother. » « I don't identify with mother, I
have to realize my identity – (mot maudit!) », etc., etc., etc. [...]

Avant de le quitter je lui propose de venir vivre avec moi, d'y penser. Il se fait tard alors je le quitte en lui disant que j'écrirais une longue
thèse sur le problème de son problème et du mien en vue d'une solution.
Je propose de le convaincre. And here, don't think up all your psychology and philosophy to tell me I'm wrong – it's a long, long story.
J'essaye un peu de l'expliquer, ce grand dilemme. Dès ta première lettre
tu me disais « I finally believe in the necessity of illusion..., etc. » voir
Pirandello. Ma simple (?!) petite vie s'est composée d'une illusion.
Jusqu'à l'âge de 20 ans j'étais maître de moi (j'y suis encore assez) et je
me disais moitié – je serais rempli, je serais entier le jour où je trouverais
l'homme que mon cœur (voir Pascal: « Le cœur a ses raisons que la raison ne connaît point ») choisirait. (Il va bien falloir excuser les clichés de
l'amour qui vont suivre, mais j'écris vite, je ne veux pas entreprendre
encore mes mémoires littéraires.) L'homme, mon homme, celui que je
vais aimer. Il sera beau, il ne le sera peut-être pas. Il devra certainement
être sympathique... sera-t-il plus jeune ou plus vieux? J'étais (et je le
serais encore si je n'avais pas trouvé Bob) à la recherche de mon illusion,
d'en faire une réalité. (Bob entre ici dans la vie de l'auteur qui est
inconscient du terrible drame que va produire l'amour dans sa vie.) Oui,

cher petit cul, Bob est arrivé (English and all). Il y a bien d'autres petites infatuations qui l'ont précédé et au début je pensais être atteint du même mal. Je t'ai déjà raconté mes aventures de Fredericton, etc. alors je ne prétends pas le sentiment d'amour que j'éprouve à l'égard de Bob. Reste le problème que Bob ne m'aime pas. On devient amis – grands amis. Est-il possible de graduer de l'amitié à l'amour? Avec exceptions, non! Bob a toujours été pour moi l'homme de ma vie – lui, Peanuts a toujours été le petit intellectuel français, celui qui comprend toujours. Je constate ici que voyant Bob me faisant quelques illusions d'amour quelconque, il arrivait parfois d'interpréter un geste d'amitié en geste d'amour. Fou, j'y suis, stupide, pas du tout. Je ne pourrais pas m'aveugler au fait que même si je m'imagine que ses intentions sont celles d'un amant, la réalité y reste toujours et je n'ai guère l'intention de vivre dans un monde imaginaire. Bien sûr, j'en ai parlé à Bob. Son caractère est tellement compliqué! Il doit se défaire de ses «psychoses» avant de pouvoir confronter plusieurs problèmes soit se trouver de l'emploi (à peine un problème, mais tenir cette position l'est), être dépendant sans souffrir de l'étreinte, etc. L'amour physique figure si peu que je ne m'y arrête même pas. Loin d'être une liaison intellectuelle au point de vue que l'on discute des grandes théories philosophiques ou littéraires, etc. Bob lit peu... Dieu merci que je l'oblige, que je le force à lire un livre de première classe quelques fois. Ça lui fait du bien, il arrête de penser à ses «grands malheurs» et il réfléchit sur l'œuvre que je lui donne. Il admire beaucoup mon don littéraire (maigre) en traduction – il lit français mais il en tire beaucoup plus en lisant 2 versions (français et anglais) de mes poèmes ou nouvelles, mais il n'offre aucun commentaire critique, etc. (Je suis à lui faire lire la tétralogie de Durrell *Justine*, etc., et il paraît vivement intéressé.) Qu'avons-nous en commun? Qu'est-ce qui me rapproche, plutôt me fait tourner vers lui? Pourrais-je te le dire quand je ne sais pas moi-même... Je refuse de croire que c'est par sympathie ou soit par pitié de le voir souffrir. Non, c'est plus profond que tout ça. Montherlant met dans la bouche d'un de ses personnages ces paroles que je citais plus haut: «J'aime sans comprendre.» D'ailleurs, disons que je puisse comprendre, je doute produire un grand changement dans mes sentiments envers l'homme que j'aime. J'ai trop vécu pour me convaincre qu'il est possible pour moi d'aller me réchauffer à un autre soleil.

Assez pour cette fois-ci au sujet brûlant auquel je reviens inlassablement. C'est bien raisonnable, d'une façon, puisque Bob est mon âme même. Alors en laissant ce sujet je remplis mes flèches de poison prêtes à te bombarder d'insultes au sujet de François Mauriac. Ami (notice the sarcasm), on ne juge jamais un (ou plusieurs) chef-d'œuvre d'après les opinions politiques ou de la vie de son auteur! Ne me contredis pas! Peut-être Flaubert chantait «Madame (Emma) Bovary, c'est moi». Quand même! J'admets qu'il est difficile parfois en lisant Mauriac d'oublier que ce cher Monsieur est véritablement présent mais je vais prendre ses chefs-d'œuvre. *Thérèse Desqueyroux* est sa *Phèdre* – monstre admirable, inoubliable. Le roman est doué d'une psychologie remarquable. Thérèse comme personnage fictif est digne du meilleur de Dostoïevski! *La Pharisienne* est aussi d'une qualité géniale – dans ce roman Mauriac est sûr de son jeu, la psychologie atteint un degré suprême que très peu peuvent rivaliser dans le roman moderne. Encore *Thérèse D.* celle-ci n'est pas manipulée jusqu'à ce qu'elle soit touchée de la grâce. Non, *Thérèse* est une création aux valeurs universelles: tragédie de tous les temps, bouleversante perfection. Et tu oses dire que Mauriac est médiocre! Willy-willy! Joey! Parler de cette façon est un cas de confession! Un sacrilège! Ok! I'll compromise with saying that one fault of Mauriac is his <u>snobism</u> (→ snobisme+snobbery?). No more – pas plus.

Intentionally ou non l'auteur de *The Tin Flute* (je préfère *Bonheur d'occasion*) est une femme – Gabrielle Roy. Souviens-toi, *Bonheur d'occasion* n'est pas le «great French-Canadian novel», justement un commencement pour toi mais n'ignore pas la psychologie (oh moi et ma psychologie!) très fine qui anime les personnages. Encore je dis... j'en reparlerai... Je veux te rappeler encore une fois... LIS ABSOLUMENT Marie-Claire Blais mais je te DÉFENDS de la lire en traduction – il faut la lire en français à tout prix.

JOEY! Que veux-tu dire, «I cannot agree B. Russell was bad for Gilles»? Souviens-toi, tout le monde n'est pas intelligent comme tu l'es... Gilles, en lisant Russell, ne peut faire autre que comprendre au plus ⅓ de ce que dit (ou explique) Russell. Pour comprendre la pensée de Russell et passer aucun jugement ou en tirer profit, il faut avoir lu au moins un peu les classiques (Platon, etc.) – you can't appreciate *Swan Lake* after taking 10 tap dancing lessons! Je suis d'accord qu'il est très religieux parfois (il borde sur le fanatisme) et le désir d'être libre, formé, etc. devient pénible avec cette affreuse conscience catholique comme obstacle. Réalise aussi que Gilles est terriblement plus Œdipus que j'y suis, très très attaché au foyer – ceci cause des ennuis aussi... Il reste à dire que Gilles est intelligent mais définitivement pas intellectuel (soit dit en passant que j'abhorre ce mot aussi). Une autre raison – tu sais toi-même comment tous ces philosophes se contredisent, bien sûr que tel philosophe approfondit un autre mais les différences sont souvent très prononcées... ça cause une inquiétude d'esprit surtout dans le cas de Gilles. Qu'en penses-tu?

Oh! Je regarde *Time* très vite (l'édition de cette semaine) et mes yeux s'arrêtent sur ceci que j'ai trouvé très fin: «Norman Mailer (pass laureate of the Orgasm)». N'est-ce pas chic?

Don't be misled by the D.J. Motors Ltd Stationery. I wasn't an automobile salesman but a MECHANIC! Seriously, though – I was bookkeeper for that company, handled warranty, accounts, typed madly, etc. J'ai quitté lors de ma dépression nerveuse (très mineure) et me voici à Bouctouche où je ne fais rien du tout (sauf lire, lire, lire et écrire un peu). Qu'y a-t-il à Bouctouche? Rien du tout, absolument rien – je vais à Moncton 2-3 fois par semaine pour me rendre à la bibliothèque et me sortir mille livres. Je demeure chez mon cousin (dans la même maison que mon oncle) qui est marié avec une de mes anciennes amies. En tout cas, je vais et viens comme je désire. Ces jours-ci je contemple à essayer de me trouver une position (ou une situation!). Même dans un magasin ou n'importe quoi – justement pour environ un an (je pense aller au collège l'année prochaine) afin que je puisse écrire un peu. Pendant que je suis sur le sujet de Bouctouche, si ton frère descend à la fête d'Action de Grâce (Thanksgiving) descends toi aussi – ABSOLUMENT! Tout de suite un numéro de téléphone, soit 743-6398 ou 743-6364 ou la prison locale. Ce serait un grand, grand plaisir de te rencontrer 12 ans après: voir comment la vie nous a rendus fous. Il ne faut pas rater la chance de se voir.

J'ai vu *Le bonheur* – bien sûr c'était beau. D'ailleurs, les Français font tellement de beaux films (here I go again on the French bit – no I'll control my over-active hormones) mais pour citer *Time*: « The French, as Charles de Gaulle eloquently proved recently, have a grand manner of saying nothing beautifully. » Beaucoup de ces films sont des chefs-d'œuvre mais souvent s'ils ne le sont pas, c'est beau quand même.

Tu n'aimes pas « drag » – moi non plus mais je connais une « transvestite » qui est merveilleuse, sincère, etc. Quelques-uns de mes amis s'habillent de temps à autre, ça m'amuse. Le « lavender set » de Saint John compte 3 classes: les conservatives, les bourgeois, la canaille. Je m'associais avec le second groupe et je fréquentais les premiers en visitant leurs chez-eux pour des discussions intellectuelles et parfois quelques orgies. Pour la canaille, je veux dire ceux qui se promènent sur la rue avec les cheveux teints, maquillage au visage, etc. Saint John en a beaucoup. Je te disais que le gay set de Saint John était énorme alors c'est comprenable qu'il y ait tant de ces types.

Je suis à lire Walt Whitman (que j'avais lu quelques années passées en français) en anglais maintenant. Le ton mélancolique lorsqu'il chante l'amour, la mort de l'amour et l'amour de la mort. Un grand rénovateur de la poésie, pleine de sentiments et d'idées. À Bob: « Did you think there was nothing but two or three pronunciations in the sound of your name? » Tu sais qu'est-ce que j'évoque... Ou bien « Dear comerado! I confess I have urged you onward with me, and still urge you, without the least idea what is our destination, / Or whether we shall be victorious, or utterly quell'd and defeated. » N'est-ce pas? Mieux vivre que végéter...

Whitman demeure romantique en plusieurs sens mais ne dit-il pas « I accept reality and I dare not question it... » ? N'est-ce pas romantique comme poète d'adolescence sauf parfois s'il rappelle par nostalgie l'adolescence pour y mélanger son désolement de la vie? Tu en es d'accord?

Quelques années passées à l'âge de 17-18 ans j'étais très passionné du pessimisme de la littérature moderne et à ce moment j'ouvre un recueil de T.S. Eliot. J'ai lu et relu *The Love Song of J. Alfred Prufrock*. Ah! J'avais assez de peine avec l'anglais et je sortais un dictionnaire anglais, notes sur l'auteur, etc. Ses belles lignes me séduisaient « Let us go then you and I...» et pour longtemps je ne m'occupe plus d'Eliot. Cette semaine j'ai relu *Love song* et *Ash Wednesday*, c'est encore beau! Alors, on pourrait l'accuser un peu de cet infâme cri que tu lançais envers Mauriac: technicien par excellence, parfois manipulé en manquant d'idées... Je n'ose pas me prononcer plus puisque je n'ai pas lu Eliot en entier. Sous sa plume l'anglais n'est plus la langue que je déteste.

Sais-tu qui j'admire beaucoup en anglais – mieux que Shakespeare? C'est John Donne... J'écrirai prochainement une longue critique à son sujet.

Nov. 1/[19]67

Le matin de la veille! Ah! Laissez-moi mourir en paix! ...allez-vous-en tous afin que je puisse crever pour me délivrer de ma misère... Hier soir, j'ai fait ce que je n'aurais dû jamais faire. Avec quelques filles que je connais à Bouctouche je me suis habillé en caricature d'une femme (a take-off on Phyllis Diller[3] peut-être) et je gagne avec eux un party privé. Jamais je n'ai consommé tant de liqueur! Je faillis ne pas retrouver le petit trou où j'habite. À y penser maintenant je me suis bien amusé et on a ri de bon cœur. Dieu merci! Hier soir je n'ai fait aucun geste qui m'aurait causé de l'embarras, puisque trop souvent lorsque je prends un coup, mes opinions et mon caractère ne sont pas des plus soignés. Et maintenant comme le chante Juliette Gréco: «La fête est finie/Le jour va se lever...»

Lundi soir à la télévision française, on présentait une émission sur le Viêt Nam. Le programme [va] comme ça: «Hanoï, la ville que voici, est une ennemie de Washington...». Tu comprends que le documentaire était loin d'être pro-américain. Le programme était bien réalisé, j'espère (avant que la patte noire de la censure américaine s'en mêle) qu'ils distribuent ce film aux États. Très bien fait. J'étais à regarder tous ces boutons qui sont en vogue aux États et plusieurs y sont très comiques, d'autres sont plus sérieux, y compris: «Where is Lee Harvey Oswald now that we Really need him?» C'est fameux, ça. Ou bien: «The Great Society: Bombs! Bullets! Bullshit!» Merveilleux! Un peu de légèreté que j'aime. «To go together is blessed, to come together divine.»

Je suis à lire René Char le grand poète français qui dit:

Tu es mon amour depuis tant d'années,
Mon vertige devant tant d'attente,
Que rien ne peut vieillir, froidir,
Même ce qui attendait notre mort
Ou lentement sut nous combattre,
Même ce qui nous est étranger,
Et mes éclipses et mes retours
...Je dis chance comme je le sens.
Tu as élevé le sommet
Que devra franchir mon attente
Quand demain disparaîtra.

Dans une série de notes on trouve: «Tant de mots sont synonymes d'adieu, tant de visages n'ont pas d'équivalent.» N'est-ce pas que trop vrai? Quand René Char parle d'amour (what else in life matters) il associe ses images à la nature, aux planètes, à la lumière:

Amour hélant, l'amoureuse viendra
Gloria de l'été, ô fruits!
La flèche du soleil traversera ses lèvres,
Le trèfle nu sur sa chair bouclera.

«What else matters in life» que je viens justement de dire. Oui! L'amour c'est tout. Vivre pour aimer. Sous toutes ses faces, l'amour pour moi me fait respirer. Il y entre beaucoup sous cette question voir les sentiments parfois superficiels, la sentimentalité. J'aime Piaf à cause de ma sentimentalité quoi, si sincère qu'elle était. À Montréal, je me suis procuré son dernier long jeu. Le pauvre petit moineau a guère la voix qui l'a rendue célèbre, l'auditoire crie: «Bravo!» Elle lamente:

Quoique disent les hommes
Tant que mon cœur battra...
Non, ni Dieu, ni personne
M'empêchera d'aimer
De t'aimer, d'être aimée.

Elle finit la chanson avec une voix cassée et l'Olympia avec ses 4000 auditeurs crie à en rompre les murs. Ce «lézard des runes» (Cocteau) au seuil de la mort, vient encore une fois déclarer qu'elle aime. Assez de ma sentimentalité.

Mon ami Raymond va à Moncton tantôt alors j'en profite pour me rendre à la bibliothèque. Je finis un livre sur le yoga qui était très désappointant. Grandement besoin de m'éduquer au point de vue philosophique soit de l'ouest ou de l'est. Je n'aime pas beaucoup lire anglais (à l'exception de tes lettres bien sûr!) alors j'aimerais quand même que tu m'envoies quelques titres et auteurs que je puis ensuite les lire soit en anglais ou en français – peut-être même en traduction.

Je bavarde depuis trop longtemps: «the cup of triviality does overfloweth...». Je termine en rappelant que je tiens à ce que tu viennes me voir dans mon humble petit village de Bouctouche (y compris que ton père descende). Ce serait un énorme plaisir de te rencontrer, de cette façon je pourrais tirer toutes sortes d'objets après toi quand tu diras quelque chose que je n'aime pas. Alors, vas-y vieille poule – sur la rue, gagne un peu et viens-t-en parmi les bons vivants; essaye pour au moins un week-end de laisser le demi-monde de Leominster. J'attends!

Ton ami qui signe follement

Peanuts...

Ou comme m'appelle *Time*: «Gérald Leblanc, le poète lauréat du néant...»

À bientôt

*Cher petit ami,

Désolé de savoir que tu es malade (je viens de recevoir ta lettre avant d'aller poster ceci.). Si tu as besoin d'amour pour te récupérer, tu as un admirateur qui jouit beaucoup de ton intellect, de ta sincérité et ton habileté à comprendre un peu celui qui signe,

Gérald Leblanc

P.S. Fier que tu as lu Marie-Claire... Une lettre suivra celle-ci.

P.P.S. J'ajoute un peu de canadianismes... Voir les découpages...

[9]

*Si je devais éliminer toutes folies de cette lettre, il ne resterait qu'une demi-page.

B.C. (Before call) – (So old now it could very well mean Before Christ)

(et Before letter que j'ai reçue ce matin. Et Before 2 calls I got nov. 13!!!)

Le 4 novembre, 1967

Bien-aimé correspondant fidèle,

J'espère que cette lettre te trouve dans un meilleur état de santé que la dernière. Tout va bien, maintenant? Un de mes amis de Bouctouche est parti pour Montréal hier soir pour y vivre. Je devais y aller moi-même pour quelques jours, mais à la dernière minute je me suis découragé. Raymond était le dernier de mes «proches» amis qui reste ici. Hector lui va au collège, Eugène (son frère) est à Saint John. Il y a quelques autres qui marchent mais je ne suis pas aussi intime avec eux. Au moins j'ai mon cher ami Joey qui vient parfois éclairer mon existence lugubre avec ses lettres.

Je reçois aussi une lettre de l'homme que j'aime aujourd'hui. Avant de partir dimanche soir je lui ai dit: «Sois gentil et même si rien de nouveau arrive envoie-moi un sonnet de Shakespeare.» Il est fin, Bob. En effet, il m'envoie un sonnet et quelques mots que j'ai fort appréciés. Tu sais lorsque le cafard me prend, j'ai quelques rubans (tapes) de lui et moi, et je les joue... ça me le rend plus proche. Sa voix est «tendre comme les blés/que le vent a caressés».

Bon, je m'arrête puisque tu vas croire que je suis schizo. Il veut venir passer quelques jours par ici et moi je ne fais qu'y rêver. À savoir que tu viendrais dans ce bout-ci du pays à la Thanksgiving, je ferais descendre Bob cette fin de semaine-là. Que de discussions l'on pourrait avoir! J'ai parlé de toi à Bob et il aimerait te rencontrer, si tu en serais d'accord˙ J'aime bien m'argumenter avec lui, mais parfois il m'exaspère lorsqu'il devient opiniâtre, je le suis souvent aussi d'ailleurs, alors j'ai

˙ [Note en marge] Adieu! Beau rêve!

tort de trop le critiquer. Comment ne pourrais-je pas l'aimer? Au fond, nous sommes de la même étoffe et encore nous sommes si différents. Le mal que je m'afflige en l'aimant, je le connais, j'y pense toujours et j'étudie notre problème comme des géométries du cœur (voir Carson McCullers!) [et] j'aborde de très près la réponse. Inexplicable dilemme jusqu'ici. Je ne cherche pas à comprendre pourquoi moi je l'aime. Non! Ceci ne changerait nullement mon sentiment d'amour. J'explique le mystère de mon amour pour lui un peu comme ceci – je cherche en lui moi-même... peut-être? Je poursuis la recherche d'expliquer cet homme pour venir à en savoir pourquoi il tient à moi.

Attention! Il peut arriver que l'on voie ou que l'on interprète certains gestes d'amitié en gestes d'amour, qu'on les forme à notre gré. (Je pense que je touchais à ceci dans ma dernière lettre.) Le cas de Bob se voit de cette façon: comme je t'ai raconté, quelques lettres déjà, du début je cherchais à me persuader, me convaincre que ce que j'éprouvais envers Bob n'était que de l'infatuation. Correct! Ça va! Mais j'ai su que tout ce temps que j'étais à me débrouiller, pendant plusieurs mois que je tenais le rôle d'ami seulement à Bob, que je ne lui avais fait aucun aveu d'amour, il déclare à un de mes amis qu'il savait que je l'aimais! Moi qui ne le sais même pas! Lorsque Doug me raconte ce que disait Bob, j'ai failli crever! Je saute au présent, après toutes ces révélations, quelques explications, Bob ne peut se défaire de moi. Il admire certaines qualités chez moi, il aime surtout mon oreille sympathique (savoir écouter est une qualité «typique» des Canadiens français)*. Autre remarque sur l'homme que j'aime: son premier incident homosexuel ne s'est produit qu'à l'âge de dix-neuf ans. Ce qui frappe chez Bob c'est qu'il n'a aucune caractéristique d'homo: je ne dis pas ceci par parti pris mais Bob est un monsieur anglais jusqu'au bout des doigts. Chez des normaux, Bob passerait toujours inaperçu.

Pour changer de sujet, je suis à lire *Le notaire du Havre* de Georges Duhamel[1]. Il est l'auteur de la *Chronique des Pasquier* dont *Le notaire* est le premier volume. Depuis longtemps je m'abstenais de lire Duhamel

---

* [Note en marge] Tu es en effet Canadien français.

puisque j'avais l'impression qu'il était un peu sec. Pas trop... Il y a un beau jeu d'esprit sous ses phrases remplies qui d'ailleurs ne sont pas sans profondeur.

J'avais arrêté d'écrire pour surveiller le *Late show* français qui s'intitulait *Bride sur le cou* et mettait en vedette Brigitte Bardot et Mireille Darc[2]. Après une heure je n'en peux plus. C'était médiocre en maudit. Hier soir on présentait *Château en Suède* de Françoise Sagan que j'ai vraiment aimé. C'était très amusant. L'une des vedettes était Françoise Hardy[3] que j'admire.

J'ai vu Tony Bennett[4] sur le programme d'Ed Sullivan[5] et M. Bennett est un chanteur bien émouvant. Son interprétation de *Who Can I Turn To* me laisse pensif. Quelle belle complainte d'amour que cette chanson! (J'aurais aimé entendre Édith Piaf chanter ça en français.) Les chansons tristes incitent la mélancolie, et quelle mélancolie! De même dans la tétralogie de Lawrence Durrell où toujours revient la chanson *Jamais de la vie/Jamais dans ton lit...* une chanson que j'aimais déjà énormément. Je sais bien que se sentir comme ça borde sur la sentimentalité mais qui est sans sentimentalité? Il ne serait pas humain sûrement!˙ Parlant de sentimentalité et de mélancolie, je lisais tes poèmes (que tu m'avais envoyés environ 1 mois passé) et quelques-uns côtoient l'amour. Tu ne m'as jamais parlé de qui tu aimais, aime ou as aimé? Es-tu évasif à ce sujet volontairement? J'espère que oui puisque la façon dont j'en parle l'on croirait que je suis le seul être sur terre à avoir aimé réellement... Tu parles de David parfois (je suis certain que Gilles m'a parlé de lui mais j'en garde qu'un souvenir nébuleux, d'ailleurs peut-être n'était-ce pas le même)˙˙ et cette liaison quelconque (je ne dis pas ceci en sarcasme) me force à former l'impression qu'elle en est purement physique. Ai-je tort? Je ne sais pas. Le nom Dennis s'infiltre parfois dans quelques phrases... Je ne sais pas quoi en penser. Voyons, Oscar Wilde, confie à André Gide ici tes passions secrètes. Sérieusement ton existence doit se tourner autour d'un être « aimé ».˙˙˙

˙ [Note en marge] Tu m'as tout expliqué dans la lettre que je viens de recevoir – merci!
˙˙ [Note en marge] En effet, ce n'était pas le même.
˙˙˙ [Note en marge] Excuse-moi de te juger d'après mon existence...

Tu disais « I'm terribly afraid of sex with anyone... Well, not afraid... but it's just that I don't have any strong desires for it..., etc. » Je comprends trop bien, hélas! Quand j'étais plus jeune, disons vers l'âge de 12 à 17, je n'avais aucune honte quoi que ce soit. J'éprouvais un certain plaisir pervers à me coucher avec Tom, Dick et Harry. J'agissais (ou essayais d'agir) comme ces types blasés... très français, etc. En tout cas, lorsque je suis déménagé parmi les sauvages (à Saint John) pour quelque temps je me sentais débordant de honte à la pensée de sauter d'un lit à un autre. Arrive Bob... découragement... Le jeu recommence. Maintenant on dirait que je suis presque scrupuleux au point de vue physique. Peut-il arriver que je sois en boisson et je me passionne sévèrement d'un gars quelconque, j'hésite beaucoup plus maintenant que je l'aurais fait plusieurs années. Je succombe parfois. Serait-il vrai à dire que mes jours de « femme de vie » sont finis? À moins de grandes démarches dans mon humble existence, oui. Permets-moi (encore une fois) d'en revenir à l'homme que j'aime.

> Couché tout seul
> Nu dans un lit
> Faisant l'amour
> Poussant des cris
> Ce sera très, très gentil

(ainsi va une chanson de Juliette Gréco, écrite par Françoise Sagan.)
[...]
À la télévision encore, une émission d'une heure sur la question d'avortement: pour ou contre. Ils désirent améliorer les lois, mais il y a énormément de contre. De ma part, ma « gross catholique conscience » me fait dire non avec réserve. Comme dans toutes choses il peut y avoir des exceptions, par exemple si la santé de la femme enceinte est menacée, etc. À ce problème (comme trop d'autres, hélas!) ce ne sont pas les moins fortunés qui en profitent mais plutôt ceux qui ont les moyens. J'ai horreur de celles qui désirent un avortement pour la simple raison qu'elles ne sont pas belles enceintes. Quelle vie!

Je suis retourné à la bibliothèque (encore?) et je trouve un petit volume très bien fait sur les grandes philosophies et en plus en français. J'en ai lu une dizaine de pages et c'est bien. Un change de l'autre sur le yoga avec ses enseignements vétilleux qui m'exaspéraient. Il faut lire de la philosophie (j'essaye de me convaincre) mais je vois quelques livres de poèmes ou romans et je suis fini... Étant tellement ignorant au point de vue philosophique je ne sais guère où commencer et puis lire en anglais me tuerait certainement (tous ces grands mots à regarder dans le dictionnaire... cours tout de suite à la traduction de l'œuvre!!!).

J'écris encore un peu (mais assez régulièrement) de la poésie et quelques nouvelles. J'essaye (impétueusement, futilement) d'approfondir, de mettre un peu d'ampleur à ce que j'écris pour en arriver à quelque chose comme:

En attendant le sommeil qui ne viendra pas
Je ferme les yeux
Brûlant
Émerveillé du rêve que tu es
Pourtant
Ce bonheur est si réel
Qu'il me semble pouvoir y toucher...

Je m'emmerde avec

Mon âme en équilibre
Essayant d'assimiler
L'effet de tes lèvres
Attendu depuis longtemps...

Je déteste le poème trop sensuel qui est nécessaire que je m'abstienne d'y faire allusion. L'ennui de Bob me ronge et s'il était avec moi je pourrais faire tellement mieux. Quel déchet...

Après t'avoir parlé au téléphone

Je vois que tu es un type bien, gentil d'avoir appelé au fond des bois, un pauvre être éloigné de toute civilisation. Ça m'a certainement fait plaisir de te parler. Mon seul chagrin c'est de savoir que tu ne puisses pas descendre à Bouctouche (ou Saint John) pour la Thanksgiving. Si j'avais une voiture j'irais te chercher! Quel dommage! Si je travaillais je monterais une fin de semaine, mais hélas! comme disent les Anglais, these are the conditions that prevail.

Je t'ai dit que quelques minutes avant que tu appelles, le phéno-mène qu'est Joan Baez était en récital à la télévision. Merveille! Plus tard dans la soirée j'écoutais *A Man and His Music* + *Ella* + *Jobim* que j'ai également enregistrés. Frank Sinatra m'excite et je suis fou d'Ella Fitzgerald. Ils ont chanté *Going Out of My Head* (6 orgasmes), Ella a chanté *It's the Wrong Time...* (8 orgasmes) et Frank Sinatra *Old Man River* (3 orgasmes 1/2 – je n'ai pas complété la dernière) alors tu vois que je suis à bout! J'adore les interprètes négresses: Ella Fitzgerald, Sarah Vaughan[6], Lena Horne[7] et dans une classe toute à elle, la fantaisiste Pearl Bailey[8]. Mon penchant sentimental me fait aimer Dinah Washington[9] (ah la regrettée...) je joue ses disques et si je suis dans les bras de l'homme que j'aime, je ne peux pas avoir du sexe, Dinah c'est sacré... On écoute on rêve et pas plus... BOB OÙ ES-TU DANS CE MOMENT DE DÉTRESSE, DANS MA TERRIBLE ANGOISSE! Assez pour mon côté femme fatale, mais j'aime néanmoins Dinah W.

Je te disais que je n'irais pas à Montréal pour les quelques jours dont j'avais prévu. Premièrement, ne travaillant pas j'ai loin d'avoir les moyens. Je devais rencontrer en outre à Montréal un de mes très proches amis qui patine pour la compagnie Ice Capades[10]. Il est originaire de Saint John et fait partie des Ice Capades depuis 7 ans. Je le connais depuis 4 ou 5 ans et c'est un type adorable. Leonard est son nom et même s'il patine avec un des plus grands ensembles au monde, sa personnalité exclut tout orgueil. On aurait tort d'appeler Leonard intellectuel mais c'est un garçon admirable qui jouit d'un «wit» remarquable. Peut-être Gilles t'en a parlé de lui. En tout cas, il m'envoie mille cartes postales de New York, Los Angeles, Houston et il est allé en Europe (Russie, Norvège, etc.) alors j'en ai toute une collection de cartes postales! Il touche un salaire «très» confortable en plus d'avoir tout payé. Quand il joue à Montréal, je le joins et avec lui j'occupe une chambre dans l'hôtel la plus sophistiquée de Montréal et comme lui «tout payé» (what the Ice Capades company doesn't know won't hurt them). Malheureusement, je dois manquer cette année. Je m'y reprendrai. Il s'en vient pour

3 semaines de vacances en décembre alors je le reverrai. Leonard, Bobby, Sonny et moi (autrement dit, Lina, Roxie, Pearl et Peanuts) c'est un groupe «dangereux» absolument sans scrupules, très vicieuses... pour tout dire possédées du démon! Les 4 inséparables (sauf cette fois-ci, maintenant que Bob occupe 99,9% de mon temps lorsque je vais à Saint John – l'autre 0,1% on est à se parler au téléphone). Bob trouve Leonard sincère, Bobby «promiscuous» et Sonny «schizophrenic» mais ensemble nous (Bob et moi) irons chez Bobby et passerons bien des heures de folie. Bob est toujours à me répéter que ce ne sont pas des types pour moi (N.B. un autre de ses gestes qui montre qu'il éprouve pour moi ce sentiment «vague»). Il a raison jusqu'à un certain point. Bobby, Sonny et Leonard sont 3 amis sincères. Ils ont prouvé leur amitié à mon égard dans de très nobles circonstances alors même s'ils ne sont pas «intellectuels» (horreur profonde de ce mot) j'aurais tort de les rejeter. L'homme que j'aime dit que l'on n'a rien en commun... c'est-à-dire, ils ne lisent que des «gay novels» au lieu de lire Robert Frost[11] et T.S. Eliot, ils iront voir *Inside Daisy Clover* au lieu de Beckett, etc. Bien sûr parfois les différences semblent énormes mais l'on communique sur un différent niveau. Logiquement, depuis près d'un an où Bob occupe une très grande place dans ma vie, je ne les fréquente pas si souvent. C'est compris (de leur part également) que je n'essaye pas de jouer le «snob»: tu comprends à quoi j'en viens. À tout ce que je viens d'écrire (comme de coutume) il reste beaucoup à dire. Par exemple, il serait peut-être faux de passer tellement de temps avec Bob (maintenant que je suis à Bouctouche, ceci n'est guère un problème). Je dénierais toujours ça puisque Bob est pour moi la source intarissable où je ne cesse d'apprendre. Au fond, il m'a fait beaucoup plus de bien que de mal. Il m'a appris l'amour, ce que c'est aimer. Si je mourais demain, j'ai aimé (excuse le terrible cliché). Bob a approfondi mon amour du savoir, ma compréhension de l'homme (en général) puisque Bob est un type très original, confus, etc. Que voulez-vous! Grâce à lui, j'ai su mieux me comprendre et j'ai tiré plusieurs leçons très valables. Je reviens toujours à Bob, tu dois en être dégoûté d'entendre parler de ce «maudit Anglais». [...]

Un programme que je surveillais à la télé qui mettait en vedette des chansonniers et interprètes canadiens-français. Le maître des cérémonies fut Pierre Roche[12] qui, à mon ignorance, a composé la musique de plusieurs des plus grands poèmes de Charles Aznavour. Voilà l'émission partie depuis 30 secondes et qui sort ? Aznavour lui-même ! Ensemble, lui et Pierre Roche ont chanté quelques succès dont ils avaient collaborés il y a plusieurs années. J'ai trouvé ça bien amusant. Que Charle(otte) a les cheveux longs !

À une autre émission plus tard dans la soirée intitulée *Les Cailloux* (un groupe de 4 jeunes gars qui chantent le folklore merveilleusement) et les Cailloux avaient pour invité Cora Vaucaire[13]. Cora fait partie du groupe 1940-50 en France qui fréquentait les cabarets (boîte à chansons) de la Rive gauche parisienne. On y comptait Cora V., Catherine Sauvage[14], Lys Gautry[15], etc. et les grands chansonniers Prévert-Kosma[16], Léo Ferré, etc. En tout cas, elle ajouta ce soir à son répertoire fameux (c'est elle qui introduit *Les feuilles mortes* – *Autumn Leaves*, etc.) une composition du chansonnier canadien-français Jean-Pierre Ferland (que j'adore).˙ Ceci m'a fait plaisir et en plus elle prévoit de grandes choses pour la chanson française du Canada (une autre du groupe de Madame Vaucaire, soit Catherine Sauvage, vient d'enregistrer un long-jeu de 12 chansons de Gilles VIGNEAULT qui est superbe !). Le Canada français éblouit. La saison de théâtre et de nouveaux tours de chant commencent à Montréal et c'est bien excitant. Les grandes vedettes françaises (Aznavour, Juliette Gréco, Françoise Hardy, Guy Béart[17], Yves Montand, Jean Ferrat[18], etc.) et les Canadiens français (Pauline Julien, Gilles Vigneault, Claude Léveillée, Renée Claude, Ginette Ravel, etc.) présentent leurs nouveaux tours de chant. Que j'aimerais y être !

Moi (ah ! cet éternel moi !) aussi j'ai entendu dire qu'ils devaient tourner le film tiré du roman *Le grand Meaulnes* d'Alain-Fournier. Je n'en reconnais point la source mais je prie avec ferveur que Hollywood ne s'en mêle pas puisqu'ils finiront par mettre Troy Donahue[19] (ou une autre actrice de ce genre) en vedette. Seuls les Français pourraient y

---

˙ [Note en marge] Jean-Pierre Ferland sera à Bouctouche en récital le 28 novembre. J'aurai certainement la chance de le rencontrer. Je descendrai de Saint John.

rendre justice à ce grand roman. Dans une de mes prochaines nuits blanches je propose d'écrire une longue lettre sur le cinéma français moderne (y en a-t-il d'autres? Sérieusement – les Italiens sont parfois géniaux, les Anglais... merde! Les Anglais sont les Anglais sauf *Darling* et *Georgy Girl* et quelques autres... rien du tout. Excuse les préjugés... Ce qui me fâche chez ces maudits Anglais (Britanniques) est le fait que lorsqu'ils déclenchent quelques succès, tout de suite ils se frappent sur le dos et crient aux quatre coins du monde « Regardez comme on est fins! »). Je reviens au cinéma. Le cinéma français est très varié et prendrait une cinquantaine de pages... un peu plus tard.

Il a neigé beaucoup aujourd'hui. C'est joli dehors. Tu sais à quoi je pense en voyant tomber la neige... Tais-toi Peanuts, je suis déterminé de ne pas reparler de l'homme que j'aime sur cette lettre...

Je lis énormément de Walt Whitman. Jusqu'ici j'ai relu *Leaves of Grass* presque 3 fois et maintenant je suis à en apprendre par cœur *The Unknown Want, the Destiny of Me*. Oh! Quelle femme fatale suis-je!!! Ce serait plutôt: Oh! Quelle femme idiote suis-je! Sérieusement (il m'est impossible d'être sérieux mais j'essayerai tout de même – mauditement dur!) j'aime Whitman. Similarité parfois avec André Gide (seulement parfois) voir « I am not what you supposed, but far different » avec « Ne me jugez pas trop vite », etc. – aussi Whitman était très passionné des mots français que l'on retrouve partout (brévier, bourgeois, etc.) but of course, I presume her romantic side made him do that.

J'ai terminé *Pitié pour les femmes* d'Henry de Montherlant hier soir, ce qui était le deuxième volume de la tétralogie *Les jeunes filles*. Je te recommande beaucoup cette œuvre. Grand styliste Montherlant, mais aussi il présente des idées très variées et provocantes. L'amour y est traité drôlement...

Quelques lignes du roman *Pitié pour les femmes*: « ... dans votre silence, je vous recrée et vous retrouve, tel que je vous ai aimé. » « Souvent, il avait baisé son visage aux endroits où ses traits étaient un peu défectueux, pensant que par ses traits beaux elle appartenait à tous, tandis que par ses traits défectueux elle n'appartenait qu'à lui. » (J'aimerais faire ici quelques commentaires mais j'ai promis de ne pas reparler de Bob.)... Belle tournure de phrase ici: «Il feuillette une revue, évoque Solange, si cachée, présente pourtant, comme Dieu peut-être...». Encore «Souffrir est toujours idiot: c'est un des plus criminels bobards répandus par les chefs de masses (par politique) et repris ensuite par les littérateurs (par bêtise), que souffrir soit quelque chose de grand et de distingué.» N'est-ce pas vrai? Si tu peux te procurer ces livres, n'hésite pas d'en faire la lecture. Je meurs pour prendre les 2 derniers volumes *Le démon du Bien* et *Les lépreuses*... penser à *Le baiser au lépreux* de François Mauriac, orgasme, orgasme, orgasme. Récit parfait... (Hmmm!)

Le décernement du prix Nobel en littérature me décourage cette année. Raison: l'écrivain unique qui déserve ce prix est André Malraux (*La condition humaine, L'espoir, Psychologie de l'art*, etc.). Chaque année j'attends. Tout probable que j'aurai le temps de le gagner moi-même avant Malraux, c'est l'impression que j'ai. Voyons, M. Malraux mérite depuis longtemps déjà, j'oserais même dire avant Jean-Paul Sartre (le «lauréat malgré lui»). On verra!

Demain matin (maudit il est déjà 2 h 30 après minuit) il faut absolument que j'aille me trouver une position quelconque. Quelle horreur! Le besoin y est puisque je suis rendu au point où je dois épier les trottoirs pour des bouts de cigarettes à fumer, mendier quelques sous ici et là afin de pouvoir poster mes lettres... ce n'est pas vraiment si pire que tout ça mais j'ai écrit la semaine dernière mon dernier chèque et maintenant c'est travail ou je devrai vendre tout: bijouterie, manteau de fourrure, etc. Je suis emmerdé vrai.

Je reçois une carte postale de Raymond (celui qui est parti pour Montréal depuis quelques jours). Un peu d'ennui... Bob (ooops!) merde – Bob compte aller à Toronto pour Noël chez son frère Bill (qui est également queer) et puis à New York pour une semaine avant de regagner Saint John. Misère! Pourvu qu'il s'en revienne...

Nov. 10/[19]67

J'attendais une lettre de toi avant de poster ceci mais je vois que rien n'arrive, alors je vais encore écrire quelques mots puis la poster. Excuse mon choix de lecture mais après avoir fini *Pitié pour les femmes* de Montherlant, j'ai commencé *Les anges noirs*, un chef-d'œuvre de François Mauriac. J'avais lu ce roman plusieurs années passées mais j'y apprécie maintenant sa pleine saveur. Je ne peux comprendre pourquoi tu trouves Mauriac si technique ou mécanique. Qu'est-ce qui t'incite à croire que ses romans sont exclus d'aucune profondeur? Parmi les dix meilleurs romans français (même internationaux) des dernières 50 années on y trouve au moins 2 Mauriac soit *Thérèse Desqueyroux* et *Le nœud de vipères*. Ah! bien! différences d'opinion – il est bon dans tous les milieux de citer Mauriac «trop à gauche», «trop à droite», «tête faible» ou «tête folle», «démodé», «écrivain de classe» ou «pessimiste à lunettes noires».˙

J'ai vu encore une fois *The Diary of Anne Frank* en anglais. C'était la quatrième fois que je voyais ce film assez bien fait... Shelley Winters[20] joue si peu là-dedans et c'est dommage, Shelley est une des «grandes». Très «lezzie» ou putain, selon la demande.

Merveilleuse nouvelle! Les écoles françaises de la province du Nouveau-Brunswick adoptent la nouvelle loi (qu'ils ont essayé d'avoir depuis presque 200 ans) d'enseigner les sujets (math, algèbre, histoire, etc.) avec des textes français. Imagine qu'à Bouctouche même, il y a quelques années, l'on devait étudier des textes entièrement anglais. On recevait les instructions en français, bien sûr (mais seulement depuis une dizaine d'années au plus) mais avec des livres de géométrie, math, etc., anglais! Nous avons maintenant les livres de classe entièrement en français (la plupart viennent d'éditeurs de France, ce qui vaut déjà beaucoup) et l'anglais est enseigné comme sujet secondaire. Bravo! En avant les Canadiens français! Il était temps d'écraser le joug anglais (qui ont tout l'argent, alors tout le pouvoir) qui étouffait petit à petit la culture française au Nouveau-Brunswick.

Il faut te raconter une petite histoire au sujet du français chez les Anglais en notre province. Lorsque j'ai fini ma deuxième année d'études, c'était à ce temps-là que ma famille déménagea à Saint John. Alors j'ai dû

˙ [Note en marge] J'aime beaucoup Claude Mauriac.

m'enrôler dans une école complètement anglaise (aucune école française à Saint John). Un de mes professeurs et très proche ami (il est «gay») un M. Coffey est parfaitement bilingue (il étudia en France pour 7 ans) et m'était très sympathique. Un jour, lors d'une discussion de classe, quelques Anglais (j'étais le seul Français de la classe) avouaient être irrités d'apprendre leur «High School French». L'un d'eux dit: «Why waste our time studying French when we could use that precious time studying a more worthwhile subject such as Physics, etc.? We'll never learn to speak French anyway.» To which M. Coffey replied in all coolness: «Of course not, Berny, we don't expect you to learn to speak French, My God! Haven't you heard of peasants speaking two languages. Right, M. Leblanc?» J'ai trouvé ceci très amusant! M. Coffey est un type que tu aimerais beaucoup. Aujourd'hui, après avoir quitté l'école depuis quelques années, je retourne toujours chez lui pour des discussions qui durent longtemps jusqu'à l'aube. M. Coffey (Bill) est passé du monastère (lorsqu'il était en Europe) à l'enseignement et est très cultivé, sophistiqué (non «snob» – loin d'être «snob») et l'on s'entend bien nous deux. Il ne cache pas son homosexualité du tout (P.S. Il n'a aucun trait féminin ou d'homosexuel – un gentilhomme parfait) puisqu'il dit: «S'ils ne m'aiment pas comme je suis, je m'en fous d'eux.» 98% de Saint John est au courant mais il reste un homme respecté. Alors si Bill s'adonne à entrer dans un lounge où je suis, il n'hésite guère à venir me joindre (même si j'ai une certain notoriété). En plus, il insiste pour causer en français («La langue de diplomate, langue de culture par excellence», il crie). Saint John, qui est presque exclusivement anglais, tourne la tête. Soyons-nous dix Anglais à une table et moi seul Français, il s'en fiche – for gossip, English will do, mais pour le savoir, pour l'esprit, le français. Je t'en reparlerai de ce caractère admirable. L'homme que j'aime n'a que du respect pour lui et Bill, lui, nous sourit (il compte n'avoir aucun désir d'aimer) et dit à Bob: «Here at your side is all you'll ever need for a worthwhile existence». Bill m'aime beaucoup et le sentiment est réciproque. Physiquement Bill n'aime que les «one-night stands», pas nécessairement, et aime plutôt les «trade» et par préférence, quelqu'un de straight. Drôle de type, mais adorable. J'entretenais quelques faibles doutes de son homosexualité en classe, mais pas gravement. Trois mois après le commencement des classes, un soir chez un de ses amis on donnait un party auquel j'étais invité. Il avait entendu Peanuts mais ne savait pas qui. Moi, pour lui, j'étais G. Leblanc. Voilà qu'il entre au party et moi au milieu du salon à danser le Watusi avec un gars. On n'a fait que crier en se confrontant. Depuis, comme je disais, nous sommes meilleurs amis. Il faut absolument le rencontrer si jamais tu viens dans ce bout-ci du pays. Encore... il ne me tutoie jamais, toujours «vous». Moi, j'ai l'habitude agaçante de tutoyer presque tout le monde, sauf les instituteurs, prêtres, etc. Pour moi, je trouve que ceci rapproche celui à qui je parle. Je n'ai jamais pensé à parler à Bob en «vous», mais Bob ne me tutoie presque jamais (faute de ne pas savoir à fond ma langue maternelle et le français dont il sait – assez considérable pour un anglais du N.-B. – fut appris longtemps passé et dans les livres). Bob me parle toujours de venir se «noyer» de français pendant 2 ou 3 semaines afin de pouvoir converser couramment dans cette langue. Avec sa base il saurait dans peu de temps s'exprimer assez bien. Il est décidé (et moi aussi d'ailleurs) d'apprendre le français à fond. Je ne sais pas si je t'ai déjà dit mais Bob parle très, très bien anglais – sans argot, etc. Moi (faute de préjudicité, etc.), j'abhorre l'anglais. J'avoue que tout cela est du fanatisme, mon sentiment est extrémiste, mais je n'aime pas l'anglais. Quand même, l'anglais bien parlé est admirable et Bob est l'un de ce groupe qui sait s'exprimer intelligemment. (M. Coffey en est un autre.)

Voyons! J'ai bavardé suffisamment. Je suis pire qu'une pie. Je te laisse à remarquer que j'écris beaucoup, mais je dis peu. Un grand écrivain français du XVIIIe siècle (son nom m'échappe) s'excusait d'avoir écrit une très longue lettre «puisque je n'avais pas le temps d'en écrire une courte.» Mais moi, j'ai toujours aimé écrire des lettres. Je corresponds avec une quinzaine de personnes, une dizaine de «Gay boys», une lesbienne, quelques autres de ces êtres «normaux» depuis les dix dernières années, si on collectionnait toute ma correspondance, il y aurait de quoi remplir 2000 tomes au moins.

En tout cas, cher ami, je ferme jusqu'à la prochaine,

Amitiés sincères,

Peanuts

Irrigue mon cœur de ta voix chaude
Avant de porter dans la nuit
Si tu veux m'attendre
On ira ensemble écouter sur la plage
La raison de notre amour...(je deviens de plus en plus médiocre...)

[10]
C.P. 234
Bouctouche, NB
Le 13 novembre, 1967

Bien-aimé correspondant;

Ah! je viens de recevoir ton épître merveilleuse. Que j'aimerais te rencontrer! Pour le moment, le destin nous est cruel, puisqu'il m'est impossible de me rendre aux États et toi tu ne peux venir au bois. Il faudra se contenter d'écrire. Si tu déménages à Montréal en janvier j'aurai l'occasion de te voir plus souvent.

Merci bien de m'avoir envoyé John Updike[1] & *Reality Sandwiches* de Ginsberg. Ne te peine pas pour Ferlinghetti's *Coney Island of the Mind* puisque j'ai le livre chez nous et je l'ai lu « My country tears of thee... »[2], etc. Il est très bon. De Ginsberg j'aurais seulement lu *Howl & Others Poems*. J'admets que Ginsberg n'est pas T.S. Eliot mais son « Howl » présente un portrait, une version si prenante que ce poème a ses valeurs.

Tes souvenirs d'enfance à Bouctouche avec moi éclairent un peu les miens. [...] Un incident reste gravé à ma mémoire, peut-être tu t'en souviendras. J'étais sans le sou et toi de même, un après-midi où tes parents étaient partis pour visiter quelques personnes. On était restés ensemble et l'on voulait à tout prix avoir de l'argent pour se procurer des bonbons. Alors nous voilà en haut cherchant des *Annales de la bonne Sainte-Anne-de-Beaupré*, etc. que l'on comptait vendre de porte en porte comme le faisaient à cette époque les bonnes religieuses missionnaires. Heureusement, maman nous empêcha d'entreprendre un pareil projet! Je ne sais pas pourquoi cet incident demeure en relief à ton sujet mais chaque fois que je pense à mon enfance et les quelques incidents que j'ai pu retenir, celui-ci m'est très clair. Tu disais que l'on ne parlait pas. Je ne sais pas. Parlais-tu français à cette époque? Si non, je t'assure que l'on ne parlait pas, puisque j'ignorais l'existence de la langue anglaise (comme aujourd'hui d'ailleurs, ce qui prouve que je reviens à mon enfance, voire sénilité). En tout cas, je suis d'accord qu'il est amusant de savoir que l'on se « connaissait » depuis si longtemps. Eh bien le temps passe et la mort approche!

Je pense quitter Bouctouche avant trop longtemps... J'ai raté la chance d'aller à Montréal avec Raymond plus ou moins parce que je ne me sentais pas prêt pour y aller. À moins que je trouve aucune forme d'emploi à Moncton, il faudra retourner à Saint John et j'ai horreur de cette ville. La moindre petite dépression m'accable et je pense comment je suis malheureux... alors tu vois toi-même qu'il est mauvais de rester dans un tel état. Je propose en effet de me trouver de l'emploi à Moncton comme je disais plus haut pour surmonter mes difficultés financières, etc. Une fois au travail, j'envisage de faire venir l'homme que j'aime à Moncton pour quelque temps. Je veux avant tout rétablir la stabilité dans sa vie (un statu quo de bonnes intentions!). La vie de Bob est souvent un cauchemar affreux et il souffre d'angoisse. Que ça me rend malade de le voir souffrir. Il manque quelqu'un pour le remettre sur ses pieds (il m'a fait la proposition de partir ensemble avec lui pour Toronto 3 fois déjà depuis les 2 dernières années) et il s'obsède à penser que Toronto (ou peut-être Montréal) le réhabiliterait. Malheureusement, non! Toronto serait pour lui sa chute. Et puis moi! Pris dans cette ville! Parmi des Anglais! Voir Bob s'écrouler devant mes yeux! Aaaah! Je ne feindrai pas la raison, tout simplement je mourrais (par mes propres mains). Montréal ne serait guère meilleur. Tu sais, j'explique énormément à propos de Bob mais je n'ai que franchi le cap. Lorsqu'on se rencontrera (le besoin, me semble-t-il, paraît de plus en plus pressant pour moi), je pourrai enfin tout révéler. Toi tu comprendrais (au moins un peu) ce que je fais, ce que je veux et ce que j'accomplis. Je ne suis pas intellectuel: seulement pourri de littérature et assez cultivé – mais culture n'est pas sagesse! Et c'est moi ça. Néanmoins il m'arrive parfois d'avoir quelques idées. Je peux écrire, je veux écrire et ceci sera pour moi un grand renouveau (comme pour toi, Montréal sera une réincarnation). Lorsque je compose, je prends des heures à ne faire que quelques lignes. Mes idées, mes tournures de phrases, grammaire, tout est fait méticuleusement. C'est pour ça que j'hésite le projet de commencer un roman, de peur de tout lâcher et ce serait bien m'emmerder maintenant. Les possibilités quelconques dont je jouis devraient attendre.

Je trouvai, hier, un vieux roman de Carson McCullers que j'avais laissé ici 3 ans passés. Il s'agit de *Reflections in a Golden Eye* et j'en ai lu la moitié avant de dormir ce matin. GÉNIE! La seule génie des Américains et puis elle meurt! Quelle peine! Il n'existe pas dans les lettres américaines aucune auteure qui possède la densité et la vision de l'œuvre de Carson McCullers. Elle jouit d'ailleurs d'une grande renommée en Europe. Je lisais aussi (d'après *Time* & *Newsweek*) que Hollywood avait encore une fois flagellé un autre chef-d'œuvre soit *Reflections...* Ceci me désappointe puisque Marlon Brando est une grande actrice et j'avais l'impression que tout le talent en jeu produirait un film assez remarquable. Alors je me trompais!

Je lis avec avidité aussi Henry de Montherlant. Je n'ai pas encore pu me rendre à la bibliothèque cette semaine alors je n'ai pas encore terminé sa tétralogie (merveilleuse œuvre!). Toutefois, j'avais de Montherlant un petit volume intitulé *Carnets* que j'ignorais et que j'allais ramener à la bibliothèque sans l'avoir lu. Je jetai un coup d'œil ici et là dans le livre et merveille! Un petit chef-d'œuvre. Ce *Carnet* est rempli de belles pensées. J'en cite quelques-unes: sur l'amour, il dit: «aimer quelqu'un, c'est lui tenir la tête sur la cuvette quand il vomit, et n'en être pas dégoûté; ou plutôt l'en aimer davantage». Et pour l'égoïsme: «On me reproche d'être égoïste. Mais comment vivrais-je si je ne mettais pas des œillères? Tout ce qui est mal me blesse, et, d'être trop blessé, on meurt.» Sur l'estime: «Ceux que nous estimons ont un pouvoir redoutable, celui de nous blesser en nous décevant, que n'ont pas les autres.» N'est-ce pas bien?

My God! Cette Marianne is riding the ass of you! FEMALES! (contempt). Pas réellement. Moi, les femmes, je ne les hais pas avec une rage aveugle, etc., comme certains types détraqués le font. Chez moi, mon homosexualité (d'après moi, plutôt) me semble tout à fait normale. Je ne me sens pas du tout «outcast». Je ne regrette rien (Édith Piaf ici!). Vraiment, je n'ai aucun désir de devenir hétéro. Je suis comme je suis. Le fait d'être «accepté» par notre société ne me tracasse guère. Mais revenons aux femmes. Le genre de vie (de double vie lorsque je travaillais) que je mène compte énormément de lesbiennes. Je les aime beaucoup (avec réserve, bien sûr, chez certains types... de même d'ailleurs que chez ceux de mon propre sexe). Deux souvenirs avec une jeune putain de Saint John (qui est maintenant à Toronto). Judy était son nom et elle avait 18 ans. Quelle beauté! Féminine jusqu'au bout des doigts, elle était haute, svelte et blonde en plus d'être très belle (a female version of Bob... almost). Elle était éprise du gars qu'elle aimait beaucoup mais ses parents à lui étaient «bien-pensants» (damn them) et Judy venait d'une famille assez redoutable. Elle s'est par la suite livrée à la prostitution avec une clientèle régulière, bien choisie et menait une existence assez confortable. On s'est rencontrés au début en sollicitant le même gars (la même victime, dirais-je). Après cet incident, nous fûmes inséparables. On s'est confessés l'un à l'autre et nous n'avions aucun secret. J'ai couché avec elle sans la toucher et elle me demanda si côtoyer une femme de si près n'excitait pas au moins ma curiosité, si rien d'autre. Je lui ai avoué qu'en effet j'étais curieux, mais que je ne forcerais sûrement pas mes intentions sur elle. Elle me proposa de la fourrer. J'accomplis mon devoir et pendant plusieurs mois on aurait fait l'amour une fois (parfois deux) par semaine. C'était une expérience nouvelle mais je nourrissais guère la pensée de devenir hétérosexuel. Je ne convoite pas la femme. Peut-être suis-je comme le Capitaine Penderton de *Reflections in a Golden Eye* qui désirait plutôt les amants de sa femme. Avec Judy, c'était de même, je regardais avec envie les hommes qu'elle couchait. Ce sentiment exclut toute jalousie, bien sûr. Finalement, Judy est partie avec un de ses clients qui s'était passionné d'elle (elle aussi l'aimait suffisamment) pour Toronto. Depuis j'ai fourré quelques filles, mais ceci n'était que pour des «kicks». Je ne marierais jamais une femme (d'ailleurs, dans peu de temps, je serai peut-être marié légalement avec Bob*) mais vraiment, même avec un compromis je ne pourrais pas épouser une femme. Je n'en sens aucun désir quoi que ce soit. Je suis beaucoup plus sérieux de marier Bob (ceci n'est pas une fantaisie dont j'ai rêvé depuis toujours. L'amour que j'éprouve envers cet homme n'est pas profane et reste digne d'être béni – en ce que je crois au moins) alors c'est ma pensée. [...]

Mon cœur sympathise du fait que Dennis et toi ce ne s'est pas réalisé comme tu l'aurais désiré. Hélas! Je prends pitié sur Dennis aussi pour la simple raison qu'il s'aveugle à ce qu'il est (d'après ce que tu racontes, au moins) et qu'il va vivre un mensonge pour quelque temps (même si marié, comme tu disais) et finalement s'éveiller à ce qu'il est. Quelle tragédie! J'en connais au moins une trentaine à Saint John. J'ai essayé même d'en empêcher [...] En tout cas, c'est triste. Et toi! Espèce de putain! Tu aimais jouer avec son corps, non? Sérieusement, si Dennis était comme tu l'as décrit, il me semble que vous avez très peu en commun (pour moi, dans une relation permanente, ceci figure énormément, je répète, énormément). Après tout, tu le sais toi-même, une fois que la nouveauté de la personnalité, corps, etc. est diminuée, que reste-t-il, au fond, pour joindre deux êtres? Bien sûr, maintenant que Dennis est parti (devrais-je dire, hors de combat) il devient pour toi le but qui te complétera, qui te rendra heureux – le point sur le i. Pourtant, d'après ce que tu as écrit, même si vous repreniez votre liaison, qu'au bout d'un an ou deux au plus tu te lasserais de lui. Il n'est pas du tout comme tu es... Explique-moi ce que tu envisages. Chez moi, un homme (pour un soir) doit avant tout me donner toute satisfaction sur le plan physique, et doit être à mes yeux «sexy». Mais chez l'homme que mon cœur a choisi tout ceci ne veut plus dire rien. Et c'est avec peine que je dis Bob est très beau et séduisant. Tu vois, il m'a pris près de 2 ans pour convaincre cet Anglais que ce n'était pas pour son corps que je ressentais un sentiment d'amour. Mais cette beauté cause chez l'homme que j'aime beaucoup d'ennuis et de complications (je ne propose pas de m'élancer sur ce problème, je n'en finirais jamais).

---

* [Note en marge] Histoire amusante... un prêtre (intime ami) de Saint John propose de nous «marier» si on le désire. Comme je disais, Saint John a tous les types!

Le téléphone vient de sonner – je te parle pour trois minutes!

About Montréal: God knows my child, how you would go about getting a job without actually going there. If you haven't blown all your money by Christmas (tu comptes te rendre à Montréal en janvier) bring enough money for existence for at least 2 weeks. Then, try your luck at Unemployment... Or through newspapers. I doubt if you would have a hard time getting a job because you speak French & English (you almost have to unless your last name is Rothschild) and have college.

Je t'ai reparlé et expliqué comment t'y prendre pour Montréal. Je t'enverrai certainement quelques adresses.

Nov. 18/[19]67

Quelle vie! Je comptais finir et poster cette lettre le même soir que tu appelais, mais hélas mon existence est accablée d'obstacles insurmontables. J'ignore maintenant ce qui m'a interrompu mais je n'ai pu y revenir. Premièrement, maman m'appelle de Saint John et me dit y retourner vendredi si je ne réussis pas à me trouver une position quelconque... Je suis sans le sou alors je n'ai guère de choix. Ça me déplaît quand même de retourner à Saint John. Le soir du jour où maman m'appela, Bob m'appela aussi. On a causé et il me fait quelques petites confidences que j'aime bien. J'accroche et moins d'une heure après il me téléphone de nouveau. Je te raconterai plus loin les propositions qu'il me fit. Jeudi arrivé, je n'avais pas encore d'emploi, alors je vais quitter (à ce point-là, j'y étais presque content puisque mon envie de voir l'homme que j'aime était insupportable). Je dois me lever à 4 h 00 du matin si je veux me rendre à Saint John avec un type de par ici. J'ai raté ma chance (plutôt l'enfant de chienne est parti sans attendre pour moi). Vendredi soir arrivé, me voici encore à Bouctouche, après t'écrire. Heureusement, mon cousin Raoul monte demain alors j'en profite. Toute cette longue déclamation pour te dire que je retourne à Saint John et que dorénavant tu pourras envoyer tes lettres à 302, River Hill Drive, Saint John, l'adresse chez moi.

Encore une fois, quelle vie! Bob semble plus heureux et stable que jamais.* Si Bob n'était pas à Saint John, je refuserais complètement d'y retourner. C'est ceci que je lui ai dit au téléphone. Il déclare que lui et moi, nous devons absolument sortir de cette maudite ville et alors les jeux sont faits! Je vais travailler à Saint John pour 3-4 mois, 5 au plus et Bob et moi partons! Tout probable à Québec... Montréal est trop grand. Québec! belle petite ville française avec l'atmosphère divine de France... Bob en est fou lui aussi, alors j'envisage Québec. Il désire ardemment vivre en français et je suis d'accord: apprendre et vivre français lui donnera de l'âme puisque tu sais toi-même, un Anglais n'a pas d'âme, je n'ai pas encore rencontré un Anglais qui avait une âme. En tout cas, c'est Québec!

Ah! Cher Joey! Tu es trop gentil! Je suis déterminé à tout prix à me rendre à Boston = Leominster pour Noël. Il faut évidemment se rencontrer, c'est tout. Ce que j'aimerais vraiment, ce serait se renfermer avec plusieurs disques (j'en amènerai), beaucoup de cigarettes et de bières pour 4 ou 5 jours, seuls à crier durant tout ce temps. En tout cas, j'anticipe certainement notre rencontre.

J'ai lu la plupart de *Reality Sandwiches* et il apparaît ici et là dans l'ouvrage une étincelle de bon sens. Le poème qui m'a ému beaucoup est celui qui dit de Piaf «Listening to Edith Piaf street song/as she walks the universe...». Tout ceci semble vouloir dire beaucoup plus depuis sa mort.

Je ferme aussi *Ethel et le terroriste* de Claude Jasmin que j'avais lu en 1964 lors de sa publication. C'est un roman bien fait, bref et qui se lit bien. L'action se déroule vite et il touche légèrement l'âme inquiète d'un jeune terroriste québécois de vingt ans qui, après avoir fait éclater une bombe dans un édifice du gouvernement, s'enfuit avec son amante juive à New York. Ce roman est supérieur à *Délivrez-nous du mal* que j'avais lu il y a quelques mois. Son meilleur roman (d'après la critique canadienne-française) est *La corde au cou* que je n'ai pas encore lu.

Lu aussi *La voie royale* d'André Malraux. Ce roman est inférieur à *La condition humaine* (qui est un des plus grands livres de tous les temps) mais que j'ai aimé puisque Malraux est un des grands. Je suis

---

* [Note en marge] Le mal est pour combien de temps?...

encore incapable de comprendre pourquoi on lui refuse le prix Nobel étant le seul écrivain vivant (maintenant que Carson McCullers est morte) qui le déserve.

Non, je n'ai jamais entendu Judy Collins[3] chanter. Il me semble d'avoir entendu le nom déjà mais la voix ne me dit rien. Tu sais qui j'aime beaucoup chez les populaires? Les 4 seasons[4]. Bob et moi nous les adorons. J'ai quelques-uns de leurs disques (avec *West Side Story* et Barbra Streisand, je n'ai aucun disque anglais, mais environ 75-80 français). Le «Hit Parade» ne me dit pas grand-chose moi et je l'écoute rarement.

Depuis un mois j'étais organiste à l'église de Bouctouche et j'aime beaucoup le grégorien... Malheureusement tout est changé maintenant et l'on chante des psaumes, etc. Quand même, j'allais à l'église et je jouais des grégoriens (avec un peu de Bach) pour des heures. Depuis 3 ans je n'avais presque pas touché au piano, ni à l'orgue. En arrivant à Bouctouche, la religieuse qui est organiste (mon ancienne maîtresse de piano) m'invite à aller jouer. J'aime beaucoup la musique classique. Beethoven et Chopin (quel contraste!) et du Debussy (mais parfois et assez souvent Debussy avance très lent, il ennuie...). Bob a une excellente collection de disques classiques et lui se passionne de *Reformation* de Mendelssohn[5]. Ensemble on écoute *Swan Lake* et *Le chant du Rossignol* de Stravinsky (quel contraste encore – j'aime aussi *Le sacre du printemps* de mon ami Igor).

Oh! J'avais tort de faire allusion à «ne pas pouvoir apprécier *Swan Lake* après 10 lessons de claquettes» – faute de mieux... Moi, *Le lac des cygnes*, je ne l'ai vu que 3 fois mais je ne m'en lasserai jamais. Noureev est un génie de la danse, doué d'une grande technique et d'une compréhension artistique suprême en plus d'avoir un beau panier... Excuse mon effronterie... Je l'adore. Les Russes sont excellents dans le ballet classique, je donnerais dix ans de ma vie pour assister au Bolchoï. Je suis passionné aussi du jazz. J'ai étudié le jazz dancing avec une fille de Toronto (qui était à Saint John pour une année puisque son mari était marin et stationné à Saint John) qui avait étudié à New York longtemps. Elle était merveilleuse. J'ai étudié ensuite avec Mike Pober de Los Angeles qui est à Saint John pour 6 semaines pour donner des cours avancés. Mike avait étudié avec Jerome Robbins[6] et Gennaro[7], il avait dansé dans l'original *West Side Story*, etc. J'ai beaucoup appris de lui. Il était « gay » et venait à nos parties, un type très amusant. J'ai même eu la chance d'aller à New York étudier pendant un an aux frais d'une juive (veuve) qui est très riche et qui appartient à l'Académie de danse du Nouveau-Brunswick (où j'enseignais 2 fois par semaine). Elle est très « Auntie Mame » et je l'adorais. Bobby (Roxi) Arbeau (mon ami) enseignait avec moi et on avait du bon temps avec elle. Elle était au courant de nos « activités » et nous aimait davantage.

En tout cas, j'en finis en espérant de tes nouvelles qui me font toujours plaisir.

Ton « vieil » ami,

Peanuts

Je renverrai tes deux livres dans la prochaine lettre. Ça va?

An amazing 27 pages of nothingness?

Peanuts, poète du néant

[11]
Nov. 21, 1967
Nov. 27, 1967

Bien aimé correspondant;

J'envisageais me coucher après l'émission *Sel de la semaine*, voilà que tu m'appelles, alors je me sens tout à fait éveillé et j'écris. Oui, oui, oui... Hélas! Comme le dirait Joey, « Les dieux me sont cruels... », je suis obligé de m'en retourner à la ville maudite, la ville sale, la ville diabolique, en d'autres mots, Saint John. J'ai expliqué un peu sur ma dernière lettre le pourquoi de cette obligation pénible. Puisque je dois y retourner, je ne peux rien y faire, mais je suis prêt à y endurer 2 ou 3 mois lugubres pour gagner la ville de mes rêves: Québec. J'ai suivi une grande démarche dans ma vie depuis l'été dernier, j'anticipais déjà Québec, mais la suite de plusieurs événements, dont je ne préfère pas parler, la fuite de

Saint John devient une nécessité pressante. La première porte fut Bouctouche, où j'ai retrouvé un peu de stabilité d'esprit et j'ai énormément profité de ce « congé » pour voir clair dans ma vie. Je serais bête de penser à 22 ans que j'ai raté ma vie, alors je quitte Bouctouche avec des bonnes intentions... Ayant constaté qu'il pourrait y avoir certaines démarches néanmoins je pars avec une idée fixe vers un but.

Excuse-moi, cher ami, de revenir à Bob, mais pour le moment, celui-ci figure beaucoup dans les divers plans dont je me propose. Premièrement, après deux ans Bob est venu d'âge après la terrible psychose, etc. dont il fut atteint. Je m'accuse d'avoir peut-être trop demandé à son compte, mais les jeux sont faits: il décide à quoi il veut en venir en ce qui me concerne. Depuis 2 ans, je me tourmente, je me cherche (je le cherche), etc. Ma vue, en ce que je l'imaginais, était autour de lui que j'aime. Je serais toujours où il sera, en était la motto. À vrai dire, depuis 2 ans, je n'avais jamais arrêté à penser à ce que serait mon existence sans lui. Maintenant j'y pense. De retour à Saint John, on se confronte et pour la première fois peut-être on s'expose. À mon sujet, Bob est toujours évasif, vague, oh – je ne sais quoi...

Il m'avoue que je l'aide, il dit qu'il veut partir avec moi, etc. Ce qui gêne toute l'affaire c'est que Bob ne me dit pas ceci de peur de me déplaire et de me faire de la peine. Il est un homme très franc. Il n'hésite jamais à dire « tout » ce qu'il pense à n'importe quel sujet ou personne. Ceci devient parfois embarrassant si un type qu'il n'estime pas vient nous joindre à une table au Lounge ou au restaurant, Bob lui déclare tout de suite qu'il n'a aucune intention de causer avec lui puisqu'il ne sent nul sentiment à son égard. On ne peut guère lui reprocher l'hypocrisie! En tout cas, quand il s'agit de moi, il ne laisse sortir aucune émotion* et devient ce que j'appelle avec dédain « cold, calm and cocksucking English ». N'allons pas jusqu'à dire qu'il n'éprouve pas d'émotions... Je m'abstiens d'en énumérer les exemples mais il réagit comme ceci: si je fais quoi que ce soit qu'il admire, il me donne un compliment. Comment puis-je te dire

---

* [Note en marge] Ne va pas croire que je suis de ceux qui sentent toujours le besoin de se faire répéter « je t'aime... » au contraire! Cependant, j'ai l'impression d'être « dans l'air » en ce qui le concerne et j'aimerais avoir de lui un aveu sincère de ses sentiments... quoi qu'ils soient...

sur 2 pages ce qui consiste un caractère compliqué comme celui de Bob? Toute cette encre pour en venir à ceci: il veut vivre avec moi ou non et je refuse obstinément une réponse vague. Oui ou non. À ce point-ci, je ne sais pas moi-même quelle réponse il me donnera. En vérité, je n'arrive pas à pouvoir m'assurer d'un signe positif ou négatif. Je constate qu'il m'appela 3 fois depuis 5 jours, tout ça signifie peut-être beaucoup mais il y a l'autre bord du problème qui pèse aussi. S'il dit non, je pars quand même. Je suis réconcilié au fait que Bob est le seul homme sur la Terre pour moi, je n'en veux pas d'autre. Je ne m'apprête pas à jouer la femme fatale, non, puisqu'il ne s'agit plus de comédie. Alors, je vais à Québec, seul ou avec l'homme que j'aime. Ah! Que j'aimerais avoir ton oreille sympathique à cette heure.

En effet, j'ai hâte de te rencontrer. Là, tu pourras me voir pour ce que je suis vraiment. Je suis un petit simple qui cependant est très sympathique, la tête pleine de bonnes intentions. Plusieurs ennemis, et Joey, tu le sais toi aussi, les ennemis sont souvent aussi nécessaires que les amis... J'ai été reproché par quelques ennemis d'être artificiel, voire «phony». Si je donne cette impression, elle n'est sûrement pas authentique... Il m'arrive peut-être quelques fois d'essayer d'être ce que je ne suis pas mais en général, j'essaye toujours d'être sincère. Vraiment, je ne suis pas si pire que tout ça. Pardonnez mes quelques défauts et je suis un bon type.

Je reviens à mes lectures. 3ᵉ volume de la tétralogie *Les jeunes filles* que je finis justement. *Le démon du bien* me semble inférieur aux deux premiers volumes, peut-être le dernier livre le complétera. J'ai pris cet après-midi *Mon fils pourtant heureux* de Jean Simard[1] (Canadien français). Son style est trop travaillé et je me sens mal à l'aise en le lisant. J'en ai lu que 30 pages et le nœud semble mince... peut-être plus loin...

As-tu reçu aucune nouvelle de mon cousin Gilles? Le méchant n'a pas encore donné signe de vie depuis notre dernière rencontre (au-delà d'un mois). Il a toujours été las pour écrire, je ne lui en veux pas, d'ailleurs, je le reverrai prochainement.

Un de nos grands, GRANDS chansonniers canadien-français, soit Jean-Pierre Ferland, sera en récital à Bouctouche dimanche (le 26) prochain. Inutile de dire que j'y serai. J'en crève pour le rencontrer et bien

sûr effronté comme je suis ce ne sera pas difficile. La plupart d'eux sont
très gentils d'ailleurs avec les Canadiens français. Leur animosité est
réservée aux «Anglais».

Oh! Raison pour ne pas aimer le «Boston accented English».
C'est un peu bête. Un certain type de Saint John naquit à Boston, y vécut
2 ans et sa famille déménage au Canada, à Saint John. Jusqu'à l'âge de
25 ans il ne savait même pas où était Boston et cet été-là il décide d'aller
voir le pays qui l'a vu naître. Il trouva Boston, y resta environ une semaine,
et de retour à Saint John il ne parla qu'avec ce maudit accent très, très
artificiel... «over theah, in the cahr, etc.» après une semaine!!! Le sang
me bouillait dans les veines à l'entendre. Aussi, plusieurs de mes cousins,
cousines sont nés aux États et tous les étés, l'inévitable pèlerinage au
Canada. Voilà qu'arrive cette bande de clowns qui avec des noms tel
Leblanc, Thibodeau, Cormier, etc. ignorent complètement le fait qu'ils
sont Français, s'obstinant à ne pas le parler jusqu'à ce qu'ils ne puissent
plus le parler, lèvent le nez à ceux qui le parlent et disent «It's terrible,
living on a farm without a car...»... La terre porte dure. Pour eux (misérable clan), le but suprême, l'idéal est de renier leur langue et culture et
savourer d'être «Américains». WELL! Inutile d'en dire plus long... Tu
me connais moi, anti-américain, anti-anglais, séparatiste, etc. Mais sérieusement, c'est quand même un triste fait. Et voilà, mon ami, pourquoi je
frissonne un peu lorsque j'entends l'accent dit «Boston». Mais tu
constates bien sûr que mon propos n'a pas été influencé par l'amitié que
je te porte. En effet, mon ami, je suis un «p'tit cul»... Je hais les Anglais
(le seul homme que j'adore sur terre en est un), etc. Je te disais tout au
début de notre correspondance... il ne faut pas me prendre au sérieux...
André Gide said it long before I did: «My function is to disturb.»

Cher fonctionnement! J'ai complété une courte nouvelle que je
propose envoyer chez un éditeur québécois pour en savoir la vérification.
Bob est très fier de moi (ah! Voilà le malin qui revient) en tout cas, je
l'envoie en attendant pour le pire et le meilleur. Si je peux me remettre
sur mes pieds je t'en enverrai la copie de cette fameuse réussite!!!

Dimanche soir au poste français ils donnaient une admirable production de *Poil de carotte* – tiré du roman de Jules Renard[2]. Peut-être tu

en as déjà fait la lecture, il s'agit du petit voyou, menteur, etc. étant, dans l'état qu'il est, dû à sa vie familiale très irrégulière. Les parents ne s'entendent pas et Poil de carotte [...] ne peut communiquer avec ses parents. Il s'identifie avec son père au dénouement de la pièce, etc. Un sujet assez commun mais très universel. On suivait la pièce sans trop de travail intellectuel... On s'assit et on écoute le bel usage de la langue française tout en absorbant les simples valeurs. J'ai apprécié cette pièce beaucoup. La règle reste toujours: on apprécie le théâtre vivant au théâtre lu. Lorsque j'ai lu *Who's Afraid of Virginia Woolf?* il y a quelques années, je sentais la présence du génie de l'œuvre, mais ce n'est qu'à l'assistance du film que j'ai découvert les merveilles, les subtilités, l'ampleur de ce chef-d'œuvre. Alors le théâtre est créé pour être joué, non? La pièce que j'adorerais voir est *La ville dont le prince est un enfant* d'Henry de Montherlant. J'ai lu et relu cette pièce, j'en ai même fait la lecture orale pour savourer la densité de la langue. Reste que sur les planches, ce drame prendrait l'aura du classicisme qui lui est dû. Autre auteur dramatique (et comique) que j'admire énormément: Jean Anouilh. J'apprenais assez récemment qu'il est le dramaturge le plus joué au monde depuis quelques années et il l'est encore (il est plus joué même que Shakespeare! et c'est un fait!). L'auteur de *Le voyageur sans bagage*, *Antigone* (moderne d'après la mythologie), *Becket*, *Roméo et Jeannette* (version moderne... peut-être supérieure à celle de Shakespeare) etc. se joue très bien même en traduction. J'ai vu la plupart de ses pièces, *Roméo et Jeannette*, je l'ai vue 3 fois. J'en parlerai en long prochainement. Tu en as lu ou vu du Jean Anouilh? J'espère. Tu l'aimerais, il est fataliste un peu, pessimiste, existentialiste, etc., etc. Quand même un maître du théâtre... et j'aime aussi le théâtre de Jean-Paul Sartre (le théâtre d'idées). Besoin absolu de te parler en long de Sartre.

Et après certains départs médiocres, je ne lâche pas l'idée de te faire un ruban, ne pas l'écouter quand il sera terminé et l'envoyer. Ce sera sans doute un ruban assez bilingue puisqu'il y a des choses que je ne puis exprimer en anglais, et d'autres, en les exprimant en français je ne parviendrais pas à me faire comprendre. Disons qu'il me manque d'idées et de parole, je peux cependant te faire un ruban de la chanson canadienne-française avec exemples... les chansons d'amour de Claude

Léveillée et Gilles Vigneault (parmi les meilleures au monde!) les chansons paysannes de Gilles Vigneault (telles *Jack Monoloy*, *Jean du sud*, etc. chansons pleines d'humour rural, etc.), les chansons séparatistes de Raymond Lévesque et Claude Gauthier, etc. Je t'avoue qu'il y a du choix et du talent! Les chansons pro-Québécois et anti-Anglais seront pour la plupart datées dans une dizaine d'années, mais les grands succès tels *Frédéric* de Claude Léveillée, *Quand les bateaux s'en vont* de Pierre Calvé[3] et Gilles Vigneault, *Feuilles de gui* de Jean-Pierre Ferland, etc. tout ça deviendra (comme en Amérique) « standard ».

Le 23 novembre 1967

Je suis de retour... arrivé hier matin à 7 h 00. Maman m'apprend que Bob avait téléphoné pour moi 3 ou 4 fois la soirée d'avant. En effet, il m'appelle et m'invite à dormir chez lui. Joey, tu ne peux t'imaginer comment j'aime cet homme! Chez lui, sa mère me laisse savoir qu'elle est très contente que je suis revenu puisque «je suis bon pour Bob», on cause, puis elle nous laisse seuls. Après avoir éteint les lumières et mis quelques disques sur le stéréo, il me joint sur le divan pour me dire «a lot I have to tell you». Avec ses bras autour de mon corps il me fait plusieurs confidences et en finit en murmurant «Gérald, I need you.» J'étais au point de pleurer... Non, pas de joie, ni de peine... juste ce sentiment très étrange, nouveau et je lui réponds franchement: «I need you too, Bob, I need you very much». He keeps repeating that I'm not happy, I am tense, he says. J'étais heureux, mais je n'étais pas moi-même. On a cependant beaucoup parlé de nous et il approchait matin quand on s'est couchés. Je l'ai laissé jouer avec mon corps... cette fois-ci sans scrupules, aussi dois-je dire sans volupté. Ce matin (il se réveille toujours de mauvaise humeur) on a beaucoup ri ensemble. À midi après déjeuner je le quittais. Joey, il est 8 heures (20 heures) et je me sens tellement seul, je le veux près de moi et ça me fait mal... Peux-tu comprendre au moins un peu mon état. Oui, je le sais, les Français sont peut-être heureux d'être malheureux, mais je t'avoue que je ne le suis pas. J'ai peur... depuis 2 ans je le vois et je rêve (peut-être trop). Mon rêve au seuil de se réaliser et je suis pris d'une peur douloureuse. Probablement de peur de le perdre, ne serait-ce pas ça? Si j'étais libre, je m'envolerais. Mon amour pour cet homme ne fait que grandir. Au moment où j'essaye de me persuader qu'il ne figure pas tellement, la brutale réalité s'infiltre au sein de mon âme pour me rappeler que perdre Bob serait perdre toute valeur de mon existence. Je m'abstiens d'en parler plus long. Joey, tu me donnes l'impression d'avoir le cœur grand comme tout l'univers et tu comprendrais sûrement, je désire vivement te rencontrer. Bob aurait songé venir à Boston avec moi... Non! Je veux qu'il aille avec son frère Bill à New York. Moi, je veux passer quelques jours bien tranquilles avec toi. [Pour Bob]

> Je sens vibrer en moi toutes les passions
> D'un vaisseau qui souffre;
> Le bon vent, la tempête et ses convulsions
>
> Sur l'immense gouffre
> Me bercent. D'autres fois, calme plat, grand miroir
> De mon désespoir!
> – Baudelaire.

Avec cette mélancolie, cette angoisse, la pensée d'être à Saint John est loin de devenir attrayante. Impossible de m'imaginer comment je vais m'y prendre afin d'y rester au moins 2 mois. Tu dis étouffer à Leominster, si ta souffrance se compare à la mienne je te conseille de partir immédiatement. Dieu merci pour quelques amis qui améliorent un peu mon triste sort. Je compte les jours, les heures!

Et demain matin! La pénible corvée de me trouver une position quelconque, même si c'est d'un besoin pressant. Je ne fais qu'emprunter de mes sœurs oh! ma famille! J'ai 5 sœurs et un frère. Je n'aime pas beaucoup mon nom (Gérald – aaah!) mais le reste de la famille ont tous de beaux noms français. Mes sœurs: Louise, Murielle, Rachelle, Jacqueline et Monique. Mon frère: Jean-Robert (j'aime les noms doubles tels Jean-Pierre, Paul-Émile, Louis-Marie, Jean-Jacques, etc.) et bien sûr je demeure partiel au nom Robert... Si jamais je publie mon pseudonyme sera Guy Bernard. Je me passionne des premiers noms comme derniers noms (nom de famille) tels Paul (Robert Paul), Julien (Pauline Julien), Claude,

Bernard, Henri, Sylvestre, Guy, etc. En tout cas, je dois me contenter de Leblanc.

Nov. 25/[19]67 (samedi matin)

Je viens de recevoir ta lettre, charmante comme de coutume. Hier, je me rendais à une interview pour une position dans un édifice du gouvernement et je pense être accepté. C'est un emploi assez favorable, il s'agit de traduire le français en anglais dans la correspondance, etc. ainsi que recevoir tous les gens de langue française qui se présentent au bureau. Alors, je parlerais français pour la plupart de la journée parmi tous les sauvages Anglais qui m'entourent. Suivant l'interview, je pars pour la bibliothèque (je t'en reparlerai) et ensuite chez l'homme que j'aime. Il est fier de moi, etc. On se quitte avec la promesse de se rencontrer dans la soirée. Le soir venu, il ne se sent pas bien. Je ne veux pas rester seul à la maison... j'appelle un ami qui vient veiller une partie de la soirée. Maudit! Merde! Merde! Merde! MERDE! Je crois la cause de cette angoisse dans le fait d'être à rien faire. Aussitôt que j'aurai commencé à travailler je serai beaucoup plus équilibré. Il doit venir dormir ici ce soir...

Pour changer de sujet, je te demande si déjà tu as lu les lyriques de Rod McKuen[4] – un chansonnier américain. J'ai trouvé un de ses recueils à la bibliothèque qui porte comme titre *Listen to the Warm*, c'est une poésie lyrique très simple qui chante l'amour, la solitude en plus du besoin de communiquer avec l'un l'autre. Bob a aimé cette poésie si simple et il m'a lu:

> But yesterday you touched me
> And we drove to the toll beach
> And ran in the sand
> Sorry no one could see
> How beautifully happy we were[5].

Sentiment si modeste! Sans recherche, sans ornement, juste la simple impression du sentiment. Je t'en cite à la fin de cette lettre.

Gilles subit un grand change – je crains que ce change n'est pas pour le meilleur. J'éprouve pour cet enfant une affection « maternelle », je ne veux pas le voir se faire brûler du même feu qui m'a tant fait souffrir. Cependant, je ne le force pas d'agir à mon gré, non, pas du tout... je lui donne quelques conseils en essayant de l'inciter à réfléchir avant de se plonger à l'inconnu.

J'ai montré à Bob la lettre que tu m'envoyais hier (j'ai dû en faire la lecture sur l'autobus puisque le courrier arrivait justement au moment où je sortais). Ses yeux ont quitté sa tête quand il lut « a psychomotor fixation functionning as a negative tropism!!!... But ignoring my introverted intra/introspective inversion... », etc. Il me dit suivant la lecture « How can he get away with using such language and at the same time be so sincere? » Bob is almost German in respecting a fertile intellect (such as you) at work. Bob m'estime drôlement favorisé d'avoir un correspondant pareil! « Beaucoup supérieur à ces types de Bobby Arbeau et Sonny Harley dont tu insistes garder association », dit-il. Me fait penser à un roman d'Aldous Huxley que je lisais il y a longtemps (*Antic Hay*) où l'on trouve un groupe d'intellectuels assis dans un restaurant. Rentre un de leurs amis avec une putain de faible imagination... Il l'introduit comme ça: « Allow me to introduce the sharer of my joys and sorrows. La compagne de mes nuits blanches et de mes jours plutôt sales. In a word, Zoe. Qui ne comprend pas le français qui me déteste avec une passion égale à la mienne... » C'est plutôt sur ce ton que Bob fait allusion à quelques-uns de mes amis...

Nov. 26/[19]67 (dimanche)

Étrange incident hier soir chez Bob. Aucune communication. Avant de partir, j'insiste d'abolir tout lien entre nous jusqu'au 22 décembre (le jour avant de m'envoler pour Leominster). Il m'a fallu en venir à une telle conclusion, non par besoin d'échapper à la triste réalité, mais afin de pouvoir pendant un mois analyser mes folies et mon amour. En marge de couper nos contacts, je lui écrirai une lettre sur nos deux façons de vivre... Je deviens vague mais je t'enverrai une copie de la lettre que j'attends lui écrire, tu comprendras peut-être. Ignorant toute forme d'optimisme, je reprends une ligne d'Aragon qui dit « Il n'y a pas d'amour heureux... »

Oui, oui, oui. Je brûle de désir de me rendre à Leominster. Joey (ou Olivier comme tu étais pour moi jadis) après une douzaine d'années, deux amis ignorants de tout problème que pose la vie vont se rencontrer pour envisager et comparer ce que nous a fait la vie. Douze ans après. Peut-être serait-il mieux s'amuser, toi et moi, à jouer dans une «sandbox» et non parler comment la vie nous a volé notre innocence. En tout cas, j'apprécie ton hospitalité très «française» et je compte les jours...

Je te quitte jusqu'à la prochaine

Amitiés toujours

Peanuts

That Time of Loving – Rod McKuen
That time of loving may not come again
and so I've saved the old loves one by one
to call back when the leaves fall down
and winter covers all the town
and now is next to nothing
compared to where I've been

That time of loving may not come again
or if it does it might not be the same
the loves remembered, those that last
have caught me living in the past
for now is next to nothing
compared to where I've been
and that time of loving may not come again

Il faut plus ou moins lire le recueil en entier pour garder l'ambiance de l'amour, solitude, etc. Comme je disais, la profondeur n'est pas en relief ici cependant ses lyriques demeurent charmantes...

G. Leblanc

LUNDI matin, avant de poster la lettre

Joey! Ceci affirme ma faiblesse d'esprit et de volonté. Bob frappa à ma porte 5 minutes après que j'ai fini cette lettre, disant que je ne le verrai pas pour un mois... et j'ai ouvert! Il souffrait et moi je dis humblement:

«Parlez, votre serviteur vous écoute.» Je ne suis même pas maître de ma propre volonté! Que vais-je devenir?

Paroles de Bob: «Sometimes I love you, and at times I hate you. Saturday night when you came home I hated you. Tonight, I had to see you and talk.»

À quoi veut-il en venir? Il ne le sait pas lui-même! Disons qu'il se sert de moi à son gré, quand il en a besoin. Mais Joey, quand il dit «Je t'aime», ou «J'ai besoin de toi», il est sincère, il est très sincère (ceci n'est pas mon imagination). Aussi samedi soir, quand je disais sur la lettre qu'on n'a pas communiqué je sentais dans sa présence l'animosité qu'il avait à cause de la mienne. Pourtant, il m'a ouvert la porte lui aussi, alors peux-tu en arriver à aucune conclusion? Si oui, écris de ton encre la plus noire, mords de tes dents les plus aiguës... mes chers amis de Saint John sympathisent tous avec moi, ils me disent «True love never runs smooth». Oui, la chanson date de bien loin, mais je ne sais plus où tourner. Je ne laisserai pas cet homme détruire ma vie, s'il veut rater la sienne. Je termine sur la même ligne:

IL N'Y A PAS D'AMOUR HEUREUX!!!!

[12]
Le 29 novembre, 1967

Bien cher ami,

Voilà que j'ai posté une lettre pour Leominster hier et je reprends aujourd'hui la plume. Je profite de tout ce temps libre pour lire et écrire puisque je ne commence pas à travailler avant lundi. Avec un disque de Tony Bennett (j'ai un petit penchant pour quelques Anglais) sur ma machine... en vérité, j'adore Tony Bennett: *I Wanna Be Around, When Joanna Loved Me* (une de ses meilleures), *The Good Life* sont tous des chefs-d'œuvre. Alors j'écris... mon âme câlinée d'une douce mélancolie...

Eh oui! C'était moi qui allais rompre tout contact avec Bob pour un mois... Sur ma dernière lettre je disais qu'il était venu dimanche. Il y était encore hier soir (mardi). En entrant il me dit qu'il reste seulement une heure au plus (il était 19 h 30). Il part à 02 h 00 am. Il dépend beaucoup sur moi. Après avoir longuement parlé, s'ayant vidé le cœur, on fait quelques plans (peut-être plusieurs ne se matérialiseront pas mais du moins c'est un début) et si Dieu permet il prendra peut-être une classe d'enseignement l'année prochaine. Que ça me ferait plaisir! Il a eu l'offre d'enseigner [à temps] partiel cette année mais ne se sent pas suffisamment en forme. On vivrait ensemble... le p'tit bonheur! Tu remarques sans doute que je suis sur un ton beaucoup plus optimiste d'après ma dernière lettre. C'est que Bob est un Dr. Jekyll et Mr. Hyde, quoi! Sa mère dit que je lui ai fait beaucoup plus de bien que l'a fait son psychiatre. Parfois je me demande si en le guérissant de son malheur je ne vais pas moi-même devenir détraqué! Quelle étrange histoire d'amour qu'est la nôtre!˙

Henry de Montherlant: «Une seule affection qu'on a, vous justifierait de vivre, si vivre avait besoin d'être justifié. Un seul être, qu'on aime toujours de plus en plus, dont on tire des musiques – de sa chair et de son âme – toujours de plus en plus profondes, comme le violon du maître, qui devient toujours meilleur à mesure qu'il en joue davantage.»

Eh Joey, regarde ce que dit Montherlant sur les cultures occidentales et orientales: «Dans l'Occident, dominé par les femmes, culte de la souffrance, dans l'Orient, où l'homme est le maître, culte de la sagesse.»

Le 30 novembre, 1967 (05 h 30 am!)

Je n'ai pas le sommeil alors j'écris. Bob et moi étions allés chez Bobby Arbeau surveiller un bon drame *Waiting for Caroline* en couleur. Bob et moi quittèrent [*sic*] Mlle Arbeau à 03 h 00 am et finalement j'arrive et il est 05 h 30 am. Je refuse obstinément de recommencer à cette heure mes longs discours sur Bob, même si j'en ai le cœur chargé. Tu sais, parfois j'ai envie de «m'inventer» un amant qui ne pourra pas me faire mal en

---

˙ [Note en marge (cela embrasse tout le paragraphe)] Château en Espagne! (déc. 4/67). Je suis revenu à la réalité...

disant des mots maladroits. Mon amant imaginaire deviendrait pour moi ce qu'est *Thérèse Desqueyroux* pour François Mauriac. Ah! François Mauriac (permets-moi quelques soupirs d'extase). FAUT aimer Mauriac!!!! On peut certainement lui reprocher valablement ses opinions politiques etc. mais ses romans, son théâtre! Son œuvre fiévreuse et tourmentée avec sa pureté digne de Racine. Il écrit sur ce mal qui nous est commun: le péché originel... Il est le romancier de la solitude, ses personnages incapables de toute relation cependant ils s'accrochent à quelque chose d'infini... En tout cas! He keeps grinding out his political memoirs weekly in le *Figaro littéraire*.

Après quelques heures de sommeil. Je m'éveille et voilà! Une lettre de Joey qui m'attend. Ha! Ha!!! Te voilà sur les rues de Leominster avec les morpions! J'aurais dû m'en méfier de la mauvaise vie dont tu mènes! Sérieusement, toute sympathie. J'ai eu la « chance » d'attraper les morpions 3 fois dans mon humble existence. La première fois! Dieu merci que tu n'étais pas par ici tu aurais crevé de rire! J'étais avec un très beau numéro de Sherbrooke, Québec et j'allais le visiter à sa chambre d'hôtel tous les jours pendant une semaine. Le samedi matin en me levant que vois-je sur mon corps délicat? Une petite famille! Peanuts est Peanuts et crois-moi j'ai la langue bien pendue... alors sans perdre une minute je saute dans un taxi pour me rendre à l'hôtel et assassiner Serge. Naturellement au moment où j'arrive tous les occupants de son plancher se levaient alors que j'arrache presque la porte des pentures de sa chambre. « You cocksucker! » Je crie! Tout de suite il dit: « Arrête de crier et pour l'amour de Dieu parle français! » Ah!... « Espèce de vipère, tu descends 650 miles de chez toi pour me donner les morpions! Maudit morveux! Je souhaite que le diable vienne te chercher en mourant! Infâme personnage! (Ici j'écrase une lampe à travers une fenêtre.) Niaiseux! Cochon! Crasse! Tu te rends compte que tu m'as laissé tes ordures! Canaille! (Pauvre Serge ne savait plus que faire afin d'apaiser ma colère) Tu oses me toucher! Tu es d'une audace qui m'écœure! Cul! J'ai envie de t'arracher les yeux et chier dans les trous... » Je te laisse à penser les regards que j'ai eus en sortant de sa chambre avec la moitié de sa chemise dans les mains. Alors tu vois que je fus loin d'être fier d'attraper ces maudits morpions. Réellement pour moi c'était la fin du monde. Qui vivra verra, dit le proverbe... en effet, 2 fois depuis j'ai eu l'honneur d'élever une famille de morpions. Je t'assure que j'en suis pas fou de les garder.

J'ai lu, passionné, ton explication de ta liaison avec Dennis. Oui, la souffrance de l'oubli. Dans mes moments mélancoliques, je dis à Bob dans mon meilleur français, énonçant, articulant chaque parole pour approfondir le sens et le sentiment : « Tu ne crois pas ça que l'on peut souffrir de ne pas être aimé ? » Mes sentiments les plus profonds ne peuvent être exprimés qu'en français puisqu'ils viennent de mon âme et mon âme est française. En tout cas, revenons à nos moutons. Joey, je vais m'étendre longuement sur Bob, mais je te promets que ceci sera le dernier long discours sur cet homme. Écoute avec un peu de patience, ok ? Bob ne m'a jamais aimé. Il m'a dit souvent (surtout depuis l'été dernier) qu'il m'aimait. Il disait même à plusieurs de ses très proches amis qu'il éprouvait envers moi ce que jamais auparavant il n'avait ressenti. Mais Bob est un faible. Son existence est chez lui et chez son psychiatre. Dans ses moments d'angoisse et de détresse il trouve toujours ma porte ouverte. À 26 ans il pense sa vie ratée, il ne vit que pour le plaisir du jour. Il jouit d'un énorme potentiel qui est maintenant stagnant – inactif. Je veux l'aider, il veut que je l'aide. Le voilà tout prêt à se lancer dans un projet quelconque et le découragement s'annonce, il est las, finit par tout laisser tomber. Quelle existence ! Moi je nourris l'illusion qu'il m'aime et qu'un matin on s'envolera dans le bleu... lui nourrit l'illusion qu'un matin il s'éveillera et tous ses ennuis seront partis. Bob est un type que tu n'as jamais rencontré et il n'y en a qu'un. Complexe ! À quoi ça sert de me tourmenter de pareille façon ? J'y pense depuis quelque temps et la solution reste que je dois me défaire de lui. Oui. Oui. Oui. Oui. Espérons qu'il y ait un peu de vérité dans le proverbe « Rien ne sèche plus vite qu'une larme. » Mais je le sais (tu dis que tu as un pressentiment pour l'inévitable... moi juste un petit peu) que je n'aimerai plus jamais. Quand j'entendrai ou je prononcerai le mot « amour » je l'associerai éternellement à Bob. Je m'imagine que tu me vois contre une porte avec un complet noir, regardant tristement au loin... Pas vraiment.

Oui. Du français ! N'y a-t-il personne capable de parler un français un peu civilisé dans la jungle de Leominster? Si oui, fréquente-le ou la. À Bouctouche la grande majorité parle un franglais qui frissonne le cœur. Depuis mon enfance j'ai toujours surveillé mon français et je m'y suis appliqué en disant: «Si les sauvages veulent parler comme des ignorants je leur laisse le choix.» Heureusement plusieurs amis savaient et se servaient d'un bon français. À Saint John, ma petite sœur Monique (5 ans) parle couramment français (je <u>défends</u> strictement l'usage de la langue anglaise au foyer) et l'anglais. Si elle continue de même, c'est-à-dire parler anglais une partie de la journée et français à la maison elle deviendra comme sa sœur Peanuts «bilingue avec un certain dédain pour l'anglais». Alors Joey, tu es basically français et 2 semaines parmi les Français tu serais parfaitement bilingue (et comme moi, avec un certain dédain pour l'anglais). En tout cas, il faut à tout prix parler français au moins 18 heures par jour!

Mes lectures... j'avais laissé tomber *Mon fils pourtant heureux* de Jean Simard (Canadien français) que je trouvais ennuyant mais je l'ai repris et voilà! ...Une amusante histoire pleine de satire et d'ironie. M. Simard attaque la dorloterie des mères et le joug qu'imposent parfois les pères sur leurs enfants. Contre les parents qui élèvent leurs enfants d'après leurs parents et leurs grands-parents, etc., etc., etc. Style trop forcé, travaillé mais parfois bien.

As-tu déjà lu le poète italien Salvatore Quasimodo[1]? Il ne m'évanouit pas mais quelques-unes de ses lyriques sont très émouvantes et remarquables.

> In sombre sleep, the mountains
> Lie supine exhausted.
> The hour of fall
> Death is born, Apollyon;
> My limbs are tardy still; the heart
> Is heavy, unremembering.
>
> I stretch my hands to you
> From forgotten wounds,
> Beloved destroyer.

Plus loin il dit:

> I cannot hate you: so light
> Is my hurricane heart.

Il frappe toujours de belles lignes, je regrette de devoir le lire en traduction.

Je dois partir tout de suite et je pourrais poster ceci, alors j'arrête en espérant te lire sous peu,

Amitiés sincères toujours

Peanuts

(Pseudonyme de Gérald Joseph Leblanc né sept. 25, 1945 à Bouctouche. M. Leblanc fit ses études à l'École Consolidée de Bouctouche puis se rendit en Europe à la Sorbonne. Son premier roman fit scandale à Paris. Intitulé *Mangeur de cul*, etc., etc.)

P.S. Je promets de m'acheter un stylo demain – cette maudite encre verte se lit très mal.

[13]
Déc. 4 1967

Hélas! J'aurais dû savoir d'avance que 6 pages de trivialités ne seraient pas suffisantes alors je reçois ce matin ta lettre que j'ai lue au lit. [...]

Comment vais-je me rendre à Boston? Je pense partir le 22 au soir par Air Canada mais encore rien de définitif. Je promets te rassurer sur ma prochaine lettre au moment exact où j'arriverai sur le sol américain. Moi, tu me reconnaîtras comme une sorte d'«Auntie Mame» française. Tout probable que je sortirai de l'avion au bras de 5 ou 6 cavaliers charmants en leur faisant répéter «yes that's right, "maudits Américains" means "I am Americain" and "Merde sur Johnson" means "I am pro-Johnson"...», etc. Je compte donner un tour de chant canadien-français à Boston (tout probablement à l'aéroport même).

Ah! Je suis d'accord avec Joan Baez, aussi. Si j'étais américain (God

forbid!) je partirais la reprendre et je la suivrais comme les apôtres le faisaient avec Jésus. Et puis quel talent! Quelle âme! J'aime aussi ton analyse du gouvernement. Tu as raison. Tu ne comptes pas être marxiste et
crier «Révolution» mais d'une autre main nous autres au Canada français nous devrons le faire afin de sauvegarder notre langue et culture. Les
démons (les Anglais) sont en majorité à Ottawa alors jusqu'à la visite de
Seigneur de Gaulle ils se moquaient de la «Révolution tranquille».
Réalises-tu qu'il a fallu presque 10 ans pour avoir 1 mot français
(POSTES avec POSTAGE) sur nos timbres-poste? C'est à ceci que je
veux en venir – la grande majorité des (Canadiens) anglais sont soit
Britanniques ou Américains et rien d'autre. Lorsque ces Anglais
entendent le nom de la Reine ils tombent à genoux et si elle vient au
Canada ils se jettent à terre pour baiser le sol qu'elle a touché. Et puis
nous, les Canadiens français après 200 ans notre mère (la France) nous
lance un appel, nous donne un signe de reconnaissance et les Anglais
l'insultent. De Gaulle fut invité à Québec pour parler au Québec, loin
d'Ottawa et hors de la surveillance d'Ottawa. Le Québec a droit de parler du Québec à la France sans la permission et la censure d'Ottawa. La
France a droit de parler à Québec sans que M. Pearson ait son mot à dire
dans cette conversation qu'il ne comprenait même pas puisqu'il ne parle
pas français. J'approuve 100% la conduite et les politiques de Charles
de Gaulle (j'ai du commun avec Mlle François Mauriac) pour des raisons
trop longues pour énumérer ici (attends à notre rencontre!) mais la raison suprême est que M. de Gaulle aime sa patrie, sa langue et veut se
défaire de toute influence étrangère qui y nuirait. Et au Canada français il
faut constater que nous sommes que 6 millions contre 210 millions
d'Anglais sur ce continent, mais que nous parvenons néanmoins à garder
et enrichir ce privilège d'être Français. Point d'intérêt: à la télévision
française on interviewait souvent des Américains très cultivés (il y en a,
tu sais...) sur la guerre au Việt Nam, le problème noir, etc. et beaucoup
d'entre eux parlent un français remarquable! Sur nos journaux français
on lisait récemment: «S'il y a une leçon à tirer des reportages de la presse
anglaise, c'est sous forme de conseil à un jeune marié que je la résumerais:
"Si ta future ne parle que l'anglais... choisis-la plutôt muette... puisqu'elle

est déjà sourde!"» Isn't that marvelously true? On aura beaucoup à se dire… Moi, l'actualité, le problème du français sur ce continent m'est très cher: it's now or never. Je ne peux pas y rester indifférent.

Mon amour du style, du beau, ton amour de la pensée, des idées. Oui, c'est vrai. Moi je cherche avant tout les grands sentiments universels: la joie, la tristesse, des grandes passions, la mort, l'amour, les enfants, la haine, etc. Dans mes moments pensifs je deviens très Jean-Jacques Rousseau, je suis avant tout humaniste. Les idées me passionnent lorsque je m'y arrête et il n'y a rien que j'aime plus que de lire tes lettres lorsque tu t'en prends contre (ou pour) le gouvernement, les drogues, etc. Mais moi, je te disais, la psychologie peut servir à approfondir mon amour des hommes encore où la lecture arrête. Mon ami Hector Maillet (de Bouctouche) est le politicien, l'anticonformiste, etc. et je suis très heureux de le voir au collège. Nous fûmes ensemble les 2 types «différents» de Bouctouche. Lui, le jeune gars d'idées et moi, l'écrivain. Au début notre homosexualité nous servait de lien commun mais notre amour de la sagesse (?) fit de nous d'inséparables amis. L'on diffère tellement que je m'étonne que nous sommes encore amis et pourtant il y a beaucoup qui nous rassemble. Nous sommes tous deux dévoués à la cause du français au Nouveau-Brunswick et au Canada. Si tu me crois anti-américain et anti-anglais tu devrais entendre Hector! Il déteste le trône anglais, la monarchie anglaise au Canada avec une passion qui dépasse la mienne! Il parle très très peu l'anglais (chanceux qu'il est) et si l'on cause avec un Anglais qui ne peut suivre notre conversation française, Hector tout simplement hausse les épaules, lui jette un regard dédaigneux qui l'accuse d'ignorance à ne pas pouvoir parler notre belle langue française. Il jouit d'un «wit» que peu savent rivaliser. Comme moi, il n'a pas la langue dans sa poche et à l'époque où nous étions étudiants, l'on faisait la terreur des Maritimes. On est bon pour s'argumenter. Un petit incident qui m'a ébranlé et attaché à lui pour l'éternité. On s'était obstinés d'un certain sujet (un homme…) et Hector en plaisanterie m'avait choqué en retenant de l'information vitale à son égard. Dans une rage, je l'insulte, je le quitte en lui disant que je ne m'attendais pas lui parler de sitôt. Environ une semaine après, je ne lui avais pas encore adressé la parole et j'avais regret d'avoir agi sur le vif alors qu'un de nos amis m'annonce qu'Hector lui avait dit hier soir qu'il n'aurait jamais cru que j'étais fâché contre lui de pareille façon... Avec les yeux pleins de larmes! Hector est aussi très athlète, musclé, etc. – voire stoïque quoi, alors ses larmes à ce moment voulaient dire beaucoup. J'étouffe d'émotion et je me rends tout de suite chez lui. Il était passé minuit et nous étions sur la rue à se jurer l'éternelle amitié. Je ne lui ai jamais dit que j'avais su à propos de ses larmes. Une telle amitié me vaut beaucoup, tu comprends. Maintenant on s'argumente passionnément (surtout à mon égard puisque je n'ai pas la foi et Hector est un grand croyant). Je lui dis que parfois je prie et il me semble parler à quelques êtres surnaturels, mais en toute vérité, je ne crois pas. Hector ne s'occupe guère de littérature (il lisait passionnément cependant tout ce que j'écrivais ou que je publiais) puisqu'il ne pensait pas ceci «important» – il préférait une partie de hockey. Maintenant qu'il est au collège il doit faire énormément de lecture (*Andromaque* de Racine, *Le Cid* de Corneille, etc.) et il y prend finalement un vif intérêt. En tout cas, Hector fera parler de lui...

En parlant d'*Andromaque* de Racine et cette littérature classique, je feuilletais hier un de mes vieux livres scolaires de littérature, et j'ai lu *La dernière classe* d'Alphonse Daudet[1]. Les larmes me vinrent aux yeux. As-tu déjà lu cette nouvelle? Sinon, à tout prix, il faut en faire la lecture et je te l'enverrai... Elle y dépeint si bien la fierté française et après en avoir fait la lecture tu ne reparleras jamais anglais! Sérieusement c'est une nouvelle bien émouvante.

Une interview avec Edward Albee? Bien sûr j'aurais aimé ça! J'en ai vue une l'été dernier où on lui demande: «If *Virginia Woolf* was written as 4 homosexuals to be played as such as was rumored...» Albee répond «No, but I would certainly like to see it.» I screamed my lungs opened. Edward Albee reste cependant un grand.

Oui, j'aime crier sur tous les toits le style de Marie-Claire Blais, François Mauriac (le style le plus princier de tous les temps), etc. Je veux signaler tout de suite la poésie de Marie-Claire Blais, non seulement la poésie mais plutôt le GÉNIE de Mlle Blais. Je t'envoyais quelques mois passés son poème *L'amante* («Il dit parfois que je suis libre mais se penche sur ma nuque fatiguée...», etc. Excuse me for a minute while I recite the poem and masturbate myself severely). En tout cas, dans le même recueil de poésie il y a un poème de plusieurs pages au sujet de la guerre. Il faut lire... Le nom du volume est *Existences*, est-il accessible ? Sa poésie est belle, belle, belle. Son poème de «L'amante» je l'ai lu quelques fois et je le sais par cœur alors si je voyage sur l'autobus, si j'attends un ami, etc., etc. je me le récite tout bas. Orgasme ! Orgasme ! «Nul autre que toi ne dois me surprendre dans l'ensevelissement de notre muette volupté...» Orgasme, orgasme, orgasme ! Que je suis fou !

Remarque: j'écris la 5ᵉ page et je n'ai pas parlé de... LUI... l'Anglais... non, tu avais encore raison (tu réalises bien sûr que je suis de bonne humeur puisque je suis d'accord avec tout ce que tu m'as écrit...) au sujet de Bob. Il faudrait le connaître pour en venir à une fin. «Je t'aime plus que la vie même...» «Je te hais, je ne veux pas te voir...» 2 citations de Bob énoncées au cours de la même soirée. J'en dis pas plus. Québec attend, j'y vais !

Lu *Pale Horse, Pale Rider* de Katherine Anne Porter[2] avant de dormir hier soir. Qu'il y a beaucoup de talent dans le Sud ! Tu ne m'as jamais dit si tu «adorais» Carson McCullers, la seule génie qu'ont les Américains. Je t'interdis de mal en parler.

J'écoute Piaf... sans pilules... je suis de bonne humeur comme je disais, alors je mets ses œuvres complètes sur le tourne-disque (j'ai tout ce qu'elle a jamais enregistré). Le poète Jacques Prévert lui écrivait une chanson qui la résumait :

> C'est pas seulement ma voix qui chante
> C'est d'autres voix, une foule de voix
> Voix d'aujourd'hui ou d'autrefois
> Des voix marrantes, ensoleillées
> Désespérées, émerveillées
> Voix déchirantes et brisées
> Voix souriantes et affolées
> Folles de douleur et de gaieté...

J'ai vu Ray Charles à Ed Sullivan hier soir (je ne surveille guère la télévision maintenant puisqu'à Saint John on ne peut pas prendre les ondes du poste français). Beaucoup de rythme... «What'd y say?»

Je reste à la maison et je lis – j'écris. Voici mon plus récent:

« Deux cœurs »
Il sentit sur son cou des lèvres froides
Dédaignant les maigres mains sur les siennes
Il sent monter en lui l'exaspération
Mieux feindre l'indifférence, la mort.

...la nuit qui nous enveloppe est aussi humaine qu'on l'est;
Elle respire.

Je sais qu'il ne ressent rien à mon toucher
Il feint le cadavre; j'ai honte...
Un corps mort, et je l'aime tant
Mais pourtant un corps, c'est mieux que rien.
Non, il ne peut pas répugner tant que ça
Mon contact
Peut-être pour un moment éprouve-t-il
Pour un moment même
Les mêmes joies qu'autrefois avec un autre.

Il me repousse et me regarde paraissant attentif
Il ressent pour un instant la vie qui bat
Il est inondé d'une chaleur éphémère

Il me serre en entendant crier un moineau
Comme s'il l'entendait pour la première fois...

Et à ce moment...
Non, je ne vois pas son visage
Mais il suffit de l'entendre
Pour savoir qu'il est heureux
Pour un moment
Avec moi...

Douceur inattendue...

[14]
Le 8 décembre 1967

Mon cher ami;

J'ai quelques moments libres avant de reprendre mon ouvrage alors je t'écris. Je suis fier de pouvoir me remettre au dactylo puisque ça va beaucoup plus vite qu'à la main. J'estime ma nouvelle position. On travaille 32 ½ heures par semaine avec un salaire assez confortable. Mon devoir consiste d'approuver les factures médicales qui réclament de la compensation. Avec 40 % de Français au Nouveau-Brunswick, il faut donc des employés de cette fameuse langue. Alors, ma journée est remplie de français et je suis content. Réussis-tu à te placer quelque part, toi? puisque tu me disais sur ta dernière lettre que tu ne travaillais pas encore. (Remember, dear, there is always the oldest profession (although I doubt if your clientele would want a charter member...).)

Malheureusement, je ne peux pas te dire quand je dois arriver à Boston. Je serai certain à ma prochaine lettre puisque mon ami (Victor) travaille à Air Canada et se force de me trouver une réservation qui me permettrait de partir vendredi soir le 22. En tout cas, je t'en apprendrai plus long à la prochaine. J'admets que je n'ai pas les moyens de faire ce voyage, mais j'adopte l'attitude américaine de «Fly now, pay later...» J'anticipe ce voyage et une fois décidé, moi je ne recule jamais.

Il me faut du sommeil ce soir. Depuis 2 soirs je passe une partie de la nuit à lire *The Heart Is a Lonely Hunter* de Carson McCullers. Après la première lecture j'ai reparti tout de suite la deuxième. Quelle ampleur: Quelle ébranlante œuvre! Quatre ans passés j'en avais fait la lecture et j'avais peu réfléchi dessus. Cette fois-ci j'ai subi la pleine force du coup: j'ai atteint au moins vingt fois la «volupté spirituelle!» Oui, la regrettée C. McCullers connaît l'âme... émouvante enquête de l'aliénation et de la solitude humaine. La figure attachante du muet Singer (qui personnifie le Christ). Sous sa plume, le récit devient classique... «In the town there were two mutes, and they were always together...» Ainsi commence le roman, comme une «simple histoire» mais qui enveloppe la tendresse du cœur, ce «Chasseur solitaire». Les Français, plus que tous autres, ont vu en elle le génie et il ne se sont pas trompés... Je t'en prie, fais-en la lecture.

Arrêt.

Dîner.

Les idées, les idées! Oui, Joey, un style séduisant et bien réussi me fait tomber mais ça ne veut pas dire que je ne m'occupe pas d'idées. Des idées, j'en ai bien sûr, mais elles sont confuses et nébuleuses. C'est pourquoi j'avale tant de livres afin de les éclaircir pour les approfondir et pour enfin les exprimer avec une plume facile (raison dominante qui m'attache à l'étude stylistique). Je discuterai de mon style pitoyable plus loin. Un aperçu de mes idées irait comme suit: je ne cherche pas à changer la face de l'univers avec mes pensées (comme toi tu en serais capable). Moi, je vois dans la condition humaine des grands maux et des grands torts... comme réponse j'ai un penchant du bord Jean-Jacques Rousseau (ceci est dû en grande partie au grand désappointement de l'été dernier) mais mon ami Jean-Jacques est borné. L'homme est naturellement bon de nature (Rousseau), l'homme est naturellement mauvais de nature (comme l'a si bien illustré William Golding dans *Lord of the Flies*) cependant, tous deux sont limités. Je ne vais pas dire que je recherche le «happy medium», mais les hommes sont en règle générale mal partis. Voltaire, qui dans son temps a tellement lutté contre ce qui empêchait l'homme son bonheur, aujourd'hui s'il voyait ce qu'on est devenus l'humanité il ne prendrait pas la plume, mais plutôt le fusil pour se suicider. Les grands maux cependant semblent rester les mêmes: l'argent (le pouvoir), les superstitions (l'Église incluse), etc. tout ceci ne cesse de corrompre les hommes. Comme le jeune gars de la chanson d'Aragon & Léo Ferré qui s'étonne: «Est-ce ainsi que les hommes vivent?», mais Aragon est communiste... peut-être le suis-je moi aussi. Merde: tout ce bavardage pour en venir à ce que je veux écrire. Dans mes futurs romans (wishful thinking – châteaux en Espagne) et poésie qui bougent dans ma tête je veux écrire et créer des personnages vivants où chacun pourra voir un peu de lui-même, un miroir où l'on retrouve le visage nu de l'homme. C'est en se comprenant qu'on arrive à comprendre les autres... Ici encore je pourrais parler de technique, etc., mais notre rencontre approche, alors, à ce temps-là. Finalement tout cela pour te dire que j'aime penser parfois.

J'ai dû m'arrêter... très occupé cet après-midi. J'ai rompu tout lien

avec Bob, depuis presque 2 semaines. Jeudi, vendredi et aujourd'hui
(samedi) j'ai reçu une carte de lui chaque jour. Celle d'aujourd'hui me
remerciait pour mon amitié... Imagine! Je ne sais pas à quoi il veut en
venir... je vais lui envoyer une carte de Noël avec mon cadeau mais je
m'interdis de l'appeler. Tu sais, je pense à lui nuit et jour mais je ne souffre
pas... je n'ai pas pleuré, je n'ai pas mal au cœur. Bien sûr j'aimerais le voir,
mais je pense que c'est en le voyant que ça me ferait mal. Un de mes
intimes amis me suggérait de lui renvoyer sa carte qui louange mon amitié... je ne suis pas si cochon que tout ça après tout je l'aime et même si lui
fait ceci afin de me faire de la peine, moi de ma part je ne pourrais jamais
le voir souffrir ou lui infliger aucune peine. Je me tais sur son compte.

Bon Joey, je ne sais pas si tu as déjà lu le théâtre de Jean-Paul Sartre.
Toi qui aimes les idées, voilà ton homme. Je n'avais jamais lu son théâtre et
jeudi j'ai décidé de remédier à ce mal! J'ai lu *Les mouches*. Pour un homme
qui se moque du style traditionnel et toutes ses «recettes», Sartre
demeure un grand styliste qui sait penser! J'ai répété plusieurs fois t'envoyer une longue critique sur Sartre, je propose de le faire aussitôt que je
finirai son théâtre. Et le théâtre français! Oui, ça c'est du théâtre! Toi qui
aimes beaucoup les idées, je te propose aussi le théâtre français. Tu sais
aussi que le public américain et anglais ne veut voir que ce qu'ils veulent
voir sur la scène: de l'escapism. Alors le théâtre américain et anglais est
naturellement dans une période de vache maigre. S'ils veulent un théâtre
innovant, un théâtre qui pense, ils doivent aller chez les Français: Jean
Anouilh, Jean-Paul Sartre, Jean Giraudoux[1], Henry de Montherlant et
François Mauriac (oui mon ami François Mauriac qui a amené à la scène
l'ampleur et la densité racinienne – son théâtre est un des plus classiques
de tous les temps... les personnages soutenus par la crise – leur seule passion soutient l'action. *Les mal-aimés* et *Asmodée* sont deux chefs-d'œuvre)
sont encore tous vivants et classiques. Quant au plus récent on y trouve:
Eugène Ionesco, Jean Genet (très obscur, mais plus de génie) sans oublier
l'Irlandais qui écrit en français, Samuel Beckett. Alors, avec quelques
mineures exceptions (les Américains ont E. Albee, E. O'Neill (mort) et un
peu de T. Williams) (les Anglais Harold Pinter[2] et un peu de J. Osborne[3])
le seul théâtre digne de ce nom est le théâtre français. Orgasme!

Marie-Claire Blais monte une pièce à Montréal à la Comédie-canadienne en janvier je crois. Peux-tu te faire une petite vision de ce que sera son théâtre? Ah! Ah! J'ai décidé de ne pas aller à Boston pour Noël, et je me rendrais à Montréal en janvier voir Marie-Claire, dramaturge. Sérieusement, j'aimerais mieux te voir, beaucoup mieux te voir que Marie-Claire B. Après tout, toi et moi nous avons un grand intérêt commun: nous aimons tous deux le chiffon!

J'avais écrit environ 3 pages sur mon grand défaut! ma haine des Anglais. Le pourquoi (par exemple lorsqu'on allait à l'école nos professeurs nous disaient 100 fois par jour que les Anglais ont dispersé les Français en 1755, etc., les Anglais haïssent le français, les Anglais sont des brutes qui ne manquent jamais l'occasion d'abuser les Français) alors dans mon petit cerveau de 7-8 ans c'était mes premières impressions des Anglais. Je suis tellement contre les préjugés et la haine et je porte en moi-même ce poison que j'abhorre. Grande cause aussi de mon dédain est leur ignorance – leur stupidité. Nous voulons un pays bilingue, disent-ils, les Français apprendront l'anglais, etc. Tout ça c'est idiot. Je te dirai tout ce qui se passe dans ma petite tête à Noël.

Je commence *Silbermann* de Jacques de Lacretelle[4]. Bien. Je commence aussi *Saint-Saturnin* de Jean Schlumberger[5] (grand ami et disciple de Gide). Belle épigramme de Léo Ferré (chansonnier français) qui disait en interview le mois passé: « Le bonheur n'est que le chagrin qui se repose... » Beau, hein?

Écoute, mon vieux, je ferme et je promets une autre petite note dans 2 ou 3 jours au plus, t'annonçant quand sera mon arrivée. À l'aéroport, *Time* et *Newsweek* y seront avec le *New York Times* mais j'ai refusé tout commentaire à *Life* qui a eu, la semaine dernière, l'effronterie de publier que je divorçais avec Bob pour Rudolf Noureev! Imagine! Insinuer que je suis homo! À cause que Noureev est venu emprunter une de mes robes de soirée. Infâme personnage! En tout cas... j'espère te lire sous peu.*

Fou comme toujours!

Ton ami

---

* [Note en marge] Voilà que je travaille pour le gouvernement. Remarque l'enveloppe et les pages jaunes ce qui veut dire: Stationary will be cheap from now on!

G (Peanuts) Leblanc

P.S. J'ai déjà commencé à plier bagage: 96 disques, 268 livres et une brosse à dent.

P.S. Have you ever seen (or heard the soundtrack) of *The Beggar's Opera* (que j'ai vu 3 fois en français: *L'opéra de quat'sous*). Du génie! (Bertholt Brecht et Kurt Weill[6])

[15]
Saint John, NB
Le 14 décembre, 1967

Écoute, mon vieux,

Je viens justement de recevoir la nouvelle sur ma réservation pour le pays du péché, en d'autres mots, les États-Unis. Jusqu'ici je dois m'envoler à 10 h 45 de Saint John le 22 décembre au soir. Mais, il y a possibilité que je puisse partir à 4 h 30 l'après-midi du même jour*. Alors, ma vache, appelle-moi à Saint John, jeudi prochain au 672-6687 et demande pour la séduisante Peanuts! Je t'interdis de payer pour cet appel, renverse les frais (ou comme disent les sauvages américains, « reverse the charges »). Comprends-tu? Si tu payes l'appel, je me ferai teindre les cheveux platinum, je m'habillerai en rose, je me maquillerai plein le visage et j'arriverai à Boston comme ça – ce qui veut dire que je te ferais mourir de honte à l'aéroport.

Sérieusement, appelle-moi jeudi soir et je te dirai à quelle heure exactement je toucherai le sol américain afin que tu puisses te remplir de pilules à nerfs pour supporter ma présence accablante. Soit dit que mon audace n'a d'égale que mon ignorance.

Encore une fois, vieille folle de Peanuts... prends ton hostie de sérieux... j'anticipe beaucoup ce voyage afin que je puisse te rencontrer. Ne te fais pas d'ennui à mon égard puisque je suis chez moi partout,

---

* [Note en marge] Ce qui veut dire que je serais à Boston à 6 h 30.

absolument partout. Encore une fois, appelle-moi jeudi soir et on pourra faire des plans au sujet de comment se retrouver à l'aéroport, etc. Je serai chez nous avec Bob (ce qui veut dire que j'avais prévu m'en défaire... folie inimaginable!). I have (I must warn you) la terrible habitude of monopolizing a conversation... alors, toi tu sembles avoir la langue bien pendue (une langue entièrement à toi) alors tu sauras te tirer d'affaire à mon compte. En tout cas, Bob et moi (lui aussi ses promesses, etc. son désir de me posséder 100%... il n'est pas possessif de nature... en tout sens du mot – merde! je t'en parlerai la semaine prochaine!) sommes ensemble, assez! À bientôt,

Croyez, cher Joey, à mes sentiments les plus sincères,
Gérald Leblanc
(Peanuts)

[16]
Le 2 janvier 1968

Mon cher ami:

Me voilà enfin rendu à Saint John après bien des complications. Je ne propose pas de les énumérer, puisque j'essaye plutôt de les oublier. Ce qui compte après tout c'est que je suis sain (?) et sauf.

Je tiens encore à te remercier sincèrement, aussi ton aimable mère, de ton hospitalité fort appréciée de ma part. Je m'excuse également d'avoir passé sur tes amis des jugements un peu pressés tout en les passant (mes jugements) comme partie de mon ignorance. Cependant, je tiens à mon conseil qu'il serait bon pour toi de quitter cet entourage et je suis convaincu qu'une fois ceci accompli tu en profiteras davantage.

Mon Dieu que les «coffee breaks» sont courts! Je reprends ceci deux jours après.

Bob est revenu de Halifax et j'avoue que j'étais bien fier de le voir. Depuis 3 jours on s'est à peine quittés (qui explique mon délai au sujet de cette lettre). Je lui ai raconté un peu mon séjour, nos conversations, etc. (surtout ton « So what ? » qui l'a beaucoup impressionné) et il aurait bien aimé y venir, ne serait-ce que pour te rencontrer. Il me semble que nos deux voyages respectifs nous ont fait du bien. J'ai également mis en considération quelques-unes des choses que tu m'avais dites (e.g. perdant un peu mon individualité lorsque je cède à son gré toujours). Je suis plus optimiste que jamais.

Oh! Merveilleuse découverte! j'entrai dans le Classic Book Store avant-hier et qu'ai-je vu? *Psychotherapy East and West* d'Alan Watts[1] en livre de poche. Je l'achète tout de suite. Je ne l'ai pas encore ouvert mais j'ai l'intention d'en faire la lecture la semaine prochaine au plus tard. J'ai aussi trouvé à la bibliothèque *The Way of Zen* par Watts. J'en ai seulement lu quelques pages et il m'intéresse vivement. Un autre livre que j'ai acheté est *Love and Lust* de Theodor Reik[2] et je n'ai aucune idée si Reik est d'aucune valeur. J'en reparlerai après l'avoir lu. Dis-moi, le livre de Carl Rogers que tu m'avais recommandé est-ce *On Becoming a Person*? Si oui, il m'est disponible, sinon, écris-moi le titre de celui que tu veux dire.

As-tu encore décidé de te trouver une position quelconque pour payer tes frais de voyage à Montréal? J'ai bien hâte de te voir partir pour le centre culturel du continent.

Je m'excuse d'achever une si courte lettre, mais je voulais justement te laisser savoir que j'étais encore vivant. Je te promets une longue, longue lettre tout prochainement. Je dois partir, alors avec un bonjour pressé j'attends de te lire sous peu.

Ton ami toujours

G. Leblanc

(Star of stage, screen and separatist movements)

P.S. Marianne avait dit qu'elle voulait m'écrire. Dis-lui qu'elle écrive et je lui répondrai. J'ai bien aimé Marianne... Une âme bien accueillante et non gênante du tout.

Le gouvernement du Nouveau-Brunswick est bien gentil de me faire cadeau de toute cette stationery gratis!

[17]
Le 22 janvier 1968

Mon très cher Olivier;

Je recevais hier ta « rusky letter » qui m'a bien fait plaisir. Je propose t'en écrire une très longue puisque j'ai tellement à te dire. Ces deux trois dernières semaines je vis très irrégulièrement (sauf mon habitude 9-5 au bureau) chez Bob ou Bob chez moi: debout toute la nuit pour ensuite aller passer une accablante journée à l'ouvrage.

Je prends tout de suite mon aventure à l'aéroport de Boston. La pensée de cette corvée me fait sourire maintenant, mais je t'assure que je ne souriais guère en ce temps-là. Après que tu es parti avec David et Donald, j'ai essayé en vain de contacter Bobby Arbeau, Sonny Harley, Bill Coffey, Charlie Sheehan, etc. Tous étaient sortis. Tu peux t'imaginer en quel prédicament je réalisais en être venu. Alors avec ma copie des *Nourritures terrestres* d'André Gide je m'installe dans une chaise... j'ai tombé endormi vers 2 heures et au matin je m'éveille vers 9 : 00 ! Ce qui veut dire qu'il était impossible de partir ce matin-là. Je retourne au téléphone pour essayer de contacter Leonard (le patineur) et Don Gainsboro (un ami de Boston). Incapable. Je commençais à désespérer (juste un peu !) et après avoir mangé et appelé partout au Canada je constate qu'il me reste 1,25 $! Ah ! Plusieurs petites complications suivirent et quand j'ai finalement réussi à pouvoir parler à Bobby, il m'avoue franchement qu'il était sans le sou. Il proposa d'aller visiter de mes amis en quête d'une collecte pour réclamer Monsieur Peanuts – prisonnier du Logan International Airport parmi les sauvages américains qu'il déteste follement ! (J'ai su quelques jours après que l'argent avait été envoyé mais que je ne l'avais pas reçu). En attendant l'argent qui ne venait pas, le soir était tombé et encore une fois j'ai dormi sur une chaise. Le lendemain (à ce point-ci, j'étais au bout de mon rouleau), pas d'argent, j'étais sûr d'avoir perdu ma position, une faim faisait crier mes entrailles, etc. Alors j'appelle chez moi et maman m'envoie 35 $... Juste en temps pour me réserver une place. Ce n'est pas tout... Au moment où l'on devait s'envoler, une affreuse tempête s'était élevée alors tout l'horaire fut bouleversé dû aux cancellations. Pris à l'aéroport, maintenant, avec de l'argent mais les avions tout arrêtés. L'angoisse suprême! Je décide enfin de sauter dans un taxi, de me rendre à Boston et je prends un autobus pour ce beau pays qu'est le Canada. Adieu les États-Unis! Dieu merci! Une autre des belles histoires dans la folle existence de Gérald Leblanc.

L'avalée des avalés, oui je savais que tu aimerais ça. Au sujet de son auteur je ne peux t'offrir que ce que *Time Magazine* dit: «A runner-up for the Goncourt was Réjean Ducharme's first novel, *L'avalée*, a demonic tale of a Quebec girl's rebellion against a hostile adult world. Ducharme, 24, is the son of a Montreal taxi driver and so fanatically shy that he changes rooming houses every few weeks to avoid visitors. He found no publisher in Quebec, but in Paris, *L'avalée* was so ecstatically received that his French publishers are already rushing two more Ducharme novels into print.» Toutes sortes d'histoires sont sorties depuis qu'il est devenu célèbre avec *L'avalée* et *Le nez qui voque*. Plusieurs disaient que Réjean Ducharme n'était que le pseudonyme d'un critique montréalais. Mais Réjean Ducharme existe mais il est comme Marie-Claire Blais. «J'aime les champs, les bois et la tranquillité, mais je ne peux pas aimer les êtres humains.» Un autre grand talent canadien-français.

Bob a également lu ta lettre et il ne cesse de vouloir te rencontrer. Bob déteste écrire... tellement que lorsque j'étais à Bouctouche et je lui écrivais plutôt que de répondre à mes lettres il téléphonait. Cependant, j'essayerai de lui faire écrire quelques mots sur cette lettre. Un de mes grands souhaits est de pouvoir être avec Bob et toi, nous 3 ensemble, pour un fameux débat sur l'existence! L'AMOUR! LA VIE! TOUT! J'ai raconté mon voyage chez toi à Bob (ton existence avec la bouteille entourée d'une foule d'amis allant et venant toujours, l'étrange relation entre ta mère et toi, etc.). Il admire l'individualité chez une personne. Moi, malgré mes petites remarques insolentes sur tes amis, j'ai bien aimé ça chez toi. J'ai également appris (?) beaucoup. Si Bob m'avait accompagné il aurait lui aussi été fasciné par ce qu'il y aurait entendu, vu, etc. Tandis que j'y pense, j'ai pris plusieurs photos de nous deux et elles sont bonnes pour la plupart. Je t'en enverrai prochainement puisque tu as été assez gentil de m'en envoyer de toi – aussi avec Dennis, etc.

J'ai lu environ 50 pages de *Psychotherapy East and West* et je l'ai lâché. Très, très bien mais je suis perdu dans son vocabulaire, expressions, etc. Alors je vais recommencer et lire plus lentement, attentivement, etc. Entretemps, j'ai lu *The Ballad of the Sad Café* de Carson McCullers, plus un beau roman canadien-français d'André Langevin *Poussière sur la ville*. André Langevin connaît bien la psychologie. Au Québec, ils finissent de tourner le film adapté de ce roman. J'ai hâte de le voir, le Canada français a de bons cinéastes autant que de bons romanciers.

Je suis anxieux de savoir comment tu réagiras à Montréal. Je suis sûr que tu en profiteras. Oh! J'y pense juste, à ce moment à Montréal un directeur-écrivain a monté une version québécoise de *Pygmalion* d'après George Bernard Shaw. Eliza Doolittle devient une «Canuck» qui parle français, «Excuse-moé, mon car est breaké down..., etc.» Tu sais ce que je veux dire. Alors le professeur Higgins l'éduque et en fait une dame. Apparemment c'est un succès et j'aimerais bien assister à une représentation de cette pièce. Ce n'est pas tout, voilà qu'on présente *Hamlet, prince du Québec* aussi adapté par le grand Robert Gurick[1]. Une très bonne saison de théâtre à Montréal. Les tours de chant sont également en pleine fougue à la Comédie-canadienne et la Place des Arts.

Je dois te dire que tout va assez bien avec mon vieux Bob. Depuis mon retour de Leominster, j'essaye de maintenir le plus possible mon individualité (sans devenir fanatique à ce point). Bob a tout de suite remarqué le changement et une semaine après son retour de Halifax, nous avons eu un malentendu et il décide de trouver refuge dans «sa» chambre... d'ordinaire j'aurais appelé le lendemain offrant toutes sortes d'excuses de ma part. Cette fois-ci j'ai tenu silence tout en continuant le rythme actuel de ma vie quotidienne. 3 jours après il m'appelle et me demande d'aller dormir chez lui. Je lui ai dit franchement que je n'avais aucune intention de sauter dans un taxi à 10 heures pour me rendre chez lui et manquer Monique Leyrac à la télévision. Si tu veux petit Anglais tu peux toi-même venir ici. (J'avais un de mes amis de Bouctouche en visite ce qui voulait dire qu'il serait impossible pour lui de coucher à la maison.) Il est venu. Premier pas vers l'étape d'une relation qui «peut» réussir. Dis-moi si tu approuves le prochain pas: il veut que j'assiste à un de ses appointements avec son psychiatre (qui, d'après Bob en souriant, est un expert sur les problèmes conjugaux!). Sérieusement, ceci pourrait avoir d'étranges suites. On verra.

Jan. 26/[19]68

Il faut que j'ajoute quelques mots et que je poste cette maudite lettre. Je n'ai pas dormi depuis 3 jours! Hier soir Bob et moi sommes sortis pour une bière à la taverne... ce matin, je me répétais «Il ne faut pas abuser des bonnes choses, telle une bière qui succombe à 10 autres.» C'est justement ce qui est arrivé. Dans un état d'euphorie on s'est rendu chez lui à minuit pour écouter la messe *Requiem* de Berlioz[2]. On a finalement gagné le lit au petit matin blafard et j'avais à peine fermé les yeux que sa maman criait: «It's ten after light!» [...]

Bon! Cette lettre n'est pas si longue que je le prévoyais. En tout cas je dois d'ici à Pâques atteindre une certaine régularité dans ma vie minable et promettre d'écrire une lettre de 30 pages qui résoudra tous les problèmes de l'Univers!

J'ai aimé ton commentaire sur mon commentaire au sujet de quelques-uns de tes amis. «Piss on you.» Je m'y attendais. Je n'ai pour toi que du respect, je t'aime bien.

Espérant te lire sous peu
Ton ami toujours,
G. Leblanc

[18]
Février 4/[19]68

Mon bien cher Olivier,

Je recevais vendredi de tes nouvelles. Tu sais, je m'estime drôlement favorisé de t'avoir comme ami-correspondant. J'aime tellement ta pensée, etc. Bob a également lu ta lettre, avec ce charmant sourire d'admiration, en ouvrant grandement les yeux lorsqu'il arriva sur les commentaires gras que tu faisais à son égard (ses phobies d'écrire, etc.).

Et puis au sujet de ma visite à son psychiatre, l'idée était d'y aller ensemble afin de savoir si notre relation est saine pour lui autant que pour moi, etc... mais ceci me semble assez forcé et je ne pense pas en tirer fruit. Bob est d'accord mais il aimerait cependant que j'y aille par moi-même... j'en reparlerai.

(Juliette Gréco screaming her lungs apart in the background.)

La seule chose que j'ai faite la semaine passée: travailler et dormir! Une semaine très accablante au bureau et je n'ai vu Bob que lundi pour souper et je ne l'ai pas vu avant vendredi, nous sommes sortis et ensuite avons passé la nuit ensemble chez moi. Je n'ai pas lu, sauf pour *Collected Poems*. Wow! Irving Layton est un Canadien anglais qui demeure à Montréal... Un poète de l'amour qui se fait une très bonne réputation. Une intelligence fine. Lis ce qu'il dit dans la préface de son livre: « I was once asked: "Whom does the poet write for?" "For God," I answered... But you're very welcome to eavesdrop. » Je te citerai quelques poèmes à la fin de cette lettre. Et puis à la bibliothèque j'ai sorti *Man for Himself* d'Erich Fromm[1]. Tu sais comment je suis fasciné de Fromm depuis que j'ai lu *The Art of Loving*. Je n'ai pas encore lu *Man*... mais j'ai l'intention de le lire ce soir.

J'ai peine à croire David et Don « en amour » (plutôt infatuation). Ce sont deux différents caractères qui ne pensent pas du tout pareil. Je comprendrais à leur sujet un « one-night stand », mais une liaison! Invraisemblable! Je m'imagine que tu as raison que David en profitera comme une autre réalisation nécessaire au métier d'écrivain / philosophe, mais Don! Oh! Celui-là serait dangereux s'il avait du cerveau. Eh bien! Qui vivra verra!

Me permets-tu de parler de Bob un peu? Tu sais comme je t'ai déjà dit que celui-ci était il y a deux ans dans un pauvre état d'esprit. Il fut commis à l'asile 2 fois avant ça. Il souffrait de symptômes incroyables: il sentait des lames de rasoir lui crever les yeux, etc. Tout ceci est disparu maintenant, Dieu merci. Son psychiatre a traité depuis ses « symptômes » et maintenant il traite la personne. Voilà mon copain décide que pour lui je suis la réponse à un de ses « besoins », mais il ne veut pas croire ceci... c'est beaucoup plus que ça. Amis oui, amants, jamais dans une phase – mais il dit (non sans raison) que je le comprends. Intéressant peut-être, mais moi j'admets que ceci ne me tracasse plus comme ceci l'aurait fait quelques mois passés. Je l'aime – n'importe comment l'on peut interpréter ce sentiment – mais le monde n'arrêtera pas si on n'arrive jamais à s'accueillir comme « amants idéaux ». Je ne devrais pas parler de ça puisque j'en suis trop près – dans un an ou deux tous ces rêves, folies (?), sentiments sincères, etc. auront beaucoup plus de bon sens et seront assurément plus clairs.

Oh! J'ai su qu'il me venait une semaine de vacances au mois de mars que je peux prendre à mon gré. Alors si tu te rends à Montréal environ à Pâques, j'ai l'intention de prendre ma semaine de congé en avril ou mai et me rendre à Québec. Ce serait bien intéressant de pouvoir passer une fin de semaine ensemble à Québec – si c'est impossible pour toi de te rendre à Québec, j'irai passer quelques jours à Montréal.

Tu disais que les problèmes en Corée te tracassaient. Je pense comme toi, cher ami. Où en sont rendus les États-Unis et où vont-ils? D'après moi au Viêt Nam je m'imagine que je préférerais vivre sous un régime communiste que de vivre dans un fleuve de sang qui n'en finit plus. Rien ne peut me convaincre que les Américains font du bien au Viêt Nam. Ils ont tort, c'est tout. Si les choses, c'est-à-dire la situation du monde, continuent à s'aggraver au rythme actuel je m'en retourne dans les bois. Les Américains sont arriérés, c'est tout. D'après moi, le « typical American » est un cul! L'Américain dénonce les Russes en disant qu'ils forcent leur genre de vie sur les moins fortunés. Ha! Les Américains ne s'infiltrent pas seulement dans les pays moins développés mais également dans le Canada (assez « américanisé » comme il l'est), en Europe, partout! À Paris, les touristes américains lèvent le nez à la Ville Lumière puisqu'ils ne peuvent pas avoir du « bacon » pour déjeuner. Ils l'ont finalement imposé, leur maudit bacon, maintenant, l'on entre au Louvre et l'on sent une peste de bacon! Je me sers de cette petite anecdote pour en insinuer de plus grandes. En d'autres mots ce qui n'est pas américain n'est pas correct. Je suis peut-être un Canuck (et français en plus!) mais je t'assure que je préfère être typiquement Canuck qu'être typiquement Américain.

Hop là! Après avoir maudit Saint John pendant 3 ans comme une « cultural swamp » voilà que la « ville poussière » montre un petit éclat d'intelligence. Je veux dire que l'Université de N.-B. à Saint John présente actuellement un festival de films modernes (français pour la plupart bien sûr, avec sous-titres anglais). Quelques-uns des films sont *Jules et Jim, Tirez sur le pianiste, Une femme mariée, Le bonheur* et *HIROSHIMA MON AMOUR*!!!! Le chef-d'œuvre des chefs-d'œuvre. Il montre ce dernier à la fin d'avril et Bob et moi nous avons déjà acheté nos billets. Sois assuré que j'en reparlerai. J'ai vu le film il y a déjà assez longtemps mais l'impression reste toujours: les deux amants – sans nom puisque ceci veut dire si peu dans notre époque moderne – qui revivent ensemble leur passé en se rencontrant et le lendemain se quittant. Brillant!

Je suis allé voir quelques films avec Bob et j'admets que les chefs-d'œuvre d'Hollywood sont rares: 1. *Valley of the Dolls* – un rien, 2. *Wait Until Dark*, un peu meilleur mais vide d'aucune idée, 3. *The Ambushers*, un déchet. Je ne sais même pas pourquoi je me dérange d'y aller, vaudrait mieux rester chez moi et recommencer *Psychotherapy East and West* qui ces jours-ci ne fait qu'accumuler de la poussière. Tout ça pour expliquer ma lâcheté d'esprit. Que je m'ennuie des 2 mois où j'étais à Bouctouche à ne faire absolument rien que de lire et surveiller la télévision française! J'y retournerai un jour à mes livres!!! Je serai le masculin Marie-Claire Blais – qui s'enfermera dans un petit chalet près de la nature, loin des villes... aimant la nature mais non les êtres humains! Là je pourrais être Français 24 heures par jour, sans ennuis, sans le joug de l'anglais qui me pèse sur les reins. Petit village français, Bouctouche, où les gens vivent sans questionner, où les gens sont loin de toute cette pourriture des villes – simple, peut-être, simple mais beau: une paix sans armes! Je te laisse à penser dans quel état d'esprit je suis maintenant! Mais il y a de la vérité là-dedans. L'été dernier dans mon angoisse j'ai trouvé refuge non dans les livres, les psychiatres, etc. mais parmi les miens, ces gens simples. Si j'y retournerais je n'implique pas que je rejetterais tout, mais j'avancerais avec mes livres, j'accumulerais de la sagesse par moi-même (l'Est commence à m'envahir lentement – voir plus tard – Bouctouche: demeure du fameux Yoga Acadien!!!).

Bon, je raccourcis cette longue lettre que je promets mais malheureusement je n'ai pas le souffle. Si je peux m'asseoir pour quelques jours je pourrai en venir à écrire quelques pages qui auront un peu de bon sens. Tes lettres me font du bien, continue. Tu deviendras ce Dieu que tu veux être, Olivier – tu ne feras plus partie des sauvages.

Toujours ton ami,
Gérald Leblanc

[19]
Le 20 février 1968

Mon bien cher Olivier,

M'y voici encore une fois. J'espère que cette lettre te trouve dans un état d'esprit patient puisque moi je suis au bout de la mienne. Depuis 3 semaines à travers le Canada, à Ottawa et même chez nous (au N.-B.) les manchettes de journaux rapportent sur les conférences sur le bilinguisme et biculturalisme. Moi, je résume dans ces mots: «English are English and the French are French and never the trains shall meet.» C'est un jugement plutôt grave mais tout de même vrai, réel. J'admets volontairement qu'il y a parmi nos Anglais beaucoup d'hommes de bonne volonté. Le triste fait demeure que la grande majorité reste sourde, insouciante. Soyons réalistes, les Français au Canada sont au Québec (85%), au Nouveau-Brunswick (40%) et en Ontario (10%). Alors 7 autres provinces entièrement (presque) anglaises vont toutes apprendre le français pour plaire à quelques touristes d'expression française qui iront parmi eux pour 2 semaines l'été. Ceci n'est guère pratique. Limitons-nous plutôt chez les milieux français, nous sommes considérés des citoyens de deuxième classe... dans le pays que l'on doit appeler «mon pays». La priorité est donnée aux Anglais et en plaçant un Français ici et là dans un édifice public on se tape des mains tout de suite pour montrer comment on est généreux envers les Français. Même dans une ville qui a une forte population française, c'est-à-dire Moncton, il est impossible de se présenter en français! Et même au bureau où je travaille les Français font environ 30% du staff et sous nos yeux l'on voit la discrimination à plein. Je te dis, ça fait mal au cœur. Est-ce demander tellement que d'être au moins respecté, si l'on n'est pas compris, et non insulté? Heureusement (qui sait?) les choses semblent prendre un bon tour, mais je t'assure que les choses ne seront jamais comme elles l'ont été auparavant. Sinon: SÉPARATION! LIBERTÉ! Mon pays: Canada ou Québec? L'on verra. Je n'aime pas l'anglais, mais je le parle. Je continuerais de le parler mais je refuse d'être « forcé » (littéralement) à le parler. There will be some changes made.

Le 29 février – 1 mars/[19]68

J'ai parlé au téléphone avec toi depuis que j'avais commencé cette lettre: de Montréal! Quand tu as raccroché, une nostalgie m'envahit l'âme! Montréal! Je t'aime! Vieille lumière que tu es! Le grand centre culturel de l'Amérique du Nord! Tu as sans doute remarqué l'atmosphère tout à fait particulière de cette ville – le français en est responsable. Montréal n'est pourtant pas « européenne », mais plutôt ville neuve bâtie par un peuple distinct… canadienne, quoi! Alors, Montréal ville canadienne en grand danger de perdre son caractère si charmant. Tu dois avoir remarqué également qu'à Montréal tu peux te présenter partout en anglais, mais l'envers de ce fait n'existe souvent pas! Avec ¾ de Montréal d'expression française il reste encore plusieurs endroits où il n'est pas acceptable de se présenter en français. On n'est donc même pas maître dans sa propre maison! Pour moi parler anglais veut presque dire s'américaniser. Il va falloir des changements: égalité ou LIBERTÉ! To be French Canadian is to be un-American, to be French Canadian, is to be! Québec souverain! Pour un nouveau Canada, pour un vrai Canada, pour un Canada canadien!

Bob? Tout fini? Mais oui. Depuis presque 3 semaines une visite chez lui (le 24 février, le jour de sa fête) pour lui donner un recueil de poèmes de Dylan Thomas[1] (son poète favori). Mais Peanuts, qu'est-il arrivé? Tu ne l'aimes plus? Je peux te dire, Olivier, que ceci en n'est pas la question. Je t'ai souvent dit que Bob ne m'aimait pas. Non, Bob ne m'a jamais aimé. Ceci également n'en est pas la question. Question de quoi? Premièrement, Bob souffrait (temps passé – past tense) d'une maladie mentale. Il en est guéri mais il ne fait que rester dans sa chambre se disant comment il est malheureux. Depuis l'été dernier il me dit « j'en sortirai ». Mais il n'en sort pourtant pas. Il risque de retomber dans la folie et il le sait. Il est devenu lâche – d'une lâcheté qui m'écœure. J'essaye de lui porter conseils, admettant avant de parler que je n'ai peut-être pas raison, mais du moins écoute-moi, je t'en prie. Ah non! Il me dit il y a 3 semaines: « I wish I had someone to be disillusioned about », etc., etc., etc. Je pourrais en parler longuement.

Voici la réalité: lui ne va nulle part... moi non plus. Oui, j'admets que j'ai souvent rêvé que l'on finisse par s'entendre. Cependant, il ne s'est jamais senti coupable du fait que je l'aime et lui ne m'a jamais aimé. Qu'en penses-tu? Moi je trouve ceci favorable puisque s'il aurait ressenti une certaine culpabilité avec notre relation ce sentiment serait aujourd'hui haine. Au moment où j'écris je ne sais pas ce qu'il ressent et même une amitié, une simple amitié semble impossible. Je suis résigné qu'il ne m'aimera jamais, mais je serais d'accord de rester amis. Il faut surtout ne pas s'haïr. J'aurai toujours l'oreille sympathique pour Bob quoi qu'il arrive. Mais tu vois à quoi j'en viens. Il est fou pour moi d'inventer toutes sortes de petites fantaisies à son compte. La décision prise semble la meilleure. Avec tout ce temps sans lui, j'en profiterai pour lire, écrire, etc. Oui, Bob m'inquiète mais reste que dans sa vie je ne peux rien changer: sa bataille doit être gagnée par lui-même. Qui sait? La nuit porte conseil...

Marie-Claire Blais est maintenant à Montréal pour la préparation de sa pièce *L'exécution* qui va ouvrir au Théâtre du Rideau vert le 15 mars pour un mois. En plus, Réjean Ducharme (*L'avalée*) a également écrit une pièce de théâtre qui a pour titre *Ines Pérée et Inat Tendu*, et qui doit être représentée prochainement. Parlant de Marie-Claire Blais j'ai relu (encore!) *Une saison dans la vie d'Emmanuel*. Je ne connais aucun autre artiste qui se renouvelle plus qu'elle à chaque roman. Et au sujet de sa pièce *L'exécution* je lisais que le sujet en était la culpabilité, l'influence d'un seul acte mauvais sur une collectivité (l'action se déroule dans un collège – mais d'après Marie-Claire – «l'action aurait pu se situer n'importe où», (marque de génie, l'universalité)).

Avec mon ami Raymond Dionne, je suis allé voir *Reflections in a Golden Eye*, film de John Huston[2] qui met en distribution Elizabeth Taylor et Marlon Brando. Film tiré du roman de Carson McCullers dont j'avais beaucoup admiré. Le film n'a pas fait succès chez les critiques mais de ma part j'ai apprécié énormément. Sans doute parce que les personnages de C. McCullers (comme ceux de M.-C. Blais) me fascinent et restent longtemps dans mon esprit. La semaine dernière Raymond et moi sommes allés voir *Un homme et une femme* de Claude Lelouch. Parfaite réussite, ce film. J'ai joui de voir Anouk Aimée[3] (qui me rappelle un peu Simone Signoret par ses gestes). Je retiens une scène de ce film: pendant que l'homme part en course, Anouk lui envoie un télégramme: «Je t'aime». Quand il reçoit ce télégramme, il part pour la retrouver et c'est sur la plage qu'ils se rencontrent. Voici ce que j'ai admiré – on les voit courir l'un vers l'autre, ils s'embrassent et la caméra montre un chien sur la plage qui saute. Ceci pour moi symbolise tellement! Les films français sont pleins de ces choses-là.

J'ai presque fini de lire *Journal d'un curé de campagne* de Georges Bernanos. Un livre fort et très profond. Bernanos est toujours grave, il sait également la valeur du choc sur l'esprit – il rappelle Gide (mais beaucoup plus fortement que celui-ci) au sens qu'il est un «inquiéteur». J'ai à la main un autre roman (canadien-français) qui paraît très intéressant. Il s'agit d'*Aaron* d'Yves Thériault. On verra.

Et puis Juliette Gréco présentait la première de son nouveau tour de chant le 27 février à la Place des Arts. J'ai lu 2 critiques de son récital et elles étaient si chaleureuses que j'aimerais les citer en entier! Oui, Juliette est une si grande artiste. De Claude Gingras[4]: «Comme interprète, Gréco continue d'étonner par ce génie avec lequel elle transforme tout ce qu'elle touche... Interprète, Gréco l'est au plus haut point et c'est [un] miracle de la voir et de l'entendre passer d'une âme à une autre...»

Mars 5/[19]68

Si je continue à ce rythme je finirai cette lettre dans 2 mois! Heureusement depuis que Bob ne figure plus dans ma vie j'ai plus de régularité et plus de temps pour faire ce que j'aime, c'est-à-dire: lire et écrire. J'ai lu *Catherine* de Jacques Chardonne[5]. Un roman oublié que cet auteur écrivait à l'âge de 19-20 ans (en 1905). Ce qui frappe chez Chardonne, c'est que l'action ne veut rien dire mais plutôt ce qui se passe au-dedans de ses 2 personnages – tout ceci en 1905... remarquable. Et puis, *Aaron* d'Yves Thériault est un roman social sur la question juive (ah oui! même au Canada français la littérature n'échappe pas au problème juif).

J'ai surveillé à la télévision hier soir une émission que je suis certain que tu aurais bien estimée. C'était un débat sur le monde moderne, etc. et 4 hommes y étaient: Marshall McLuhan[6] («medium is the message») Norman Mailer (écrivain angry) un certain Muggeridge[7] (le plus brillant!) et j'ignore l'autre puisqu'il n'a presque rien dit... Soyons plus précis – il n'a rien dit point! Mais ce monsieur Muggeridge! Quelle intelligence épatante! Il présentait ses arguments d'une si lucide manière que je ne faisais que de secouer la tête en admiration profonde. Il dit que contrairement au phénomène McLuhan qui dit que tout change par les médias, etc., ce qui l'intéresse lui c'est plutôt ce qui ne change pas chez les hommes – voire les grandes vérités de Sophocle sont aussi réelles et vivantes aujourd'hui qu'elles l'étaient des siècles passés. Norman Mailer lui a profité de la liberté permise par la télévision canadienne pour cracher sur l'establishment («for Christ sake! Shit! Goddamn», etc. il était bien chez lui, non?). Ils ont discuté longuement sur l'obscénité, une question qui m'ennuie un peu maintenant puisque l'on ne se lasse pas d'en parler (moi je dis tant que la langue et la culture anglaise existeront il y aura toujours quelque chose d'obscène – voyons Olivier, tu me permets quelques préjudices, non?).

Oh! À la bibliothèque un livre me saute aux yeux! Writers express their opinions: Do you approve of the U.S. in Viet-Nam? How do you think they should get out (or rather solve it)? De toute façon j'ai lu ce livre avec ardeur. Environ une centaine d'auteurs internationaux répondaient (Norman Mailer, J.-P. Sartre, Bertrand Russell, Heinrich Böll[8], etc.). La grande majorité disait: NON! Plusieurs réponses ne présentaient guère de réponse sauf le non mais plusieurs aussi disaient pourquoi les États-(dés)Unis n'ont pas d'affaire là et comment ils devraient en sortir. Un auteur (j'oublie qui) dit que tout sera beaucoup mieux quand Johnson dira: «I have goofed» (tu sais comme moi-même que Johnson a trop d'amour-propre pour faire une telle déclaration! Ah! Où donc es-tu Lee Harvey Oswald? Reviens-nous!).

Un de mes amis de Montréal est allé voir les Fugs[9] lorsqu'ils étaient dans cette charmante ville – il les a tellement aimés qu'il m'a tout copié le spectacle! (Presque!) De la première chanson qui commence

> Lick, lick, lick, lick
> My dick, dick, dick, etc.

En plus que de la satire à vent! Oh! j'aimerais bien les voir. (Je m'imagine qu'ils sont BANNED in Boston, non?) En parlant des CHOSES DÉFENDUES, Joan Baez (?) sera à Montréal – Place des Arts – en récital en mars. Du moins, cette déesse de la chanson est bienvenue au Canada français avec les bras ouverts. Ça m'ennuie tellement de lire les journaux qui annoncent Joan Baez en prison! Norman Mailer frôle une pénitence de prison! Ah! Les États sont rendus qu'ils ne laissent même pas parler leurs citoyens. Reprenons en chœur la chanson de Bob Dylan *A Hard Rain's A-Gonna Fall!*

Mon cher petit (?) Ollie! Le cœur me saigne de savoir que tu dois attendre 5-6 mois avant de pouvoir sortir des enfers. Le Canada français a besoin des intellectuels et bien-pensants (ooops!) comme toi. J'espère que l'attente ne te causera pas trop d'angoisse.

Je t'envoie une photo de Bob et moi. Je la regarde et les mots d'Ernest Dowson[10] me viennent à l'idée:

> They are not long, the days of wine and roses
> Out of a misty dream
> Our path emerges for a while then closes
> Within a dream.

Olivier, son absence ne me tracasse point – du moins pas comme je pensais. Mais je sais (je veux croire...) qu'il me reviendra. Peut-être ai-je tort de penser de même. Tellement s'est passé entre nous deux que disons dans 10 ans (s'il ne se détruit pas avant) il me ferait signe je pense que j'y retournerais – peut-être que non... c'est tout ça trop près pour savoir où j'en suis. Rien ne vaut le malheur d'aimer! L'amour j'y ai toujours cru.

Bon, le temps me fait défaut et je dois partir. J'attends avec impatience une lettre de toi – ce qui me fait toujours plaisir. Alors, à la prochaine.

Mes sentiments les plus sincères
Gérald Leblanc

Ambiguities of Conduct
He was telling me
How important love was,
Lamenting the atrophy
Of human emotion
In our mechanical age.
It was apparent he was well up
In Lawrence and Kierkegaard:
Moreover, the man was sincere.
Even if, later,
He deliberately flicked
His cigarette ash
Into a flowercup
Where a black insect
Was crawling.
But neither the sizzle
Nor the scream
(Which I alone heard)
Interrupted his excited
Words of love.

How Poems Get Written
Like
A memory
Torn

At the shoulders,
My darling
Wears
The chemise
I gave her –
A wedding gift.
At night
I tap out
My poems
On her hip bone.

When
She can't
Sleep
Either
We write
The poem
Together.

Des poèmes d'Irving Layton que j'ai trouvés – je t'en enverrai des meilleurs! Gérald Leblanc.

[20]
Saint John, NB (home of the sexually disabled)
Le 20 mars 1968

Mon cher Olivier;

Au moment où je prends ma plume (puisque j'ai envie de te parler longuement) je ne sais où tu es rendu: Leominster? Buffalo? De toute façon je m'imagine que tu auras donné signe de vie avant que j'aie fini cette lettre (2-3 semaines?).

Depuis 3-4 semaines je ne fais que de lire, lire, lire. Tout ce temps depuis la rupture avec Bob, j'aimerais également l'utiliser pour écrire des poèmes, commencer un roman mais il y a encore un bloc! Eh bien! du moins comme je disais je fais beaucoup de lecture.

Tu sais la plupart du temps lorsqu'on lit beaucoup, un très bon livre, un livre qui fait réfléchir est rare. On prend un livre qui a joui d'une critique favorable, etc. et en lisant une quarantaine de pages on est désappointé et si on finit le livre on se rend compte que le tout est, comme dirait M. Shakespeare, « much ado about nothing. » Mais voilà que dans l'espace d'une semaine je prends 3 livres qui ont rassasié mes goûts difficiles !

Le premier *Clock Without Hands* de Carson McCullers, est d'une beauté bouleversante. Cette fois ses personnages ne sont pas déformés ou infirmes, etc. mais le tourment de l'esprit, l'aliénation, etc. ne sont pas absents. L'idée de la mort juxtaposée avec la vie domine le ton. Il n'existe pas un auteur américain qui sache mettre dans un roman un style si émouvant, une psychologie si juste et brillante tout en créant des personnages qui restent si longtemps envoyés dans notre esprit. Carson McCullers, je t'aime.

Je ramasse ensuite *Eustace Chisholm and the Works* un roman de James Purdy[1]. J'affectionne particulièrement ce livre puisque tout au long du livre voilà que j'identifiais Eustace (Ace) Chisholm avec toi. Olivier (Eustace) personnage central d'un groupe de gens qui tournent autour de lui, viennent vider leurs cœurs, esprits, idées – Olivier, le catalyste des esprits lents.

Finalement *A Delicate Balance* d'Edward Albee. Pour moi, Albee représente le théâtre moderne comme Carson McCullers représente le roman moderne. Il sait construire une pièce qui dit quelque chose, même (comme dans *Delicate Balance*) si ce « quelque chose » est le vide de la vie de ses personnages.

Bouctouche, le 14 avril (Pâques)

Oui ! Olivier est vivant ! Voilà que je te croyais mort dans un dernier effort à civiliser les États-Unis. Mort en combattant avec les Noirs d'Amérique pour les libérer du joug blanc. J'étais tout affolé de recevoir de tes nouvelles, même si elles ne sont pas toutes bonnes. Je m'imagine que tu travailles maintenant... parmi les pots de chambre, peut-être ? Du moins le premier obstacle est surmonté, c'est-à-dire tu as quitté la bourgeoisie minable de Leominster... pour joindre les affamés de la rue à Buffalo! Je te connais assez bien pour savoir que tu pourras bien te tirer d'affaire.

Au moment où j'écris je suis entouré d'une bande de jeunes sauvages, qui crient à en réveiller les morts et font jouer les disques de Kitty Wells[2]! Joyeuses Pâques en effet! Mes Pâques j'avais décidé de les passer à Québec mais le gars dont j'avais prévu monter avec fut affligé d'une joie trop grande qu'il dut s'abstenir de Québec; sa tante qui le haïssait avec une passion égale à la sienne vient de franchir le seuil de l'éternité. Pour commémorer cette grande occasion il doit joindre sa «clique» protestante et être présent aux funérailles (presqu'un événement de joie pour toutes les parentés). Alors plutôt que de mourir d'ennui à Saint John la ville maudite, j'ai décidé de venir à Bouctouche pour voir les premiers éclats de printemps à la campagne. J'avais prévu faire beaucoup de lecture pendant mes 4 jours ici, mais mon ami Hector (mon politicien-séparatiste et maudit bon gars) est également dans ces cantons alors nous avons passé ensemble beaucoup de temps à discuter des problèmes les plus pressants: abolir le 60% anglais au Nouveau-Brunswick pour faire de notre province une province unilingue française, joindre le N.-B. au Québec, couper à tout jamais toutes les traces désagréables de la monarchie britannique, etc... Sérieusement, je n'avais pas vu Hector depuis 6 mois et étant amis depuis l'âge tendre de 5 ans, nous avions beaucoup à nous dire. Je suis content de voir Hector évoluer de plus en plus au point de vue intellectuel, puisqu'il est au collège et ceci lui donne la chance de faire beaucoup de discussions, lectures, etc. Alors il en profite. Donc peu de lecture comme je le prévoyais. Cet après-midi (dimanche) plutôt que de prendre part à la trivialité qui m'entoure, je t'écris.

Comment est Bob? Bob ne change guère. On ne s'est pas vu (crois-le ou non) pour 2 mois! Lundi dernier (Lundi saint en plus!) il m'appelle au bureau et nous avons bavardé quelques minutes. Il désirait me rencontrer pour parler dit-il. J'accepte en l'invitant souper chez moi. On parle, on rit. Rien n'a changé. Après une absence de deux mois je l'aime plus que jamais, mais rien n'a changé chez Bob, alors je ne propose aucun futur projet puisque malheureusement je ne peux rien y faire pour lui. S'il m'aimait, s'il m'aimait vraiment ou plutôt je devrais dire s'il aimait quelqu'un, il prendrait un intérêt dans la vie, etc. Il sait que je l'aime et ses derniers mots en me quittant mardi matin étaient «I feel sorry for you and I feel sorry for me.» «Tu nous penses pas compatible, alors», dis-je. «It's more than that...» Je lui ai promis mon «amitié» si rien d'autre. Après tout, Bob n'a réellement jamais eu d'amis – seulement des rencontres éphémères et quelle sorte d'animal serais-je si du moins (même s'il ne m'aimera jamais) je lui niais mon amitié. Et puis peut-être j'arrivais à lui faire plus de bien en étant son ami sincère qu'en étant qu'une espèce de chaîne autour de son cou qui veut être aimé de lui à tout prix. Nous avons couché ensemble et nous avons fait l'amour toute la nuit – une nuit sans sommeil. Nous avons fait l'amour (oserais-je le dire) sans amour. Non! C'est trop dire ça puisque lui ne voulait sûrement pas que du sexe. Un dilemme. De toute façon, on doit se rencontrer de temps en temps pour parler, aller au cinéma, etc. Alors Dieu sait où on en viendra.

Nous avons un nouveau premier ministre au Canada, c'est-à-dire Pierre Elliott Trudeau. Je l'aime et je ne l'aime pas. C'est un caractère assez étrange ce Trudeau. Un intellectuel bien sûr avec des idées. Il est très moderne, très «dans le vent» comme va l'expression courante (il compte légaliser l'homosexualité, l'avortement, relaxer les lois du divorce, etc.). Il est jeune (46 ans, célibataire et très instruit). C'est drôle, mais pour la majorité des figures publiques on se forme une opinion soit pour ou contre. Le cas de Trudeau me laisse en l'air, ni pour ni contre. On verra ce qu'il fera et j'aurai probablement une idée concrète sur quelle sorte d'homme il est.

Et puis le fameux cul de Texas ou plutôt L.B.J. ne sera pas candidat aux prochaines élections! Quelle joie! Quelle grâce! Quelle chance tombe finalement sur le peuple américain. Qui suivra je ne sais pas moi non plus. Je suis également pour McCarthy puisqu'il n'est pas du tout prétentieux. Les élections devraient [être] intéressantes.

La pièce de Marie-Claire Blais *L'exécution* a joué un mois au Théâtre du Rideau vert à Montréal. Les critiques (ce qui ne veut pas dire grand-chose) ont été pour la plupart très généreuses. Je t'en enverrai quelques-unes. Les Éditions du Jour viennent de publier la pièce alors je te l'enverrai aussitôt que je l'aie finie. Très, très bien.

Tandis que je parle de Marie-Claire, j'ai encore son livre de poèmes *Existences* qui me chavire complètement. Tu te souviens sans doute que je t'avais envoyé le poème « L'amante » tiré de ce livre. Je t'en enverrai un autre de ce livre, un long, long poème qui s'appelle « Guerre ». Orgasme !

> J'ai reconnu sa blessure, dans la fleur, l'arbre, la feuille
> Sur lesquels son regard s'est posé.

> Dis-lui, Ô mon enfant, que j'ai reconnu
> Le vent qui brûle ses yeux !

Olivier ! Je lis Marie-Claire Blais et je viens faible ! Son lyrisme est émouvant jusqu'aux larmes. Elle connaît la souffrance, la cruauté de l'amour, la cruauté de la vie :

> Dans le jour envahi de plaintes glorieuses
> Un homme lança mon nom
> Et en me tournant vers lui, je me souviens
> Tomba à mes pieds
> La chaîne de ma naissance.

> Le désir s'éloignait en sa splendeur à peine cruelle
> Lame déclinant jusqu'au rivage invisible
> Et toi tu naissais déjà de cette incertaine blessure…

Il faut que je m'arrête puisque je prends tout de suite le train pour Cape Cod rejoindre la déesse, la choisie des dieux. Une Canadienne française !

René Lévesque, le chef du mouvement séparatiste Souveraineté-Québec vient donner quelques conférences, discussions, etc. à Moncton à la fin du mois. Inutile de dire que j'y serai.

Je dois prendre une semaine de mes vacances au mois de juin et les 2 autres en septembre il faut faire quelques plans pour se rencontrer à Montréal pour une fin de semaine. J'y resterai quelques jours et puis je descendrai dans les cieux, c'est-à-dire Québec. Alors, mon vieux, penses-y.

Ah! Le fameux frère Normand est sorti des ordres et maintenant joint le «pink world of hairdressing». D'après ce que j'ai vu de lui à Noël et des problèmes que nous avons discutés, il va sans dire qu'il est homosexuel mais je n'insiste pas, il n'appartenait sûrement pas à un monastère.

Ils ont assassiné Martin Luther King «...ombre à nos destins/Que fait tressaillir la nuit!» (M.-C. Blais). Je suis fermement convaincu que ce sont des communistes qui sont derrière tout ceci. Peut-être ai-je tort. Je ne voudrais pas rester aux États-Unis. Le problème que nous avons au Canada (anglais-français) pourrait devenir plus grave peut-être que la question nègre l'est aux États mais je doute fortement que l'on ait une guerre civile. (Parlant des Nègres et des Français il vient de sortir un livre au sujet des Canadiens français qui s'intitule *Nègres blancs d'Amérique*³... vrai, n'est-ce pas? Nous sommes en effet considérés une «pain in the ass» par l'establishment.) Il y a des grands maux aux États-Unis. Je répète: *A Hard Rain's A-Gonna Fall*. J'apprends des journaux qu'il y a beaucoup d'Américains qui veulent [é]migrer au Canada (plusieurs l'on déjà fait, d'ailleurs). Pourtant, je comprends que la majorité des Canadiens (français ou anglais) ne les veulent pas. Au Lounge il y a quelques soirs nous entrions en discussion avec 4 Américains. Quels types! Les voilà enfuis de leur pays et ils ont le brave culot d'oser nous dire que nous sommes plutôt «arriérés» (backwards). Ooooph! Je suis anti-Canada anglais, mais je ne garderais pas mon calme lorsqu'un Américain aura l'audace de venir les appeler «backwards». J'admets que nos Anglais sont sexuellement informes, des licheurs du cul de la reine, ils n'ont pas d'âme, etc., mais un Américain! Un écrivain anglais résumait ceux-ci: «The 100% american 99% idiot.» (Je m'imagine que tu remarques sans doute que je généralise à la folie!) De toute façon, je les ai mis à leur place ces Américains. Moi, les Américains, je les vois comme une collectivité de barbares, sauf quelques exceptions et c'est tout.

Je ne sais pas si tu as entendu parler de 4 Acadiens qui se sont rendus à Paris pour voir Charles de Gaulle pour de l'aide aux Français du Nouveau-Brunswick. Le Grand Charles a payé leur voyage et voici ce qu'il nous a accordé: deux maisons culturelles à Moncton et à Bathurst (2 maisons qui contiendront un théâtre, bibliothèque, place d'arts, etc.), quelques ½ million de volumes à l'Université de langue française à Moncton, plusieurs mille dollars pour des équipements utiles au journal français des Maritimes, *L'Évangéline*. L'année prochaine il enverra une vingtaine de professeurs pour enseigner à l'Université de Moncton. Vive Charles de Gaulle! Vive la francophonie libre! Son discours à Noël m'a fait pleurer! «...à nos frères d'Acadie qui grâce à leurs mamans françaises se sont multipliés de 60 000 à 6 000 000...» Et puis pour la première fois dans presque 200 ans l'Acadie renaît – les jeunes Acadiens qui s'anglicisaient si facilement maintenant nourrissent la fierté d'être Français, par leur langue qui leur permet de faire partie d'une des plus grandes cultures humaines. À Moncton au-delà de 2000 étudiants marchent sur l'hôtel de ville (city hall) criant «Nous voulons du français! Nous voulons du français!» Partout on enlève les affiches anglaises dans les villages français qui comptent 90%-95% de français. À bas l'unilinguisme anglais. Nous voulons du français! VIVE LA France! VIVE LE CANADA FRANÇAIS!!!! Tout ne sera pas accompli du jour au lendemain, mais ça progresse! La prochaine génération saura ne pas accepter la deuxième place parce qu'ils sont d'expression française. Je suis tellement passionné de tout ceci tellement fier. Maître chez nous! Enfin... À l'horizon un brillant éclat d'espoir! Désormais je prierai «Au nom de Charles de Gaulle, du fils et du Saint-Esprit ainsi soit-il.» Nationalisme? Oui je sais comment au vingtième siècle ceci est passé, ceci peut être néfaste, l'on devrait rejeter cette obsession qu'il y a seulement 1 pays dans l'univers pour arriver à s'accorder entre nations. Mais on peut s'accorder et rester Français. Je suis né Français et Français je mourrai. Je suis de tempérament français, je pense français, je sens français, mon cœur bat en français et c'est pour ceci qu'il est si difficile pour moi d'être entouré d'anglais à la journée, je souffre. Mais comme j'ai radoté mille fois – Québec j'arrive prochainement!

Brillant film d'Henri-Georges Clouzot[4] sur Picasso et son œuvre à la télé hier soir.

Le 16 avril/[19]68 (au bureau)

De retour à l'ouvrage! Quelle corvée! J'en fini pour poster cette lettre à midi.

Tiens-moi au courant d'aucun changement d'adresse.

Un bonjour empressé,

Ton ami toujours,

Gérald

P.S. Je t'envoie une critique de la pièce de M.-C. Blais... J'en enverrai une autre prochainement en plus de son brillant poème *Guerre*.

[21]
302, River Hill Drive
Saint John, NB
Le 4 mai 1968

Mon bien cher Olivier:

Je suis content de te voir t'adapter à Buffalo et j'espère que tu aimeras ça. J'espère également que tu iras à Montréal en septembre pour vivre. Je suis encore dégoûté de Saint John alors je n'insiste pas là-dessus de peur que j'écrive 7-8 pages sur les angoisses et dépressions que me cause cette ville pitoyable.

La photo de Bob et moi serait bien à sa place côtoyant la statue de saint Jude le patron des désespérés! Oui! Trois semaines passées nous avons repris nos «amours» (quelle maudite farce!). Pour 3 semaines il a laissé tomber toutes ses prétentions, il laissait voir le plus brillant éclat d'espoir jamais vu de moi. Ah oui! Je le savais que cette joie (comme

toute joie) serait éphémère. Alors, depuis les 4 derniers jours il m'évade…
J'ai tout compris, ce n'est pas malin à deviner, il rentre dans son cocon
pour laisser la dépression et l'anxiété frôler son esprit. C'était trop beau
pendant 3 semaines. Voir que l'on ne s'était pas fréquentés pour presque
2 mois. Je ne comprends plus rien. Quand tu recevras cette lettre peut-
être sera-t-il dans mes bras. À ce point de vue ici également je réponds:
Québec me guérira. Oh je sais combien de fois on m'a dit qu'il n'est pas
sage de se « sauver » des problèmes. Reste et fais leur face. Mais avec Bob
c'est bien différent. Il m'est impossible de l'éviter puisqu'il est là. Je peux
bien dire « non » pendant quelques semaines mais je suis un faible et en
fin de compte je succombe. Je dis ceci avec amertume mais pas parce que
le temps des lilas a foutu le camp, plutôt puisque je sais que j'en sortirai
de toute cette merde prochainement. Ainsi soit-il.

Tu as l'intention de me rencontrer à Montréal? Bien sûr que tu vas
me rencontrer à Montréal, je n'accepte aucune excuse pour ne pas te voir
là. J'y serai le 8 juin pour sûr – j'essaye d'avoir une réservation qui me
permettra de m'envoler le 7 juin au soir ce qui veut dire que je serais à
Montréal vendredi dans la nuit. De toute façon je serai à Montréal
samedi. Je ne sais pas comment tu vas t'y prendre pour être là mais après
le terrible fiasco que j'ai traversé pour aller et retourner de Boston je
m'attends que tu pourras prendre quelques moyens pour franchir les
lignes canadiennes et y retourner sans trop de complication. Alors tout
de suite élimine « non » de ton vocabulaire minable! Compris! Tout
probable que je te demanderai de me rencontrer sous le marquis de la
Comédie-canadienne à rue Ste-Catherine Ouest. Pour confirmer nos
plans je voudrais que tu m'appelles le 30 mai (un jeudi soir) – et j'insiste
que tu renverses les frais – absolument. Mon numéro est 672-6687.
Alors quoiqu'il arrive, appelle le jeudi soir et je serai sûr de tous mes
plans (mon argent aura tracé mon itinéraire!). Ah oui! Nous deux à
Montréal ensemble ce sera bien chouette, non? J'ai quelques amis que je
veux te faire rencontrer coûte que coûte. Quelques intellectuels (ça sent
le snob?), quelques séparatistes (intellectuels aussi bien sûr!), etc.

Tu es à relire M.-C. Blais? et moi Alan Watts. …Comme je t'avais
dit il y a quelques mois, j'avais acheté *Psychotherapy East and West* et j'ai

lu 40 pages environ. J'avais de la difficulté à suivre son vocabulaire, etc. mais j'ai son livre à mon côté et mon Webster alors encore une fois je reprends la lecture. Watts m'intéresse puisque d'après le peu que j'ai lu je fus ému du brillant jeu d'esprit et de pensée. Je te promets de le lire avant notre rencontre prochaine.

J'ai lu *Quand j'aurai payé ton visage* de Claire Martin[1], une Canadienne française qui écrit très bien le français. Le contenu devient mince après quelques chapitres – un roman psychologique qui ne colle pas toujours.

J'ai également lu un charmant et amusant roman du C. français Roch Carrier[2] intitulé *La guerre, yes sir!* Très drôle! Plein de blasphèmes! Une étude sur la guerre, ses effets, etc.

J'ai commencé *Le procès-verbal* de J.M.G. Le Clézio. Un de ces romans «nouveaux». Jusqu'ici très bien.

Bob et moi sommes allés voir 2 semaines passées *The Russians Are Coming* et *In the Heat of the Night*. Je n'ai pas aimé *The Russians…*, mais j'ai préféré *Heat of the Night* surtout pour Rod Steiger[3] qui, ma foi, est un comédien exceptionnel. Quelques jours après je suis allé voir *No Way to Treat a Lady* qui confirme le talent génial de M. Steiger. Incroyable!

Un film que j'ai adoré fut *The Anniversary* mettant en vedette la grande chienne du ciné Madame Bette Davis. Dans ce film elle se surpasse. Chacun de ses gestes, ses mouvements, chaque parole m'excitait, c'est-à-dire une performance typique de la grande comédienne.

Si nous sommes chanceux, et si nous avons le temps à Montréal, nous pourrons assister à une représentation de *Partage de midi* de Paul Claudel qui joue pour quelque temps au Théâtre du Rideau vert. Un drame lyrique brillant qui met en vedette la grande comédienne canadienne madame Yvette Brind'Amour[4]. La critique généreuse promet une bonne soirée au théâtre. Tu dois être un peu familier avec Paul Claudel, ce génie de la langue française qui fait presque pâlir Racine par son français! Il a une veine lyrique qui n'a jamais tari. Je te fais remarquer que cet auteur est une des grandes influences avec François Mauriac (j'ai essayé de glisser son nom sans trop de fanfare) dans l'œuvre de M.-C. Blais.

Ah! Ma vie est devenue ennuyante! Je vais, je viens. Il me faut un change. Chez nous à la maison je ne sais pourquoi, il n'existe jamais de querelles, etc., mais je ne suis pas heureux. Je souffre. Parfois je me crois misanthrope quoi!

En attendant Trudeau! C'est bien ça! Comme je disais il est intelligent, etc. – «dans le vent»! Mais qu'est-ce qu'il va faire? Je ne sais pas trop. J'aime les choses qu'il promet au Canada français (mais je reste toujours séparatiste) mais ce qu'il promet et ce qu'il accomplira ce n'est plus la même histoire. Je l'aime lorsqu'il dit «Si je n'avais pas été Canadien français de naissance je l'aurais devenu par choix!» Alors quelqu'un qui pense comme ça ne peut pas être tout à fait mauvais. Moi, si j'étais premier ministre voici ce que je ferais: 1. J'abolirais strictement l'usage de la langue anglaise. 2. Je m'engagerais le meilleur avocat pour plaider ma cause afin de me prouver sain (c'est-à-dire si je n'étais pas assassiné avant!). Sérieusement, moi je suis convaincu que les Canadiens français et les Canadiens anglais (remarque que même Trudeau fait la différence, c'est-à-dire il dit les «Canadiens français et les Canadiens anglais» et non «Les Canadiens feront»!) ne peuvent pas vivre ensemble comme 1 seul peuple canadien. Nous pouvons être bons voisins, d'accord mais vivre comme frère et sœur sous le même toit, non! NON! Les Anglais sont anglais et les Français sont français. On ne pense pas de la même façon. Québec veut avoir un «statut spécial» et Ottawa ne veut pas lui accorder, parce que «Quebec is a province just like the 9 others». Voilà le problème: Québec n'est pas une province comme les autres. Et le Québec veut se faire une place dans le monde pour évoluer surtout maintenant où Notre Seigneur Charles de Gaulle est à réunir tous les pays francophones (France, Québec, les pays africains français, les pays asiatiques français, etc.). L'union fait la force. L'Amérique ne vaincra pas. Nous serons à tout jamais FRANÇAIS! Tu dois être agacé de ce nationalisme fanatique, non? Je vais t'expliquer quelque chose, mon cher (et patient) Olivier, je crie à en réveiller les morts que je maudis les Anglais, Américains, etc. parce que je suis ici à Saint John inondé d'Anglais, je suis forcé de le parler, etc. et ceci me met le feu au cul. Maintenant quand j'aurai déménagé à Québec une ville métropolitaine de 500 000 âmes unilingues française, là ce problème ne me sera plus important puisque là je pourrai vivre 24 heures par jour en français. Si je veux de l'information je me présente en français, si je vais au magasin je suis servi en français, etc., si quelqu'un m'adresse en anglais je peux lui dire «Where do you think you are, in Toronto?» Mon pays, Québec! Enfin, je serai parmi les miens. Pour en revenir à Trudeau (j'aimerais beaucoup coucher avec puisque je le trouve très sexy), on verra. En 1958, lors de sa campagne électorale, de Gaulle prononça ces paroles célèbres: «Français, Françaises, l'Algérie est française et elle demeurera française sous mon gouvernement.» En 1962, de Gaulle accordait l'indépendance à l'Algérie. En 1968, lors de sa campagne électorale, Trudeau prononça ces paroles célèbres: «Canadiens, Canadiennes, il n'y a qu'une nation au Canada et jamais cette nation se séparera sous mon gouvernement». En 1972...?

Dimanche, le 12 mai 1968

Je ressuscite justement d'un «party» qui a duré 2 jours. Que ne donnerais-je pas pour une mort paisible? Mais, acharné de cornes et de la gueule de bois je me propose de finir cette lettre aujourd'hui (si je ne tombe pas mort avant!).

Bon! Je suis fier de savoir que David Goguen fut accepté à Sir George Williams à Montréal. Dis, qu'est-il devenu de cette fameuse infatuation entre lui et Mlle Sans-Cerveau (son M.)? Tu avais prévenu si je me rappelle bien que ceci serait d'une très courte durée...

Je suis à finir un roman exceptionnel d'Yves Thériault qui s'appelle *Agaguk*. Il l'appelle: roman esquimau et il l'est ainsi mais le récit est également une étude sociale. Parfaite réussite. Je te le conseille.

Écoute, mon vieux, je me sens trop mal pour écrire plus long. Alors j'en finis brusquement. Écris pour me dire qu'est-ce que tu as l'intention de faire au sujet de ton voyage du 8 juin à Montréal.

Bon, à bientôt
Amitiés sincères
Gérald

[22]
302, River Hill Drive
Saint John, NB
Le 21 mai 1968

Mon cher Olivier;

Ton «tour» à m'écrire mais comme je sens le besoin de briser l'amertume de ma chambre j'ai décidé de prendre la plume (rouge encore!) et communiquer quelques élans d'âme!

J'espère que le rythme de ta vie se ralentit de peur que tu tombes mort! mais si je te connais je m'imagine que rien ne change. Tu appartiens, mon ami, dans un petit village français – près de la nature bien sûr – avec mille tomes, beaucoup de papier (n'oublions pas les cigarettes et suffisamment de boisson!). Là, tu verrais le genre de vie qui satisfait, qui comble. Qu'est-ce qui me fait parler ainsi? Tu devines correctement si tu me crois revenu de Bouctouche... Cette fin de semaine (oh! week-end d'après une célèbre linguiste française qui dit que l'on risque d'affaiblir notre français en francisant forcément trop de mots anglais et week-end devrait demeurer week-end... pour ma part je dis que l'on désigne une fin de semaine alors pourquoi ne pas dire «fin de semaine»?) en tout cas, cette fin de semaine au Canada l'on fêtait la fête de la Reine! – je ne m'arrête pas là-dessus car je n'en finirai plus – donc c'était une fête nationale. Deux semaines avant je recevais une invitation d'assister au mariage d'une amie, alors avec ce prétexte je commence à plier mes bagages. Bob m'appelle et on s'est vus quelques fois la semaine dernière et je lui propose un séjour dans le cœur du Nouveau-Brunswick français (l'Acadie!) à Bouctouche. Il accepte et on part. Depuis longtemps que je rêvais d'un congé avec lui à Bouctouche pour lui montrer où j'ai pris racine, mon caractère, mon tempérament, ce qui a influencé à tout jamais ma vie, soit la beauté sereine et émouvante des champs, des forêts, de la belle rivière, etc., et nous avons passé ensemble une très agréable fin de semaine (3 jours), malgré la pluie – on a fait un peu de ce que j'avais l'intention de lui faire voir mais beaucoup reste, alors une autre excursion sauvage est en vue pour le mois de juillet ou août! Bob est devenu fou de Bouctouche... Il me connaît davantage maintenant. Il a vu pour lui-même ce que ressentent ceux qui sont fortunés d'être nés français à la campagne. Je lui ai expliqué comment je ne pourrais jamais effacer de moi cette empreinte acadienne: la main avec laquelle je le touche est celle qui est marquée par les trop courts étés chauds et les longs hivers froids, les yeux qui le regardent sont brûlés par les vents et la mer, je ne peux aller nulle part au monde où je ne ferais les gestes de mes ancêtres fiers éternellement liés à cette terre. Je t'ai souvent répété qu'à Saint John Bob et moi n'arriverions jamais à se reconnaître puisque cet homme est hanté de son passé ici, étouffé par sa mère dominante agressive, etc., etc. Si jamais l'on communie (encore une fois perce à travers la cruelle réalité, le temps des illusions) ce sera dans un endroit semblable à Bouctouche, comme dans le Québec, etc. Pour en revenir à notre fin de semaine, j'y retiens des souvenirs très chaleureux – également sentimentaux bien sûr – mais aussi des souvenirs d'un temps où pour quelques jours je me sentais «faire» quelque chose pour lui et pour moi. Alors quoiqu'il arrive ce fut une expérience tout à fait satisfaisante et qui restera longtemps avec moi.

Maintenant après une si belle mini-vacance je ne peux m'empêcher d'anticiper la venue de mon autre vacance à Montréal et Québec dans 3 semaines. J'ai hâte d'y aller et j'espère que tu es en train de t'arranger une sorte d'horaire qui te permettra de pouvoir me rencontrer dans la ville lumière. Je pensais qu'on pourrait également profiter d'un après-midi (dimanche?) pour aller faire un tour à la Terre des Hommes.

Le 30 mai 1968

Je viens de te parler au téléphone alors j'ai détruit les 2-3 pages qui suivaient puisqu'il s'agissait de plans pour notre rencontre. Ah! Les dieux sont contre moi! Du moins j'ai l'espérance que l'on se rencontrera avant la fin de l'été. À ce sujet nous en reparlerons.

Si je n'avais pas fait tout mon itinéraire depuis longtemps pour mon excursion dans le Québec j'aurais volontiers passé quelques jours à Buffalo. Je n'y suis jamais allé et tu sais comment je suis curieux... Ce voyage à Buffalo me serait d'autant plus cher puisque je pourrais te revoir – eh bien! attendons que les dieux nous sourient.

Ces jours-ci je suis tellement agité à propos de rien. Tout m'irrite au bureau, etc. Alors ces vacances me seront plaisantes.

Je vais reparler de Bob un peu. Cette fameuse fin de semaine dont je parlais me fut bien agréable. Nous avons fait l'amour onze ou douze fois! Pendant 4 jours aucune contrainte, tout est bien allé. On s'assoyait pour quelques minutes et automatiquement sa main cherchait la mienne. Un besoin de se retrouver, on éprouve un sentiment, en se touchant on se reconnaît. Aucune question, on n'essaye pas d'expliquer pourquoi. Oserais-je dire qu'il m'aime? Dans cet entourage Bob vit sainement. Alors maintenant j'ai la certitude qu'il n'est pas si malade qu'il voudrait le croire. Je pense t'avoir dit plusieurs fois qu'il subit des dépressions occasionnelles (dépressions qui duraient pour plusieurs jours il y a quelques années mais seulement quelques heures maintenant) et il prend des maudites pilules (du Valium). Il dépend tellement de ces pilules démoniaques que j'en crie chaque fois qu'il en sort une. D'après un médecin il devrait en prendre au maximum 4 par jour. Quand il tombe dans une dépression quelconque ou qu'il souffre d'angoisse ou névrose il les avale à pleine bouche. J'avoue que parfois il me fait peur. Mais c'est curieux, à Bouctouche pendant les 3 jours qu'on y est resté (en plus de la journée que nous avons passé ensemble avant) il n'a pris qu'une dizaine de pilules. Alors tu vois... mais ce qui m'a mis le feu au cul c'est lorsque nous étions sur l'autobus en route pour Saint John. Nous avions arrêté de parler et nous étions tranquillement étendus sur nos chaises. Tout à coup je m'aperçois qu'il avalait des christ de pilules. Il en avait consommé dix avant que je puisse jeter ma cigarette dans sa bouteille de liqueur douce afin de l'arrêter d'avaler ses drogues. Quelques paroles plutôt salopes furent échangées entre nous deux. L'indifférence dans un tel instant n'est pas mon fort, alors je lui lance quelques effronteries... mais maintenant il est dans le 7ᵉ ciel, drogué. Je bouille, mais le mal est fait. On arrive chez nous, on s'embrasse gauchement et je m'en vais chez moi.

Le lendemain soir, j'apprends qu'il m'a déçu avec un de mes «amis» (en effet, un des anciens amants de Bob à qui je confiais tout ce qui se passait entre Bob et moi puisque celui-ci comprenait). Quand j'ai reçu l'appel de Judas je savais qu'est-ce qui se passait. Olivier, quand j'ai raccroché j'ai senti la plus atroce douleur de ma vie – l'âme arrachée de moi et j'éclate en sanglots. Moi! Qui n'avais pas pleuré depuis plusieurs années... Après quelques minutes je me suis remis mais dois-je te dire que je n'ai pas dormi cette nuit-là? Il y a plusieurs explications pourquoi tout ceci me causait toute cette souffrance mais pour le moment je m'en moque puisque voici où j'en suis venu: le lendemain matin, je me lève et? rien du tout. Je pense à la nuit, la peine et je souris. Pour une fois dans ma vie je pense en anglais, je pense en anglais et ma pensée dit: «Never again.» Drôle? Voilà presque 2 semaines de ceci. J'ai reparlé à Bob depuis. Lundi, il me demande s'il pouvait venir dormir ici et j'ai répondu: «Why?» Il dit: «Because I want to». «Do you want a blow job?» «Don't talk like that, I love you.» «For tonight?» Il constate comment je pense et laisse tomber la proposition. En agissant tel je ne me pense pas prétentieux forcément, et ne va surtout pas croire que je ne l'aime plus. Il en passera de l'eau sous les ponts avant que cet amour meure en moi, mais pour une fois dans ma vie j'applique un peu de raison au lieu de me laisser dériver par un sentiment. Je sais (comme toujours, mais plus concrète-ment) que Bob et moi, c'est idiot. D'accord, nous sommes compatibles, mais Bob ne semble avoir aucune intention d'améliorer son triste sort alors je ne figure guère dans sa vie sauf dans un moment de besoin, de nécessité. Tu te souviens dans mes premières lettres je disais qu'il ne m'ai-mait pas... les sentiments sont changés, oui, il m'aime (?). À sa manière, il m'aime. Il l'a avoué à plusieurs de mes amis et en fin de compte à moi-même. Mais sa définition de l'amour n'est pas tout à fait ce qu'elle devrait être. Bob suit ses sens – s'il ressent un besoin farouche de boire quelques bières (défendu par son psychiatre) il n'hésite point, ne pense nullement aux conséquences, il boit. Impulse. Alors son «amour» n'est pas basé sur une décision, mais plutôt sur un sentiment. Ce sentiment il ne le com-prend pas, il marche près d'une joie qu'il veut mais il n'a pas le souffle de s'y mettre. Va-t-il changer? Je le doute et c'est pourquoi je réalise finale-ment la futilité de rêver en couleur. Cependant, de la vie, de l'espoir. Mais plus jamais tomberais-je dans le piège qu'il tend en disant «Je t'aime». Je ne marche plus. Et s'il veut changer, il devra faire un changement radical. Son psychiatre? Ah! Le méchant ne fait que d'approfondir son sens d'humour! Bob n'y va qu'à toutes les 2 semaines maintenant, mais c'est suffisant! Il semble vivre pour ces phrases attrayantes que lui donne monsieur le docteur. Notre relation d'après lui s'agit d'«intellectual blackmail»! Il a prononcé à mon égard des paroles plutôt maladroites. Mais apparemment il change d'opinion... j'avais l'intention d'y aller pour quelques sessions (seul, bien sûr) mais tu me connais, je suis obstiné, têtu, partisan, etc., alors je ne ferais que lui crier des insultes, alors ça sert à quoi? Alors Bob m'aime? Comme je disais il agit sans aucune conscience, pensant nullement aux conséquences – il couchera avec mon ami mais c'est Peanuts que j'aime, etc., etc. Bob ou le refus de la contrainte! La seule chose qui me cause regret est la pensée que tout probable nous ne trouverons jamais ensemble le «bonheur». Puisque malgré tout, je l'aime. Mais je l'aime, en 1968, ça veut dire quoi?

Pour la première fois depuis 2 ans, je me suis acheté un disque (anglais)... un disque de Peggy Lee. Très beau. Que j'aime cette voix de cigarette, voix rauque, sensuelle quoi! Oui, Peggy Lee est bonne.

Mes lectures? Elles sont plutôt minces ces jours-ci puisque je suis constamment sur les chemins. J'ai lu *Trois chambres à Manhattan* de Georges Simenon. Assez bien. Mon Dieu que celui-ci est prolifique! Une très fine intelligence.

Au sujet de mon «Club du livre du Québec» et «Le cercle du livre de France» je ne sais pas si tu peux devenir membre puisque tu es Américain (non en esprit je me dépêche de te rassurer, mon ami). Mais il n'y a aucun mal d'essayer. Prochainement, je t'enverrai toute la littérature nécessaire au point de vue règlement, etc.

Je dois en finir

J'attends une réponse

Je t'embrasse (je suis chaleureux à soir!)

Ton ami toujours,

Peanuts

Annexe:

1. *L'ami*
Nos maisons étaient vastes si vastes que les enfants s'égaraient dans les remous,
Les volets pâles s'agitaient comme des barques sur l'eau fine,
Nous étions paisibles car nos membres commandaient aux choses,
Et quand venait Avril, l'homme rentrait chez nous,
C'était souvent à la fin d'une fraîche journée
Et il était permis de mendier la chaleur des draps blancs,

Heure sereine ravie d'entre les ténèbres
Ce n'est qu'un passant bien-aimé, disaient nos mères
Mais cet homme venait chez nous, il baisait notre front
À la dérobée
Et s'éloignait aussitôt pendant que sommeillaient doucement
Nos visions...

2. *L'enfant que j'étais...*
Il ne reste de l'incendie de l'enfance
Qu'une pierre brûlée
Et cette chose qui me regarde parfois de ses yeux nocturnes, petite ombre
Dans le paysage suppliant,

L'enfant là-bas, l'enfant que j'étais, peut-être...

– Marie-Claire Blais.

De temps en temps je t'enverrai quelques petits diamants de la déesse Marie-Claire Blais. J'aimerais la rencontrer. Quel rêve ! G.

[23]

Le 15 juin 1968

Mon cher Olivier :

De retour au « foyer ». Agréables vacances qui me gâtent toujours. Je ne peux qu'espérer maintenant au moment prochain où j'y retournerai pour de bon.

Mes deux premiers jours à Montréal furent passés chez Jimmy Beckett – un vieil ami de Saint John qui m'a toujours été cher. Il demeure avec 2 frères juifs qui sont très libéraux... ils sont tous deux hétérosexuels (Jimmy lui est bisexuel (?)) et ce dernier leur annonce avant que j'arrive que son ami (moi) était « a thoroughly lovable person, a little eccentric but well-adjusted homosexual ». Puisque je ne connaissais pas ses 2 amis je ne savais pas quoi m'attendait une fois arrivé. Je suis bien content de te dire qu'ils m'ont très bien accueilli alors je les respecte d'autant plus. Ils ne m'ont pas donné aucune occasion de me sentir mal à l'aise. Hospitalité fort appréciée. Samedi soir, Jimmy et moi sommes allés voir la grande, l'adorable, la PUTAIN! Pauline Julien. C'était un assemblage séparatiste (Jim est également séparatiste farouche même s'il a eu le malheur d'être né Anglais) et il y avait quelques mille personnes. Son spectacle passait de la chaleur au frisson montant jusqu'à l'hystérie. Quand elle chante *Les gens de mon pays* (c'est-à-dire les Canadiens français) la foule éclate et elle fut ovationnée. Bravo! J'admets que parfois quelques-unes de ses chansons « engagées » très séparatistes gênent un peu mais elle chante avec tant de ferveur et de sincérité que même ces chansons passent la rampe. Après le tour de chant je n'ai pu m'empêcher d'aller la retrouver pour la féliciter. Alors comme l'été dernier je me présente à elle tout humble et plein de compliments. Elle est très sincère et pas prétentieuse du tout. Une grande vedette.

Je n'ai pas besoin de te dire que j'ai passé des heures dans diverses boutiques de libraires. Je me suis acheté beaucoup de livres et finalement j'ai trouvé l'*Éthique* de Spinoza en français et en livre de poche. Bien content. J'aime tellement magasiner dans une librairie puisque l'on y trouve toujours quelques petits trésors...

Lundi soir, Québec. C'est incroyable qu'une si charmante ville puisse exister sur ce continent. Tu connais tous mes sentiments au sujet de cette ville, donc j'en passe.

À Saint John de nouveau maintenant. C'est à en mourir, ma foi. Cette ville m'inspire des sentiments dignes de William Burroughs[1].

Au sujet de l'assassinat de Robert Kennedy, je préférais ne pas en parler. Maudits Américains! Qu'ils aiment donc le sang! C'est à rendre malade. Le matin du crime à la télévision voilà que NBC nous montrait en direct «...he has fallen. Look at the blood, ladies and gentlemen, yes, the blood is gushing from his head, we'll try and get a close-up...» C'est pervers. Ces choses-là ne devraient pas être permises, pourtant le public américain est là assis devant leur télévision, assoiffé comme des loups, pour voir couler ce sang... Moi, je n'ai rien surveillé du tout, pas même l'enterrement. C'est triste, je l'avoue, mais quand on ne peut pas montrer les choses comme elles sont et que l'on doit chercher le sensationnalisme, je préfère laisser ma télévision close.

Ici, au Canada, notre cher ministre Trudeau a accusé les séparatistes d'être de la même étoffe que les assassins. Ça m'a mis le feu au cul. Les séparatistes (98%) sont contre la violence, tellement qu'ils n'en parlent même pas. Il n'est pas question ici de sortir nos fusils pour abattre tous ceux qui parlent anglais au Québec. Trudeau compte rendre le Canada «bilingue»! Tout ça est invraisemblable. Encore 2 semaines passées on présentait à la télévision un document sur les gens de la Colombie-Britannique. 90% avouaient qu'au-delà des frontières de leur province ils étaient complètement indifférents (il y a être régionaliste mais ça c'est ridicule). Alors voilà des gens qui ne s'intéressent même pas au Canada et maître Trudeau va les faire parler français! Il en a des pouvoirs surnaturels celui-là! Tu vois je crie toujours au sujet des Anglais qui ne parlent pas français, mais il y a plus que ça en jeu. On peut parler français sans comprendre les Français. Être français est un état d'esprit, un état d'âme, c'est beaucoup plus que parler cette belle langue! Si Trudeau est élu (et tout probable qu'il va l'être) je ne sais pas qu'est-ce qui va se produire. De ma part, je refuse le droit de vote puisqu'il n'y a personne qui répond au besoin réel et immédiat de ce pays alors je ne ferai pas l'hypocrite. Et cette histoire de voter libéral parce que nos parents sont libéraux, je n'y crois plus. Au sujet du Québec il dit: «Québec est une province comme les autres...» Pour un homme de son intelligence une telle déclaration laisse à penser... Ne soyons pas niaiseux: la neige est la seule chose que le Québec et le Canada ont en commun. Je t'enverrai prochainement une revue publiée par des «draft-dodgers» qui se sont établis à Montréal et qui parlent bien du Québec. Exemple: «Québec is a fantastic place for an American exile (draft-dodging is an honored tradition among Québécois) who wishes to be politically effective, providing he is willing to remember he has left USA... Americans willing to learn French and join in "what's happening" will find he is not excluded from anything, nor will he be if he is attempting to learn French – people are damn glad to help anyone who is willing to prove he understands the problem and does not intend to join the Anglo-Saxon bourgeoisie...», etc. C'est une revue très intéressante. They have even set up French lessons for in-coming dodgers. Merveille! En tout cas, ça bouge par ici!

Et la France dans tout ceci? Mon Dieu! J'aimerais que Charles de Gaulle ait 30 ans au lieu de 77. Je le respecte encore néanmoins. Un Dieu. J'ai peur que la France tombe au communiste, mais j'irai jusqu'à dire la France au communiste plutôt qu'aux Américains!

On va parler de l'amour Olivier! Je veux bavarder sur tout ce soir. Pourquoi (quand je lis différents psychologistes, etc.) aujourd'hui il ne peut pas exister de l'amour. Non, tout de suite c'est «Œdipus complex»: «castration», etc., etc., une femme ne peut pas aimer un homme sans qu'elle «désire subconsciemment être elle-même un homme en voulant son pénis», un homme ne peut pas aimer une femme sans «vouloir se castrer en mettant son pénis dans le vagin de la femme». Voyons! J'admets qu'il y a des cas où ceci s'applique à la lettre mais ne me dites pas qu'il n'est pas possible sur cette terre de se tourner vers une autre personne et s'aimer réellement. Étant homosexuel cette déclaration perd beaucoup. Tout en constatant que chez les «homos» en grande partie ceux-ci sont promiscués mais cependant il est possible d'aimer. Je réalise que je suis fou d'essayer d'expliquer ceci à ma manière dans une lettre parce qu'il a beaucoup d'arguments là-dessus. En fin de compte quand je parle d'amour je reviens inlassablement à mon amour raté... (égoïste que je suis.) Mon grand problème est de ne pas pouvoir accepter que Bob et moi ne serons jamais «deux» – ou «un» (selon les goûts). Moi je vois la possibilité mais Bob ne la voit point, alors... réveille-toi donc, Leblanc. Je ne peux (veux?) pas accepter ce fait. Je suis tenté d'aller voir le psychiatre à Bob. Pas pour parler de ce dernier comme j'aurais voulu le faire il y a quelques mois, mais plutôt pour me faire dire par Dr. Thériault «Laisse-le donc, tu lui causes du mal, tu te causes du mal. Comprends-tu pas que Bob est perdu, il le veut ainsi...» J'y irai peut-être le voir. Et Bob? Je ne l'ai pas vu pour lui parler depuis au-delà de 3 semaines. On s'est vus 2 semaines passées à la taverne mais quand je l'ai aperçu au seuil de la porte, j'ai filé à l'anglaise... Ma foi, si Bob n'était pas si «anglais» il serait un vrai personnage tiré de Marie-Claire Blais.

Parlant de Marie-Claire, j'ai acheté *Le jour est noir* à Montréal que j'ai lu d'un bond, en transe! Elle n'est pas capable de mal écrire. Tout ce qui jaillit de sa plume devient transformé en cette fraîche innocence qui a tant d'attraits. Restant sur le sujet d'innocence je me souviens que tu m'écrivais disant avoir lu *Les amitiés particulières* de Roger Peyrefitte. Je ne sais pas si je t'en ai déjà parlé, de toute façon j'ai lu ce merveilleux roman il y a quelques années. Ce qui m'impressionne le plus fut l'authenticité du récit, la psychologie bien exécutée et ce style d'une si belle venue. Quand j'ai lu *Les amitiés*, pas pour une minute avais-je l'idée que je lisais un «gay novel» puisque l'auteur ne vise pas pour le sensationnalisme mais plutôt j'assistais au drame bouleversant, réel de deux jeunes garçons – dans une atmosphère appropriée – qui deviennent attachés par besoin et non par perversité. Leur passion, dans l'entourage qu'ils habitent n'ayant d'autre ressort, ne semble pas anormale. Quand on ferme ce roman on réalise comment bien M. Peyrefitte sait bien mener le jeu. Les 450 pages ne sont pas trop longues, il n'existe que l'essentiel. Une réussite au plein sens du mot. André Gide disait: «Je ne sais pas si vous aurez le prix Goncourt, mais je vous assure que dans 100 ans on lira encore *Les amitiés*.» Je pense que Gide ne se trompait pas. Au sujet de Roger Peyrefitte j'ai lu quelques autres de ses œuvres mais malheureusement elles sont pour la plupart manquées. Ceci est réellement le cas de «prostituer son talent» comme va l'expression. Dommage. (Piaf est en train de se vider les entrailles sur mon tourne-disque en ce moment...)

Écoute, mon vieux, j'étais à contempler déménager à Montréal au lieu de Québec pour la simple raison que Jimmy voudrait que je partage un appartement avec lui. On est très compatibles ensemble, c'est un très bon type. Jusqu'ici rien de définitif mais j'y pense. Ce serait merveilleux cependant puisqu'en septembre ou octobre tu y seras également.

J'inclus avec cette lettre une chanson de Gilles Vigneault qui s'appelle *Ma jeunesse* que j'aime beaucoup. Je réalise que tu n'es pas capable d'entendre la musique mais les paroles sont très belles. Je veux que tu lises ces lyriques 3-4 fois pour goûter la plaisante saveur de ce petit bijou. Ceci est un exemple de ce que font les chansonniers de chez-nous. Gilles Vigneault est brillant – il a donné son tour de chant en France 2 fois déjà à la demande des attachés culturels de France! Les grands interprètes français chantent ses chansons: Catherine Sauvage, Danielle Darrieux[2], Serge Reggiani, etc. Ses airs sont très beaux et ses lyriques sont tous des petits grains de sagesse. Pas de «Baby, I love you, baby I need you, baby, baby!» pour Gilles Vigneault [qui] chante la terre, l'amour, la libération d'un peuple qui est exploité et qui veut enfin s'auto-déterminer. Si je devais choisir une expression pour caractériser Vigneault je dirais «un bon homme». Un autre chansonnier qui fait beaucoup parler de lui maintenant est Georges Dor[3]. Dor dit: «Les mots pour moi c'est déjà la musique...» Ah! Mon ami, tu verras quoi je veux dire quand tu seras à Montréal.

Écoute, je dois m'envoler. J'espère de tes nouvelles et une date «probable» pour ton excursion dans les pays d'en bas (Saint John...). J'aimerais tant te voir. Ah! si ça ne coûtait pas si cher ce maudit téléphone...

À la prochaine
Amitiés
Peanuts

[24]
Le 1ᵉʳ juillet 1968

Mon cher ami:

Salut! Voilà que je suis assis au même endroit où l'hiver dernier je t'écrivais des longues épîtres dans la nuit! C'est-à-dire, je suis à Bouctouche pour la fin de semaine et aujourd'hui étant dimanche, un jour plutôt ennuyant à la campagne, j'ai pensé t'écrire quelques lignes.

J'admets, mon vieux, que le ton de ta lettre m'inquiète. Qu'es-tu en train de faire à Buffalo? Tu donnes l'impression que tu as à vivre les 3 dernières semaines de ta vie! Mais, comme tu dis, puisque l'espoir surgit du désespoir, ton cas n'est pas encore perdu. Permets-moi de te dire que je suis content de te voir retourner au collège (pour combien de temps cette fois-ci?) et étant donné que tu seras si près de Montréal on se verra assez souvent.

Je ne saurais te pardonner d'être sympathique à la «trudeaumanie». Et les séparatistes sont myopes? Ah! Tu demandes pour la colère sans merci de Peanuts. Au sujet de Trudeau, c'est triste de voir comment tu es crédule! même complètement aveugle! Quel scandale au Canada. Si tu avais entendu ses discours! Aux Canadiens anglais il leur chantait une chanson, pour se tourner de bord et en chanter une toute différente aux Français. Pourquoi? Puisque n'est-ce pas lui qui prêche la théorie d'une nation au Canada? Pourquoi donc 2 différents discours pour les 2 groupes ethniques? Que Sa Majesté Trudeau le veuille ou non il y a 2 nations au Canada et le Canada vivra à deux ou se disloquera! Écoute donc M. Trudeau: «Le Canada français a vécu 100 ans de bêtise». Ne voit-il pas que maintenant élu il en est le couronnement? Et écoute-le donc dire «Si je n'étais pas Canadien français de naissance je l'aurais été par adoption...» S'arrête-t-il pour réaliser à quelle condition les Canadiens français l'adopteraient? Mon Dieu! Si le Canada ne parle qu'avec une voix, ce ne sera que ce que ç'a toujours été: l'anglais. Québec s'il veut parler devra baragouiner l'anglais. Non. Olivier! Comment veux-tu que les Canadiens anglais deviennent au courant du problème des Canadiens français quand nous avons un Monsieur à Ottawa qui crie à pleine tête qu'il n'y a pas de problème. Le Canada français veut avoir une voix dans le monde – ils ont des brillants penseurs, ils ont une culture exceptionnelle et ils veulent s'affirmer pas comme citoyens de deuxième classe! Maître Trudeau compte faire du Canada bilingue from coast to coast! Quelle maudite farce! Je te dis qu'il a belle mine en disant ceci aux Canadiens français quand les Canadiens anglais admettent (environ 80%) ne pas vouloir apprendre le français. Penses-tu que même s'il (Trudeau) force le français aux étudiants débutants pour qu'ils deviennent «bilingues» dans 20 ans que les Canadiens français vont attendre tout ce temps? Pour ne pas séparer tout de suite le Québec avec le nord du N.-B. du reste du Canada, un homme qui n'insisterait pas à se borner et admettre qu'un Canada peut vivre à deux. Si tu lisais René Lévesque[1] le chef séparatiste du Mouvement Souveraineté-Association, tu verrais que ce n'est pas la révolution qu'ils veulent, Monsieur Lévesque dédaigne 100% la violence à la révolte. Il veut (et marque mes mots): que le Québec (les Canadiens français) fassent partie dans l'univers, du monde moderne, qu'ils vivent en <u>unité avec le monde tout en restant d'expression et de culture françaises</u> et non exploités et discriminés dans leur propre pays!!! Ceux qui fréquentent la violence dans les autres mouvements séparatistes sont, comme le dit M. Trudeau, des «petits esprits». Mais ceux-ci sont d'une petite minorité. Mais la politique de courte vue de M. Trudeau ne peut pas concevoir que le Canada ne sera jamais bilingue comme il l'est... à moins que les Français s'assimilent aux Anglais ce qui n'arrivera jamais. Charles de Gaulle l'a bien dit l'été dernier: VIVE LE QUÉBEC LIBRE!!!!

Si tu vivais au Canada, dans moins de 2 semaines tu serais très sympathique aux efforts des Canadiens français qui grâce à M. Trudeau voient leur sort en couleur noire, mais veulent se libérer et s'auto-déterminer. Le nombre de séparatistes (du mouvement René Lévesque) augmente chaque jour. Avant 1972 le Québec sera un pays qui vivra en marché commun avec le reste du Canada. Myope? Non. Un désir de vivre avec tous nos frères de l'univers en harmonie et en paix et non comme subjugués aux Anglais qui même à ce moment refusent obstinément d'écouter leurs frères français qui ne veulent qu'être eux-mêmes chez eux. La raison vaincra. Mes frères canadiens-français, je vous aime, je suis avec vous et ensemble nous arriverons à s'affirmer comme un peuple et non des chiens qui doivent licher les sauvages pour avoir ce qui nous est dû depuis plus de 200 ans. Je ferme sur ce sujet, mais pense à ceci: «Pourquoi voulons-nous parler français?» et répond objectivement si tu peux (ou ose).

Comme je t'avais dit que j'avais acheté beaucoup de livres au Québec, je lis comme un fou ces jours-ci. J'ai lu la brillante pièce de Jean Giraudoux *La guerre de Troie n'aura pas lieu*. Giraudoux est un dramaturge exceptionnel. Il était un pacifiste convaincu et dans cette pièce on rencontre ses idées qui ne sont pas sans valeur.

Dû à une subvention du Conseil des arts du Canada plusieurs grands romans canadiens-français sont maintenant distribués en livres de poche. Plusieurs de ces beaux romans étaient épuisés et hors commerce, mais maintenant ils sont disponibles à tous et à un prix très raisonnable. Je suis à lire *Louise Genest* de Bertrand Vac[2] qui jusqu'ici me rappelle un peu Jean Giono – un Jean Giono canadien-français, bien sûr!

J'ai la télévision ouverte et sur le téléjournal je viens d'apprendre que les gaullistes ont apporté une victoire majoritaire! VIVE LA France! Mon Dieu! Si Charles de Gaulle pouvait avoir 30 ans au lieu de 78! Du moins, il est encore un homme capable! Je connais tes sentiments à l'égard du nationalisme, mais quand le grand Charles prononce un discours «Français, Françaises...» et dans un français digne de Molière, énonce ses idées et termine fièrement avec «Vive la France!», ça arrache l'âme! C'est plus fort que moi!

Ah! et maintenant à la tv ce sont les cérémonies de la fête du 1er juillet, la fête du Canada. J'admets que j'ai un faible pour le français et quand j'ai vu Pierre E. Trudeau chanter *Ô Canada* en français ça me touche... Pour revenir à ce que j'écrivais plus haut si P. Trudeau réussit à faire des grandes choses pour le Canada, s'il arrive à faire respecter nos droits comme citoyens d'expression française, je jure que je m'inclinerai humblement devant lui mais pour ce qui existe ici à l'heure actuelle je reste sceptique et cynique au point de vue «Une nation au Canada». Qui vivra verra!

Le 4 juillet 1968

Je suis revenu à Saint John – je reprends le cloître. Ces jours-ci je ne sors plus, je m'abreuve dans une solitude imposée. Dernièrement j'agis par impulsion en tout ce que je fais: ce doit être les dernières chaînes de l'influence de Bob qui résistent. Jamais n'ai-je eu les sentiments si aigus. Une explication serait d'avoir bâti toute une existence autour de Bob, avec des plans pour une vie complète... et j'y croyais!!! Tout à coup, POW! tout s'écrase, c'était d'ailleurs inévitable mais tout de même mes plans furent mis en miettes. Tout de suite je cherchai une issue, mais étant donné que ce serait Québec j'attends... Maintenant je ne fais que d'y penser à vivre dans ce maudit Québec et les jours s'élongent. Avant longtemps dis-je....

Je questionne encore la proposition de mon ami Jimmy au sujet de déménager à Montréal au lieu de Québec. Maintenant que tu vas à Plattsburgh on pourra communiquer plus facilement, cependant j'aimerais mieux te voir à Montréal... une question de goût de ta part...

Je te laisse en espérant que tu retrouveras tes esprits prochainement. Bonjour et à bientôt,

Ton ami

Gérald

[25]
302, River Hill Drive,
Saint John, NB
Le 9 septembre 1968

Mon très cher ami:

Olivier est vivant! Enfin, il donne un signe de vie! Je ne cache point mon inquiétude à ton égard, parce que franchement je n'avais aucune idée où tu étais. Et maintenant ce n'est plus Buffalo, mais Cambridge. Je suis content de te voir heureux où tu es et où tu travailles. Après tout c'est ça qui compte, pas vrai?

Oui, j'étais fier de recevoir de tes nouvelles. J'ai souris quand j'ai lu que ton cœur palpitait à la vue de ton bel ami (Denis). Ça fait drôle le mal d'amour!

Olivier prêche toujours (mais avec raison bien sûr) l'antinationalisme. Tu comprends souvent mes idées (qu'elles soient fausses ou non) mais j'ai l'impression ici que tu n'arrives pas à poigner l'essentiel du nationalisme (puisqu'il faut l'appeler par son nom!) québécois. C'est un fait que même avec l'esprit ouvert, il est difficile à comprendre le triste sort des Canadiens français. Que signifie nationalisme? Ici ça veut dire: se battre 24 heures par jour afin de sauvegarder sa langue contre l'assimilation complète; ça veut dire ne pas accepter d'être gouverné et exploité par des étrangers qui ne parlent pas notre langue et qui dans la majorité des cas discriminent ouvertement contre les Canadiens français ou plutôt la MAJORITÉ québécoise. Le Québec est déjà souverain! Trudeau a beau crier sur tous les toits qu'il existe qu'une nation au Canada, il y en a deux – ou plutôt il s'agit du Canada anglais et du Québec français. Géographiquement nous sommes un et même ici il y a le fait que les Français sont groupés ensembles comme le sont les Anglais. Lis les articles que je t'envoie.

Le Québec veut joindre la grande famille des pays francophones (je n'implique pas la monarchie) pour s'améliorer intérieurement et s'entraider e.g. l'économie étrangère française, africaine, etc. au Québec. Le Québec deviendra un pays francophone qui s'autodéterminera et qui pourra prendre part au XXIᵉ siècle. Comprends-tu? Lorsque TRUDEAU (le vendu) dit: «Canada speaks with one voice» – il ne ment pas. Canada parle anglais – Québec lui parle quelque chose d'autre... Québec n'a pas le mot... Québec n'a pas de voix... Le Canada, quand il veut entendre une opinion écoute les ÉTATS-UNIS! EUX ils savent! Ha! Écoutez les États-Unis! chers Canadiens anglais. Ils parlent votre langue, ils pensent comme vous: un drapeau, une langue. Mais n'oubliez pas d'oublier vos concitoyens québécois. Eux ils ne savent rien! Pourquoi veulent-ils se séparer?

Dis-moi, Olivier, pourquoi on devrait accepter d'être exploités par des étrangers qui ne veulent pas de nous dans notre propre maison!

NOUS SOMMES DES NÈGRES BLANCS! Pourquoi un Anglais peut-il aller à Québec et sans parler un maudit mot de français faire belle vie? Oui! Triste mais vrai. Montréal... la deuxième plus grande ville française du monde et sans savoir un mot de la langue majoritaire on peut vivre comme un roi. Pire encore, il existe des lieux où les Français ne peuvent pas se faire servir dans leur langue!!! Il n'existe pas un autre pays dans tout l'Univers où une telle absurdité règne. Que suggères-tu? Peut-être tu penses comme cher Monsieur Elliott Trudeau... attendons 20 ans et nous rendrons tous nos jeunes bilingues! Le triste fait demeure qu'il y a des gens qui y croient. Oui, cette maudite solution qu'apporte l'auguste Elliott Trudeau: le bilinguisme. Mon plus grand malheur fut d'apprendre l'anglais, c'est-à-dire me mettre à la disposition des Anglais. Concernant cette solution, nous savons tous que la langue est l'expression d'un état d'âme, d'une culture, d'une civilisation, d'une conception de la vie et qu'elle exprime une mentalité particulière. Il va donc de soi que sous cet angle, personne ne peut se dire bilingue car pour cela, il faudrait deux tempéraments, deux esprits, deux âmes. Nul homme n'est bicéphale. Le bilinguisme parfait n'existe donc pas.

Olivier, ton ami David m'a dit à Noël que je souffrais d'un problème d'identité ou quelque terme semblable. Peut-être... Mais je préfère appeler ceci une prise de conscience. Je répète qu'il est difficile pour toi de comprendre ceci. David et toi êtes Anglais. Pour vous autres le vrai français signifie la France... les Français sur ce continent... d'après ce que m'a dit David... sont une source de « honte ». Chez vous (à Leominster comme à Waltham également) ceci est vrai puisque nos chers niaiseux du Nouveau-Brunswick émigrent aux États-Unis, renient leur langue et origine et crient à qui veut l'entendre qu'ils sont « Americans ». Dans peu de temps ils deviennent plus américains que les Américains! Alors, pas de problème français chez vous... les États-Unis ce sera toujours: one flag, one tongue.

Revenons à ma prise de conscience. Jusqu'à l'âge de 13-14 ans le problème anglais-français ne me disait rien. Après tout à Bouctouche nos Anglais (les Carroll, Beyea, Ryan, Ross) parlent tous français, donc pas de problème de langue. Mais en mûrissant en lisant et finalement en voyageant, j'ai vu où j'en étais. Cependant, à cette époque la Révolution tranquille ne s'était pas encore affirmée... j'allais me soumettre comme jadis les Nègres d'Amérique se résignaient à leur couleur et leur triste sort. Puis les séparatistes éclatèrent! On trouvait des bombes dans les édifices anglais, etc. Ah! Les Canadiens français réclament enfin leurs droits! Pendant ce temps j'étais crédule. Nos politiciens chantaient la pomme. «Les deux langues from coast to coast.» Les promesses de politiciens ne sont pas l'Évangile. Ah! Ça a changé! On a imposé quelques mots de français sur les chèques, les timbres-poste et on souriait en disant: «SEE! We're bilingual». Mais dans tout ceci, une leçon s'affirmait: l'union fait la force. Oui, au-delà de 5 millions de Canadiens français avaient décidé de réagir à une injustice depuis la Confédération. Cependant, j'apprends davantage – je réalise ceci: NOUS: les francophones, avons un perpétuel complexe d'infériorité vis-à-vis des anglophones. Le chat est sorti du sac! Les Anglais sont le «peuple choisi» – ils sont dans un pays qui ne leur refuse rien. Les Français qui osent questionner cette injustice souffrent par une perte de temps due aux luttes interminables pour conquérir une égalité qui ne nous sera jamais accordée. J'apprenais que la merveilleuse réponse qu'était le bilinguisme se voulait à sens unique (one way). À ce moment, je vivais à Saint John parmi les Anglais. Si j'avais voulu j'aurais pu laisser tout et adopter l'anglais mais je suis de tempérament français, J'AI CHOISI DE ME BATTRE! Pourquoi? Parce que le bilinguisme demeure un grave danger. Lorsque les Français du Canada seront suffi-samment bilingues, lorsque notre langue aura été suffisamment rongée par les anglicismes, lorsque nous déclinerons suffisamment sur les plans économiques et démographiques nous cesserons d'être bilingues pour devenir unilingues anglais.˙ (J'ai quitté le bureau.)

Olivier, nous sommes tous des êtres humains. La couleur et la langue deviennent secondaires lorsqu'il s'agit du problème de vivre = exister! Au XXe siècle – comme le prêche Bertrand Russell – on doit parler pas comme un Anglais, un Chinois, mais comme un citoyen de la terre. Vivons pour la paix et surtout vivons pour l'AMOUR. Avant de

---

˙ [Passage de dactylo à manuscrit.]

pouvoir déménager dans une maison il faut la bâtir. Donc, Québec se bâtit petit à petit... nous ferons un jour partie de la merveilleuse race humaine et l'on sera égaux avec tous les hommes de la terre. Nous ne parlerons pas la même langue, mais nous porterons le même langage qui est celui de la dignité.

Tu dois sourire (ou t'exaspérer) en réalisant qu'à chaque lettre que je t'envoie, je me répète inlassablement sur la question de l'identité française, mais dans la situation que l'on vit ceci a de drôles d'effets. J'essaye d'éclaircir notre position sur ce continent. Assez!

Je dois me rendre à Montréal (encore?) la semaine prochaine, c'est-à-dire le 21 septembre et à Québec le mardi pour une semaine de vacances. Voilà la 4e fois que je me rends ici depuis un an – la 5e fois j'y déménage. Écoute, mon vieil ami, si tu serais capable de me˙

˙ [La lettre s'interrompt.]

[26]
Le 26 septembre 1968
Bouctouche, NB

Mon cher Olivier:

De retour de Montréal, en passage à Bouctouche. C'est beau la vie! Voyager! Partir! Depuis une semaine et demie que je vis inondé dans une atmosphère française... toutes les prétentions sont tombées, je suis moi-même! J'abhorre l'idée de m'en retourner à Saint John.

L'automne parmi nous. J'ajoute un an à ma vie... hier, j'arrivais à 23 ans. Un des grands chagrins de mon existence, en vieillissant fut de voir mes amis se disperser – les uns au Québec, les autres aux États, en Ontario! On continue à se faire de nouveaux amis, mais les vieux nous sont plus chers. Dans une dizaine-quinzaine d'années qui sait où nous serons?

J'arrive au seuil de la ruination financière!, c'est-à-dire j'ai passé à Montréal. Cette ville signifie pour moi mille librairies! Cette fois-ci, je me suis acheté des livres pour une quarantaine de piastres. Jean-Paul

Sartre, Stendhal, Aragon et beaucoup d'auteurs canadiens-français. Je lis présentement *Mathieu* de Françoise Loranger[1] (c.-française). Très bien jusqu'ici.

Imagine-toi! Ils ont une boîte à chansons! Tu sais qu'est-ce que c'est. Bouctouche a même des chansonniers! L'inauguration de cette boîte à chansons aura lieu ce soir et j'y vais, très content!

Tu sais quoi ça veut dire tout ceci. Première, nos jeunes n'adoptent plus les chansons «anglaises» américaines... ils préfèrent chanter et danser à la musique du Québec et de la France, tout en composant eux-mêmes des chansons d'amour et des joies quotidiennes. Enfin, la révolution des idées, des mœurs atteint les francophones du Nouveau-Brunswick. Il existe deux boîtes à chansons à Moncton et Shippagan – Bouctouche sera la troisième par ici. Je te laisse pour y aller et je te donnerai un rapportage en arrivant. À bientôt!

Au petit matin

Formidable! Exceptionnel! Bravo! Pour le conseil étudiant de Bouctouche qui a réussi leur entreprise de créer une boîte à chansons. Il faut croire que les gens de la région s'y intéressent puisque l'on remarquait une trentaine d'adultes (de parents) parmi les spectateurs. Ce soir, on y présentait des invités d'Edmundston (4 interprètes) et 2 des nôtres. L'auditoire a beaucoup aimé le spectacle, si l'on juge par l'applaudissement qui fut délirant! Quant à Normand Girouard de Bouctouche qui compose et chante ses chansons, j'ai vu en lui un talent fou qui promet énormément. Âgé de 17 ans, il chante ce qui l'affecte, c'est-à-dire la nature, le monde autant que l'amitié et l'amour. Pour ses débuts il fait du beau travail. Je lui ai parlé longuement après son tour de chant et il s'encourage à travailler fort à ce métier. Tout ceci a l'air de bien marcher, les jeunes sont enthousiastes et la boîte à chansons, comme le papier scolaire, servira comme lieu de rencontre où l'on discute, etc. Vive la francophonie libre!

C'est dommage que tu ne reçoives pas de journaux canadiens (soit français ou anglais). On s'en rend compte du cher Elliott Trudeau aime pour ne pas dire adore son poste de premier ministre. Il ne semble [pas] s'occupe de grand-chose sinon son AUGUSTE PERSONNE! Maintenant, le voilà qu'il accuse ouvertement le gouvernement français d'envoyer des espions au Canada agiter les séparatistes, etc. Naturellement, tout ceci pèse peu. Les journalistes ont fait des recherches, etc., et cette histoire d'espions est complètement fausse et tombe maintenant dans le visage d'Elliot Trudeau. Vraiment, il y a de quoi rire! Elliott Trudeau rappelle McCarthy des années 1950 aux États-Unis qui accusait tous d'être communistes!

Fini de lire *Mathieu* de Françoise Loranger. Un bon roman que j'ai aimé. Je lis présentement *Le chat* de Georges Simenon. Un délice psychologique dans un style sobre. J'ai toujours aimé Simenon; un épatant créateur – prolifique et sa source ne semble pas tarir si l'on juge par *Le chat*.

Je viens de commander 2 livres de Jean Éthier-Blais[2] sur la littérature canadienne-française. Monsieur Éthier-Blais est un de nos meilleurs critiques et quand j'achèverai la lecture de ses 2 livres je te les enverrai, ce qui te permettra de lire un aperçu de nos lettres.

Réjean Ducharme (*L'avalée des avalés*) vient de publier un autre roman à Paris/Montréal qui a été accueilli chaleureusement et unanimement par la critique. Le titre de son roman [est] *L'océantume*. Encore une fois ce roman s'agit de 2 enfants farouches qui s'aliènent du monde adulte. Marie-Claire Blais va également publier un roman à Paris et Montréal dans quelques jours. Je t'enverrai les critiques.

Écris-moi et raconte-moi ce que tu FAIS! Je m'ennuie de tes longues lettres...

Je ferme. Je te laisse mes sentiments sincères,

Ton ami,

Gérald

P.S. Je me rendrai peut-être à Cambridge, Mass, à 18, rue Cherry, le 9-10-11 novembre. Rien de définitif mais 2 de mes amis vont à Boston et veulent que je les accompagne donc pendant qu'ils débauchent dans

les « gay clubs » j'irai passer quelques jours avec toi. J'espère du moins.
À bientôt!
G.

[27]
Le 27 novembre 1968

Mon cher Olivier;

Voilà deux semaines passées que je néglige de t'écrire. Bon!
Aujourd'hui je reste au bureau pour mon dîner et je réponds. J'ai bien
aimé ta lettre du douze. Tes lettres commencent à se ressembler, c'est-à-
dire, ce qu'elles ressemblaient l'hiver dernier. J'avoue que tes lettres (surtout celles que tu écrivais quand tu demeurais à Leominster) m'ont
beaucoup fait de bien. Tu m'as introduit à la pensée orientale que j'ignorais presque jusqu'ici (je ne me suis pas encore vraiment approfondi
comme je le devrais là-dedans), etc., et tes lettres m'ont beaucoup fait
réfléchir – c'est le moins que je puisse en dire. Tu es sympathique, je te
l'ai toujours dit.

D'après ce que tu me dis tu voyages énormément! Moi, qui d'habitude voyageais beaucoup, je me suis rendu à Montréal trois fois cette
année. C'est tout! Mais je veux te dire tout de suite que je t'attends la fin
de semaine du 7 février. Si tu descends par Air Canada à Saint John, le
tout (aller et retour compris) te coûtera un peu plus que 60,00$. Donc,
ce n'est pas tellement. Les dés sont jetés! Je t'attends, cher misanthrope.

J'arrive de voir *The Boston Strangler* (le film et non la personne!) qui
met en vedette Tony Curtis. Le film était passable et Tony Curtis a rendu
justice à son rôle. Normalement, je n'aime pas le style ou le jeu de mademoiselle Curtis puisqu'il ne m'a jamais semblé jouer ses rôles avec sincérité. Il crée ses rôles avec un tel laisser-aller qu'on peut bien se demander si
cet artiste a du respect pour son public. On le voit enfin se donner tel qu'il
en est capable. Cette journée je suis également allé voir *The Ugly Ones*, un
Western espagnol! Le tout de ce film consiste d'une histoire banale.

J'ai lu (et relu) le nouveau roman de Marie-Claire Blais, *Manuscrits de Pauline Archange*. Cette Rimbaud en jupon nous donne cette fois-ci un roman dans la veine réaliste tel qu'*Une saison dans la vie d'Emmanuel*. Elle décrit sans indulgence la souffrance, la pauvreté et la misère qu'elle connaît si bien et tout ceci dans une langue, un style poétique éblouissant! Elle n'épargne pas sa critique des religieuses (en effet, elle les décrit comme des perverties!). C'est un récit très émouvant. Je te le promets. Je veux également t'envoyer une interview qu'elle a donnée au journal *Le Devoir*. Elle refuse de se considérer romancière québécoise, mais plutôt du monde! Universel! Je te fais noter que son roman les *Manuscrits...* était dédié à Réjean Ducharme (*L'avalée des avalés*).

Les États-désunis ont un nouveau président. Qu'en penses-tu? Le Canada anglais nous a tellement écœurés avec les élections américaines que l'on s'aurait cru avec le droit de vote ici! Chaque jour pendant des semaines on nous montrait les campagnes électorales (vive la jeunesse libre!). Le poste de télévision français lui donnait environ 5 minutes chaque jour à cette grande farce américaine. Maudite Amérique! Elle m'ennuie tellement que je ne ressens que l'indifférence à son propos. Une société d'idiots, folle de pouvoir, obsédée par l'argent et leur GLOIRE. On ne s'étonne point lorsqu'on voit où ils en sont.

Vendredi soir à la télévision on nous présentait Han Suyin[1] qui parlait naturellement de la Chine. Ah! Elle n'a pas traîné dans les subtilités lorsqu'elle vint à parler des États-Unis! Elle les a insultés carrément. Un des interviewers déclare: «J'ai vu la Chine et je la connais (?!?). J'ai vu des femmes travailler dans une manière où je ne voudrais pas voir un animal travailler. Pour tout dire, ces femmes travaillaient comme des bœufs.» Ici, Madame Suyin l'interrompit et lui déclara froidement que «d'accord, ces femmes travaillaient dur, mais la différence est qu'elles sont payées aujourd'hui et qu'elles étaient habituées à ce genre de travail puisqu'elles le faisaient depuis 2000 ans. Ils (les Chinois) sont à reconstruire leur pays à leur façon et d'après leur culture et leur manière de vivre. Voilà que nous arrivent les Américains with their dollars, which means their tongue, their mentality, their way of living which they force upon us. We are not American, we are CHINESE! Il faut construire notre monde comme Chinois, s'adapter au XXᵉ siècle, mais comme Chinois». Ah! mon cher Olivier, ça ressemble à des problèmes de chez nous, non? Quand elle eut fini, il n'y avait presque pas un œil sec dans l'auditoire. Tu peux sans doute comprendre ce problème. La pensée chinoise et la pensée américaine (et je m'en sers pour manque d'une autre expression) sont bien différentes. Ces Américains continuent leur propagande de «ce qui n'est pas américain n'est pas». Pour revenir à ce programme de télévision, on a aussi appris que tout ce que le Canada envoie en Chine doit être approuvé par les États-Unis! Scandale! Mais comme de coutume, les Anglais acceptent ceci comme étant quelque chose que l'on ne questionne pas, comme par exemple ceux qui pratiquent une religion sans trop savoir pourquoi mais qui même s'ils ont des doutes, etc., ils ne la questionnent pas. On voit comment diffèrent les pensées ang./français au Canada. Ce que tu mettais sur ta lettre à propos de mon obsession pour l'esprit français n'est pas sans vérité, mais je suis d'accord avec toi que l'on devrait viser pour un gouvernement mondial, que nous sommes tous des êtres humains, que le fait d'être Français, Anglais, Chinois, Espagnols ne tient plus debout, nous sommes dans le même monde pour y vivre. Mais aussi longtemps que les uns forceront leurs manières sur les autres, aussi longtemps qu'il y aura des gens qui sont considérés deuxième classe (ou même plus bas) dans leur propre pays, au Biafra comme aux États-Unis (les Nègres), comme au Canada, ce monde ne pourra exister.

La manière dont tu parlais de ton ami m'a fait sauter un peu, c'est-à-dire, la partie où tu parlais du bord horriblement physique chez cet individu. Je suis 100% d'accord sur ce que tu dis au point de vue où certains homosexuels vivent que pour ce gigantesque organe. J'ai fait ce chemin-là moi aussi. De même qu'il y a bien des choses dans ce monde que je n'accepte point. Mais crois-tu que l'amour de cœur et de l'esprit entre deux personnes du même sexe ne peut pas exister? Je veux y croire. Les faits, malheureusement, montrent le contraire. Avec Bob c'était insensé... maintenant je vois cette affaire un peu plus objectivement et il y a bien des choses qui me semblent folles. Pourtant, je l'aime encore. Je mentirais si je te disais que je l'aimais pour ses organes. C'était bien plus profond que tout ça, au fond de mon âme peut-être. Mais cet amour ne devait pas être. Il vit dans un monde où je n'appartiens pas. Il n'y sortira jamais puisqu'il se complait à vivre hors de la réalité: sa chambre, ses pilules. S'il sort et s'associe quelques fois avec quelques tapettes ce n'est pas pour s'affirmer mais pour nourrir cette fantaisie qu'il vit. Pourtant il y a eu des beaux moments dans cette affaire-là. Pendant une période d'environ 3 mois il s'est laissé aller et on communiquait à la façon des dieux. Un toucher, une parole. C'était presque mystique. Mais il s'est renfermé sur lui-même et même s'il nous est arrivé par la suite de se retrouver au hasard, j'avais compris. J'ai sévéré tout contact. Son psychiatre le gâte. Sa vie est une faillite et malgré qu'il ne veut pas accepter ceci, il refuse de changer. Nous sommes deux vies qui ne pourront jamais se retrouver.

Me voilà à lire *La condition humaine* d'André Malraux. Je suis à analyser ce livre à fond et faire une critique. J'ai toujours aimé Malraux (*La voie royale*, *Les conquérants*, etc.) mais je n'avais jamais lu *La condition*. Quelle fresque! Si tu ne l'as pas lu, je te le conseille absolument. Et pour l'amour de Dieu, en français! Il s'agit de la révolution chinoise, etc., etc. La pensée chinoise y est bien campée par un auteur qui a vécu ce drame et qui comprend les nuances et la sensibilité humaine. Un des grands romans de tous les temps.

Cher ami, il arrive 1 heure et demie. Je dois m'arrêter. Excuse le retard, excuse le laisser-aller (que je reprochais à T. Curtis dans son style!) de cette lettre.

Je t'embrasse amicalement et te laisse avec mes sentiments les plus sincères,

Gérald Lefou

[28]
Le 5 décembre 1968

L'enveloppe de ma première lettre saura peut-être excuser le délai à répondre, de toute façon elle montrera également l'idiot que je suis...

Je lis présentement *The True Believer* d'Eric Hoffer[1], et je t'en parlerai longuement dans ma prochaine lettre. Un livre envoûtant!

Je m'ai aussi acheté un livre qui s'intitule *The Book: On the Taboo Against Knowing Who You Are* par Alan Watts. L'as-tu déjà lu? Est-ce un bon livre? puisque je ne l'ai pas encore commencé.

Bon, à la prochaine,

Gérald[*]

_____

[*] [Annexe: lettre de «retour à l'envoyeur».]

[29]
Le 12 décembre 1968

Mon très cher Olivier:

Voici 2 livres que j'aurais voulu t'offrir à ta fête au mois de novembre, mais malheureusement ils n'ont pas arrivé à temps. Donc, maintenant que je les ai et pour te les envoyer au temps des Fêtes... bien que je n'attache aucune importance à Noël... semble un peu moche.

Tu as déjà lu *Une saison dans la vie d'Emmanuel*, mais je crains que tu l'aies lu en (anglais)... donc, l'édition française y est.

Ci-joint également *Manuscrits de Pauline Archange*, le dernier roman de Marie-Claire. Je te fais remarquer qu'elle dédie ce roman à Réjean Ducharme (qui à son tour a aussi dédié son dernier roman *L'océantume* à Marie-Claire Blais, comme à une princesse).

Bon c'est tout. Je t'attends toujours au mois de février et embrasse ta mère pour moi à Noël (étant l'ignorant, nose-picking Frenchman du North Shore que je suis, je ne l'ai jamais remerciée pour son hospitalité Noël dernier...).

Amitiés

Gérald

[30]
Saint John, le 6 janvier 1969

Mon cher ami,

J'ai bien aimé ta lettre du 19 décembre, je suis heureux de savoir que tu retournes au collège (hélas, tu changes d'idée si souvent que tu seras peut-être parti pour Washington travailler au moment où tu recevras ma lettre).

Je suis fatigué aujourd'hui. Je suis allé voir *Topaz*, le film d'Alfred Hitchcock hier soir (un film «amusant», mais qui ne dit absolument rien du tout) et en sortant du cinéma je me suis rendu à la taverne. Ulysse et Léo y étaient et lorsque nous nous sommes assis, un monsieur est arrivé à notre table nous disant qu'il était de Montréal, qu'il s'ennuyait du français et qu'il aimerait parler avec nous autres. Alors on l'a invité à s'asseoir avec nous et on a parlé de Montréal, des Anglais, des Canadiens français et de LIBÉRATION. C'est bien cela (pour les Canadiens français de se comprendre ensemble) comme les Nègres aux États-Unis se rencontrent même s'ils ne se connaissent point, ils s'appellent «brother». Au Canada, la même chose. Deux Canadiens français se rencontrent et tout de suite il existe un lien, un rapport. Puisque tous deux savent que le sort qu'ils subissent est le même. Donc, les Anglais qui nous colonisent, qui nous appartiennent avec leurs dollars, peuvent également nous servir en nous réunissant. Ce qui veut dire que si le Canada, ou plutôt si tous les Canadiens étaient bilingues, le lien qui existe entre les Canadiens français ne serait plus là. Enfin...

J'ai beaucoup aimé ta lettre. Je me rends compte de quoi tu parles lorsque tu dis que les «mass movements» doivent être animés par les individus et non par groupes. Lorsque j'entre en discussion avec tel ou tel type qui ne peut pas comprendre la question de la libération du Québec, je lui dis que tout cela se résume en un mot: l'individu. S'il devient conscient de son environnement, qu'il médite sur son sort, s'il s'épanouit et essaye d'améliorer son lot. Ceci n'est sûrement pas le cas avec tous les indépendantistes. Beaucoup d'entre eux suivent ce mouvement (comme moi... hélas) parce qu'ils demeurent dans un pays qui n'est pas le leur, qui les exploite puisque le dollar vaut beaucoup plus que l'homme, etc., etc. Il faut dire que lorsque le Québec sera indépendant, j'ai peur de ce qui peut arriver. Il suffit d'un fanatique pour tout casser, et je t'assure qu'il y en a des fanatiques dans le Québec. Il y a des camps d'entraînement où l'on a des petites armées avec des fusils, bombes, etc., etc. qui se préparent pour la révolution. Dans le QUÉBEC! Alors si cette question d'indépendance est faite sans y penser, ce sera la terreur.

Enfin j'ai parlé de cela 1000 fois. Ce qui compte c'est que je devienne un individu total, libre, conscient. Correct. Je lis beaucoup, je rejette de plus en plus les fausses valeurs (?), mais à Saint John je ne pourrais jamais devenir aussi libre que je le voudrais. Je suis enfermé dans ma chambre à la semaine. Je ne sors presque jamais. Et puis?... rien... parce que je ne suis pas heureux. Je suis dégoûté de ce qui m'entoure. Alors pourquoi donc demeurer à Saint John, pourquoi y rester? Je ne le sais pas. Peut-être parce que je me sens bien placé, avec une bonne position, un bon salaire... Mais à quoi bon, puisque je ne suis pas heureux. Mon paradis, je le répète, c'est Bouctouche. Ici le monde est simple, mais pas FOU! À Saint John (et dans la plupart des villes) les gens sont simples et fous. Ils sont pleins de prétentions qui me font mal au cœur. Il va sans doute m'arriver quelque chose cette année... Je dois partir d'ici.

J'ai commencé à lire le *Saturday Review* depuis le début de décembre et je l'aime bien. J'admire beaucoup le critique de cinéma Hollis Alpert je pense (?), et il y a des articles très intéressants et pleins d'humour (d'ironie?... ce qui n'est pas du tout une caractéristique américaine). Des articles intelligents, quoi.

Excuse les fautes et le français. J'écris 200 mots la seconde et mon français est tellement anglicisé que c'est idiot. Si tu lisais mes lettres de deux ou trois ans passés tu verrais que mon français était beaucoup supérieur à celui que j'écris aujourd'hui. Je m'anglicise à la minute... non par volonté, mais par sous-conscient. Il faut partir! Malgré tout mes disques français, les livres français, etc., etc. Tout ça ce n'est rien puisque la langue correspond à une réalité, un mode de vie. Alors la réalité, le mode de vie ici c'est l'anglais. *Quod erat demonstrandum.* Enfin, fuck it.

J'ai aimé le film *Last Summer* moi aussi. Très bien réussi. Le film

Easy Rider prend l'affiche vendredi, le 9 janvier. Il va sans dire que j'y assisterai. Je vais à Montréal et à Québec pendant une semaine et demie (le 6 février) et j'ai l'intention de voir un tas de films. Surtout *Z*, *Ma nuit chez Maud*, *Baisers volés* de François Truffaut, *Le gai savoir* de Godard, *Une femme douce* de Robert Bresson et quelques autres.

Écoute, mon cher ami, mon cerveau a une hernie (comme toujours) je suis trop fatigué pour écrire, je n'ai rien à dire qui ait du bon sens, alors je termine cette pitoyable lettre. Je t'écrirai dans quelques jours... Bonne chance au collège. Salut à ta mère, David le petit, et le grand (si tu le vois), etc., etc.

Toujours
Peanuts
Pauline Julien

P.S. Ma mère ne t'a certainement pas pris pour un snob anglais, un communiste, peut-être, mais pas un snob anglais... enfin elle a dit « Qui se ressemble se rassemble »... pauvre maman acayenne.

[31]
28 février 1969

Mon cher ami:

Est-ce que je rêvais ou ai-je vraiment entendu ta voix dans la nuit éphémère? Cette voix accompagnée d'une aura d'ivrognerie! Triste testament de ton existence pitoyable! Ferme affirmation de ta déplorable morale! En deux mots: mon ami! J'étais pour le moins surpris par ce coup de fil.

As-tu appelé Bob? Oui! J'aimerais qu'il se produise une rencontre entre vous deux. Ce serait une folie totale. Un affrontement doit prendre place dans un futur rapproché.

Oui, avant que tu appelles j'avais l'intention de me déniaiser et t'écrire... mais c'est bien vrai, j'ose à peine te dire comment je vis ces jours-ci parce que tu ne me croirais pas... je vis comme un pourceau! Je ne dors plus, le merveilleux sommeil! Je ne sais plus qu'est-ce que c'est. Je fais le chat pour une ou deux heures par nuit et encore! et puis le matin je me lève ou plutôt je me traîne avec peine et misère au bureau. Depuis trois semaines je suis sur les chemins, oui, il faut bien le dire sur les rues, toute la nuit pendant. Premièrement, quelques amis et moi, on va à la taverne on se saoule et l'on se comporte comme des déchaînés et pour la plupart du temps on descend au port comme on le faisait il y a quelques années. La semaine avant que je parte pour Québec au Carnaval, on s'est rendus sur un bateau allemand tous les soirs. Ils sont très sympathiques, ces Allemands! Des bons buveurs pour le moins et un peu sauvages dans le lit. Ceci ne me durera pas longtemps, it's the bitch in me, like you said.

Je ne parle point du Carnaval parce qu'après tout, je te dis qu'on subit le Carnaval, c'est un véritable «happening». Et que de boisson j'ai consommé! Folie totale, j'oscillais entre la réalité et le délire.˙

J'ai vu un très bon drame d'un acte à la télévision deux mercredis passés. Il s'agit de *Neighbours* et j'ignore le nom de l'auteur[1] (à tort). Le sujet est d'actualité, il comprend une jeune fille d'environ une trentaine d'années qui occupe un appartement et un jeune homme d'à peu près le même âge, mais de peau noire qui demeure en haut d'elle. Il frappe à sa porte un soir, elle ouvre et l'invite pour un café. On converse et après quelques minutes ça devient forcé. Le Nègre lui demande tout simplement si elle veut coucher avec lui. Suivant la surprise qu'elle ressent, elle s'indigne et lui ordonne de sortir. Il sort. Revient après quelques minutes. Il l'accuse de fanatisme, voire d'étroitesse d'esprit, d'avoir des préjugés, etc. Elle essaye de son mieux de lui expliquer qu'elle traite chaque personne comme un individu, le reste n'importe point. Le Noir jouit d'un habile jeu d'esprit et comme vous dites en anglais «he has a chip on his shoulder». En fin de compte, frustrée puisqu'elle n'arrive pas à le convaincre de sa manière de voir les choses, elle lui demande une cigarette, et avec la gorge serrée d'émotion, marche au lit et s'étend en ouvrant sa robe. Elle ferme les yeux et lui dit «What are you waiting for». Le Noir se lève, va jusqu'au lit

---

˙ [Manque un passage.]

et se couche à son côté, sans bouger. Elle semble avoir compris son jeu... elle s'avance vers lui et l'embrasse sur la bouche. Rien. Elle répète le geste, cette fois un baiser plus prolongé. Lui tristement déclare «I'm the myth, the great myth!» Silence... le rideau tombe. Quelle intensité! Ils se sont reconnus de quelque façon. Il fallait voir Frances Hyland[2] (une des meilleures comédiennes anglophones) et j'ai oublié qui interprétait le rôle de l'homme de couleur (un Américain), mais il était exceptionnel. Un drame réussi au plein sens du mot. Une expérience.

Voilà un phénomène assez curieux, celui du «problème noir» sur ce continent. Les Blancs et les Noirs sont séparés par une longue histoire tragique et aujourd'hui même s'ils parlent la même langue ce n'est pas le même langage. Noir/Blanc, Anglais/Français... c'est toute la même chose. Arriverons-nous à nous comprendre un jour? Au Canada franchement, la chose qu'on demande c'est qu'on nous laisse un peu de dignité, qu'on nous reconnaisse... oh plus ou moins comme les Noirs aux États-désunis. Cette maudite supériorité ou ce complexe de supériorité des anglophones... mais que voulez-vous, c'est leur mentalité ça, non! Comme toujours.

Pendant mes vacances à Québec, je me suis procuré beaucoup de disques, entre autres un très beau Charles Aznavour enregistré à l'Olympia de Paris – surtout un numéro où il chante deux de ses compositions qui ont 25 ans de différence d'âge. Une comparaison... *Sa jeunesse* et *Hier*. Cher Aznavour – petit nain, presque déformé... on ferme les yeux et on entend les ombres d'Édith Piaf dans sa voix...

Aussi, un Georges Dor qui est au sommet de notre chanson québécoise. J'ai eu l'occasion de le voir à Québec et son spectacle ne laisse pas indifférent... Il chante l'amour et ses joies quotidiennes, son pays (le Québec) et la LIBÉRATION de son pays... «nous n'avons pas le temps qu'il faut, mais nous prendrons le temps qu'il faudra». André Major[3], un de nos écrivains et critiques distingué du Québec le décrit: «Georges Dor, une image vraie de nous-mêmes». J'aimerais que tu puisses l'entendre.

Lundi, j'ai assisté au film *The Sergeant* qui mettait en vedette Rod Steiger. Un grand comédien lui... l'histoire du film cependant laisse beaucoup à désirer. À la fin, la moutarde commençait à me monter au nez. On a vu Rod Steiger embrasser John Phillip Law[4] sur la bouche. Dois-je décrire la réaction générale de l'auditoire des Saint Johners? On se moquait, on hissait, on a jusqu'à hué... un manque de savoir-vivre... des niaiseux... des saligauds comme il ne s'en fabrique plus.

Bon, maintenant que j'ai subi une dizaine d'orgasmes spirituels et que j'ai écarté toutes mes frustrations, je termine cette lettre en te laissant mes sentiment d'amitié les plus sincères.

Gérald

J'anticipe beaucoup mon voyage à Cambridge à Pâques, tout en espérant que ton comportement crapuleux n'affecte point ma haute conduite morale... voyons, Peanuts, tais-toi folle...

[32]
Le 26 mars 1969

M. Joseph Olivier Roy,
18, rue Cherry, #2
Cambridge, Mass.
États-Unis

Cher monsieur Roy,

Pause-café: 10 h 30 du matin. Je m'efforce à t'écrire encore une fois avant d'aller à Cambridge. Je croyais faire le trajet avec mon oncle à la peau courte et au nombril humide mais ce malheureux vient de m'apprendre qu'il partira le jeudi matin, à l'aube, s'il vous plaît! Le devoir m'oblige de travailler jeudi (franchement, je ne sais pas pourquoi) mais il faut bien se résigner au pire.

Cependant, tout n'est pas noir, au contraire, un de mes amis (un gentil type anglais de la Grande-Bretagne) a offert de venir me conduire. N'est-ce pas malin ça! Les Anglais au service des crapauds, comme ironie, vraiment... Anyways! Un imprévu pourrait changer nos plans, mais à la dernière heure, c'est officiel. Je dois également aller à l'hôpital pour me faire arracher quelques méchantes molaires lundi prochain mais j'espère sortir le même jour et je ne m'attends pas à de graves complications. Disons qu'un imprévu se présenterait, je peux toujours appeler, non? Enfin, passons...

Tu aimerais David (le Limey). Il demeure au Canada depuis près de deux années. Il parle convenablement français, c'est un gars bien tranquille, mais plaisant et pour tout dire, un type sympathique. Il marche, bien sûr, mais on s'aime bien et on se respecte.

Pause-café terminée. Je reviendrai à midi pour terminer cette lettre d'affaire (il faut toujours avoir l'air de travailler au bureau, même pendant notre pause-café!).

Au cinéma la semaine dernière, on présentait *The Magus*, mettant en vedette Michael Caine et Anna Karina[1]. Il y a quelque temps j'avais fait la lecture du livre de John Fowles[2], dont ce film est tiré et je croyais retrouver dans le film cette ambiance de rêverie qui dominait le livre. Hélas! j'aurais peut-être aimé le film davantage si j'avais pu m'empêcher de dormir. Quel massacre!

Trois semaines passées, j'ai vu *Le vieil homme et l'enfant* avec Michel Simon[3] et Alain Cohen[4]. Je ne cache pas le fait que j'ai sorti du théâtre avec les larmes aux yeux. Quel film profondément humain! On ne peut plus rien dire au sujet du grand comédien Michel Simon, cette roche indescriptible du cinéma français. Et Alain Cohen, qui a créé le rôle du petit juif, incarnait son personnage avec une force émouvante. Il s'agit d'un vieux français antisémite (M. Simon) qui pendant la Deuxième Guerre mondiale, a la charge d'un jeune juif français (A. Cohen). Si tu as une chance à voir ce chef-d'œuvre, vas-y sans faute! Dans ces temps, les chefs-d'œuvre ne courent pas les rues.

Pour en venir à une fin (je le dois bien, mon patron commence à tousser) je t'appellerai mercredi soir vers minuit et demie heure américaine. Tâche d'être chez toi, enfant! Alors à mercredi,

Ton ami comme toujours,
Gérald Leblanc

[33]
Saint John, NB
Le 10 avril 1969

Cher Olivier,

Que j'ai aimé Boston! Tu ne peux savoir quel effet ce voyage m'a fait. Vous existez dans un monde à part, une ambiance irréelle. J'aurais voulu y rester. Franchement il aurait fallu peu de chose pour m'y retenir. Ma visite fut une rêverie et atteint dimanche soir une espèce de point culminant. Cette rencontre, il faut bien le dire, physique avec Ronald. Ah! Cet incident rappelle du Marie-Claire Blais lorsqu'elle dit:

> (un passant m'a supplié de le suivre dans la nuit éphémère...)
> Peut-être est-ce son haleine qui chante en moi
> Ou mon corps triomphant qui fléchit
> Lorsque se referme la calme étendue du plaisir
> Je crois entendre de la colline
> Le jaillissant délire des flûtes
> Qui accompagne mon repos...

Tu vas rire de moi, et je te le permets. Tu ne croiras pas qu'en revenant de Boston, je n'ai pu le sortir de mon idée. Tu ne croiras pas que c'est la première fois depuis quatre ans qu'un homme a eu cet effet sur moi. Tu ne croiras pas que je suis obsédé d'une chanson de Charles Aznavour, *Comme une maladie* (que je t'envoie) tout en pensant à lui, comme une petite folle! Je suis un sentimentaliste sans pareil! Je ne peux l'éviter... et je me complais dans ces «beautiful moments». J'aimerais m'ouvrir les bras et chanter, crier! un cri du cœur, triste testament de notre pitoyable existence... Pour le moment je supporte difficilement la pensée de ne plus le revoir jamais...

> Si quelqu'un passant près de toi
> Se penche et baise tes tempes
> Sache déjà que c'est un baiser d'adieu... (M.-C. Blais)

Après quatre jours la routine de mon existence retombe au même rythme qu'auparavant. Je me dis souvent que je ne devrais point quitter

Saint John puisque le retour m'y est toujours pénible. Pendant 3-4 semaines maintenant ce sera la dépression et cet incident ci-haut mentionné ne m'aide guère.

David Buttner ne croit pas encore ce qu'il a vu chez toi! C'est-à-dire, la manière dont vous vivez, quasi-bohème, etc., mais il déclare s'être merveilleusement amusé.

En ce qui te concerne tu es chanceux d'avoir David pour ami. Je vois en lui un de ces individus où l'ampleur des vues se joint à la pénétration de l'intelligence. Un gars <u>ben slack</u>, quoi!

Au sujet du p'tit David je ne peux ressentir que de la pitié pour son sort – et merde à tous ceux qui ont empoisonné cette pauvre cervelle.

Enfin, j'avais écrit pour te dire qu'on s'était rendus sains et saufs. J'écrirai plus longuement dans un futur rapproché.

Ton ami, toujours
Peanuts
Gérald

Tu vas bien faire mes saluts à toute la gang chez vous.
[Annexe: une chanson]

Comme une maladie
Comme une maladie
Une fièvre inconnue
Soudain s'est abattue sur ma vie
Pour me troubler l'esprit
Pour me crever le cœur
Une sourde couleur infinie
Incurable, incurable
Qui me fait peur.

Comme une maladie
Comme un mal ignoré
Une langueur teintée de folie
S'est glissé sous ma peau
M'a ôté malgré moi

L'usage de mes joies et des mots
Que j'avais employés
Sans qu'ils aient effleuré ma pensée

J'ai perdu mes forces et mes rires
J'ai perdu l'éclat de mes yeux
Rongé par ce mystérieux mal
Qui me déchire

Comme une maladie
Qui minerait mon corps
Qu'aucune science encore ne guérit
M'agite et m'envahit
M'enfièvre jour et nuit
Me laisse sans espoir, sans secours
Car je suis incurable, incurable
De ton amour.
– Charles Aznavour.

[34]
Le lendemain de l'appel téléphonique,
Le 11 avril 1969

Bonjour!

Il me fait plaisir de t'annoncer que je ne suis pas atteint de ces vicieuses petites bébites qu'il est convenu d'appeler morpions. À la suite d'une recherche poussée, je fais cette heureuse déclaration. Ce n'est pas pour faire des histoires mais serait-il possible que monsieur Croteau se soit trompé en ce qui concerne ses cavaliers de nuit?

Et voyons Olivier! Même si ces charmants petits morpions américains s'étaient plantés dans mon nid, ils étoufferaient immédiatement. Tu sais que je ne supporte point d'insectes étrangers. Je suis immunisé contre les morpions anglais et américains.

Cependant, puisque j'en suis là, et que je n'ai pu trouver aucun morpion sur ma pauvre carcasse, je voudrais que tu aies l'obligeance d'éclaircir Ronald et Gérald à ce sujet puisqu'il n'est pas dans mes habitudes de trotter d'un pays à l'autre en semant des petits crustacés. C'est-à-dire, je ne voudrais pas qu'ils aillent croire que je suis la source de cette affaire, pour le moins embarrassante.

Je laisse aux autres d'analyser les mœurs crapuleuses de Ronald, qu'il soit un obsédé sexuel ou non, qu'il se donne à qui veut l'avoir, autrement dit une « putain », mais pour ma part j'ai joui d'une éblouissante nuit d'amour et même si j'ai gardé quelques vagues attachements sentimentaux je ne souhaite pas qu'il m'en veuille au sujet d'un incident qui n'a rien à voir avec moi. Dans ma lettre précédente je disais que je ne le reverrais plus jamais, mais si le hasard nous permet de se rencontrer dans le futur, enfin passons...

Il faut bien dire que comme référence de caractère, on a passé meilleur... Bon! je me tais, tu me pardonnes si j'insiste un peu trop mais il suffit pour moi d'éclaircir un peu les choses.

Qui sait peut-être demain tu recevras une lettre de moi qui t'annoncera que je suis plein de morpions jusqu'aux sourcils!

Je te remercie encore une fois de la part de David et moi pour ton hospitalité chaleureuse pendant notre séjour, trop court, hélas! dans votre ville.

Amicalement, comme toujours,

Gérald

[35]
Le quinze [avril 1969]

Cher Olivier,

J'arrive justement de Moncton où on était allé voir une pièce de Samuel Beckett *La dernière bande* et d'Edward Albee *The Zoo Story*, toutes deux représentées par la troupe prestigieuse du Théâtre du Nouveau Monde. Je n'ai pas le sommeil même si je crève de fatigue et que je dois travailler demain donc je prends la plume!

Premièrement je veux parler des 2 pièces que j'ai vues. Le choix parle pour lui-même: Albee et Beckett. Chez Albee on voit l'influence de Beckett (et Ionesco) et ces deux pièces parlent de l'ambiguïté et du dérisoire. *Zoo Story* ressemble d'assez près à la situation fondamentale d'*En attendant Godot*. C'est une pièce aux thèmes ambigus, susceptibles d'être interprétés diversement. Bon! Les deux pièces encore sont une espèce d'exploration de la solitude. Malheureusement, le Beckett n'a pas passé la rampe. Tu sais qu'il n'y a qu'un personnage et l'interprétation de Krapp n'était pas du tout réussie, donc toute la profondeur du drame est perdue. La pièce *Zoo Story* n'était pas le diable plus heureuse comme interprétation. Jacques Galipeau[1] (qui incarnait le rôle de Jerry et qui est un très bon comédien) donne mal son rôle, avec monotonie donc la pièce faiblit. Enfin, la soirée fut pour moi un désappointement. Je m'attendais à meilleur puisque cette troupe québécoise jouit d'une réputation enviable. C'est la vie!

Le «p'tit» David t'a sans doute appris que «mon» David et moi avions appelé chez toi samedi soir. La fois que tu t'avais rendu à Leominster ne m'était pas venu à l'idée, d'ailleurs nous avions tous deux fumé du hachich et on était délirants... on voulait communiquer avec toi (on parlait sur deux téléphones extensions). On était à un «party» très bruyant et qui pour ma part m'ennuyait énormément. En fin de compte l'escouade de moralité interrompit cette petite réunion à 04 h 00 du matin! (On peut remercier la propriétaire qui demeure sous l'appartement de ces débauchés... elle en avait marre de tous ces bruits d'enfer qui se produisaient au-dessus de sa tête! La garce!) C'était dégueulasse.

Il y avait une question entre David et moi que l'on retourne à Boston la fin de semaine du 16 mai (une longue fin de semaine au Canada, grâce à la charmante Reine de l'Angleterre, Sa Majesté Élizabeth II!) mais franchement je ne sais pas quoi faire. À mon avis, c'est insister un peu trop ou plutôt abuser d'une bonne chose...

Est-ce que David «le grand» travaille? J'espère qu'il se tire bien d'affaire.

As-tu enfin appris la source de cette misérable histoire de morpions? Les frissons me lèvent juste à y penser. Doux Jésus! Les gaillards de Harvard se réveillent. As-tu attrapé quelques coups de matraque ces jours-ci? Vive la résistance contre ces brutes de polices! Aux États-Unis vous avez la police Ennemi n° 1 au Canada français on a les Anglais. Drôle de monde.

Finalement, finalement, le très beau *Roméo et Juliette* sera à Saint John la semaine prochaine. J'y assisterai 5 ou 6 fois sans doute. Je relis la pièce maintenant pour me rafraîchir la mémoire.

Le référendum du 27 avril en France approche. De Gaulle descendra si... le beau François Mitterrand (opposant perpétuel de De Gaulle) s'excite. Il veut faire voir en de Gaulle en dictateur. Pour moi, ceux qui décrivent de Gaulle comme un roi sont plus proches de la vérité que ceux qui veulent à tout prix en faire un dictateur. Tu le sais toi-même que si de Gaulle était dictateur, il n'y aurait jamais eu de «joli mois de mai» comme celui que connurent les Français en 1968. Ou, si par accident, il arrive un «printemps», il est suivi d'un long «hiver» des libertés, comme en Tchécoslovaquie. La dictature, c'est à Prague qu'il faut aller la voir, certainement pas à Paris. Enfin, nous les Canadiens français n'ont pas le droit de vote en France mais le résultat nous intéresse sûrement.

Le lendemain matin au bureau

Me voici au bureau, endormi, fatigué et complètement dégoûté... Je ne suis pas fait pour le travail! Ce n'est pas mon tempérament! Je suis né pour les fleurs, la chanson, l'amour des belles choses et me voici prisonnier d'un monde cruel et bête qui ne comprend pas et ne sympathise point avec ma véritable vocation de bonne foi. Sauvages! Barbares! Au secours, les dieux!

Je te laisse et j'espère que tu écriras.

Humblement vôtre,

Gérald

Enfin, je sais qu'il n'y a pas une goutte d'amour de perdue entre toi et Ronald (du moins j'en ai tiré cette conclusion après avoir entendu tes

commentaires) mais je suis curieux. Parle-moi de lui si tu écris: que
fait-il? Où va-t-il? Je te serais reconnaissant si tu m'en parlais.

G.

[36]
Le 20 août 1969

Cher Oscar Wilde,

J'ai reçu tes blocs-notes hier et je me dépêche à répondre avant que
tu te suicides. Je t'en prie si tu as l'intention de t'enlever la vie, attends-
moi! Nous pourrons nous suicider ensemble en protestant [contre] la
légalisation de l'homosexualité au Canada le 26 août 1969 – c'est la date
que cette législation entre en vigueur. Dépêchons-nous! Puisque d'après
les vieilles poches qui écrivent quotidiennement aux journaux, au moment
où cette loi sera effective tout le monde au Canada va devenir homosexuel (?). Peux-tu croire qu'en 1970 il y a encore des gens dans un pays dit
« civilisé » qui pensent encore de cette façon. Nous sommes perdus! Il n'y
a plus d'espoir. Et ces maudits WASPs. Ils se moquent des « frogs » parce
qu'ils ne parlent pas anglais et qu'ils sont catholiques, etc., etc. ils disent
que nous sommes arriérés. Cependant, lorsque le bill sur l'avortement et
l'homosexualité fut mis à l'épreuve pour législation, tous les députés du
Québec l'ont approuvé. Les maudits Anglais ont crié à s'en déchirer la
gorge. NON! C'est un complot communiste! Après une telle réaction
l'on peut se demander si ces gens sont réellement intelligents. Ah! mais de
jour en jour la libération de mon pays avance. Nous serons indépendants
dans un futur très rapproché. Nous pourrons enfin décider notre destin et
vivre comme nous le voulons sans être humiliés par ces sans-cerveaux.

En ce qui concerne mon joli petit bonhomme anglais, David.
Quelle histoire marrante! Peter est ou plutôt était employé avec le gouvernement provincial (comme je le suis). Son travail avait quelque chose
à voir avec les industries forestières et les ressources naturelles et il voya-
geait ici et là dans notre belle province pittoresque. Il existe un petit

camp bien caché pour les guides forestiers (forest rangers, dear) à Doaktown (à 65-70 miles de Fredericton) où personne ne demeure et les employés du gouvernement s'en servent parfois lorsqu'ils sont en voyage, pour des excursions de pêche, etc. Bon. Environ 5-6 semaines passées, nos deux tourterelles amoureuses sont parties faire du camping et les voilà au beau milieu des beautés de la nature. Une fois rendues au camp mentionné ci-haut, qui était fermé à clef, ils ont décidé d'entrer par une fenêtre. Ah! le temps des roses et des amours folles. Ils ont passé la nuit à fumer du hachich et à se friponner le cul. Le lendemain ils se sont couchés au soleil et vers la fin de l'après-midi ils sont rentrés au camp. David était brûlé un peu par le soleil et il se mit nu comme un rêve, la verge à l'air et s'étendit sur une couverture sur le plancher. Il n'y fut pas cinq minutes que hop là! les cochons arrivèrent. Ils ont été très gentils comme d'habitude, en prenant bien soin de défoncer la porte, etc., etc., autrement dit, ils ont montré la finesse dont on leur reconnaît. Quelle surprise! Ces deux enfants de Dieu furent immédiatement en état d'arrestation et durent retourner à Fredericton avec les maudits flics. Les conséquences de cet incident furent dégueulasses. Peter, le pauvre diable, fut congédié sur le coup. Alors, tu te rends compte de ce que cette histoire implique! C'est bien dommage qu'ils étaient dans ce camp puisqu'ils n'avaient pas le droit de l'être, mais retient bien ceci, s'il vous plaît: si Peter avait été couché avec une fille, au lieu du gars, rien n'aurait été fait et tout aurait été oublié. Et son employeur a eu le culot de lui dire cela! Alors il va sans dire que la façon dont la justice est administrée laisse beaucoup à désirer. Qu'est-il devenu de Pierrot? Il a réussi à trouver un emploi avec le gouvernement fédéral et son poste de travail est situé à Rivière Verte, 250 miles de Fredericton. Dois-je te dire que David s'ennuie bel et bien? Peter vient à F'ton tous les week-ends. Absence makes the heart grow fonder and all that shit... mais moi, David me fait pitié et je sympathise avec son sort. Je l'aime bien mon p'tit Anglais et c'est triste de voir ce que ces maudits salauds ont arrivé à faire. Il est toutefois heureux que sa position n'a pas été compromise à la suite de ce petit drame...

Et toi! Tu as fait du pouce de Boston jusqu'aux provinces maritimes? Mais! Tu en as un front de bœuf! Pourquoi ne m'appelais-tu pas, vieille crapule! Et puis te voilà retourné à Leominster, le berceau des Acadiens américanisés! Sans emploi! Ce qui veut bien dire que tu ne viendras pas me visiter avant la fin du monde! Moi qui aimerais tant que tu viennes passer quelques jours, quelques semaines, quelques mois par ici... Te sens-tu dépaysé si tu quittes ton Amérique pendant plus d'une journée? Maudit Américain!

Bon. Si tu es encore à Leominster à Noël, j'irai peut-être te payer une visite de 4 jours via Air Canada. Espérons cependant que je n'aurai pas à répéter cet incident tout à fait insolite qui m'est arrivé il y a deux ans à l'aéroport Logan International.

Au début de cette lettre je parlais du suicide, mais voilà qu'à Bouctouche la semaine dernière il y a deux personnes que je connaissais très bien qui se sont suicidées. La première est une femme d'une quarantaine d'années. Son mari est décédé il y a de ça quelques années et puis elle souffrait beaucoup intérieurement, et non parce que son mari était mort. Donc, jeudi elle est descendue au rez-de-chaussée avec une bouteille de pilules somnifères et un verre d'eau et puis ils l'ont trouvée morte. L'autre personne qui s'est suicidée était un ami. Il avait 28 ans et il était très petit (presqu'un nain... comme dans les livres de Carson McCullers). Sa vie aussi était très pénible et vendredi (le lendemain du premier cas) il est monté sur le pont du chemin de fer et il a sauté dans la rivière. Je trouve cela très significatif, symbolique et même mystique! Cela reflète la condition dont nous vivons. On nous disait autrefois que le suicide était un acte de lâche (coward), mais moi je trouve que c'est un cri de désespoir contre tout le mal qui nous entoure. Nous les Canadiens français avons une histoire chargée de discriminations contre nous parce que nous sommes Français et puis nous avons eu un joli lavage de cerveau par le clergé qui nous prenait à coups de pied dans le visage et nous disait que plus on souffrait plus Dieu nous aimait, etc. rire, c'est péché, la danse mène à l'Enfer, le plaisir n'est pas pour ce monde... Je peux trouver au moins 100 Jean le Maigre à Bouctouche même. Marie-Claire Blais sait de quoi elle parle.

J'ai lu *Tell Me How Long the Train's Been Gone* de James Baldwin que j'ai beaucoup aimé. La première partie du livre intitulée «The House Nigger» est très bien écrite. En effet, M. Baldwin est un écrivain qui sait penser et je l'admire. J'ai aussi lu un livre que j'ai trouvé bien intéressant et qui s'appelle *J'ai mon voyage*, de Paul Villeneuve[1]. Il s'agit d'un gars d'une vingtaine d'années qui part de Montréal avec sa machine pour Sept-Îles, Québec. C'est un trajet de 600 miles environ et le livre est une espèce de monologue intérieur. On apprend pourquoi il quitte Montréal, pourquoi il quitte son emploi, etc., etc. et enfin ce que c'est d'être Québécois. Encore un autre livre que j'ai adoré est *Ouate de phoque*, que l'on prononce « What the fuck », qui fut écrit par Luc Granger[2]. Ce livre est écrit en très beau français, en joual et en anglais ! Un tour de force. Il y a tellement de belles choses qui se font au Québec maintenant, ça bouge !

As-tu vu le film québécois *Isabelle*, qui met en vedette notre comédienne québécoise devenu internationale, Geneviève Bujold[3] ? Le cinéma québécois commence à se faire ressentir à l'étranger. Un film intitulé *Valérie* (un genre de film à sexe, Brigitte Bardot) fut acheté pour distribution par 18 pays incluant l'Allemagne, la France, l'Italie, etc. en outre presque tout le monde sauf le Canada anglais (qui s'en fout pas mal de ce qui arrive au Québec) et Uncle Satan. Enfin, le cinéaste français Roger Vadim[4] va venir tourner un film au Québec avec des comédiens québécois. Je bouille de rage lorsque je vois des films québécois gagner des prix à l'étranger (Cannes, Berlin, etc.) et les Anglais du Canada ne prennent même pas la peine de distribuer ces films dans leurs théâtres. La même chose au point de vue littérature. On a des génies comme Marie-Claire Blais, Jacques Godbout, Claude Jasmin, Hubert Aquin[5], etc. qui ont été traduits en anglais (aussi Réjean Ducharme dont *L'avalée des avalés* est un best-seller en Angleterre) mais au Canada anglais, l'indifférence suprême ! Enfin, les Anglais ne sont qu'une pâle imitation des Américains qui ne sont qu'une pâle imitation de ce que devrait être un être humain. Les emmerdeurs de l'humanité.

Tu dois te demander pourquoi je mentionne toujours Pauline Julien dans mes lettres, doux Jésus, c'est que je l'aime tant. Je t'enverrai un de ses disques pour ta fête (en novembre, je pense, non ?). Elle chante avec une <u>ferveur</u> que l'on [n']entend pas chez d'autres chanteurs.

Lorsqu'elle a chanté en Russie, les chansonniers lui écrivaient des chansons et allaient lui présenter à genoux! La putain! Je l'adore.

Est-ce que David Goguen est encore à Boston? Qu'est-il devenu du «petit» David Murphy et James Coleman? Enfin, maintenant que tu ne travailles point tu vas avoir l'obligeance de m'écrire une christ de grande lettre m'expliquant comment tu as perdu ton hygiène mentale, et de qui tu as attrapé la syphilis. Mieux encore, essaye de voler de l'argent de ton père (environ 150$) et viens au Canada me voir pour une bonne «brosse» de 5 ou 6 jours.

À bientôt,
Toujours la grande folle,
Peanuts (Pauline Julien in drag)
Gérald

[37]
Le 20 octobre 1969

Cher étudiant, travaillant, patient dans un asile mental, prisonnier, que sais-je?:

J'étais bien content de recevoir ton petit communiqué et il est vrai que je t'attends d'une minute à l'autre. Cependant, j'aurais dû écrire il y a longtemps, mais la chienne de paresse me ronge les os.

Que fais-tu à cette «école»? Est-ce un asile pour les cas mentaux? Est-ce un refuge pour les pêcheurs? Une prison? Un bordel? Mon Dieu, avec toi, Olivier, on ne sait jamais. Toutefois, tu donnes l'impression d'aimer cela, avec les écureuils.

Je dois te dire premièrement que je tiens à ce que tu viennes au Canada, ou plus précisément au Nouveau-Brunswick, pendant la fête de l'Action de grâce. Ah! oui, je t'attends, et puisque je connais ton petit «problème» j'ai déjà acheté des liqueurs, bières, vins pour que tu sois tout à fait à l'aise chez moi. Je ne te promets pas une soirée au Bolchoï, ni un billet pour le tour de chant de Charles Aznavour, puisque je t'ai déjà dit maintes fois qu'à Saint John, il n'y a rien du tout. Mais j'ai quelques amis avec un peu d'intelligence qui t'amuseront, et d'autres qui te feront rire aux éclats (tu ne peux t'imaginer à quel point les gens sont arriérés ici…).

Marie-Claire Blais vient de publier un nouveau roman qui sera en vente le mois prochain. Je l'ai commandé de mon Club du livre québécois et je devrais le recevoir avant la fin de novembre. Le titre de ce roman est *Vivre! Vivre!* J'attends…

Je suis allé voir le film *Staircase* qui met en vedette Richard Burton et Rex Harrison[1], et je l'ai aimé. Aussi, je dois te dire qu'enfin le film *Midnight Cowboy* va prendre l'affiche ici prochainement. J'en ai lu beaucoup de bien et je patiente… J'ai vu un film américain que m'a énormément plu au point de vue du montage. Il s'agit du film *Changes*. La publicité était tirée d'une chanson de Joni Mitchell, que tu aimes, qui dit: « It's life's illusions I recall, I really don't know life at all. » Et c'est bien cela que le film raconte. Un jeune gars qui est en prise avec sa famille (establishment, of course), appelé par la conscription (draft) et tous les autres problèmes qui surgissent chez les jeunes Américains. Alors il fout le camp. Son aventure de libération se déroule autour de 3 jeunes filles. À la fin du film, il part seul. Il n'a pas encore trouvé de réponses, mais il ne s'est pas vendu. Cette histoire est plus ou moins familière avec tous les films récents qui traitent des mêmes problèmes, mais ce qui fait de ce film une réussite est la façon dont il est monté. À vrai dire, c'est un genre de film poétique (dans la veine de films français tels *Le bonheur*, *Un homme et une femme*, *Les quatre cents coups*, etc.) et ceci représente un changement important dans le cinéma américain, puisque pour moi la poésie, c'est ce qu'il y a de plus beau en nous. Le beau, c'est ce qui rend l'homme acceptable à lui-même et qui le réconcilie à ce que son existence est capable de lui donner, s'il veut s'ouvrir les yeux. La situation du cinéma américain (du moins ce qui mérite d'être appelé cinéma) à l'heure actuelle est une longue étude sociologique… le phénomène sociologique que je devrais dire. Les Américains sont devenus autocritiques, et d'ailleurs les meilleurs critiques d'eux-mêmes. Enfin, ils vont jusqu'au bout. C'est un signe de santé, je crois. Oh! On peut sans doute s'attendre à beaucoup de merde avec les compagnies de films qui désirent faire de l'argent et vont nous présenter toutes sortes de cochonneries sous le pré-texte d'une critique constructive de la société. Mais parmi tous ces gens, il en existe qui travaillent au nom de l'art et je suis content que le talent n'ait pas encore été complètement enterré par le dollar.

Mon très cher Olivier, je me hâte de terminer cette lettre puisque je veux la poster avant de rentrer chez nous. Je répète que je t'attends au mois de novembre. Si tu ne viens pas, je serai tellement désolé que je serai sans doute poussé au suicide. Viens, cher ami. On boira jusqu'à ce que le délire possède nos esprits et que de ma fenêtre nous puissions voir l'aube percer à l'horizon au moment où nous nous écraserons sur le plancher de fatigue, de boisson et de dégoût avec cette vie franchement idiote.

Je t'embrasse,
Peanuts
Gérald

Tu m'excuseras de t'envoyer une interview avec Pauline Julien parue dans *La Presse* de Montréal. Je veux que tu te familiarises avec elle puisque tu vas en écouter une bonne dose quand tu viendras à St-John.

Pauline Julien/Joan Baez
Elles ont toutes deux une cause qui les anime
Pauline Julien/Melina Mercouri[2]
Toutes deux aiment leur pays respectif
Pauline Julien: La LIBÉRATION du Québec.

[38]
Le 21 novembre 1969

Olivier!

Reçu ta lettre du 7 novembre, je suis très paresseux ces derniers jours. Je regrette ne pas avoir écrit, mais je sais que tu viens au Canada prochainement et c'est pourquoi je ne me suis pas pressé d'écrire.

Alors, c'est confirmé: tu t'envoles pour Saint John sur Air Canada à 8 h 30 de Boston. Je n'irai pas travailler ce jour-là.

Bonjour! et à jeudi prochain!
Toujours séparatiste,
   Gérald
   Pauline Julien

[39]
302, River Hill Drive
Saint John, NB
Le 4 février 1970

Cher Olivier,

J'avais commencé de t'écrire une lettre au bureau qui comptait déjà 6 pages, mais puisque je n'ai pas été travailler depuis mardi, et je n'ai pas l'intention d'y retourner avant lundi, j'ai décidé d'en commencer une autre. Je dis y retourner lundi, ce sera seulement pour ma paie puisque je serai en vacances pour une semaine. Malheureusement j'ai raté mon voyage au Carnaval de Québec, toutefois je prends l'avion pour Montréal lundi soir.

Imagine que je n'ai pas passé une seule fin de semaine à Saint John depuis le mois de décembre. Je suis allé à Fredericton 2 fins de semaine, à Moncton 3 et Bouctouche 2. Ça change les idées. J'ai rencontré un type absolument admirable à Moncton il y a quelques semaines. Il a seulement 18 ans mais quelle intelligence! J'ai toujours préféré que mes amis soient plus âgés que moi-même, mais ce garçon, Raymond Hiltz (un Allemand, langue maternelle anglaise mais il comprend très bien le français et s'exprime avec un peu de difficulté... mais ça s'en vient!), a beaucoup lu, retenu et assimilé. Son existence se déroule avec une «awareness» enviable. Il se passionne du théâtre et il part pour Toronto-la-pure dans 2 semaines. Inutile de te dire que j'essaye de l'orienter vers Montréal, le nombril artistique de ce continent. À Toronto, il n'est qu'une bande (une clique) de prétentieux pour la plupart, qui imitent les Américains puisqu'il n'existe aucune culture English Canadian. Alors plutôt que d'ouvrir les portes aux quelques individus qui ont du talent, ils préfèrent cette incessante imitation de nos charmants voisins les Américains (ce qui oblige ce petit nombre de dramaturges d'émigrer aux États-Unis s'ils veulent manger et faire monter leurs pièces). Je sais très bien que Raymond n'y restera pas longtemps. Il serait viable qu'il s'installe à Montréal où il arrive un tas de choses. Ici du moins, même si l'on monte des pièces françaises on présente une majorité de créations canadiennes-françaises. Alors le climat artistique est original et se porte très bien, après tout on a ici des dramaturges exceptionnels: Françoise Loranger, Marcel Dubé, Robert Gurik, Jean Basile[1] et nos romanciers-génies Marie-Claire Blais et Réjean Ducharme écrivent aussi pour le théâtre. Donc on ne se donne même pas l'ennui de comparer Montréal à Toronto, puisque cette dernière n'est en vérité qu'une ville américaine avec quelques mille idiots qui adorent la Reine et l'Angleterre.

Il me fait plaisir de savoir que tu as rencontré une Française. C'est dommage qu'elle n'est pas unilingue... à ce moment-là tu serais « forcé » de parler la langue de la libération, c'est-à-dire le français. Tu dis lui avoir donné *L'avalée des avalés* de Réjean Ducharme. Quelle coïncidence puisque je suis présentement à en faire une deuxième lecture. Je suis curieux de savoir ce qu'elle en pense...

J'assistais à *Alice's Restaurant* la semaine dernière. Ce film n'a pas de « message » mais plutôt un document sur la jeunesse américaine. J'ai ri à m'en tordre du triste sort d'Arlo Guthrie qui est en arrestation pour avoir vidé des rebuts le jour de l'Action de grâce. Et les scènes qui racontent le « draft exam » sont exceptionnelles.

Tu m'as surpris en disant que tu avais bien aimé Bobby Arbeau. J'avoue que peut-être Bill Prouty et l'idiot Victor ne font pas partie des Muses, mais Bobby n'a jamais été pour moi plus qu'une « folle » qui donne des soirées où tout le monde se rencontre. Enfin... passons.

Léo Ferré, le célèbre compositeur-interprète de France, sera à Montréal à compter du 10 février jusqu'au 15. J'ai tellement hâte d'assister à son tour de chant. Tu as entendu *Est-ce ainsi que les hommes vivent* lorsque tu étais chez moi (tu as dit « surréaliste » !). Ses chansons ne laissent personne indifférent. Plusieurs sont interdites de passer à la radio en France puisqu'elles montrent souvent peu d'indulgence envers les folies du gouvernement, etc. À ne pas manquer!

La guerre Nigeria-Biafra est terminée. Le plus fort gagne toujours... L'Angleterre s'en vante. Ils envoyaient des armes aux Nigérians puisqu'ils appuyaient ce beau jeu de fédéralisme. Aussitôt la guerre finie ils envoient un avion de provisions. Le Canada en a envoyé une vingtaine, les États-Unis également, mais cette chère Angleterre préfère expédier des fusils; maintenant que tout est fini, l'aide (médicale, manger, etc.) se fait rare. Vive l'Angleterre! Vive le fédéralisme nigérian! Quelle hostie de farce!

Sans doute tu as lu dans tous les journaux américains que notre premier ministre Monsieur Trudeau invita Barbra Streisand aux fêtes du centenaire du Manitoba qui se sont déroulées au Centre national des Arts à Ottawa... Je t'envoie un article à cet effet...

Encore une fois, le collège. Olivier, tu devrais joindre un monastère et vivre tranquillement ta vie durant. Tu es à la recherche de toi-même, perdu, et tu ne trouveras refuge qu'en Dieu qui t'aime et qui t'attend, enfant prodigue...

Vois-tu David Goguen parfois? Est-il encore à Cape Cod? David Murphy?... Je suis content de savoir que le gouvernement américain a laissé tomber les accusations contre toi et ta clique. Je suis content de savoir que vous n'êtes pas des drogués!

Mon cher Olivier, je dois te dire bonsoir et donner fin à cette lettre.

Paix

Amitiés

Peanuts

[40]
Le 16 février 1970

Me voilà!

Je n'ai pas encore posté la lettre que je t'ai écrite le 4 février. C'est emmerdant. Tu vois, je ne me suis même pas rendu à Montréal. J'ai attrapé une méchante grippe qui n'en finissait plus. Imagine-toi que j'étais content! Je n'ai pas été à Montréal, alors j'ai été passer 4 jours à Bouctouche, mon refuge!

J'ai lu environ 300 pages du deuxième volume de l'autobiographie de Simone de Beauvoir, *La force de l'âge*. Elle est intelligente cette Simone. Un ami de Québec m'a expédié une quarantaine de livres et je suis rendu fou! Il y a le troisième roman de Réjean Ducharme *L'océantume* («dédié à Marie-Claire Blais respectueusement, comme à une princesse»). Je ne l'ai pas encore lu. Aussi quelques romans québécois *Le couteau sur la table* de Jacques Godbout, *Papa Boss* de Jacques Ferron, *Prochain épisode* d'Hubert Aquin, etc... J'en reparlerai lorsque je t'enverrai un essai sur la littérature québécoise.

Melina Mercouri est revenue à Montréal chanter. Elle y était l'année dernière... Je t'envoie une photo qui était dans *La Presse*... touchant, n'est-ce pas?

J'assistais au film *La folle de Chaillot* d'après la pièce de Jean Giraudoux. Inutile d'élaborer au sujet du massacre que Hollywood a fait.

Bon! Écris-moi!

Je vais me coucher.

Toujours

Peanuts

[41]
Le 15 mars 1970

Madame écoutez-moi! Madame on meurt ici!
Le manoir est hanté! La prison vole et tremble!
Au secours, nous bougeons! Emportez-nous ensemble,
Dans votre chambre au ciel, Dame de la merci!

Appelez le soleil, qu'il vienne et me console.
Étranglez tous ces coqs! Endormez le bourreau!
Le jour sourit mauvais derrière mon carreau.

La prison pour mourir est une fade école.
– Jean Genet
(*Le condamné à mort*)

C'est pour faire suite à ta lettre que je commence cette lettre avec un poème de Jean Genet. Tu dis que tu es incapable d'être créateur « unless I'm free from the chains of daily existence ». Tu as donc raison, je partage ce sentiment et je pense que les quelques lignes de Genet sont à propos. Nous vivons tous dans une prison.

Tes lettres me font énormément plaisir puisque tu touches (je devrais dire en bon français « tu piques ») toujours un nerf. Ce que tu dis en ce qui concerne ma bonne position avec le gouvernement, mon étouffement dans une atmosphère anglaise et si je pense prendre ma retraite avec une pension du gouvernement. Bon ! Ça ressemble un peu à ce que je vis. Je ne peux pas créer ici. Mais voilà le problème : j'ai l'intention d'aller vivre à Québec mais est-ce que les choses seront différentes ? L'atmosphère serait française bien sûr, mais s'il faut recommencer mon 9 à 5, etc., etc. je n'aurai guère progressé. Qui vivra verra. Je démissionne en octobre et je pars. Peut-être irais-je au Mexique ! Je veux devenir « paresseux » pendant un an. Lorsque je suis libre j'apprécie la vie. Présentement je vis l'escapism dans la lecture et le rêve mais je ne suis pas heureux. Je veux partir (non, je vais être positif, je VAIS partir et vivre). La mort à vivre !

J'ai également changé au point de vue « amour ». Les commentaires dans ta lettre au sujet de cette « fuck that one day will relieve them from their boredom... » ne s'appliquent pas à moi en ce moment. J'ai fait quelques folies il y a quelques années, je me suis fait des illusions concernant « l'amour ». Mais je peux franchement avouer que « la recherche de l'amour » (comme à la recherche du temps perdu !) ne m'importe point. J'ai le désir d'aimer, oui ! J'ai peut-être le besoin d'être aimé. Enfin je ne propose pas de me jeter dans les bras d'un individu quelconque et lui crier je t'aime ! Je suis vide de ces sentiments. Toujours est-il que je veux découvrir où je vais et qu'est-ce que je vais faire avant d'essayer de trouver quelqu'un pour aimer. Avant tout je veux me trouver et non m'oublier (ce qui arrive souvent lorsqu'on «tombe en amour»).

J'ai fini de lire *La force de l'âge* de Simone de Beauvoir (700 pages...) et j'ai commandé le volume suivant *La force des choses*. Elle a l'esprit ouvert, cette Simone. J'ai beaucoup aimé la manière dont elle décrit sa formation intellectuelle: ses lectures, ses amis (Sartre en particulier, dont elle parle beaucoup d'ailleurs, Colette Audry[1], Jacques Bost[2], etc.) et les événements tels que la Deuxième Guerre mondiale. En effet, le livre se termine avec l'entrée triomphale de Charles de Gaulle à Paris. Ses impressions au sujet de tout ce qui l'entoure, ses voyages, etc. sont remarquables. En ce qui concerne sa philosophie, bon! C'est une question de choix... et aussi de goût (je sais que tu n'aimes pas les existentialistes...).

La très jolie Judy Collins a chanté à l'émission *Glen Campbell* ce soir. Elle avait une longue robe qui lui tombait sur les souliers, sa guitare, son beau sourire et lorsqu'elle a chanté *Four Strong Winds*, j'ai senti les larmes me monter aux yeux. Le monsieur Glen Campbell[3] lui est un peu trop, il essaye d'imiter Édith Piaf. Judy Collins était à Montréal en février et elle fut chaleureusement applaudie et la critique était très favorable. (On pourrait presque dire qu'elle n'est pas Américaine puisqu'elle chante beaucoup de compositeurs canadiens tels que Joni Mitchell, Ian et Sylvia[4], Gordon Lightfoot[5], et aussi en français, *La colombe* de Jacques Brel que j'aime beaucoup.)

Il y a une chanson anglaise de Simon and Garfunkel que je trouve exceptionnelle. *Bridge Over Troubled Water*... Ces deux chanteurs-compositeurs sont amants depuis très longtemps (ils ont chanté à Saint John il y a deux ans et leur comportement sur la rue m'a fait rougir... ils marchent main dans la main, etc., etc.). Enfin *Bridge* – une très belle chanson d'amour-amitié.

Tu ne m'as pas dit ce que pensait ton amie au sujet de *L'avalée des avalés* et le Marie-Claire Blais. I am curious (red, white and blue).˙

Peanuts est très fatigué. Il est 1 h 30 et je dois me coucher afin de

---

˙ [Lettre tronquée.]

recommencer mon 9 à 5 pour une autre semaine... Quel emmerdement!
Bonsoir...

Gérald

Je t'envoie une interview de Peter, Paul et Mary lors de leur passage à
Montréal. Aussi un très beau poème de Marie-Claire Blais.
Bonne lecture!

[42]
Le 28 avril 1970

Salut!

Tu dois te demander pourquoi ce délai à répondre. Eh bien, je
tourne en rond comme une toupie depuis 3 semaines. Me voilà déménagé de chez nous, et je suis présentement à m'organiser.

Sans doute tu es capable de percevoir dans mes lettres que je
deviens complètement fou. Je suis à deux pas d'une dépression nerveuse... Lorsque tu es venu me voir en novembre, je t'ai raconté un peu
mon problème (j'aurais aimé en parler davantage, mais je n'ai pas réussi
à déboucher comme je voulais le faire...). J'ai un terrible complexe de
persécution. J'ai l'impression que quelqu'un me suit, j'ai peur de
répondre au téléphone de peur que ce soit quelqu'un qui veut me faire
mal. Je ne sors plus la porte, j'ai peur de me faire taper la gueule. Le soir
je me couche et si j'entends un bruit je saute de peur et je passe une partie de la nuit éveillé. Alors tu vois que je n'ai pas la vie en rose ici. Le
même problème m'est arrivé il y a presque 3 ans lorsque j'étais parti de
Saint John et je suis allé demeurer à Bouctouche pendant 3 mois. (On
s'écrivait pendant ce temps-là mais je ne t'avais jamais parlé de mon petit
«problème».) J'ai le cafard continuellement. Quelle chienne de vie.

Maintenant que je suis déménagé chez un ami en ville je me suis
calmé un peu... mais je ne serai jamais bien dans cette hostie de ville.

Et puis je vois d'après ta lettre que les choses à Fitchburg, Mass. sont
loin d'être belles. Du moins, je suis content que tu continues tes études.

Je regrette mais je ne peux continuer cette lettre. Écris-moi puisque c'est le seul rayon d'intelligence qui entre dans ma vie. Je suis devenu misanthrope, paranoïaque et complètement écœuré...

Gérald

(Continue d'écrire à 302, River Hill Drive, Saint John, NB puisque je vais chercher mon courrier tous les 2 ou 3 jours.)

[43]
32, rue Summer
Saint John, NB
Le 6 mai [19]70

Salut!

Merci de ta lettre. Tes propos à mon égard ont été tenus à cœur. Mon problème de paranoïa psychologique me cause beaucoup d'inquiétude et j'admets que lorsque j'ai écrit ma dernière lettre, ma crise frisait la dépression nerveuse. Dieu merci, j'en suis revenu. Ces « crises » vont et viennent comme le ressac de la mer. La tempête et le calme. Parfois il m'arrive des grands moments de tranquillité profonde. Ce soir, il n'existe que le son de ma plume qui graffigne cette page et mon esprit qui bourdonne. Voilà, la paix intérieure s'étend sur moi et ce qui est en dehors de moi a perdu son hostilité.

J'aperçois un changement géographique à l'horizon. J'ai encore quelques mois ici, ce qui me permettra de régler mes dettes après quoi je serai libre. Tu mentionnes que mon problème demeurera peut-être et je suis d'accord, mais avant tout je veux partir d'ici et me perdre dans une nouvelle ville. Je dis souvent Québec, mais je me rendrai peut-être à Sept-Îles, Trois-Rivières, Chicoutimi, Rivière-du-Loup, etc. Chose certaine, je ne veux pas travailler pendant environ un an (à ce moment-là j'aurai suffisamment d'argent pour me payer une longue vacance) et je ferai mon possible afin d'organiser (ou réorganiser) ma vie.

Je te disais que j'ai un nouveau « chez-nous ». J'habite la rue

Summer dans le quartier «est» de cette ville – je demeure avec une famille que je connais depuis longtemps. Ils sont très sympathiques et ils acceptent très bien mes «particularités». J'avais cessé de lire un peu, mais je reprends mes chers livres. Présentement, je lis *Zéro et l'infini* (*Darkness at Noon*) d'Arthur Koestler[1], *Rue Sherbrooke ouest*, un roman d'Alice Parizeau[2] qui raconte la vie d'un Européen qui est devenu Québécois. Sur mon chevet il y a *Le crime de Sylvestre Bonnard* d'Anatole France, *La vie de Cézanne* d'Henri Perruchot[3], *Les paradis artificiels* de Charles Baudelaire, *Revolution of Hope* d'Erich Fromm. J'ai finalement reçu le nouveau roman de Marie-Claire Blais *Vivre! Vivre!* (c'est la suite des *Manuscrits de Pauline Archange*). J'ouvre la première page et c'est le délire! Je sauve ce roman pour une fin de semaine quand je pourrai me renfermer dans ma chambre et le lire tout d'un trait. Elle écrit tellement bien! Voici le premier paragraphe du livre: «Nos possessions sont là, debout ou couchées dans le désordre d'un camion ouvert qui nous emporte vers la paroisse voisine et, inclinant la tête entre le poêle et la planche à laver, ma mère ressemble elle aussi à l'un de ces objets lourds et usés parmi lesquels elle est assise, une main sur les genoux, livrant sans le savoir aux regards des voisins, le dénuement de son corps et de l'enfant qu'elle porte sous un ample vêtement qui l'habille deux fois de ses tiges prisonnières.»

Le poète qui fait chanter nos racines, Gilles Vigneault, était à Saint John il y a 2 semaines. Les Anglais ont décidé d'organiser un deuxième <u>French week-end</u> afin de célébrer la richesse de la culture française de notre vaste pays. Pauvres Anglais! Je m'imagine qu'un tel geste apaise leur conscience... c'est-à-dire à l'année ronde ils font tout leur possible pour nous arrêter d'épanouir notre langue et culture, et pendant une fin de semaine chaque année, le Conseil des arts de Saint John fête la culture française. De toute façon j'en profite pour revoir Gilles Vigneault que j'avais déjà vu à la Comédie-canadienne de Montréal. Son tour de chant a été un succès retentissant (l'auditoire se composait d'environ 75% de Français... à la surprise de monsieur Gilles Vigneault qui pensait chanter en français pour une bande d'Anglais, mais après avoir chanté 2 ou 3 chansons il a compris...).

Encore une fois, il nous a chanté l'amour de son pays (le Québec... il fut un séparatiste de la première heure), l'amour des siens, l'amour de la terre, et des hommes. Son inspiration vient de Natashquan, son village natal, un village loin, loin dans le Nord du Québec avec une population de 300-350 âmes. Malgré ce petit monde, ses thèmes sont internationaux. Il parle de voyages, d'amour, de travail, etc. Une de ses chansons, *Jack Monoloy* raconte l'histoire d'un Indien qui aimait une Blanche. Lorsque les parents les ont surpris au bord de l'eau, ils envoyèrent la Marriouche au couvent et Jack Monoloy s'enleva la vie en sautant dans le fond de la rivière. Gilles Vigneault raconte qu'un soir il était dans une soirée et l'on parlait d'un mariage futur entre une Blanche et un Indien. Une femme dit «Les parents n'aimeront pas ça». De cette phrase est née la chanson *Jack Monoloy* qui, à sa manière, décrit le racisme chez les hommes. Alors, même si monsieur Vigneault nous arrive du fond du Québec, il a certainement quelque chose à nous dire et nous avons le devoir de l'écouter.

En parlant de Vigneault et de Québec je dois bien donner mes commentaires au sujet des élections qui ont eu lieu le 29 avril. En as-tu entendu parler (ou as-tu lu quelque chose à ce sujet)? Je dois dire que les résultats ont été très satisfaisants pour chacun de nous qui veulent se bâtir un pays afin de devenir les maîtres de notre destin et d'être respectés comme citoyens d'un pays que l'on peut appeler le nôtre. Disons que le parti indépendantiste, le Parti Québécois, a seulement gagné 7 sièges dans l'Assemblée nationale (sur un total de 108) mais ils ont récolté presque un tiers (⅓) des votes de la province! Alors ça veut dire quelque chose! Un parti politique qui n'existait pas il y a deux ans! Il est maintenant «respectable» d'être séparatiste (ou plutôt indépendantiste) puisqu'il y a 3 ou 4 ans lorsque l'on se disait indépendantiste on était traité de révolutionnaire, anarchiste et naturellement, communiste! Nous verrons l'indépendance!... Je vais cesser de parler politique (surtout nationaliste puisque je sais que tu n'aimes pas ça) mais Gilles Vigneault raconte sur un de ses disques l'histoire suivante qui se déroule entre son père et lui. Lorsque Gilles quitta le village de Natashquan pour aller se faire instruire son père lui dit: «Bon! Gilles, n'oublie jamais comment peindre (how to paint... houses, etc.) puisque c'est un métier pratique.» Alors lorsque Gilles commença à faire des chansons au collège, son père lui dit «Bon! Gilles, c'est trichant ce métier de chansonnier. Continue d'enseigner puisque c'est un métier qui rapporte». Alors lorsque Gilles Vigneault devint une vedette de réputation mondiale et que ses chansons lui rapportèrent des mille de dollars, son père lui dit finalement «Ouais... Gilles, c'est bien ce que tu fais là. Mais mon fils, n'oublie jamais le conseil que je vais te donner. Ne t'occupe pas de politique!» Et Gilles répondit: «Mon père, je ne m'occuperai pas de politique si la politique ne s'occupe pas de moi.»

Que fais-tu de tes fins de semaine? T'en vas-tu à Leominster chez ta mère? ou restes-tu à Fitchburg? Si tu t'en allais à Leominster, j'irais te rendre visite une fin de semaine (samedi et dimanche). J'ai deux longues fins de semaine (vendredi, samedi, dimanche et lundi – le 15, 16, 17 et 18 mai et le 22, 23, 24 et 25 mai) et il me serait très facile de me rendre à Leominster. Ce serait une chance et j'aimerais bien te revoir. Comme de raison je refuse mordicus de me rendre à Fitchburg où tu demeures avec des gars qui ne marchent pas. Je me sentirais très mal à l'aise... pour des raisons que tu connais. Enfin, ce n'est qu'une idée qui m'a sauté à l'esprit en écrivant, alors ce n'est certes rien de définitif. D'ailleurs, tu travailles peut-être?... Alors, j'en passe et tu pourras bien m'en informer le long et le court dans ta prochaine lettre.

Alors, je dois bien mettre un point final à cette lettre et en attendant Godot, Olivier, Pauline Julien et toute la «gang», je te dis bonne nuit.

Toujours
Gérald

Joan Baez vient d'enregistrer un tout nouveau microsillon que j'ai écouté chez un ami. À mon avis, c'est son meilleur à date. *One Day at a Time...*

Il y a un piano où j'habite, j'ai recommencé à pratiquer... c'est une délivrance du quotidien!

[44]

32, Summer
Saint-John, NB
Le 1ᵉʳ juin 1970

Salut Olivier,

En cette soirée de pluie et de vent, assis avec mes pensées les plus profondes, je viens t'écrire afin de donner un tout petit signe de vie en provenance du fond du Canada, ce demi-pays prétentieux. À la suite d'un voyage interminable, je suis rendu à Saint John sain et sauf.

Merci de ta compagnie pendant 3 jours et j'espère que ma présence chez toi ne s'est pas avérée trop accablante, surtout je ne voudrais pas être la cause d'une diarrhée! Enfin...

La vie reprend le même rythme qu'avant, je refais les mêmes gestes chaque jour, je marche le même chemin (In-Out-In-Out-In-Out). Parfois il me vient à l'idée d'effectuer un voyage quelque part... tiens! il n'y a pas deux semaines je pars pour Boston où j'ai retrouvé Olivier et compagnie.

Comme il se doit, je donne un compte rendu de mon voyage. J'ai eu une longue conversation avec Claudia le premier soir chez toi et de là je forme une première impression. Ce qui m'attache à elle, surtout, c'est que notre manière (notre façon) de penser se ressemble un peu. Nous sommes tous deux irrémédiablement existentialistes. (Je m'imagine que tu es maintenant par terre...) Je m'explique: au cours de notre conversation, je lui ai dit mon petit problème: comment ou plutôt à quel point j'en ai marre de Saint John et je dois partir. Alors un de ces jours, je pars! Pour n'importe quelle ville et une fois bien établi, je recommence le jeu des amitiés, des amours et des folies. Passent les jours et je me rends compte que ce jeu ressemble au dernier. Je repars *ad nauseam*. Pour elle, c'était Paris. Cette année, Fitchburg, et l'année prochaine? Et l'année suivante? À ce moment-là, on s'arrête pour se demander à quoi ça mène. Où allons-nous? Pourquoi vivons-nous? Les autres (et j'entends par ce mot le plein sens que lui donne Jean-Paul Sartre) y sont pour rien dans cette histoire. Alors, tout ça, c'est de l'existentialisme pur. Donc, nous

sommes d'accord à ce sujet et je me rapproche de Claudia sans la
«connaître». Peut-être j'y vais un peu trop fort, mais il est humain de se
diriger vers nos semblables. Si j'ai tort pour le moment je l'ignore. Qu'en
penses-tu?

Dans l'édition du magazine *Esquire* (May 1970) on nous sert une
tranche d'un roman autobiographique de Gore Vidal[1], qui sera publié
prochainement. Je t'en prie d'en faire la lecture... Il dépasse tout ce qu'il
a écrit jusqu'ici. Si tu ne peux pas te procurer cette édition, laisse-moi
savoir et je t'en enverrai la copie. (Il raconte l'histoire d'Erik et Erika,
jumeaux et inceste... Il aimait (désirait) Erik et monsieur Vidal n'épargne
pas les mots ni les sentiments en décrivant ses liaisons!)

Comme dit la chanson de Léo Ferré: *Les temps sont difficiles*. Nous
vivons dans un pays absolument abominable! Un jeune étudiant (22-
23 ans) en sociologie, anciennement de l'Université de Moncton,
Michel Blanchard (un Acadien pure laine) qui l'année dernière avait
causé (déclenché) une grève contre l'administration de ladite université,
a été interdit de mettre le pied sur le terrain de cette université. Il s'ensuivit des accusations portées contre lui par l'université au cours de cette
année (puisqu'il était interdit à l'Université de Moncton, il continue ses
études à l'Université Laval, Québec). Bon, vu que l'année est finie, le
moment des procès est arrivé. Lors de sa parution en cour, il demanda
un procès en français afin de pouvoir se défendre dans sa langue maternelle, comme de raison. Son avocat et l'avocat du plaintif (l'université)
sont francophones, le jury est entièrement francophone, etc. Toutefois
voilà qui arrive sur la scène une antiquité de la Cour de Sa Majesté la
Reine, le Juge Barry qui dit «NO!» – «We will provide translation
services to you. No French trial!» Depuis 1760 dans ce maudit demi-
pays lorsqu'un Anglais parle, c'est la loi. Heureusement, la jeunesse de
cette province (comme du Québec) a fini de se faire manger la laine sur
le dos. Michel décida de se plaindre au ministre de la Justice du Canada,
monsieur John Turner. Le vieux juge Barry lui a prévu qu'au cas que ce
procès aurait lieu (si le ministre de la Justice le permet) il (Michel) devra
payer lui-même les frais de la cour! Un groupe (même plusieurs groupes)
sympathisant à cette cause s'organisent dans le but d'accumuler

suffisamment d'argent pour défrayer les coûts du procès. Je suis tellement écœuré! Dire que le francophone habite ce putain de pays depuis passé 200 ans, nous sommes en l'année 1970 et apparemment civilisés et voilà qu'on se voit refuser notre droit le plus fondamental, le plus précieux, celui de la parole. La révolution s'en vient. Je n'ai jamais été partisan de la violence, mais la violence vient de l'autre côté et lorsque tout éclatera… j'ai peur d'y penser…

Dans ton pays, l'heure de la révolution approche aussi. Avant longtemps tout va casser et ce sera la folie collective. Cette folie gagnera certainement le Canada et j'avoue que j'ai peur…

En me promenant dans une librairie avant-hier, j'ai trouvé le livre *Conjectures of a Guilty Bystander* de Thomas Merton[2] et *Pale Fire* de Nabokov. Je les ai achetés et je te donnerai mes impressions plus tard.

Il est temps que je gagne ma paillasse alors bonsoir, et à la prochaine.

Toujours
Gérald

Si tu donnes mon adresse à Claudia (et Deborah) donne 302, River Hill Drive – correct?

[45]
Saint John, NB
Le 29 juin 1970

Mon cher Olivier,

Je suis désolé d'être rendu paresseux au point où je ne réponds presque plus à ma correspondance. Enfin, me voici…

Depuis deux semaines je fréquente un jeune homme de 20 ans… il est étudiant à l'Université Mount Allison de Sackville (il étudie pour son baccalauréat en musique) mais il demeure à Saint John. On s'est rencontrés par l'entremise d'un ami et voilà le début d'une liaison. J'ai horreur des liaisons qui commencent par la couchette, mais tu connais le genre de vie dont nous sommes victimes. Où on va en venir avec tout ça, je l'ignore présentement. Spencer est un gars très doué pour la musique, il est également très intelligent. Malheureusement il est nouveau venu au jeu... et il se leurre facilement vis-à-vis tous les gens qu'il rencontre. Toutefois nous avons décidé d'essayer une liaison et j'en profite.

Vendredi soir, nous sommes allés au film *Woodstock*. Ce film est assez bien, mais il est d'une longueur impardonnable (évidemment, il faut avoir fumé pour y assister avec agrément...). En fin de compte ce genre de film ne m'impressionne pas tellement puisque j'ai passé l'âge de cette «crise» de jeunesse où l'on remet tout en question et où l'on s'identifie à cette musique protest. (J'ai toutefois aimé Joan Baez qui a chanté *Joe Hill* et *Swing Low Sweet Chariot*, cette dernière chanson fut chantée sans accompagnement... dans la nuit... et une tranquillité envoûtante...)

Je lis *L'invitée* de Simone de Beauvoir. Quelle artiste. On peut être d'accord ou non avec les existentialistes (je suis d'accord avec eux, toi pas...) mais on ne peut pas mettre en question leur valeur d'artistes. Simone de Beauvoir est une grande romancière. Son livre soulève des problèmes pressants de l'existence entre trois individus, leurs rapports, présence de «l'autre». (J'ai beaucoup aimé ta réponse à mon problème de «l'enfer c'est les autres»... je ne suis pas du tout d'accord avec ce que tu as dit, mais j'ai tout de même aimé la réponse. Je t'en reparlerai dans une lettre prochaine... le temps me manque aujourd'hui.) Mme de Beauvoir commence son livre par la citation de Hegel «Chaque conscience poursuit la mort de l'autre» et de là, démontre le problème des rapports entre les individus comme je disais plus haut.

Alors c'est tout. Je t'enverrai une autre lettre dans un futur rapproché... J'ai beaucoup à te dire.

Paix...

Gérald

[46]
32, Summer
Saint John, NB
Le 16 juillet 1970

Cher Olivier

Je viens de recevoir ta lettre que je n'ai pas très bien comprise; en effet je comprends mal mes lettres; pour tout dire, je comprends mal ma vie! Enfin...

Merci de la critique de Marie-Claire Blais (et la précédente de François (le petit Jésus) Mauriac). Nous devons être ESP... Il y a quelques jours passés je me suis rendu à notre bibliothèque régionale et j'aperçois le livre *Manuscripts of Pauline Archange* sur les étagères. J'ai venu...! Alors j'ai pensé qu'une critique de cette œuvre paraîtrait probablement dans les revues littéraires américaines, et en effet, tu m'envoies celle du *N.Y. Times*. Bravo! Son prochain roman devrait paraître sous peu (elle doit également publier une pièce de théâtre à l'automne).

Il ne m'arrive rien dans ce bout-ci du monde. Je me suis fait un « amant » mais cette liaison, comme toute autre liaison, me fout le cafard. Je le pensais intelligent, et malgré son intelligence il est très borné, et il pue l'Anglo-Saxon. Je le pensais sincère, mais il n'est qu'émotionnel. Il crie à qui veut l'entendre qu'il m'aime, mais c'est un amour physique. Lorsque je lui parle de la vie, de l'amour et de l'art, il s'ennuie... il préfère m'embrasser. (Pourtant il fréquente l'université!... il y a bien lieu de se demander pourquoi!) Alors nos rapports sont très insatisfaisants (pour moi) et c'est le moins que je puisse dire. Je préfère de loin être seul. Je n'existe réellement que lorsque je suis seul. « Les gens m'avalent... » (Réjean Ducharme)

Je refais la lecture de *La mort à Venise* de Thomas Mann. Sur mon pupitre il y a *Against Interpretation* de Susan Sontag... Je l'aime, *The Books in My Life* de Henry Miller (le vieux salaud que je trouve amusant) et une étude brillante de Francis Jeanson[1] de Jean-Paul Sartre intitulée *Jean-Paul Sartre par lui-même*. Je trouve curieux que tu mentionnes Baudelaire puisque ses *Fleurs du mal* sont mon livre de chevet depuis un mois. J'aime Baudelaire parce qu'en le lisant il m'inspire une triste mélancolie qui fait frémir mon âme.

J'ai pétri de la boue et j'en ai fait de l'or.

Mon cher Olivier, je suis vide. Voici le temps de l'année où je pense pas à Québec ni Montréal, mais à Bouctouche... a return to the womb.

Si par hasard je me sens vide, je peux marcher 6 ou 7 miles dans les bois, m'asseoir près d'un ruisseau qui me dégonfle l'esprit trop orgueilleux. Il n'existe pas de paranoïa dans ces entourages!

> Par les soirs d'été, j'irai dans les sentiers
> Tricotés par les blés, foulés d'herbe moulue

(Un poème de Rimbaud mis en musique par Robert Charlebois[2]...)

> ...Je ne parlerai pas, je ne penserai rien
> Mais l'amour infini me montera dans l'âme!...

(Si je peux réussir à commander le dernier disque de Robert Charlebois par l'entremise de son Disco-Club, le disque *Québec Love*, je te l'enverrai.)

En parlant de Charlebois, il a chanté à travers le « Canada » avec Janis Joplin dans un Festival Pop. Janis en était « folle » de Charlebois, mais dois-je te dire que les maudits Anglais (spécifiquement à Toronto) ne l'ont pas aimé. Ça ne te fait pas rire toi? 50 ou 60 000 jeunes gens de 17-18-19-20-21 avec des affiches de LOVE et PEACE et BROTHERHOOD refusent d'écouter et d'applaudir Charlebois parce qu'il chante en français! (Et tu me demandes pourquoi je suis séparatiste!... mais tu vois tous ces jeunes gens qui ne veulent pas entendre de musique française, bon c'est ça la prochaine génération qui sera en tête du Canada. Il y a 20 ans le Québec était arriéré, mais depuis ce temps nous avons progressé à pas de géant. Maintenant, nous sommes beaucoup plus avancés que le Canada et le Canada nous empêche de nous diriger vers le futur. On veut se rapprocher avec l'Europe, on veut se rapprocher avec la Chine... Mais les Anglais n'en veulent pas puisqu'ils n'ont pas la vision plus longue que leur petit nez.)

Bon! Je vais me soûler, et je te laisse jusqu'à la prochaine,

Amour, Liberté,

Gérald

[47]

32, Summer
Saint John, NB
Le 4 août 1970

Cher Canadien français-Américain

La présente est pour faire suite à ta lettre du 29 juillet courant (dig that style, man!). Je suis content d'apprendre que tu as les deux pieds à terre (ou comme disait une bonne religieuse-institutrice au sujet de Lord Byron : « Il a la tête dans les étoiles et les pieds dans la boue »). Mon existence ne semble pas si pénible ces jours-ci. J'ai rompu avec Spencer étant incapable de jouer la comédie avec ce pauvre type, et deuxièmement, l'heure de ma LIBÉRATION approche. Par ma libération, je veux simplement dire ce que cela veut dire. J'ai fait des calculs de mon revenu, en plus des dettes que j'ai accumulées depuis quelques années, et voilà que dans 5 mois tout sera payé, je ne devrai pas un maudit sou à qui que ce soit, et je serai libre comme l'air.

En ce qui concerne Spencer, tu as mal interprété cette « liaison » en parlant de mes objets d'amour (« love objects »). J'avoue qu'il y avait un peu de ceci dans ma période « Bob » mais je suis plus mûr aujourd'hui que je l'étais ce temps-là. Ce qui est arrivé c'est que j'ai rencontré Spencer et après avoir parlé avec lui quelques fois, je l'ai trouvé intelligent et sensitif, si je peux dire, et je m'en foutais pas mal s'il était Anglais, Français ou Algérien. Toutefois, en se connaissant de plus en plus, il m'a montré ses vraies couleurs et j'étais emmerdé pour de vrai lorsqu'il vu que MALGRÉ son intelligence, et MALGRÉ sa sensitivité, il n'était qu'une « silly little queen » (ou comme on dit en français, une « petite folle »). À ce moment-là, il n'y avait qu'une issue et c'était bien de rompre. Je n'ai pas usé de mes talents de comédien pour rompre, c'est-à-dire, je n'ai pas joué de rôle dramatique, ni de femme fatale, mais je me suis assis avec lui bien tranquillement comme il se doit, dans sa voiture, et je lui ai raconté que puisque l'on ne communiquait pas du tout à aucun niveau, puisque nous ne partagions pas les mêmes idées sur la vie, l'amour, l'amitié et la mort, il était idiot de continuer un soi-disant amour qui était en bonne voie de tourner en haine. Il m'a chanté son petit numéro, j'ai dit bonsoir, sois sage et je suis rentré chez moi. Fin du chapitre MLCXXLV de la vie passionnée de Peanuts Leblanc.

Mais si j'insiste, c'est justement que je ne considérais pas Spencer comme étant un Anglais (bien que je le considère terriblement Anglais maintenant après l'avoir connu... et ne ris pas! Il dit qu'il considère les Canadiens français inférieurs, que le Québec est une province du Canada et le Canada est anglais, alors le Québec doit être anglais!... Il pense que les Américains sont parfaitement justifiés au Viêt Nam parce qu'ils sont en train de protéger le MONDE, la PAIX... etc. Tu vois qu'il existe des lacunes effrayantes dans son raisonnement. ET CE GARÇON EST ÉDUQUÉ!! IL FRÉQUENTE L'UNIVERSITÉ!!!).

Si tu viens au Nouveau-Brunswick, je serai bien content de t'ouvrir mes bras (ainsi qu'à tes amis...). Sois dit en passant, si tu descends entre le 4 au 15 septembre, je serai en vacances et probablement à Bouctouche (ô pays de mes rêves!) Alors tu feras un p'tit effort afin de me faire connaître la date de ton voyage parmi nous (s'il a lieu) au moins une semaine avant ton départ. (N.B. Je sais que tu seras sage, mais surtout n'amène pas de marijane dans ce pays... les officiers arrêtent presque toutes les voitures aux douanes et fouillent voitures et passagers comme des diables. De nombreuses arrestations ont été faites depuis le mois de juin. De toute façon, nous avons beaucoup de marijane dans ce pays, alors BUY CANADIAN, quoi!)

Tu me fais plaisir lorsque tu dis que tu écoutes Charlebois (tu dois comprendre un peu mieux le séparatisme, non?). Moi, j'écoute surtout son dernier *QUÉBEC LOVE*. Il y a une chanson que j'aime (un peu rock, mais quand même...) au sujet de Montréal, qu'il appelle « mon Expo de ville, mon hostie de ville, ville qui illumine les villes » (les autres villes évidemment...), c'est beau!

La semaine dernière, je suis entré dans une de nos nombreuses « Pawn Shops » où j'avais aperçu des vieux disques d'occasion. En fouillant parmi ces antiquités, voilà qu'un disque de Nina Simone me saute aux yeux. Il s'agit d'un récital à Newport (circa 1960) et j'en raffole depuis! J'y ai également trouvé *Nina Simone Sings Duke Ellington* (circa 1963).

Elle est artiste jusqu'au bout des doigts, cette Nina. Une pianiste exceptionnelle (on dirait un mélange de Bach et Brubeck[1] (mais un mélange
heureux!)) et sa voix est très «prenante». Elle chante sa négritude, ou
plutôt sa négritude perce à travers tout ce qu'elle chante. Il y a un numéro
dans ce récital qui est sensationnel: «You'd Be So Nice To Come Home
To» de Cole Porter[2]... à la Nina bien sûr! Elle commence en jouant du
contretemps au piano (Bach! ou presque...) et à mi-chemin elle chante
(murmure, lamente, souffle, râle) cette simple mélodie qui produit un effet
chavirant! Bravo, Nina. J'ai déjà commandé le disque que tu as, je pense
qu'il s'intitule *I Put a Spell on You* (sur lequel elle chante «Ne me quitte
pas») et un autre disque d'un récital. (N.B. elle est délirante sous l'effet de
la mari...) Je te remercie de m'avoir introduit à Madame Nina Simone.

Je comprends que tu raffoles du *French-Lieutenant's Woman* de
John Fowles, puisque j'ai déjà lu un de ses romans (*The Magus*) que je te
recommande.

Je fais présentement la lecture d'un très bon bouquin qui s'intitule
Ouate de phoque (si tu prononces à la française ça donne «What the
fuck»). Je l'avais déjà lu il y a de ça 2 ans, mais j'en ai repris le goût de le
lire. Il s'agit de monsieur Luc Granger qui raconte ses années avec
Radio-Canada comme annonceur. Il discute musique (et il le fait très
bien), le rôle de l'artiste dans la société, culture québécoise/française/
américaine. Je t'enverrai des citations de ce livre prochainement.

Je lis également un merveilleux roman anglais d'Iris Murdoch[3] qui
s'intitule *A Fairly Honorable Defeat*. LIS-LE si tu en as la chance.

C'est tout.

Love,

Peanuts

Gérald

[48]
Bouctouche, NB
Le 9 septembre 1970

Cher Olivier,

Me voici à Bouctouche depuis 5 jours et en ce jour de pluie et de vent, j'ai décidé de me détendre un peu en t'écrivant.

Je te remercie de ta carte postale de Québec et bien sûr je suis heureux que tu aies aimé cette ville comme tu sembles l'avoir aimée. J'ai hâte de recevoir tes commentaires au sujet de la Vieille Capitale.

Hier soir je suis allé à Moncton afin d'assister au spectacle <u>Donald Lautrec CHAUD</u>. Robert Charlebois y a chanté sa plus belle chanson jusqu'à date, *Ordinaire* (je t'assure qu'il n'y a rien d'ordinaire dans cette chanson, c'est un chef-d'œuvre!). Tu ne sais pas à quel point je suis «fasciné» de monsieur Charlebois. Hier soir sur les planches il avait l'air perdu et puis il souriait timidement. J'aurais voulu sauter sur l'estrade et lui donner un baiser sur la joue. Malgré la «force» de ses chansons il est doux, je dirais même qu'il est gêné (par la foule et par la vie). Tu aurais beaucoup aimé cela.

Pourquoi suis-je à Bouctouche pendant 10 jours alors que je pourrais aller me secouer le cul à l'<u>Alouette</u>? Mon vieux c'est un problème de finances. J'épargne comme jamais (je tourne lentement en Harpagon... mais avec raison!). Je répète que je sortirai de Saint John après Noël et je me débarrasse de mes dettes. Je songe sérieusement à l'université l'année prochaine (en septembre 71)... je ne sais pas si ce désir durera... on verra.

Olivier, I'm in a rut. I have been for a few weeks (well actually most of my life). I am discouraged with myself. I am going to be 25 this month and what have I done profitably for myself? I am up to my eyebrows in shit and every time I open my mouth a turd pops out. I am opening my mind to ideas about everything around me. One by one my notions about nation-states are disappearing. I don't believe in any flags or countries because these symbols represent things but not people. I am also learning that homosexual love does not exist (even though I live for it to happen) I am doing all these insane things about ideas and concepts around me but I am doing fuck-all regarding myself. I can try to convince myself that homosexual love cannot exist but I want to share my existence with someone. Sex spoils everything for me. I can say sex is not everything while I try to put the mark on a sexy looking man with whom I have nothing in common. If I didn't love myself so much, while I read Baudelaire, je me foutrais à l'eau. Mais j'aime beaucoup trop la vie. Je dis aimer la vie alors que je viens de te dire que cette vie est misérable. Perhaps it's Saint John (one needs an excuse to pawn off one's problems) or I dare not admit it, it is perhaps me. Je ne sais plus.

François Mauriac (another tortured individual) est mort. Je me demande s'il a trouvé ce Dieu qui lui a causé tant de souffrances.

J'en finis – je t'écrirai à mon retour à Saint John.

Amour et paix

Gérald

[49]
Le 20 septembre 1970
32, Summer
Saint John, NB

Cher ami,

C'est avec grande peine que j'ai appris la mort de David Goguen dans ta lettre. Je suis rentré de mes vacances un peu gai mais j'avoue que cette nouvelle m'a déconcerté. J'ai aimé ce que tu as dit qu'il serait difficile de vivre sans lui, mais il aurait été plus triste si tu ne l'avais jamais connu.

As-tu repris tes cours à l'université? Au Nouveau-Brunswick, la rentrée des classes commençait la semaine dernière et j'ai beaucoup d'amis de Québec et d'ailleurs qui reviennent terminer leurs études ici. À la suite d'un été très ennuyant, il me fait plaisir de retrouver quelques compagnons qui me sont sympathiques.

Mon cousin Gilles (l'éternel voyageur) a décampé de Calgary et il est revenu à Saint John (je pense que je te l'avais déjà dit). Il est venu soumettre une application de travail au bureau où je suis. Il ne m'appelle jamais et ne veut pas me voir. Son père a un cancer et il sera mort à Noël, je pense. D'après ce que je peux comprendre, il est revenu à Saint John pour être près de sa mère...

Bon, j'écrivais pour faire suite à la nouvelle de la mort de David. Je sympathise profondément avec toi.

Je suis à bout de nerfs et je ne peux continuer.

À plus tard

Gérald

Merci de l'adresse à Claudia... je lui écrirai la semaine prochaine.

[50]

32, Summer
Saint John, NB
Le 26 octobre 1970

Cher ami,

J'étais bienheureux de recevoir ta lettre puisqu'il y avait un mois et demi que tu n'écrivais pas. Il y a une semaine j'avais commencé à te faire une lettre détaillée des événements du FLQ mais je vois d'après ta lettre que tu es au courant de la situation. Tes opinions m'ont plu puisque je pense de la même manière. Le FLQ est stupide. Bien sûr, je m'attendais à quelque chose. Le Québec était rendu à bout. Toutefois, on peut bien parler de changement et de révolution, mais lorsque l'on assassine des gens pour des raisons dites «politiques», moi je ne marche plus. Le séparatisme (ou le mouvement indépendantiste) au Québec (le Parti Québécois) se portait très bien et dans quelques années la majorité québécoise aurait choisi l'indépendance démocratiquement. Robert Charlebois parle de l'indépendantisme comme étant un «mal nécessaire» dans le but d'effectuer les changements nécessaires au sein de la société et des gens. Je partage ce point de vue.

Cependant les terroristes préfèrent la violence, le meurtre, voire même l'anarchie... moi je ne sais pas... ça rime pas mal faux cette «idéologie». Si tu lis le manifeste du FLQ tu te rendras compte que les slogans utilisés se ressemblent à travers le monde; c'est-à-dire, des slogans marxistes et maoïstes. Je ne pourrais jamais me joindre aux rangs du FLQ, ni sympathiser à leur «cause», puisque je suis incapable de baser ma vie et mon existence d'après des slogans. Ces types ont mangé du Karl Marx et du Mao qu'ils ont mal digérés. De toute façon, depuis le meurtre de Pierre Laporte[1] et depuis que le gouvernement a décrété la Loi des mesures de guerre, ça donne un drôle d'effet de vivre dans un pays qui frise la révolution.

IRONIE: au moment où le gouvernement annonce la Loi des mesures de guerre afin d'écraser la révolution (les terroristes) le même gouvernement annonçait que désormais le Canada reconnaît le gouvernement révolutionnaire de la Chine rouge de Mao, et nous échangeons des diplomates...?

Le père de Gilles est mort mercredi dernier et fut enterré à Bouctouche le samedi suivant. J'étais porteur (une décision prise à la dernière minute dont je ne pouvais refuser). La famille de François à Lazare à Jacques à Eloi à Joseph Leblanc (je descends de 6 générations, cette sixième étant venue direct de France) était réunie, donc il y avait oncles, tantes, cousins, cousines et tout le bazar. Je suis issu d'une famille très particulière, c'est-à-dire, étrange... Des alcooliques, des putains, des fanatiques religieux, des homosexuels, etc. J'ai du sang très, très vicieux qui me coule dans les veines, j'ai une hérédité chargée de passion, de haine, de débauche et de péché (remarque que je ne dis pas AMOUR, enfin drôle de race).

Je lis avec voracité ces dernières semaines, et j'ai lu entre autres, *Soul On Ice* d'Eldridge Cleaver[2], *Another Country* de James Baldwin, *Manuscrits de Pauline Archange* (relu) et *Vivre! Vivre!* de Marie-Claire Blais, *Le premier accroc coûte 200 francs* d'Elsa Triolet[3] (la femme d'Aragon – elle est décédée cet été), *Quai des brumes* de Pierre MacOrlan (il est décédé récemment), *Thérèse Raquin* d'Émile Zola et *L'étranger* d'Albert Camus.

Pour parler de *Soul On Ice*, je commence avec ce qui m'agace le plus chez Cleaver, notamment sa critique de James Baldwin... (tu me connais, alors tu devais t'y attendre, non?). En critiquant monsieur Baldwin, Cleaver nous annonce que l'homosexualité est une maladie, point. Une maladie, point. Je m'attendais à plus de perspicacité de la part de quelqu'un qui passait son temps à violer des femmes blanches durant une période de sa vie. Mais non, il se montre sans indulgence. On peut arguer les «valeurs» de l'homosexualité d'après nos croyances, notre éducation, et pour tout dire de l'esprit, mais tel n'est pas le cas dans cette critique. Il s'en prend à Baldwin parce qu'il est homosexuel, et pire encore, homosexuel noir. J'aurais bien accepté une critique (ou psycho-critique) de Baldwin l'écrivain mais lorsque Cleaver va se fourrer le nez dans la chambre à coucher de l'homme qu'il critique, là je ne marche plus. Il (Cleaver) se moque de l'auteur qui vénérait André Gide et lance une pique... évidemment puisqu'André Gide était un homosexuel notoire. Alors monsieur Cleaver mène un beau jeu. Il s'amuse à faire des piques et des craques, voyons! ces jeux sont des enfantillages. (William F. Buckley[4] se sert de cette méthode pour dénigrer Gore Vidal.) Enfin ce n'est pas en appelant des noms à ses confrères qu'il réussira dans le domaine de la critique, fut-elle psychologique, sociologique ou politique.

Ce que j'ai aimé, c'est la sincérité sinon la force de l'auteur. Il se montre à nu et nous voyons l'homme. Une confession humaine. Il jouit d'une intelligence exceptionnelle ayant beaucoup lu et beaucoup réfléchi (médité). Il s'analyse lui-même aussi bien que les siens, les Noirs, et je dois admettre que la lecture de son livre fut une révélation inattendue. J'ignorais à peu près tout d'Eldridge Cleaver sauf qu'il œuvrait chez les Black Panthers[5]. Mais il s'agit ici d'un auteur qui sait s'imposer par son analyse des mœurs américaines, les réalités quotidiennes d'un Noir et l'évolution (son évolution) d'un homme doué. J'ai beaucoup aimé ses lettres d'amour à Beverly. E.g. «Getting to know someone entering that new world, is an ultimate, irretrievable leap into the unknown. The

prospect is terrifying. The stakes are high. The emotions are overwhelming. [...] But I do not believe a beautiful relationship has to end always
in carnage, or that we have to be fraudulent and pretentious images, or if
we fantasize each other into distorted caricatures of what we really are,
then, when we awake from the trance and see beyond the shame and
front, all will dissolve, all will die or be transformed into bitterness and
hate. I know that sometimes people fake on each other out of genuine
motives to hold into the object of their tenderest feelings. They see
themselves as so inadequate that they feel forced to wear a mask in order
to continuously impress the second party.» (Doesn't that remind you of
someone who writes to you in French and lives in Saint John, N.-B.?)

Il est très difficile pour moi de parler du roman *Another Country*
parce que j'aime beaucoup James Baldwin. Son roman est une déception... c'est-à-dire, je m'attendais à mieux que cela d'un écrivain qui
jouit d'un immense talent. Un roman d'amour sensuel... très sensuel (je
me suis masturbé 2 fois en le lisant...). Baldwin nous supplie de l'aimer
et de l'accepter, il nous attaque tout au long du roman pour qu'on l'aime
même s'il est noir et homosexuel. Certes, il y a des belles pages dans ce
livre et je retiens surtout la première partie qui nous présente Rufus, un
personnage réussi (hélas, le seul du livre). Les premières 60 pages
montrent ce dont monsieur Baldwin est capable, mais le reste du livre ne
tient pas debout. Les personnages s'entremêlent, se fourrent, se frippent,
se sucent en parlant de blancheur, noirceur... enfin ces personnages sont
très minces. On sent Baldwin partout qui nous demande de bien vouloir
s'aimer. On ne saurait reprocher à un auteur de prêcher l'amour, mais
Baldwin manque de souffle, de création et malheureusement de vision.

J'ai lu quelque part que James Baldwin avait dit autrement: «I'm
ashamed of being Negro, because the Negro people have not produced a
Rembrandt». Moi, je poursuis cette pensée et je dis: «Je suis fier d'être
Canadien français parce que nous avons produit Marie-Claire Blais.» Je
veux parler des *Manuscrits de Pauline Archange* et de *Vivre! Vivre!*. En
pénétrant l'univers de Marie-Claire Blais, l'on retrouve l'imagination en
délire, et ce «cœur mangé par la cervelle». Quelle étonnante création
cette Pauline Archange! Pour te donner mes impressions de ce livre, je te

réfère à Susan Sontag (une des critiques américaines des plus originales) qui dit de la critique : « The function of criticism should be to show how it is what it is, even that it is what it is, rather that to show what it means » – extrait du livre *Against Interpretation*. Chez Marie-Claire Blais, on retrouve la pauvreté, la violence, la cruauté – la cruauté et la bonté s'entre-mêlent parfois, e.g. « …les vieilles religieuses, qui, autrefois berçaient ma vie de leur cruelle bonté », « Leur inquiète vigueur semblait contenir pour nous cet élément de <u>robuste tendresse</u> » et bien sûr sur l'attaque de la religion. La religion n'est pas charité, et c'est pour cela que Mlle Blais est agnostique. L'auteur décrit une religion dégénérée en cruauté… « On peut battre nos enfants, c'est à nous, l'bon Dieu nous les a donnés… » Une religion que les adultes ne questionnent plus. Enfin, Marie-Claire Blais reflète ce monde triste dont elle est issue. Le pays qui l'a vue naître était un pays dominé par le pouvoir absolu de l'Église qui, comme je le disais plus haut, parle de sainteté, de bonté, de prière, mais non de charité humaine entre les êtres (ou si elle prêche cette charité elle ne la pratique certainement pas). Le sort des Canadiens français n'était pas bien gai. La pauvreté était leur lot et la maladie également… « Tous les habitants de notre ruelle souf-fraient de consomption ». Un écrivain faisait remarquer que la tubercu-lose était la maladie nationale des Canadiens français – l'ignorance était la règle, et si on montrait signe d'intelligence on s'était vite fait taire. Alors dans un monde si froid, si cruel, Marie-Claire Blais fait revivre ses person-nages, surtout ses enfants. Qu'il est triste de lire « Il devait être terrible d'aimer puisque mes parents en avaient si honte ! » « …il me semblait maintenant que l'innocence était la mort et que cette lueur cruelle dans les yeux de ma mère, c'était le mal, peut-être la destruction, mais c'était aussi la vie. » Enfin, cette vision de l'univers canadien-français reprend la vision universelle dans les livres d'une artiste. Cette souffrance, cette haine, ce monde sans pitié est le même partout puisque nous sommes tous humains. Marie-Claire Blais se rachète dans son art et prête à Pauline ces paroles : « …mais ma famille était trop fertile en malheurs, pensais-je et si un jour je devais y survivre, ce serait peut-être simplement pour descendre dans cette cave de boue et de feuilles sèches, pour regarder une dernière fois ces vivants et ces morts dégénérés d'où il fallait tirer, plus que la naissance, plus que la vie, ma résurrection.» Ainsi soit-il.

Tu trouveras ci-joint un poème de Louis Aragon qui explique très bien le rôle de l'artiste dans la société. Ce poème fut mis à la musique par Jean Ferrat, et Pauline Julien l'interprète sur un de ses disques. Aragon, tout poète-communiste qu'il soit, fait très bien le point.

J'ai reçu une lettre de Claudia hier. Puisqu'elle est existentialiste comme je le suis, elle a un tas de choses à me dire, et je suis content d'entreprendre une correspondance avec elle.

Bon, j'espère que tu n'auras pas trop de difficulté à patauger dans cette lettre. Je me sers de la machine à écrire de mon ami (machine anglaise, sans les accents que je devrais faire à la main, et le ruban n'est pas très clair...). La lettre manque de cohérence, mais tu dois bien être habitué maintenant à mes crises et mes diarrhées de mots.

Avant de finir, me permets-tu de te demander pourquoi tu ne prends pas un cours de conversation française au collège? Puisque tu t'ennuies à mourir là, du moins tu pourrais suivre des classes qui te seraient profitables, c'est-à-dire, ces gens-là ne t'apprennent sûrement rien au point de vue philosophie, littérature, etc... alors si tu étudiais le français, ce serait vraiment pratique, d'autant plus que tu penses peut-être un jour retourner parmi tes ancêtres à la campagne. Viens-t'en, Jean-Jacques Rousseau!

Avec tout l'amour que je te porte, je te dis bonsoir,

Gérald

J'entends, J'entends (Louis Aragon) – le poème-communiste
J'en ai tant vu qui s'en allèrent
Ils ne demandaient que du feu
Ils se contentaient de si peu
Ils avaient si peu de colère
J'entends leurs pas, j'entends leurs voix
Qui disent des choses banales
Comme on en lit dans le journal
Comme on en dit le soir chez soi
Ce qu'on fait de vous hommes, femmes

Aux pierres tendres tôt usées
Et vos apparences brisées
Vos "regardez!" m'arrachent l'âme

Les choses vont comme elles vont
De temps en temps la terre tremble
Le malheur au malheur ressemble
Il est profond, profond, profond
Vous voudriez au ciel bleu croire
Je le connais ce sentiment
J'y crois aussi moi par moment
Comme l'alouette au miroir
J'y crois parfois je vous l'avoue
À n'en pas croire mes oreilles
Ah! Je suis bien votre pareil
Ah! Je suis bien pareil à vous

À vous comme les grains de sable
Comme le sang toujours versé
Comme les doigts toujours blessés
Ah! Je suis bien votre semblable
J'aurais tant voulu vous aider
Vous qui semblez autres moi-même
Mais les mots qu'au vent noir je sème
Qui sait si vous les entendez
Tout se perd et rien ne vous touche
Ni mes paroles, ni mes mains
Et vous passez votre chemin
Sans savoir ce que dit ma bouche

Votre enfer est pourtant le mien
Nous vivons sous le même règne
Et lorsque vous saignez, je saigne
Et je meurs dans vos mêmes liens
Quelle heure est-il, quel temps fait-il
J'aurais tant aimé cependant
Gagner pour vous pour moi perdant

Avoir été peut-être utile
C'est un rêve modeste et fou
Il aurait mieux fallu le taire
Vous me mettrez avec en terre
Comme une étoile au fond d'un trou.

Voici un poème sur le « rôle » de l'artiste dans la société.

[51]
Saint John, ce 15 novembre 1970

Bien cher Olivier,
Ce soir je vais parler de tout et de rien. Puisque je me sens de bonne humeur, j'écrirai tout ce qui me passe dans la tête.

Le premier paragraphe de ta lettre traitait de politique et des élections américaines, alors je fais suite. Je considère la plupart des Amérikains sérieux « apolitiques », puisque pour un « intellectuel » en Amerika, les deux partis sont aussi corrompus l'un que l'autre (« Free choice between Tweedledum and Tweedledee »). Je me demande pourquoi il n'existe pas un troisième parti politique majeur à base socialiste qui regrouperait l'intelligentsia, les étudiants et tous ceux qui veulent effectuer des changements, ou tout simplement prêter une voix à un secteur important de la société américaine.

Que penses-tu du « cas » Angela Davis[1] ? Je l'admire beaucoup, et ce qui lui arrive nous permet de voir où en est rendu la « situation » amérikaine. Je trouve cela tout à fait idiot de la part des autorités du FBI d'avoir affiché son nom à la liste des « 10 Most Wanted Criminals in the US ». Toutefois, on voit pourquoi. Les Américains en général et Washington en particulier ont peur des IDÉES. Ils ne craignent pas les fusils d'Angela Davis, mais plutôt ses IDÉES. Angela Davis est prisonnière politique au plein sens du mot (d'autant plus que le FBI souffre d'une phobie envers les communistes). Au Canada, les autorités ne sont peut-être pas paranoïaques au degré des Amérikains, mais les choses ne

232 | Lettres à mon ami américain

sont guère plus heureuses. Suivant l'annonce de la Loi des mesures de guerre, les autorités ont emprisonné 437 personnes! Les détenus? Des poètes: Gaston Miron[2], Gérald Godin[3]; des écrivains et journalistes: Jacques Larue-Langlois[4], Fabienne Julien[5] (la sœur de Pauline); des artistes: ma religion, Pauline Julien, etc. Alors... Tu connais mon attachement à Pauline Julien alors je surveillais son cas de près. Elle doit présenter un tour de chant à la Place des Arts le 20-21-22 novembre et la télévision et radio CBC refusent de lui faire la publicité (comme ils le font pour tous les artistes) BECAUSE SHE IS AN AVOWED SEPARATIST! Ils craignent que les autorités ferment leurs portes s'ils permettent à Madame Julien de parler! (Siberia anyone?)

Tout en parlant de la chanteuse Pauline Julien, je m'amène à parler de l'ART et je dois te raconter une petite anecdote. Premièrement, tu connais un peu la voix de madame Julien, et surtout le récital qu'elle donna à Toronto (je t'ai fait écouter ce récital de mon magnétophone en novembre, t'en souviens-tu?). Enfin, il s'agit bien du récital en question. Voici Pauline Julien qui arrive sur les planches du Massey Hall de Toronto, SOÛLE DRUNK! Alors elle donne son tour de chant. Son meilleur! Elle chante, elle crie! Déchaînée, hystérique. Bon!

Alors, l'été dernier, je fréquentais le petit «Anglais» dont je croyais sensible (je t'avais dit qu'il étudiait pour sa maîtrise en musique à l'université). Donc, je lui dis, Pauline Julien chante (?): l'amour, les hommes (l'humanité) et la VIE. Spencer écoute quelques minutes de *Jack Monoloy* (chanson contre le racisme): «It's unbearable! It's too much! She can't sing for beans! She went off-key at least 10 times in the first 5 bars! My dear! This is an insult to "art", etc., etc., etc.» Avec toute la patience du monde, je lui explique que *Jack Monoloy* n'est pas une *Berceuse* de Brahms[6], ni l'*Ave Maria* de Schubert, ni une «aria» de Verdi, mais une chanson du genre folklorique qui dénonce le racisme. Ce n'est pas le moment de se fermer les yeux, et se joindre les mains et de faire du mi-mi-mi-mi. Pour chanter une telle chanson avec conviction et ferveur, il faut avoir une connaissance de la VIE, une perception du monde qui nous entoure, etc., et ce n'est pas une petite jeune vierge sortant toute fraîche du couvent avec dix ans d'éducation musicale chez les bonnes religieuses qui saura donner à cette chanson sa pleine force et qui rendra le MESSAGE! Comprends-tu ce que je veux dire? Enfin, mon culte Pauline Julien est peut-être un peu exagéré (too much), mais je respecte énormément une artiste qui choisit ses chansons consciencieusement avec intelligence (elle disait récemment: «Je chante avec ma conscience», ce qui en dit long). J'adore Pauline Julien à la manière dont Jean Cocteau «adorait» Édith Piaf. (Une autre anecdote: Piaf et Cocteau étaient amis de longue date. Un soir, madame Piaf arrive chez Cocteau en sanglots. Elle souffrait d'une peine d'amour. Son amant, lui, était indifférent, il n'y avait pas de communication. Cocteau écouta avec une grande sympathie le petit «moineau» se vider le cœur. Lorsque Piaf fut partie, il s'assied et écrivit une pièce de théâtre intitulé *Le bel indifférent* qu'il offrit à Édith pour jouer sur la scène. N'est-ce pas merveilleux?) Enfin, Édith Piaf dans son «domaine» était une grande artiste. Je frémis encore lorsque j'entends sa voix...

Tu penses prendre un cours de composition française, évidemment tu n'as rien à perdre si tu décides de le faire. Tu n'es pas sans savoir l'énorme différence entre la langue française et anglaise. Tu peux sans doute parler français passablement mais d'après ce que je t'ai entendu parler, tu parles anglais avec des mots français. Lorsque je suis déménagé à Saint John, je parlais de la même manière, mais dans mon cas je parlais français avec des mots anglais. Au bout de 2-3 ans, j'ai appris à parler anglais convenablement mais pas plus. (I'm really no longer interested...) Toutefois, j'y ai subi une influence funeste. En vivant dans un milieu anglais depuis 6 ans, mon français s'est anglicisé et est encore anglicisé. Lorsque j'écris à Claudia, je dois faire un brouillon et recopier la lettre afin d'obtenir un français correct et plus pur. Mon français parlé (spoken French) est très bien, pas de difficulté dans ce domaine. Mais lorsque je m'assieds pour écrire une lettre, je m'arrête à penser et il se glisse un grand nombre d'anglicismes qui ressortent du milieu où je vis. J'écris un journal et parfois en relisant ce que j'ai écrit il y a 2 ou 3 mois, si j'ai écrit pressé, je sens que la syntaxe, la construction de mes phrases ne sont pas du français correct. Le français obéit à des lois plus rigides que l'anglais. Je me sers d'un exemple que donnait l'écrivaine québécoise

Claire Martin. Une connaissance du français aide beaucoup la connaissance de l'anglais. Si je dis en anglais « He is disheveled », les Anglais s'étonnent de tant d'érudition. Eux autres disent: « His hair is messed up », des trucs de up qui s'appliquent aux cheveux, à une chambre, etc., etc. Tandis qu'en français je dis « il est échevelé », et je ne peux pas me servir des petits trucs anglais. Enfin, je me corrigerai de tous mes anglicismes une fois que j'aurai retrouvé mon atmosphère unilingue française, à Québec. (Oh! en parlant de Québec, j'aimerais que tu me racontes un peu ce qui t'est arrivé lorsque tu y es allé en septembre. As-tu appelé Ron McNeil? Tell me all about it, darling!)

Je lis présentement *Le loup des steppes* de Herman Hesse, *L'amour à deux têtes* d'Alain Bosquet, les *Mémoires d'une jeune fille rangée* de Simone de Beauvoir, des poèmes de Rimbaud, etc., etc. Je te donnerai mes commentaires, à la prochaine.

Fais le bon petit garçon, et sois sage.

Avec beaucoup d'amour, je demeure

Gérald

L'Éternel déséquilibré

[52]
Saint John, ce 14 décembre 1970

Cher Phyllis Philosophe,

Il me fait toujours plaisir de rentrer du bureau et trouver une lettre d'Olivier qui m'attend.

Chose étrange (?) depuis un certain temps je me sens tellement satisfait. Rien ne trouble mon existence, si je peux dire. Je me rends compte bien sûr que la plupart du temps je me compliquais l'existence moi-même!

Puisque je te raconte toujours mes « plans définitifs » pour l'année qui s'en vient (je fais ceci chaque année mais rien n'arrive jamais...), voici les prévisions de ma petite vie pour l'année 1971. J'ai l'intention de rester à mon emploi au service du gouvernement généreux de la province panoramique de l'Atlantique, le Nouveau-Brunswick. Au mois de juin, j'adresserai une lettre aux autorités de l'Université de Moncton afin de revenir en arrière et reprendre mes «études». Ayant 25 ans, je serai accepté à titre de «mature student». En septembre, je démissionnerai de la Commission des accidents du travail et je franchirai les portes universitaires à la recherche du savoir. J'accomplis ce geste non seulement pour des raisons «politiques» (un mouvement important de «résistance» germine au sein du Conseil étudiant afin d'œuvrer pour l'annexion des comtés francophones du N.-B. au pays-Québec) mais pour des raisons «pratiques». Je suis présentement engagé dans un véritable cul-de-sac et aux conseils de plusieurs amis sympathiques, je me dirige vers le salut!

J'ai fait la connaissance d'un type absolument exceptionnel. En m'en revenant de Fredericton par autobus trois semaines passées j'ai eu l'occasion de converser avec un jeune homme (21-22 ans) d'origine chinoise-canadienne. Nous causions en anglais, il reconnut un accent à mon anglais et me demanda de quelle origine?... Bah! Tout insulté, je riposte: «FRANÇAIS-Canadien!» Alors il accueillit cette réponse avec un joli sourire et en un français très correct: «Es-tu séparatiste?» «Oui!» «Moi aussi.» «Bon! Mais c'est bien mon tour à vous poser un tas de question!», etc., etc. La conversation fut très animée (et c'est le moins que je puisse en dire!) et en nous quittant, il me demanda mon adresse. Dans un délai de 2 jours je reçus de lui une lettre qui m'impressionna énormément... et de là un nouveau correspondant... un nouvel ami! Voici quelques informations: il est Chinois mais a été élevé à Montréal (d'où la connaissance du français). Il écrit. Il s'intéresse à la philosophie orientale, etc., etc. J'en reparlerai certainement. Il ne marche pas et pour ma part je ne l'ai pas entretenu au sujet de mes préférences sexuelles... enfin il en est pas question jusqu'ici et s'il questionne bon! je lui dirai tout simplement.

Samedi soir j'ai revu David Buttner par hasard! Il débordait de joie à ma rencontre et moi aussi. Nous avons trinqué plusieurs verres à la taverne et puis au Lounge. En me conduisant chez nous tard dans la nuit, il me donna rendez-vous ce soir... il ne s'est pas montré le nez.

Alors, quoi? Peut-être demain soir... Puisqu'il voulait me raconter un tas de choses. Il me demanda comment tu te tirais d'affaire, etc... Je réponds «Olivier Roy is the most self-sufficient person in the whole world and I am sure that he is fine at this very moment.» Pas vrai? So he sends greetings. Pauvre David pensait que j'étais parti de Saint John puisque j'avais déménagé de River Hill Drive et un(e) ami(e) (Bobby Arbeau) lui a laissé entendre que j'avais foutu le camp! Toutefois on reprend une amitié qui avait refroidi par la force des choses.

Tu diras à Ronald que c'est bien gentil de sa part de m'envoyer le bonjour. Si tu le revois fais-lui mes amitiés. Jamais, non jamais! j'oublierai cette nuit d'amour brutalement physique. Il me suivit jusqu'à ton lit et nous avons écrasé les dix commandements de Dieu sur les lieux! Mon corps vibrait sous le sien d'une volupté brûlante un cri jaillit de ma gorge en notre ensevelissement. Nuit sans sommeil! AMOUR PHYSIQUE! Enfin... Nous sommes tous des animaux et pas mieux...

Lorsque j'étais de passage à Fredericton, un ami qui «adore» Peter, Paul and Mary (do you hear me?) me fit écouter un disque intitulé *Peter, Paul and Mary In Concert*. J'ai venu du coup! Et quelle surprise d'entendre Peter Yarrow[1] chanter: «Monsieur le Président, je vous fais une lettre, que vous lirez peut-être si vous avez le temps...» *LE DÉSERTEUR*! de Boris Vian[2]! (Chanson dont la diffusion était interdite à la radio nationale française pendant la Deuxième Guerre...) Une très belle chanson d'inspiration pacifique. Je retire mes commentaires de quelques années passées au sujet de ce trio exceptionnel.

C'est tout.

Gérald Leblanc

Gérald Julien

(I did not speak of separatism, nor of Pauline Julien in this letter. However, since Madame Julien was released from jail a few days before her recital at the Place des Arts, since most French Canadians are gradually seeing Nazism on the rise with the Drapeau dictatorship in Montréal, they came out in swarms to listen to the voice of LIBERTY & LOVE & FREEDOM! I am sending critics.)

[53]

32, Summer
Saint John, NB
Le 5 janvier [19]71

Cher ami,

Je suis ému de ta lettre... simple et profonde. Il fait soleil dans ma tête. Merci.

La saison des «Fêtes» devient de plus en plus exaspérante d'année en année. J'arrive également à la faire disparaître dans un abus d'alcool. Toutefois le devoir oblige que j'aille chez moi (302, River Hill Drive) le jour de Noël. Tout s'est déroulé assez paisiblement cette année; grâce à mon père qui s'est écrasé saoûl dans son lit peu de temps après mon arrivée (toutefois il a profité de ces quelques minutes pour passer des commentaires au sujet de mes cheveux, ma politique et mon absence de religion... gentil, n'est-ce pas?). De retour à mon domicile de la rue Summer, tout était tranquille. Donc j'ai bu beaucoup de vin, beaucoup de rhum, beaucoup de whisky et beaucoup de bière (3 jours de folies... seul). Je t'avais écrit une longue lettre dans un état d'ébriété délirante, que j'ai déchirée par la suite. Un de ces jours, je promets d'envoyer une de ces longues «complaintes de l'amour et de la vie» que je compose en me soûlant.

Il est presque dix heures (du soir) et une émission au sujet du «séparatisme» doit passer à la télévision anglaise (il s'agit d'une «histoire» de l'indépendantisme de 1960 jusqu'ici). Alors je reviendrai à ta lettre suivant l'émission...

Ouais! Une très bonne émission. Objective même si elle a été préparée par des Anglais. On commence en jouant une belle chanson populaire (mais prophétique) de Renée Claude:

> C'est le début d'un temps nouveau
> La terre est à l'année zéro
> La moitié des gens n'ont pas trente ans
> Les femmes font l'amour librement
> Les hommes ne travaillent presque plus
> Le bonheur est la seule vertu...

On retrace les débuts du mouvement indépendantiste et tout cela me semble ennuyeux maintenant (j'ai changé, n'est-ce pas?). Ce que j'ai aimé, ce fut une partie de l'émission traitant des artistes qui influencent l'indépendantisme: Robert Charlebois et Louise Forestier[1] déchaînent de l'hystérie à un spectacle pour collecter de l'argent qui sera versé aux fonds des indépendantistes. Pauline Julien qui fait sauter une salle remplie à capacité sur ses pieds en chantant une chanson qui parle de liberté. Lionel Villeneuve[2], un comédien de grande envergure, déclame de la poésie, etc., etc. Je comprends de mieux en mieux la nécessité ainsi que la «fonction» (le rôle) de l'artiste au sein d'une société. Je deviens de plus en plus anti-nationaliste, mon Dieu! Tous ces slogans et ce verbiage! Plus ça change... Je m'intéresse aux individus et non au gouvernement. Tu me disais autrefois qu'une fois un gouvernement élu (fut-il fédéraliste, séparatiste, etc.) se propose de rester au pouvoir, donc il en ressort que ce gouvernement recommence les mêmes conneries de toujours. D'accord. [...]

En ce qui concerne mon ami chinois, il est reparti pour Montréal. Il n'a pas réussi à se trouver un emploi à Fredericton, ni à Saint John, donc il a foutu le camp. La veille de Noël, j'ai reçu de lui une longue lettre datée de Montréal. Il pense se diriger vers les États-Unis pendant quelque temps. Dans ses lettres il est très sincère et honnête, mais il retient quelque chose qu'il compte me faire connaître prochainement. C'est bien dommage qu'il soit parti d'ici car j'aurais aimé le rencontrer chez moi ou chez lui... un tel type est très rare par les temps qui courent. Enfin, j'en reparlerai.

J'ai reçu une carte de Noël de Claudia, s'il vous plaît. Elle a un sens d'humour éveillé, celle-là! C'est-à-dire qu'elle ne croit pas ni à Dieu ni au diable mais m'explique pourquoi l'on respecte Noël en France. Ce sont des drôles de types ces Français!

J'avais presque abandonné la lecture, mais depuis deux jours, j'ai commencé the short fiction (stories) of James Baldwin *Going to Meet the Man*, *L'exil et le royaume* (short stories) d'Albert Camus.

Well, I guess that is all for this weekly gossip column. Thanks again for your wonderful letter, it was truly «felt» by me. So in return I send you love (much love) and kisses.

Toujours, toujours, toujours *ad nauseam*
Gérald

P.S. Would you please comment on F. Steegmuller's[3] book of Cocteau? You mentioned you had it and if you recommend it, I will get it.
Nina Simone turns me on (especially her last LP *BLACK GOLD...*). Je fréquente un Noir (ne juge pas... Ce n'est vraiment pas sérieux...). Une amitié avec un peu de sexe... Superficial relationships are in this year, which means I am not fooling myself (or I am trying not to fool myself). Masturbation à deux. Everything is so idiotic. Fuck!

[54]
32, rue Summer
Saint John, NB
Ce 24 janvier 1971

Mon très cher Olivier,

J'espère que ton mal de gorge s'est amélioré... et considère-toi chanceux que tu n'as pas attrapé pire! D'après les sondages de *Time* magazine, le pourcentage de maladies vénériennes est à la hausse! Alors fais attention de ne pas être la prochaine victime de la syphilisation américaine.

Tu t'es épris d'un jeune homme sans cerveau! Encore une fois, fais attention. Je crois y reconnaître les symptômes du certain âge (middle age, dear)... c'est-à-dire, les symptômes de ces américaines célibataires d'un certain âge qui courent les jeunes hommes à la recherche d'une dernière chance à l'amour (un peu comme *The Roman Spring of Mrs. Stone*[1]). Actually I am laughing to myself... this type of thing normally happens to me... I hope you're back to your sensible, philosophical self very soon... bitch.

Pour ce qui est de mon amitié avec John le beau et intelligent Chinois, doux Jésus!! il est rendu à La Jolla (San Diego), California! J'admire un jeune homme qui peut se déplacer avec autant de facilité. Il compte se rendre en France cet été ou à l'automne. Je le crois! Ses lettres me font toujours un énorme plaisir. Pleines d'humour autant que d'intelligence et de sensibilité (il m'écrit des lettres entières en FRANÇAIS, lui, un Chinois qui a été à l'école anglaise, mais il respecte le pays d'accueil, le pays-Québec). D'après ce que je peux comprendre, il ne marche pas du tout. Il s'est ouvert très explicitement au sujet de sa vie sentimentale alors hier je lui écrivais en lui avouant mon orientation sexuelle (je dois bien respecter sa franchise et en faire autant). De quelle façon va-t-il réagir? Je l'ignore... C'est-à-dire, je doute fortement qu'il s'évanouisse à la nouvelle mais enfin, je ne sais vraiment pas...

Je suis heureux d'apprendre la libération probable de David M. Tu sais, j'ai toujours eu un point sensible à son endroit (instinct maternel?). Il me semble mal parti dans la vie, et rien ne va plus pour lui. Sa vie sera probablement une série d'incarcérations, d'emmerdements et de malchance. (He is probably a Capricorn.)

Notre démocratie dégringole. La « crise » FLQ nous a montré où nous en sommes. D'après moi, on a des droits civils ou on n'en a pas. Évidemment au Québec on n'en a pas. Et voilà, les procès « FLQ » sont commencés. Chicago Seven. The same fuckin' thing as Chicago Seven. Voici un extrait du procès de Michel Chartrand[2], le leader syndical (union leader, dear...my, you're going to have to do something about your French...), d'après *La Presse*:

> Michel Chartrand demanda au magistrat si c'était lui qui allait présider son procès.
>
> – C'est-y vous ou c'est-y pas vous? Je veux le savoir.
>
> – Et si c'était moi, que feriez-vous? a demandé le juge.
>
> – Eh! bien, je vous le dis tout de suite, je vous répudierais, et je vous demanderais de vous récuser et pour des raisons que vous savez. Mais vous voulez que je vous le dise, je vais vous le dire. Vous êtes préjugé, vous êtes partial, et vous êtes fanatique. Vous avez menacé (Robert) Lemieux[3] hier, mon co-accusé. Vous avez parlé contre Jacques Larue-Langlois, mon co-accusé. Vous avez condamné (Pierre) Vallières[4] pour mépris de cour et c'est encore un de mes co-accusés.
>
> – Outrage au tribunal, déclara alors le juge Ouimet. Ce n'est pas moi qui vais vous juger, mais un jury.
>
> – Oui, mais moi je me sentirais lésé, et je ne voudrais pas qu'un jury soit

ennuyé par vous. C'est facile, vous devriez tout simplement avoir la décence de vous récuser. C'est tout ce que je vous demande.

– Deuxième outrage au tribunal, déclara le juge Ouimet.

– Comique, gros comique, rétorqua Chartrand.

– Troisième outrage, déclara le juge.

À ce moment-là, deux policiers empoignèrent Chartrand pour l'emmener hors cour, mais ce dernier leur résista vivement en criant: « C'est pas vous autres le juge. Christ!, laissez-le au moins me condamner. »

– Quatrième mépris de la cour, un an de prison, trancha le juge.

– Vas-y mon blond, cria Chartrand, quatre mépris, cinq mépris. Mets-en des condamnations...

Alors qu'on entraînait Chartrand dans les cellules, il lança finalement: « Infect personnage. Pouilleux! Viens voir dans quel trou ils nous mettent, toi qui te vante d'avoir visité des centaines de prisons ».

END OF ACT I.

Ça fait peur n'est-ce pas? Et Chartrand est INNOCENT! IL N'EST MÊME PAS MEMBRE DU FLQ!!!!! Où est le grand défenseur des droits civils, le grand PET Elliott Trudeau? Il se vante. Il refuse d'enlever la loi d'exception. Il se moque des Québécois. Michel Chartrand et PET Trudeau étaient grands amis en 1940-50, ils œuvraient dans des manifestations pour les droits des travailleurs! Chartrand travaille toujours dans les milieux ouvriers (il est un peu marxiste) mais PET la tapette est à Ottawa. Il a quitté le pays-Québec et pris la dictature de tout le pays, le maudit salaud. Dieu merci qu'il y a une Pauline Julien dans le pays-Québec. Les autorités l'ont sacrée en prison elle aussi, mais ayant peur du scandale (il y a déjà le scandale, mais ils craignaient l'aggraver) ils l'ont libérée. Ils ont peur de Pauline Julien au Québec et à Ottawa, comme ils ont peur d'Angela Davis aux États-Unis. PAULINE JULIEN EST UNE FEMME LIBRE! Et le gouvernement a peur des gens libres. Je déteste les gouvernements totalitaires, et le Canada en est un. Comme je disais, Dieu merci pour Pauline Julien. Elle et Gilles Vigneault et Georges Dor, Charlebois, etc. Les poètes, les comédiens, etc. donnent des récitals et les profits sont versés à la défense des prisonniers POLITIQUES. (Michel Chartrand, Pierre Vallières, Charles Gagnon[5], Jacques Larue-Langlois et Robert Lemieux.) As Madame Julien said on national television when she was asked how she (and her children 15&18) felt about being arrested: « Well, you know they have not their eyes in their pockets, you know. So they can see how we really need a change to finally get a true democracy in Québec. » Ainsi soit-il. So be it. Amen.

Enough. Melina Mercouri était à la télévision ce soir. Elle a chanté en français of course. Une chanson de Grèce (where she is barred). Elle a pleuré... Le français est la plus belle langue au monde.

Bonsoir.

Amour & liberté

Gérald

As soon as they remove the War Measures Act I'll send you the FLQ manifesto.

[55]
Le 2 mars 1971

Cher Olivier,

Je te prie de m'excuser pour ce délai à t'écrire. Les choses marchent mal ces temps-ci. Je ne sais plus où me mettre la tête. Toutefois, je suis heureux de t'apprendre que j'ai donné ma démission effective le 2 avril. Ce qui veut dire que le 2 avril je pars de Saint John. Pour Bouctouche. Peut-être j'irai travailler à Moncton. Peut-être je ne travaillerai pas du tout. J'ai l'intention de passer l'été à Bouctouche pour soulager mon angoisse et mes tourments. À l'automne, je déménagerai peut-être à Québec mais pour le moment, je ne pense pas à l'automne. Je pense à partir d'ici, et mon rêve sera réalité le 2 avril.

John, ce gars si humain, si intelligent (le Chinois) m'écrit régulièrement (3 lettres la semaine dernière !). J'ai un tas de choses à te dire au sujet de lui.

Je retourne à 302, River Hill Drive. Écris-moi à cette adresse. J'essayerai de t'envoyer une lettre avec un peu plus de bon sens au cours des prochains jours.

Je t'embrasse tendrement sur la bouche parce que je t'aime beaucoup et je pense très souvent à toi.

En attendant la délivrance, je demeure tout fou, tout idiot et plein d'amour... pour qui???

Gérald

[56]
302, River Hill Drive
Saint John, NB
Le 9 mars 1971

Très cher ami,

Que dire de ton émouvante lettre? Tu es un véritable mécène. Toutefois malgré le désir que j'ai d'écrire des romans et des poèmes et malgré mes prétentions artistiques, je demeure avant tout un individu très déséquilibré. Cette maudite paranoïa dont je souffre n'est pas «poétique» mais très «réelle». Je fous le camp à Bouctouche, le dernier refuge (et le seul refuge peut-être) parce que ma santé mentale va craquer. C'est pour cela avant toute chose, je ne peux pas me leurrer là-dessus, que je retourne à Bouctouche. Bien sûr, je compte écrire un roman. Au sujet de l'Acadie. J'ouvrirai les plaies et les tourments de la collectivité acadienne en 1971 et j'y camperai un personnage qui ressemble drôlement à Gérald Leblanc (en réalité ce personnage a cessé d'exister en 1945, le jour de sa naissance, et il n'est que le produit d'une imagination déchaînée). Mais les événements qui ont précipité mon départ du 2 avril sont d'ordre émotif. Cette fuite, certes, était inévitable. Toutefois, il est dommage que je doive souffrir comme je le fais présentement. Mais j'ajoute que cette fois, mon séjour à Bouctouche me permettra de me rendre au bout de la folie que je vis depuis plus de 3 ans. (Il n'y a plus de Bob dans ma vie, et je ne sors pas d'un trou pour sauter dans un autre.) Je ferai un examen rétrospectif de ma vie, et je m'attends à y découvrir des vérités troublantes au sujet de ma vie. Toujours est-il que c'est nécessaire. Il m'est impossible d'être objectif ou même réaliste à Saint John. J'ai essayé et je n'ai pas pu.

Comment vas-tu te rendre à Bouctouche? Par avion jusqu'à Moncton? Si tel est le cas, je pourrais bien te rencontrer à l'aéroport de Moncton et nous voyagerions par autobus de Moncton à Bouctouche (45 min.). Combien de jours vas-tu passer parmi nous? À Moncton il y aura peut-être du théâtre (on représente *Les chaises* d'Eugène Ionesco ce mois-ci), des films français ou un chansonnier québécois. Nous tâcherons d'assister à quelques spectacles. Toutefois, prends soin de m'informer pour combien de temps tu seras ici, et l'heure de ton arrivée parmi les Acadiens. Cela me fait tellement plaisir de savoir que nous nous retrouverons à Bouctouche!

Je n'écrirai rien au sujet de John Jear (le Chinois) puisque je pourrai te raconter cette histoire à Pâques. Peut-être sera-t-il parmi nous! Je ne le pense pas, mais il parle de venir faire un tour au N.-B. avant l'automne et avec un tempérament comme le sien (artiste) on peut s'attendre à n'importe quoi.

Bon. Olivier j'ai mille choses à dire mais je n'ai pas la force ni le courage peut-être en fin de semaine j'écrirai. Toutefois, j'ai hâte de te revoir.

Amour et amitié,
Gérald
L'éternel écervelé

[57]
Le 23 mars 1971

Cher Olivier,

I am leaving Saint John on March 26th, instead of April 2nd as I had mentioned previously, and for reasons that you know. I am sorry about my last letter. It really wasn't even a reply to the very heart-warming letter you sent me. Going out of one's mind sometimes gets one down. However you know me well enough to understand. Now that I am leaving for Bouctouche I am getting a little scared that nothing will happen... I mean, that I will accomplish nothing. In a way, leaving Saint John, even if for the wrong reasons, was a step in the right direction...

Alors à compter d'aujourd'hui je te prie d'adresser toutes correspondances à l'adresse suivante:

Gérald Leblanc
Case postale 234
Bouctouche
Comté de Kent, NB (comme autrefois...)

Please let me know when you are coming down (or have you changed your mind?).

I need to see you very much.

Gérald, l'Acadien aliéné

[58]
Bouctouche, NB
Le 29 mars 1971

Cher ami,

Bon! Me voilà installé de nouveau au pays des bûcherons et des pêcheurs. Je reprends les paroles d'une certaine Pauline Julien qui chante *Un nouveau jour va se lever*. Alléluia!

Ta courte lettre me confirme notre prochaine rencontre. C'est dommage que tu ne seras pas ici (à Moncton) le 6 avril puisqu'Yvon Deschamps[1] est en spectacle. Tu ne connais pas monsieur Deschamps le monologue (iste?). Un talent de comédien, satiriste sans pareil. J'ajoute qu'il a travaillé pendant un certain temps avec Robert Charlebois, ensuite avec la muse de la résistance au colonialisme canado-américain, madame Pauline Julien. Yvon Deschamps est un phénomène culturel du pays-Québec. J'en reparlerai.

In answer to a question: does Bouctouche have a hotel? Oui.

Le «Bouctouche Bay Inn» (ça fait français, ne trouves-tu pas?) et un motel (Hilltop). Je ne connais pas le prix d'une chambre ni à l'hôtel, ni au motel. Toutefois, ton père (ou la tante Marguerite) n'aura certainement pas de difficulté à te loger. Dans les circonstances où tu serais mal pris, je peux t'offrir un coin de ma paillasse. On verra.

J'ai présenté quelques demandes d'emploi à Moncton et je ne sais pas comment j'arriverai à me tirer d'affaires. J'ai quelques sous pour assurer ma subsistance jusqu'au mois de mai ou juin (à condition que j'économise et moi, l'économie... hélas! l'économie n'est pas mon fort). De toute manière, si je me trouve de l'emploi à Moncton, je demeurerai à Bouctouche en voyageant matin et soir à mon travail.

Depuis vendredi je ne fais rien. Ma correspondance traîne depuis plusieurs semaines et je dois me relever vite! Donc, j'ai commencé en t'écrivant et ce soir, comme autrefois en 1967, j'écrirai tard dans la nuit. Je vais reprendre mes lectures et j'ai réellement l'intention de mettre un roman en chantier (titre provisoire: *L'Acadie! L'Acadie!*)... beaucoup de plans, un peu d'optimisme, enfin...

Alors, point final à cette courte lettre. Je retiens tous mes grains de sagesse jusqu'à notre prochaine réunion. Aie soin de m'écrire avant ton départ.

Toujours
Gérald

David Buttner est déménagé à Ottawa. Je dois lui écrire ce soir et je lui ferai tes amitiés. Salut!

[59]
Bouctouche
Ce dimanche 9 mai 1971

Cher Acadien exilé,

Il y a un bon moment que tu es parti d'ici et je dois bien me décider à te faire une lettre. Je veux te dire premièrement que le jour de ton départ (le vendredi) il a fait soleil toute la journée! La température n'est pas le diable meilleur mais nous voyons le soleil un peu plus souvent.

J'ai bien reçu le livre de Cocteau par Francis Steegmuller. Par la force des choses, j'en ai seulement lu 100 pages jusqu'ici (j'ai lu jusqu'à la correspondance de Cocteau avec Stravinsky). Le livre me semble extrêmement bien documenté ainsi que bien écrit, mais je n'ai pas eu le temps de m'asseoir assez longtemps afin de terminer la lecture de cette biographie. Je tâcherai d'y mettre un peu plus d'effort au courant de cette semaine.

Qu'ai-je fait ces dernières semaines? Eh bien je me suis rendu à Moncton quelques fois dans le but de me trouver un emploi qui me conviendrait. Inutile d'ajouter qu'il n'y a rien du tout. Ensuite, mon ami Jean-Clovis Collette, ainsi que Léo Leblanc, sont revenus de l'Université de Moncton après avoir écrit leurs examens finaux. Donc, j'ai passé quelques soirées avec eux...

J'envoie avec cette lettre 2 exemplaires du *Last Post* que tu aimes ainsi qu'un exemplaire du *Mysterious East*. En ce qui concerne le *Myst East*, je l'envoie parce qu'il y a quelques articles au sujet de l'Acadie qui sauront peut-être t'intéresser. Alors, bonne lecture.

Cher ami, tu auras bien l'obligeance de me faire part de tes réflexions sur ton « expérience acadienne »; réflexions que j'attends avec impatience. Je t'écrirai une lettre avec plus de détails au sujet de ce qui m'arrive au cours des prochains jours.

Avec toute mon amitié,

Gérald

(putain paranoïaque)

N.B. Si tu as encore la critique du *White Niggers* de Pierre Vallières, aurais-tu l'obligeance de me l'envoyer si possible?

[60]
Bouctouche, le 7 juin 1971

Cher « ami »,

Bonjour ! Je ne sais plus très bien où commencer mais puisque tu me connais bien, je me lance dans la polémique. Ta lettre m'a fait plaisir, tes impressions de Bouctouche sont « assez » justes, mais ce que je n'accepte pas du tout c'est ton petit numéro « Regarding the business of Acadie: I do not think there is ever the possibility of Acadie joining Quebec if it should separate from the Confederation. The culture and language are lost: indicative by Tante Marguerite saying: "On a fait la chicanerie avec la langue." At that moment I realized there is no hope for Acadie: that it has a brand-new university is simply the last kick of the nervous system after the patient is dead. » That is the most supercilious, unfounded bit of rubbish since the late François Mauriac's *Bloc-notes*. This is the 3rd time I've started this letter. I'm so overcome by your flippant comment and beside my natural vindicative temperament I feel rage, hysteria, laughter, depression, etc. I had written in French but fearing that you might not grasp everything I wish to say I'll answer en anglais so there will be no <u>équivoque</u> or <u>ambiguïté</u>.

First: there are hundreds of things you do not know about « French Canada » starting with « l'Acadie ». When I mention l'Acadie I no longer mean N.B., Nova Scotia (where the Acadiens first settled), etc. I mean 5 French speaking countries which are neighbouring Quebec: Madawaska, Restigouche, Gloucester, Northumberland and Kent. Acadie is a <u>myth</u>. It does not exist, there are no land marks (geographic lines)... there is only 200,000 French speaking individuals who are now educated with Québécois text books in school, Québécois television, radio, music, literature, etc. and who are Québécois (or rapidly becoming Québécois). The new generation is more « French » than their parents. They are also becoming MORE educated and when the time comes (and has come for some) to make the choice between Québec or Canada... Well obviously you know where the sympathies go.

Second: Tante Marguerite saying: « On a fait de la chicanerie avec la langue». Jésus Christ. Of course! But (there is always a but) people of her age in QUÉBEC (the silent majority) say the SAME THING. Do you think most Québécois over the age of 50 wish independence (save for a few patriots... but even we have them)??? Of course not. However does that mean that there will be no independence or revolution? Nonsense. Such short-sightedness on your part amazes me. When the time comes for «l'Acadie» to join Québec Tante Marguerite will not decide, nor my nose-picking father, nor my mother, ni Monseigneur Allain. But les JEUNES will. US.

Third: the University. It is only 5 years old and already in 5 years about 30 professors have been fired and 100 to 150 students were «expulsés». Do you think people like this: leave University and give up the fight? Last year for e.g. in Caraquet, a government wharf was burnt along with 2 or 3 schools. In Bouctouche a government garage was damaged for over $10,000 in protest over government's policies. Ex-students throughout the north are organizing this violence and putting it on the right channel. It was to your disadvantage that you could not meet people I love and see here: Jean-Clovis Collette, Léo Leblanc, etc. They were writing exams as I told you. These people know more about it than I do because I left for 6 years but they're living here, thinking, writing, and finding out «truths». I have come home again and what I see thrills me.

Fourth: the language is dead. Where? In Moncton? Yes. In Saint John? It never existed. But in Kent County for example 10 years ago it was 90% French 10% English. Now (in 1970) it is 95% French 5% English. So the trend is going in the right direction. As I told you education, television, etc. is ameliorating the quality of la langue and the young speak better than their elders.

Fifth and most important: culture. From language (qui est le sang de la pensée) we go into ART. As I said since we are being «fed» culturally by Québec, we will be greatly influenced by them but our writers, painters, singers are finding their own voice. In 1965 New Brunswick (French N.-B.) had Antonine Maillet[1] who published 2 novels and 1 play, Ronald Després[2] who published 1 novel and 3 books of poetry, and 2 or 3 others «minor» writers. Claude Roussel[3] is an exceptional painter (with a national reputation) and he is teaching art at l'université. We had a few singers like Édith Butler[4] who has made quite a name for herself in Québec and last year in Osaka, Japan.

In 1971. The number of poets, writers, painters and chansonniers here is INCREDIBLE!!!! I am enclosing poems here by Raymond Leblanc[5] who is nothing short from a mad genius who will be published in the fall (I got poems from a friend), also Roméo Savoie[6] a poète-chansonnier. Pierre Godin[7] had a novel published last month called *Cinq ans de trop*; singers like les Gélélou[8], Donat Lacroix[9], Benoit Duguay[10] are almost as well-known (and appreciated) in Québec as here. And from Claude Roussel's art school come originals like Herménégilde Chiasson[11], Edouard Léger[12], Claude Picard[13], etc. Finally, last year at the University they had a <u>NUIT DE LA POÉSIE</u> where local (Acadien) poets read and sang their poèmes from midnight to 6 A.M. The auditorium was packed and close to a hundred «poets» READ. (Fuck! you couldn't find enough poets in Boston to read one by one poems for 6 hours.) Alors, «Acadie» is alive, very, very sick, but recuperating from a long illness of 200 years. However, some doctors have amputated several limbs like the Church and they are now trying to do a government (heart) transplant. The body seems to be ready.

So much for «Acadie». Now «Acadie» can say: «Olivier Roy qui c'est ça???» (Of course, Olivier being as «têtu» as I am, this will in no way change your «opinions», will it? So I can very humbly add «Go fuck yourself»...) Besides Robert Charlebois has answered that he will be making a film with les Acadiens also (I think I told you about this, non?).

Speaking of Charlebois. He is now singing a beautiful song called *Chu tanné* (I'm bored)... Les paroles sont de Réjean Ducharme (*L'avalée des avalés*). C'est une chanson exceptionnelle. Il l'a chantée à Radio-Canada (TV) 3 semaines passées et la chanson a été censurée 4 fois (blipped). Merveilleux, n'est-ce pas?

Bon! Tu me demandais ce que je faisais. Toujours la même chose, hélas! Je ne travaille pas et j'aimerais tellement me trouver un emploi convenable... C'est-à-dire, si j'arrivais à décrocher une position qui me plairait, j'accepterais bien vite puisque mes fonds baissent et bientôt je me verrai obligé de travailler par manque d'argent et à ce moment-là je devrai sans doute faire un travail que je déteste. (What a long sentence! Proustian... (ahem.))

En attendant la situation «idéale» dans le domaine du travail, je lis de plus en plus. En effet, je lis «trop» (pas du tout... c'est la première fois depuis des siècles que j'ai tout ce temps à ma disposition, alors j'en profite et je lis continuellement...). Mes lectures sont variées, romans, poèmes, etc., etc. J'ai commencé à faire des «études» en philosophie.

Pour ce qui est des romans... les plus intéressants sont *Les apparences* de Marie-Claire Blais, *Papa Boss* de Jacques Ferron, *Le portrait de Dorian Gray* d'Oscar Wilde, *Voyage au bout de la nuit* de L.-F. Céline, etc.

Les apparences sont de Blais, le troisième volume de la trilogie *Manuscrits de Pauline Archange*. Dois-je te dire qu'il s'agit d'un chef-d'œuvre? On y retrouve le génie de Blais dans son univers de poésie délirante. Pauline (Archange) a grandi, elle travaille dans un asile avec des patients mentaux, ensuite dans un monastère rempli de frères «exaltés»! Alors, Pauline continue son «voyage de la vie», elle demeure étrangère dans cet univers hostile et se «délivre» en écrivant.

Papa Boss de Jacques Ferron est un court roman de 190 pages... L'un des meilleurs que j'ai lus. Il s'agit d'une allégorie, une satire sur la «situation» québécoise. La trame du roman va comme suit: un matin un ange apparaît à une Montréalaise qui est dans la baignoire (l'Annonciation!). Le but de cette apparition, c'est de donner le message de Papa Boss. Et qui est Papa Boss? Celui qui dirige la Ass-hold Finance [*sic*], le dieu tout-puissant de la haute finance «le plus-value de la vie, profit clair sur toute l'existence, quintessence éternelle d'un capital humain et périssable, richesse des pauvres et tout-puissant de l'impuissance»!!! Ce Papa Boss s'insinue dans l'existence de la pauvre femme, détruit son entourage, assassine son mari, etc., etc. et enfin lui annonce qu'elle enfantera un enfant-monstre. Quel tour de force! Jacques Ferron se classe parmi les plus grands écrivains non seulement du Québec, mais de tout l'Univers! Son style ressemble à Rabelais et Voltaire, tout en demeurant bien québécois et sans joual. Un humour cocasse; un auteur en pleine possession de ses moyens créateurs. Si ce livre n'appartenait pas à la bibliothèque de Moncton, je te l'enverrais. Tu en raffolerais certain!

Je mentionnais Jean-Clovis Collette plus haut. Il est dommage que tu n'aies pas pu rencontrer ce sympathique et intelligent monsieur. Trois ou quatre fois la semaine, nous nous rencontrons pour discuter de nos lectures, nos projets, etc. Monsieur Collette est très politisé et afin de me rafraîchir la mémoire, j'ai relu les *Nègres blancs d'Amérique* de Pierre Vallières. Ma deuxième lecture augmenta mon estime de ce livre-témoignage. J'irais jusqu'à dire qu'il est essentiel pour quiconque désire mieux connaître le Québec et le problème du Nègre blanc. Le livre de Vallières ressemble (ou rappelle) souvent *Soul on Ice* de Cleaver, mais il va plus loin. Tu sais, Olivier, Vallières connut très bien l'Éminent Pierre (Peter) Elliott Trudeau et nous voyons clairement pourquoi Elliott Trudeau est aujourd'hui dictateur. En travaillant avec Elliott Trudeau, Vallières se rendit compte que ce fameux «libéralisme» ne s'applique qu'à sens unique (one way)... de la direction de Pierre bien sûr. Je ne comprendrai jamais pourquoi tu estimes ce salaud, cet hypocrite. (E.g. il se dit contre la guerre au Viêt Nam, mais chaque année il vend des armes et du napalm made in Canada pour des millions de dollars aux Amérikains et je ne lui pardonnerai jamais, jamais l'incarcération de Gaston Miron et Pauline Julien et 448 autres et 5000 perquisitions et l'occupation du Québec par les forces armées, etc.)

Tu devrais voir les émissions de Radio-Canada pendant la saison estivale! Des interviews avec Jean Cocteau, Marcel Arland[14], etc. des films de Godard (*Les carabiniers*), Cocteau (*Le sang d'un poète*), Max Ophüls[15] (*Lola Montès*) et québécois (12 films) alors j'ai tout le programme et je m'attends de voir de très bonnes émissions.

Mon correspondant chinois a dit qu'il m'enverrait un «paper» qu'il avait fait sur le confucianisme et je t'en ferai parvenir une copie lorsque je l'aurai reçu.

Claudia Major m'a écrit, elle m'a dit de te dire bonjour et qu'elle t'écrira.

Eh bien! C'est tout!

Écris-moi et raconte-moi tes «experiments» avec le système d'éducation américain.

Toujours

Gérald, l'énergumène

[61]

Bouctouche
Comté de Kent, NB
Le 3 juillet 1971

Cher Olivier,

En réponse à ta lettre philosophique.

Je ne conteste pas la véracité de tes arguments; des arguments, il faut bien l'avouer, très nobles ou «very righteous» comme vous dites en anglais. Toutefois dans ma dernière lettre je ne voulais pas démontrer un nationalisme débridé mais tout simplement expliquer brièvement (ce que je n'ai pas tout à fait réussi si je dois en juger par ta réponse) que nous existons. Alors nous existons. Et après? Je tâcherai de m'expliquer au cours de cette lettre (en tenant compte de ta lettre en tout temps).

Au préalable, entendons-nous, si tu le veux bien, sur ma terminologie:

Politique: le rapport entre les êtres humains (ceci n'a rien à voir au verbiage assommant de PET Trudeau, des René Lévesque, des Richard Nixon *et al.*)

Québécois-Acadiens: un peuple homogène qui forme une partie de l'ensemble... l'ensemble étant l'Univers.

❖

«je dis que la disparition d'un peuple est un crime contre l'humanité, car c'est priver celle-ci d'une manifestation différenciée d'elle-même* »

---

* [Note en bas de page] Gaston Miron, *L'homme rapaillé* (p. 124)

Tu n'es pas sans savoir que nous traversons une période mouvementée et, pour tout dire, décisive. Nous avons pris conscience de l'Univers; il nous reste à décider si nous voulons évoluer avec l'Univers. La question est posée. Choisissons l'évolution. Alors voilà que les structures actuelles sont un obstacle, une entrave à notre évolution à titre d'êtres humains. Nous ne possédons pas les moyens nécessaires à notre langue et notre culture donc, à notre pensée. Il va de soi que nous n'avons pas les moyens de nous réaliser. Certains (les PET Trudeau) vont prétendre que nous pouvons nous réaliser dans le *statu quo* d'un système où aucune motivation (socio-économique ou autre) ne vient rendre nécessaire la pratique de notre culture. Nous voilà donc l'objet d'un processus d'assimilation par la voix légaliste (le *statu quo* structurel) et démocratique (le rouleau compresseur majoritaire... qui n'est pas du tout intéressé à des individus conscients). Alors la question revient sur le tapis: comment allons-nous évoluer? Ou serait-il mieux de nous laisser assimiler? Avoue que ce serait lâche. Ce serait la négation de notre humanité première. Nous devons évoluer. (J'ai parlé de tout cela avec Jean-Clovis Collette; et je lui ai montré ta lettre qu'il n'a pas aimée du tout, d'ailleurs. Enfin, il m'a donné une citation qui s'applique assez justement à notre situation.) Et voilà:

« Personnalisme. Le premier objet qui doit attirer l'attention d'un technicien de l'Énergie humaine, c'est d'Assurer aux noyaux humains pris isolément, leur maximum de consistance et d'efficience élémentaires. Parfaire les individus, de manière à conférer à l'ensemble son maximum de puissance, telle est la marche à suivre pour le succès final de l'opération.˙»[1]

Pour ma part, je rejette volontiers le nationalisme. Cette religion désuète. Je m'affirme avec tous les hommes depuis Bouctouche. C'est rigolo? Pas du tout. En fin de compte, nos problèmes sont aussi les vôtres: nous vivons sous le même règne. Les gouvernements, les frontières, les nations sont tous des entraves qui essayent d'empêcher les hommes de devenir frères, de se reconnaître. Je rêve du jour où les

---

˙ [Note en bas de page] Pierre Teilhard de Chardin. *L'énergie humaine* (p. 159)

hommes parleront tous le même langage; non le français, ni l'anglais, ni le russe; mais le langage de la dignité humaine. Et pour terminer:

> Everything is a description of the Event. (...) This is the purpose of this letter to describe the Event. It is the Event describing itself.[*]

❖

Passons aux choses sérieuses. (!) Depuis le 26 mars je ne fais absolument rien, autrement dit, je ne suis pas <u>utile</u> à la société. Et quel dommage, n'est-ce pas?

Je dispose de beaucoup de temps que je dépense un peu follement. Mais enfin, puisque la perfection n'est pas de ce monde, fut-il leibnizien, je fais de mon mieux. Alors, je lis beaucoup. Et j'améliore mon français (c'est-à-dire je me débarrasse des anglicismes superflus qui s'y étaient infiltrés au cours des dernières années et ceci est à mon actif. Pour reprendre une idée de George Orwell: «Sloppy language make for sloppy thought[2]»). Mon roman ne progresse pas, cependant.

Que faire? Eh bien voilà. Environ trois semaines passées je recevais un dernier paiement du bureau où je travaillais. La pitoyable somme de 500,00$. Demeurant fidèle à mes lâches habitudes, j'en ai déjà dépensé la moitié (ou presque). Vraiment, je compromets dangereusement ma situation de bon vivant. Je devrai bientôt songer à la prostitution de mon talent... je devrai m'agenouiller au Bureau de la main-d'œuvre et ça, c'est déprimant en maudit. Je ne me sens pas capable de reprendre un travail de bureau, neuf à cinq. Ça c'est une histoire à faire dormir debout. On se dirait en plein roman de Kafka dans ces conditions-là...

Il se présente deux alternatives et je ne sais trop quoi faire. Primo: comme je viens de le dire, je peux me remettre à la recherche d'un emploi, ce qui m'enlève presque le goût de vivre. Secundo: je peux être admis à l'université. Cela me semble le moindre des deux maux. En allant à l'université, le gouvernement me fera vivre puisque j'ai maintenant 25 ans et je suis chômeur (shshsh! pas trop fort, c'est un mot qui

---

[*] [Note en bas de page] Joseph Olivier Roy, correspondance à Gérald Leblanc (le 27 déc. 1970) (inédite)

fait horreur au gouvernement). Donc, l'université. Ce serait amusant, mais du moins je pourrais manger... et manger 2 repas par jour c'est essentiel, tu sais, ne te laisse pas faire dire autrement. Je pourrais suivre des cours en éducation (quelle blague) ou en service social (cela pourrait m'être utile). Enfin, je dois me décider bien vite...

Olivier, mon vieux, demeures-tu chez vous à Leominster? Et dans l'affirmation, quelle est ton adresse (j'oublie)? Un de mes amis, Léo Leblanc, sera à Waltham et Boston pendant les mois de juillet et août et j'aurais aimé que tu fasses sa connaissance. J'ignore son adresse puisqu'il n'a pas encore écrit, c'est-à-dire il est seulement parti mercredi dernier, et je ne sais pas si je devrais lui donner ton adresse, que je ne connais pas, mais si tu le veux bien.

Léo est un jeune homme de 21 ans qui a terminé son baccalauréat en avril et il fera la classe l'année prochaine. Il s'intéresse beaucoup à la littérature, il parle un français on ne peut mieux, il est sympathique et son seul défaut, si on peut dire défaut, c'est qu'il est un peu naïf (pas au sens péjoratif du mot, au contraire, je lui porte une grande amitié). Il manque d'expérience. Aussi il a besoin de rencontrer des gens comme toi, un érudit en philosophie et en sciences humaines. Il habite Bouctouche depuis son enfance et ses premières rencontres mondaines furent à l'Université de Moncton avec un groupe de Québécois-Montréalais. Alors je ne vais pas me lancer dans la biographie ce soir et d'ailleurs tu pourras juger ce spécimen de l'Acadie-Québec toi-même. J'ajoute toutefois qu'il aime les hommes. (Il est aussi extrêmement anti-clérical, anti-catholique... bon assez!) Bon! Qu'est-ce que tu en penses? Serait-il préférable que tu aies son numéro de téléphone afin de l'appeler auparavant ou dois-je lui donner ton adresse (si tu me l'envoies) et il pourra te payer une visite, ou un rendez-vous fixé? Je lui ai déjà parlé de toi (souvent) alors il sait à quoi s'attendre (????).

Oh! J'ai une grande nouvelle! Eh bien, j'exagère un peu... et disons qu'il s'agit d'une « nouvelle » qui ne te surprendra pas. Le cousin Gilles entre dans un monastère. À quelques miles de Montréal (dans le voisinage de Longueuil). Sa mère m'apprenait la « bonne » nouvelle la fin de semaine dernière. Lorsque maman me demanda ce que je pensais, j'ai répondu tout calmement que «si rien d'autre, il apprendra à bien parler français».

Je lis présentement *Éros et civilisation* de Herbert Marcuse[3], *Connaissons-nous la Chine?* d'Étiemble[4] (exceptionnel), *La littérature et le mal* de Georges Bataille.

Bon! je suis fatigué... oh! j'ai le nouveau disque de Robert Charlebois (et aussi celui de Pauline Julien) et il y a deux chansons de Réjean Ducharme là-dessus! Exceptionnel! Je t'enverrai les paroles dans la prochaine lettre.

Écoute, mon vieux, tâche d'écrire plus souvent, tes lettres me manquent beaucoup.

Avec toute mon amitié,

Gérald, l'Hostie crémeuse...

[62]

Bouctouche, NB

Le 31 juillet 1971

Mon très cher Olivier,

Je me rends compte d'après ta lettre que la vie nous réserve toutes sortes de surprises... appelez cela sartrien ou kafkaesque, hélas! cela devient de plus en plus commun chez les habitants de la planète en 1971. Pour ma part... eh bien, tu connais déjà l'histoire. Je me rappelle du soir où [...] tu as dit: «It is useless for you and I to take anything (drugs) for a "high" since we are always high from the moment we wake. If anything we should take something for a "down".» Incroyable, lorsqu'on y pense. Ta lettre m'a fait un drôle d'effet... En la lisant, j'ai tressailli et un long frisson me parcourait le dos, je sentais le mur s'approcher et aussi un peu de nausée (!!!). Je ressentais une panique à l'idée que tu étais peut-être en danger... ou en train de devenir complètement fou... Il m'est difficile d'exprimer ce sentiment. Enfin, tu arriveras peut-être à comprendre plus clairement (à élucider) ce qui t'arrive.

Si tu penses ta crise «religieuse», je t'assure que les miennes n'ont rien à voir avec la «religion». J'en souffre moins maintenant, depuis que j'habite Bouctouche. Cependant, je ne suis pas dupe, sachant que la FOLIE veille constamment à mes côtés. Il y a deux ou trois soirs passés, mon cher ami Jean-Clovis Collette m'a payé une visite et l'on parlait de nos «crises». Il me raconte que parfois pendant ses «crises», il doit se lever, ouvrir le «medicine cabinet» (où se trouvent toutes les pilules, etc.), le refermer pour ensuite se convaincre lui-même, s'obsédant que la porte du cabinet ne peut plus s'ouvrir, et il se couche dans le tourment... Quelle chienne de vie! Comme je disais plus haut, je souffre un peu moins de paranoïa et de schizophrénie à Bouctouche (je peux me contrôler un peu mieux) mais aussitôt dans une ville: DANGER ZONE. Toi, Olivier, j'ai hâte que tu finisses ton collège afin que tu puisses venir t'installer au Québec, au Mexique, au Japon, n'importe où pourvu que tu sois à la campagne. Les villes n'existent que pour les abrutis, les débiles mentaux et non pour les poètes comme moi ou les philosophes comme toi. J'ai confiance en toi puisque tu es mon frère.

Je n'ai pas encore terminé *Éros et civilisation* de Herbert Marcuse puisque je le lis très lentement afin d'assimiler le plus possible la brillante pensée de cet auteur. C'est un véritable plaisir que de prendre ce livre chaque jour et d'en lire quelques pages. Jusqu'ici je partage ton opinion: c'est un livre de génie.

Merci de ton adresse que j'avais oubliée. Je me sens un peu fou maintenant... C'est-à-dire ce maudit Léo ne m'a pas écrit tel que promis. La canaille! Bien sûr, j'en suis insulté au plus haut degré... mais je me demande bien où il est rendu? Il avait parlé de Montréal après Waltham (et non avant) mais il devrait m'écrire tout de même. De toute façon, la minute que je recevrai de ses nouvelles, je t'expédierai son adresse et numéro de téléphone.

Je t'assure cher Olivier qu'il sait à quoi s'attendre en te rencontrant. Souvent je lui parlais de toi. J'ajoute que je lui ai raconté le vilain tour que tu m'as joué un soir au Common Park... laissé, abandonné! aux loups, aux dégénérés sexuels. Horreur! Sérieusement, j'aurais aimé que Léo te rencontre pour des raisons intellectuelles avant tout. Comme moi, il est né le 25 septembre (Libra) et on se ressemble (intellectuelle-ment...) un tout petit peu. Enfin, on verra.

Hier matin en allant au bureau de poste, j'ai rencontré Marguerite qui allait à l'église. Elle m'a demandé si j'avais reçu de tes nouvelles... j'ai répondu oui, mais je ne lui ai pas fait part du contenu de ta lettre...

Imagine que dimanche soir dernier à la télévision française, on pré-sentait *Le sang d'un poète* de Jean Cocteau. Et que faisait mon-sieur Gérald Leblanc-Julien? Je dormais, hostie! Vacherie de vacherie! J'ai vociféré tous les blasphèmes imaginables et j'en ai même composé des nouveaux. Merde.

C'est décidé, je vais à l'Université de Moncton en septembre. Et pourquoi pas? Il me semble que je serai beaucoup plus libre en fréquen-tant l'université que je le serai en travaillant dans un bureau de 9 à 5. Je me sens incapable de retourner dans un Centre de la main-d'œuvre (Manpower office) quémander de l'emploi. Et pour tout dire, de l'em-ploi que je ne veux pas. Puisque je suis sur la veille de crever de faim, il fallait faire quelque chose. J'ai choisi l'université. Est-ce que ça va mar-cher? On verra. Sinon, assistance sociale, here I come!

News tidbit: Pauline Julien a intenté une poursuite de 125 000$ contre le gouvernement (lawsuit) à cause de son incarcération en octobre 1970; et pour DOMMAGE À SA RÉPUTATION...

Joke in *Playboy*: what do you think of Nixon's withdrawal program (in Viêt Nam)? Answer: withdrawal is something Nixon's father should have practised 58 years ago.

Je pense t'avoir dit que Réjean Ducharme (*L'avalée*) avait composé les paroles de 2 chansons de Robert Charlebois. Je t'envoie les paroles d'une de ces chansons: *Mon pays* (my country)... de l'anarchie. Charlebois chante ça comme un ange (un ange déchu bien sûr). J'espère que tu comprendras.

Alors, mon brave, je termine cette pauvre et pitoyable lettre. J'espère que tout va mieux... et je t'embrasse.

Amitiés

Gérald

P.S. What did you think of my « further comments » on the évolution of le Canada français in my last letter ? Jean-Clovis asked me since he gave me the quotation by Teilhard de Chardin...

Jean-Clovis c'est quelqu'un que tu aimerais, et je regrette amèrement que tu ne l'aies pas rencontré lors de ton séjour ici.

Bon, c'est tout !

[63]
Bouctouche, NB
Le 17 août 1971

Mon brave jeune homme,
Mon cher ami,

J'ai reçu ta lettre hier, et je remarque que tu l'avais postée le 11 août... ce qui veut dire un délai de 5 jours à recevoir ta correspondance. Il y a sûrement un complot ! Peut-être est-ce les gouvernements canadien et américain qui essayent d'empêcher la circulation des idées...

Il me fait de la peine d'apprendre que ton « It » te tourmente toujours. Dommage que ce ne soit pas l'expérience religieuse dont tu attendais; dommage également que ce phénomène fâcheux se manifeste si régulièrement... ça m'énerve beaucoup, tu sais. Serait-ce dû aux tablettes de LSD que tu consommais comme des bonbons à Boston ?

Tu as une bonne idée de mes raisons qui m'amènent aux portes de l'université: il n'y a rien d'autre à faire. Non, je ne suis pas dupe à ce point; c'est-à-dire, je ne me rendrais certainement pas à l'université dans le but « d'apprendre » quoi que ce soit. Si j'ai quelque chose à apprendre, je le ferai de moi-même. Oui, Olivier, j'ai la prétention d'artiste, et j'entends demeurer artiste à l'université.

Pour ce qui est du financement de cette courageuse (?) entreprise, eh bien, le gouvernement fédéral et le gouvernement provincial me « prêtent » l'argent à condition que j'enseigne dans la province 2 ans à la fin de mes études. Ce que le gouvernement ne sait pas, c'est que je n'ai pas l'intention de finir mes études; ou si je les finis... eh bien, on verra.

Franchement, il n'y a rien d'autre à faire comme je disais. Je ne peux pas supporter l'idée de me prostituer sur le marché du travail. À l'université, je pourrais finir mon roman et mes poèmes. J'y retrouve aussi beaucoup d'amis que j'aime profondément: tel, Jean-Clovis, etc.

Olivier, j'ai quelque chose à te demander. Tu te souviens ce que tu m'as dit au sujet de Marguerite (les visions)? Eh bien, depuis le mois d'avril, ceci n'a pas cessé de m'obséder, j'en rêve constamment. Je reconnais dans ce «phénomène» la possibilité d'un roman incroyable, d'un roman extraordinaire, comme il n'en existe pas ici. Je me sens capable d'entreprendre un véritable chef-d'œuvre à partir de ceci. Est-ce que tu me permets de le faire? Je te demande puisque c'est bien toi qui m'a révélé ce mystère. Pour ma part, je traiterais le roman en forme de monologue intérieur à la première personne du singulier bien entendu, et je ferais ressortir tous les maux qui affligent notre milieu: la religion, l'amour, l'argent, la politique (il faut bien en parler quoique d'une façon assez générale), la vieillesse, la mort. Bien sûr, Marguerite deviendrait Anna ou Marie-Reine, et Bouctouche deviendrait Pointe-aux-Coques, ou St-Pierre-sur-Mer, etc. Dis-moi ce que tu en penses, et si tu approuves l'initiative.

Je t'envoie des poèmes (il y a longtemps que je n'avais rien écrit, et malgré ce que je faisais en 1967, je me cherche toujours une «forme»... Ça viendra puisque j'écris beaucoup plus depuis que je suis ici.).

J'ai lu un roman que tu aimerais beaucoup. Il s'agit de *La mise à mort* d'Aragon. Tu connais monsieur Aragon, le fameux porte-parole du Parti communiste français, mais ne te laisse pas tromper par cette étiquette, ce roman est digne du Grand Artiste. Il traite de «mémoire», les doubles, triples, multiples personnalités dans la même personne, etc. Je ne crois pas qu'il ait été traduit, mais va voir à la Bibliothèque de Boston (section française) et essaye de lire ce livre. Je le recommande fortement.

Il pleuvait jeudi et dans un état déprimé, j'ai relu le très beau roman de Marie-Claire Blais, *Le jour est noir*. Quelle noblesse. L'histoire des amours de Josué et Yance, Raphaël et Marie-Christine, etc., suicide, solitude (cette solitude première que l'on retrouve toujours dans l'univers de Blais). Marie-Claire possède une sensibilité très aiguë.

[...]

Alors je te laisse avec mon tourment. Si tes épisodes de « It » continuent, que vas-tu faire à la rentrée des classes? Enfin, je me tais. Ceci semble me tracasser plus que toi! Alors, bonsoir!

Avec une profonde amitié,

Gérald Piaf

[64]

Bouctouche, NB

Le 3 septembre 1971

Mon cher ami,

Voilà une semaine que ta lettre attend une réponse, mais je trotte beaucoup ces derniers jours.

Léo est rentré des États-Unis... en s'excusant, pleurant et me suppliant de le pardonner de ne pas avoir écrit. D'abord, il habitait chez son cousin à Boston et ce dernier le faisait beaucoup sortir (et boire), donc ses vacances se sont envolées... Il me fait plaisir de savoir qu'il s'est bien amusé, mais j'aurais beaucoup aimé qu'il te rencontre. Enfin, ce sera pour une autre fois...

Lundi, c'est le jour d'inscription à l'université et le lendemain le début des classes. Dans ma prochaine lettre je te donnerai un compte rendu de la vie académique dans la sale ville de Moncton (le tout sera composé dans un style voltairien sans doute)... eh bien on verra ce que ça donne.

[...]

Même si je fréquente l'Université de Moncton, je n'habiterai pas cette ville (tu sais les villes en général me font horreur). Je vais voyager matin et soir (un trajet de 40-45 minutes... le chemin est beau, c'est un joli bout donc ce ne sera pas trop pénible, au contraire.).

Mon père et la mère de Gilles ont eu une confrontation virulente à Bouctouche il y a quelques semaines; donc ils ne se parlent plus. Mais de ma sœur Rachelle j'ai su que: Gilles serait à Montréal jusqu'en septembre, en extase dans les robes de la Sainte Vierge. À l'automne, l'ordre auquel il appartient l'expédie à Vancouver où il doit enseigner à des élèves de 3ᵉ et 4ᵉ années. Ce que je ne peux pas comprendre du tout. Gilles a gradué d'un «Vocational School» (en commerce et travail de bureau), alors comment peut-il faire la classe? Il n'a aucune classification que ce soit. Peut-être va-t-il enseigner le catéchisme puisque ce pauvre Gilles a le cerveau farci de prières, litanies et les lamentations de Jérémie. Alors, mon petit cousin se fait missionnaire. Ma foi! De pareilles histoires nous enlèvent le goût d'écrire de la fiction! Enfin, il n'y restera pas...

Merci de ton commentaire au sujet de mon poème. Ce que j'essaie de faire c'est une poésie «simple» (et non simpliste), pas trop hermétique et j'expérimente avec la forme. J'admets que l'idée était un peu «sentimentale» (je devrais me surveiller davantage); mais j'espère que ça ne ressemble pas trop à Rod McKuen que je déteste à en mourir.

Puisque tu veux «a new classicism of strong, rigorous verse» je t'envoie des poèmes de mon apothéose québécois: Gaston Miron. Ce monsieur écrit très peu mais son œuvre est riche, lyrique, et très humaine. Tu trouveras ci-joint deux cycles intitulés: «La vie agonique» et «La marche à l'amour». Ces 2 cycles font partie du recueil de Miron *L'homme rapaillé* (un volume de poésie qui a été sur le best-seller pendant 30 semaines). J'inclus également un poème qui n'appartient pas à ces 2 cycles mais qui a été composé récemment pour Pierre Vallières et Charles Gagnon, *Le salut d'entre les jours* (1970). Compare ce poème avec «L'homme agonique» (1955-56) et tu verras que la libération du Québec approche. Un fait intéressant: le livre de Miron paraît en septembre 1970, en octobre enlèvement de James Cross[1] et Pierre Laporte, etc. (ce n'est pas seulement une coïncidence...) Je dois mentionner que Gaston Miron fut incarcéré sous la Loi de Pierre Elliott, ce que je considère comme un des plus grands scandales des derniers 20 ans: à la suite de l'incarcération de Miron et Julien, etc., octobre dernier, il parut dans le *Nouvel Observateur*, le *Figaro*, etc. une lettre ouverte à PET Trudeau protestant (J'accuse!) ces emprisonnements des artistes. Les signataires? Jean-Paul Sartre, Claude Mauriac, Jean-Luc Godard, Alain Resnais[2], etc.,

etc. Anyway! Miron est pour moi quelqu'un de très spécial et je l'aime beaucoup. Tu peux garder ces poèmes, bien sûr.

J'ai écrit quelques chapitres du roman *Marguerite*. Les prochaines semaines je n'aurai pas le temps de poursuivre le récit mais à la fin septembre je m'y remettrai. Je me sers du monologue intérieur qui poursuit une pensée cohérente de souvenirs, quelques réalités et vers la fin des chapitres je laisse libre cours à mon imagination et je transcris des pensées «délirantes» incohérentes mais «significatives». J'en corrigerai un ou deux chapitres que je t'enverrai avant la fin d'octobre. Promis.

Pour ce qui est du «langage»: je ne pense pas m'abaisser à écrire chiac ou joual. J'écris français «international»... Mais avec des expressions locales, non parisiennes bien entendu! Enfin, tu pourras juger par toi-même.

Et j'ai l'intention de la [Marguerite] visiter de temps à autre. Elle ne me fait pas «peur» du tout parce que je connais si bien le «tempérament bouctouchien»... J'ai vécu cela. Peut-être que tu te sentais froissé d'avoir à «subir» cette triste réalité... Je peux comprendre. Mais n'oublie pas que pendant 18 ans de ma vie j'ai vécu dans une famille très pauvre (puisque le père buvait tout) et qu'il se passait des jours où nous n'avions que du pain et de la «mélasse» sur la table... Ça laisse des cicatrices, une pareille enfance... Aujourd'hui, à Saint John, ma famille est «à l'aise» mais elle ne le serait pas si nous étions demeurés à Bouctouche.

Au sujet de ta décision de poursuivre tes études jusqu'au M.A., peut-être c'est une bonne chose pour toi, mais te sens-tu capable de supporter 3 ans où tu es?

Nina Simone vient de sortir un nouveau 33 tours: *Here Comes the Sun*. Quelle noblesse. Une déesse noire qui se lève des cendres d'Amérique et elle ouvre la bouche: elle chante; elle rejoint les dieux et il n'existe que cette voix. Je m'agenouille devant Nina Simone (elle chante «Mr. Bojangles» et «My way» (mais je t'assure que ce n'est pas les lamentations de Frank Sinatra!), etc.).

Bon, c'est tout. (Ah oui, tes lettres sont plus fréquentes... je devrais en faire autant!) Et je te souhaite bonne chance dans le combat avec ton alcoolisme.

Je t'embrasse.
Amitiés
Gérald

[65]
Bouctouche, NB
Le 22 septembre 1971

Mon cher Olivier,

Mes cours sont commencés à l'université depuis 3 semaines maintenant. Je ne peux pas dire que j'en suis «surpris» ni «désappointé» puisque c'est pas mal ce que je pensais que ce serait. Je sais très bien pourquoi je fréquente l'université, donc pas de problème. Il y a un tas de choses à raconter, je suppose, mais je ne le ferai pas aujourd'hui... Peut-être la prochaine fois, puisque je veux beaucoup dire... donc je prendrai le temps qu'il faut.

Je réfléchis sur ce que tu écrivais «live in a shack near the sea. All which I could do... it's as easy as Barachois..., etc.» Tu sais, mon vieux copain, si tu avais suivi des cours de français tel que je l'ai suggéré plusieurs fois, tu pourrais vivre à Barachois et fréquenter l'Université de Moncton. Les cours sont donnés en français exclusivement mais on permet aux étudiants de langue anglaise d'écrire leurs examens, dissertations, etc. en anglais s'ils le désirent. Donc tu pourrais faire ta maîtrise en philosophie à Moncton si tu voulais. Alors!

Passons à mes commentaires au sujet de tes commentaires sur Gaston Miron. Ce que je vais écrire n'est pas une attaque contre tes opinions, au contraire, mais plutôt ce que je pense de Miron.

On peut dire qu'à titre d'artiste, Miron est à la hauteur de Marie-Claire Blais (sans la dépasser bien entendu, puisque j'aime profondément et respectueusement notre petite princesse Blais). Il faut dire que Miron et Blais se situent dans de différentes conjonctures. Prenons le point de vue pays (puisqu'après tout, Miron fait de la poésie sociologique; Blais aussi jusqu'à un certain degré). Miron souffre la colonisation et le Québec... Blais étant trop fragile, trop sensitive, ne peut pas souffrir la colonisation donc elle vit à Cape Cod. Penses-tu qu'elle habite Cape Cod pour sa santé? Il est étouffant agonisant de vivre en Terre-Québec présentement. (David Goguen m'a dit il y a deux ans, que pendant son séjour de 2-3 mois à Montréal, il trouvait le climat écrasant, «very tense»: David étant poète pouvait très bien déceler le climat qui règne chez ces gens.) Blais n'est certes pas politisée au sens communément rattaché à ce terme, mais elle reviendra au Québec une fois le Québec libéré (elle s'est acheté une maison en Gaspésie cette année ou l'année dernière... libération approche). Enfin, 2 différents artistes qui mènent deux vies différentes.

«I don't find Miron consistent in quality. This may be due to sudden popularity, thus not giving enough time to develop.» Disons qu'il n'est pas constant... Toutefois, je signale qu'il écrit des poèmes depuis 25 ans environ (un ou deux poèmes par an en moyenne). Il publiait ses poèmes dans un journal (*Le Devoir*), et diverses revues (*Liberté*, *Amérique française*), donc des poèmes semés à tous les vents. En 1970, on a rassemblé ses poèmes datant de 1952 à 1970, dans un livre qui a pour titre: *L'homme rapaillé* (very apt, non?). Ce fut l'événement littéraire de l'année puisque tout le monde (québécois-acadien) connaissait Miron depuis des années. (Pierre Vallières rend un vibrant témoignage à Miron dans son livre *Nègres blancs d'Amérique*... que tu devrais faire l'effort de lire.) Enfin, Miron a toujours été un personnage actif dans la faune culturelle du Québec.

«South American poets like Neruda...» Oui, en effet, la pensée de Pablo Neruda est une influence dans l'œuvre de Miron; mais aussi celle de Senghor, Césaire, etc. Tous les poètes africains de langue française qui écrivaient pendant la décolonisation. On est peut-être «nègres blancs» mais on est aussi impitoyablement colonisés. Enfin, la poésie et la pensée des Neruda, Senghor, Césaire, etc. ont bien servi Miron. Tu as raison en disant que les images, etc. de Miron sont brutales. Le style souvent est brutal; mais notre situation l'est aussi, et le milieu, etc... Les larmes me montent aux yeux lorsque je lis quelque chose comme

claytonies blanches petites claytonies de mai
pourquoi vous dans la folie mouvante
dans cette folie incompréhensible, le béton, les taudis, la misère,
revient la douceur, la senteur, la pureté des petites fleurs blanches...

Bref, un style souvent dur, comme nos hivers, comme nos vies, un style viril, comme nos bûcherons et nos pêcheurs; mais la sensibilité palpite sur chaque page.

Les allitérations? «nombreux, silencieux, raboteux, rabotés»... Je trouve cela génial (on dirait le son des âmes qui se meuvent lourdement au-dessus des taudis, des ghettos... Ce n'est pas le moment de chanter les arcs-en-ciel, quand même!). Il y a aussi ce «ô fou feu froid de la neige» (in «La marche à l'amour») ça donne l'impression d'un homme qui écrase sa tête dans le ventre d'une femme (ou d'un homme selon les goûts) ce qui est sans doute le cas.

Il y a d'autres choses à dire, mais tu as raison, il est ennuyeux de parler littérature... En conclusion, j'aime Miron puisque je vis quotidiennement la «vie agonique», et sa «marche à l'amour» me chavire...

Olivier, mon cher, Case postale is spelled C-A-S-E, and not C-A-S-S-E... That means broken... alors que notre bureau de poste n'est pas cassé du tout... au contraire, tu as vu le beau petit bureau qui nous sert si bien.

J'ai parlé de mon roman en gestation à Raymond Leblanc (tu te souviens des poèmes que je t'avais envoyés?) et il semble fou de l'idée. Parlant de Raymond, je t'envoie une interview [...] publiée dans *L'Évangéline* il y a 2 semaines. Ceci t'intéressera peut-être... Je te promets son livre de poésie lorsqu'il sera sorti... Il dirige également une anthologie de poésie acadienne (environ 70-80 poèmes) de 10 auteurs qui sera publiée en décembre 71 ou janvier 72... Je t'enverrai ça aussi.

Est-ce que ton père habite chez Marguerite? En passant près de la maison en voiture, j'ai vu de la lumière dans la pièce d'à côté et en regardant plus près, j'ai vu ton père assis (Marguerite était à sa fenêtre, bien entendu).

J'écris toujours à Claudia, mais voilà que je lui dois une lettre depuis 2 mois... Elle sera furieuse... pauvre petite parisienne (dig the alliteration)... que j'aimerais baiser («baiser» means kiss, of course, but in slang it means fuck, very vulgar expression which I love; as in «viens que tu me baises!»). Enough nonsense.

Cette lettre est vraiment pitoyable. Je te promets une lettre digne de mon tempérament d'artiste à la prochaine.

Alors, sois sage. J'espère que tu ne resteras pas trop longtemps déprimé... avec ce sale cafard que tu as... pense aux fleurs, pense à la rivière, pense aux nuages, aux merveilleux nuages! comme dirait Baudelaire.

Je t'embrasse,

Amitiés

Gérald

[66]
Bouctouche, NB
Le 4 octobre 1971

Cher Olivier,

Je viens de recevoir ta très courte lettre, en plus d'un petit poème cochon de Paul Verlaine et d'un article facétieux de Mordecai Richler[1].

Premièrement, l'article de Richler. Un tel numéro pose de graves problèmes en commençant par l'auteur: il a quitté le «Canada» depuis 10 ans et il vit en Angleterre. Même s'il a vécu au Québec pendant une trentaine d'années, il ne s'est jamais associé avec les Québécois, je doute qu'il parle le français, alors comment peut-on parler d'un peuple si on ne le connaît pas?

Deuxièmement, la formule English Canada et Canada français m'a toujours donné la nausée. Sur le plan sociologique, il n'y a pas de Canada français. L'idée de 2 peuples qui habitent le même pays, coast-to-coast, etc., c'est une histoire à faire dormir debout. Le Canada est là; anglais, unilingue, sans intérêt, dépendant uniquement des États-Unis pour penser et agir. Et il y a le Québec: français dynamique, autonome et en pleine évolution. Voici un fait intéressant: le Québec a ⅓ de la population du Canada. Au Québec, on publie 3 fois plus de livres qu'au Canada!!! (d'après les statistiques 1969-70.)

Pour terminer, Mordecai Richler est un gros juif avec un sens d'humour mais il devrait se limiter à parler des choses qu'il connaît (les États-Unis, par exemple).

Je te saurais gré si tu m'expédiais quelques poèmes « cochons » (les plus savoureux) de M. Verlaine… tu as piqué ma curiosité et ma soif! Alors… agis en conséquence!

Il m'arrive beaucoup de choses en ce moment. Je vais peut-être publier mon roman fin 71-début 72. Raymond Leblanc (le poète) stimule, encourage, provoque présentement une ORGIE de créativité artistique: projets de romans (le mien inclus), anthologies de poésie, projets de théâtre (sons, parades, couleurs, gestes) avec le peintre Herménégilde Chiasson, etc., etc. On se rencontre pour parler de mon roman, etc. Beaucoup de gens sont actifs (des artistes, intellectuels… aussi des professeurs, avocats, etc.). Il paraîtra fin octobre une revue adressée aux francophones-acadiens du nord du N.-B. (cf. letter of April-May '71). Deux poètes québécois, Jean-Guy Pilon[2] et Gérald Godin (Yep! Pauline's lover) nous offrent leurs services, conseils, maison d'édition, etc. Donc, les contacts sont faits, maintenant la lutte (the struggle) commence. Je te donnerai plus de détails prochainement. Je t'enverrai aussi la revue, des documents, poèmes, etc. Le but final: d'annexer l'Acadie libre dans un Québec libre. J'aime l'idée de voir naître une solidarité entre nous pour la première fois depuis la dispersion…

Alors, sois sage.

À bientôt

Amitiés

Gérald

P.S. I'll try to send you a book published by Antonine Maillet de Bouctouche, called *La Sagouine*. Very good book. Sociologic – very well received in Québec.

[67]

Bouctouche, NB
Le 10 octobre 1971

Cher ami-philosophe,

Ce n'est pas mon «tour» à écrire mais je veux te dire des choses alors on y va!

Hier (samedi) j'ai vu ton père au bureau de poste et nous avons causé un peu. Il m'apprend qu'il habite présentement dans la maison de Marguerite (l'appartement «d'à côté»). Après certains réparages (un nouveau plancher, des murs, etc.) il considère ce petit appartement convenable, et il a sans doute raison... de toute manière, ça ne peut être pire que chez Marguerite.

Il me dit que tu ne lui as pas écrit depuis un bout de temps. Il veut te dire que si tu désires venir passer Noël ici, il t'hébergera. D'après lui, tu pourrais facilement descendre à Bouctouche avec des gens qui s'en viennent pour les «Fêtes», etc.

Bon! Alors je m'attends à ce que tu y réfléchisses sérieusement. Si tu pouvais venir parmi nous je te ferai rencontrer un tas de gens bien sympathiques: et ton séjour parmi nous serait beaucoup mieux organisé que le dernier (en avril). À toi de décider ce que tu veux faire. Pour ma part, je voudrais vraiment te voir... il me ferait un énorme plaisir si tu venais.

Je t'envoie un formulaire d'abonnement à *La Graine* (the seed!) au cas où tu voudrais t'abonner ou si tu pouvais abonner un ou une ami(e). Nous sommes très enthousiastes. Le premier numéro paraîtra le 31 octobre et sera publié chaque mois par la suite. Jean-Clovis et moi publierons un article dans le deuxième numéro (ou le troisième) au sujet de monsieur Irving[1]. Enfin, la revue devrait être intéressante; il y a aura un peu de tout.

Est-ce que je t'ai déjà parlé de Normand Girouard? Je pense avoir mentionné qu'il composait des chansons, etc. Il fait aussi des poèmes et peut-être écrira-t-il un roman «mythique» cet hiver. (Il vient de Bouctouche et fréquente l'université pour les mêmes raisons que moi.)

Bon! Eh bien ÉCOUTE! (Ou plutôt lis attentivement): il y a deux semaines environ je dînais avec Raymond Leblanc (le poète). Raymond me parlait d'une anthologie de 80 poètes acadiens qui va paraître aux Éditions Parti pris de Montréal en décembre 71 ou janvier 72. En parlant il me nomme les poètes qui seront représentés: Napoléon Landry[2], Roberthe Sénéchal, Normand Girouard...

> – Normand Girouard? de Bouctouche? lui demandais-je.
> – Oui, tu le connais?
> – Oui, mais pas intimement. Il fait des belles chansons et des poèmes...
> – C'est ça. Savais-tu que Normand avait une vision cosmique de l'Univers?
> – Je savais qu'il était très intelligent, mais...
> – Alors parle-lui. Parle d'évolution... Fais-le parler et tu jugeras.

Vendredi dernier, au cours d'histoire du Canada que nous suivons ensemble, je lui parle de littérature, ensuite de philosophie, enfin: d'évolution.

Olivier, c'est absolument incroyable. Sa conception de l'Univers dépasse Teilhard de Chardin. Il m'a expliqué l'ÂME; j'en reviens pas... il me bouleverse.

Donc, on s'est revus quelques fois cette semaine. Vendredi nous avons causé ensemble de 10 h 30 à 4 h 30. Il est quasi impossible pour vrai d'écrire tout ce que nous avons dit. Mais voici ses opinions au sujet de «l'Acadie»:

Pendant longtemps je ne savais pas qui j'étais... je revoyais le visage de la mort. Souvent en regardant à la fenêtre je voyais la mort, son visage. C'était le visage de ma mère. (...) Tant de souffrances. Pourquoi? L'univers évolue, nous sommes des bûcherons, des ignorants. Pourquoi? (...) Je suis descendu dans la boue de mes ancêtres et je vois toute cette souffrance. Malgré tout il subsiste quelques germes de vie. C'est fini le silence. Je vais exploser. Mon corps ne peut plus supporter 3 siècles d'agonie. (...) Je peux voir ce qui s'en vient: le réveil des nôtres. Il y aura beaucoup de sang. (...) Il y aura beaucoup de sang...

L'image de la révolte et du sang revient souvent. J'essayais de comprendre pourquoi et en parlant avec Jean-Clovis vendredi soir je sais pourquoi. Les Acadiens ont perdu leur langue, la parole. Cette parole a été volée. Maintenant puisqu'ils ne peuvent plus articuler leur cri, ils vont faire sauter des édifices, tuer des gens... c'est triste. Le rôle de l'artiste ici: donner la parole à notre peuple et vite parce que moi, la violence qui s'en vient me fait peur.

e.g. de poèmes

> Je me traîne sur mon ventre
> Depuis la Louisiane
> De retour au pays volé...

> Je suis tanné de me faire fourrer
> Par l'Union Jack..., etc., etc.

Je veux reparler de tout cela puisque ça devient de plus en plus évident. Et *La Graine* constitue une sorte de première ébauche vers la reprise de la parole si l'on peut dire. Je suis tenté de dire comme le sage Confucius «le bon ordre dépend entièrement de la correction du langage».

Tu sais à l'université, environ 5 à 10 pour cent du corps étudiant est «étranger». C'est-à-dire des étudiants de pays étrangers qui viennent faire un stage d'étude dans nos universités. À Moncton, nous avons surtout des Vietnamiens, des Algériens, Marocains, etc. Des étudiants qui ont fait leurs études secondaires en français dans leur pays respectif. Un Vietnamien qui était dans une de mes classes m'approche et me dit d'informer le professeur qu'il laisse tomber son cours de conversation anglaise. Là-dessus nous avons commencé une conversation et ce jeune monsieur est très sympathique. Il s'appelle Dang Tan-Hau. Il est bouddhiste, donc il m'explique présentement le bouddhisme-à-la-vietnamienne. Moi je lui expliquais les folies du christianisme et je me dépêche de lui dire que j'ai abandonné le christianisme, cette maladie puérile (enfantine) depuis plusieurs années. Ah oui! je lui dis: «Que penses-tu de ce commentaire d'un Occidental au sujet d'Han Suyin, une Orientale: "la femme la plus intelligente que j'ai rencontrée était aussi la plus inaccessible"?» Alors sur le visage de Dang, un sourire. Ce beau sourire oriental. « Inaccessible ? Peut-être... » Les Orientaux cultivent les sourires comme les Japonais cultivent les fleurs. Sur leurs visages austères et lisses apparaît ce sourire... c'est merveilleux. Vive l'Orient. Le visage oriental est une œuvre d'art et de beauté mystérieuse.

Eh, je devrais parler de la Bibliothèque Champlain de l'Université de Moncton. Ah ! Ah ! (cri d'extase !) Ah ! Je me roule entre les étagères, pâmé, délirant ; palpant entre mes doigts d'artiste les reliures de livres, éclatant de joie, en convulsion d'un orgasme violent (mais spirituel) ! Encore une fois : aaah ! Il y a environ 120 000 volumes (et maintenant la bibliothèque acquiert environ 20 000 volumes par année). Voici des exemples : des livres d'Alexandra David-Neel[3], d'Hubert Benoit[4] (*La doctrine suprême*, essai sur le bouddhisme), de Marcel Granet[5], Étiemble, etc. (tous ces auteurs sont des maîtres de la philosophie orientale) ; il y a aussi : Carl Rogers (*Le développement de la personne*: *On Becoming a Person* en français), Martin Buber[6] ; encore parmi les orientaux il y a *Les Upanishad*, le *Bhagavad Gita*, le *Yi-King* (livre des mutations), le *Rig-véda*, etc., etc. Merveilleux ! Pour ce qui est des auteurs français, eh bien de Rutebeuf[7], Ronsard, Villon jusqu'à Genet, Robbe-Grillet, Butor, etc. Il y a tout. C'est le paradis là-dedans.

Mon ami chinois de Montréal, le très sympathique et exceptionnel John Jear, est parti de chez lui lundi pour la Floride où il compte passer l'hiver. Je t'avais dit que l'hiver dernier il avait voyagé dans le Mexique et la Californie. Bon ! Avant qu'il soit parti je me suis permis de lui donner ton adresse à Leominster, au cas où il s'arrêterait reprendre son souffle dans ton voisinage. Toutefois, je doute qu'il passe chez toi puisque c'est un être très solitaire et indépendant. « Un voyageur sur la terre », un « étranger ». Donc, tu n'as pas besoin de l'attendre puisque je ne pense pas qu'il s'arrête. Mais peut-être...

J'en ai assez dit.

Oh ! Je lisais l'autre jour une étude des chansons de Georges Moustaki[8], un poète-chanteur de France. Pendant sa jeunesse, il fut l'amant d'Édith Piaf – voici ce qu'il en dit : « Il la trouvait bien sûr extraordinaire (à leur rencontre), mais pour lui, elle appartenait à un style de chanson qui lui semblait avoir eu sa place. [...] Il trouvait son style dramatique, un peu lourd. C'est en la connaissant mieux qu'il s'apercevra qu'elle était dans la grande lignée des chanteurs de blues. Aujourd'hui, précise-t-il, on peut la comparer à Billie Holiday[9], Charlie Parker[10], Django Reinhardt[11]». Et puis, il va à Stockholm avec elle, voir le mythe Piaf hors de Paris. «Outre Stockholm, il découvre en Suède l'explication du mythe. Piaf, l'extraordinaire dimension de cette petite bonne femme, amaigrie, déjà rongée par la maladie, diminuée par la drogue et l'alcool. Lorsqu'à Stockholm Piaf entrait en scène, elle n'était pas face à une salle déjà acquise, comme celle de l'Olympia. Elle chantait pour des gens qui ne comprenaient pas le français. Et c'était impressionnant de voir les dimensions qu'elle pouvait atteindre. Pas par ses chansons, pas par sa gloire, car en fait, elle n'était pas si connue ni si populaire qu'en France. Mais dès qu'elle chantait il se passait quelque chose. Elle se donnait tout entière, dans un abandon total, sans tricherie. Et il était étonnant de sentir l'extraordinaire force de cette femme malade, amoindrie. La scène était son autre drogue qui l'arrachait à toutes ses faiblesses, à toutes les choses basses et comme à elle-même.» At the end he resumes: «Tout dans la vie de Piaf se résume à chanter. Sa journée n'est qu'une longue préparation au rendez-vous du soir. (Isn't that beautiful?) C'est son but. Elle ne pense qu'à cela.»

Piaf, à sa manière, mais sans exagérer aucunement, c'était du génie.

Je remarque que mes lettres deviennent plus longues... l'automne. Tu te souviens l'histoire de 67-68? Je t'écrivais de Bouctouche des lettres naïves de 25-30 pages? Aujourd'hui je suis un peu moins naïf mais je suis toujours celui qui ne comprend pas grand-chose au monde qui l'entoure. Dans 4 ans? Dans 5 ans? Je serai sans doute un peu moins naïf que je le suis aujourd'hui le 10 octobre... et sans doute je souffrirai plus que jamais. Plus je vieillis, le moins j'attache d'importance à l'amour fou et le plus j'attache d'importance à l'amitié puisqu'il me semble que l'amitié est une chose plus conseillante dans la vie que la folie d'un moment. Où serons-nous en 1975? Eh bien, où sommes-nous ce soir?

Dans ma «peur», ma solitude mais aussi dans toute mon amitié, je te dis bonsoir et je t'embrasse,

Gérald

[68]
Bouctouche,
En Acadie
Le 16 octobre 1971

Mon cher ami Olivier,

Tout d'abord, merci bien des poèmes «libres» de monsieur Paul Verlaine que j'ai reçus hier. Pour le moment je n'ai pas le temps de les lire puisque j'ai une dissertation à préparer pour lundi. En rentrant de l'université lundi soir, j'ai l'intention de m'acheter une bouteille de vin et de savourer pleinement les petits poèmes cochons de Verlaine.

J'ai l'intention de t'envoyer un «paquet surprise» (anglicisme «surprise package») au cours des prochains jours. Il s'agit surtout du livre d'Antonine Maillet *La Sagouine* que tu dois lire sans faute. Le livre se vend à la librairie acadienne, mais puisque tous les exemplaires sont partis comme des petits pains chauds, il faudra attendre la prochaine commande qui ne devrait pas tarder (on m'a dit dans quelques jours). Je t'en parlerais volontiers, mais je préfère te réserver la surprise... tu vas sans doute t'en réjouir...

En même temps je pourrai t'expédier un curriculum de l'Université de Moncton. Au sujet de la langue, voici ce qu'ils racontent: «Les étudiants non francophones qui désirent s'inscrire à l'Université de Moncton doivent posséder une connaissance suffisante du français pour suivre les cours. [...] L'étudiant non francophone suivra les cours en français avec les étudiants réguliers, mais il peut demander un statut spécial lui permettant: de considérer l'anglais comme langue première et le français comme langue seconde pour répondre aux exigences de son programme; (et) d'écrire, en anglais ou en français, ses examens et ses travaux semestriels à l'exception des cours de langue seconde, etc.»

Enfin, tu pourras lire tout ça toi-même. Pour ce qui est des frais: les frais de tuition (scolarité) sont de 525,00$ par année à la Faculté des arts. Pour le reste, c'est-à-dire logement, pension, nourriture, etc., eh bien cela dépend où tu demeures, etc., etc.

Alors tu jugeras si ceci répond à tes exigences quand tu auras reçu cet annuaire. Personnellement, Gérald aimerait beaucoup qu'Olivier revienne en Acadie pour sa résurrection.

Dans ce «paquet surprise», je t'enverrai également un plus grand nombre de poèmes de Raymond Leblanc. Il m'a prêté un dossier de tous les poèmes qu'il a écrit depuis 1963 et il y a là-dedans des choses d'une beauté inouïe. Normand Girouard doit me donner des poèmes, lui aussi, donc il y aura peut-être des poèmes de Normand*.

Et, enfin, deux ou trois chapitres de mon roman qui n'a pas encore de titre. Depuis deux semaines je n'ai pas eu l'occasion d'y travailler, mais j'attends m'y remettre cette semaine. Raymond Leblanc en veut donc j'en ferai des copies à la machine à dactylo. Tu pourras voir ce que ça donne.

Sais-tu ce qu'on veut faire cet hiver ou au printemps? Eh bien, il existe des cours intitulés «Acadie I, II, etc.» à l'université, et certains de ces cours, en collaboration avec les Archives acadiennes de l'université, invitent les étudiants à des projets très intéressants (et j'ajoute: enrichissants). On leur demande d'aller dans leur milieu et de recueillir des vieilles chansons acadiennes (l'année dernière à Shippagan, on y a découvert une vieille chanson de folklore du XIIe siècle qu'un vieux de 80-90 ans chantait encore, tu vois?) donc, des traditions, contes oraux qui se meurent. Ce folklore, on s'en rend compte aujourd'hui, est d'une richesse inestimable et on veut sauver ce qui subsiste avant qu'il s'éteigne avec la vieille génération. Bon! Normand et moi allons visiter des foyers au fond de la Baie, à Sainte-Marie, Ste-Anne, St-Paul et quelques-uns à Bouctouche avec un magnétophone et nous enregistrerons des vieilles chansons, des vieux contes acadiens. Moi, l'idée me passionne.

As-tu décidé si tu venais voir tes p'tits frères (cousins?... non, frères) acadiens à Noël? Ah! Que j'aimerais ça!

---

* [Note en bas de page] Normand fait aussi des chansons et à l'université on aime beaucoup ce qu'il présente. À Bouctouche, of course, on se moque de lui. «C't'un fou», etc. Ils ne comprennent pas le génie et Bouctouche le fait beaucoup souffrir. À vingt ans il dit que sa plus grande souffrance vient du milieu qui l'a vu naître et grandir. Pour revenir à ses chansons, il est un chansonnier avec un talent fou et tu devrais entendre sa voix! Au moins deux octaves, bon contrôle de voix, etc. Il fait des recherches en poésie autant qu'en musique et un jour ce brave bonhomme de Bouctouche étonnera.

Charles Aznavour donne son tour de chant à Moncton le 9 novembre. Que j'ai hâte de voir le « petit » Charles.

Connais-tu le chanteur noir B.B. King ? J'ai un disque de lui intitulé *Live and Well*. Il s'agit bien sûr d'un chanteur de blues. Quel chanteur, et, quel blues ! Lorsqu'on connaît sa vie (il chantait 342 soirs par année dans des boîtes de second ordre afin d'arriver à manger et subsister... et ce pendant 20 ans, alors le bonhomme « has paid my dues » comme il le dit). On sait tous que les blues sont le folklore des Noirs et j'ajoute exclusivement. Lorsqu'il chante « I Want You So Bad » ou « Why I Sing the Blues » ça vient des tripes comme on dit en Acadie, ou des entrailles pour parler français international. B.B. King ou le <u>mal de vivre</u>.[*]

Aussi, as-tu déjà entendu parler de Lizzie Miles[2] (peut-être je t'en ai déjà parlé) ? Elle vient de la Louisiane et se dit « Cayenne » c'est-à-dire acadienne. Elle a environ 60 ans maintenant et n'a jamais connu une grande popularité pour des raisons que tu connais – elle est Noire. Son « répertoire » comprend des blues, MAIS, environ 20 à 30% de ses chansons, elle les chante en « acadien » c'est-à-dire dans le vieux français de l'Acadie et la Louisiane. E.g. « J'veux aouère un homme / Pi j'y donn'rai tout c'qui veut, etc. » Elle est très cochonne comme dame, et même lorsqu'elle chante en anglais. Ses chansons sont remplies de sous-entendus (double-meanings), etc. Donc, une autre raison qu'elle n'est jamais jouée à la radio. Ses disques sont introuvables. Je l'ai entendue à Montréal il y a 2 ou 3 ans peut-être, un poste de radio « underground ». Je donnerais 100$ pour un de ses disques.

Je n'ai pas encore reçu de nouvelles de John Jear qui est parti il y a deux semaines. Je me demande où il est rendu...

[...]

Le temps passe, je dois retourner à ma dissertation. Mon travail est sur Jacques Ferron pour mon cours de littérature québécoise, et comme

---

[*] [Note en bas de page] En conclusion, ces chansons blues, ces artistes noirs : c'est de la sédition toute pur. Tu penses qu'un artiste comme B.B. King accepte un système de Nixon par exemple ? Sans chanter politique, King, Muddy Waters[1], etc. sont les meilleurs critiques de la grande blague amérikaine. Chansons subversives et séditieuses. *Beautiful Losers* comme dirait Leonard Cohen.

d'habitude, j'ai attendu à la dernière minute. J'essayerai de te faire parvenir tout ce que j'ai mentionné au cours des prochaines deux semaines.
Amitiés
Gérald

[69]
Bouctouche, NB
Le 22 octobre 1971

Cher Olivier,

Hier, j'ai reçu ta lettre; tu as dû recevoir la mienne aujourd'hui (le 22 octobre), mais voici ma réponse à la tienne tout de même. Ta lettre était des plus intéressantes: la «maladie acadienne» me passionne sous toutes ses manifestations...

Pour reprendre le sujet de ton père, eh bien je le vois de temps à autre le matin (à 7 h 00 lorsque je descends jusqu'à l'église pour attendre le monsieur qui m'amène à Moncton); il se promène parfois et s'il m'aperçoit il vient me parler.

Tu te demandais comment ton père et Marguerite s'accordaient? Ton père me raconte qu'elle s'imagine qu'il veut la tuer. Elle en a parlé au prêtre – afin de s'assurer si cette histoire était fondée, le bon prêtre paya une visite à ton père le lendemain; ce dernier lui assura que Marguerite était victime d'une imagination très animée – et elle en a aussi parlé à ton oncle je pense. Ce qui me fait de la peine, c'est qu'elle veut être seule et on voit bien qu'elle n'accepte pas la présence de ton père chez elle. Par contre, puisqu'elle est vieille et «pas trop bien», j'aurais cru qu'il serait bon d'avoir quelqu'un près d'elle au cas où elle tomberait malade, etc. Qu'est-ce qui va se passer? Franchement, je ne le sais pas.

Bien sûr, c'est absolument idiot de dépenser de l'argent sur la maison de Marguerite puisque cette cabane va s'écraser avant trop longtemps. Il serait beaucoup plus pratique de verser l'argent à la construction d'un modeste petit foyer. J'ajoute que ton père a mentionné en passant qu'il voulait se bâtir une maison derrière chez Marguerite, qu'il ferait deux ou trois chambres à part dans cette maison pour Marguerite, etc. Va-t-il le faire? Je ne saurais le dire, c'est-à-dire, tu le sais mieux que moi. (Trois ou quatre fois au cours d'une conversation il me fait remarquer «que je n'ai pas d'argent»... en parlant de toi il dit: «Olivier devra s'arranger du mieux qu'il le pourra parce que moi je ne suis pas capable de l'aider» – financièrement bien entendu – alors voilà. En passant, il m'a demandé si tu m'avais parlé de te marier avec ta «nurse»...)

Et la vie continue...

Oui, mon cher ami, j'ai un amour, de l'enthousiasme débridé, des opinions superlatives... je m'en rends compte et c'est vraiment une fâcheuse habitude. En ce qui a trait à l'Acadie (et mes amis ici) ce qui se produit présentement m'excite. Il y avait dans mon idée depuis longtemps un rêve du «réveil de l'Acadie» mais je n'osais y croire. Et même aujourd'hui en regardant objectivement les faits, le milieu, etc. il y a de quoi vous rendre très pessimiste, de quoi qui parfois vous dit que l'on rêve en couleur, mais... ce «mais» qui revient toujours. J'ai aperçu ou plutôt j'ai reconnu une lueur d'espoir dans la poésie de Raymond Leblanc, et je lui ai écrit. C'est à ce moment-là qu'il m'a parlé de tous les projets qui étaient en marche. Depuis septembre je rencontre un tas de gens «conscients», sympathiques, des gens qui pensent, se préparent à la lutte; des artistes acadiens qui ont quelque chose à dire et enfin, enfin, le DISENT. Il y a un retour aux racines (sans en devenir esclaves pour autant) et un débouché d'avenir. Parmi nous, à Moncton et à Bathurst, il y a un bon nombre de Québécois qui disent: «Maintenant que l'indépendance du Québec est assurée, nous voulons vous donner un coup de main afin de sauver ce qu'il y a de reste ici, etc.» Ça me fait plaisir, puisque j'appelle ça du fraternalisme, et non ce terrible paternalisme qui souvent caractérisait les Québécois envers les Acadiens. Peut-être *La Graine* t'expliquera un peu mieux les buts. (Mon article sur Irving paraîtra dans le deuxième numéro... dans le troisième au plus tard; Raymond veut l'avoir à la fin de la semaine prochaine et je pense que ce sera prêt.) Enfin, tout ça te semble peut-être inutile, ou sans bon sens, mais avant que tu prononces ton dernier mot sur le sujet, il serait bon que tu vives ici pendant quelque temps. Mais tu nous comprends quand même n'est-ce pas? Comme dirait le vieux: «Y sont fous ces Acadiens-là, mais y'avons tellement besoin d'amour». Alors nous continuons de «vivre» en Acadie. Tu y reviendras un jour, j'en suis sûr...

Ce qui m'amène à parler de Noël, le jour de gloire des gueux, des pouilleux, des alcooliques, etc. (ça veut dire nous autres). Tâche de compléter tout ton travail avant Noël... voyons, un p'tit effort!... ton père connaît des gens qui pourraient te «délivrer» en avant de ma porte pendant la saison des Fêtes et tu pourrais retourner avec eux également. Ce qui ferait un voyage peu dispendieux, et peut-être «intéressant». Je t'invite à y penser sérieusement, profondément.

Quelle coïncidence! Tu vas voir le petit Charles à Boston en fin de semaine, et le bonhomme donne son tour de chant à Moncton le 9 novembre (ensuite à Bathurst le 10, à Campbellton le 11, à Edmundston le 12, et le 13 jusqu'au 20 à la Place des Arts à Montréal). Je m'imagine qu'il donne son récital ici avant Montréal afin de se «réchauffer» pour le public montréalais. De toute façon j'ai mes billets depuis deux semaines déjà. J'ai hâte puisque je ne l'ai jamais vu en spectacle («live»). Aznavour fait un genre de chanson que j'aime beaucoup... pas trop «heavy», un bon mélange de musique et paroles; il sert l'amour à toutes les sauces et ça fait un change des platitudes américaines (genre bubble gum: ta ta TA TA ta ta TA TA sur trois accords en do, fa et sol... on a la même chose au Québec, des «succès» américains traduits, ugh!).

Demain matin, je vais poster les livres que je t'avais promis, *La Sagouine*, et l'annuaire de l'Université de Moncton. Il y aura aussi d'autres poèmes de Raymond, et je regrette ne pas en avoir de Normand, mais ce sera pour plus tard, correct? Je n'ai pas eu l'occasion de les taper à la machine.

Au sujet des poèmes de Verlaine, j'ai bien aimé cela. Dieu! qu'il est cochon le bonhomme! Parfois tellement cochon que je ne peux m'empêcher de rire... (giggle, giggle comme les jeunes fillettes de couvent qui rougissent en écoutant passionnément des histoires grivoises...) mais je trouve cela assez exceptionnel qu'il puisse écrire avec tant de sensualité au sujet des deux sexes, hommes et femmes, et c'est ce qui fait l'intérêt de ces vers (au point de vue littéraire, j'ai toujours considéré Verlaine comme un poète secondaire qui n'a jamais atteint le génie de Rimbaud). Enfin, ces poèmes sont assez divertissants et j'ai pris un plaisir à les lire. Merci.

Il se fait tard, j'ai mal au dos (mon rhumatisme) et je m'endors. Bonsoir et à la prochaine.

Amitiés

Gérald

[70]

Bouctouche,

En Acadie

Le 6 novembre 1971

Cher Olivier,

J'ai reçu ta lettre du 31 octobre hier et celle du 2 novembre aujourd'hui. Il va sans dire : tes commentaires m'ont plu... et puis puisque tu as aimé cette chère *Sagouine*, tu es encore profondément acadien. Bienvenue.

Premièrement, le livre a été très bien reçu par la critique, etc. à travers le Québec et en Acadie... le livre s'est même rendu en France. On s'étonne de la langue. Ce n'est pas un patois, ni un chiac, ou joual ; c'est le français du XVIe siècle de France transplanté en Acadie au XVIIe siècle. Je veux dire que l'on parlait français à peu près comme ceci en France au XVIe siècle ; mais la différence est qu'en France la langue a évolué jusqu'à ce qu'elle est aujourd'hui, tandis qu'en Acadie, elle est demeurée statique pendant 3 siècles... (Antonine a soutenu sa thèse de doctorat sur le parler acadien et Rabelais.) À Bouctouche, les André Richard, les Michaud, etc. ont critiqué *La Sagouine* pour des raisons que tu connais, et j'ai entendu dire que c'était à cause de la langue ! «Les gens vont croire qu'on est des arriérés, des colons» (!!!). Tu vois bien qu'il n'y a pas de pires aliénés que ceux qui s'ignorent. Pauvres petits bourgeois.

Je remarque sur le campus, plusieurs (la plupart) des étudiants ont lu (et aimé) ce livre. Tant mieux. Raymond Leblanc dit que désormais notre littérature acadienne devra tenir compte du livre d'Antonine... influence sur le milieu, etc. Et justement j'ai vu Antonine à la télévision il y a environ deux semaines et elle raconte qu'un bon nombre de gens un peu âgés lui ont dit qu'ils lisaient toujours un chapitre de *La Sagouine* avant de se coucher. Moi je trouve ça merveilleux. Et comme dit Gaston Miron: «changer la honte subie en dignité» (do you understand now?). On peut gloser des heures au sujet de cette *Sagouine*.

E.g. Elle vient du «bas de la traque» de Bouctouche. Bien sûr, le «bas de la traque» n'est pas particulier à Bouctouche... remarque que chaque village acadien a son «haut» et son «bas». Le <u>haut</u> c'est: la petite bourgeoisie: docteur, avocat, barbier, prêtre, le propriétaire du magasin. En bas: les bootleggers, les putains, etc. en un mot: la crasse. Alors, le haut doit toujours demeurer propre mais lorsque les gens d'en haut veulent faire leurs saloperies, leurs cochonneries; ils vont faire un tour en bas... en cachette... donc sans souiller le haut. Amusant, n'est-ce pas?

Et je m'amène à parler de l'aspect culturel... Qu'est-ce que la culture acadienne? Eh bien, je réponds sans broncher: <u>il n'y en a pas.</u> Nous avons un folklore... un très riche folklore (peut-être même le plus riche au monde d'après Luc Lacourcière[1] de l'Université Laval); mais folklore n'est pas culture. La culture, c'est l'assimilation du folklore, plus une identité (tu as vu l'importance du chapitre «Le recensement»), un débouché sur le monde de 1971, etc. Donc, en Acadie, nous sommes au point critique, au tournant décisif de notre existence en tant que peuple. Je me permets un petit graphique afin d'illustrer un peu ce qui se passe en dehors...

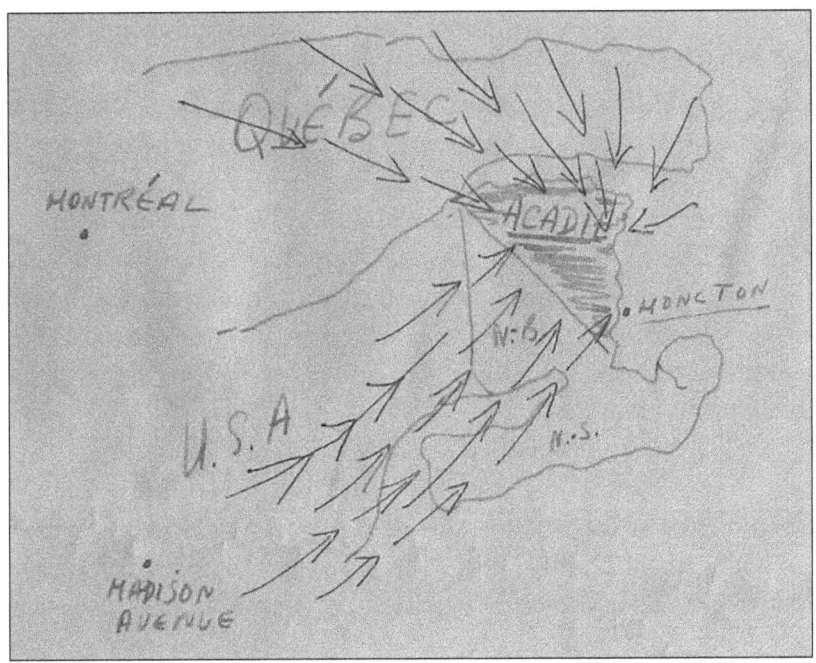

Comme tu peux voir, deux influences nous parviennent de deux sources: américaine et québécoise. Les deux courants sont <u>TRÈS FORTS</u>. D'ici 10 ans, les jeux seront faits. Les Acadiens auront à choisir s'ils veulent devenir un peuple réuni dans une province du Québec appelée Acadie; ou tout simplement se laisser aller à l'assimilation. Voilà le défi... Voilà notre défi.

Et sur ce... je passe à *La Graine*. «...if any Acadian press of ideas is to be considered successful, it should attempt to supplant *L'Évangéline*...» Bon! Le but est surtout d'arriver à rejoindre le plus grand nombre de gens possible. *L'Évangéline* a un tirage de 10 000 copies (environ 60 000 lecteurs). Si nous pouvons atteindre une circulation raisonnable nous réussirons à nous imposer avec un peu de temps. *L'Évangéline* est l'organe de l'élite bourgeoise <u>acadienne</u> qui nous exploite autant sinon plus que les Anglais et Irving... ou plutôt <u>avec</u> (en collaboration avec les Anglais et Irving). C'est un journal qui endort la masse acadienne; ses éditoriaux semblent être adressés à des débiles mentaux: anti-pilules, anti-séparatiste, anti-communiste, etc. pro-la-bonne-mère l'Église catholique, etc. En 1971! Quelle blague! Beaucoup d'Acadiens préfèrent les journaux anglais... donc! Il faut suppléer *L'Évangéline*. Et puis *La Graine* ne sera <u>pas</u> une revue étudiante. Premièrement parce que les étudiants en général se prennent pour le nombril du monde, très snobs, ce qui les aliène complètement de la population acadienne. Et puis bien sûr, les étudiants se veulent à GAUCHE... à tout prix... peu importe la cause pourvu que ce soit à <u>gauche</u>. Merde, alors. La revue n'est pas publiée par des étudiants mais par des ouvriers (syndicats), des artistes <u>et</u> quelques étudiants. Donc un carrefour d'opinions et d'idées qui doit déboucher sur un plus grand plan d'organisation, etc.

On aura certainement l'occasion de reparler de tout ça.

Oh oui! Un autre petit commentaire que je relève de ta lettre du 31 octobre. « For me to attend the University of Moncton, and pretend that I am more "acadien" than "amérikain" (whatever labels mean!) would be ridiculous, etc. » Olivier, that is not the question. L'Acadie n'est pas le <u>melting-pot</u> amérikain, tu sais. We are not trying to make <u>converts</u>. How can we ask people to become Acadians when we Acadians don't even know what we are ourselves... Il y a des Vietnamiens, des Africains, etc. sur le campus de l'université, on ne leur demande pas de <u>devenir</u> Acadiens même s'ils parlent français. But as Vigneault says in his song:

Dans mon grand pays solitaire
Je crie avant que de me taire
À tous les hommes de la terre
Ma maison c'est votre maison...

Nous parlons français mais nous ne sommes pas chauvinistes. Viens!

⁂

Alors j'ai parlé assez d'Acadie pour cette fois.

Connais-tu les poètes français René Char et Paul Éluard?

Intéressante ton interview (rencontre) avec M. le Coune de Murville[2]. Beaucoup de Français pensent que le Canada <u>entier</u> est bilingue, c'est-à-dire, parle avec facilité le français et l'anglais. Mais de plus en plus, avec l'aide des poètes, artistes, chansonniers, etc., ils apprennent à nous connaître. L'indépendance du Québec est un fait accompli, puisqu'elle est <u>dans la tête</u> de tous les Québécois... même ceux qui ne sont pas séparatistes! Les fédéralistes par exemple, lorsqu'ils vont à Ottawa se disent «québécois» et non «canadiens-français»... c'est seulement une nuance... mais très importante cette nuance.

⁘

Je suis en amour avec Louis Tremblay, un théoricien du FLQ qui fréquente l'Université de Moncton.

Je suis amoureux de Dang Tan-Hau, un Vietnamien qui fréquente l'Université de Moncton.

Je suis amoureux de Jean-Clovis Collette qui fréquentait l'université mais qui [l']a laissée vendredi dernier... il fait une dépression nerveuse et l'on ne se voit plus.

Je suis amoureux de John Jear qui est à 500 miles d'ici et qui ignore les sentiments que je lui porte.

Enfin je suis amoureux de personne et j'aimerais l'être. Aimer, vivre en Acadie, comme le dit Raymond Leblanc dans un poème que j'aime beaucoup:

> Tu es mon Pré-d'en-Haut ma colline vivante
> Mon île Miscou mon chemin de terre
> Ma maison de bûcheron mon sable de Shédiac
> Mon nord et mon sud et l'est de ma géographie
> Ma gigue et mon rock, mon folklore ma chanson
> Tout ce qui me rend à moi-même
> À mes cours d'eau antérieurs
> Et de l'histoire d'être ici retrouvé
> Dans la folie de t'aimer.

Amitiés
Gérald

[71]
Case postale 234
Bouctouche
En Acadie
Le 13 novembre 1971

Cher Olivier,

L'Université de Moncton a daigné nous accorder un congé de 4 jours donc j'en profite pour lire et... écrire des lettres.

Mardi soir j'assistais au spectacle de Charles Aznavour. Que j'ai aimé ça! J'avais vu Aznavour à la télévision plusieurs fois, mais en spectacle, jamais. Premièrement cet homme est de fer. Il a chanté pendant deux heures, pleine force sans montrer le moindre signe de fatigue. Il a du métier le bonhomme. Son genre est changé un peu au point de vue musical: son ensemble était très <u>rythmé</u>; les paroles toutefois sont les mêmes. *Que c'est triste Venise, Désormais, Trousse-Chemise, Paris au mois d'août, Reste, Qui, Tout s'en va, La Mamma* (pour tous ceux qui ont le complexe d'Œdipe), etc.; ainsi que les nouveautés: *La lumière, Non je n'ai rien oublié,* etc. Tu sais, en fermant les yeux on semble entendre des échos d'Édith Piaf dans sa voix... Sauf son pianiste, tous ses musiciens étaient québécois avec Lee Gagnon[1] de Montréal à la direction musicale. Un seul regret. Jean-Clovis possède une cassette (mini) recorder et m'avait dit qu'il me la prêterait pour enregistrer ce délicieux spectacle. Alors on ne se parle plus depuis trois semaines; donc inutile de lui demander la cassette. Merde! Et j'aurais tant voulu enregistrer ce récital...

Toujours dans le domaine du spectacle, dimanche soir à la boîte à chansons Les Feux Chalins de Moncton, on présentait Jacques Savoie[2], chansonnier de Bathurst, et Isabelle Roy[3] interprète de Caraquet. Je veux surtout parler de Jacques. Il s'agit d'un jeune Acadien d'une vingtaine d'années qui fait des chansons un peu dans la même veine qu'un Arlo Guthrie[4], John Sebastian[5], John Lennon, etc. aux États-Unis. Mais il est très acadien, et c'est ce qui est merveilleux: des artistes d'Acadie chantent l'Acadie et non la France et le Québec; donc on ne «copie» pas, on n'imite pas mais on <u>crée</u> et c'est ce qui est important.

Jacques chante une chanson délicieuse qui s'appelle *Le Truck* – l'histoire d'un bonhomme qui possède un «truck» qu'il a acheté «à crédit»; le début de «big business» tu sais... Aussi il fait un monologue très drôle (mais qui fait mal). «Chaque année à Montréal on déménage. C'est un phénomène. Une année les Anglais aident les Français à déménager, l'année suivante les Français aident les Anglais à déménager. Bon! Voilà qu'une année, les Anglais ont dit eh bien ça va pas assez vite déménager par <u>trucks</u> alors on va déménager les Français par bateaux. Donc on a tout embarqué les Français sur des bateaux et on les envoya à la dérive. [...] Tous les Français étaient partis sauf deux: Eva et Gaby (c'est-à-dire Évangéline et Gabriel, you know). Etc., etc., etc.» Comme tu peux voir ceci n'a rien à voir avec Montréal. Et avec cette histoire Jacques critique *L'Évangéline*, l'élite bourgeoise acadienne, l'Église, le gouvernement. Tout y passe. À la fin du monologue, il dit «Les Français étaient mal pris, quatre murs, un plancher et le ciel au-dessus de nos têtes. Ce n'est plus un bateau, c'est plutôt une prison. Je vais maintenant vous chanter une chanson qui s'appelle *La Prison*.» La chanson (une personnification de la prison pour la vie actuelle des Acadiens) est une longue complainte contre «l'emprisonnement».

Pour ce qui est d'Isabelle Roy; eh bien elle est encore un peu trop jeune, un peu trop verte, la pauvre chérie, mais elle a une jolie voix. J'ai hâte de la voir dans 2 ans...

Aux Feux Chalins, il s'agit d'un <u>théâtre de poche</u>. Un petit local qui peut accueillir environ 100 personnes. On y joue du théâtre moderne (Ionesco, Beckett) et avant-garde (on va produire une pièce intitulée *Tango* dont j'ignore l'auteur). Donc une petite manifestation culturelle de temps en temps. Aussi la troupe du Feux Chalins fait une tournée dans les écoles acadiennes afin de permettre aux étudiants d'assister à ses pièces.

(Note: du 5 au 20 décembre, une comédienne acadienne, Viola Léger[6], va créer les monologues de *La Sagouine* aux Feux Chalins. J'ai hâte de voir ça.)

Pour résumer, Moncton n'est pas Montréal. On ne peut parler de <u>vie culturelle</u> sans sombrer dans le ridicule. Même si Charles Aznavour vient chanter à Moncton, on ne peut pas considérer ceci comme une manifestation culturelle de la collectivité acadienne. Mais par contre, de plus en plus, les chansonniers, les poètes, les comédiens acadiens commencent à s'imposer. Qu'est-ce que ça veut dire? On ne le saura que dans une dizaine d'années.

À Radio-Canada (radio) samedi dernier on a passé un récital de Robert Charlebois enregistré à Montréal l'été dernier. Lorsqu'il a chanté *Lindberg*, il l'a chantée en anglais... c'est assez bien. Depuis quelque temps Charlebois compte faire une <u>invasion</u> aux États-Unis. Il a traduit quelques-unes de ses chansons en américain, donc on verra si ça marche. (Je le doute. Ç'a pris 400 ans aux Américains pour accepter les Noirs, ça prendra sans doute un autre 400 ans avant qu'ils acceptent les Québécois.)

Au cours des prochaines semaines j'essayerai de t'envoyer des poèmes de Ronald Després, qui a déjà publié des recueils de poésie; et d'autres poètes acadiens qui seront publiés très prochainement (on espère). Normand Girouard, Roberthe Sénéchal, Roméo Savoie, et Roger Savoie[7] et quelques autres.

Si tu es toujours dans l'attente de *La Graine...* sois encore un peu patient. Il y a eu des contretemps et le premier numéro sortira seulement à la fin novembre. All good things come to those who wait.

John Jear qui avait entrepris un voyage jusqu'en Floride est de retour à Montréal, découragé. Voyage avorté. Incapable de supporter les vents et pluies qui rendaient le voyage quasi impossible. Donc il prend le chemin du retour. Ça me fait de la peine. Il demeure dans la cave chez lui comme un chien blessé.

Je n'ai rien écrit de mon roman depuis plus d'un mois. Trop d'activités universitaires-culturelles-politiques... donc trop d'emmerdements. Cet hiver peut-être... je lis beaucoup, beaucoup, de poésie ces derniers temps. Depuis septembre j'ai lu plus de poésie que depuis 1967! Les poètes acadiens bien sûr mais aussi québécois: Rina Lasnier[8], Anne Hébert; français: Éluard, René Char, Henri Michaux, Francis Ponge, etc.

Merci de tes poèmes... surtout celui à David... l'autre me semble hermétique... parce que je n'ai pas de dictionnaire anglais. Je vais en emprunter un et je te dirai ce que j'en pense. Continue d'écrire, cher philosophe qui se veut poète... j'aime ce que tu fais.

Bon! C'est tout.

Amitiés

Gérald

P.S. Est-ce que tu ressens encore tes «épisodes kafkaiens» de l'été dernier???

[72]
Bouctouche, le 2 janvier 1972

Mon très cher Olivier,

J'attends toujours de tes nouvelles (ta dernière missive date du 2 novembre) et je suis à me demander si tout va bien chez toi. Un signe de vie ferait plaisir.

Ici, la vie (ma vie) est relativement calme, paisible. Depuis deux semaines je flâne... les vacances de Noël, tu sais... Crois-le ou non, j'ai hâte de retourner à l'université demain. Là, j'y retrouverai notre petite «clique» sympathique qui me manque beaucoup depuis la fin des cours en décembre. Nous sommes une dizaine d'étudiants (quelques Québécois, quelques Acadiens et un Vietnamien) qui échangent des idées, qui parlent de la vie, qui écrivent des romans, des poèmes, certains font de la musique; bref, qui se ressemble, se rassemble. Tout cela rend la vie universitaire plus «acceptable», et je peux te dire que l'université m'a beaucoup déçu. Oh, je savais bien à quoi m'attendre, bien entendu, mais c'est pire que je le pensais. Lorsque tu vois des professeurs s'autocensurer (dû aux pressions de l'administration) ça vous enlève le goût de tout faire. Il y a des professeurs très compétents mais, qu'est-ce que vous voulez? Ils doivent parler à mots couverts s'il s'agit de vérité, en littérature comme en histoire, etc. Mais tu dois connaître l'air de cette chanson beaucoup mieux que moi. Donc, notre petit groupe subit ses cours académiques pour ensuite se retrouver à la cafétéria ou dans une chambre afin de discuter de ce qui importe dans la vie, c'est-à-dire, la vie tout court. Si je n'avais pas ces amis, je n'aurais pas été capable de tenir le coup et j'aurais tout simplement quitté les lieux.

Tu attends toujours la revue *La Graine*? Ça s'en vient... du moins, je l'espère. Il y a eu d'innombrables contretemps puisque les responsables de cette revue habitent à Bathurst comme à Moncton (ce qui veut dire d'un bout à l'autre de l'Acadie) donc on ne peut pas se rencontrer aussi souvent que l'on voudrait. Et le premier numéro est toujours le plus difficile. Une fois parti, ça ira bien. On a changé le nom aussi... la revue s'appelle désormais *L'Acadjen*; et on prévoit le premier numéro pour la mi-janvier. Raymond Leblanc fait le travail de dix, mais tout ne va pas sur des roulettes pour notre poète national. Les Éditions Parti pris de Montréal devaient publier un recueil de ses poèmes *Mouvances* en septembre, et jusqu'ici: rien. Ces gens-là comptaient aussi publier une anthologie de poésie acadienne, et jusqu'ici: rien. On devait aussi publier un livre très important d'André Dumont[1]: *La nécessité d'un parti politique pour les Acadiens* aux mêmes éditions, et jusqu'ici: un gros rien. Ces livres-là sont nécessaires et nous en avons un besoin urgent à l'heure qu'il est. Une fois toute cette diffusion d'idées partie, les choses marcheront d'elles-mêmes et nous aurons mis le bordel en branle... et c'est ça qui compte. Malgré tout, j'espère toujours. C'est avec confiance que je regarde, que j'envisage 1972. Ce sera peut-être la première année de notre révolution «tranquille».

Le roman que j'écrivais a été mis de côté. Je me rends compte que je ne suis pas prêt. C'est peut-être bon ce que j'ai fait jusqu'ici, mais je suis capable de mieux que ça. Quand le moment viendra, quand je serai «prêt», j'entreprendrai mon œuvre.

Je m'aperçois de plus en plus que je me connais très superficiellement. Il y a sans doute des profondeurs insondables dans mon «âme», mais ce n'est pas tout à fait ça qui m'intéresse au moment. De plus en plus, je regarde en dedans de moi-même afin de comprendre mon comportement présent, mes actes. Je m'étonne de voir tant de choses refoulées dans ma vie.

Oh! il faut que je te raconte... *La Sagouine* comme tu sais, est un «monologue pour une femme seule», donc on a décidé de la mettre en scène. Seule pendant deux heures, la Sagouine parle et se raconte. Avant Noël, au cours d'un spectacle de fin de semestre, on en a présenté un extrait. Viola Léger (originaire des États-Unis où elle est née de parents acadiens) incarne la Sagouine – elle habite le N.-B. depuis une dizaine d'années maintenant, et enseigne le théâtre et le français dans les écoles. Bon. Il y avait plus de 500 étudiants dans la salle, Québécois aussi bien qu'Acadiens étaient présents. À la fin... on a applaudi debout pendant près de 15 minutes (sans blague) et les bravos résonnaient d'un bout à l'autre de la salle. Bref, c'était le délire. Viola ne pouvait pas sortir saluer... elle pleurait de joie au succès et disait: « C'est pas possible, c'est pas possible... » Ça me fait plaisir tout ça, et il est intéressant d'observer le phénomène de *La Sagouine* en Acadie. En acceptant la Sagouine les Acadiens acceptent une partie d'eux-mêmes, on assume son passé. Inutile de dire à quel point ceci est important pour l'évolution d'un peuple qui un jour, espérons-le, sera engagé dans la lutte pour sa libération, dans la dialectique de l'histoire, etc., etc., etc.

La semaine dernière, Normand Girouard et moi sommes allés faire « tirer nos cartes » chez Sara à Lorette en bas de la traque. J'aimerais que tu rencontres Sara. Une philosophe, cette vieille sorcière. Les cartes sont son medium, ce qu'elle dit, elle le perçoit par « intuition » dans le caractère des gens. Elle en a tant vu, la pauvre. En ouvrant mes cartes elle dit: « Ouaille, ben toi t'as pas d'goût en toute. Non d'souère, t'as pas grand goût. Ça j'ouâ ça dans tes cartes. »

Et puis, elle m'a raconté un tas de choses. Pour ce qui est du futur, eh bien, il ne faut pas exagérer; mais ce qui me passionne, c'est sa perspicacité dans le présent, et le passé. Elle voit devant elle un individu quelconque et c'est dans son visage qu'elle voit, non dans les cartes. Ah oui, on fait normalement un souhait en « brassant » les cartes. En regardant ça elle dit: « Ton souhait, tu l'as. Garde-moi ça! Toute du rouge. Ah ben là, si ton souhait arrive pas, moi j'tire pu les cartes ». Je pensais à la Sagouine, puisque la Sagouine d'Antonine Maillet, c'est deux femmes, une, Caroline à Vital et pour la tireuse de cartes, c'est Sara à Lorette. La première est morte, et la deuxième est bien vivante comme tu vois. Je t'amènerai la voir si tu reviens à Bouctouche.

Alors, j'en finis, et tâche de m'écrire un mot très prochainement. Tes lettres me manquent...

Amitiés

Gérald

[73]

105, Parkland Drive

Moncton, NB

Le 14 janvier 1972

Mon cher Olivier,

Il me fait de la peine de te voir <u>mal pris</u> au pire sens du mot. Les amis par là, ça n'aide pas un peu? Ici, ça compte beaucoup pour moi, et comme tu peux voir, je suis déménagé à Moncton. J'habite chez une famille acadienne avec un gars bien sympathique, Gérard Rouleau, qui fait partie d'un groupe que nous formons. Moncton demeure toujours une ville exécrable, mais on ne peut pas <u>tout</u> avoir dans cette chienne de vie... Je fais donc une concession: j'accepte d'habiter une ville qui m'horripile afin d'être près des gens que j'aime (Raymond Leblanc, Normand Girouard, Dang Tan-Hau, etc.). Il faut se faire une raison.

Depuis une semaine ça chauffe dans la région. À la suite d'un film intitulé *L'Acadie l'Acadie* qu'on a passé au réseau national de Radio-Canada, il éclate des manifestations partout. Le film, qui a remporté le <u>premier prix</u> au festival du film Dinard, ainsi qu'une mention honorable à Cannes, était <u>censuré</u> au Canada depuis près de deux ans. Il s'agit des événements de 68-69 à l'Université de Moncton, du racisme anglo-saxon de la région, des jeunes Acadiens qui discutent et vivent cette ambiguïté qu'est l'Acadie. En essayant d'être le plus objectif possible, je peux dire que le film est très bien fait... <u>explosif</u>. (Il y a des scènes avec le maire de Moncton qui insulte des Français... des Loyalistes anglais qui traitent les Acadiens de <u>SLUTS</u>! Etc. Filmed on the spot in 1968-1969.) Suivant des pressions, etc. Radio-Canada a décidé de passer le film samedi (le 8).

Immédiatement après, spontanément 250 personnes (étudiants, professeurs, ouvriers, religieuses (nuns!)) sont sorties dans la rue pour se retrouver devant l'Hôtel de Ville de Moncton. Le lendemain 300 étudiants
descendirent en ville. Le surlendemain 450... la police sort ses matraques,
sans sauter dans la foule toutefois. Hier soir, 600 étudiants ont manifesté.
Le Conseil étudiant a reçu des centaines de lettres des universités du
Québec (Montréal, Rimouski, Québec) des professeurs, des mères de
famille, etc. encourageant la lutte. Dimanche, il y aura une
manifestation-monstre qui va regrouper 10 000 personnes à Bathurst
dans le nord de la province. Et ce n'est que le début... (Note: la Sagouine,
Viola Léger a donné son monologue du «Recensement» samedi devant
les manifestants... délire. La «pièce pour une femme seule» joue à gui-
chet fermé (sold out) tout le mois de janvier.) Enfin, on en reparlera
certainement.

    [...]

    Le 22 janvier je fais un voyage de 5 jours à Montréal afin d'y voir
Pauline Julien. Ça fait un bon moment que je ne suis pas allé au Québec,
alors j'ai hâte. Pour ce qui concerne une rencontre à Québec, c'est une
bonne idée. Mai serait peut-être préférable puisque je passerai sans doute
une partie (une grande partie) de mes vacances à Montréal... donc je
serai près de Québec. On en reparlera.

    L'Acadjen va sous les presses le 22 de ce mois et sera diffusé sous
peu. Ce projet n'est pas un projet étudiant (seulement 20% peut-être
sont étudiants) mais des professeurs, avocats, chefs syndicaux, artistes:
des gens qui veulent une information libre; un organe qui pourra servir
la cause de la libération des Acadiens-Québécois, etc., etc.

    Bon. Je t'écrirai peut-être un mot de Montréal, et toi tu peux écrire
à mon adresse de Moncton jusqu'à la fin avril.

    Toujours le même petit christ,

    Gérald

[74]
105, Parkland Drive
Moncton, NB
Le 8 février 1972

Cher ami,

Une courte lettre.

Depuis 2 semaines je suis revenu de Montréal. Un voyage «désastreux», si l'on peut dire. Donc, j'en reviens très déçu des gens que j'ai vus là-bas... Par la force des choses, il m'a été impossible de voir les gens que j'aurais aimé voir (absents ou incapable de les rejoindre); et bien sûr, les gens que j'aurais voulu éviter me tombèrent entre les jambes. Bref, un emmerdement.

Puisque j'étais là, j'en ai profité pour m'acheter beaucoup de livres. Et il y a eu Julien, on la nomme Pauline. Ayant déjà tout dit ce que je pouvais à son sujet, j'ajoute simplement qu'elle a été à la hauteur d'elle-même, c'est-à-dire: géniale.

L'Acadie est en <u>mouvement</u>. Depuis plus d'un mois: manifestations, contestations, journées d'étude, comités d'organisation ET SURTOUT la création d'un <u>Parti Acadien</u>... un rêve que je caressais depuis longtemps. La politisation est donc en marche... il faut continuer le <u>mouvement de conscience</u> qui assurera notre survivance et notre évolution.

Demain soir, on présente la pièce d'Antonine Maillet, *La Sagouine* à <u>Bouctouche</u>. Je me déplace pour y aller... j'ai hâte de voir les réactions chez les «têtes carrées», les petit-bourgeois de la place, mais aussi chez le <u>peuple</u>. Je te livrerai mes impressions dans ma prochaine missive.

Pour ce qui est de *L'Acadjen* (la fameuse revue), il n'est plus question de semaines maintenant mais de jours. On a imprimé la revue et on fait présentement la mise en page. Tu devrais recevoir le premier numéro au courant de la semaine prochaine.

En ce qui concerne ma vie personnelle, dite sentimentale: rien n'arrive. Et après? Il me semble que je passe graduellement vers un état d'indifférence envers moi-même. Le danger c'est qu'à l'indifférence succède l'habitude de l'indifférence...

Mon club de livres m'annonce un nouveau roman de Marie-Claire Blais qui va sortir à la fin du mois. Il a pour titre *Le loup*, et voici ce qu'on dit: «Un très beau livre. Un sujet délicat, l'homosexualité, traité avec le grand art de l'auteur d'*Une saison dans la vie d'Emmanuel*.» Que j'ai hâte de mettre les pattes sur ce livre! Je te l'enverrai quand j'en aurai fait la lecture.

Eh bien, comme tu peux le constater, cette lettre n'aborde pas de vérités philosophiques stimulantes et édifiantes. Voilà l'état de mon petit cerveau...

Toi, jeune homme, on ne t'a pas encore foutu à l'asile?

Vite et profondément,

Gérald

[75]
Moncton, le 19 février 1972

Cher ami,

Nous vivons une période très mouvementée en Acadie. La résistance montre le nez et les manifestations se multiplient. Le réveil des Acadiens sera pénible: je l'ai souvent dit. Comment peut-il en être autrement? Lorsque l'on maintient un peuple dans l'obscurité, dans l'inconscience (l'inconscience étant une forme d'exploitation) et l'ignorance, le réveil ne se fait pas sans heurt.

En 1968-69, l'université montrait les premiers signes de mécontentement de la part des étudiants. L'opinion publique acadienne se prononçait contre la contestation (note: toujours le respect de l'autorité, de l'Église, etc.). Aujourd'hui, il serait faux de dire que la masse acadienne est en révolte, mais on observe que le mécontentement est répandu chez une plus grande partie de la population... les étudiants et les chômeurs. Imagine qu'à Bathurst une centaine de chômeurs ont occupé l'édifice de l'assurance-chômage! (Unemployment Office.) Depuis une semaine, à Bathurst, ça chauffe! À Moncton, une manifestation de 3000 personnes qui enterrent un cercueil représentant la PEUR des Acadiens! Et vendredi, au comté de Kent!, à Richibouctou, 400 ouvriers et pêcheurs ont occupé les édifices de Relance (un organisme du gouvernement) afin de demander le renvoi d'un Anglais et s'opposer au renvoi probable d'un travailleur social qui travaillait avec le «peuple». Bref, cette semaine Bathurst, Richibouctou et Moncton connaissent des «signes des temps qui changent»... Peux-tu le croire?: les Acadiens dans la rue! Je n'en crois pas mes yeux.

Du côté de Québec? Le Québec nous fait la cour. Tous les jours dans les journaux, à la télévision, on parle: ACADIE. Les étudiants des collèges, des universités, les P.Q., nous envoient des télégrammes... Le collège de Shawinigan a fait la grève (went on strike!) pour montrer la solidarité avec les Acadiens. Jesus Christ! C'est-y assez fort? *La Presse*, *Le Devoir*, *Québec-Presse* ont envoyé des reporters en Acadie... C'est quand même extraordinaire!

Laissons la rue, rentrons au théâtre et parlons de *La Sagouine*...

À Bouctouche, la pièce fut très bien accueillie... Tant mieux. Dans une lettre récente, tu te demandais si on n'allait pas s'ennuyer... une femme seule sur la scène pendant deux heures, etc. Oui, c'est un «danger»... mais tu ne connais pas les Acadiens! Pour eux (le «peuple»), la Sagouine, c'est la fête! Afin de comprendre le phénomène de cette Sagouine, il est bon de ressortir certains faits: les Acadiens n'ont qu'Évangéline pour leur rappeler ce qu'ils sont (ou ont été). Mais Évangéline, la pauvre pucelle, a beaucoup voyagé et elle est fatiguée... aussi fatigante: elle fatigue les Acadiens. Aujourd'hui, voilà qu'une femme s'amène et parle «acadjen», raconte un tas de choses que nous avons tous connues... eh bien ça ne s'est jamais vu... et jamais fait. Les gens de l'Acadie aiment s'entendre parler. La Sagouine, c'est eux! Ils s'identifient. Pourquoi essayer de se retrouver en France lorsqu'on a une Sagouine bien à nous. Voici une remarque très intéressante entendue à la sortie d'une représentation de *La Sagouine*: «On a pu besoin d'Évangéline asteur, on a la Sagouine.» Tu vois?

La mise en scène d'Eugène Gallant[1] est d'une simplicité étonnante. Le tout débute avec le premier monologue: «J'ai peut-être ben la face

nouère pis la peau craquée, ben j'ai les mains blanches, Monsieur!»,
c'est la Sagouine qui entre par en arrière de la salle. Elle se raconte en
avançant vers la scène. Une fois arrivée en avant sur la scène elle nettoie
le plancher en continuant de parler. Deuxième monologue: dans la noirceur sauf pour une vieille lampe à l'huile. La Sagouine, assise à la table,
regarde des cartes de Noël qu'elle conserve dans un vieux sac à papier
brun, et c'est «Nouël». Antonine a abrégé certaines parties (longueurs,
répétitions) pour la pièce, e.g. «La lune» et «La guerre» font partie du
même monologue. «Le recensement» passe avant l'intermission.
Ensuite, elle se berce en se rappelant «Les bancs d'église», etc. À la fin,
elle dit «La mort» assise à une table avec un individu silencieux. Bref,
rien de grandiose comme mise en scène, mais c'est quand même très bien
pour ce genre de pièce.

 «Le recensement» provoque toujours des cris et des bravos!, surtout chez les jeunes. Le monologue qui passe mieux la rampe, ce sont
«Les bancs d'église». L'auditoire réagit très bruyamment, favorablement.

 Depuis la fin janvier *La Sagouine* se promène d'un bout à l'autre de
l'Acadie: Shippagan, Tracadie, Campbellton, Notre-Dame, etc. Le
18 mars, elle va se produire à l'Université Laval de Québec!!!! Ça marche!

Le 10 mars 1972

Reçu ta lettre hier... merci de l'article sur Genet.

 Qu'est-ce qu'il y a de pire: n'avoir rien à faire ou avoir trop à faire?
Je me demande... Tout se passe... spectacles, assemblées, etc.

 Mardi, Pauline Julien chantait à Moncton. Je parle si souvent d'elle.
Je n'ai rien dit de son tour de chant que j'ai vu à Montréal en janvier, je
devrais en faire autant pour son spectacle à Moncton... mais que
veux-tu? Je l'aime tant! Son spectacle à Moncton comprenait beaucoup
plus de chansons politiques que celui qu'elle a donné à Montréal. Ses
commentaires au sujet de l'Acadie au cours de son spectacle étaient...
touchants. À la fin, suivant d'innombrables rappels, elle dit «Nous les
Québécois, nous vous aimons beaucoup... et vous êtes très, très près de
nous...» (!!!) Près géographiquement, etc., etc. Love understatements!

Ses chansons:

non l'amour n'est pas mort
il allume nos corps
dans la folle espérance
de nos tristes journées
l'amour a des idées
qui lancent les nations
vers la libération...

Aussi:

Le temps des révérences
Le temps du long silence
Le temps de se taire est passé
C'est assez le temps des muselières
Se meurt dans la fourrière
Le temps de mordre est arrivé!

Aussi:

Viens! un nouveau jour va se lever
Et son regard se moquera
De l'autorité de César
Car les enfants
Défient les grands
Quand vient le temps!, etc., etc., etc.

Donc, certaines chansons «osées». Des spectateurs lui ont donné un drapeau de l'Acadie qu'elle a attaché sur le piano pendant le spectacle, l'auditoire criait à s'en déchirer les poumons. Une soirée inoubliable.

Aussi, le 25 mars, on prépare une Nuit de la poésie Acadienne à Moncton. Les poètes, chansonniers acadiens venant de tous les coins de l'Acadie vont se produire à partir de 8 heures samedi soir jusqu'à 8 heures du matin. Il y aura un peu de tout: poésie d'amour, poésie de révolution, poésie de résistance, poésie du quotidien, chants, troupes de théâtre du Collège de Bathurst, de l'Université de Moncton... Ce sera sans doute une autre soirée inoubliable!

Demain soir je vais assister à une pièce de Slawomir Mrożek[2],

Tango, au théâtre de poche, les Feux Chalins. Aux dires de quelques amis, il s'agit d'une bonne pièce... j'en reparlerai.

« It is spring... and you have no LOVE »? tu écris. Cher ami, you should know me better... It is a typical Leblanc situation. I am in love but the one I love is straight and does not know I love. This has happened to me so often now that if <u>LOVE</u> really comes to me, I would surely not recognize it. I must be more masochist than I think. Tout ça en anglais pour te dire que tout est <u>normal</u> dans ma vie.

À quand penses-tu revenir en Acadie?

Amitiés

Gérald

P.S. Je n'ose rien dire à propos de *L'Acadjen*. On me dit toujours que « ça va sortir dans les prochains jours »... depuis janvier qu'on dit ça... Alors si tu reçois la revue la semaine prochaine, ce sera sûrement une surprise puisque moi je ne dis rien...

[76]
Case postale 234
Bouctouche
Comté de Kent, NB
Le 14 avril 1972

Cher ami,

Cette note tout simplement pour t'annoncer que je suis de retour à Bouctouche pour la saison estivale. À compter d'aujourd'hui tu voudras bien adresser toute correspondance à la « vieille » adresse...

Beaucoup de choses à te dire... mais plus tard.

Sois sage.

Amitiés

Gérald

Et la saison avance
Et la saison avance

Les radios jouent plus fort
Les arbres sont plus longs qu'avant
Le plafond est plus blanc
Et la saison avance
Le jour est plus court
Les arbres sont plus blancs
Le plafond est plus beau
La rue est plus large qu'avant
Et tu me cries
Et je cours inlassablement vers toi
C'est ridicule
Je sais
Mais la saison avance
Le jour est plus court
C'est ridicule
Je sais
– Herménégilde Chiasson

[77]
Moncton ce 20 avril 1972

Cher ami,

Je suis assis dans la Rotonde des Sciences de l'université et ayant terminé un examen je vais me défouler en t'écrivant quelques mots.

J'ai vu ton père mercredi et il m'a dit que tu viendrais à Bouctouche à la fin du mois. On pourra en jaser un coup!

Il s'est passé tellement de choses depuis le mois de janvier qu'il me faudra au moins un mois avant de m'en remettre. Bien sûr, il y a eu des «événements» sociopolitiques et des «événements» culturels dont «la Nuit de la poésie» le 8 avril... événement désormais historique dans l'histoire de l'Acadie. Ce soir-là, de 21 h 00 jusqu'à 8 h 00 le lendemain matin plus de 1 000 spectateurs ont pu voir et entendre les poètes, chansonniers, troupes de théâtre, peintres acadiens défiler. Il m'est impossible de <u>décrire</u> sans gestes (!) la plus importante manifestation culturelle jamais vue en Acadie, mais je t'en parlerai certainement lors de ton séjour parmi nous.

En plus de cette « Nuit » des nuits, nous avons pu assister à du très bon théâtre amateur et professionnel à Moncton. Le théâtre de poche les Feux Chalins ont présenté *Tango* de Slawomir Mrożek, un auteur polonais; on a aussi vu *La nuit des assassins* de José Triana[1], un auteur cubain; *Guernica* d'Arrabal[2] ainsi que son film *Viva la muerte!* Si tu es ici à la fin avril début mai, nous pourrons voir la pièce de Michel Tremblay (Québécois) *À toi, pour toujours, ta Marie-Lou.* Cette pièce a été le succès de la saison à Montréal l'hiver dernier et d'après la lecture de la pièce je t'assure que c'est <u>fort</u>.

Lecture du nouveau roman de Marie-Claire Blais *Le loup* sur un sujet que nous connaissons bien. Disons que Blais est à la hauteur d'elle-même... elle poursuit une œuvre inégale mais féconde. Tu auras l'occasion de lire ce livre chez nous.

En Acadie, nous avons également vu la publication d'une revue de <u>poésie acadienne</u> de 120 pages. Je voulais t'en envoyer un exemplaire, mais je suis <u>cassé</u>... je n'ai pas un christ de cent à mon nom. Toutefois je suis censé travailler cet été et je te ferai cadeau de ce recueil de notre poésie. Là-dedans il y a deux dossiers sur Ronald Després et Raymond Leblanc, ainsi qu'une centaine de poèmes de plusieurs autres. C'est un début... Les choses commencent enfin à démarrer.

Et qu'est-ce qui se passe en Nouvelle-Angleterre? Et aux États-Unis? Je vois qu'Angela Davis est en plein dans son procès... une autre blague de la démocratie américaine. Sa sœur Fania est venue faire une tournée au Québec (elle parle français, comme Angela d'ailleurs) afin de donner des conférences et recueillir des fonds pour le procès...

Et tant de choses et tant de choses...

Le silence est une vertu que je ne connais (malheureusement) pas.

À plus tard,

Gérald

[78]
Ce 12 juin 1972
En Acadie

Je me sers de la machine à écrire parce que ça va plus vite, et d'ailleurs lorsque je tape, je t'écris comme je parle alors ça fait plus intime, non?
Bonjour Olivier,
Excuse le retard.

Ta lettre m'apprend que tu es toujours en bonne forme quoique «souffrant» dans une ville sans couleur, dans la monotonie des enfers de la Nouvelle-Angleterre.

Premièrement, je ne fais pas la classe à St-Antoine... toutefois je comprends pourquoi ton père en parle. Voici. Chaque été le gouvernement de PET Trudeau verse quelques millions de dollars dans un plan qui se nomme «Perspective-Jeunesse». Le but? De créer des emplois pour des milliers d'étudiants afin que cette jeunesse ne gueule pas trop contre les conneries dudit gouvernement. Pour obtenir des sous pendant l'été, on doit soumettre un projet au gouvernement (e.g. des étudiants organisent des centres culturels dans leur localité, ou ils rénovent des vieux édifices en musées acadiens, ou organisent des commissions des droits de l'Homme, etc., etc.). Quelques amis et moi-même avions soumis un projet: École libre, c'est-à-dire, une école où les jeunes (environ une cinquantaine) de St-Antoine et de la région viendraient passer leur temps avec nous pendant les vacances. On les amènerait faire du camping, on leur apprendrait la peinture, comment travailler la céramique, des leçons de guitare, chants; moi, je me proposais de leur faire écrire une pièce collectivement qu'ils auraient montée par la suite. Les jeunes de cette région avaient manifesté de l'intérêt envers cette idée... d'autant plus qu'il n'existe rien dans cette localité pour occuper les jeunes qui sont dégoûtés de ne rien faire. On voulait rejoindre les plus pauvres qui n'ont pas la chance de se payer le luxe des camps d'été, etc. Alors, tout en les aidant, on aurait pu les politiser. Hélas, le gouvernement a dû s'en rendre compte, et notre projet fut refusé.

Les dieux m'ayant fait souffrir pendant si longtemps se sont montrés condescendants ces derniers temps... je fais partie d'un autre projet. Celui-ci a pour nom: Animation: Poésie acadienne. Il s'agit d'un groupe d'étudiants en maîtrise (sauf moi, bien entendu) qui voyage dans toutes les écoles secondaires de l'Acadie afin de rencontrer les jeunes. D'abord, nous leur faisons écouter une bande magnétoscopique que nous avons préparée et qui comprend des extraits de la Nuit de la poésie acadienne ainsi que d'autres textes... donc, des chansons de Georges Langford[1], Calixte Duguay[2], Jacques Savoie; des poèmes de Raymond Leblanc, Denise Basque, Rino Morin[3] et un monologue de Donat Lacroix (genre *La Sagouine*, c'est-à-dire, la langue populaire). Après avoir fait jouer cette bobine, nous avons une discussion avec les élèves sur la poésie, l'Acadie, le parler «acayen», qu'est-ce que c'est un Acadien, etc. On encourage ceux qui font de la poésie, des chansons, des monologues, à nous soumettre leurs créations. Pendant l'été nous retournerons dans chaque localité que nous avons visitée afin d'organiser des Soirées de la poésie et de la chanson acadiennes avec les jeunes, les adultes, les vieux violoneux, les vieux conteurs dans les villages, etc. (Tout ça afin d'éveiller les gens à la richesse de leur culture acadienne par les Leblanc, Duguay, Savoie, etc.) À la fin de l'été nous publierons une anthologie des meilleurs textes reçus (environ 130 pages). Jusqu'ici nous avons visité Bouctouche, Richibouctou, St-Louis, Baie-Sainte-Anne, Rogersville, et le comté de Madawaska, Edmundston, Grand-Sault, St-Léonard. Dois-je te dire que je suis fou de ce projet? Les jeunes sont merveilleux! J'en reparlerai certainement... Désormais, l'Acadie dépend d'eux.

La situation des syndicats au Québec reflète le malaise profond qui ronge cette société. C'était «presque» l'anarchie. Des milliers de travailleurs débrayaient en guise de solidarité avec 3 chefs syndicaux qui avaient été incarcérés pour avoir ignoré une injonction. Le plus intéressant dans toute cette affaire c'est que les gens de Sept-Îles, Thetford Mines, St-Jérôme, etc. occupaient les postes de radio, les hôpitaux, etc. Donc, ce n'était pas seulement Montréal comme à l'habitude, mais d'un bout à l'autre de la «Belle Province», dans des petites villes isolées des grands centres... ceci en dit long sur la situation. Les syndicats se politisent de plus en plus, au point où ils demandent au Parti Québécois:

«Que peux-tu nous offrir?» (Le PQ est essentiellement un parti bourgeois qui préconise l'indépendance du Québec, «Maîtres chez nous»,
etc., c'est-à-dire les Québécois contrôleraient l'économie québécoise...
mais une économie qui demeurerait capitaliste. Pour ma part, je trouve
que ça ne changerait pas grand-chose. L'indépendance du Québec est un
projet merveilleux, mais si on maintient un système qui écrase les travailleurs, etc., cette «indépendance» ne vaut pas bien chère. Le PQ est-il
prêt à accepter une gauche au sein de son parti? That is the question.) Les
syndicats évidemment sont d'orientation socialiste, comme la plupart
des intellectuels. Lévesque devra se montrer très ouvert et flexible vis-à-
vis de cet élément. Si les ouvriers du Québec le boudent, l'indépendance
ne se fera jamais... et il le sait. C'est maintenant au PQ de devenir un
parti de masse capable de réaliser les aspirations du peuple québécois.

Ici en Acadie, le Parti Acadien commence à prendre forme. Bien
entendu, j'en fais partie. Le manifeste du Parti Acadien (150 pages)
vient d'être publié, et on discute beaucoup de ses théories, de ses idéolo-
gies. Un article de journal donnant un compte rendu du livre s'intitule:
«Quand la Sagouine flirte avec Mao». Le P.A. se propose surtout de
réorganiser l'économie et de développer l'agriculture, les pêcheries et les
coupes de bois. Donc, réorganiser l'économie d'après les besoins du
peuple acadien. On compte beaucoup sur le système coopératif. Un tel
système existe déjà, mais pas assez audacieux, sur une base assez limitée
(e.g. on achète beaucoup de produits de l'extérieur, alors que si notre
agriculture était bien planifiée, bien organisée (structurée), ceci ne serait
pas nécessaire). Le P.A. se veut également «agence d'information» (les
sujets: Irving, Ottawa, les manigances politiques, etc.). Si le Parti
Acadien ne remporte pas les suffrages aux élections, il aura tout de même
commencé un travail de politisation nécessaire à notre pays à créer, à
notre parole à libérer.

Et je passe à l'Université de Moncton. Tu me demandes qu'est-ce
que mon année académique m'a rapporté? Je réponds: rien du tout
(intellectuellement, etc.). MAIS, l'université m'a permis d'entrer en
contact avec un tas de gens comme moi: aliénés, peureux, un peu perdus,
etc. Des amitiés se formèrent, et voilà l'enrichissement de ma présence sur

le campus. Je me suis réellement <u>politisé</u> par besoin émotionnel surtout. Avec des gens comme Raymond Leblanc, Donald Arsenault, Gilles Raymond… Je m'ouvre les yeux à la réalité de vivre ici, ma condition d'Acadien. Pendant longtemps je me guindais de «culture» française, par snobisme, «intellectualisme» (ugh, que ce mot pue!), sans savoir ce qu'est la <u>culture</u>. La culture, c'est l'ensemble des besoins de l'Homme: le besoin de manger, de vivre ensemble, de manifester ensemble, de se dire et de s'aimer: l'expression de tout cela, voilà ce qu'est la culture. Maintenant je peux enfin évoluer dans un milieu que j'accepte de vivre. La «paranoïa» de Saint John, c'était la peur de moi-même, ou l'absence de moi-même. C'est fini tout ça. Je suis réconcilié avec ma vie, j'envisage demain avec un optimisme fou. Je m'explique très mal, je sais, mais est-ce que tu comprends ce que je veux dire? Si je n'étais pas si mauditement paresseux, je travaillerais minutieusement une lettre qui explique plus profondément ce qui s'est produit depuis le printemps dernier. Peut-être je le ferai avant la fin de l'été. Il me ferait plaisir de lire tes «expériences» (mental illness) que tu m'as promis dans ta dernière lettre.

Si tu ne vois plus le p'tit cousin Gilles dans les parages de Leominster, ne t'inquiète pas… ma mère me dit qu'il est de retour à Saint John depuis 3 ou 4 mois, avec sa mère… Ave Maria…

Pourquoi ne demandes-tu pas carrément à ton père s'il accepte de t'entretenir jusqu'à ce que tu trouves de l'emploi en Acadie? Tu peux l'amadouer un petit peu, lui disant qu'avec ton éducation il ne devrait pas tarder avant que tu décroches un emploi convenable, etc. Une fois à Bouctouche, il ne peut quand même pas te foutre à la porte. Je ne l'ai pas vu depuis deux semaines… c'est que je voyage beaucoup comme je disais plus haut, mais lorsque je le vois il me demande toujours si j'ai de tes nouvelles, si tu vas t'en venir ici, etc. L'idée d'avoir ta présence chez lui ne lui déplaît sûrement pas.

Dans ma prochaine lettre, je t'enverrai un bon paquet de poésie acadienne, un «choix» de monsieur G. Leblanc.

Alors, mon petit ami, je t'embrasse bien chaleureusement, et je mets un point final à cette lettre.

Gérald

[79]

Bouctouche
En Acadie, le 18 juillet 1972

Mon cher frère Olivier,

Je n'ai vraiment jamais compris pourquoi (le pourquoi, devrais-je dire) de mes nombreux épisodes de dépression nerveuse, mes combats contre (ou avec?) la folie, ces crises suffocantes de paranoïa. Il m'arrive souvent d'y penser, mais il me semble que tout ça s'est passé il y a tellement longtemps... pourtant ça fait à peine deux ans. S'il m'arrive de me sentir mal pris quelquefois, je me dis: mais s'il fallait que «ça» recommence... Ces symptômes, ça remonte de l'enfance, de la religion? Tant de choses inexplorées... On verra ce que Sylvia en pense. Je me rappelle aussi d'avoir lu un livre français sur la poésie moderne aux États-Unis, et on parlait de Mlle Plath, et également d'Anne Sexton[1]... au sujet d'Anne Sexton, l'auteur disait: «Voilà depuis dix ans que Mme Sexton nous raconte qu'elle va devenir folle et se suicider après chaque recueil, et elle traîne encore, hélas, après son troisième livre...» ou quelque chose comme ça. Peut-être Sylvia Plath se situe-t-elle dans cette conjoncture, avais-je pensé. Évidemment je m'étais trompé. Qu'est-ce que ça veut dire au juste, «bell jar»?

Tu as sans doute reçu ma carte postale de Québec... Ce voyage, sans mon bagage habituel de maladie mentale, fut inouï. D'abord il y eut une Nuit des poètes sur les plaines d'Abraham avec les Grands de la poésie québécoise: Paul Chamberland[2], Raôul Duguay[3], Michel Garneau[4], Yves-Gabriel Brunet[5], Denis Vanier[6], Gérald Godin, Gatien Lapointe[7] et plusieurs autres (35 en tout). Sur les Plaines 18 000 personnes. Ô nuit!, comme dirait Gaston Miron:

> poésie mon bivouac
> ma douce svelte et fraîche révélation de l'être

Avoir la chance d'entendre ce qu'il y a de plus avant-garde en poésie moderne (l'évolution de Paul Chamberland, par exemple, en est rendu au Cosmique), c'est une expérience extraordinaire. Tu comprends que je ne peux pas tout raconter ça dans une lettre.

Étant donné que tu ne t'en viens pas en Acadie, peut-être irais-je faire un tour à Boston vers la fin août... mais ce n'est pas définitif... Raymond Dionne connaît des gens dans la région de Leominster et Waltham (moi-même d'ailleurs, mais ce sont des gens... euh, comment dirais-je, eh bien, tu connais le matériel qui sort de Bouctouche pour s'installer dans les usines de Waltham et Leominster... voilà.). Il avait parlé d'y aller donc il se peut que je fasse le trajet avec lui.

Je t'envoie de la poésie ACADIENNE, monsieur. Dans la revue, il y a des bonnes choses, et des moins bonnes, tu jugeras toi-même. Mes favoris sont: Raymond Leblanc, Rino Morin, Guy Arsenault[8], Roberthe Sénéchal.

Ce réveil chez les poètes se joint au réveil du peuple et je t'envoie également le manifeste du Parti Acadien. À vrai dire, ce n'est qu'un embryon... un plan à offrir aux gens de mon pays pour qu'ils prennent en main leur destinée et leur liberté... VIVE LA PAROLE LIBRE.

Tu me diras ce que tu penses de tout cela.

Au plaisir de te lire très bientôt,

Amitiés

Gérald l'Acadien Leblanc

[80]

Bouctouche, le 30 août 1972

Cher Olivier,

Comment vont les choses à Leominster, ou à Fitchburg ou à Boston? Ici, l'été s'achève

et la saison avance...

Demain, nous terminons notre projet d'Animation-Poésie et j'ai à ma disposition deux semaines de vacances. Je me propose de travailler à ma poésie, à mon roman, à des articles pour le journal étudiant de l'université, de mettre sur pied un groupe littéraire acadien avec quelques amis (dont je te parlerai sûrement, puisque nous comptons publier une revue annuelle, ou à tous les six mois, consacrée à la poésie acadienne)... et la saison avance...

Cet été, je n'ai pas fait tellement de choses, sinon lire beaucoup. *L'éducation sentimentale* de Flaubert, le *Bell Jar* de Sylvia Plath, *Le bel été* de Cesare Pavese[1], *Les raisins de la colère* de John Steinbeck, *Les fruits d'or* de Nathalie Sarraute; beaucoup de poésie, un peu de philosophie, pas mal de linguistique. Je m'intéresse au langage de plus en plus et j'ai un tas de bouquins qui traitent de ce sujet. Le structuralisme linguistique, et les nouveaux critiques et écrivains de France: Roland Barthes et compagnie... c'est très riche tout ça. Par le biais du Nouveau Roman (qui n'est pas tellement nouveau aujourd'hui) en passant par les *Manifestes du surréalisme* d'André Breton, avec un tour dans le XIXe siècle de Flaubert, je t'assure que ça vous change les idées. De toute façon, ça me permet de mieux comprendre ce que je veux faire dans mon roman... et la saison avance...

J'ai fait la rencontre d'un poète (un très jeune poète de 18 ans) avec qui je m'entends à merveille. Après *La Sagouine*, après les événements de l'hiver dernier, après le film *L'Acadie, L'Acadie*, voilà que mon ami arrive avec une poésie vraiment acadienne. Guy Arsenault écrit son *Acadie Expérience* avec des mots d'Acadie, des champs de pissenlits, des pets de sœur, et des backyards... Ce n'est pas peu de choses puisqu'il est le premier à le faire. La poésie de Raymond Leblanc que j'aime beaucoup, est plus cérébrale, par contre celle de Guy plus sensorielle, «naturelle» si je peux dire. Comme il se doit, je t'envoie de ses poésies. Je reparlerai certainement beaucoup de Guy Arsenault... et la saison avance...

Comment as-tu passé l'été? As-tu eu l'occasion de te faire fourrer de temps en temps? As-tu eu des émotions fortes?

Qu'as-tu pensé de la *Revue de l'Université de Moncton* et des poèmes que je t'ai envoyés? Antonine Maillet vient de publier un roman qui s'appelle *Don l'Orignal*... j'essaierai de te l'envoyer très prochainement.

Le prochain roman de Marie-Claire Blais s'appelle *Testament de Jean-le-Maigre*... j'en ai lu quelques extraits dans une revue et j'ai hâte de pouvoir lire tout le roman... Il devrait paraître à l'automne[2].

Bon. J'attends de tes nouvelles; j'espère que tu te portes bien...

Salut...

Gérald

[81]
Bouctouche, en Acadie
Le 8 septembre 1972

Mon cher ami,

Quelle vie mouvementée tu mènes!(?) Il m'arrive parfois des incidents incongrus e.g. le fameux numéro de l'aéroport Logan International (de fameuse mémoire), mais toi, avouons-le, tu charries... Ta vie tient du roman policier.

À Bouctouche, je mène une vie de moine. J'essaye d'intervenir le moins possible dans l'ordre des choses. J'évite de pousser quoi que ce soit, j'accepte ce qui vient vers moi, je ne veux rien hâter. La rivière me sert de modèle...

Ai-je parlé de Guy avec un peu d'affection? Est-ce que ça paraît? Je suis à me demander où nous mènera notre amitié. En le rencontrant, il y a deux ou trois mois (déjà!) je voyais en lui un être égaré, un poète qui cherchait un encouragement, un appui, peut-être seulement un sourire. Alors, la saison avance. On se voyait plus souvent, quotidiennement. Il me dit que sans moi, il n'aurait point écrit cet été. Environ trois semaines passées, il me donne un petit livre (en plaisanterie) intitulé «le bon Samaritain» avec l'inscription suivante à l'intérieur de la couverture: «sans toi, Gérald, *Acadie Expérience* ne serait pas. J'aurai toujours beaucoup de bosses de maringouins; de champs de pissenlits et d'ombres de poteau de téléphone, dans mon cœur, pour toi. Guy.» Ça vous donne un coup... et j'ajoute, un léger pincement au cœur. Dans le fond, avec l'imagination que j'ai, ça ne surprend personne. Eh bien, voilà. À cause de lui, je me sens vivre un peu plus intensément; ça ressemble un peu à ta comparaison de la fleur qui refleurira après la sécheresse. Alors, on ne va rien presser. De toute manière, amour ou amitié, nos rapports sont riches. Échanges d'idées, discussions stimulantes.

Tes remarques au sujet de sa poésie sont assez justes. Ce que je retiens surtout chez lui, malgré certaines longueurs, répétitions, c'est la langue. La langue des Acadiens, qui en somme décrit l'expérience des Acadiens. Je trouve cela très heureux qu'un poète, même s'il n'a que dix-huit ans, ne se pose pas de problèmes vis-à-vis de la langue; c'est-à-dire, dois-je écrire en «français international» ou dans mon français d'Acadie? Pour lui, le choix est fait. Il écrit dans sa langue. En France, comprenne qui voudra (ou pourra), d'ailleurs on ne vit pas en France, mais bel et bien en Acadie/Québec. Ses poèmes s'inscrivent dans un travail de décolonisation, car il convient de savoir que nous sommes colonisés non seulement économiquement par les Anglo-Canadiens et les Amérikains, mais culturellement par les Français qui viennent ici dans nos écoles, etc., nous dire qu'on «parle mal»... Il faut se débarrasser de ça à tout prix, comme on le fait au Québec d'ailleurs. Alors, je situe l'œuvre de Guy Arsenault dans cette conjoncture.

L'université ouvre ses portes le 12 septembre. Comme l'an dernier, j'y vais puisqu'il n'y a rien d'autre à faire en attente du soulèvement général. Je me demande comment vont tourner les événements cette année. Il y a des signes des temps un peu partout. Sur le bord des routes de Bouctouche à Moncton (35 miles) toutes les affiches anglaises ont été rayées de peinture rouge et noire avec les inscriptions: F.L.A. (Front de Libération acadienne) et/ou EN FRANÇAIS. Le même phénomène s'est produit de Shédiac à Moncton (15 miles), de Cap-Pelé à Shédiac (20 miles), de Memramcook à Moncton (15 miles). Alors, les peintres anonymes font de l'art dans les rues. Un signe encourageant, qui annonce que les temps changent dans le pays d'Évangéline et Gabriel.

Quand vas-tu venir nous voir? Il y a environ un an et demi qu'on s'est vus. Je suis certain que si tu venais en Acadie, le séjour serait fort intéressant. Il y a des types que tu dois absolument rencontrer.

Crois-le ou non, deux maisons d'édition verront le jour en Acadie dès octobre (à Moncton, à Bathurst)... Tu te rends compte de la signification d'un tel geste?

Je suis très fatigué... excuses...

Sois sage. Je t'embrasse.

G.

La *Revue*, d'après moi, contient d'abord 1. Raymond L. 2. Rino Morin 3. Le très intéressant poème de Guy A. 4. Denise Basque. Ai hâte de savoir ce que tu en penses...

[82]
À Bouctouche
Le 9 octobre 1972

Mon cher ami,

Je m'assois pour reprendre mon souffle et te faire une lettre.

Depuis quelque temps je trotte un peu partout, je m'occupe d'un tas de choses. Présentement, je donne un coup de main à Guy Arsenault, ma bosse de maringouin foudroyante, qui prépare son recueil de poésie pour l'imprimerie. Vendredi, il est venu chez moi et toute la fin de semaine (les Français diraient «le week-end»...) nous avons travaillé à la mise en page. Il s'agit d'un travail passionnant, et c'est d'autant plus passionnant que Guy est une personne extraordinaire.

Certains amis m'ont manifesté leur inquiétude quant au «danger» de publier à 18 ans, de publier si jeune (dans le cas de Guy). Avouons qu'il n'est pas toujours sage pour un auteur de 18 ans de se lancer dans l'édition mais Guy Arsenault ce n'est pas n'importe qui, et l'Acadie ce n'est pas n'importe où. Je dis qu'il est <u>impérieux</u> de publier Guy maintenant. Cet été, lors de nos soirées de poésie, et surtout à la Soirée acadienne du 15 août à Moncton, j'ai vu des gens de 40-50 ans l'applaudir en criant «Bravo!». Bref, le phénomène de *La Sagouine* se répète. J'ai la certitude que le recueil de Guy va descendre dans le peuple, parce qu'il est écrit dans la langue du peuple. Notre «pays» commence à se définir, les artistes le crient, nous ne pouvons plus reculer.

Enfin, enfin, enfin... la semaine prochaine le premier recueil de Raymond Leblanc sera imprimé par les Presses d'Acadie Inc.

J'ai montré ta dernière lettre à Guy. Il se dit d'accord avec toi quant à tes commentaires au sujet de la *Revue*. Moi itou, avec réserves, bien entendu.

Quelques précisions:

– La *Revue* n'est pas un «college anthologie» mais le travail d'un groupe autonome qui effectue une recherche, un sondage de la poésie acadienne. La *Revue* accepte de publier ce travail.

– Plusieurs poètes inclus n'ont que 16-17 ans... (Hélas!) Voilà qui est regrettable puisqu'un bon nombre de poètes que je considère particulièrement doués ne figurent pas dans cette *Revue* (e.g. Roberthe Sénéchal, Lorenzo Leblanc, Ulysse Landry[1], etc., etc.). On ne peut pas dire honnêtement que ce numéro est représentatif de la poésie acadienne. Les responsables prétendent que l'idée de publier les plus jeunes les encouragera. Bien sûr, mais lorsqu'on voit les poètes « sérieux » qui n'ont jamais publié on se pose des questions. Le travail est à refaire...

– Guy, ma bosse de maringouin foudroyante, a seulement publié « Nouvelle Politique d'École » dans cette *Revue*. Les autres poèmes « Arsenault » sont de son frère Robert, et décidément inférieurs à celui de Guy.

– C'est dommage que tu laisses ton « limited French » entraver la lecture de Rino Morin. Ce monsieur possède son langage poétique. Relis « le Corridor » : « la semence » en français, ça veut dire le <u>sperme</u> : dans cette optique, ce poème est très fort. Rino maîtrise la langue française d'une façon assez rare chez les Acadiens. Il habite Edmundston et nous correspondons régulièrement... il me rappelle beaucoup de TOI...

Je termine la lecture d'*Un rêve américain* de Norman Mailer. Même si je le trouve parfois réactionnaire (surtout ses idées sur la sexualité... mondjeuseigneur! On se croirait au Moyen Âge) je dois admettre que ce roman m'a fortement impressionné. Ce livre nous plonge dans l'Amérique et comme tu le sais, c'est loin d'être rigolo.

Savais-tu qu'Henry de Montherlant s'était tiré une balle dans la tête? Il s'est suicidé il y a environ 2-3 semaines à Paris. Un misogyne remarquable... Depuis un an, un grand nombre d'écrivains se suicident... au Québec: Claude Gauvreau[2]; aux États-Unis: John Berryman[3], etc. Les poètes sont les précurseurs de ce qui s'en vient pour nous tous, probablement.

Si tu viens ici en novembre, je te promets un séjour mouvementé. D'abord il y a plusieurs « gens de mon pays » que j'aimerais que tu rencontres. Les peintres André Arsenault[4], Donald Arsenault, et bien sûr, Raymond Leblanc et Ti-Guy, entre autres.

As-tu vu le film *A Clockwork Orange*? Plusieurs de mes amis ont assisté à ce film et en disent beaucoup de bien. Il a été retiré de l'affiche au cinéma de Moncton et je n'ai pas eu l'occasion de le voir.

Crois-le ou non, je suis des cours très stimulants à l'université! 3 en particulier. 1 cours en philosophie de l'esthétique avec une Orientale: WOW! 1 autre avec Corinne Gallant[5] avec qui je «dialogue» merveilleusement, et 1 cours en linguistique avec Gérard Étienne[6], un poète haïtien qui a été chassé de son pays pour des raisons politiques. Il va sans dire qu'on s'entend très bien. Ces cours me sont d'une richesse précieuse dans ma recherche personnelle surtout. Je suis seulement 4 cours (je devrais en suivre 6, mais puisque je n'ai pas l'intention de finir mon baccalauréat, je m'en fous éperdument), donc j'ai la vie facile là-bas.

Deux semaines passées, Louise Forestier (qui chantait autrefois avec Charlebois) est venue chanter à Bouctouche. Son récital était subventionné par le Centre de la diffusion de la culture du N.-B. Voici mes impressions: après Pauline Julien, c'est la meilleure! Son tour de chant comprenait du folklore, du rock. Elle fait des choses absolument chavirantes avec sa voix: de la modulation comme j'en ai jamais entendue. Dans *Californie* (accompagnée d'un air plaintif d'harmonie) elle réussit à nous faire oublier la version Charlebois, ce qui n'est pas peu dire. Une présence chaude, l'air dégagé (elle demande une gorgée de bière entre deux numéros), jase avec la salle. Ses impressions d'ici: «L'Acadie, c'est ben l'fun!»

Et tu aimes, mon cher ami? Tu te surprends à rêver pour rien du tout, parfois? Tu apprécies davantage le mouvement de la saison qui avance?

Pour te combler, je t'envoie un poème de Roland Giguère[7], un poème d'amour de Guy et 4 petits poèmes de moi,

Ton ami,
Gérald

LA MAIN DU BOURREAU FINIT TOUJOURS PAR POURRIR
Grande main qui pèse sur nous
grande main qui nous aplatit contre terre
grande main qui nous brise les ailes
grande main de plomb chaud
grande main de fer rouge

grands ongles qui nous scient les os
grands ongles qui nous ouvrent les yeux
comme des huîtres
grands ongles qui nous cousent les lèvres
grands ongles d'étain rouillé
grands ongles d'émail brûlé

mais viendront les panaris
panaris
panaris

la grande main qui nous cloue au sol
finira par pourrir
les jointures éclateront comme des verres de cristal
les ongles tomberont

la grande main pourrira
et nous pourrons nous lever pour aller ailleurs.
– Roland Giguère

J'AI
J'ai un corps
j'ai une tête
de cheveux
j'ai des yeux
j'ai des lèvres
j'ai une bouche
j'ai deux bras
j'ai deux mains
de doigts
et j'ai ma poésie
pour toi
que j'aime

J'ai cherché
dans la nuit
sous mon lit
dans la rue

parmi des visages sans réponses
dans le ruisseau
dans la rivière
sur les collines
dans les vallées
dans la bouche du Petitcodiac
dans un champ de pissenlit
partout
dans ce pays d'Acadie
j'ai cherché
pour l'étoile de tes yeux
j'ai cassé des vitres
j'ai crié des fleurs
j'ai marché dans la nuit
j'ai chanté l'Acadie
j'ai bu à votre santé
j'ai grimpé l'ombre d'un poteau de téléphone
j'ai sauté une église
j'ai pissé de l'herbe
j'ai mordu la chair-peau
j'ai gratté ma plaie ouverte
j'ai couru dans la pluie
et j'ai pleuré un poème

j'ai un corps
j'ai une tête
de cheveux
j'ai des yeux
j'ai des lèvres
j'ai une bouche
j'ai deux bras
j'ai deux mains
de doigts
et j'ai ma poésie
pour toi
que j'aime
– Guy Arsenault

1.
dans l'espace opaque
de mes rêves brûlés
le soleil rouillé
crève

2.
ici
le temps se vide
la sècheresse se répand
ma vie se décompose

les parois de ma chambre hurlent
je veux partir d'ici

seul
mon ombre sort

3.
là-bas
les nuages
côtes   chalutier à la dérive
air de violon emporté
le vent crie
dans la grange vide

(la bouille
les dorées
les trappes
s'effacent)

mots-pourritures
paroles volées
bouches rances
ils meurent avec les yeux ouverts
effrayés

mon pays en lambeaux
mes frères cloisonnés
mon crachat a goût de cendres.

4.
À Guy.
dans le béton froid
au cœur de la pierre
je découvre ses yeux-fleurs

ma bouche d'eau salée
mon vent du sû
j'aime le goût vert de ton ventre
les racines brûlantes de tes bras
soudent nos deux corps de fleurs sauvages

tu es un lendemain...

Gérald Leblanc (août-septembre 1972)

[83]
Bouctouche
Le 16 octobre 1972

Salut!

Très content de savoir que tu seras des nôtres en fin de semaine, à moins que tu changes d'idée.

Si tu fais du pouce, essaies de partir le plus tôt possible samedi matin de Hartland (environ 6 h 00 ou 7 h 00) puisque les commis voyageurs (travelling salesmen) prennent habituellement le chemin vers cette heure.

Si tu t'égares quelque part dans les jungles du Nouveau-Brunswick, mon numéro de téléphone est 743-6364, alors un coup de téléphone et je tâcherai de te dépanner.

Alors, à samedi, et je te promets quelques surprises… rien de grave, même si tu es cardiaque ça ne sera pas un danger.

Au plaisir de te revoir,

Gérald

[84]

Bouctouche, en Acadie

Le 6 novembre 1972

Cher ami,

Je t'ai attendu il y a deux ou trois semaines, mais tu n'es pas venu. Le dimanche, je me suis dit: «il s'est découragé, il ne viendra pas.» Au bout d'une semaine, je rencontre ton père au bureau de poste et il me fait part de ton appel de téléphone. J'aurais aimé te voir (j'aimerais toujours te voir, d'ailleurs) et je me dis que c'est partie remise.

En terminant ta lettre, je constate que tu t'ennuies, tu te sens découragé. Ça ne peut pas durer toujours. De mon côté, tout va relativement bien. S'il m'arrive de me sentir fatigué, d'avoir le cafard, je me reprends immédiatement en me disant: «pense au temps où tu étais à Saint John, tu es bien ici et arrête de chialer.» En effet, je suis bien. En effet, je suis entouré d'artistes merveilleux. C'était ce dont j'avais besoin quand je suis revenu en Acadie il y a deux ans. Nous sommes un groupe «commited» comme tu le dis. Pour tout dire, ça prendrait une centaine de pages et je préfère attendre notre éventuelle rencontre. Mais en gros, voici comment je résume:

En Acadie, présentement, il se produit la même chose qui s'est produite au Québec au début des années 1960 avec la mort de Duplessis et l'avènement de Jean Lesage au pouvoir. Pendant les années 1950 au Québec, une révolution culturelle se faisait et elle a éclaté en 1960. En Acadie, une révolution culturelle germe depuis quelques années et petit à petit prend forme. Le MOMENT DE VÉRITÉ arrive, et <u>nous ne pouvons plus reculer</u>. En Acadie, la révolution sera d'abord <u>CULTURELLE</u>, la révolution va d'abord se faire dans les têtes. *La Sagouine* n'est qu'un avant-goût de ce qui s'en vient. Il faut que je t'aie devant moi pour vraiment expliquer en détail ce qui se passe... En parlant de ce phénomène, je deviens, j'ai peur de devenir trop incohérent. Vois-tu, il y a eu la Nuit de la poésie le 8 avril dernier. Des gens de tous les coins de l'Acadie y étaient, et ces gens se sont rendu compte d'une chose: la richesse de notre passé, notre culture, notre être-au-monde différent, notre manière à nous autres d'exprimer l'humanité... une manière d'exprimer l'humanité non en français ou en québécois mais en acadien. Il s'est créé un courant dans la tête des gens qui ne meurt pas. Depuis, des gens d'Edmundston échangent des poèmes, peintures, etc. avec des gens de Moncton, ceux de Moncton avec ceux de Bathurst. On se reconnaît, et on se rattache tous au même courant. Nous sommes enfin mûrs (ripe) pour assumer notre histoire collective. Il faut absolument que tu viennes voir ça. Puisque tu n'es pas venu ici depuis près de 2 ans, l'Acadie pourrait te réserver d'agréables surprises. Je le souhaite, et je t'attends. It is the « Event » that you talked about one time... It is the « Event » qui s'exprime en acadien. Quelle rrrrrrichesse...

Ma liaison avec Guy, ma bosse de maringouin foudroyante, prend une tournure intéressante. Encore ici, je ne veux pas entrer dans les détails, de peur de n'en plus finir. J'en reparlerai.

Il y a beaucoup à dire, et j'attends qu'on se rencontre. Peux-tu me donner une date? Ici, la fête d'Action de grâces (Thanksgiving) est le 11-12-13 novembre, mais c'est à une date ultérieure aux États...

Alors, c'est tout.

Amitiés

Gérald

P.S. Ça me fait de la peine d'apprendre la mort d'Ezra Pound. Je venais justement de terminer la lecture d'un livre consacré à son œuvre, la semaine dernière. Au mois de décembre, une nouvelle traduction française de ses *Cantos* va paraître aux Éditions Parti pris à Montréal. J'attends cet événement avec impatience.

G.

[85]

Bouctouche
Le 26 novembre 1972

Cher Olivier,

Hélas! Je n'ai pas pu te voir en fin de semaine comme je m'y attendais. C'est ton père qui m'a appris que tu ne viendrais pas. Ce sera donc pour une autre fois. Bien sûr, j'avais un tas d'histoires à te raconter et ce soir, je vais tenter de te faire part de tout ça dans une longue lettre.

Commençons par ma santé mentale. C'est toujours un sujet intéressant, un sujet d'actualité, un sujet sur lequel on peut s'étendre pendant des heures, bref, un sujet en or. Bon. Tu te souviens de mes problèmes de paranoïa... Que de lettres j'ai écrites pour exprimer mes angoisses, mes peurs! En effet, ma paranoïa se porte toujours bien, mes peurs demeurent. Récemment, une nouvelle dimension vient de s'ajouter à ma peur: c'est la peur de la <u>mort</u>. Si quelqu'un me racontait ses problèmes et me dirait avoir peur de la mort, je lui rirais au nez. Ma première réaction serait: « Tu es complètement fou! On doit tous mourir un jour, et le plus tôt que tu accepteras cette vérité fondamentale, le mieux tu vivras. » Donc, c'est ce que je dirais. C'est ce que je crois, mais ça ne change rien, j'ai toujours peur. Cette peur de la violence que j'ai, cette peur qui m'habite toujours, cette peur que je subis depuis 5 ou 6 ans déjà, ceci a toujours été la peur de la mort dans le fond. Je viens juste de m'en rendre compte... donc, je le <u>sais</u>, mais comme je le disais plus haut, ça ne change absolument rien à l'affaire. Depuis quelques semaines, je remets tout en question. J'essaye de me faire une raison. Je me dis: « Est-ce que ça va durer éternellement, cette folie? » D'abord, la semaine dernière, j'ai lâché l'université. L'atmosphère de cette institution était devenue insupportable, et en plus, je me sentais végéter. J'ai quitté l'université afin de pouvoir me recueillir dans la solitude, de tenter une fois encore de faire le bilan de ma vie. En quittant, je me proposais d'écrire davantage: poèmes, romans, articles pour les journaux étudiants et *L'Évangéline*, enfin tout ce dont je rêve depuis longtemps. Si je veux réaliser tout ce dont je me sens capable, la première chose qui s'impose est la discipline. Si l'on examine de près ce « geste concret » d'avoir lâché l'université, on peut dire qu'il s'agit là d'un geste positif. Mais j'ai déjà lâché plusieurs fois des choses qui me gênaient: Saint John en 1967, Saint John en 1971... Les deux fois que j'ai quitté Saint John, je me promettais toujours d'écrire, de faire mer et monde, mais si on jette un coup d'œil sur ce que j'ai fait, l'addition donne: un gros zéro. Cette fois-ci, je me dis: c'est la minute de vérité. Avec toute la souffrance que j'ai subie au cours des dernières années, on me croirait plus lucide que je le suis. Je contiens en moi toute l'aliénation, la folie, la peur et la poésie de l'Homme acadien. Suis-je assez fort pour l'écrire? Je veux créer un chef-d'œuvre, en ai-je la force? Et dans le fond, si je crée mon chef-d'œuvre, qu'est-ce que ça peut bien me foutre si je continue à me tracasser de peurs, d'impotence? Pourtant, j'ai l'impression d'être rendu à un point critique de ma vie. J'ai 27 ans maintenant, et ça m'emmerde de penser qu'à 47 ans je serai encore assis à la table de la cuisine à me demander quand j'écrirai mon chef-d'œuvre. Donc, c'est le temps ou jamais.

Maintenant, si tu le veux bien, nous allons parler du cul. En v'la un autre sujet en or, un sujet inépuisable. Eh bien, voici. Chaque fois qu'il m'arrive de devenir amoureux de quelqu'un, c'est à ce moment-là que je ressens le plus fort mon dégoût de la vie... c'est-à-dire quand les choses sentimentales se gâtent. D'abord parce que les amours (amourettes) sont pour la plupart non réciproques. Par exemple, l'hiver dernier, je m'étais attaché à un Vietnamien, et lorsque j'ai vu que cette histoire ne menait à rien, je chantais au désespoir. Cet été, ce fut la rencontre de Guy, ma bosse de maringouin foudroyante. Il me portait beaucoup d'affection, d'amitié, moi de même et par la suite je suis devenu amoureux de lui. Au début, je ne voulais pas lui dire ouvertement. Je me complaisais à vivre dans ma tête une belle petite histoire d'amour, et cette musique de gigue de violon que j'entendais lorsqu'il était là. Je vivais dans l'espérance qu'il m'avoue ce que je voulais qu'il me dise. Après tout ce que j'ai vécu jusqu'ici on pourrait supposer un peu plus de bon sens de ma part, et je me sens terriblement bête d'être si naïf (lâche?). Enfin, le 31 octobre, soir de l'Halloween, s'il vous plaît, il m'appelle et me demande s'il peut venir à Bouctouche avec moi. (Il a passé plusieurs fins de semaine ici, il adore le paysage, la campagne, il aime être avec moi...) Au cours de la soirée, en buvant quelques bières et en bavardant, je lui dis carrément: « Puisque c'est l'Halloween, je laisse tomber un de mes masques. Je t'avoue que j'aimerais faire l'amour avec toi. Est-ce que ça te scandalise? » J'ignore pourquoi j'ai ajouté ce « est-ce que ça te scandalise? », il me le demande, je détourne la question, et il m'avoue à son tour qu'il est bisexuel. S'ensuivit un long silence lourd, ce qui n'était jamais arrivé depuis qu'on se connaissait. Je lui fais remarquer ce silence écrasant, il sourit, et me dit: « Tu l'as senti toi aussi?... c'est drôle, moi de même. Tu l'as remarqué! Je t'aime pour ça... » et il me tend la main. Nous nous sommes serrés la main pendant une minute, et je ne sais trop comment, nous avons commencé à parler de je ne sais trop quoi. Pourquoi ne l'ai-je pas embrassé? Enfin, pourquoi un tas de choses... si tu savais les choses qui me trottent dans la tête. Et voilà. Depuis ce temps, je me sens morose, tout semble se cristalliser dans une énorme bulle de fatigue et de lassitude. Je pense à la peur, à la mort. On s'est revus 4 ou 5 fois depuis et de son côté c'est comme si je ne lui avais jamais rien dit. Il est si PUR... d'une pureté envoûtante. Enfin, j'essaye d'être raisonnable, d'être « objectif »... qu'est-ce que ça donne? Pas grand-chose. Je suis le même que j'étais en 1967-1971... c'est-à-dire, je n'ai pas changé.

Enfin, voilà en gros ce dont je voulais te parler; voir ce que tu penses de tout le paquet. Des conseils (enfin, tu me connais depuis longtemps, non?). Et dire que mon p'tit cousin Gilles vient de rentrer dans un monastère en banlieue de New York où il soigne des malades. Walt Whitman ou Florence Nightingale? Peut-être, je devrais en faire autant.

Cessons de parler de choses déprimantes.

D'ici quelques jours, tu recevras dans le courrier un roman québécois intitulé *Les roses sauvages* du docteur Jacques Ferron. De ce dernier, je ne dis rien sinon qu'il est, avec Marie-Claire Blais, Réjean Ducharme et Victor-Lévy Beaulieu[1], le meilleur romancier québécois. Je suis toujours tenté de t'envoyer des livres mais ça nécessite tant d'explications... la littérature québécoise me semble une des plus dynamiques au monde actuellement et que de lectures il faut faire pour en apprécier les grands courants. Toutefois, j'ai mes raisons pour t'envoyer ce roman. 1ère raison: le sujet du roman. 2e raison: l'auteur... que j'ai rencontré lundi. Il donnait une conférence à l'Université de Moncton et bien sûr, lorsqu'un des auteurs que

vous vénérez se trouve dans la région... on se déplace! Une fois sa conférence terminée, je m'avance pour lui parler et faire autographier mon
roman. Je lui ai parlé de Bouctouche, je lui ai donné des poèmes acadiens,
et visiblement ému: he gave me the notes he took to write this novel:
Les roses sauvages! Les professeurs de français (de France et de Québec)
étaient «indignés» qu'un jeune Acadien de Bouctouche (ugh!) reçoive
du docteur Ferron les notes de son roman; de l'auteur qu'ils avaient invité.

Au sujet du roman, je retiens tout commentaire jusqu'à ce que tu
l'aies lu. J'ajoute une note sur l'auteur: il est médecin dans un quartier
populaire de Montréal depuis 15 ans environ. Il a toujours travaillé avec
les pauvres, les «damnés de la terre». Il a également fait des stages dans
les hôpitaux psychiatriques, et ceci fait l'objet d'une partie du roman.
Enfin, tu verras...

Le premier recueil de Raymond sera lancé le 15 décembre. Je t'en
ferai parvenir un exemplaire «autographié» par l'auteur, d'ici le début
janvier.

J'aurais aimé discuter de poésie avec toi. Depuis quelques mois, je
suis en possession de plusieurs dossiers de jeunes poètes acadiens, et il y a
des choses très intéressantes dans le coin. Également, un projet merveilleux
m'est tombé sur la tête. André Major, un romancier québécois, nous a invités à composer une anthologie de la poésie acadienne pour les Éditions
HMH de Montréal (une des maisons d'édition les plus prestigieuses du
Québec) et c'est moi qui suis chargé de la faire! Je ne sais pas si mon anthologie sera acceptée telle quelle mais du moins ça permettra à plusieurs
poètes de l'Acadie de se faire imprimer. En apprenant la nouvelle, Guy
Arsenault me félicite en disant: «S'il y a quelqu'un en mesure de faire ce
travail en Acadie c'est sûrement toi.» J'ai rougi comme une jeune vierge!
Pas vraiment, mais ça fait plaisir de savoir qu'il y a des gens qui vous esti-
ment à ce point. De toute manière, je te tiendrai au courant des
«progrès»...

Est-ce qu'on va te voir la fiole à Noël? Tu devrais pouvoir te payer
quelques jours de congé, non?

La divine, la sublime Nina Simone vient de sortir un nouveau disque
Emergency Ward que j'ai déjà commandé bien entendu. Voici ce qu'en dit

la revue *Rolling Stone*: «Recorded live at various locations, including Fort Dix, *Emergency Ward* is the most direct, powerful, desperate musical outcry against the war and the system supporting it that I've ever heard. [...] Her interpretation of "Isn't it a Pity" is deeper, darker and even more compelling. Nina paces the song slowly, concentrating on the words to communicate her cosmic exasperation in the most dramatic way imaginable; they are uttered phrase by phrase, and underscored by great rolling piano chords that build and subside with each emotional transmutation...», etc., etc. Ça continue ainsi. On voit clairement que la grande dame, la Prêtresse, dis-je, du soul demeure toujours en forme.

En passant, est-ce que tu lis *Rolling Stone* à l'occasion? Depuis cet été, je le lis régulièrement (le seul journal de langue anglaise que je touche) et je dois avouer qu'il est des plus stimulants. On y trouve des interviews avec des écrivains (e.g. William Burroughs, etc.), des analyses de divers phénomènes musicaux et culturels, bref, une revue, un journal qui fait un travail «d'information» qui n'est pas à négliger. On pourrait dire qu'ils font du travail sérieux sans trop se prendre au sérieux. Tu comprends?

Tu vas sûrement croire que je suis en pleine période de décadence, ou de sénilité, mais je lis présentement *Plexus* de Henry Miller... et j'aime ça! Son attitude envers les femmes fait rire un peu et il agace à l'occasion en parlant de lui-même (son côté mégalomane), mais ce que je retiens surtout c'est sa folie de vivre. Il vit existentiellement sa condition d'écrivain. Pour tout dire: il sacrifie tout pour écrire. Tu comprends pourquoi je peux admirer cela, c'est presque mon contraire!

Je commence à avoir la patte fatiguée...

Salut!

Amitiés

Gérald

P.S. Si le livre *Roses sauvages* est un peu magané, ne blâme pas le bureau de poste, je l'ai prêté à une dizaine d'amis donc il a déjà fait pas mal de chemin avant de se rendre entre tes griffes.

[86]
Case postale 234
Bouctouche
En Acadie, le 28 décembre [19]72

Cher ami,

Depuis ma dernière lettre, les choses se gâtent. La période du 22 décembre au 26 a été une <u>longue nuit</u> de tous les désespoirs imaginables. En effet, j'ai cru y laisser ma peau. Aujourd'hui, ça va tant bien que mal. Même si j'écris un tout petit peu, ça va «un tout petit peu» mieux, mais <u>pas plus</u>. J'entends des bruits dehors vers une heure ou deux heures du matin et je saute, je cours aux fenêtres, je me promène dans la maison comme un dingue. Je ne <u>deviens</u> pas fou, je SUIS fou.

Alors, lorsque j'étais en plein dans les nuits du 22 au 26 décembre, je songeais à ce que j'allais faire... puisqu'il va bien falloir faire quelque chose. Voici ce qui m'est venu à l'idée :

a) me rendre à Waltham, ou Leominster, ou Salem, Mass. et travailler dans une usine pendant 3 ou 4 mois; le temps de m'accumuler 800 $ à 1 000 $, et de foutre le camp pour l'Europe en mai ou juin. Les salaires sont meilleurs aux «Z'États»;

b) entrer en communauté (dans un monastère) où je pourrais avoir une petite cellule dans laquelle je tenterais d'aller jusqu'au <u>bout</u> de ma folie, sans avoir à m'occuper de mon oncle, ma tante, mon père, ma mère, de manger, de l'argent, etc.;

c) de retourner à l'université pour une semaine, le temps de réclamer ma bourse et mon prêt étudiant (environ 500 $ pour le deuxième semestre) et de partir pour Paris le plus tôt possible... j'ai appliqué pour un passeport déjà.

Aujourd'hui, au moment où j'écris ces lignes, j'ai opté pour la troisième proposition. Le 8 janvier, je vais à l'université «reprendre mes études» pour une semaine environ, jusqu'à ce que j'aie ma bourse. Ensuite, je vais tenter d'arracher une cinquantaine de dollars de mon père et ma mère, et quelques autres amis vont me donner quelques dollars entre eux... un cadeau. Ainsi, je pourrai me rendre à Paris et y vivre au moins 2 mois avant de commencer à me chercher de l'emploi. J'ai aussi une dizaine d'amis acadiens qui habitent Paris où ils fréquentent l'université, donc ils m'aideront à me situer.

Donc, je quitte non seulement l'Acadie, le Québec, le Canada, mais le continent nord-américain. Ça devrait être bon pour la dialectique de monsieur Leblanc: Europe/Amérique.

Is all this going to come true?... Tu le sais aussi bien que moi. J'aimerais aller te voir, mais tu me connais. Une fois rendu chez vous, si cette maudite «peur» me prend je serais tout à fait capable de repartir le même soir! Si je décidais d'aller travailler à Leominster (je me préparerais en conséquence) j'irais chez vous pendant une semaine ou deux jusqu'à ce que je me trouve une chambre bien tranquille (préférablement éloignée de la ville un peu)... Enfin, pourquoi en parler puisque je ne compte pas y aller.

L'Europe (la France) est devenue une idée fixe. Je me sens mal à Bouctouche, je me sens encore plus mal à Saint John, je ne me sens pas bien à Montréal, etc., etc. Alors... il faut que j'aille voir en France.

Merci mille fois pour le disque de Nina la sublime. Elle se dépasse dans *Emergency Ward*. Elle sait ce qui arrive, elle ne fait plus place aux illusions... les illusions sont mortes et elle le chante/dit sans ambiguïtés. «Isn't it a Pity» devrait être joué à tous les membres du Congress de Washington pendant une semaine, «Everything is Plassstik!» Formidable, la Nina. Pour ce qui est de «My Sweet Lord», on voit comment Nina transforme tout ce qu'elle touche, puisqu'il s'agit d'une chanson assez banale en somme. Toutefois, avec l'art de la grande prêtresse, ce numéro revêt un aspect musical renversant. Enfin, tout ça pour te dire que je vénère Nina Simone, et que je te remercie infiniment.

La meilleure partie du livre de Vallières, *Nègres blancs d'Amérique*, est là où il parle de sa famille, sa formation, son autobiographie, quoi. Sa théorie marxiste est ennuyante. Il parle chaleureusement de Ferron (et aussi de Gaston Miron). Ferron est un des GRANDS romanciers québécois. Un de ces jours je parlerai de lui dans une de ces longues lettres. Ferron fait un travail de «rattrapage», c'est-à-dire qu'il décrit la

« mythologie » québécoise, les légendes qui ont formé le peuple québécois, etc. Sous cet aspect, *Les roses sauvages* ne sont pas « typiques » de l'œuvre de Ferron. Il l'a dit à Moncton, « L'Acadie est un pays fraternel et j'y livre mes impressions ».

J'aurais d'autres livres à t'envoyer. Il est temps que je t'initie à la littérature québécoise: Fernand Ouellette[1], Paul-Marie Lapointe[2], Michel Beaulieu[3], Louis Geoffroy[4]... 4 poètes que je considère très importants; aussi les romanciers Victor-Lévy Beaulieu, Hubert Aquin, Jacques Godbout... Avant de partir pour l'Europe, j'essayerai de te faire un « paquet » d'une dizaine de livres.

Alors, voilà. Je ne continue pas. C'était quelques mots pour te dire que je suis toujours « vivant » et très malade. Espérant que je serai dans un meilleur état d'esprit dans ma prochaine lettre.

Amitiés
Gérald
G.

[87]
Bouctouche
Le 13 janvier 1973

Mon cher ami,

La présente est pour t'informer que je suis toujours vivant. Je pense avoir traversé le plus gros de ma crise, et j'espère maintenant le printemps qui ramènera les roses qui dorment sous la neige. Si j'ai pu sortir de cette Nuit, c'est grâce à bien des choses, entre autres Raymond Leblanc et ta lettre dans laquelle tu me faisais part du « défi » face à la mort... le rôle que peut jouer l'écriture. Depuis le début de janvier, j'écris à tous les jours: des pages de romans, un poème, quelques pages dans mon journal et bien sûr des lettres aux amis. C'est en sorte une résolution du Nouvel An.

Mon «voyage en France» a été remis à plus tard. Pour le moment, je demeure à Bouctouche et je me rends à Moncton fréquemment. Je visite des gens sur le campus de l'université, je passe de longs après-midis avec Raymond. Des projets s'annoncent et je prends goût à la vie. La seule tare au portrait c'est que Guy me manque beaucoup. C'est dire que je ne suis pas sur la veille de l'oublier. Mais il ne faut pas mourir pour ça... d'ailleurs Guy est un Poissons (Pisces... comme l'était Bob...) et ça marche toujours mal avec ces gens-là.

Si je peux rester sur mes deux pieds, j'entreprendrai peut-être un voyage à Fitchburg au mois de février ou mars. J'aimerais te parler, c'est pas possible comment j'aimerais te parler.

Je lis le *Journal* d'Anaïs Nin. Au mois de décembre j'ai eu l'occasion de la voir à la télévision pendant une heure. J'ai joui de l'entendre parler d'elle-même. Ses propos sur l'écriture ressemblent drôlement aux tiens. Elle se dit névrosée, et grâce à ses livres, son journal et l'introspection avec la psychanalyse, elle a atteint un équilibre heureux. Lors de l'entrevue, elle parlait avec une sérénité remarquable. Elle déclare avoir vécu avec des hommes aussi des femmes, fait des expériences avec la drogue (LSD), etc., etc. en un mot: une vie exemplaire! J'ajoute, comme il se doit, qu'elle parle un très beau français.

Alors, peu de choses à dire pour le moment.

Je t'envoie un poème de Fernand Ouellette (qui est un ami de Gaston Miron et fait partie d'une équipe de poètes qu'on appelle l'Hexagone[1]). Bonne lecture.

G. (au verso, s.v.p.)

Me permets-tu de montrer une partie de ta correspondance à mon ami Raymond Leblanc? Cette correspondance très riche qui s'échelonne sur une période de 6 ans (depuis 1967!) est un portrait de l'évolution d'une conscience... d'un Acadien-Américain. Si tu t'objectes à ce que je lui montre tes lettres, tu n'as qu'à le dire, et je respecterai ton choix.

G.

Et nous aimions
On déposait la lune dans un passé de décence.

La nuit se devait d'être pure
et l'empreinte de ma race
                          en errance
                                    par la mort.

Devant la superbe à paroles rouges,
nous chantions le dur cantique du sel,
sel à ronger le désir de voir, à nourrir
la honte du noir sillage de l'amour,
la démence du charnel!

Ô ma race saignant sous la déchirure,
saignant la sève comme un acide
la neige avait mal en nous
les îles poussaient sous nos pas

Dans notre œil à semence,
tombaient des germes
                    pareils à des grains de nuit.

Ô l'huile de l'automne, terreuse et forte,
que nul homme ne veut boire...

L'abîme dans la poitrine,
l'oreille tendue vers l'enfance,
il te revenait des tourments de torrent,
des clameurs d'orignal
                      du profond
d'un précipice à lumière;
il te revenait des girations de soleil
            sous la membrane du ruisseau,

des cris de fruit mûrissant
avec le jour.
                    Et le printemps de résine.

❖

Ainsi nous parlions avec une voix en naissance
            qui hurle.
Ainsi le délire des feux dans la chair.

Tu effeuillais des passages à remords,
notre univers se décomposait.
Tu t'éveillais avec des comètes dans la gorge.

Et nous avancions dans le blanc,
et nous vivions de vie,
et nous aimions.
– Fernand Ouellette
Extrait de: *Le soleil sous la mort* (1965)

[88]
Bouctouche
En Acadie
Le 27 janvier 1973

ah ce que j'ai désiré le paradis terrestre
désiré avec une concupiscence de cocu.
– Paul Chamberland, *L'inavouable*

Cher Olivier,

Je fais acte d'écriture en te faisant une lettre. C'est samedi. Il est 5 h 15 de l'après-midi. Au moment où j'écris je suis un peu triste puisqu'un ami de Moncton devait me rendre visite cet après-midi, et voilà: il n'est pas là. Certains gens détestent les dimanches. Moi pas. Mais ne me parle pas des samedis. Que j'exècre les samedis! Les gens qui vous entourent affichent une fausse gaîté qui me rend malade. Je préfère ma solitude. Autrefois, j'aimais l'hiver. Maintenant ce n'est plus la même chose. De l'hiver, je ne retiens que les inconvénients. De plus, cet hiver m'est terriblement pénible: c'est une véritable saison morte. La plupart de mes amis (sauf Raymond Leblanc!) se sentent désemparés, découragés... Quelle saison morte!

Dans ma dernière lettre, je te disais que j'avais mis de côté le «voyage en Europe». J'y pense toujours, mais les choses ne vont pas comme je l'aurais voulu. Le Département des affaires étudiantes de l'université a retenu ma bourse en paiement d'un semestre... et je comptais sur cet argent pour partir. Je ne peux pas leur dire que je ne retourne pas sur le campus puisqu'à ce moment-là je n'aurais droit à rien du tout. C'est pas rigolo. En ce moment, j'ai environ 350,00$ en banque. Inutile de songer à la France! Je songe maintenant à la Californie... Il serait assez facile de faire le trajet jusqu'à Vancouver, et de là descendre en Californie. Chose certaine, c'est que j'ai le goût de partir, d'autant plus que je supporte difficilement Bouctouche à l'heure actuelle donc, c'est logique que je parte, non? La date limite: le mois d'avril. Je ne compte pas niaiser pendant 3 ans comme je l'ai fait avant de partir de Saint John. D'ailleurs, je vieillis (déjà 27 ans! comme le chante sublimement la Nina Simone sublime, «who knows where time goes»; on approche la trentaine...) donc, je vieillis et je me dis: c'est le temps ou jamais. Lorsque l'idée me vint de partir (au plus fort de ma crise pendant les Fêtes), je me suis arrêté un peu pour me poser la question: est-ce que partir signifie <u>fuir</u>? refuser de faire face à ce qui me tourmente? etc., etc. Je ne pense pas. D'abord, je sais très bien que ma «crise» peut revenir à n'importe quel temps. J'accepte ça. Mais étant donné qu'à l'heure actuelle, Bouctouche ne me suffit pas; que Bouctouche ne répond pas à mes exigences, je dois partir pour ailleurs afin de résoudre ces problèmes. «La meilleure école pour la dialectique, c'est l'émigration. Les dialecticiens les plus pénétrants sont les exilés», ainsi parle Bertolt Brecht. Donc, je suis bel et bien décidé à partir... pour la dialectique!

Depuis le 8 janvier, je me rends sur le campus à tous les jours. Ces visites me déplaisent de plus en plus. On fume de la mari à longueur de journée et je me vois reprendre les vieilles habitudes de l'automne dernier, c'est-à-dire que je suis «stoned» (en français, on dit «gelé» e.g.

«j'étais ben gelé») cinq jours sur sept. C'est à vous rendre malade. Donc, à compter de la semaine prochaine je n'irai plus sur le campus, sauf à l'occasion pour un spectacle, une réunion...

J'écris presqu'à tous les jours. Mon journal d'abord, où je tente d'expliquer mon quotidien, et des pages de roman. Depuis deux semaines environ, je garde toujours sur moi un cahier dans lequel je note les observations que je fais... ce que j'observe chez les étudiants, les gens de la ville, les gens du village ainsi que chez nous, mon oncle et ma tante. Ces notes, je les rassemble et les retranscris dans mon roman. On verra ce que ça va donner au bout de quelques mois.

Guy. Plusieurs de nos amis communs m'ont dit qu'il était très «down» depuis décembre. Il ne sort plus de la maison, ne voit personne. Et moi qui l'aime à n'en plus finir. Son frère Robert me suggère que je lui paye une visite, ce qui me tente énormément, mais je ne sais vraiment pas à quoi m'attendre. Parfois, je reconnais en Guy des traits de caractère de Bob (ils sont tous deux Poissons... je pense te l'avoir déjà dit...).

Mes lectures, ces derniers temps, sont des plus variées. *Cinq leçons de psychanalyse* de Freud; *The Arrangement* d'Elia Kazan[1] (que je trouve assez bien); *L'urgence de choisir* de Pierre Vallières; *Allen Ginsberg in America* de Jane Kramer[2], et finalement un livre épatant d'un auteur québécois, *Jack Kérouac* de Victor-Lévy Beaulieu. Il s'agit d'un essai-biographie de Kérouac avec un peu d'autobiographie de Beaulieu: c'est-à-dire que Beaulieu récupère Kérouac comme «Québécois» (Canuck) en s'identifiant au Canadien français qui s'exile mais qui souffre toute sa vie de traumatismes de son enfance (e.g. Kérouac connut la religion canadienne-française catholique à Lowell, Mass.; son frère Gérard est mort à neuf ans de tuberculose (Jean-le-Maigre!), etc., etc.). Donc, Kérouac à la fin de sa vie, était alcoolique et vivait avec sa mère. D'ailleurs, tout au long de sa vie, il revenait toujours à elle. Pendant 6 mois, il trottait avec Ginsberg, Burroughs, Corso[3], etc. à travers l'Amérique, et à l'automne (Octobre!!!) il s'en revenait trouver MAMAN. Pour en revenir à Victor-Lévy Beaulieu, ce dernier retrace les parallèles entre son enfance dans un village québécois et celle de Kérouac à Lowell. Ceci fait, il explique l'œuvre de Kérouac par rapport à son enfance (j'ajoute que ce livre n'est pas du tout «académique»; au contraire, c'est un délire verbal qui remplit 300 pages... un véritable tour de force).

Connais-tu Richard Brautigan[4]? C'est un auteur américain sur lequel je connais très peu de choses, sinon qu'il est romancier et qu'il a fait un ou deux livres de poèmes. Un ami m'a recommandé de lire son premier livre de poèmes qui a pour titre *The Pill Versus the Springhill Mine Disaster*. Tu connais? J'essaye de retrouver ce livre, mais personne ne semble savoir de qui je parle...

En lisant le *Kérouac* de V.-L. Beaulieu, et le *Allen Ginsberg in America* de J. Kramer, je m'intéresse un peu au phénomène Beat. Ainsi, je lis présentement un ouvrage qui s'intitule justement *The Beat Generation* de Bruce Cook[5], et je trouve ça ben l'fun. Un livre me ramène à un autre livre puis un autre, et un autre... c'est ça l'éducation... donc, et ce livre de Cook m'amène à lire *The Electric Kool-Aid Acid Test* de Tom Wolfe[6] que je trouve exceptionnel. Il y a des choses intéressantes qui se font en littérature aux États-Unis. Depuis le début janvier je fais un peu de recherche dans ce sens et je découvre des bons textes. Tom Wolfe me renvoie à Norman Mailer, que je connaissais déjà mais son livre *The Armies of the Night* est vraiment bien. Après le Québec, j'oserais même dire que les États-Unis se classent en deuxième place (avant la France même! Qui est devenue sclérosée si l'on excepte le groupe *Tel Quel* et quelques autres.). Pour en revenir à Wolfe et Mailer, je trouve très sympathique ce qu'ils font. Un genre de réalisme social à la XXe siècle qui vous plonge dans le vécu; aussi le renouveau de la forme n'est pas à négliger. J'aime beaucoup...

Demain, j'ai rendez-vous avec Pierre-André Arcand[7] au sujet de l'anthologie de poésie acadienne que nous préparions pour une maison d'édition montréalaise[8]. Nous ferons le dernier choix des poèmes avant de les envoyer. Donc, je te tiendrai au courant... si on publie, je t'enverrai un exemplaire, of course.

J'aime beaucoup le groupe Crosby, Stills, Nash & Young[9]. Surtout David Crosby[10] qui a une voix sexuellement rauque, e.g. *Long Time Gone* que je viens d'entendre; j'en ai des frissons. Aussi il y a un type à l'université qui a les plus beaux yeux du monde. Il s'appelle Jean-François. Nous avons fumé ensemble vendredi matin... Jean-François, c'est beau comme nom, n'est-ce pas?

Et qu'est-ce qui se passe à Fitchburg ces temps-ci?

Vraiment, je suis déconcerté. Je pensais que le grand Charles viendrait me voir aujourd'hui. Le dernier autobus vient de passer et il n'y était pas. J'espérais s'il n'y était pas ce matin, il y aurait été ce soir. Merde. Je hais les samedis. Puisque je devrai rester seul, je vais écrire des lettres à tout le monde ce soir.

Ainsi se termine une lettre de moi.

Écris, ça me fait du bien.

Gérald

Quelques jours plus tard
Le 2 février 1973

Rien de tellement nouveau.

Ça va comme ça peut aller. Certains soirs je ressens un soupçon du malaise de ma Nuit de décembre, mais j'arrive à me maîtriser un peu mieux... je panique moins. Donc, des hauts, des bas. En somme, c'est peut-être ça la vie.

Hier soir, un groupe d'amis de Moncton (dont le Jean-François aux plus beaux yeux du monde) m'ont téléphoné pour m'inviter à un gros «party». Ils étaient prêts à venir me chercher à Bouctouche, mais je me sentais un peu mal et j'ai poliment refusé. Ce sera pour une autre fois. Si Jean-François s'intéresse à moi, il y aura, certes, une «autre fois». À ce moment-là, j'avancerai vers lui sans peur.

J'ai le goût de partir pour Boston (Fitchburg). Si tu déménages très bientôt, il se peut que j'aille te visiter... disons au début mars. Un tel voyage me ferait du bien d'autant plus que je ne t'ai pas vu depuis près de 2 ans. Tu pourras jouir de ma présence pendant une semaine.

Encore une semaine plus tard
Le 12 février 1973

Reçu ta lettre hier.

Je viens de passer à travers une drôle de période. Vendredi soir, Robert Arsenault, le frère de Guy, m'appelle pour m'informer que Guy a été hospitalisé en psychiatrie à Moncton... Il ne parle à personne, ni à sa mère, ni à lui... peut-être qu'il me parlerait. Il m'était impossible de me rendre à Moncton vendredi soir (j'ai passé une nuit à m'arracher les cheveux de la tête, sachant que Guy, ma bosse de maringouin foudroyante, était aux mains, à la merci de ces maniaques de psychiatres). Samedi matin, je saute dans l'autobus pour Moncton. J'étais à peine arrivé chez Robert que j'apprends que Guy s'était sauvé de l'hôpital! J'ai failli perdre la boule. Quelques minutes après, on apprend qu'il était rentré chez lui. Robert va le chercher en taxi. Lorsqu'ils sont arrivés, j'étais sorti et en retournant Guy dormait. Je passe à la cuisine avec Charles. Quelques temps plus tard Guy se lève et en rentrant à la cuisine il m'envisage pendant plusieurs minutes, sans rien dire. De mon côté, j'en étais paralysé, je ne savais quoi dire. J'étais tenté d'aller l'embrasser, de lui dire « ne t'en fais pas, ça va aller mieux... » Mais le silence demeure. Guy reste planté dans la porte de cuisine tandis que Charles bavarde comme une pie. Plus tard, il retourne à sa chambre, je vais me coucher. Peu de temps après, Guy se lève, s'avance et me regarde intensément pendant un bon 5 minutes. Je suis incapable de dire quoi que ce soit. Le matin, nous échangeons quelques mots. Son frère, Charles, Jean, Michel sont là. Je ne peux rien dire à Guy... il le sait. Robert décide de le ramener chez lui. De retour, Robert me dit que Guy voulait terriblement me parler, mais ne pouvait pas. Moi, je reste là, désemparé... Depuis dimanche il ne sort pas de sa chambre, comme avant. Demain je compte aller le voir...

Comme tu peux le constater, les temps sont difficiles en Acadie. Je suis mieux équilibré depuis quelques semaines, toutefois. J'ai vécu toute la fin de semaine avec une certaine assurance sans perdre contrôle de moi-même.

Mais c'est un con, ton ex-co-chambreur (Hans). J'espère qu'il cessera son vilain jeu. En effet, all things must pass.

D'ici la fin du mois de février, je déciderai si oui ou non j'irai te visiter pendant une semaine. I'm ready to do so now (emotionally, psychologically, etc.); mais je ne voudrais pas laisser Guy sans essayer, tout au moins, de l'aider. On verra.

I hope you can make some sense out of this 3-part letter. So many things have changed in my head... Old prejudices, misconceptions, illusions I had, have all cleared out, or at least, have started clearing out. Je deviens plus lucide, il me semble. This is one reason I would love «confronting» you!! In any case, I will let you know how things turn out and if we'll see one another soon.

Amitiés

Gérald

[89]
26 février 1973
À Bouctouche

Cher Olivier,

Je suis <u>presque</u> décidé de me rendre chez vous. Maintenant j'ai ton numéro de téléphone donc je peux te prévenir une ou deux journées avant mon départ. Ce serait inouï si je pouvais amener ma bosse de maringouin foudroyante, Guy, mon Petit Prince... mais je doute qu'il accepte. J'en ai presque la certitude. Toutefois, je lui demanderai. Souvent je lui parlais de toi; l'été dernier nous lisions tes lettres ensemble... et il aimerait te connaître. Je pense t'avoir narré les événements de son internement à l'hôpital, sa fuite, son mutisme presque total pendant une semaine, etc. Tu sais, je n'ai pas encore réussi à être honnête avec lui (ou avec moi en fin de compte). On s'assoyait à la table de cuisine, par exemple, pendant 2 ou 3 heures sans dire un seul mot. Il levait les yeux sur moi et me fixait du regard pendant plusieurs minutes sans rien dire. J'avais l'impression qu'il voulait me dire quelque chose (mais cela n'était peut-être que de la projection, puisqu'en fin de compte, c'est bel et bien moi qui voulais lui parler). Pourquoi n'ai-je pas le courage... non, l'honnêteté de lui avouer: «Écoute, mon petit, il en est passé de la neige entre nous deux. Mais je t'aime. Je peux devenir fou, on peut me bâillonner, m'enfermer, cela ne change rien à cette déclaration qui rejaillit des tréfonds de mon âme: je t'aime. Et que fait-on de cet amour? On le vit, ou on laisse faire...» S'il ne veut pas l'amour que je lui propose (si j'arrive à le lui proposer tout court!) il faudra bien que j'aille ailleurs. Déjà, le Jean-François aux plus beaux yeux du monde me fait des avances... je ne peux pas résister à la tendresse. De toutes les choses au monde, il y a une chose à laquelle je ne peux résister: c'est la tendresse... Et Jean-François en est plein. Je suis tanné de vivre seul, hostie. La route est si difficile...

«I understand some things take so long which I cannot explain...», comme le chante Nina Simone. Chère Nina, une lucidité renversante à travers ces temps de neige et de tourments.

Cher Olivier, comme tu deviens blasé dans tes vieux jours. Je ne peux pas commenter sur Richard Brautigan puisque je ne le connais pas, mais je trouve Tom Wolfe très intéressant. Au risque de sembler «Français» (je suis devenu un francophobe acharné... depuis 2 ans j'ai eu l'occasion – et non le plaisir – de rencontrer un bon nombre de «Français de France» et j'en conclus qu'ils sont une race abominable... je te parlerai de mes réflexions un jour...) enfin, au risque de sembler Français, dis-je, je ne m'intéresse pas tellement à ce que dit monsieur Wolfe, mais comment il le dit: son style, sa forme, quoi! C'est très 1960-70, tout ça. Dans 10 ans, on ne le lira peut-être plus, mais je trouve qu'il ouvre des portes, il se détache des sentiers battus. On ne peut pas imiter John Steinbeck (un géant quand même) ad vitam æternam. Du nouveau, du nouveau!

Pour ce qui est du livre de Victor-Lévy Beaulieu sur Kérouac, je t'emporterai une copie si je vais te visiter. Sinon, je t'enverrai ça par la poste. Ce livre demeure très québécois... on en apprend autant sur Beaulieu que sur Kérouac... J'ose croire qu'il t'intéressera.

Depuis 2 ou 3 semaines, j'ai complètement cessé de lire. Dans le fond, ce n'est peut-être pas mauvais. Il est temps que j'écoute ma propre voix plutôt que d'essayer d'imiter les autres; que j'étouffe ma propre voix dans l'admiration que j'ai des autres. Il n'est pas toujours bon d'avoir des maîtres, surtout après un certain âge. Par contre, j'écoute beaucoup de musique rock: Shawn Phillips[1], Santana, Jethro Tull (groupe exemplaire), The Band[2], etc. Ça ne me déplaît pas.

L'anthologie dont je t'ai parlée est terminée. Pierre-André et moi avons fait la mise en page et le tout fut envoyé à Montréal. Ce livre devrait paraître avant la fin mars. Enfin, un autre projet de réalisé. Tu en recevras un exemplaire, cela va de soi... Les poètes acadiens que nous avons inclus: Guy Arsenault, mon Petit Prince, Raymond Leblanc, mon frère en poésie, Ulysse Landry, Herménégilde Chiasson, le peintre, André Arsenault, aussi un peintre, Calixte Duguay, Rino Morin et Reynald Robichaud.

Est-ce que je t'ai fait part du lancement du recueil de Raymond? Eh bien le 24 janvier 1973 nous avons officiellement lancé et le recueil et la maison d'édition: les Presses d'Acadie[3]. Je te donnerai un exemplaire du *Cri de terre* de Raymond, autographié par l'auteur en plus! Vraiment, Olivier, tu es gâté...

Beaucoup de choses à dire, mais on se verra un de ces jours... Écris quand même et il se peut que tu reçoives un téléphone de moi d'ici une semaine ou deux.

Amitiés, Gérald

> J'ai retrouvé l'Acadie.
> Un goût de sel
> Refoulé à mes lèvres
> Me dévore et m'enfante.
> – André Arsenault, revenu en Acadie après 15 ans d'exil...

[90]
Le 17 mars 1973

Cher ami,

Un ami, Raymond Dionne (que tu as rencontré lors de ton séjour à Moncton... nous avions soupé chez lui) vient de m'appeler. Il me dit qu'il ira peut-être à Boston les 13-14-15-16-17 avril... Ça tombe bien, n'est-ce pas? À ce moment-là, je n'aurai pas à m'inquiéter de transport (le trajet Moncton-Boston par autobus est très fatigant, ennuyant, etc.) et le «problème» de Guy sera peut-être guéri (espérons-le, du moins).

Parlons de Guy, un peu. Tu sais le soir où je t'ai appelé la première fois pour t'annoncer que nous partions? Ce fut une nuit comme jamais j'en ai vécu de ma vie. Au moment où je te parlais, Guy était tout près de moi, il écoutait la conversation. Quand j'ai raccroché, je me suis dirigé vers la porte pour traverser à ma chambre, Guy est simplement resté planté là. «Y a-t-il quelque chose qui ne va pas?» Il me fait signe que non. «Alors, on va à ma chambre?» Il ne bouge pas, immobile dans le cadre de la porte. Je suggère que nous restions là et que nous écoutions un peu de musique. Il fait signe que oui. (La musique lui donne un plaisir fou. Quelques minutes après le début d'une chanson de Neil Young, il me regarde en souriant et dit: «C'est très beau, la musique.») On reste là environ une heure, puis je lui demande s'il veut passer dans ma chambre. Il accepte. Je le sens très tendu («tensed») et je lui fais la remarque. Il avoue qu'il se sent un peu tendu. À mon tour, je commence à me sentir mal; je tourne en rond. Afin de ne pas perdre la boule, je décide d'écrire dans mon journal. J'invite Guy [à] en faire autant et je lui passe crayon + papier. Pendant une heure je griffonne sur du papier, le laissant seul dans ma chambre. En remontant en haut, je l'aperçois dans l'escalier avec son manteau sur le dos. «Mais qu'est-ce qui se passe?»

«Je vais prendre une marche.»

«Veux-tu que je sorte avec toi?»

«Non.»

Et il ne bouge pas.

«Veux-tu prendre un sandwich avec moi dans la cuisine?»

Il me sourit et «dé-zippe» son manteau. Nous mangeons sans parler. Un silence se crée entre nous... un silence très lourd qui me rend très mal à l'aise. Je sens que lui aussi se sent très mal, mais je ne peux pas le rejoindre; j'essaye de parler mais les mots se bousculent, je n'arrive pas à penser avec cohérence, donc je garde le silence. Finalement je lui demande: «Est-ce que tu t'endors? Veux-tu te coucher?» «Non.»

«Tu te sens mal ici. Est-ce que je peux faire quelque chose pour toi?» Il ne répond pas. Tout à coup, je commence à paniquer à l'idée qu'il va partir dans la nuit, se faire arrêter par les flics, enfin tous les malheurs imaginables (le mot-clé: imaginables). Donc, je panique. «Tu ne dois pas partir cette nuit. Je t'en prie. Si tu partais j'en mourrais certain. Tu ne partiras pas sans me le dire?» Il me répond: «Si je pars, je t'avertirai...» Je ne dis plus rien. Je continue à paniquer. Il est 3 heures du matin. Nous sommes toujours assis à la table de cuisine. De temps à autre, je remarque Guy qui pose sa main sur la table, près de moi. Il répète ce geste quelques fois au cours de la nuit. Ma première impulsion est de saisir sa main et de lui dire que tout «ira bien», que les mots ne sont pas nécessaires, qu'on arrivera à s'en sortir. Mais je n'ai pas pu le faire. Je n'ai pas réussi à lui prendre la main, il me semblait impossible de faire ce mouvement. Vers 5 h 30, je m'écrase de sommeil, de fatigue. En me réveillant brusquement vers 6 h 30, il est toujours là, assis. Mon cousin Raoul doit partir pour Moncton à 7 h 00. Je me sens incapable de faire le trajet, et je demande à Guy s'il veut partir pour Moncton. Il ne répond pas. Lorsque Raoul vient demander si nous montons avec lui, je dis à Guy que je ne pourrai pas monter avant midi sur l'autobus, la fatigue m'assomme, mais que lui peut monter s'il le veut bien, ou il peut attendre. Raoul répète sa question à Guy, qui se lève lentement et sort. Bon.

Le midi je saute dans l'autobus pour Moncton. En arrivant sur le campus je rencontre des amis qui me retiennent pendant près d'une heure. On m'apprend que j'ai un téléphone... C'est Robert, le frère de Guy, qui m'apprend qu'une femme a aperçu Guy planté debout près de la CN yard (où mon cousin travaille) depuis 8 heures ce matin. Il était près de 3 h 00 à ce moment-là. Figure-toi! Je demande à Gabriel Bourgeois de me conduire sur les lieux où se trouve Guy, mais en arrivant sur place, il n'est pas là. Un coup de téléphone à Robert m'informe que les flics (la police) l'ont ramassé et reconduit chez lui. Je ne pouvais pas me réconcilier au fait que Guy était resté planté debout près du CN yard pendant près de 7 heures de temps. Il ne bougeait pas! Hostie. Je le savais intériorisé mais pas à ce point-là. Je ne savais vraiment plus quoi penser. Et pire encore, je n'osais pas aller le voir. Trois jours après cet incident, je vais faire un tour chez

Robert et en rentrant je le retrouve assis sur le divan. Je ne sais trop que faire. Je lui tends la main en lui demandant comment ça va. Il me répond avec un sourire: «Pas mal. Pis toi?» Comme si rien ne s'était passé. D'autres amis arrivèrent et tout le monde bavardait. Vers 5 h 00, à l'heure du souper, on se retrouve seuls, face à face. Je commence à me sentir mal, mais je lui demande quand même: «Tu as souffert chez nous en fin de semaine, n'est-ce pas?» «Oui.» Silence. Robert arrive nous annoncer que le souper est prêt et nous passons à la cuisine. Au cours du souper, on rigole un peu; ça va bien. Guy me regarde à l'occasion avec un soupçon de sourire... il est décidément de bonne humeur. J'avais rendez-vous à 8 heures et juste avant de partir, je m'avance vers lui et je lui garroche une diarrhée de mots: «Je te retrouve de bonne humeur, en bonne forme il me semble, et ça me fait plaisir. Je vois que je n'y suis pour rien dans cette affaire, c'est-à-dire si tu te portes bien ce n'est pas grâce à moi. Je comprenais mal mon rôle auprès de toi, mais maintenant je sais que si tu reprends goût à la vie, à tout, ce sera d'abord par toi-même que tu devras commencer. Je suis prêt à t'aider si tu le veux. T'aider veut dire que je ne t'appellerai pas, n'irai pas te voir non plus, si cela te gêne. Tout ce que je ferai pour toi viendra de mon cœur...», etc., etc. On se serre la main et je sors.

Voilà plus d'une semaine que je ne l'ai pas vu. Son frère me dit qu'il se porte «bien», c'est-à-dire que son état reste le même (ne change pas). Je ne veux rien «faire»... tu comprends? Je suis trop «fucké» pour entreprendre une telle charge en main. D'ailleurs, s'il veut de moi, il sait comment me rejoindre. Mes sentiments envers lui ne sont pas ambivalents, ou équivoques, il sait très bien où je me situe dans cette histoire. Je me pose beaucoup de questions, bien entendu. Par exemple, la question de drogues. Il y a deux hivers il avait fait beaucoup d'acide, de mescaline, etc. Plusieurs de ses «voyages» furent très mauvais. Il n'a pas touché de drogue depuis 3 mois maintenant mais il me dit qu'il a souvent des «flashs». Tout cet épisode de drogue ne l'a certainement pas aidé. Aussi il y a l'histoire de la sexualité. Il m'a déjà avoué sa bisexualité; mais je ne pense pas qu'il ait fait l'amour avec un homme. Il détourne la question. Donc, ce «problème» me laisse perplexe. Et une foule de questions que je n'arrive pas à élucider. Souvent je me reproche de faire trop de «projection» (tu sais qu'est-ce que c'est... e.g. je désire lui parler énormément, et en le regardant j'ai l'impression qu'il veut me parler lui aussi... Peut-être s'agit-il seulement de projection de ma part... who knows?). Enfin.

Devrais-je l'amener à Fitchburg? Je ne sais plus. Lundi dernier, suivant l'épisode du CN yard, je ne voulais pas prendre le risque. Je craignais qu'il décide de «prendre une marche» à 3 ou 4 heures du matin à Fitchburg et qu'on ne le revoie plus jamais. Par contre, je tenais beaucoup à ce qu'il vienne (lui aussi d'ailleurs... il était assez enthousiaste à l'idée de partir avec moi). J'étais curieux de savoir comment il réagirait dans un nouvel entourage (new environment). En tout cas, j'ai un mois pour me décider, d'ici au 13 avril. Et... j'aurais tellement voulu que tu le rencontres. C'est quelqu'un de vraiment extraordinaire (même si j'ai tendance à exagérer on peut dire «extraordinaire» dans le plein sens du mot). On verra...

Je vais t'envoyer quelques livres par la poste. Ça ne coûtera pas très cher (1,00$ au plus). D'abord, il y a *Le réel absolu* de Paul-Marie Lapointe. Je veux te donner quelques semaines à lire/réfléchir/méditer ce livre. Il s'agit de 3 différents recueils réunis sous le même couvert. *Le vierge incendié* (1948) une série de poèmes «surréalistes» (j'hésite sur ce mot puisque Lapointe s'en défend) écrit à l'âge de 19 ou 20 ans. À ce moment-là, l'auteur fréquentait un séminaire et il éclata. *Le vierge incendié* est le témoignage de sa libération. Cette libération se fait d'abord par le CORPS... dans un déferlement d'images où le corps domine. Ensuite, *Arbres et Choix de poèmes*, l'auteur s'enracine à la terre (comme un «arbre») et le *Choix de poèmes* comprend surtout des poèmes d'amour... parmi les plus beaux jamais écrits. Enfin, *Pour les âmes* où il est question de vivre ici... l'homme québécois aux dimensions universelles. Il est très difficile d'écrire sur Lapointe, surtout à quelqu'un qui ne le connaît pas. Sa langue est renversante, et j'espère que tu n'auras pas peur de faire quelques tours dans ton dictionnaire. Je considère Lapointe comme le plus grand poète du Québec (vivant ou mort), plus grand que Miron encore. Si je peux me servir de comparaison (avec réserve) je dirais que Lapointe est le Lautréamont du Québec.

Ensuite, il y aura *Kérouac* de Victor-Lévy Beaulieu dont je t'ai déjà parlé. Beaulieu n'a que 27 ans et il a publié 4 ou 5 romans, ainsi qu'une étude semblable à celle sur Kérouac, sur Hugo. Beaulieu raconte les périples de la famille Beauchemin dans ses romans. Oh... il y a trop à dire, j'en reparlerai.

Il y aura aussi le recueil de Raymond Leblanc *Cri de terre* qui a très bien été reçu par les critiques littéraires du Québec (if that means anything). Depuis deux ans, Raymond est devenu un confident, un camarade. Au moins une fois par semaine, je passe une partie de la nuit à discuter avec lui. L'amour, la poésie, la révolution. Tout y passe. A great soul. Au cours de mes longs discours, il m'arrive souvent de parler de toi; qui tu es, avec à l'appui tes lettres. Il te connaît déjà un peu, tu vois. Il avait même songé à t'écrire... ça viendra sûrement. Lorsque je lui ai demandé d'autographier son recueil pour toi, il s'est assis pendant quelques minutes et d'un trait a écrit les vers suivants (je les retranscris au cas où tu aurais de la difficulté à lire son écriture):

À Olivier
   Nos racines de feu
   creusent les volcans
   comme désir
   des horizons fraternels
      Raymond Leblanc.

Le recueil réunit ses poèmes: 1969-1971. On pourrait peut-être parler de poèmes d'apprentissage; recherche de sa voix. Depuis octobre il a fait plusieurs nouveaux poèmes qui sont souvent supérieurs à ceux du *Cri de terre*. On reparlera de tout cela.

J'essayerai de poster ces livres au début de la semaine. Quand je descendrai chez vous, j'emporterai *Le loup* de Marie-Claire Blais et quelques autres. Je compte t'apporter plusieurs dossiers de poésie acadienne, ça te donnera une meilleure vue d'ensemble. Il y a un choix des meilleurs poèmes de Guy (une vingtaine), d'Herménégilde Chiasson, d'Ulysse Landry, d'André Arsenault et quelques autres.

Dimanche après-midi, j'ai revu Anaïs Nin à la télévision. Elle était de passage à Montréal. Cette femme est extraordinaire. Après une vie très mouvementée (intérieurement et extérieurement), je suis fasciné par sa sérénité. Elle raconte ses tourments (le rôle de son journal, où elle dit retrouver son individualité après ses excursions dans «le monde»), ses amitiés: André Breton, Antonin Artaud, Miller («on ne se voit presque plus. Nous sommes très différents maintenant. Nous avons évolué séparément, et nos préoccupations ne sont plus les mêmes»). Son attitude vis-à-vis de l'Amérique est le désenchantement, mais ajoute-t-elle, «il y a les jeunes que j'admire beaucoup et qui ont une conception de l'Amérique qui n'a rien à voir avec celle de leurs aînés.»

Je sais que la revue *Playboy* te donne la nausée, l'apoplexie, etc. (moi de même) mais ce mois-ci, il y a une interview avec Tennessee Williams que tu dois lire ABSOLUMENT. Un ami m'a refilé sa copie vendredi et j'en fus ravi. Il parle de sa sexualité (avec candeur), de sa peur de la mort (ou sa «bataille» avec la mort), le rôle de l'écriture dans sa vie... tout y passe. Donc, à lire sans faute.

En dépit des mésaventures avec Guy, et des autres petits ennuis quotidiens, je crois que je reprends goût à la vie. Le dégel du printemps arrive au bon moment. Les jours sont plus longs, l'air plus chaud. Plusieurs de mes amis vont se louer des maisons d'été et je suis invité à y passer quelque temps, donc je passerai une bonne partie de la saison estivale près de la mer. Bouctouche me «freak» un peu maintenant... Les gens avec qui je peux communiquer, discuter, s'en vont tous: Jean-Clovis à Moncton, André Arsenault à Montréal, etc. Ce n'est guère encourageant pour un petit névrosé comme moi. En tout cas...

Je m'arrête ici. Si tu ne trouves aucun inconvénient à la date que je propose pour mon voyage chez vous (le 13 au 17 avril) tu n'as qu'à m'écrire et m'en faire part. Ça va?

Au plaisir,
Gérald

Le 18 mars 1973

OOOhhh! (cri d'extase!) Je viens de voir des scènes du film *Une saison dans la vie d'Emmanuel*. Quelques minutes seulement, mais c'est renversant. Scènes du frère Théodore Crapula qui caresse les fesses de

Jean-le-Maigre, de l'entrée d'Héloïse dans le bordel, et la Grand-Mère jouée par GERMAINE MONTERO[1]! Ah! Que j'ai hâte de voir ce film!!!!! Le monsieur qui faisait la critique du film à la télévision parle de «chef-d'œuvre»...

[91]
Bouctouche
En Acadie
Le 21 juillet 1973

Cher Olivier,

Comme le chante si bien Nina Simone: «who knows where time goes.» En effet, je me le demande bien. Toujours est-il que dans la vie de chacun, il y a de ces moments où l'on s'arrête parce que les choses ne vont pas trop bien. C'est un peu ce qui m'arrive présentement, et j'y vois un joli prétexte pour écrire une lettre. Salut.

Du côté travail, c'est plutôt «plate» comme diraient les vieux. Me voilà embarqué dans un projet d'été qui ne me plaît guère, mais que veux-tu, je suis sans le sou donc il faut bien travailler. Je pense t'avoir parlé de ce que je fais (de la recherche pour un groupe) dans ma dernière lettre...

Du côté sentimental, c'est plutôt mouvementé! Pendant le mois de juin, j'ai eu l'occasion de coucher avec plusieurs personnes intéressantes. On dira ce qu'on voudra, du bon sexe, c'est bon! Si tout était aussi simple que ça, j'en rirais à gorge déployée. Un soir, un ami que je connaissais depuis cet hiver est venu passer la veillée chez moi. Nous avons fini par faire l'amour et le lendemain, eh bien... c'était le lendemain, quoi! Donc, pas d'histoire à ce sujet. Ce qui devient embêtant, c'est qu'on se voyait tous les jours (puisqu'il travaille également sur le campus). On se retrouvait souvent ensemble et puis l'Inévitable (étant donné que je suis cette «old queen who discovered Anatole France», je mets un «i» majuscule à «inévitable»). Pendant deux semaines, je devins obsédé de lui, etc., donc jeudi, je lui avoue mes sentiments. Pour me servir d'un mot très à la mode chez les jeunes ces derniers temps, mon ami a «freaké». Mes «petites histoires» sont toujours très compliquées, n'est-ce pas, mon cher. Mon ami Rodrigue avait déjà eu quelques expériences de ce genre dans le passé, mais il repoussait le problème. Notre épisode lui a paru «intéressant», mais quand je lui dis que je l'aime... bon, ça brouille les cartes un peu. Alors, ça va mal. Il suggère que nous nous retrouvions ensemble pour discuter longuement, aussi longtemps qu'il faudra sans doute, ce qui arrive. Je suis bien d'accord, mais ô sainte ironie! il doit partir le lendemain pour Montréal pendant 10 jours. C'était hier. Disons que je me mords un peu les lèvres. Je n'ai jamais été optimiste et en le revoyant dans 10 jours, je ne sais pas ce qui va se passer.

Pour une fois, cependant, les dieux me compensent. Demain soir, John Jear, le merveilleux Chinois avec qui je corresponds depuis déjà trois ans, s'en vient en Acadie. C'est dire aussi qu'on ne s'est pas vu depuis trois ans, et bon Dieu! j'ai hâte de le revoir. Il descend en moto et doit passer quelques jours ici. Ça tombe bien, en somme.

Depuis plus d'un mois, j'écris chaque jour. Plusieurs poèmes, beaucoup de prose. C'est la première fois de ma vie que j'écris avec tant de constance. Je m'en félicite. Ça donne des choses intéressantes, et je t'enverrai des choses très bientôt.

Comptez-vous venir en Acadie cet été? Si je peux suggérer une date, la voici: la fin de semaine du 10 août. Un comité de fêtes populaires organise des «fêtes acadiennes», et la nuit du 10 août, de 8 h 00 du soir à 8 h 00 le lendemain matin, il y aura ce qu'ils appellent un «Frolic acadien» dans un grand champ de Memramcook. Violoneux, gigueux, conteurs, poètes, chansonniers, la Sagouine, troupe de théâtre, etc. enfin tous les artistes acadiens vont se produire. C'est la première fois dans l'histoire de l'Acadie et ça devrait être bien le fun. Paul-Eugène Leblanc[1] et moi allons présenter un poème ensemble, ainsi que des poèmes individuels. (On alloue un maximum de 20 minutes à chaque artiste. Pour éviter des longueurs...) Si cela vous tente, je vous invite chaleureusement.

Tu repars donc à la recherche d'un autre degré! Vas-tu rester à l'université jusqu'à ta pension de vieillard? Tu vas devenir un vieux sclérosé, mon bonhomme!

Raymond & Francine t'envoient le bonjour.

Bon. Fin de la courte lettre. L'été, on écrit seulement des billets, et ça par amitié. Alors, c'est fait.

Au plaisir.

Et give my love to Anne.

Gérald

[92]
Le 27 septembre 1973

Ça prend du temps les réponses mais ça finit toujours par venir. Salut. Merci aussi de cette cassette merveilleuse de Nina Simone la sublime. Un récital « exemplaire » des chansons de Billie Holiday. J'en ai joui jusqu'à m'en tordre sur le plancher dans un paroxysme de joie et d'extase.

Avant de passer au placotage, j'annonce d'abord la grande nouvelle, Olivier, mon cher ami, Guy Arsenault est revenu. Plus fort que jamais, le poète se manifeste. Depuis le début des cours à l'université, je travaille à la cantine de la Faculté des arts (je ne suis plus étudiant) chaque jour, de 8 h 30 à 10 h 30. Deux vendredis passés, qui m'arrive sans crier gare: le Guy. Il sortait de l'hôpital (où il avait passé 7 semaines dans l'aile psychiatrique). Je suis le premier qu'il est venu voir. Il avait l'air si fragile, parlait très peu. Chaque jour la semaine dernière, il venait me rejoindre à la cantine. Nous passions environ 2 heures ensemble puis il rentrait chez lui. En fin de semaine, il passe 2 jours chez moi à Bouctouche. Nous préparons présentement un recueil de ses poèmes pour publication aux Éditions d'Acadie. Tout revient. La poésie, disait Lautréamont, est un fleuve majestueux et fertile. La poésie, dit Ferré, est une clameur. Les plus beaux chants sont les chants de REVENDICATION. Ô poème!

Comme j'écrivais plus haut, je ne suis pas étudiant à l'université. Pour le moment je garde la cantine deux heures par jour. Ensuite j'ai le reste de la journée libre et fais ce qui me plaît, c'est-à-dire: lectures et écritures (j'ai fait une série de poèmes cet été que je t'enverrai sous peu).

Ça durera le temps que ça durera. Je suis plus ou moins à la recherche d'un emploi «raisonnable» qui me permettrait de travailler 8 semaines: le minimum requis pour réclamer mes bénéfices d'assurance-chômage (that is Unemployment Insurance, baby). Je vis présentement une période fructueuse, relativement calme; en un mot, ça va bien. Depuis 2 mois toutefois, je fais un peu trop de drogue, mais ça, je m'en guéris. L'été est fini, passons aux choses sérieuses.

Je vais tâcher de t'écrire plus régulièrement. Il se passe toutes sortes de phénomènes intéressants en Acadie... on pourrait dire des mutations. (Je viens d'apprendre qu'il y aura des élections au Québec le 29 octobre (OCTOBRE!); pour le moment, je ne sais vraiment pas ce qui se produira. Mon intuition me dit: lutte serrée entre le Parti libéral et le Parti Québécois; mais le Crédit social – un parti d'extrême droite – me paraît inquiétant. Ce parti recrute ses adeptes dans les milieux ruraux où l'on prêche «law + order» et toute la marde à la Billy Graham[1] et compagnie. On verra...)

Si tu comptes t'établir en Acadie, au Québec ou au Canada, je ne peux que t'encourager, bien entendu. D'abord, le premier pas: quitte les États-Unis. Après tout s'arrangera... tu en as vu d'autres donc tu es assez débrouillard. Je te fais confiance. Viens!

Plus tard chez Raymond & Francine à Moncton.

Je viens de lire ta dernière lettre au couple exemplaire et tous deux t'envoient le bonjour. Pour terminer cette missive, je ne peux que te promettre un numéro plus heureux à la prochaine.

Amitiés, Gérald

P.S. Mes poèmes arriveront dans quelques jours.

∴

ainsi éclatent nos gestes
sans continuité dans les jours dévidés
alors subsiste si peu de chaleur

la chambre a goût de vide
tu as fermé une porte derrière toi

désenchaîné des promesses
le matin des rêves écartés
s'agrippe au cœur

Gérald Leblanc
Le 26 novembre 1973

autant que dure la mémoire
ton sourire imprégnant l'amour
serais-je l'amant de ton ventre
de l'harmonie délicate de ton sexe
à la fragilité mouvante de tes reins
ô complainte de ton corps
quand je te pénètre de ma violence heureuse
ô complainte de ton corps
comme écho de mer à mes oreilles
tu es mon écrin de rêves
en d'innombrables acadies.

Gérald Leblanc
Le 27 novembre 1973

[93]
Moncton
Le 2 avril 1974

Cher Olivier,

Il me fait plaisir de recevoir ta lettre et d'y répondre dans un état de quiétude relative. Depuis quelques jours je cours moins, je reprends mon souffle, je suis en bonne forme, me voilà amoureux sur les bords, c'est le printemps, enfin tout va assez bien.

Tes opinions quant à mon « mode de vie » sont à point et j'y retrouve ta perspicacité habituelle. Tes lettres m'ont souvent servi de départ pour une autocritique nécessaire à différentes périodes de ma vie. C'est dire l'importance que j'y attache. Suite à tes commentaires, je vais tenter d'expliquer où j'en suis rendu...

Depuis un an environ, sans trop m'en rendre compte, j'ai commencé à fréquenter un certain groupe de jeunes – et de moins jeunes – qui mène un genre de vie «beat» comme tu l'as qualifié. L'expérience en valait le coup. Pendant longtemps, je vivais replié sur moi-même, dans la peur, presque impuissant. J'ai observé ces gens, écouté leur musique, participé à leurs activités tout en demeurant fidèle à moi-même. J'avais de nombreux préjugés vis-à-vis d'un tas de choses. «Sortir parmi le monde» comme dirait la Sagouine, m'a permis d'expérimenter les idées que j'avais de ce monde. Bon nombre de ces idées se sont modifiées en cours de route, d'autres se sont affermies. Mes idées sur l'amour par exemple. Depuis si longtemps je nourrissais une conception de l'amour tellement romantique et sentimentale que je rougis à y penser. Tu te souviens ces lettres de 20 pages au sujet de mes rapports avec Bob! Oh la la! «L'amour: toujours, pour la vie, je me donne...», etc.! Mondjeuseigneur. L'expérience avec Guy m'aura changé «radicalement» – ce type est littéralement un petit moine zen. Au cours de nombreuses et longues conversations, dialogues, il m'a amené à regarder en face tous les «hang up» à ce sujet. Tu écris «have sex accidentally» – c'est un peu ça maintenant. Je suis disponible comme jamais auparavant.

[94]
14 avril [1974], Bouctouche

Maintenant, parlons écriture. Depuis mes dix ans, depuis toujours, il semble j'ai griffonné dans des cahiers, sur des feuilles. Au début (plus jeune) il s'agissait de «conter une histoire». En «vieillissant» je m'intéresse à écouter, à laisser parler ma voix intérieure. Mais voilà, il y eut une difficulté incroyable au niveau de l'écriture. Je ne savais que faire des mots, comment articuler ce qui m'arrivait. Je vivais une période difficile où je me livrais inconsciemment aux affres de la peur. Ces quelques poèmes que j'ai créés en 1971-72 me semblent très représentatifs de cette difficulté d'écrire. Je décide de reprendre un journal, pour une pratique quotidienne de l'écriture. Que de lieux communs j'ai pu déposer là-dedans! N'empêche que ce journal dans lequel je faisais état de ma peur et mon impuissance m'aura servi à affronter quotidiennement la difficulté d'écrire. En même temps où je tiens un journal, je fais toujours des poèmes, des débuts de romans... pour tout dire, un travail sur le langage. Quand j'ai retrouvé Guy à l'automne, sa présence m'inspirait (si l'on peut croire à «l'inspiration») et de nombreux poèmes témoignent de son passage. Toutefois (ô ironie) ce n'est qu'à son départ que ce que j'appelle «mouvement d'écriture» a réellement débouché. Ainsi depuis décembre 1973 j'écris tous les jours. J'ai retrouvé mon «langage personnel», un style à moi qu'il faut travailler continuellement, changer tout en restant fidèle à moi-même. Ma recherche personnelle passe par là. L'écriture me permet «d'agir» sur le langage, de découvrir les relations entre les mots, de <u>créer</u> «un fleuve majestueux et fertile» pour reprendre Lautréamont. (Et je n'ai plus peur.) J'avance en écriture. Si je n'avais pas écrit les inepties de l'été dernier je ne serais pas à même de les juger (les «critiquer») aujourd'hui. Donc, j'avance...

Quant à mon mode de vie... j'y reviens. Tu ne m'imagines surtout pas entouré de jeunes néophytes mâles à longueur de journée. Mon existence n'est pas si mouvementée que tout ça. Mes journées s'organisent d'elles-mêmes. Le matin, je fais souvent de l'écriture, de la lecture... j'écoute beaucoup de musique. À l'occasion je sors faire un tour sur le campus, ou visiter des amis. Quelques soirs par semaine je reçois des gens, ou des amants ou les deux. Ce n'est pas la «grande solitude», et dans le moment je ne la désire point. Plus tard, peut-être... Il sera sans doute toujours question d'aimer et d'être aimé. Ce n'est pas une fin en soi, ce n'est qu'un «désir» dont je suis conscient et que j'élucide mieux aujourd'hui qu'autrefois (4-5 ans passés, surtout).

[95]
[Temps des Fêtes 1974]

Depuis le mois de mars je vis sur l'assurance-chômage. Chaque deux semaines je touche 142,00$. Cette somme me permet de manger, m'acheter quelques livres et disques et paye un peu de débauche de temps à autre.

J'écris poèmes et récits; des écritures que je travaille de façon intermittente. Beaucoup de lectures: œuvres d'imagination, ou à caractère scientifique. Au début de l'automne, un point tournant. Je découvre Marx et le matérialisme dialectique. J'y étais préparé par mes lectures de Patrick Straram[1] le Bison ravi qui citait Lefebvre[2], qui ramène à Marx (comme le Bison d'ailleurs). Aussi de longues discussions avec le camarade Raymond Leblanc.

Ça permet de questionner plusieurs « faits acquis » en plus d'expliquer de nombreux phénomènes qui m'échappaient. En Acadie, le matérialisme historique nous permet de saisir d'emblée ce qui fut notre lot depuis notre arrivée sur ces côtes. Ainsi je tente un travail, écriture(s) qui se veut information du milieu où je vis.

Début décembre. Froid, de la neige à tous les jours.

Moncton, le vendredi 13 décembre 1974. Patrick Albert, Ti-Pat, m'apprend qu'on a enlevé Raymond Stein, fils du propriétaire du Restaurant Cy's, un des restaurants les plus chics de la ville. Suivant sa libération, M. Stein ayant donné le 15 000$ de rançon, on apprend que deux polices municipales manquent à l'appel. Le samedi, les manchettes des journaux anglophones annoncent la panique: « very little chance of policemen being found alive ». Des hélicoptères survolent la ville toute la journée; la radio contribue à la panique générale. Le dimanche on retrouve les deux polices morts non loin du rivage de la rivière Weisner dans le comté de Westmorland. On arrête Richard Ambrose; et on reprend James Lawrence Hutchison au 340 de la rue Cameron[3].

En gros, ces événements auront contribué à renforcir la force policière dans la région de Moncton. Voyons comment la paranoïa s'installe. Lundi 16 décembre 1974, Claude Bourque[4] éditorialiste au journal *L'Évangéline* fait une apologie de la police et écrit: «On a beaucoup parlé au cours de ces dernières années de protéger le citoyen contre les abus de la force policière. Ces mesures et ces discussions s'imposaient mais regardons-nous toujours de l'autre côté de la médaille pour s'assurer que les policiers seront toujours en mesure de lutter contre des crimes violents? Peut-être que cette tragédie rendra les conseils municipaux plus sympathiques aux demandes de leur service de police et des associations de policiers.»

Dans les journaux surtout. Prétexte idéal pour renforcir la force policière et de permettre aux flics de perquisitionner à tort et à travers dans cette lutte contre le crime.

Le meurtre des deux policiers aura servi aussi à dénoncer la drogue, et plus particulièrement les jeunes qui en consomment. On lit le meurtre rattaché à une affaire (histoire) de drogue, comme l'enlèvement du jeune Raymond Stein.

Ainsi il ne faut pas se surprendre de lire dans le journal du vendredi 20 décembre 1974: «La Gendarmerie royale du Canada de Moncton a arrêté trois étudiants dans un appartement de Moncton hier et a saisi 70 livres de marijuana ayant une valeur marchande de 17 500$.»

Le prochain paragraphe (dé)montre le rôle du journal, de l'opinion publique: «La descente a été menée par les membres de l'escouade spéciale qui a été mise sur pied en fin de semaine afin de continuer l'enquête sur le meurtre de deux policiers de Moncton.»

Tous les démagogues ne manquent point l'occasion pour se faire entendre. Dans la même édition du journal, le sénateur redoutable, Louis J. Robichaud[5], Ti-Louis de St-Antoine, déclare: «Les policiers et les gardiens de prison sont les protecteurs de notre société. Ils doivent eux-mêmes être protégés. Ils ne le sont pas si nous ne pendons pas occasionnellement quelques-uns des indésirables de notre société.» (C'est moi qui souligne.)

Alors, voilà. Le «temps des Fêtes» dans la région de Moncton, 1974.

Depuis deux semaines il n'y a plus de musique à l'appartement. Laurent est parti pour Vancouver et a vendu son tourne-disque qui était ici. Sans musique, ça vide la maison, mais je lis plus que d'habitude. Boris Vian, *L'herbe rouge*, Alain Jouffroy[6], *Le temps d'un livre* et le très beau Réjean Ducharme *L'hiver de force*. J'achève *Questionnement socra/cri/tique* de Patrick Straram le Bison ravi qui est à l'origine de l'écriture que je produis présentement.

[96]
c.p. 234
Bouctouche (Kent)
Acadie,
Le 30 décembre (ou le 29) 1974

Salut, cher ami,

« Strange days have found us » – The Doors

We are living a period of change. Around the city roams fear and paranoia. A few weeks ago, two cops were executed and from then on we witnessed how mass media « work » on people. A scene out of *1984* land. The newspapers printed semi-hysteria, the radio announcers interrupted every five minutes on how the search for the 2 missing policemen was going. For the 2 days they had the search on for them before they found the bodies, helicopters flew around the city in 10-15 minutes intervals and very <u>low</u>. Policemen drove around the city continuously with guns. State of panic. Now that the incident is « over », we realize it has just begun. There is to be a considerable increase of the Moncton City Police and money is being spent on <u>arming</u> them to the teeth. The death of the policemen is rumored to be tied to a drug ring... So, in the name of justice, law and order, this drug thing which provokes murders and kidnapping must be stopped. It is known fact that young people, especially students at university are notorious drug users. It is logical that in the interest of the population of Moncton, provinces, country, planet, raids and busts and accompanying tactics like harassment be used. The «citizens» of Moncton are concerned and approve that this mess should be cleaned up by our friendly police. The media are there to remind them that the police are on the job continuously to protect the city from carnage. Two weeks ago a university student was buried with an alleged 70 lbs of grass. The newspapers had beautiful headlines, and the way the story read, they linked this with the mysterious «drug ring» (student-drug-addict-provoker-of-crime). This is ridiculous since I know the guy well. After this bust, and since the «people» of Moncton are «satisfied» with the clean-up operation, there is nothing the police cannot do in the interest of the community. So, they break into students' apartments while they are away on holidays, seize hash pipes and the likes for the «we knew it» stories, and so it goes in the swinging city of Moncton. We feel crippled, helpless before this madness. Asking yourself, how can people actually watch this and not realize what's going on? And what's next?

The morale of most of the people I know has been very low in the last two months. Before there were many gatherings and going out. Now people tend to stay away from groups, doing nothing but sit and think. There are people who come here every day with long faces, talking in low tones for hours. These are indeed «heavy» times. My state of mind is relatively stable, not over joyous (hardly) nor depressed. I witness what is going on around me like some horrible dream but I keep the feeling that it will only last a short time, that it is bound to change sooner or later. Changes are cyclical. In the past 4-5 years, there have been mutations in the Acadian people with high intensive periods normally followed by a time of rest, reflexion, often filled with disillusionment because the hopes are always so high. I cannot predict what is going to happen, where, when... There are explosive situations around several points on the Acadian territory whichever way the wind blows...

At the moment I am still in Moncton, but it is highly probable that I shall be moving to Bouctouche at the end of January. But then my unemployment runs out around mid-February so that's a bummer. We'll see what happens then.

So, we leave you, avec toute mon amitié,
Gérald
End of 1974

[97]

9, rue Dufferin
Moncton (en Acadie)
Le 16 avril 1975

Salut,

Il faudra bien me décider de mettre à jour ma correspondance. Puisque j'ai changé d'adresse, cela me servira de prétexte. Comment ça va?

Tel qu'annoncé plus haut, j'ai changé d'adresse. Dans le moment, j'habite avec un gentil bonhomme nommé Paul Babin qui fait de la peinture et fréquente l'Université de Moncton. À la fin du mois, il rentre chez lui à Atholville, dans le comté de Restigouche situé au nord-est de la province. Ça veut dire que je demeurerai seul à partir de ce moment-là. Un événement providentiel dans ma vie. Depuis bientôt 8 ans maintenant, j'habite avec des amis, des étrangers, ici et là, mais ce sera la première fois de ma vie que je me retrouverai seul en appartement. Ç'a pris du temps à couper tous les cordons ombilicaux qui m'empêchaient de franchir cette étape.

L'hiver fut très dur. Surtout à Moncton. Cette ville grandit d'une façon alarmante (le gouvernement désigne cette ville comme «centre de croissance économique», vu qu'elle est très bien située géographiquement, qu'elle offre une main-d'œuvre «cheap labor» (acadienne), qu'elle jouit d'une université, aéroport, etc., etc.). Autrefois petite ville tranquille, sans histoire, on s'aperçoit qu'elle devient le foyer d'une sorte de petite pègre, on renforcit les forces policières surtout à la suite d'une histoire sale qui se termina avec le meurtre de deux policiers en décembre. On a passé un dur moment. Tout le monde (les jeunes, les longs cheveux, les étudiants, des indésirables drogués) devient suspect. Étant donné que nous vivons une période de grande instabilité économique également (certains comtés acadiens de la province ont un taux de chômage s'élevant jusqu'à 25%) ça «freak» de tous les côtés. Nous vivons en de drôles de temps.

Dans le moment, je travaille pour le compte de l'Office national du film. J'écris un scénario de film sur l'expropriation des gens de plusieurs villages dû à l'aménagement d'un parc national dans le comté de Kent à Kouchibouguac. Un travail intéressant qui paye bien et qui me donnera des bons bénéfices d'assurance-chômage cet été.

Que comptes-tu faire pendant les vacances? Retournes-tu à ton emploi dans le Vermont à l'automne? Viens-tu faire un tour en Acadie?

Comme tu le constates, j'écris assez mal, n'ayant pas le goût de m'envoler trop haut dans ces temps de tourments, un seul fait m'encourage quelque peu: le printemps s'en vient... et tout n'est pas si lugubre, je passe parfois de bons moments. C'est peut-être dans ces moments joyeux que je devrais m'atteler à ma correspondance, mais cet hiver j'ai tout négligé. Je tâcherai d'en mettre un peu plus dans une prochaine missive. Laisse-moi savoir ce qui t'assure...

Je t'embrasse fraternellement,

Gérald

Avec mes salutations à Anne.

Je suis terriblement <u>bluesy</u> ces derniers temps...

[98]
9 de la rue Dufferin
À Moncton
Le 20 août 1975

Mon ami Olivier,

Comme le temps passe! Et les lettres s'accumulent, et les réponses tardent à venir. Si je ne travaille pas comme un fou sur ce film que je fais, je flâne comme un hobo, incapable de ne rien faire sinon fumer un joint et écouter un peu de musique. Il y a des mois que je n'ai pas écrit de lettres, pourtant Dieu sait le plaisir que j'y prends parfois.

C'est bête qu'on n'ait pas pu se voir quand tu es venu ici... ce genre de choses, je croyais, n'arrive que dans les romans. À moins que j'aille au Vermont, on ne se verra pas avant l'été prochain. On en reparlera.

Voilà. Depuis quelques mois maintenant je travaille à un film sur l'expropriation des Acadiens de Kouchibouguac (pour la création d'un parc national, le gouvernement fédéral a délogé plus de 2 000 personnes sans avis, en offrant des compensations ridicules, se servant de tous les moyens croches imaginables, etc.). Ce printemps, l'Office national du film à Moncton m'accordait un projet de recherche en vue de réaliser un film sur ce phénomène inhumain de déracinement. Une fois ce projet terminé, j'ai soumis un plan de scénario au bureau de Montréal. Projet accepté. Je travaille avec un bonhomme (réalisateur avec moi et caméra-man) absolument génial, Guy Borremans[1]. Un Québécois d'origine belge, très sympathique, pas du tout européen (dans le sens le plus péjo-ratif du terme) malgré l'accent. Il est au Québec depuis 25 ans (il en a 40) mais a beaucoup voyagé et travaillé/filmé dans le monde: New York, France, Angleterre, Mexique, etc. Sans me flatter d'avance, j'ose croire qu'on va réussir un bon film. Voilà l'essentiel. Jusqu'ici, pour moi, il s'agissait d'un travail nouveau dans un domaine que je ne connaissais que de l'extérieur. Un travail souvent exténuant, que je recommencerais volontiers pour ce film-ci, mais je te jure que je ne ferais jamais d'autres films. Expérience enrichissante, mais l'écriture demeure mon expression principale, le moyen d'expression que j'ai élu il y a de ça bien longtemps. J'en parlerai en détail sûrement...

Et quoi d'autre... Les fêtes acadiennes s'achèvent. Depuis 3-4 ans, chaque mois d'août (aux environs du 15 août, fête «nationale» des Acadiens) une semaine de fête sous l'enseigne: Frolic acadien. «Soirée du bon vieux temps», «danse carrée», musique, poésie, de la bonne cuisine acadienne, etc., etc. Cette année, la meilleure jusqu'ici, des Acadiens de la Louisiane, de la Nouvelle-Écosse, de l'Île-du-Prince-Édouard et d'ici ont fêté avec de la musique (le violon! et les chansons à ne plus savoir quoi en faire, mais quelle richesse!), de la boisson, et du monde en masse.

Je commence à être un peu saoûl et les fautes de frappe se multi-plient sur cette maudite machine.

Depuis un an, il y a eu de nouvelles parutions d'auteurs acadiens: Régis Brun[2] *La Mariecomo*, Herménégilde Chiasson *Mourir à Scoudouc*, Ronald Després *Paysage en contrebande à la frontière du songe* et bientôt d'Ulysse Landry *Tabous aux épines de sang*. Je tâcherai de t'envoyer ces livres au mois de septembre quand j'aurai un peu plus de temps.

À moitié ivre, je gagne ma couchette. Écris-moi, j'ai hâte de savoir ce qui t'arrive. Fais mes amitiés à Anne et fais le bon p'tit garçon...

Gérald

[99]
9, Dufferin
À Moncton
Le 7 octobre 1975

Salut Olivier,

L'automne est une bonne saison, qui porte à réfléchir ou à «jongler» comme diraient les vieux Acadiens. Ces temps-ci, je réfléchis pas mal dans mon petit appartement, seul. Les bureaucratiques montréalais de l'Office national du film ont coupé mon budget de production jusqu'au mois d'avril. C'est embêtant puisqu'on était à moitié chemin dans le tournage et on comptait finir à la fin septembre. Les dieux (de Montréal) font des indigestions économiques que je dois subir sans pouvoir rien y faire. Heureusement, j'ai du chômage. À part l'écœuranterie de ne pouvoir compléter ce film dans le moment, tout va bien. Donc, j'ai du chômage. J'achève la rédaction du scénario de film et le reste du temps je lis beaucoup et j'écris poésie, critiques, divers textes... comme un bon «petit intellectuel marginal de gauche».

Je viens d'avoir 30 ans, le 25 septembre. Quand j'y pense, je me rends compte que je ne sais pas ce que ça veut dire «avoir 30 ans». C'est-à-dire, je suis bien dans ma peau, j'aime l'âge que j'ai. Dans mon entourage, je fréquente des gens d'âge divers. Raymond Leblanc, Laurent Comeau, Rhéal ont le même âge que moi et nous côtoyons des étudiants d'université et autres qui ont dix ans de moins que nous. Ces échanges me stimulent, je deviens disponible et curieux.

Comment va ma tête... ce n'est plus une lettre qu'il faudrait écrire mais un livre... enfin, disons que la tête va mieux qu'elle ne l'a jamais été. En 1973, je découvrais Marx dans le texte, si l'on peut dire, parce qu'avant j'en avais souvent parlé avec Raymond Leblanc surtout. S'ensuivirent de nombreuses lectures marxistes ou d'inspiration marxiste, bref, ce qu'on pourrait appeler la pensée matérialiste. J'adhère profondément. Je n'ai jamais pu «saisir» (s'il y a quoi que ce soit à «saisir» dans la métaphysique, sauf l'aliénation que j'ai compris en lisant Marx!). Donc, le marxisme m'explique le monde (la contradiction, la dialectique de l'histoire, de tout phénomène) réel. Et puis il y a Freud, mais surtout toute une école de freudo-marxisme dont Marcuse n'a jeté que les premiers jalons. Notamment Lacan, Deleuze-Guattari[1], Foucault, J.-F. Lyotard[2], quelques autres. La fonction du désir, la puissance révolutionnaire du désir, l'inconscient, qui débouche sur la créativité artistique, qui m'intéresse particulièrement puisqu'il s'agit du domaine où je travaille (ma pratique).

Autre point convulsif dans mon «évolution», le poète LeRoi Jones[3] (devenu par la suite Imamu Amear Baraka), le merveilleux *The Dead Lecturer*.

[100]
9, Dufferin
À Moncton
Le 12 janvier 1976

Olivier, mon ami

Comment dire? Ayant cessé d'écrire des lettres depuis si longtemps (parfois j'en ai honte), la tâche de m'asseoir et d'écrire une lettre me paraît presque surhumaine. Et pourtant, quel plaisir n'y ai-je pas pris pendant de nombreuses années, de m'asseoir (à la table de cuisine de préférence, mais aussi un peu partout) et de composer de longues épîtres destinées à mes amis? Tentons de mettre la machine en marche.

[101]
2180, rue du Souvenir #4
Montréal
Le 10 mai 1978

Mon cher ami,

À ma grande honte j'ai très peu écrit de lettres cet hiver. Et voilà que je suis à la veille de rentrer à Moncton pour la saison estivale. Où passe le temps? Plutôt qu'est-ce que j'en fais?

Le séjour montréalais fut tonifiant. Bien sûr ce ne fut pas ce que je pensais que ce serait et j'en suis content. Certains moments furent pénibles: mes contrats avec l'Office du film finissaient et j'ai passé presque deux mois sans un sou qui rentrait. Mais je suis devenu «tough» et j'ai traversé ces crises financières sans me faire trop de bile.

Lundi soir, à l'évêché, dans le Vieux-Montréal: Lou Reed, le magnifique. Un Jean Genet avec une guitare électrique. Quel poète (maudit? Oui, on pourrait dire, mais plus que ça encore)! Je suis amoureux de lui mais il s'en fout.

Comme tu me suggérais, il y a une couple d'étés, j'ai lu *Ragtime* de Doctorow[1], que j'ai bien aimé. À mon tour, je te conseillerais du même auteur *The Book of Daniel* que j'ai trouvé magistral. La réalité comme effet de perception...

Et ta vie champêtre dans le Vermont? De mon côté, il me faut un extrême ou l'autre – une grande ville ou «le fond des bois» comme on dit par chez nous. Si tout marche considérablement je me propose New Orleans à compter de janvier 1979. Ça me tente férocement.

Avec tout ceci, on ne s'est guère rencontrés cet hiver. Malgré les bonnes intentions. Je t'invite à Montréal avant le 15 juin (je déménage après cette date) ou à Moncton à compter du mois de juillet – à 5, rue Dufferin.

Les Éditions d'Acadie m'annoncent, avec le retard qui les caractérise, que mon recueil de poésie est accepté... On prévoit l'automne pour sa parution. I'm glad to get that out of the way.

Comment va ta vie...

Raconte un peu, cher Olivier,

Amitiés

Gérald

[102]

5, Dufferin

Moncton

Le 7 novembre 1978

Mon cher Olivier,

Mais non, je ne t'oublie pas. Au contraire, je pense à toi souvent, je commence à t'écrire quelques mots et je perds le souffle.

Il faut dire que depuis une couple de mois, j'étais peu motivé pour écrire. Je travaillais à un projet radiophonique avec Herménégilde Chiasson et ce que je comptais faire dans deux semaines a pris deux mois. Écrire et réécrire et allonger et couper et réviser, interminable travail qui m'enlevait toute mon énergie. Avec ça l'argent que je devais toucher ne rentrait pas... enfin, hard times in the Maritimes, comme disent les autres.

Pour ce qui est du Frolic, disons que vers 8 heures du soir, j'ai jeté un coup d'œil dans la foule et j'ai remarqué que tu avais disparu. J'avais fini de travailler backstage et j'aurais aimé parler, fumer un joint, boire une bière, etc. avec toi, mais je ne savais pas où tu étais passé. De mon côté, il y avait un paquet de monde autour de moi que je n'avais pas vu depuis un bon moment (j'aurais aimé que tu sois parmi eux) et je suis un peu resté dans mon coin. N'empêche qu'après le coucher du soleil, il est assez difficile de trouver quelqu'un dans une foule de 8 à 10 000 personnes. Ce sera pour une autre année notre fête ensemble au Frolic. Qu'est-ce que t'en dis?

Avec tout ce que je raconte dans le 2ᵉ paragraphe de cette lettre, j'avais aussi perdu le goût de la lecture. Mais mon projet ayant pris fin hier, j'ai sorti un paquet de livres de la bibliothèque Champlain dont *À la rencontre d'Artaud* de Susan Sontag. Il s'agit d'un long article qu'elle avait fait paraître dans *The New York Review of Books* en 1973, sous le titre d' «Approaching Artaud». Si je me rappelle bien, Madame Sontag ne t'impressionne guère... Qu'il me suffise de dire que cet article est d'une lucidité étourdissante en face du phénomène Artaud. Sontag est un écrivain d'une grande culture et d'une pensée vigoureusement originale. La conclusion de son article, ses réflexions sur la folie, sur l'œuvre d'Artaud sont d'une perspicacité rare. Je me réserve une deuxième lecture avant d'élaborer davantage.

Il y a des moments où je m'ennuie de Montréal. Surtout cet automne. Je dois me rendre à l'évidence qu'il n'y a pas de travail ici. Le travail de deux mois que j'ai entrepris pour Radio-Canada ne me paye que 1 000$, montant forfaitaire (lump sum), et ça ne me donne pas de chômage. Mon prochain projet est avec le Département des langues de l'université et consiste à composer de petites phrases en français simples pour les étudiants anglophones qui étudient la langue de Molière. Oooffff! Un autre projet de 1 000$. Celui-là du moins, j'espère m'en débarrasser très vite, dans une semaine. À ce moment-là, j'aurai du temps libre pour continuer mes projets personnels en poésie, contes, diverses écritures, y compris des lettres à mes amis (et tu figures au faîte de la liste, mon vieux!).

Félicitations pour ta nouvelle demeure. Ce n'est pas fou de s'acheter une «cabane». Tu te rends compte que je paye un loyer à des étrangers depuis bientôt dix ans et il ne m'en reste rien... je n'appartiens même pas mon bol de toilette. Puisque tu travailles à plein temps, c'est un bon investissement que tu viens de faire.

Bon. Je vous donne l'accolade, en espérant vous lire très bientôt. Dans ma prochaine épître, je promets de vous entretenir longuement, avec moult détails sordides, sur ma vie sentimentale.

Avec toute mon amitié,

Gérald

[103]

Daniel-Rops[1], écrivain catholique français, venait d'écrire *Jésus et son temps* qui devint un best-seller et lui rapporta une somme considérable en droits d'auteur. Lors d'une soirée à la Comédie-Française où se trouvait François Mauriac, voici que rentre Daniel-Rops enveloppé dans un immense manteau de fourrure luxueux. La Mauriac se penche sur Daniel-Rops et, frôlant le manteau d'un geste d'appréciation, murmure: «Doux Jésus...»

Le 29 avril 1979
Au numéro 5 de la rue Dufferin,
À Moncton

Salut cher Olivier,

Oui, je te néglige, et ta lettre m'a culpabilisé au point où je m'assis cinq minutes pour te donner signe de vie. Et quelle vie!

Depuis la fin janvier, je travaille au bureau du groupe 1755[2] (pour qui je suis également lyriciste) en m'occupant de comptabilité, de correspondance, enfin du travail général de bureau. Pour une fois de ma vie, ça ne me déplaît pas. En partie parce qu'il s'agit de la carrière d'un groupe musical auquel j'ai des intérêts. Il y a aussi l'avantage d'un travail régulier qui m'aide un peu côté discipline. Le premier résultat: j'écris de façon soutenue presque chaque jour.

À part ça, on a fondé une association d'écrivains acadiens sur laquelle j'ai beaucoup travaillé. Lors de notre réunion de fondation, deux semaines passées, j'y ai été élu vice-président. Il m'a fait plaisir de constater le nombre de gens ici qui écrivent et les voix différentes qui s'y manifestent. On a fini dans la plupart des cas de chanter «l'Acadie, l'Acadie», et on articule l'aujourd'hui. La diversité des discours est un signe de santé vigoureux.

Je suis en pleine lecture d'un livre bouleversant et stimulant de Kate Millett[3]: *Flying*. C'est une écriture nouvelle et une sensibilité rafraîchissante dans lesquelles je me trouve des affinités chaudes.

«And tonight blots out all the voices of my life, their squalid words hitting like stones: sin, perversity, infidelity, scandal. Now I outcry them, certain, <u>not only through the joys of sense which in them-</u> <u>selves become an ethic, but through a new perception that virtue, ulti-</u> <u>mately, is only another human being.</u> Rejoicing in our bodies' woman's beauty, I can refute them, knowing that when I die I will have lived in these moments: comes to it, you have the world in your time, or you didn't. Mine now is looking down on the gold of her head between my thighs while the white sky brings its first light through the ivy's green in the windows.» p. 156. Sublime!

Autrement, ma vie sentimentale n'est plus mouvementée comme autrefois. Depuis mon retour de Montréal, j'ai longuement réfléchi sur mes rapports interpersonnels avec le milieu dans lequel je vis. J'ai cessé de fréquenter des gens, je suis plus critique vis-à-vis de moi-même. Les seules illusions qui me restent, je les règle dans ma poésie. C'est un nouveau départ (toujours à recommencer?)...

Il me ferait plaisir de te voir cet été si tu décides de venir froliquer dans la région. L'appartement que j'habite présentement, au 5, Dufferin, est assez spacieux pour te loger si tu veux bien passer quelques jours, ou une semaine, ou tout le temps que tu voudras. Alors, c'est une invitation lancée. Et tandis que j'y pense, mon numéro de téléphone est (506) 388-2063.

Avec toute mon amitié,

Gérald

P.S. I feel so strongly about Kate Millett's *Flying*, that I wish you would read it and write to me your perception of it.

[104]
Le 2 janvier 1980
À Moncton

Mon cher ami,

Je réponds aujourd'hui même à ta lettre reçue cet après-midi. (Oui, ta lettre postée le 13 décembre que je reçois le 2 janvier... quelle abomination! et les postiers du Canada parlaient d'aller en grève au début de l'année. Écœurant.)

Encore une fois, le supplice des «fêtes de Noël» est passé. Il n'y a rien à faire, chaque année ça me déprime de plus en plus. Cette année, une amie qui habite dans le nord-est de la province se rendait à Montréal pour deux semaines. Elle m'offre sa petite maison située à Pokemouche (situé dans la région Caraquet-Shippagan-Tracadie) et j'y ai passé une semaine. Ce coin, qu'on appelle communément la Péninsule acadienne, m'est très cher, même si je demeure foncièrement une bête de ville. Des amis y habitent et mènent un style de vie assez simple (musique traditionnelle, dope et la bière omniprésente). Enfin, un déplacement mineur qui me préparera à un déplacement majeur... au Vermont! Tu auras compris que je ne me suis pas rendu en Europe pour les «Fêtes». Dans le moment, je suis toujours avec le groupe 1755. Cependant, les amis-musiciens partent en tournée québécoise suivie immédiatement d'une tournée transcanadienne jusqu'à la mi-juin. De mon côté, j'applique pour du chômage, tout en continuant la petite paperasse de bureau une journée par semaine en moyenne. Durant la période février-juillet, j'ai bien l'intention de me taper quelques voyages, dont un séjour tant attendu chez mon cher ami Olivier dans les entrailles du Vermont. Date tentative: en avril, pour une semaine, si ça peut correspondre avec toi.

Content que tu aies aimé des Dylan récents. Même si sa production est inégale (tant musicalement qu'autrement) il n'en demeure pas moins intéressant dans presque tout ce qu'il entreprend. Son dernier *Slow Train Coming* contient de très belles textures musicales, plus travaillées que d'habitude. Le phénomène du «born again» fait certainement couler beaucoup d'encre. À une soirée récente, un ami déplorait amèrement sa «conversion», etc., etc., et quelqu'un met le disque sur la table-tournante. D'un coin de la pièce on entend une lamentation cochonne: «Mmmm – ce disque-là me turn on...» Ça m'a fait rire.

...Le 29 janvier/[19]80,

oui les bonnes intentions, parlons-en! C'est un peu le bordel depuis le début janvier. On déménage de bureau (les meubles viennent ici – fichiers, classeurs, etc. les bébelles du bureau) et je dois terminer un certain travail avant de me libérer. Enfin, me revoici.

La vénérable Société Saint-Jean-Baptiste de Montréal m'invite à donner une conférence sur «la jeune littérature acadienne» le 14 février. J'accepte immédiatement. Ils paient mes dépenses de voyage (par avion) et un cachet. Moi qui ne suis pas allé à Montréal depuis juillet 1978... Les livres, les films, les disques, les hommes... Enfin, tout ce qui me rend heureux dans ce bas monde. Et de donner une conférence le soir de la Saint-Valentin, tu ne trouves pas ça chouette????

Commencé la lecture du *Golden Notebook* de Doris Lessing, la très prolifique et en plus, très intelligente. Genre Simone de Beauvoir anglaise, l'existentialisme en moins, ou en mineur. J'aime jusqu'ici.

Alors, à compter du 4 février, c'est le chômage... J'aurai plus de temps à consacrer à mes écritures (y compris des lettres à mes amis lointains), mes lectures, etc.

Je te quitte, à bientôt,

Gérald

P.S. Je tâcherai de t'envoyer *Pélagie-la-Charrette* de notre Antonine Maillet nationale, prix Goncourt 1979... vers la fin février...

[105]
À Moncton
Le 15 septembre 1980

Cher Olivier,

Le séjour à Maisonnette pour le mois d'août terminé, je reprends le rythme de la ville de Moncton que j'aime tant l'automne. Et je mets à jour ma correspondance.

Le temps passé à Maisonnette a été très fertile. J'y ai retrouvé la simplicité quotidienne d'un petit village de pêcheurs acadiens. Entouré de quiétude et d'eau, j'ai repris mon recueil de poèmes et l'ai révisé, retravaillé, pour le terminer. Sauf quelques retouches mineures, le gros du travail est fait. J'ai également repris un manuscrit et des notes pour des récits commencés il y avait quatre, cinq ans. De ce côté-là, j'ai aussi trouvé le souffle nécessaire pour l'écrire. Je compte y mettre deux ou trois mois d'ouvrage cet automne pour le mener à bien. Ça m'intéresse de reprendre ces récits qui sont en quelque sorte un portrait des années 1950 dans le comté de Kent. Avec tout ceci, je suis assez satisfait de mon été.

Ton passage chez moi, fin juillet. Tu n'as vraiment pas à te sentir mal à l'aise vis-à-vis de moi. En toute franchise, j'ai bien aimé ta visite. On a réussi à se parler de tout et de rien d'une façon soutenue. Il m'importe de pouvoir m'asseoir avec toi et de faire le tour de nos préoccupations, nos projets, nos maladies, en tête-à-tête surtout. Tu conviendras que dans tes voyages passés, cela n'a pas toujours été facile, en raison quelques fois de tes amants... l'un ne comprenait pas le français, l'autre était en chicane avec toi, enfin des choses comme ça. Ce qui fait que cet été, pour le temps que nous avons passé ensemble, j'ai trouvé ça agréable. Bien sûr, comme tout le monde, j'ai parfois des sautes d'humeur, des moments creux, un vague à l'âme existentiel, un peu de tout ça mêlé ensemble. Et le lendemain du Frolic, le dimanche matin que nous sommes rentrés à Moncton, il faut dire que je ne sautais pas bien haut. La fatigue n'aidant pas, j'étais d'autant plus désœuvré que je n'avais pas réussi à rejoindre Louis et à «triper» avec comme on l'avait entendu. Souvent, un simple détail comme celui-là me fout les bleus pour un ou deux jours. Je n'y peux rien, hélas, c'est un peu mon tempérament, je rentre en moi-même et j'ai énormément de misère à m'extérioriser, surtout verbalement. Et que j'étais fatigué! Comme Nina Simone après un spectacle particulièrement intense, voilà comment je me sentais! Et Roland qui hurlait comme un coq sur le banc arrière, complètement défoncé sur l'acide... j'avais mon voyage. J'ai dormi plus de 24 heures et le mardi matin, je prenais le chemin en direction de Maisonnette, à proximité de chez Louis. Alors, c'est un peu tout ça l'histoire, il n'y a rien là pour fouetter un chat.

Et j'aborde de façon timide mes rapports avec Louis. C'est avec appréhension que j'envisageais le moment où nous allions nous asseoir l'un devant l'autre. Plus de huit mois étaient passés depuis son départ en France, et je me demandais quelle tournure prendraient les événements. Au début, ce fut un peu le jeu de cache-cache, qui n'en finissait pas de m'exaspérer. Mais voilà, on se retrouve, on parle, on décolle ensemble sur des dérives saoûles, on tente de faire le point sur ce qui nous arrive. De son côté, il traverse une période de changements assez forte, et ce à plusieurs niveaux. Ne voulant rien provoquer, je n'insiste pas plus qu'il faut. Tout semble tomber en place. Je lui fais part de mes intentions de déménager à Boston en janvier. Il me propose d'aller le rejoindre à Grenoble où l'on prendrait ensemble un appartement. Je lui dis que j'y penserais très sérieusement, on s'embrasse et il prend l'avion. Et j'y pense encore. Bien sûr, mon cœur crie «Vas-y!»... Mais, il s'agit d'une décision très sérieuse. À ce moment-ci de ma vie, je ne veux surtout pas m'embarquer dans une histoire folle. Et j'y pense encore...

Et le voyage au Vermont? Sensiblement au mois d'octobre, vers la fin. Ma situation financière précoce ne me permet pas de me déplacer sur un coup de tête, j'essaye donc de convaincre un bon ami qui a une voiture de faire le voyage avec moi. Il a une voiture, on partage les frais du gaz et voilà: on décolle. Je te garderai au courant des développements...

J'encourage vigoureusement tes bonnes habitudes de te lever tôt et d'écrire. Si je peux le faire, tu en es sûrement capable aussi, voyons! La plume coule-t-elle avec autant de fougue que ta première lettre?

Lectures proposées: *Briefing for a Descent Into Hell* de Doris Lessing. Elle explore le cosmos.

Incidemment, l'interview avec Frances FitzGerald[1] dans *Esquire* m'a plu. Elle raconte qu'elle écrit présentement un livre sur l'homosexualité. J'ai hâte.

À la prochaine,
Gérald,
alias Madame de Staël

[106]
À Moncton
Le 19 mars 1981

Mon cher Olivier,

Eh bien! voici mon «premier-né»: un recueil de poésie, une sorte de discours entre l'oral et l'écrit pour tenter d'apprivoiser le réel. Bonne lecture.

Pour ce qui est de mon VOYAGE. C'est aussi compliqué que la quête du Graal. L'Odyssée de Gérald Leblanc d'un pays à l'autre... Bon. Le 24-25-26 avril, l'Association des écrivains acadiens tient sa réunion annuelle à Edmundston, au nord-ouest du Nouveau-Brunswick (frontière du Québec/Maine). Le 26 avril au soir, ou le lendemain matin, je prends l'autobus en direction de Québec (la ville) pour y visiter des amis quelques jours (3 ou 4); il y a bientôt 5 ans que je [ne] me suis pas rendu dans cette belle ville et ces gens-là sont un peu comme toi (quand viens-tu nous voir????). Ce qui nous amène à la première semaine de mai, ô le joli mois de mai. De Québec, je monte à Montréal où je compte passer une couple de jours, pas plus. Et ensuite, merveille des merveilles, je prends l'autobus pour le Vermont. Tu auras l'honneur de ma présence pour au moins une semaine (possiblement deux...). Voilà ce qui en est de l'itinéraire...

Beaucoup d'histoires et d'intrigues à te raconter. Dans le moment, ce n'est pas possible... j'écris des petites notes et j'envoie des livres aux quatre coins du monde, alors à plus tard. J'attends une critique de mon livre, et bien sûr de tes nouvelles...

Je t'embrasse,
Gérald, alias George Sand

[107]
À Moncton, le 16 septembre 1981

Cher Olivier,

Quelques mots. Je suppose que tu as remis ton passage en Acadie à plus tard... du moins, si tu es passé je ne t'ai pas vu! Et malheureusement, je n'ai pas encore réussi à faire brancher le téléphone... Ce sont encore «les temps difficiles», mais d'ici une couple de semaines, je vais savoir si un projet très intéressant marchera pour moi à Radio-Canada. Si oui, ça règlera bien des problèmes, surtout financiers... Je veux bien traverser une période de vache maigre mais au train où vont les choses, la vache agonise!

Au sujet de ton texte. Il faudrait l'envoyer le plus tôt possible. Je t'ai dit avoir trouvé une amie qui en ferait la traduction et ça peut prendre un peu de temps, surtout pour un texte littéraire. Et bien sûr, j'aimerais bien qu'on publie ce texte dans *éloizes* (et ce avant 1986...). Bonne nouvelle concernant *éloizes*, le Conseil des arts du Canada vient de nous accorder une subvention qui assurera la publication régulière de la revue. Et maintenant que je suis sur le comité de lecture, je me démènerai pour y rendre le contenu plus «pertinent»...

Toujours au sujet de textes... J'attends aussi une photocopie de l'article de la chère Hélène Cixous[1] sur la sexualité... Voyons le p'tit Roy, grouille!

Période relativement fertile. J'écris assez régulièrement ces derniers temps. L'automne me plaît, etc. J'aimerais bien terminer mon deuxième recueil pour Noël, mais on verra bien à Noël où j'en suis rendu.

And how is autumn in Vermont?

À plus tard,

Gérald

[108]
À Moncton, le 14 janvier 1982

« strange days have found us
strange days have tracked us down... »
The Doors, vieille chanson, circa 1968.

Mon cher ami,

Si ma mémoire est bonne, je t'avais écrit un mot au mois de septembre te demandant une copie de ton texte sur Marguerite. Rien reçu jusqu'ici... Faut dire que je n'ai pas écrit souvent moi non plus. J'ai commencé quelques lettres cependant... que je ne finissais pas. Enfin, j'espère mener celle-ci à terme.

Ce fut un étrange automne que j'ai vécu. « Maya, maya! all is maya! » écrivait quelque part William Burroughs. Radio-Canada m'avait fait une offre intéressante en début d'automne et j'ai mordu comme le poisson proverbial. Les choses se sont gâtées et je me retrouve encore plus mal foutu que l'été dernier.

Le grand amour arrivait aussi en ville à la fin décembre. Maya! Maya! On vient de passer une couple de jours ensemble. Merde! Je ne peux que reprendre ce vieux refrain que j'aimais tant dans le temps, de B.B. King: *The Thrill Is Gone...* Enfin, ce fut une expérience à écrire. Notre rencontre du passé, notre correspondance enflammée et les retrouvailles sont matières à roman, au moins à nouvelles. Quand nous fûmes l'un devant l'autre, je me suis rendu compte comme ça qu'il n'y avait presque rien entre nous (trouves-tu que ça ressemble un peu à une nouvelle de J.D. Salinger?). Polis et même amicaux l'un envers l'autre, nous sommes des gens biens tout de même, on parlait pour parler; pas un mot ne fut mentionné sur l'état de nos rapports passés, présents ou futurs. Ce n'était pas sans ressembler à un rêve quand j'y repense.

Encore une fois, je me maudis de végéter ici; et encore une fois, je me propose de foutre le camp. Une lecture du tarot m'indiquait de grands changements dans tous les sens. D'ici la fin février la question devrait être réglée. Cette fois-ci, rien ne m'empêche de partir:

impossible de me trouver de l'emploi à Moncton et je ne suis pas en amour... Je te garderai au courant des développements.

Qu'est-ce que tu deviens? J'aimerais recevoir de tes nouvelles en plus du texte que tu m'avais promis cet été. Alors quand tu auras cinq minutes... J'aimerais aussi savoir ce que tu as pensé des livres de M. Tournier[1], Mme Maillet...

Ce soir, j'écris de courtes lettres. À bientôt,

Gérald

[109]

À Moncton, le 21 mai 1982
Maintenant au 371, rue Lutz, app. 5

Mon cher ami,

J'ai un peu honte de ce long retard à répondre au flot littéraire dont je suis victime depuis quelques semaines. Disons que nombre d'incidents... Enfin, les projets débouchent... je suis allé en tournée de lectures avec Dyane Léger[1] à Québec, Trois-Rivières et Montréal... en arrivant sur la rue Dufferin j'apprends que la maison où j'habitais avait été vendue et le nouveau propriétaire augmentait le loyer de 100$/mois alors je déménage – tu te rends compte un peu de ce que peut être un déménagement pour moi avec mes tonnes de livres, disques, dossiers, etc.!!! Heureusement j'ai déniché un bel appartement où je me sens très bien, c'est agréable, etc. Maintenant que tout ce remue-ménage est terminé, je m'applique à mettre à jour ma correspondance... oh... Encore une belle et bonne nouvelle! Du 2 au 18 juin, je suis invité à lire en France avec Herménégilde Chiasson et Roméo Savoie au Centre culturel de La Rochelle et au Centre Georges Pompidou, Place Beaubourg à Paris!!! Le gouvernement du Canada paye nos frais de voyage et le gouvernement français couvre nos frais de séjour, per diem, cachets, etc. Alors c'est vraiment la cerise sur le sundae!

Tes textes sont envoûtants. Il ne m'est pas possible d'en donner tout de suite une lecture plus «critique», il me faudra relire et réfléchir davantage ces chapitres, mais ça viendra. Pour tout de suite qu'il me suffise de dire que je suis fortement impressionné (presque jaloux) du travail d'écriture que tu as entrepris. J'aime bien l'approche narration/réflexion qui ressort du texte; tu as le sentiment sûr du lieu, et ce qui se trame derrière... d'ailleurs le «retour en arrière», au passé, donne une dimension très riche à l'ensemble, ça me suggère différents niveaux de lecture, de compréhension. Massachussetts, Moncton, Bouctouche, Ste-Marie, les renvois et les retours, ces personnages qui apparaissent, les «milieux mentaux et physiques» sont réussis; ça s'approche d'une fresque...

Je suis emballé par cette production et d'un autre côté je suis «fier de toi» comme diraient nos parents, du fait que tu te sois mis à l'œuvre. C'est entendu que je t'encourage fortement (sous peine de menaces!) à continuer.

De mon côté, j'espère avoir terminé l'écriture de mon deuxième recueil *Géographie de la nuit rouge* à l'été. J'en ai coupé beaucoup, j'ai repris plusieurs poèmes, retravaillé certaines choses. L'imaginaire de l'ensemble est beaucoup plus «envolé», «libre» que dans mon premier, enfin ce sera très différent, je crois.

Tu m'excuseras de faire si vite. Ces jours-ci, c'est la course au passeport, les arrangements de dernière minute, essayer de terminer des projets en cours... Une lettre plus étoffée suivra à mon retour de France vers la mi-juin. Porte-toi bien et continue d'écrire.

Gérald

[110]
À Moncton, le 1ᵉʳ août 1982

Cher ami,

Excuse ce long retard... J'ai reçu ton manuscrit avec un immense plaisir cependant je n'ai pas encore eu le temps de le lire en entier. Alors pourquoi tous ces retards et ces abandons de lectures? Je suis tout simplement débordé de travail... Avec les chaleurs tropicales de juillet ce n'était pas toujours facile.

Le séjour français fut exquis. J'ai adoré Paris, une ville que je me promets de revoir et ce pour une période plus prolongée. Dois-je te dire que j'ai acheté mille livres? Aussi des expositions, du cinéma, des bars de toutes sortes... J'ai même assisté à un immense concert des Rolling Stones à l'Hippodrome d'Auteuil à Paris. 60 000 personnes, concert superbe et moi qui aime tellement les Stones...

Mais à mon retour ce fut le travail acharné comme je disais plus haut. J'avais un travail de recherche assez considérable à remettre pour un film... et je l'avais à peine commencé avant de partir. En plus, j'avais eu une bourse pour écrire une pièce de théâtre d'une heure et demie... que j'ai seulement commencée il y a trois semaines et la première a lieu à la fin de ce mois-ci! Alors, tu vois... it doesn't rain, it pours... Fuck! Je suis seulement allé à la plage une fois pendant le mois de juillet...

Tu n'as pas à regretter de manquer le Frolic puisqu'il n'y en a pas eu cette année. Le comité du Frolic a décidé qu'il abandonnait la formule de fête en plein air pour une période indéfinie... C'est dommage, bien sûr... Espérons que ledit comité réussira à recruter du sang neuf qui aura un peu plus d'ambition et d'imagination...

Il y aura peut-être un emploi plus stable pour moi à Radio-Canada à l'automne... Je prie tous les saints du ciel car je ne pourrais pas supporter de vivre un hiver comme celui de l'an dernier. Je veux un emploi à plein temps... du moins jusqu'à ce que je devienne millionnaire avec les droits d'auteur que je gagnerai avec les chansons que j'écris pour 1755 et mes livres qui se vendront en 18 différentes langues...

Bon. Je te donnerai de plus amples informations sur les orientations de ma vie un peu plus tard... tout de suite: je te souhaite de continuer ton projet d'écriture... Bon travail.

À bientôt,
Gérald

P.S. J'étais à Québec pour la première semaine de juillet pour une rencontre internationale d'écrivains de langue française. C'était bien. J'ai rencontré un gars qui s'appelait Paul Leblanc, ses parents sont de Petit-Cap au N.-B., mais lui est de Fitchburg, Mass. Me dit qu'il t'a connu à l'école ou au séminaire... Il aimerait rentrer en contact avec toi. Son adresse :

> Paul Leblanc
> 18 H University Pk
> ORONO, Maine 04473

Et je lui ai envoyé ton adresse cette semaine.
G.

Le 14 août 1982.
> Dimanche, demain, le 15 août : Fête des Acadiens.
> Bonne fête !

[111]
371 Lutz #5, Moncton
Le 6 décembre 1982

Très cher ami,

Après un long silence « habituel », je veux tout de même donner signe de vie. Fin d'automne. Un automne assez intéressant, période de réflexion, lectures et écritures. Entreprendre ma 37e année... avec ce que j'aimerais pouvoir nommer : la sagesse... disons plutôt : de façon stoïque. Même si je vis toujours dans une pauvreté abjecte, j'ai néanmoins l'impression de vivre une période forte de ma vie. Je suis en train de taper le manuscrit de *Géographie de la nuit rouge* pour le remettre à mon éditeur. Et j'ai entrepris, il y a quelques mois, l'écriture d'un livre très important pour moi, intitulé *Moncton mantra*, un roman.

Le (ou la) nouveau-né est-il arrivé ? Veuillez accepter mes meilleurs vœux... Te connaissant, je suis certain que tu vivras sensiblement l'expérience de la paternité... je ne doute pas que ça aussi soit « consciousness raising ». Bonne aventure.

Dans le moment, je suis en train de traduire en anglais (?!) un roman de Yolande Villemaire[1] *Ange Amazone*. Il s'agit d'un court roman «shamanique» (100 pages) d'une écrivaine montréalaise que j'aime beaucoup. Nous nous sommes rencontrés à plusieurs reprises, nous correspondons et des affinités ont fait qu'elle me suggère d'essayer une traduction. Avec l'aide d'une amie de Moncton, j'ai tenté le premier chapitre et Yolande a trouvé ça très bien. Donc, le Conseil des arts paye très bien pour les traductions d'œuvres canadiennes dans l'une ou l'autre des deux «langues officielles». C'est intéressant.

En parlant traduction, j'attends toujours de Cécile Chevrier[2] ton texte – le premier chapitre de ton roman – en français. Il y a un moment qu'on s'est vus alors je n'ai pas eu l'occasion d'insister... Cependant, j'ai confiance que ça viendra. Écris-tu toujours?

Le 10 décembre 1982. Samedi soir

J'ai perdu quelques jours en chemin. De ce temps-là, je sors beaucoup moins. Comme je disais, l'écriture, la lecture... Tant mieux. Quoique hier soir, les sœurs McGarrigle[3] étaient en spectacle au Moncton High School. Très agréable, malgré un incompétent à la régie du son. Elles sont très «informelles» en spectacle. Tu aimerais ça, j'en suis certain.

Tu m'enverras de tes nouvelles quand tu auras un moment. Pour tout de suite, je te dis: salut!

Gérald

[112]
371 Lutz #5, Moncton, le 27 juin 1983

Très cher Olivier,

Voilà quelques semaines déjà que je pense vous écrire... D'abord pour t'informer que je n'irais pas à Boulder, Colorado cet été. Ça m'emmerde bien sûr mais comme on m'offre un emploi à compter du 1er août, j'ai dû faire un choix. N'ayant pas travaillé à plein temps depuis bientôt trois ans ce n'était vraiment pas un choix. Mon travail consistera à organiser un réseau de distribution de livres acadiens (promotion/diffusion) à travers la province du N.-B.; et ce, pour six mois. J'ai donc remis mon séjour au Naropa Institute à l'année prochaine... et mon séjour au Vermont à février 1984... quand j'aurai terminé mon emploi.

Pour ce qui en est du voyage en Afrique, cela marche toujours. Je pars le 14 juillet pour dix jours dans la capitale du Zaïre, à Kinshasa. J'ai bien hâte quand même...

Autrement, que fais-je? Bien des choses à vrai dire. Tout de suite, j'ai un deadline qui m'énerve pour une pièce de théâtre que je dois remettre avant de partir en Afrique. Je m'encourage en me disant que le deadline me stimule et me force à produire... ce qui n'enlève en rien l'énervement que je ressens. Et je travaille toujours à la traduction d'*Ange Amazone* de Yolande Villemaire. Et j'écris... cet automne, je publierai des textes dans des revues au Québec et en France... ça débouche graduellement... Je m'en réjouis bien sûr.

Et toi, que deviens-tu? Prévois-tu un séjour acadien cette année? Donne des nouvelles...

Mon projet de lecture pour l'été 1983, c'est de lire *Gravity's Rainbow* de Thomas Pynchon[1], un livre monstre qui va me faire chavirer.

La fin de semaine dernière, le 40e anniversaire de mariage de mes parents à Saint John... Je m'y suis rendu et j'avais l'impression d'entrer dans une «time-warp»: soirée à la «legion», orchestre western, une grosse gang d'Acadiens déracinée à Saint John. Ça réveillait le Kérouac en moi, Cajun Sadness, comme Jewish Sadness, je ne sais plus... Enfin, je me suis aussi informé auprès de mes sœurs sur ce que devenait le cousin Gilles... On me dit qu'il est à Ottawa et qu'il essaye encore de devenir prêtre... Encore... car il a essayé de devenir moine à quelques reprises... la culpabilité, cette culpabilité typiquement acadienne/catholique, le dévore toujours à ce que je peux voir. C'est triste même si c'est prévisible.

Raymond Leblanc se marie le 2 juillet... Il est changé comme le jour et la nuit depuis 2-3 ans. Il n'est plus marxiste-léniniste évidemment, il a recommencé à écrire et il est en amour. C'est une histoire qui finit bien...

J'écoute un superbe disque de Van Morrison sorti il y a deux ans je crois... ça s'intitule *Common One*. De la nourriture sonore pour le corps et l'âme.

Crois-le ou non, je viens de me faire brancher le téléphone. Je suis au numéro (506) 854-2944... et ce téléphone est au nom d'un ami, Laurent Comeau (voilà pourquoi je ne veux pas faire d'appel interurbain avant de commencer à travailler...).

Ainsi prend fin cette trop courte missive. J'espère que tu te portes bien et j'aimerais recevoir de tes nouvelles.

With all my love,
Gérald

[113]
[carte postale]
Kinshasa, 17-07-83

Cher ami,

La plus belle porte d'entrée en Afrique est le Zaïre. Les gens ici sont d'une extrême gentillesse, de bons vivants avec beaucoup de cœur et de fraternité. Ce séjour au cœur du continent noir m'apprend la merveille de la diversité humaine. Comme chantent les Amérindiens: «we are all one in the infinite sun». Gérald.

[114]
À Moncton, le 3 janvier 1984

Très cher Olivier,

Quelle idée de m'écrire sur du papier rose! C'est une couleur qui adoucit, qui «désarme»... vu que tu parlais de la violence vidéo, j'ai trouvé ça particulièrement approprié. Tu savais sans doute que dans certaines prisons, il y avait une «chambre rose» où l'on plaçait les prisonniers violents. On rapporte qu'après une heure ou deux la couleur agissait favorablement sur les sujets et que cela les calmait considérablement... N'empêche que je remarque aussi une recrudescence inquiétante de violence dans les films, la musique. Symptomatique du processus apocalyptique, n'est-ce pas? Et c'est pour cette raison que je t'envoie un livre de Paul Chamberland qui jettera peut-être un peu de «lumière» sur ton questionnement. J'espère que tu aimeras... et je te demanderais de s.v.p. me le renvoyer quand tu en auras fini car il s'agit d'un livre que je veux faire circuler dans le milieu. O.K.?

Il me fait plaisir de pouvoir te dire que j'ai passé un Noël plutôt agréable... J'haïs Noël depuis l'âge de 8 ans... chaque année je me soûle jusqu'à en perdre «connaissance». Mais cette année, je me suis rendu chez des amis à Caraquet pour près d'une semaine. Ils possèdent aussi une machine vidéo et nous avons mangé comme des rois et visionné des films pendant tout ce temps (*Victor/Victoria*, *The Year of Living Dangerously*, film australien que j'ai adoré, *Twilight Zone*, que j'ai moins aimé... enfin, un paquet de films)... Tout ceci pour te dire que je n'ai presque pas bu d'alcool, sauf pour quelques verres de vin avec les repas. Encabané le long de la côte en entendant le vent siffler, Noël est passé sans que l'on ne s'en aperçoive, sans que l'on en parle. Magnifique! (Autre film que j'ai «adoré»: *The Big Chill*, un soap opéra pour intellectuels, sur la génération des «soixante-huitards» comme on les appelle maintenant en France...) Alors, Noël est passé, je suis revenu en ville, que j'aime bien, et me voilà enligné pour 1984: une année que je veux productive. Beaucoup d'écriture. Now that *Géographie* is out of the way, je me consacre à ce roman, *Moncton mantra*: roman sublime qui va faire chavirer tout le monde... un livre qui va s'inscrire dans un courant de livres, dont fera partie *French Hill*[1] d'Olivier Roy. J'espère que tu en es conscient: ton livre est très important car ton lieu d'écriture en fait que tu travailles sur un matériau privilégié. Il nous (nous ne travaillons pas seuls) faut produire des réseaux de sensibilités qui s'entrecroisent et se répondent. Je t'expliquerai ce réseau en menus détails quand j'irai te voir... à Pâques probablement... le projet sur lequel je travaille tout de suite prend fin le 27 janvier. Ça me donne droit à du chômage. Suite à mon voyage à Paris la première semaine de mars (pour une dizaine de jours), je reviens réclamer mes prestations et hop là! situation idéale: de l'argent qui rentre à toutes les deux semaines et la goddam de paix. Premier projet: aller voir mon ami Olivier. Promis.

Le 4 janvier 1984

Le lendemain. Je suis au bureau... ce n'est pas tout à fait l'atmosphère idéale «for flights of fantasy»... je poste tout de suite. Et te souhaite une bien bonne année 84, en t'embrassant bien fort.

   Gérald

[115]
Moncton, le 6 avril 1987

Très cher Olivier,

   Il y a à peine une heure, j'apprenais que Chögyam Trungpa Rinpoché[1] venait de trépasser à Halifax. Om. C'est sûrement l'arrivée du sale président Ronald Reagan au Canada qui l'a achevé. Trungpa sera enterré au Karma Choling au Vermont. Ce sera une raison de plus pour moi d'y retourner, entre autres pour lui rendre mes derniers respects.

   J'arrive d'Europe. Une semaine en Belgique, deux semaines en France, à Paris plus précisément. Je n'ai pas tellement raffolé de Bruxelles, ville brune et grise plutôt déprimante même si les gens sont d'une gentillesse remarquable. Mais je suis tombé amoureux de Liège. Quelle ville séduisante. 1000 ans de vieux, elle est traversée par la rivière Heuse. Ses habitants ont su conserver la vieille ville tout en érigeant des gratte-ciels. Tout le monde est beau. J'ai fait une lecture de poésie là-bas dans un centre culturel et mes textes (surtout «Visions de Rimbaud») ont très bien été reçus. Beaucoup de rencontres intéressantes à tous les points de vue.

   Pour ce qui en est de Paris... Malgré un léger courant de paranoïa qui flotte sur la ville en raison des attaques terroristes de l'automne dernier, c'est une ville que j'aime de plus en plus à chaque fois que je retourne. À tel point que je songe sérieusement aller y vivre 6 mois en 1988. Il y a eu Vancouver, aussi la séduction de New York, mais Paris ça me parle d'une certaine façon. Chaque rue me dit quelque chose de spécial; TOUT est beau. Imagine l'émotion de se promener le long de la Seine, tout près de Place St-Michel, la cathédrale Notre-Dame de Paris, à 2 heures du matin. Cette lumière spéciale de Paris la nuit. C'est dans ce quartier qu'on retrouve la fameuse librairie Shakespeare and Co., avec le panneau en bois affichant cette citation de Walt Whitman qui me renverse: « Étranger qui passe, tu ne sais de quel désir ardent je te regarde! » Je peux m'organiser assez facilement pour aller y vivre 6 mois avec des bourses, ou des programmes d'échange, etc. À suivre...

Je travaille présentement à mon quatrième recueil de poèmes qui doit paraître à l'automne. Ça tourne un peu autour de mon expérience du Pacifique, Vancouver, de mes amours, de mon amour de Paul... et le retour à Moncton où je pose la question: qu'est-ce que ça veut dire venir de Moncton? Et l'amour de Paul encore. [...]

J'aimerais que tu me fasses part de ton réveil spirituel à Denver, Colorado. Comme tu es très articulé dans ces choses, je suis curieux de ton expérience.

J'anticipe l'été de tout mon cœur. Quand j'aurai terminé mon recueil, je veux définitivement me mettre au travail sur le roman (oui, je finirai par le finir...). Je vais lire Zora Neale Hurston[2] cette semaine, je vais faire la cassette de Nina Simone itou. Promis. Pour tout de suite, je t'envoie mon amitié éternelle.

[116]
À Moncton, le 2 novembre 1987

Mon cher ami,

Comme le temps passe vite! Enfin novembre. Il y a toujours le Salon du livre à Montréal du 8 au 13 novembre... j'y serai. Tu avais mentionné que tu te retrouverais peut-être là à ce moment-là. Je t'envoie une invitation et un laissez-passer pour un lancement collectif qui aura lieu le samedi...

Lors de mon séjour là-bas, je ne sais pas encore où je demeurerai, mais tu pourras le savoir au stand des Éditions d'Acadie... j'y serai probablement si tu y passes...

En espérant t'y voir... Sinon écris-moi un mot.

Toujours le même,

Gérald

[117]
Moncton, le 19 avril 1988

Mon très cher Olivier,

mon frère, mon alter ego, mon fidèle compagnon épistolaire,

Quelle belle lettre tu m'envoies. Je l'ai lue et relue avec beaucoup d'intérêt et de plaisir. Ton rêve touche aux questions essentielles qui nous habitent et j'en suis très sensible.

Depuis ta lettre, il y a eu un développement intéressant (même si l'on croit ou non à la « synchronicité »). Il y a une semaine environ, je reçois un téléphone d'un nommé Jim Bishop[1] de l'University of Maine at Orono. Il me fait part d'une rencontre-lecture, genre mini-colloque, autour du thème des Amérindiens et des Acadiens. L'événement réunira des écrivains des nations MicMac, Malécite, Abénakis, et une autre nation dont le nom m'a échappé, et de deux écrivains Acadiens de la Nouvelle-Angleterre et moi, des provinces Maritimes, si je veux bien accepter. Je ne pouvais pas en croire mes oreilles. J'accepte sur-le-champ, lui avouant que je serais honoré de participer à une telle rencontre. Le tout se déroulera les 20 et 21 mai sur le campus de l'University à Orono. On nous demande de lire dans notre langue maternelle et en anglais (comme la majorité du public sera vraisemblablement de langue anglaise) suivi d'une période de questions où nous pourrons exposer avec plus de détails nos préoccupations et notre vision du monde. Can you believe this? Ce sera une occasion parfaite pour prendre connaissance de l'écriture des Amérindiens, de discuter avec eux, d'acheter leurs livres qui sont introuvables dans les librairies. I still can't get over it...

[...]

Comme je te l'avais dit je pense, le fait d'avoir reçu une bourse a relevé de beaucoup mon amour-propre alors je me sens plus sûr de moi-même, moins complexé, ce qui facilite l'échange que j'ai avec les gens en général et avec celui que j'aime en particulier.

Avec ma bourse, je compte écrire beaucoup. Les voyages serviront à nourrir ceci. Il se peut que je passe trois mois à New York (août-septembre-octobre) dans un appartement d'une amie. C'est un petit appartement (climatisé) sur East 15th, à dix minutes de marche de St. Mark's Church où je compte suivre des ateliers d'écriture. Paul viendra probablement me rejoindre en août et nous comptons tous les deux aller passer quatre ou cinq jours au Vermont chez mon ami Olivier. Les dates exactes suivront d'ici un mois quand tout sera confirmé avec mon amie de New York. Autrement, il y aura un voyage de deux ou trois semaines à San Francisco (le Conseil des arts me paye le billet d'avion aller-retour) pour rencontrer Lawrence Ferlinghetti au mois de décembre.

Merci pour la cassette de ton appréciation de James Baldwin, cela m'a touché. Le groupe Sweet Honey in the Rock[2] me plaît beaucoup...

À très bientôt,

Je t'embrasse,

Gérald

[118]
Moncton, le 22 mai 1989

Cher Olivier,

Pardonne ce long silence. Je pense souvent à toi et même si je voyage beaucoup dans des colloques et autres mondanités il m'arrive quand même de travailler. Voici la bonne nouvelle: j'ai terminé mon roman *Moncton mantra*!!!! Dans le moment, je suis en train de le fignoler au rythme de deux ou trois pages par jour. D'ici la fin juin, il sera dans les mains de l'éditeur et en principe il paraîtra à l'automne 1989. Ce livre a été très important pour moi et j'ai l'impression qu'il clôt un grand panorama d'écriture sur Moncton et l'Acadie. Il me sera possible maintenant de passer à autre chose...

Oui, la Nouvelle-Orléans! Quelle ville envoûtante! Je m'y suis amusé comme un petit enfant qui se serait sauvé de chez lui par la fenêtre une nuit d'été. Une visite de cette ville permet effectivement de mieux saisir la vision d'un Tennessee Williams, Carson McCullers... Quelle mixture d'éléments étranges. Dans cette décadence flottante, j'y ai trouvé une fête des sens: les yeux (architecture qui ébranle la vision, ce mélange de style français, espagnol et «Old South»), les narines (cuisine à vous chavirer l'estomac, créole, cajun, des odeurs enivrantes sortent de partout), les oreilles (la musique! quel festival de sons... un après-midi, assis au Café du Monde près de Jackson Square, un jeune gars d'environ douze ans joue au trombone *Won't You Come Home Bill Bailey* accompagné d'un vieillard d'une soixantaine d'années au banjo... j'ai pleuré. C'est cliché mais c'est beau. Bien sûr, j'ai goûté au jazz, au rock, à la musique cajun, au reggae, c'est le paradis des oreilles). Et bien sûr, les bars! Le premier soir, dans un lieu nommé Jimani, ayant beaucoup bu et très tard, je demande au barman, vers 3 heures du matin, à quelle heure il fermait. Il me répond: «On ne ferme pas!». Je trottais jour et nuit, surtout la nuit, à tel point que j'ai manqué plus de la moitié des conférences. Et je ne regrette pas.

Oui, et dans une lecture de poésie et de romans, j'ai rencontré Marie-Claire Blais. Un être fascinant, qui a l'air timide mais en réalité c'est qu'elle ne fait aucune dépense inutile d'énergie. Elle est habitée d'une grande sensibilité. Après avoir lu mes poèmes (dont «Visions de Rimbaud» publié dans *Lieux transitoires*) elle me dit que ce poème l'a littéralement bouleversée. On échange des livres et on va se revoir.

Quand j'étais à San Francisco en février, j'ai acheté le journal français *Libération* et j'ai aperçu l'annonce que je t'envoie... Madame Simone à l'Olympia de Paris... un concert supplémentaire, ce qui veut dire que le spectacle du 16 était «sold out». On nous informe également que quelques jours plus tard, elle allait donner un spectacle contre l'apartheid avec Miriam Makeba[1], toujours à Paris. Let's hope for the best. Ah oui, dans la rubrique où on parlait des spectacles à venir, on mentionnait celui de Nina ajoutant: «La question que se posent tous les Parisiens c'est à savoir si elle sera de bonne humeur»!!!

À New Orleans, j'ai trouvé son disque *The High Priestess of Soul*, enregistré chez Philips dans les années 1960 je suppose. Je n'ai pas de machine à enregistrer ici, mais dès que j'aurai la chance pour t'en faire une copie chez un ami, je t'enverrai ça... très bientôt. Promis.

Autrement, l'été s'en vient et ça me plaît. Aucun voyage prévu puisqu'il fait si beau ici en été. Je me rendrai à Mexico City en octobre pour un *Encuentro de Poetas del Mundo Latino*. Dans le moment, j'apprends l'espagnol. Tu travailles à ta maison sans doute. Bon courage... et envoie-moi un mot.

Gérald

[119]
Moncton, le 15 août 1989

Cher Olivier,

Ben oui, je t'écris en ce jour de la «Fête nationale» des Acadiens, alors bonne fête! Hier soir, à la télévision, au poste PBS, un documentaire absolument renversant sur James Baldwin dans la série «American Masters». Un chef-d'œuvre du genre. D'une durée d'une heure et demie, l'émission commence à l'église de Harlem où on l'a enterré et on entend la voix vibrante d'Odetta[1] chantant *Sometimes I Feel Like a Motherless Child*. Maya Angelou[2], Amiri Baraka et d'autres se succèdent pour rendre hommage à cet artiste. L'as-tu vu? Les témoignages sont entrecoupés d'interviews avec Baldwin lui-même (il a toujours un verre d'alcool à la main), et là on constate son intelligence épatante, sa pensée corrosive, sa rage et son humanité. J'en suis encore bouleversé. Il faut que tu vois cette émission sans faute, pétitionner le poste PBS local, enfin tous les moyens sont bons. Mais peut-être l'as-tu déjà vu.

Autrement: l'été reste toujours très humide, très agaçant pour travailler, peu confortable, comme la Nouvelle-Orléans sans les Noirs, la musique et l'air conditionné. Le dernier bout de roman avance tranquillement mais je devrais prendre ma vitesse de croisière sous peu... quand le temps deviendra plus frais.

Je t'écris plus longuement plus tard. T'embrasse.

[120]
Moncton, le 25 octobre 1989

Cher Olivier,

Me voilà de retour de Mexico City où j'ai passé une dizaine de jours dans une *Encuentro de Poetas del Mundo Latino*. Le voyage m'a bouleversé dans tous les sens: découverte d'une grande culture, d'un autre aspect de l'Amérique du Nord, d'une société qui respecte profondément ses poètes, de rencontres sympathiques... Il y a une semaine aujourd'hui que je suis arrivé et j'ai du mal à reprendre mon rythme habituel. Je pense couver une légère dépression: l'automne, bien sûr, il y a aussi un gars là-dedans qui me fascine, bien sûr, bien sûr... Je n'arrive pas à écrire de poésie, [à] terminer une pièce de théâtre radiophonique qu'on m'avait commandée. Je décide donc de t'écrire une lettre pour me dégourdir.

Mexico City est une ville hallucinatoire. Une ville d'histoire stratifiée: l'ancienne histoire (des Indiens, Aztèques), de l'histoire de la conquête des Espagnols et bien sûr, l'histoire d'une ville qui compte 18 millions d'habitants. En marchant dans la rue, tous ces éléments sautent aux yeux. Murailles et statues de héros aztèques, pollutions excessives, la gentillesse des gens, les couleurs éclatantes, les senteurs de maïs dégagées de petits comptoirs qu'on retrouve partout le long des trottoirs. Les gens ne se bousculent pas dans les rues, c'est difficile à croire dans la plus grande ville au monde. Aussi, il y a des milliers de mendiants qui vous approchent pour vous vendre des chicklets, des bibelots, etc., mais on n'a qu'à leur dire « gracias » et ils s'éloignent de vous. Alors qu'à New York ou même à Montréal, les gens vous crient après, vous talonnent pendant des blocs, ici pas du tout. J'observais des femmes ou des adolescents assis sur une couverture à la sortie des métros. Ils vendaient des peignes, ou des stylos... Ils restent là immobiles pendant des heures, regardant au loin, dans le bruit infernal du trafic. La race indienne vit toujours dans ces gens.

Le dimanche 15 octobre, avec un poète mexicain nommé Samuel Ronzon[1], je suis allé voir les pyramides à Teotihuacan. Je suis monté jusqu'au faîte de la Pyramide du Soleil et la vue de cette hauteur est rien de moins que majestueuse. Devant nous, les ruines d'une très grande civilisation, comme quoi nous, les Blancs d'Amérique du Nord, sommes à peine sortis de nos cavernes!

J'ai aussi rencontré des poètes de presque toute l'Amérique latine: du Nicaragua, Cuba, Argentine, Brésil, Uruguay, Pérou... La poète du Nicaragua surtout m'a beaucoup fait rire. Elle a lu un court poème intitulé *Menstruation* dans lequel elle dit: « Ceci est mon corps, ceci est mon sang » ou plutôt « Esto es mi cuerpo. Esta es mi sangre. » Je lui dis: « avec ta phrase tu viens de bouleverser 2000 ans de civilisation judéo-chrétienne! » On a bu téquila, bières, on a beaucoup ri... Viva el mundo latino!

Et puis c'est le retour à Moncton. Dans le moment, j'ai du travail à terminer mais comme je te disais je n'arrive pas à démarrer, je traîne, je dors, je me promène dans l'appartement. Ça me passera que je me dis.

J'attends une réponse du Conseil des arts (fin décembre-début janvier) à savoir si j'aurai un renouvellement de bourse. Si oui, j'irai te visiter cet hiver.

Il faut lire les romans de Carlos Fuentes[2], le grand romancier mexicain. Pour ma part, je veux relire *Au-dessous du volcan* de Malcolm Lowry[3]. Et ainsi de suite.

Est-ce que la maison s'en vient? Et toi, comment va?

Gérald

Le lendemain: ça va beaucoup mieux: tout reprend avec la conscience du Mexique...

[121]

Moncton, le 20 avril 1990

Mon cher Olivier,

Le printemps a bien fini par arriver en Acadie. Il faut dire qu'il était temps : les gens avaient la mine triste et le pas lourd. Maintenant on aperçoit des sourires sur les visages, on déboutonne son manteau en marchant dans la rue...

Je termine toutes sortes de petites choses avant le voyage à New York. Au moment où j'écris ces lignes il est fort probable que mon ami Jean-Philippe ne soit pas du voyage. Aussitôt finie l'occupation de l'université, il s'est plongé la tête la première dans ses travaux d'examen de fin d'année et il devra probablement déménager à la fin du mois. C'est dommage mais voilà, la rencontre de vous deux se fera une autre fois.

En principe, j'arriverai à New York samedi soir vers 6 heures. Au début de la semaine je vais trotter partout en ville (livres, disques, films, etc.). Je t'appellerai mardi vers l'heure du souper (6 heures environ) pour notre rencontre historique (nos rencontres sont toujours historiques...). Je ne sais pas si je rentrerai à Moncton avec le groupe le samedi suivant ou si j'irai faire un tour à Montréal avant de rentrer chez nous. En tout cas, je déciderai une fois là-bas.

Quoi qu'il en soit, j'ai bien hâte de te voir... Beaucoup de choses à raconter, etc. Porte-toi bien...

Gérald

P.S. Try to find the video (if it exists) of *Swimming to Cambodia*, a film by Jonathan Demme[1] starring Spalding Gray[2] in a 1 ½ hour monologue, tour de force... Saw it twice this month... Excellent...

[122]
New York City, le 6 février 1993

Cher ami,

Une petite neige fine tombe sur la ville en ce samedi matin et assis près de ma fenêtre qui donne sur 54th Street, je t'écris ces quelques mots.

Mon séjour ici me plaît énormément. Je me suis imposé une discipline quotidienne où je consacre mes matins à l'écriture. L'après-midi, en guise de récompense pour mon travail, je sors en ville visiter des expositions (la semaine dernière, j'ai passé un long moment à une rétrospective de Jasper Johns[1] à la galerie Leo Castelli, un moment rempli d'émotions et de bonheur), et le soir souvent, je me rends à une lecture de poésie ou une conférence. D'ailleurs jeudi soir, j'assistais à une conférence de Robert Creeley[2] sur l'œuvre du poète Louis Zukofsky[3], etc. Étant sur un budget plutôt limité (quel euphémisme!), je fréquente des événements gratis ou qui me coûtent seulement deux ou trois dollars. Ainsi il m'est possible d'apprécier les bonnes choses de New York sans me ruiner. Tu connais aussi ma passion des livres... En entrant dans des librairies ici, je devenais fou et il fallait presque me faire violence pour ne pas dépenser tout mon budget dans une après-midi. Le problème s'est réglé simplement: j'ai une carte de bibliothèque de la New York Public Library où l'on trouve tout mais absolument TOUT. De ce temps-là, je lis des auteurs afro-américains et tout de suite je te suggère un livre capital: *High Cotton* de Darryl Pinckney[4]. En gros, il s'agit d'un roman qui raconte les péripéties d'un Afro-Américain, à partir de son enfance à l'université, d'un séjour en Europe et son retour en Amérique. Au cœur du livre se pose la question d'une réconciliation avec ses origines et un regard très lucide et désenchanté de la situation de la bourgeoisie afro-américaine contemporaine. Pinckney possède une plume de maître, un style remarquable. À lire...

Je corrige présentement mon manuscrit d'un recueil de poèmes qui paraîtra au mois d'avril. Je fais aussi des retouches à une plaquette de poésie (24 pages) qui paraîtra à Montréal en mai. Je dois dire aussi que pendant les vacances de Noël, alors que j'étais dans la région de

Cap-Pelé chez mon ami Herménégilde Chiasson, j'ai beaucoup travaillé sur mon roman. À mon retour à Moncton, je compte m'y consacrer à plein temps et si tout marche comme prévu, il est possible que ce « roman tant attendu » sorte à l'automne.

Le changement de décor me fait du bien. C'est un peu un rêve que de vivre à New York et d'écrire. Quand j'étais jeune, j'imaginais souvent que je grandirais pour aller m'installer dans une capitale culturelle vivre « la grande vie ». Il en est passé de l'eau sous les ponts depuis mes rêves d'enfance. Aujourd'hui je sais que mon « destin » se trouve lié à un projet de création qui est rattaché à l'Acadie. Comme le chantait avec conviction la Mère Piaf : « Je ne regrette rien ». Toutefois, il faut parfois prendre un recul, une distance. Voilà ce que je fais présentement ici et c'est bien.

J'espère que ta situation s'améliore. Tu peux toujours t'encourager en te disant qu'au moins au Tennessee, il n'y a pas d'hiver... ça coûte moins cher en chauffage ! Porte-toi bien, cher Olivier, et écris-moi quand tu auras quelques minutes...

À bientôt,

Gérald

[123]
New York City, le 19 avril 1993

Très cher ami,

Suite aux tempêtes et aux pluies d'un hiver en déroute, il semble qu'un printemps lumineux s'installe définitivement sur New York. Non pas que la température m'empêchait de sortir et de courir partout mais tu conviendras qu'il est plus agréable de se balader sous le soleil avec un simple T-shirt. Le séjour new-yorkais qui tire à sa fin aura été très fructueux. En effet, j'ai beaucoup écrit (un recueil de poésie, une pièce de théâtre, divers textes de réflexion...). Quant à la ville proprement dite, que d'explorations, de dérives, de surprises. J'avais souvent l'impression que je vivais plus dans une journée que certains individus au cours d'une année.

Mon ami Herménégilde Chiasson et sa compagne Marcia Babineau[1] viennent à New York la semaine prochaine et au début mai, je vais rentrer à Moncton avec eux. Mais je repars la semaine suivante pour Paris! Que de voyages! Nous sommes quelques écrivains à aller faire des lectures à Paris, puis à Poitiers (où de nombreux Acadiens se sont installés après la Déportation), ensuite à Namur, en Belgique pour un Festival de la poésie et le tout se termine de nouveau à Paris pour le Marché de la poésie. Y'a de la poésie dans l'air, n'est-ce pas? Ce ne sera pas un long séjour, deux semaines environ, mais à mon retour vers la fin mai, ce sera déjà le début de l'été chez nous, alors vive la belle saison.

En rentrant à Moncton, je lance mon nouveau livre intitulé *Complaintes du continent*. Un exemplaire te parviendra très bientôt. Je trouve qu'il s'agit là d'un de mes bons livres (dit-il modestement...).

J'ai vu la première partie (3 heures et demie) d'une pièce absolument renversante de Tony Kushner[2] *Angels in America*. Cette première partie (de deux) s'intitule *Millenium Approches*, dont le sous-titre dit: «A Gay Fantasia on National Themes». Une pièce qui interroge l'effet du SIDA (AIDS) sur la société américaine. À la fois politique, ironique, comique, hallucinée (littéralement), cette pièce nous propulse dans un univers où l'ambiguïté et la certitude se disputent. Nous voyons Roy Cohn (l'avocat immonde, ami des Reagan, qui avait jadis fait exécuter les Rosenberg, un «closet» gai qui publiquement attaquait les gais... il est mort du SIDA), une famille (un couple) mormone de Salt Lake City à New York (dont la femme bouffe des valiums à longueur de journée en délirant sur la couche d'ozone), un autre couple d'hommes dont l'un annonce à l'autre dès le début qu'il est sidéen. Les destins de ces personnages se recoupent au long de la pièce et les dialogues sont criants de vérité. Tony Kushner est un marxiste (socialiste modéré), mais sa pièce ne suit pas du tout une ligne de parti, au contraire il cultive l'ambiguïté, l'incertitude si je puis dire. Lorsqu'une idée intéressante est présentée, il rebondit avec son contraire ou avec un doute, l'examinant de plusieurs côtés. Une pièce qui provoque et fait réfléchir. Beaucoup, beaucoup aimé...

Madame Nina Simone est censée venir me visiter le 1er mai à New York City au Beacon Theatre. Je te fais part de l'invitation. Comment vont les choses de ton côté? Est-ce que tout tombe en place? Raconte-moi un peu quand tu auras quelques minutes.

Amitiés

Gérald

[124]
Moncton, le 10 mai 1993

Cher Olivier,

De retour à Moncton depuis une semaine après trois mois de débordements new-yorkais très enrichissants. Je t'écris pour te parler de la veille de mon départ. Au Beacon Theatre, coin 72nd Street et Broadway, spectacle de Nina Simone qui m'avait donné rendez-vous. Une très belle salle de 3 000 places, un public très varié, jeunes et moins jeunes, Noirs et Blancs.

She comes out, dressed in a gold-lamé cape, to a roaring standing ovation and stands in front of a microphone mid-stage. She looks like an African Goddess, dead serious, just starring at the thousands of people screaming her name, and shouts of « Bravo! » (mine included). She then removes the cape to reveal a very décolletée black evening gown. More applause. After several minutes of this delirium, she sits at the piano and begins with *Black Is the Colour (of My True Love's Hair)*. Orgasms. It is obvious that Madame Simone is in perfect form, her piano playing impeccable, her voice in fine shape. She then goes into *You've Got a Friend* waving with her right hand for the public to sing along, and we do. She does *Go to Hell* to roaring applause. She then approaches the mid-stage mike and says: « So are you still glad to see me? » Much applause again. « O.K. now we're going to do *See-Line Woman* and those of you who are familiar with my records know what I want from you. » She does the song, dances, hips moving languorously to the great pleasure of her public. In the middle of this she starts speaking in French: « Qu'est-ce que j'entends? Qu'est-ce que j'entends? Il y a quelqu'un dans la salle qui a dit "merci beaucoup!" Est-ce que j'ai entendu "Merci Beaucoup"?» Roars of «Merci!» (Obviously she wants her New York public to know she lives in Europe and that she is fluent en français, and we love it!). She goes into *Baltimore*, sings two beautiful new songs from a new album she has just recorded in Los Angeles coming out at the end of June, called *A Single Woman*. Of course, she plugs her book. «I've written my autobiography... did you mind? In French it's called *Ne me quitte pas* and in English it's called *I Put a Spell on You*...» She then sings *I Put a Spell on You*... Orgasms. And so on... Ten minute ovation at the end. She comes out to sing, in French, *Ne me quitte pas*, then another five minutes ovation and she comes out again, sits at the piano and says: «O.K. I'm going to do one more and then let's all go home!» and plays, *I Want a Little Sugar in My Bowl*, having a ball doing it.

Before leaving, she says: «Buy my records, buy my book and get me back here soon! Goodnight!» I left New York in the beautiful vibrations of a Nina Simone in full possession of her immense gifts. Merci, merci, merci.

I'm leaving for Paris Wednesday. Pour deux semaines, lectures en France et en Belgique. Mon nouveau livre est sorti et je te l'enverrai à mon retour d'Europe. Je compte écrire beaucoup cet été, corriger les textes écrits à New York, etc., etc.

Porte-toi bien et à bientôt.

[125]
Moncton, le 16 janvier 1995

Cher Olivier,

Eh bien, je viens de recevoir les cassettes de Nina Simone que tu as eu la gentillesse de m'expédier et je t'écris cette lettre en écoutant Madame Simone me gratifier des extravagances de sa splendide âme noire...

D'abord, bonne année 95. En ce qui me concerne, ç'a débuté de façon un peu rude dans une dépression cosmique quant au sens de ma vie. Entre Noël et le Jour de l'An, comme à l'accoutumée, je me suis adonné aux excès habituels d'alcool et des folies rattachées aux « Fêtes ». Après ça, je suis tombé très bas, physiquement mon corps criait, je me sentais comme un chien battu et psychiquement je semblais avoir perdu le contrôle de mes pensées, mon esprit tournait au noir, je n'arrivais plus à me concentrer. Cet épisode a duré environ une semaine, une semaine d'enfer. Heureusement la semaine dernière, je me suis ressaisi et ça va maintenant beaucoup mieux. La leçon évidente demeure la suivante: mon corps ne tolère plus l'alcool. Donc, première résolution pour l'année 95, cesser de boire sauf pour un verre de vin au repas.

Deuxième résolution: publier cette année mon roman. Je n'y avais même pas jeté un coup d'œil au cours de l'année passée mais en reprenant le manuscrit, je constate que le début du livre était boiteux alors j'ai réécrit les deux premières pages et tout semble tomber en place. Je le retape à la machine en y apportant quelques petits changements mais dans l'ensemble j'ai la certitude que ça va marcher. J'ai aussi un gros recueil de poésie qui va paraître au printemps sinon ce sera à l'automne.

À part ça, je me retrouve dans un état financier assez inquiétant mais ce n'est rien de nouveau. J'ai fait des demandes de bourses de création et c'est comme la loterie, j'attends des nouvelles. Je ne pense pas voyager beaucoup cette année sauf si je recevais une réponse positive à mes demandes de bourses. À ce moment-là, je verrais. Peut-être à l'automne.

Mon Dieu, que de flashbacks en lisant ta mention de Marianne. Je me souviens chez toi, dans les années 1960, après un joint ou une bouteille de vin, elle sautait debout à chaque fois pour réciter *The Love Song of J. Alfred Prufrock...*, entre Claudia la Française et qui d'autre encore, un temps de grandes tourmentes pour moi, tu t'en souviens? Ce fut une période dont je n'ai pas encore épuisé toutes les ramifications.

Je t'envoie une revue « alternative[1] » publiée par des jeunes de Moncton. Pour le premier numéro, ils m'avaient demandé une interview que j'ai acceptée. Ensuite, ils me demandent si je poserais nu! J'ai refusé en leur demandant pourquoi j'exposerais ma vieille peau dans un magazine pour jeunes, que ce serait plus intéressant de voir leurs beaux culs sur la couverture. Ils répondent: «oui, d'accord mais toi tu es connu et ça nous fera vendre beaucoup plus de numéros et ça sera contesté, déclenchera des polémiques, etc.» À ce moment-là, j'ai accepté.

Si tu as le goût de lire un gros roman (environ 700 pages) qui tourne autour de la société, la folie, l'évolution des individus, la politique et quoi d'autre encore, je te suggère *The Four-Gated City* de Doris Lessing, la magnifique. Publié en 1969, ce livre demeure actuel par sa réflexion et ses propositions (un peu pessimistes mais enfin). Je l'ai lu au mois de novembre et j'en vibre encore.

Voilà donc où j'en suis tout de suite. Keep in touch et à la bonne prochaine.

    Gérald

P.S. Je reparle à Herménégilde au sujet des illustrations – il s'est déjà dit intéressé... je t'en donnerai des nouvelles. G.

[126]

Date: Monday, 27 octobre 1997, 10 : 20 : 34
To: cajunpepper@hotmail.com.
From: bourquep@mailserv.nbnet.nb.ca (Paul J. Bourque)

Cher Olivier,

J'ai reçu ton envoi ce matin en rentrant au bureau. Alors c'est ça, nous pourrons nous envoyer des affaires quand nous en aurons le goût. I just realized that I am typing on French type and I do not know if they will come out at your end, les accents aigus, les accents graves, les accents circonflexes, etc., you know the French things. Laisse-moi savoir si ça marche, I could not scan or get your picture because I did not know if I have to do anything on my end to get it. C'est pas grave. So there. Let me know if you get this. À bientôt... I'm rushing out to buy Bob Dylan's latest.

[127]

[27 octobre 1997]
To: cajunpepper@hotmail.com.
From: bourquep@mailserv.nbnet.nb.ca (Paul J. Bourque)

Très cher Olivier,

So I have to take it easy on the French accents. Not to worry. I finally did get the picture of yourself with a little tampering on this computer. I am still somewhat computer illiterate, but I do appreciate the phenomena. I am looking forward to the Nina Simone tape you are sending, I haven't listened to her in a while and I am due for the soulful sister. As for moi, I will tape the Zachary Richard[1] CD over the weekend and mail it Monday on my way to work (Canada no longer has mail service on Saturdays). I have to run as we are up to our necks in book production. By the way, the mail you send via the bourquep.email might be read by a couple of people who work here, but then again, what do we have to hide. Alors bon voyage à Detroit, and if you get this after your return, well, bon retour de Detroit. Je t'embrasse fraternellement.

Gerald...

[128]

03/11/97 09:06
To: cajunpepper@hotmail.com.
From: bourquep@mailserv.nbnet.nb.ca (Paul J. Bourque)
Subject: zacharyrichard.cd.
November 3rd, 1997

Olivier,

I will be sending a care package of my own this afternoon (Monday), that is, the CD *Cap Enrage* (accent aigu on the e) by our Cajun brother Zachary Richard, and a good part of another CD by a Moncton singer friend of mine, Marie-Jo Thério[1]. I also include photocopies of the lyrics. In addition I am sending an article I wrote after my return from Louisiana last April. Hoping this will find its way to your doorstep... a mail strike is looming, but maybe just in two weeks. I wouldn't mind if we had proper mail service and the workers would strike for better work conditions and salary. Alas, a number of these postal workers cannot even READ, we regularly get everybody else's mail, sometimes from different streets... When postmen change routes it takes forever for them to realize that our mailboxes are inside the hallway, etc., etc. It annoys me to no ends, having to pay for such incompetence!

I did get the Bob Dylan CD from Radio-Canada, I taped it and I am having multiple orgasms. It is indeed a very profound and mature and disturbing record. When I get your copy, I will pass mine to a friend. You also mentioned Barenaked Ladies[2] whom I also love very much... Do you have their *Rock Spectacle* CD? So voilà. I have to get back on the publishing end of my life. À bientôt...

Gerald

[129]

Date: Mon, 3 Nov 1997 14 : 20 : 22
To: cajunpepper@hotmail.com.
From: bourquep@mailserv.nbnet.nb.ca (Paul J. Bourque)

Hi,

It's me again. To tell you that I've also sent a copy of Zachary Richard's book *Faire récolte* with the care package. It's been a hectic day. I'm proofreading books that we will be publishing later on this month and it seems every time I go over what I've just done, another error catches my eye. I feel like Sisyphus or however you spell his name.

The movie *Boogie Nights* is in town and I hear it's an interesting film on the porno industry in the 1970's with Marky Mark[1] of the Calvin Klein ads in the lead role. Various critics I've read compare it favourably with Robert Altman[2]'s *Nashville*, so that's a plus. I'll be checking it out tomorrow with my friend Claude. Speaking of Altman, have you ever seen *Short Cuts*? It's based loosely on the Raymond Carver[3] stories but it is definitely a Robert Altman film with several narrative lines running through it, very well done, I enjoyed it (it's about three hours long but well worth it). So that's my Pauline Kael[4] number this time around. Take care...

[130]
11/28/97 9:53 AM
To: cajunpepper@hotmail.com.
From: bourquep@mailserv.nbnet.nb.ca (Paul J. Bourque)
Subject: random...

Bonjour,

Je rentre au bureau ce matin chercher des documents que j'amène-rai chez moi pour travailler. Je n'ai jamais pu m'adapter au « travail de bureau », ça m'ennuie, ça me distrait, ça m'emmerde... J'accomplis plus de travail pendant une heure chez moi que pendant six heures ici. Alors, je ramasse ce que j'ai à faire et je retourne chez moi. C'est le moment des demandes de subventions annuelles au Conseil des arts du Canada, un exercice laborieux il va sans dire, mais qui nous donne des sous pour publier nos livres... Enfin...

Oui, et oui, j'ai beaucoup, énormément, passionnément, aimé Bob Dylan *Time Out of Mind*. Il s'agit d'un sommet de son œuvre avec une production remarquable de Daniel Lanois[1]. Il est évident que Dylan est un compositeur impulsif, il ne peut pas ne pas écrire. Il arrive (souvent, hélas) que ses compositions soient très ordinaires, mais quand il atteint ses moments forts, comme dans *Time Out of Mind*, même les clichés s'intègrent à l'ensemble. Nous avons ici l'œuvre d'un artiste écorché par le temps et les déconfitures de l'amour, un artiste qui pose un regard cru sur la déception. Et la production, comme je le disais tout à l'heure... oh quel bonheur de ses musiciens complices, cette sonorité langoureuse qui enrobe et soutient les paroles chantées du grand Dylan. Oui, j'ai beau-coup aimé, et j'aime encore et encore Bob Dylan.

Incidemment, as-tu reçu la cassette et le livre de Zachary Richard? Let me know when you do.

My novel should be off to the printers in about a week's time so I'll not likely get it before Christmas. However, as soon as I've received it, hot off the presses as it were, a copy will be forwarded to Tennessee to your humble abode.

So voilà. That's it for now.

Gérald

[131]

12/8/97 2 : 26 PM
To: cajunpepper@hotmail.com.
From: bourquep@mailserv.nbnet.nb.ca (Paul J. Bourque)
Subject: le voyage imminent

Cher Olivier,

So far, I am still heading out to Nashville, Tennessee, on December 19th, so we should be arriving at your front door sometimes on the 21st. I will not be going to Louisiana but spending a couple of days with you and then going up to New York City, where a friend is offering me a loft on St. Mark's Place up to January 2nd. The friend with whom I am making the trip is still heading out to Louisiana, and we will meet up in NYC on New Year's Eve for various celebrations.

Work is quietly winding down at the Perce-Neige office, I am reading voraciously again and I can't wait to start writing on a regular basis.

Any news on the care package I sent?

Take care, will send more nonsense later...

Gérald

[132]

12/15/97 2 : 16 PM
To: cajunpepper@hotmail.com.
From: bourquep@mailserv.nbnet.nb.ca (Paul J. Bourque)
Subject: within the context of no context

Cher Olivier,

Je t'avais envoyé un courrier vendredi et quelle ne fut pas ma surprise ce matin d'apprendre que ce courrier ne s'était pas rendu... J'avais mal épelé « hot mail », j'avais oublié le « t », je crois, ou quelque chose du genre. Mais je suis heureux que tu aies reçu l'enregistrement de Zachary et son livre.

Tel que prévu, nous partons toujours vendredi matin, Karen LeBlanc et moi. Nous devrions être chez vous samedi soir, je ne sais trop quelle heure, mais je téléphonerai en chemin. Je me dois d'être à New York le mardi après-midi (le 23) au plus tard alors je vais rester chez vous dimanche et je partirai vraisemblablement par autobus lundi soir. Ce sera un long voyage mais, hey, si Kerouac a pu le faire, je peux le faire moi aussi.

Dans le moment, c'est ça. J'ai encore un peu de travail au bureau jusqu'à jeudi mais ça va. Je t'amènerai la cassette du spectacle de Barbara[1] et des surprises...

Porte-toi bien cher ami et à très bientôt...

Gérald Kerouac

[133]

1/6/98 1 : 50 AM
To: cajunpepper@hotmail.com.
From: bourquep@mailserv.nbnet.nb.ca (Paul J. Bourque)
Subject: le retour en Acadie
Date: Mon, 5 Jan 1998 08 : 53 : 44

Hi!

Je suis de retour depuis samedi soir. Très beau voyage en somme. Eh oui, je me suis finalement rendu chez toi à NASHVILLE. Moment historique à n'en pas douter. Merci de ton hospitalité coutumière, du tour de la ville de Nashville, du magasin de disques et de CD et de la belle librairie. J'ai aimé écouter Bob Dylan lors de ces randonnées. Un séjour bref mais stimulant.

À New York, j'ai beaucoup marché, j'ai vu des films (*Le Mépris* de Jean-Luc Godard! et *Jackie Brown* de Quentin Tarantino...) ainsi que deux jours exaltants à la rétrospective de Robert Rauschenberg[1], en plus de m'acheter une tonne de livres... Un autre séjour qui m'a fait du bien.

Bonne année 98. On se donne des nouvelles en temps et lieu...

Gérald

[134]

2/12/98 1:17 PM
To: cajunpepper@hotmail.com.
From: bourquep@mailserv.nbnet.nb.ca (Paul J. Bourque)
Subject:

Salut...

Eh bien, cher ami, mon roman est parti à l'imprimerie la semaine dernière et je l'attends lundi. Le lancement officiel sera le 18 février. Je suis très nerveux dans le moment, ce qui est normal je suppose mais j'ai aussi hâte d'avoir ce livre entre les mains et de le laisser partir tout seul. Dès que j'aurai mes premières copies, j'en glisserai une dans une enveloppe à destination d'Antioch, Tennessee. Dieu sait combien de temps ça prendra à se rendre avec les douanes américaines mais du moins, le roman sera en route.

Je travaille beaucoup de ce temps-là, mais le 15 mars, je m'envole pour Paris avec France Daigle[1] (je viens d'oublier, je t'avais promis son roman *1953*, sur *L'Évangéline* et les événements de l'époque vus à travers les yeux d'une Acadienne de Moncton... je te l'enverrai en même temps que mon roman...), donc, je m'envole vers Paris avec France Daigle pour une semaine et demie de lecture à Paris, bien sûr, et à Nantes, Lille, Grenoble, Marseille, et à Bruxelles en Belgique. Acadians on the move.

I will write later.

Gérald

[135]

2/13/98 11 : 01 AM

To: cajunpepper@hotmail.com.

From: bourquep@mailserv.nbnet.nb.ca (Paul J. Bourque)

Subject: toutes sortes de choses...

Salut,

Je vais en France pour une série de lectures et rencontres publiques dans des Maisons de la poésie. On est toujours très bien reçu là-bas, on mange comme des rois (comme tu peux t'imaginer), le vin est parmi le meilleur au monde... et on rencontre généralement des gens sympathiques, d'autres écrivains, etc. Ce sera un séjour du 15 au 25 mars, donc beaucoup de mouvements. Mais à Paris, où nous passons au moins trois jours, je vais visiter des librairies, voir des films et des expositions qui en valent la peine... À vrai dire, par moments, j'aime la vie d'hôtel. On n'a pas besoin de faire le ménage, ou se faire à manger, ni laver la vaisselle ou nettoyer sa chambre... Ça change les idées.

Je n'ai pas encore vu *The Full Monty* malheureusement. Il a joué en ville à quelques reprises et je le manquais... tout le monde m'en dit du plus grand bien et je compte aller le voir bientôt. Je suis intéressé à la biographie de Joséphine Baker[1]. Qui en est l'auteur? Est-ce son mari, Jo Bouillon[2] dont tu mentionnes le nom?

J'ai acheté un roman à New York intitulé *Already Dead* de Denis Johnson[3]. Ça se passe en Californie du Nord, des anciens hippies complètement brûlés, des histoires de drogues, de trahison, de meurtres, de spiritualité... Un roman troublant, très bien écrit, que j'ai beaucoup aimé. C'est dans la veine de Robert Stone[4].

Je lis un peu moins de ce temps-là car je suis très occupé. Et voilà une autre raison pourquoi j'aime voyager. Je lis beaucoup... j'ai moins de distractions et de téléphones de gens avec des problèmes et des complications anodines. Enfin...

Je suis content que tu reçoives l'argent qui te revient dans cette poursuite judiciaire interminable. All good things come to those who wait...

Je t'envoie des nouvelles la semaine prochaine...

Gérald

[136]

2/18/98 9 : 54 AM
To: cajunpepper@hotmail.com.
From: bourquep@mailserv.nbnet.nb.ca (Paul J. Bourque)
Subject: the novel is on its way

Cher ami,

Hier soir, j'ai reçu les premiers exemplaires de mon roman. Ce matin, je suis passé au bureau de poste et j'ai envoyé une copie de ce roman à mon ami d'Antioch au Tennessee. It's on its way. Let me know when you get it. J'espère que ça ne prendra pas trop de temps.

Gérald

[137]

To: cajunpepper@hotmail.com.
From: bourquep@mailserv.nbnet.nb.ca (Paul J. Bourque)
Subject: madame baker
Date: Thu, 12 Mar 1998 09 : 19 : 22

Hi!

J'ai reçu le livre de Joséphine Baker hier. Merci. C'est un livre traduit du français d'après ce que je peux comprendre... publié en 1975...
Ça m'a échappé. Préparatifs de dernière minute avant mon départ pour
l'Europe dimanche. À bientôt.

Gérald

[138]

4/9/98 9 : 52 AM
To: cajunpepper@hotmail.com.
From: bourquep@mailserv.nbnet.nb.ca (Paul J. Bourque)
Subject: mes archives à Nashville

Cher Joey/Olivier,

C'est une longue fin de semaine qui s'annonce (Vendredi saint,
etc.). Je vais donc rester à l'appartement afin de ranger mes choses, les
livres achetés en France, les papiers qui traînent partout, faire un peu
d'ordre en vue de commencer un nouveau livre.

Incidemment, je t'avais parlé du roman de France Daigle *1953*.
Bon, j'ai la copie du livre en main, avec une dédicace de l'auteure en plus
et que je pourrai t'envoyer bientôt.

J'aimerais bien retourner à Nashville te visiter. N'importe quand
vraiment. Je vais y penser et te suggérer des dates. Il faudrait que tu sois
relativement libre toi-même à ce moment-là. Je pourrais facilement y passer de cinq jours à une semaine. De plus, on pourrait choisir une date qui
te permettrait d'avoir un bon prix sur le billet d'avion. Je vais réfléchir à
tout ceci en fin de semaine et je te communiquerai ce que je suggère.

Depuis mon retour de France, j'ai participé au Salon du livre de
l'Outaouais, dans la région d'Ottawa, et au Salon du livre d'Edmundston
dans le nord-est du Nouveau-Brunswick la semaine dernière. These are
events where you go to promote your book, and although you meet nice
people, how shall I put this, both events were rather anticlimactic after a

week and a half of France and especially FRENCH FOOD AND WINES! Upon arriving in Ottawa from Paris, I told France Daigle who was travelling with me: « The only answer to this culture shock is to immediately eat a greasy hamburger, get into the thick of it right away if not we will flip out ». So we integrated North America through our stomach, not a very pleasant re-entry, but thoughts of meals past and meals to come managed to keep us going.

The novel is doing amazingly well. Sales are up, I'm happy. Two nights ago, I was at the bar Au Deuxième where there was a book launch and Claude Bourque, the former director of *L'Évangéline*, congratulated me on my book. I said: « With all the jibes I threw your way, I would have thought you would have had a jaundiced view of my novel ». On the contrary, said he as he went on about some of the funnier stuff, etc. So it just goes to show. I got a very good critic in the *Telegraph-Journal*, the province's paper. Heartwarming.

Right now, I'm catching up on all the work that piled up while I was strutting my stuff in France and the nation's capital, but it's O.K. Spring is in the air, the sun is finally peeking out behind the clouds, and as our Mother Superior Nina Simone would so brilliantly sing *Another Spring...*

We will connect soon. Take care...

Gérald

[139]

4/16/98 10:38 AM
To: cajunpepper@hotmail.com.
From: bourquep@mailserv.nbnet.nb.ca (Paul J. Bourque)
Subject: *1953. Chronique d'une naissance annoncée*

Cher ami,

Je t'envoie par voie du courrier aujourd'hui même le roman de France Daigle, *1953. Chronique d'une naissance annoncée*, le livre dont nous avions parlé le matin du gros déjeuner au restaurant à Nashville. Ça devrait prendre deux ou trois semaines (dans le meilleur des cas) à se rendre, mais l'important ici c'est que le livre est en chemin.

Tu me feras signe quand il arrivera. Je t'écris bientôt.

Gérald

[140]
110, rue Weldon, app. 6
Moncton Nouveau-Brunswick
E1C 5W2
le 16 avril 1998

Cher ami,

Je t'envoie, tel que promis, le livre dont je t'avais parlé en décembre (*1953. Chronique d'une naissance annoncée* de France Daigle) lorsque nous avions déjeuné ensemble à Nashville. Il vient d'être traduit en anglais à Toronto, mais il faut que tu continues à lire dans la langue de tes parents... D'autant plus que certains événements se rattachent à Moncton en 1953 et que tu auras sûrement des rappels psychiques de tes origines du côté de ta mère en lisant certains passages. Ce n'est pas un livre facile mais j'espère que tu aimeras. Tu m'envoies un e-mail quand tu l'auras reçu, et bien sûr tes commentaires quand tu l'auras lu.

À bientôt,

Gérald

[141]
4/25/98 10 : 39 AM
To: cajunpepper@hotmail.com.
From: bourquep@mailserv.nbnet.nb.ca (Paul J. Bourque)
Subject: les livres, toujours les livres

Cher ami,

Très content que tu aies reçu *1953* aussi vite. J'avais oublié que je t'avais amené le livre de Marie-Claire Blais... puisque je voulais te l'envoyer depuis des années ! Je le trouve intéressant en ce sens qu'il retrace l'évolution d'un écrivain dans un contexte très différent que ce qu'elle vient de quitter (la ville de Québec) et bien sûr, sa grande sympathie pour les marginaux de tout genre.

Quant à France Daigle, eh bien, tu verras bien que le pays de la Sagouine a produit des enfants et que ces enfants ont une réflexion pour le moins contemporaine sur la notion d'identité et de culture mais ça aussi, ça fait partie de l'évolution d'une société. Je ne sais pas trop ce que tu vas penser du livre de France... mais j'attends de tes nouvelles.

Il se peut que je retourne en France au début de juin ! Cette fois-ci à Metz, dans la Lorraine, au nord-est de la France, pour un grand Salon du livre où il y aura table ronde sur la littérature, etc., etc. Ça me [fait] plaisir (et rire en même temps). Voilà que le gouvernement canadien me paye des billets d'avion outremer afin que je défende la vitalité et la viabilité de la littérature de langue française au Canada alors qu'ici, nous devons nous battre constamment pour ne pas qu'il coupe dans les subventions et les bourses aux écrivains, ô ironie, ô ironie...

Le temps se réchauffe tranquillement. Je lis beaucoup aussi ces derniers temps, un bonheur...

À bientôt, cher ami.

Gérald

[142]

4/27/98 1 : 34 PM
To: cajunpepper@hotmail.com.
From: bourquep@mailserv.nbnet.nb.ca (Paul J. Bourque)
Subject: les ramifications du livre de France Daigle

Hi,

Lire France Daigle n'est pas de tout repos. Elle installe plusieurs propositions, ouvre des pistes et on a l'impression que tout ça mène nulle part. Si tu peux poursuivre la lecture, tu verras que tous les morceaux finissent par tomber en place. Elle intègre Roland Barthes au récit, comme tu l'as sûrement compris, l'année où est paru le livre qui l'a rendu célèbre, *Le degré zéro de l'écriture*. Mais ce que France fait réellement dans ce livre, comme je l'avais perçu au moment de la lecture, c'est de décrire en quelque sorte la formation d'une identité (Acadienne, écrivaine...). Ça relève un peu des théories de Michel Foucault (qui dit que le sujet est «construit», etc. mais je me perds un peu dans les théories de Foucault aussi). Dans le cas de France, c'en est une illustration, je suppose. Autre détail. Le livre traduit en anglais a été reçu de façon assez froide par la presse anglophone du Canada, alors qu'en français, la critique francophone applaudissait... Enfin.

Voilà ma petite leçon pour aujourd'hui.

Alain Gautreau[1]

[143]

4/29/98 7 : 43 PM
To: cajunpepper@hotmail.com.
From: bourquep@mailserv.nbnet.nb.ca (Paul J. Bourque)
Subject: *Eve's Bayou*

Hi.

Hier soir, j'ai vu un film (je l'ai loué sur vidéocassette) intitulé *Eve's Bayou* que j'ai trouvé excellent. L'intrigue se déroule en Louisiane dans les années 1930. Il s'agit d'un film qui explore le désir féminin sous toutes ses formes et ce que j'aime par-dessus tout, c'est le portrait d'une certaine bourgeoisie noire qu'on ne voit jamais à l'écran... On préfère montrer le misérabilisme des Afro-Américains, quitte à ce qu'un bon BLANC vienne les «aider»... In any case, you should rent this, watch it and tell your friend Bob, who will undoubtedly climax repeatedly on the fine piece of film making.

À bientôt,

Alain Gautreau

[144]
5/21/98 8:58 AM
To: cajunpepper@hotmail.com.
From: bourquep@mailserv.nbnet.nb.ca (Paul J. Bourque)
Subject: l'agence de voyage jos roy

Salut cher ami,

I haven't been touring, but I've been very busy. As of yesterday, we now have a new employee in the offices of Perce-Neige and that will considerably lighten the work load pour moi.

Glad that your settlement finally came through. Listen, dear friend, I'm flattered and pleased and delighted that you are offering me a plane ticket to Nashville. And I accept wholeheartedly, because I want to spend some time with you (and also want to spend some time at that gold mine of a record store you took me to in December!!!!). We will have to figure out a date. The trip to New England could be nice but that is a bit too much running back and forth for me.

Here are my definitive dates for la France: I am leaving on June 3rd and returning to Canada on June 22nd. So almost three weeks with the wine drinking and cheese nibbling people. When I get in, there will no doubt be one million things to look after. July is « iffy » and August... Would it be possible to try something at the end of the summer (the last week in August... or the second week in September, quelque chose comme ça... or will all your settlement money be spent to the last penny, if that is not yet done? If we could settle on a date, you could buy a ticket right now and save oodles of money also...). I don't know, tout de suite.

Let's keep the dates open. I will give it some thought in the next few days and let you know what I come up with.
The weather has been nice and that keeps me in a good mood...
À bientôt,
   Gérald

[145]
6/2/98 8 : 44 AM
To: cajunpepper@hotmail.com.
From: bourquep@mailserv.nbnet.nb.ca (Paul J. Bourque)
Subject: les voyages forment la jeunesse

Cher ami,
   Tomorrow, « I'm leaving on a jet plane », as Peter, Paul & Mary used to sing in the late sixties, but I do know when I'll be back again, on the 22nd of June. But I am looking forward to three weeks in France at this time of the year.
   We have just wrapped up a week long Congrès international des études francophones in Moncton, where hundreds of university professors in French literature (mostly from the U.S.A.) meet once a year to discuss literature and linguistics, etc. It is a floating organism that has its annual meeting in a different city each year (That's how I got to New Orleans about ten years ago and drank with Marie-Claire Blais). Since then it has gone to Martinique, Casablanca, Tucson and this year: Moncton. They invite « Writers », « Authors », for freak entertainment no doubt. But our books circulate and new conferences will be given next year, such as « Le rôle de la marijuana dans les métaphores cycliques des poèmes de Gérald Leblanc... » Very boring stuff for the most part, but discoveries also. I met a wonderful Cajun-Creole writer named Deborah (Debbie) Clifton[1] from Louisiana who explores Creole sayings and Acadian French culture. I invited her to submit a manuscript to les Éditions Perce-Neige. I will elaborate when we meet.

Which brings me to our eventual meeting. End of August, first week of September sounds nice to me, in spite of the tropical heat (I love tropical heat)... So we could start thinking along those dates for my royal re-entry into the Nashville-Antioch area. Tell me what you think. The only problem would be the price at the beginning of September (isn't that a heavy holiday week-end or something?). We shall see. I will probably head down to Louisiana after a few days with you, coming back to Nashville for departure. Anyways we will begin discussions upon my return to Canada.

I will write to you from France (in longhand, sent by mail!!! the Middle-Ages have fallen upon us once again!)

Prends garde à toi.

Gérald

[146]
7/2/98 9:32 AM
To: cajunpepper@hotmail.com.
From: bourquep@mailserv.nbnet.nb.ca (Paul J. Bourque)
Subject: Nashville trip

Cher Olivier,

Listen, maybe you could get a better deal flying me out of Halifax (which is only a three hour bus drive from Moncton) to Nashville or to a connecting point within the United States to Nashville. Try it and let me know, because the Moncton, Yarmouth, Boston, Cleveland, Nashville number seems a re-enactment of Notre-Dame de l'Assomption qui monte au ciel trop souvent dans une journée. Check it out. If not, well, I do want to see you very much and will do the l'Assomption bit.

I don't know if I will end up going to Louisiane because autumn promises to be a very busy season for me. As of October 2nd, I am going to the Festival international de la poésie in Trois-Rivières, then immediately after on to Toronto for a Salon du livre there, where I am one of the honored guests, and from there it's back to France, in the Poitiers region for another grand Festival de la poésie francophone... And I would like to spend a few weeks in Paris after that if I can. I have to be back home by mid-November however because there is a major book event in Moncton called « Fureur de lire » in which I participate. Alors voilà, a very busy autumn.

However, I am really looking forward to spending time with you in Nashville. At least five days. A tentative date will be announced very shortly (in two weeks maximum...).

My recent trip to France was a dream. Metz was magical. It has what is considered one of the oldest churches still standing in Europe, built in the 2nd century, and a breathtaking cathedral from the 14th or 15th century that has murals by Chagall now, etc. All I did there was meet other writers from around the world, eat well and a lot, drink heavenly wine and read my poetry for about 10 minutes while staying in the finest hotels. That was it. The approach to culture in France never ceases to amaze me.

Then on to Paris for two and a half weeks. An Acadian friend [...], Jean-Philippe Raîche[1], is doing his doctorate in Paris (on Acadian poetry...) and was here in Moncton so he gave me the keys to his incroyable little studio on rue Mouffetard in the cinquième arrondissement, near le Panthéon, the Jussieu campus of the Université de Paris, très parisien neighborhood, no tourists, just la France profonde... Wow! I immediately found a Franco-African station on the radio (Radio-Baba) and went into ecstasy, while nibbling on a croissant, potent coffee and camembert, brie, bleu fromage by the buckets! I bought too many books of course, mais la vie est courte et l'ART éternel.

During my last week in Paris, I participated in a reading with poets from a dozen countries (Russie, Egypt, Algeria, l'Île de La Réunion, England, Ireland, etc.) at the Centre culturel canadien. Then it was four days at the Marché de la poésie at Place St-Sulpice, in front of l'Église St-Sulpice where the Marquis de Sade was married and Baudelaire baptised. I met old friends, new ones, and the amazing, incredible New York poet I have been wanting to meet for twenty years: Marilyn Hacker[2]. She spends four months in France every year, speaks excellent French (I noticed that many, many Americans still live in Paris for various reasons still, the myths of course, writing in Paris is magic somewhat, but above and beyond anything, it is probably one of the most beautiful cities, if not THE most beautiful, on the planet). So I met Marilyn Hacker and we chatted, will be corresponding, and meeting in New York plus tard...

And now it's back home to do some serious writing. And it's good to be back and writing, because I was in a sort of a dry spell, un blocage d'écriture which is a writer's worst nightmare. But since I've been back, I've taken up a new project (I already have two on the back burner, but I want to explore new stuff... my project is called *LE PASSAGE DU TEMPS*, and deals with, well you guessed it, the passage of time...).

And on that serious and mature note, I sign off dear friend. À bientôt...

Gérald

[147]

7/9/98 8 : 19 AM
To: cajunpepper@hotmail.com.
From: bourquep@mailserv.nbnet.nb.ca (Paul J. Bourque)
Subject: les beaux jours d'été

Salut,

We're still on for the end of August, but the definite dates will come on Monday or Tuesday (13 ou 14 juillet). A friend (Lorenzo Cormier in the novel, alias Laurent Comeau) who has been working with Le Cirque du Soleil in Europe is planning on spending a week in Moncton, something he hasn't done in about 15 years, and he had mentioned the last week in August. I am trying to convince him to get his ass over here for the 15 août, the Fête nationale des Acadiens here, he will get to see EVERYBODY at various festivities. The dates will be sorted out come Monday and I will inform you. The Air Canada trip from Moncton to Nashville sounds « heavenly ». Is the 400 dollars reasonable for you?

It's funny in your last mail, you asked about Raymond Leblanc's reaction... There has not been any so far, but yesterday, I met him in a café downtown and he asked if we could meet to discuss certain choices I've made for the *Anthologie de poésie acadienne* that I'm updating for early next year.

I agreed enthusiastically, saying: «Appelle-moi quand tu voudras me voir...» So when we meet, I am sure he will bring something up. But, not to worry, I am giving him a place of choice in the poetry anthology and since I am very aware of the working of human vanity, he will be more than conciliatory. Humans are monkeys at best...

Je t'écris plus tard, cher ami...

Alain Gautreau...

[148]
7/15/98 11:45 AM
To: cajunpepper@hotmail.com.
From: bourquep@mailserv.nbnet.nb.ca (Paul J. Bourque)
Subject: le voyage à Nashville...

Salut,

Bon voici les dates que je te propose pour mon séjour chez vous. Départ le 21 août de Moncton via Toronto à Nashville et le retour le 30 ou 31 août de Nashville à Moncton. Si tu peux encore avoir un prix qui te paraît raisonnable pour le billet d'avion. Je resterai avec toi cinq jours et je me rendrai à Lafayette quatre jours par affaire et je reviens à Nashville une journée ou deux avant de rentrer en Acadie.

Est-ce que ça te convient? Tu me donnes des nouvelles... par e-mail. Au besoin on se téléphone.

Je t'écris plus longuement plus tard. C'est dans les 30 degrés Celsius à Moncton, tropical weather...

Alain Gautreau

[149]
7/29/98 7:48 AM
To: cajunpepper@hotmail.com.
From: bourquep@mailserv.nbnet.nb.ca (Paul J. Bourque)
Subject: le retour dans les lieux d'autrefois

Salut,

Going back to Leominster must have been a potent acid flashback. Something akin to my going to my parents' 50th wedding anniversary in Bouctouche 4 or 5 years ago: I went to mass also, évidemment, first time in decades, but what really brought it all home was the soirée. They had rented a Legion where the aunts and uncles, cousins (all variations of the human experience represented, and some post-humans I think...), nonetheless it was a mind boggling and consciousness expanding experience. As you can gather, my next novel (in a couple of years' time) will take place in the 1950's, very early 1960's in the comté de Kent...

Which brings me to YOUR novel. I am still threatening to translate *French Hill* and will have serious discussions with you when in Nashville.

RE: AIR CANADA tickets. I will contact them in Moncton as to what's what. Il ne devrait pas y avoir de problèmes.

À bientôt,

Gérald de Bouctouche...

[150]
8/19/98 7:34 AM
To: cajunpepper@hotmail.com.
From: bourquep@mailserv.nbnet.nb.ca (Paul J. Bourque)
Subject: le voyage à Nashville vendredi

Cher ami,

Taking care of last minute things at the office and at home and anticipating my voyage to see my dear friend Joseph Olivier on Friday. I am indeed arriving at 2 : 10 as you mentioned in your e-mail. Actually it is 2 : 14 but we are not going to quibble about that, are we? Arrival at Terminal 2, Air Canada flight 379.

Listen, we know one another well enough so that you don't have to babysit me constantly. We will be spending Friday, Saturday and Sunday together and if you are working on Monday, I can just hang out in downtown Nashville for the day, you know, not to worry. I will no doubt head out to Louisiana on Tuesday to return on Friday, so that would leave you with a relatively free week... For the time being, I leave you with pure thoughts (the whole civilized world cannot believe the whole mess of the Clinton saga with blow jobs and what not... as if any of this mattered in the affairs of the State... mais enfin).

À très bientôt,

Gérald

[151]

9/1/98 6 : 59 AM
To: cajunpepper@hotmail.com.
From: bourquep@mailserv.nbnet.nb.ca (Paul J. Bourque)
Subject: le retour et les remerciements

Salut,

Well, I got in Sunday night, rather late, had a beer and a joint, listened to Erykah Badu[1], Laura Nyro[2] and BeauSoleil[3], and finally crashed in the night. And yesterday morning I woke up in Moncton. Comme dans un rêve. It was a treat being in Nashville, a veritable holiday. And I more or less told you ALL my stories. Ça m'a fait du bien.

It's back to work and it's O.K. As for my letters of 1967 on, I have decided to let them rest for a while. Maybe over the weekend (long weekend in Canada), I will start sorting them out and reading. What I know is that I'm going to have time to do this because the effect of seeing myself as I was thirty years ago is overwhelming and sometimes scary... Anyways, I will keep you posted on my «journey through the past...»

So voilà. Thanks again for the hospitality, the conversations, the guest room, the food, the various excursions, the Internet et pour l'amitié bien sûr, toujours...

Gérald

ANNEXE 1
COURRIELS DE 1998 À 2003

[152]
11/15/98 16:31
To: cajunpepper@hotmail.com.
From: bourquep@mailserv.nbnet.nb.ca (Paul J. Bourque)
Subject: la vie est un voyage
Date: Sun, 15 Nov 1998 13:27

Dear friend,

I have been on the road practically nonstop for the past two months and I am getting ready to fly to France tomorrow afternoon (Monday) for ten days of readings and visiting friends in Poitiers and Paris. I enjoyed Trois-Rivières very much, meeting writers from England, Senegal, Belgium... And Toronto was great also. It is a very beautiful city. I met with the wonderful Marie-Claire Blais. We went for supper but she was mostly interested in drinking white wine since she was giving a reading the same night and reading always makes her nervous. As we were walking to the restaurant, she would give out change to the many homeless on the streets. Not waiting for them to ask anything, but just going to them, giving them money and wishing them well.

More good news from the Toronto trip. Two of my books will be coming out in English translation next year. The first one, *Complaintes du continent*, and the second, the novel. The publisher, Antonio D'Alfonso[1] of Guernica Editions, is a great fan and we met during one of the activities. He distributes in Toronto for English Canada and in New York for the American market. As you can imagined I am thrilled.

Upon my return from France at the end of November, I will become sedentary. I have to finish work on the book I'm working on presently. So I plan on staying still from December to the end of February. I'm actually looking forward to it since the book is slowly taking shape and I can get to reading all these books I keep buying...

How are you making out with the new job? I hope the working conditions are more to your liking than your last one. Donne-moi de tes nouvelles.

À bientôt,
Gérald

[153]

To: cajunpepper@hotmail.com.
From: gerleb@hotmail.com (Gérald Leblanc)
Subject: présentation de la grande Marie-Claire
Date: Thu, 19 Apr 2001 14:46:15

Hi,

Well, jitters are kicking in as tonight I will be presenting la grande Marie-Claire Blais in Moncton, who in turn will be paying homage to Antonine. Here is a copy of what I have prepared:

Festival littéraire Northrop Frye
Le jeudi 19 avril 2001
Moncton

Présentation de Marie-Claire Blais.
Lorsque la direction du Festival littéraire Northrop Frye m'a demandé de présenter Marie-Claire Blais, j'ai répondu oui, spontanément, et je vous

avoue que ce n'est pas sans émotion que je vous présente ce soir ce grand écrivain qui rendra hommage tout à l'heure à notre compatriote, Madame Antonine Maillet.

Marie-Claire Blais, qui nous honore de sa présence, est un nom connu de tous ceux et celles qui s'intéressent à la littérature contemporaine. Elle porte en elle une œuvre monumentale, dont la traduction en de nombreuses langues démontre de façon éloquente, si besoin en était, l'universalité de son projet.

Si vous me le permettez, je voudrais présenter Marie-Claire Blais par le truchement de ma découverte personnelle de son œuvre. Comme je n'ai jamais rien fait comme les autres, il en va ainsi de ma découverte des livres de l'écrivain. J'y suis d'abord entré par la porte de sa poésie. C'était en 1965 ou 1966, alors que j'habitais Saint John. Un jour, à la bibliothèque municipale, qui à ce moment-là n'offrait pas un choix très judicieux de livres en français, je pris entre mes mains un volume blanc, assez mince, tout neuf, intitulé *Existences*. En lisant quelques pages, j'entendais, comme émanant de l'intérieur d'une coquille, depuis un lieu indéfini, une voix fragile qui interrogeait les labeurs et les jours, l'amour et la guerre. Je l'ai recopiée au complet dans un cahier, j'en ai appris des longs passages par cœur. En ce temps-là, je tentais de trouver ma propre voix en écoutant celle de Marie-Claire Blais, je trouvais réconfort auprès de ce souffle que j'estimais fraternel dans les premiers pas d'une vocation d'écrivain naissante.

Mais rien ne m'avait préparé aux secousses psychiques éprouvées quelques mois plus tard à la lecture d'*Une saison dans la vie d'Emmanuel*. L'univers pressenti dans sa poésie éclatait à partir d'une plongée dans les archétypes de la société canadienne-française, pour s'incarner dans une langue aux fulgurances lumineuses. J'étais émerveillé qu'une exploration aussi profonde de l'âme humaine puisse jaillir d'une plume d'une auteure encore dans la vingtaine. Une deuxième et une troisième lecture de ce roman n'en ayant pas épuisé la force, j'en conclus qu'un grand écrivain évoluait auprès de nous. Je me suis intéressé par la suite à ses livres précédents, *La belle bête*, publié alors que l'auteure n'avait que vingt ans, *Tête blanche* et *Le jour est noir*.

Je n'ai cessé de fréquenter cette œuvre depuis. J'ai lu avec avidité ses romans : *David Sterne*, *Manuscrits de Pauline Archange*, *Le loup*. Le temps passait et j'allais voir ailleurs où m'amenait ma curiosité innée. Puis, l'œuvre de Marie-Claire Blais me rattrapait. Je me retrouvais dans l'univers, à la fois troublant et envoûtant, dont la force et la portée ne cessaient d'aller en grandissant, du *Sourd dans la ville* et de *Visions d'Anna*, jusqu'à son dernier roman, véritable symphonie verbale, intitulée *Soifs*, un des sommets de son art qui lui a valu un troisième prix du Gouverneur général, la plus haute distinction littéraire au pays. D'ailleurs le deuxième tome de cette trilogie entamée avec *Soifs* paraît ces jours-ci sous le titre *Dans la foudre et la lumière*.

L'univers romanesque de Marie-Claire Blais n'est pas de tout repos. Et pourtant, cet univers mouvementé que l'auteure recrée dans son œuvre n'est pas inspiré d'un parti pris revendicateur. Au contraire. C'est avec un art consommé qu'elle réussit ce gage de nous présenter le monde comme une révélation. Cet univers est éclairé par le dedans, depuis un lieu où les sans voix trouvent enfin leur part d'humanité dans cette immense fresque sur laquelle travaille Marie-Claire Blais depuis plus de quarante ans maintenant.

À travers les tensions, les iniquités, les misères du monde contemporain, Marie-Claire Blais en décrit les enjeux dans un lyrisme personnel avec une conscience aiguë de la réalité. Son génie consiste à donner voix à la face cachée du monde, elle sait traverser le miroir des apparences pour donner à voir les complexités de notre temps.

De toute évidence, nous n'avons pas affaire ici à une œuvre facile, mais les grandes œuvres n'exigent-elles pas un effort pour en goûter les infinies subtilités et les profondeurs? Pour ceux et celles qui cherchent autre chose qu'un divertissement fugace, les livres de Marie-Claire Blais nous font signe d'entrer.

Tout récemment, mon amie Nicole Brossard[1] disait de notre invitée: «Marie-Claire est une indomptée. Son œuvre est traversée par une révolte permanente qui travaille en sourdine contre l'injustice et la douleur. Dans l'écriture, elle cherche à faire en sorte que les êtres blessés voient la lumière. Et dans la vie, elle a la même compassion envers ceux qui souffrent.»

J'ai rencontré Marie-Claire Blais pour la première fois à la Nouvelle-Orléans, en 1989. Dans le cadre du volet littéraire de l'événement, elle avait lu des extraits de *Visions d'Anna* qui m'avaient bouleversé tant sonnaient justes et à propos les voix qui se dégageaient de son récit. Quant à moi, j'avais lu un extrait de *Lieux transitoires*, un texte sur Rimbaud, pour lequel elle s'empressa tout de suite de me remercier. Il y eut d'autres rencontres, d'autres livres... mais ce qu'il m'importe de souligner en évoquant ces échanges, c'est que l'auteure est une lectrice généreuse, qui lit toujours avec son immense culture mais surtout avec les yeux du cœur. Je ne suis pas le seul à qui elle a prodigué au fil des ans des mots d'encouragement et de soutien tant appréciés dans cette grande solitude qui nous pèse parfois dans une société qui n'a souvent que faire de ses créateurs.

Il est des auteurs qui nous accompagnent tout au long de notre vie, qui approfondissent en nous une approche sensible au langage, qui nous alertent à la fragilité de l'existence et qui nous rappellent le pouvoir transfigurateur de l'art. Marie-Claire Blais est de ceux-là. Et puisque nous sommes en pays maritime, je veux bien emprunter une image au vocabulaire marin, et dire que l'œuvre de Marie-Claire Blais est un phare qui brille de tous ses feux dans la traversée parfois houleuse de l'expérience humaine.

Je vous demande d'accueillir chaleureusement Madame Marie-Claire Blais.

Gérald Leblanc

[154]

To: josephroy@comcast.net.
From: gerleb@hotmail.com (Gérald Leblanc)
Subject: la mort et la fête...
Date: 15 août 2003

Cher ami,

Bonne Fête nationale des Acadiens... and yesterday around supper time, my sister Rachel phoned to say that mon père had passed away. It makes for a strange day. Since mon oncle Eddy is living in Massachussetts, and can only get here Saturday, the funeral will be held Monday in Bouctouche of course, with visits, etc. on Sunday. So it will give me time to think about all of this, and the family thing I will be going through... My cousin Gilles (remember him?) will probably be saying Mass, etc. An Acadian-Faulknerian delirium no doubt... Enfin...
More later,

Gérald

ANNEXE 2
LETTRES RETROUVÉES EN JUILLET 2018

Note: Les sept lettres suivantes ont été retrouvées dans les livres de Gérald Leblanc qu'il avait lui-même envoyés à Joseph Olivier Roy. La fille de Roy a eu la gentillesse de les faire parvenir tout juste avant l'impression de cet ouvrage.

[155]
2180, rue Souvenir, app. 4
Montréal
le 12 janvier [19]78

Cher Olivier,

De retour après un séjour de trois semaines à Moncton. Pour un bon moment je fus tenté d'y rester avec un tendre camarade. Il est plus sage d'être revenu. J'ai le don de fucker mes rapports quand ça devient un tant soit peu intense. Et en partant de Moncton j'avais décidé d'habiter Montréal pour un an. J'y tiens, et m'y voici.

Je travaille raisonnablement bien sur diverses écritures (poésies, le radio-théâtre, des textes de chanson pour des amis qui font de la musique chez nous).

Pour ce qui est d'un passage chez toi au Vermont, je ne reviens pas sur mes mots. Toutefois je ne pense pas pouvoir m'y rendre avant le mois de février, si ça te convient. Quand il me sera possible d'y aller, je t'écrirai (ou téléphonerai) une couple de semaines à l'avance.

Dans ta carte, tu parles de la perte de ton français... Je comprends mal ce que tu veux dire. Pendant ta visite (trop courte il va sans dire) ici on a parlé que le français – ce que nous n'avions jamais fait auparavant – et tu t'es bien tiré d'affaires. Je me rends compte que tu n'as pas la facilité d'expression que tu possèdes en anglais mais je fus surpris de constater que tu conversais convenablement. Quant à l'écrire, c'est une toute autre histoire évidemment. Enfin, que voulais-tu dire?

Avant que je l'oublie, on a aussi le téléphone: (514) 932-5026. D'ailleurs, j'ai appelé chez toi ce soir mais tu n'y étais pas.

Alors, n'impatiente pas, je te visiterai en février.

Écris un mot si tu peux t'asseoir longtemps assez pour ce faire...

Amitiés

Gérald

[156]

5, rue Dufferin
à Moncton
le 19 novembre 1979

Mon cher Olivier,

Tellement mêlé dans mes paperasses, j'en ai écarté ta dernière lettre. En tout cas, je sais bien qu'elle date d'au moins trois mois et qu'une réponse s'impose.

Depuis la fin de l'été j'ai souvent l'impression de vivre dans un tourbillon. J'en ai les mains pleines avec le groupe 1755, et il m'arrive même de les suivre lorsqu'ils jouent dans divers coins de la province. Les semaines y passent sans que je sache où elles ont été. Et encore, depuis un mois j'étais responsable d'organiser une soirée de poésie pour clôturer une rencontre des écrivains acadiens qui eut lieu samedi dernier. Pour les prochaines semaines, disons jusqu'au Nouvel An, je consacre du temps à mes petites affaires à l'appartement, je dorlote mon petit moi, enfin, je m'encabane un peu.

L'ami pour lequel je m'étais épris de vives émotions est parti, il y aura bientôt deux mois, pour l'Europe poursuivre ses études en science politique. On s'est quittés dans la tendresse et on s'envoie des mots d'un bord à l'autre de l'océan. Il s'ennuie à mourir là-bas. Je suis à la veille de le conseiller de foutre en l'air ses études et de se balader à travers l'Europe tandis qu'il y est. Et bien sûr, j'ai hâte de résumer nos rapports, sans savoir comment toute cette histoire se déroulera.

Je viens d'apprendre qu'Antonine Maillet a remporté le prix Goncourt en France. Il s'agit du prix le plus prestigieux des lettres françaises, alors c'est tout un honneur. Son livre *Pélagie-la-Charrette* raconte l'histoire, ou l'épopée devrais-je dire, des Acadiens déportés en Géorgie, Maryland, Caroline du Nord, etc., enfin du Sud des États-Unis jusqu'à la frontière du Maine. Pélagie attend une vingtaine d'années, à se bâtir une charrette, avec les siens et entreprend le voyage du retour en Acadie. Genre Mère Courage. Dans les cadres du roman traditionnel, il s'agit d'un très beau livre.

Si tout marche tel que prévu (et rien ne marche jamais tel que prévu... enfin) je compte déménager dans le nord-est de la province, plus précisément la région de Shippagan au mois de juin 80 pour une période de trois ou quatre mois, en gros pour l'été.

IV
I come home from you through the early light of spring
flashing off ordinary walls, the Pez Dorado,
the Discount Wares, the shoe-store... I'm lugging my sack
of groceries, I dash for the elevator
where a man, taut, elderly, carefully composed
lets the door almost close on me. – *For god's sake hold it!*
I croak at him. – *Hysterical,* – he breathes my way.
I let myself into the kitchen, unload my bundles,
make coffee, open the window, put on Nina Simone
singing *Here comes the sun*... I open the mail,
drinking delicious coffee, delicious music,

my body still both light and heavy with you. The mail
lets fall a Xerox of something written by a man
aged 27, a hostage, tortured in prison:
My genitals have been the object of such sadistic display
They keep me constantly awake with the pain...
Do whatever you can to survive.
You know, I think that men love wars...
And my incurable anger, my unmendable wounds
break open further with tears, I am crying helplessly,
and they still control the world, and you are not in my arms.
– Adrienne Rich, la magnifique.

C'est le genre de poésie que j'aime beaucoup. Le quotidien. Aller au magasin, faire du café, écouter de la musique, ouvrir le courrier, etc. Le quotidien poétisé. J'aime beaucoup, beaucoup.

Et comme si je n'aimais pas assez Adrienne Rich, j'apprends tantôt qu'elle était devenue lesbienne. Quoique dans ses recueils précédents, je sentais qu'elle s'aventurait/explorait. Son recueil *The Will to Change* est superbe, et celui qui suit, *Diving into the Wreck*, aussi. Ses premiers poèmes accusent un travail formaliste assez poussé, et ils sont moins intéressants. Mais sa recherche l'a amené à explorer son inconscient, ses phantasmes, ses expériences, et c'est ici que sa poésie retrouve sa pleine dimension. Le poème copié ci-haut est tiré des *25 Love Poems*[1] by Adrienne Rich, publiés par une petite presse à New York et que me photocopiait Herménégilde Chiasson. Ses autres recueils se trouvent facilement je crois. Quand tu auras le goût de bonne poésie, rappelle-toi du nom. D'ailleurs, je pense t'en avoir parlé l'été dernier.

Alors, j'espère que tu auras de l'indulgence face à mon retard honteux à te répondre. J'attends de tes nouvelles, raconte-moi où est ta tête, et en attendant, je t'embrasse bien fraternellement.

Gérald

[157]
à Moncton, le 29 août 1984

Très cher ami,

Maintenant que la saison tropicale tire à sa fin, la température me semble propice à soutenir une idée pour plus de trente secondes. Il a fait tellement chaud cet été que je n'arrivais pas à me concentrer, j'avais de la peine à écrire voire même à lire! C'est dire à quel point c'était torride. Pour la première fois depuis des années cependant, je me suis payé des vacances, de vraies vacances: aller à la plage, flâner avec celui que j'aime en écoutant de la musique, en buvant de la bière froide ou du scotch, enfin faire peu de choses et de se sentir bien de faire peu de choses. Tout compte fait, un bel été.

J'envisage l'automne avec plaisir. C'est toujours une saison très fertile pour moi, du point de vue créatif surtout et cela est très important pour moi. D'abord, j'ai cessé de boire de l'alcool le 13 août (je suis dans ma troisième semaine). Quelle merveille de ne pas boire! Ne t'attends pas à ce que je prêche les bienfaits de la sobriété, que je fasse la morale à ceux qui boivent... Je n'en suis pas rendu là. J'en suis rendu à me dire toutefois que le travail que j'ai à faire (mes livres, mes projets) est plus important que toute autre chose au monde et que l'alcool diminue considérablement mes énergies. Un choix personnel donc. Je vais encore au bar avec mon ami, mais je bois de l'eau Perrier sur glace et ça me suffit. Dans le moment, je suis un peu fier de moi...

L'automne donc. Le 25 septembre, il y a bien sûr la sortie et le lancement de mon deuxième livre: *Géographie de la nuit rouge*. Tu en recevras une copie fin septembre, début octobre. Il reste le travail sur le roman *Moncton mantra*, un autre recueil de poésie que j'ai commencé, un projet de scénario de film, et une performance avec un musicien exceptionnel: Gérald Daigle. Ça fait du travail et en plus du travail que j'ai le goût de faire.

Côté lectures. Si ce n'est déjà fait, il faut que tu lises *Le nom de la rose* d'Umberto Eco. Le livre vient de paraître en livre de poche en traduction anglaise: *The Name of the Rose*. Superbe. C'est un genre de roman policier qui se déroule dans une abbaye en 1327, mais ce n'est là que la première lecture du livre. Il s'agit en effet d'un roman qui traite du langage, de la philosophie, de tout ce qu'on peut savoir sur le XIVe siècle... qui ressemble à bien des égards au XXe parfois. Enfin, je te conseille fortement ce livre que je sais que tu aimeras à la folie.

Je lis aussi *Shambala: The Sacred Path of the Warrior* de Chögyam Trungpa, un essai sur l'enrichissement personnel/spirituel d'après l'enseignement d'une vieille tradition «légendaire» orientale. C'est simple mais beau.

Il y a toujours un lancement de livre à Montréal, et je compte toujours me rendre au Vermont par la suite. Dans le moment, je ne connais pas les dates exactes, mais d'ici quelques semaines je pourrai te les communiquer. Ce sera dans la semaine de 20 au 25 novembre (le 25 novembre étant la dernière journée du Salon du livre de Montréal, un dimanche. On verra.)

C'était donc une courte lettre pour te rappeler que je ne t'oublie pas, cher ami. À bientôt,

Gérald

[158]
à Moncton, le 4 novembre 1984

Très cher ami,

Les «bonnes choses» finissent toujours par arriver. Voici donc le deuxième recueil *Géographie de la nuit rouge*, une cartographie de l'imaginaire acadien en 1984. J'ai voulu ouvrir les portes du lieu où je me trouve pour explorer un peu la notion de l'*américanité*, l'appartenance à un continent (d'où les références au Mexique, mots espagnols, la Louisiane, la côte ouest, le Québec). Je ne sais vraiment pas ce que tu vas penser de tout ça... Il s'agit d'un petit livre «chargé», mon désespoir et ma tendresse, Moncton et tout le reste... Comme l'écrivain Ferlinghetti au sujet de Bob Kaufman: «the search for ecstasy nevertheless goes on...»

Bonne lecture donc. Et à très bientôt, j'espère.
Avec toute mon amitié toujours,
   Gérald

[159]
Moncton, le 24 décembre 1986

Très cher Olivier,
   Reçu ta lettre hier et j'y réponds tout de suite... un peu pour atté-
nuer l'ennui et la déprime que je ressens à chaque année lors de ces
magnifiques Fêtes qui animent l'esprit des chrétiens du monde occidental. I'll never get used to it, bouddhiste ou non.
   Compte-toi chanceux que Cupidon t'envoie ses flèches, l'état amoureux en est un qui travaille l'individu et dans le cas des artistes les pousse
souvent à la création. J'en sais quelque chose. L'écrivaine Nicole Brossard,
qui était ici il y a une couple de semaines, me signalait un livre intitulé
Love and Limerence d'une auteure américaine[1] qui décrit bien ce phénomène. L'état de «limerence» qui fait que l'on se sent plus léger, que la
présence de l'être aimé soulève des émotions telles qu'on a parfois l'impression de devenir fou, etc. Et c'est un état privilégié pour un créateur.
   Pour ce qui en est de ce créateur, j'ai goûté l'état de limerence
depuis un certain temps mais ce n'est pas de tout repos. Celui que j'aime
me boude depuis quelques semaines... il ne veut pas sexualiser nos rapports, tout en ne sachant vraiment pas ce qu'il veut autrement. Il est
d'une intelligence supérieure et serait un candidat idéal pour l'exploration de ce qui nous arrive tous les deux, mais nous n'abordons que furti-
vement ces questions, du moins dans le temps où l'on se fréquentait
régulièrement. Au début de l'automne, j'avais l'impression que malgré
tout, on entrait dans une relation de complicité l'un avec l'autre et que la
dimension sexuelle ne se mettrait pas dans le chemin. C'est-à-dire que je
l'aime pour d'autres raisons que son pénis. Il se sent mal devant tout cela
et bien sûr il y a le fait que je suis plus vieux. Je trouve tout ça terriblement chiant. Son absence fait partie d'une stratégie qu'il développe en

vue de « retrouver son indépendance » parce qu'on avait tout de même passé énormément de temps ensemble. Peut-être ne se sent-il plus capable d'aller plus loin dans le moment. Comme je n'ai pas vraiment le goût de faire des scènes délirantes, je cultive ma patience (un de mes bons points en vieillissant)... c'est la seule manière avec les jeunes (il a 22 ans, Sagittaire comme toi). J'arrive à maintenir un équilibre grâce à la méditation que je fais chaque jour et mes lectures de Chögyam Trungpa. C'est une source de force tout cela et je termine ce paragraphe avec un vieux dicton français qui contient son pesant d'or de sagesse aussi: « Tout arrive à temps à ceux qui savent attendre ». Om.

Je t'envoie mon tout dernier bébé: *Lieux transitoires*. Je t'en avais un peu parlé cet été au Vermont. Tout compte fait, je l'aime assez. L'écriture me semble moins « confuse », il y a une précision dans ce que je veux faire. Enfin, tu me diras ce que tu en penses. Dans le moment, j'écris toujours de la poésie mais je travaille aussi au roman (qui est un gros travail).

Bonne année 87 à toute la famille.

(verso –)˙

le 27 janvier [1987]

on s'est parlé depuis.

Les choses vont un peu mieux.

Je me prépare pour un voyage en Belgique (1 semaine) et en France (2 semaines) au mois de mars. J'ai hâte. On se donne des nouvelles.

Gérald xo

˙ [à la main]

[160]
Moncton, le 27 novembre 1988

Cher Olivier,

Eh bien, voici les deux volumes dont je te parlais... Toute modestie mise à part, je dois dire que je suis très content de ces productions. Pour l'anthologie[1], il s'agit d'assurer un plus grand rayonnement de ce «phénomène poésie acadienne» à travers la francophonie mondiale (rien de moins, mon cher...). Pour ce qui en est de mon recueil personnel[2], je le vois comme une somme qui clôt tout un cycle de mon écriture qui s'échelonne sur une période de quinze ans. Maintenant, je vais entreprendre autre chose en poésie et il fallait que ce travail de publication soit réalisé.

Autrement, comme toujours, la vie continue. Je passerai le mois de février à San Francisco, un peu de soleil pour l'hiver. J'ai quelques contacts avec les écrivains de là-bas dont Lawrence Ferlinghetti et j'ai l'intention d'essayer de négocier une traduction en anglais pour l'anthologie de poésie acadienne. Comme tu peux le constater, je n'ai pas peur des gros projets! Mais pourquoi pas?

En avril, un autre rêve se concrétise. Je suis invité à New Orleans dans un colloque du «Centre international des études françaises[3]» pour donner une conférence sur la poésie acadienne. Ce colloque a lieu à tous les deux ans dans une différente ville – en Europe et ailleurs, et cette année, quel bonheur, c'est à New Orleans. Évidemment, je compte rester au moins une semaine de plus pour me rendre dans la région de Lafayette, Baton Rouge, etc. – dans le pays «cajun».

Ma vie sentimentale est un immense casse-tête. Ça commence à être ridicule pour un homme de 43 ans de se faire des histoires pareilles. Des hauts et des bas, mais je donnerais mon bras gauche (je suis gaucher) pour une relation avec un semblant de stabilité. Il faut croire que ce ne sera pas dans cette vie... Heureusement, il y a les livres, l'écriture, les voyages. C'est pas si mal après tout.

Bonne année à toi et la famille.

Porte-toi bien.

Love,

Gérald

[161]
Moncton, le 30 octobre 1991

Cher Olivier;

Voici «l'objet» – le nouveau recueil[1], tout rose, tout doux... C'est un livre de tendresse, entre la poésie et le journal, d'un écrivain qui réfléchit sur l'amour et l'écriture. Le poète passe à Springfield voir son ami Olivier... Enfin, il s'agit d'un petit livre moins chaotique que le dernier et que j'aime bien.

Je retourne à Montréal du 17 au 20 novembre pour le Salon du livre et aussi pour aller retrouver un homme charmant de quarante ans du nom de René Jean qui m'invite chez lui. C'est quelqu'un que j'avais rencontré à l'Université de Moncton il y a une quinzaine d'années. On s'est revus quelques fois mais, il y a une couple de semaines à Montréal, on s'est retrouvés... Quelque chose commence... J'aime l'idée qu'il ait 40 ans...

À part ça... j'écris. Je viens de tomber entre les griffes de l'assistance sociale – ce sera donc un hiver tranquille... en attendant d'autres bourses.

Comment ça va à Springfield?

Je t'embrasse,
Gérald

NOTES DE FIN

Les notes suivantes ont pour but d'orienter le lecteur en lui présentant des informations mini-
males sur les créateurs, les créatrices et les œuvres qui ont eu une incidence sur Gérald Leblanc.
Elles visent simplement à donner quelques repères au lecteur et à faire en sorte qu'il n'ait pas à
interrompre sa lecture. Elles se basent parfois sur des sites Internet d'auteurs, mais plus généralement sur des entrées bibliographiques dans Wikipédia.

INTRODUCTION

[1] Pour obtenir plus d'informations sur la composition du fonds, voir Monique Ostiguy,
«Intimité et acadianité: le fonds Gérald-Leblanc, un gisement à exploiter», *Revue de
l'Université de Moncton*, vol. 38, n° 1, 2007, p. 151-158.

[2] *Ibid.*, p. 158.

[3] https://web.archive.org/web/20030812132424/http://www.josephroy.com/aboutme.htm.

[4] Ce «village» francophone dans la ville de Leominster sert de toile de fond à plusieurs
romans de l'écrivain franco-américain Robert Cormier (1925-2000).

[5] Gérald Leblanc, *Moncton mantra*, coll. «Bibliothèque canadienne-française», Sudbury,
Prise de parole, 2012 [1997], p. 20.

[6] Joseph Olivier Roy, «French Hill», p. 8.

[7] Par exemple, Monique Leyrac, Jean-Pierre Ferland, Robert Charlebois, Stéphane Venne,
Hervé Brousseau, Raymond Lévesque, Claude Gauthier, Patrick Straram le Bison Ravi, Jean-
Guy Pilon, Gérald Godin, Paul Chamberland, Raôul Duguay et Michel Garneau.

[1]

[1] Sophie Rostopchine (1799-1874), née Sofia Fiodorovna Rostopchina, connue comme
Comtesse de Ségur, est une femme de lettres russe naturalisée française. Sa carrière d'écrivaine a
commencé tardivement, quand elle avait plus de cinquante ans, avec la publication de son
premier livre, *Les nouveaux contes de fées*, qui regroupait les contes qu'elle racontait à ses petits-
enfants. Après la mort de son mari, elle est devenue tertiaire franciscaine, sous le nom de sœur
Marie-Françoise, et a continué à écrire. Ses romans illustrés ont été publiés chez Hachette de
1857 à 1872. Ses personnages sont inspirés de la vie réelle: ils ont souvent les prénoms de ses
petits-enfants.

[2] Eugene Gladstone O'Neill (1888-1953) est un dramaturge états-unien lauréat du prix
Nobel en littérature en 1936. O'Neill a puisé ses techniques et ses idées dans le théâtre européen.
Il a utilisé le chœur et les masques du théâtre grec ainsi que les techniques de Tchekhov, Ibsen et

Strindberg. Avec *Long Day's Journey into Night*, il a remporté le prix Pulitzer pour la dramaturgie en 1957.

[3] Edward Franklin Albee (1928-2016) est un dramaturge états-unien qui a eu le mérite d'avoir transposé aux États-Unis les nouvelles tendances dramatiques européennes de la seconde moitié du XXe siècle, en particulier le théâtre de l'absurde de Beckett, Ionesco et Genet. Son œuvre la plus connue est *Who's Afraid of Virginia Woolf?* (1962), qui a été transposée au cinéma en 1966. Pendant sa carrière, Albee a remporté plusieurs prix parmi lesquels trois Pulitzer et un Tony.

[2]

[1] Pauline Julien (1928-1998) est une chanteuse, autrice, compositrice et actrice québécoise. Après avoir suivi des cours de théâtre au Québec, elle séjourne à Paris de 1951 à 1957 où elle commence sa carrière de chanteuse dans les cabarets de la Rive gauche. À son retour à Montréal, elle poursuit sa carrière dans le circuit des cabarets et, en 1962, lance son premier disque, *Enfin Pauline Julien*. Pendant la décennie suivante, elle interprète exclusivement des chansons d'auteurs québécois et elle écrit ses premières chansons. Féministe et indépendantiste, elle est arrêtée avec son copain, Gérald Godin, pendant la crise d'Octobre (1970). Outre sa carrière théâtrale et musicale, elle a participé à quelques productions cinématographiques, à une mission humanitaire au Burkina Faso et à l'écriture romanesque avec *Il fut un temps où l'on se voyait beaucoup* (1998).

[2] Lawrence George Durrell (1912-1990) est un romancier, poète, dramaturge et écrivain de récits de voyage britannique. Né en Inde mais élevé en Angleterre, il a passé les années de la Seconde Guerre mondiale en Grèce, Égypte, Yougoslavie et Chypre. Son œuvre la plus connue est la tétralogie *The Alexandria Quartet*, une série de romans – *Justine* (1957), *Balthazar* (1958), *Mountolive* (1958) et *Clea* (1960) – situés en Égypte où il raconte la même histoire d'amour et de politique de trois points de vue différents, tandis que le quatrième roman déplace l'action dans l'avenir pour montrer les changements dans la vie des personnages.

[3] Françoise Sagan (1935-2004), nom de plume de Françoise Quoirez, est une écrivaine française. Elle a connu la popularité très jeune quand, à l'âge de dix-neuf ans, elle a publié son premier roman, *Bonjour tristesse* (1954). Récompensé du prix des Critiques, ce roman a connu un succès de librairie immédiat. Ce « Bonjour » deviendra sa signature personnelle quand la directrice du magazine *Elle* lui confie une série d'articles sur l'Italie qui auront pour titre « Bonjour Naples », « Bonjour Capri », « Bonjour Venise », etc. En plus des romans, des nouvelles et du théâtre, Françoise Sagan a également écrit des chansons et des scénarios ainsi que des dialogues pour le cinéma.

[3]

[1] Luigi Pirandello (1967-1936) est un écrivain, poète, nouvelliste, romancier et dramaturge italien lauréat du prix Nobel de littérature en 1934. Il compte parmi les dramaturges majeurs du XXe siècle pour sa production, les thématiques abordées et l'innovation du récit théâtral. Son théâtre en est un de réflexion sur le paradoxe et l'absurdité de la vie. Ce qui ressort dans ses œuvres, c'est le conflit entre la vie – qui change avec le temps – et les conventions sociales. Dans *Six personnages en quête d'auteur*, il met en scène l'incommunicabilité, soit l'impossibilité de représenter un drame à cause des images différentes que les personnages se font les uns des autres. Il a écrit en italien ainsi qu'en dialecte sicilien, la Sicile étant une référence constante dans son œuvre.

² Peter, Paul and Mary est un groupe états-unien de musique folk très populaire dans les années 1960 et 1970. Le trio, composé de Peter Yarrow, Noel «Paul» Stookey et Mary Travers, s'est rendu célèbre en interprétant des chansons de Bob Dylan, notamment *Blowin' in the Wind* et *The Times They Are A-Changin'*. Parmi leurs succès, le plus connu est *If I Had a Hammer*, qui a été traduit et adapté en plusieurs langues. Le groupe s'est séparé de 1970 à 1978: pendant cette période, ils ont poursuivi leur carrière individuellement; ils ont ensuite repris leurs activités avec la parution de l'album *Reunion*. Le trio a fait des tournées jusqu'à la mort de Travers en 2009.

³ Joan Baez (1941), née Joan Chandos Báez, est une chanteuse, compositrice et activiste états-unienne d'origine mexicaine et écossaise. Elle est connue pour son style vocal – c'est une soprano avec une extension vocale de trois octaves – ainsi que pour son rôle d'artiste engagée à livrer un message de paix et de liberté, contre la guerre et l'injustice sociale. Amie de Martin Luther King, elle a participé à plusieurs marches pour les droits civiques. Bien qu'elle soit considérée comme une chanteuse folk, au fil des années sa musique a touché différents styles, tels que le rock, le pop, le country et le gospel. Depuis plus de cinquante ans, elle interprète ses propres chansons ainsi que celles de Woody Guthrie, Pete Seeger, Bob Dylan, The Beatles, Jackson Browne, Paul Simon, The Rolling Stones et Stevie Wonder, parmi d'autres.

[4]

¹ Henry Marie Joseph Frédéric Expedite Millon de Montherlant (1895-1972) est un romancier, essayiste, dramaturge et académicien français. Il est l'auteur d'une très abondante œuvre littéraire comprenant aussi des carnets de notes, de la poésie et une correspondance. Il a été connu du grand public pendant les années 1930 avec la parution du roman *Les célibataires* (1934) et de la tétralogie *Les jeunes filles* (1936-1939). Dans ses romans, il aime représenter des personnages héroïques et moralement parfaits. De Montherlant s'est toujours efforcé de cacher son homosexualité et de minimiser les rapports autobiographiques que l'on pouvait supposer entre ses œuvres et sa vie sentimentale. Sa pièce *La ville dont le prince est un enfant* (1951), qui raconte l'amitié amoureuse entre deux adolescents de quatorze et seize ans, est inspirée d'une expérience personnelle. Ce sont toutefois son roman *Les garçons* (1969) et sa correspondance avec Roger Peyrefitte qui constituent des témoignages de cet aspect de sa personnalité.

² Edmund Wilson (1895-1972) est un critique littéraire, journaliste, écrivain, romancier, poète et dramaturge états-unien. Il a pratiqué le journalisme dès sa jeunesse et, ensuite, il a travaillé comme critique pour des hebdomadaires tels que *Vanity Fair*, *The New Republic*, *The New Yorker* et *The New York Review of Books*. En 1931, il a publié *Axel's Castle: A Study in the Imaginative Literature of 1870-1930*, son premier livre de critique dans lequel il étudie les œuvres d'Arthur Rimbaud, Auguste Villiers de l'Isle-Adam, W.B. Yeats, Paul Valéry, T.S. Eliot, Marcel Proust, James Joyce et Gertrude Stein. Parmi d'autres travaux d'importance, on peut mentionner *The Triple Thinkers* (1938), où il s'intéresse à Puškin, Gustave Flaubert, George Bernard Shaw et Ben Jonson; *To the Finland Station* (1940), où il s'approche prudemment du marxisme; *The Wound and the Bow* (1941), qui s'inspire de thèmes freudiens, où il réhabilite Charles Dickens et consacre des articles à Rudyard Kipling, Giacomo Casanova, Edith Wharton et Ernest Hemingway; *The Shock of Recognition* (1943) et *Patriotic Gore* (1962), qui sont des anthologies d'articles centrés sur des écrivains principalement états-uniens, mais aussi européens et russes, avec une attention particulière aux écrivains plus marginaux (littératures haïtienne et canadienne). Wilson est aussi l'auteur de féroces critiques à l'égard d'écrivains célèbres tels qu'Arthur Conan Doyle, Agatha Christie, J.R.R. Tolkien et H.P. Lovecraft. Il a influencé des écrivains, des critiques et des éditeurs. S'inspirant de «La Bibliothèque de la Pléiade», il a proposé une collection de classiques américains qui a vu le jour dix ans après sa mort, la «Library of America».

[3] William James Durant (1885-1981) est un philosophe, historien, essayiste et écrivain états-unien. Il a écrit de nombreux articles de magazines, mais il est connu du grand public en tant qu'auteur de *The Story of Philosophy: The Lives and Opinions of the Greater Philosophers* (1926), un livre qui esquisse les idées de plusieurs philosophes occidentaux, de Socrate et Platon jusqu'à Nietzsche; et *The Story of Civilization* (1935-1975), une œuvre monumentale en onze tomes (et trente-deux volumes) qu'il a écrite avec sa femme Ariel, et dont le dixième tome a remporté le prix Pulitzer de l'essai en 1968. Nonobstant l'éducation catholique – il était d'origine canadienne-française – et l'entrée au séminaire, où il est devenu bibliothécaire, Durant a mis en doute sa foi après avoir lu Aldous Huxley, Charles Darwin, Herbert Spencer et Ernst Haeckel. Il s'est rapproché des idées socialistes, a quitté le séminaire et est devenu professeur. Il s'est battu pour l'égalité salariale entre les sexes, le droit de vote des femmes et pour de meilleures conditions de travail. Il a remporté la médaille présidentielle de la Liberté en 1977.

[5]

[1] Jacques Godbout (1933) est un romancier, poète, essayiste, dramaturge, écrivain pour enfants et cinéaste québécois. Avant d'entrer à l'Office national du film du Canada comme cinéaste-scénariste, il a obtenu une maîtrise en lettres à l'Université de Montréal et il a enseigné la philosophie et le français en Éthiopie. Pendant la Révolution tranquille, il a écrit plusieurs essais, les plus importants se trouvant dans *Le réformiste* (1975) et *Le murmure marchand* (1984). Il est l'un des fondateurs de la revue littéraire *Liberté* (1959), du Mouvement laïque de langue française (1962) et de l'Union des écrivaines et des écrivains québécois (1977). Il a réalisé plusieurs films, dont quatre longs métrages et plus de quinze documentaires.

[2] Claude Jasmin (1930) est un écrivain, marionnettiste, scénographe et scénariste de télévision, animateur de télévision et de radio, et blogueur. Après l'obtention d'un diplôme en céramique, il est engagé dans la troupe du Théâtre de Quat'sous, où il occupe différents métiers. Ensuite, il devient décorateur et scénographe pour Radio-Canada. Lors d'une grève à Radio-Canada, en 1958 et 1959, Jasmin se consacre à l'écriture, une passion qu'il avait découverte à l'âge de douze ans. Il écrit plusieurs romans pour lesquels il reçoit de nombreux prix. Il est très connu pour son téléroman *La petite patrie*, qui a été diffusé au milieu des années 1970.

[3] Yves Thériault (1915-1983) est un écrivain québécois. Il a dû abandonner ses études à l'âge de quinze ans et il a exercé divers métiers avant de devenir un écrivain très connu. Il a été annonceur pour différentes stations radiophoniques, et scripteur et publicitaire à l'Office national du film du Canada. Il a écrit plus d'une quarantaine de romans, une trentaine de livres pour enfants et adolescents, une centaine de contes, récits et nouvelles ainsi que des textes radiophoniques, des téléthéâtres, des articles et des essais. Son roman le plus connu demeure *Agaguk* (1958).

[4] François Hertel (1905-1985), né Rodolphe Dubé, est un prêtre catholique, philosophe, essayiste, professeur et mémorialiste canadien. Il est entré dans la congrégation des Jésuites en 1938, mais en raison de ses publications et de ses prises de position – il était anticonformiste –, il en a été expulsé en 1947. Après avoir enseigné dans plusieurs collèges canadiens, tel que le Collège Jean-de-Brébeuf, Hertel a séjourné pendant presque quarante ans en France. Il a écrit plusieurs articles pour des journaux et des revues – *Le Nouvelliste*, *Le Soleil* et *L'Amérique française* – et il a été élu à l'Académie canadienne-française.

[5] Alain Grandbois (1900-1975) est un écrivain et poète québécois. De 1918 à 1939, il a voyagé partout dans le monde. Outre la poésie, il a écrit plusieurs œuvres d'inspiration autobiographique ainsi que des nouvelles et des essais. Dans ses œuvres, il a exploré aussi bien les secrets de l'Univers que le destin de l'Homme. Il est devenu un modèle pour la génération des écrivains des années 1950. Le prix Alain-Grandbois de l'Académie des lettres du Québec a été créé en son honneur.

⁶ Hector de Saint-Denys Garneau (1912-1943) est un poète et écrivain québécois. Issu d'une famille aisée, ce cousin d'Anne Hébert a passé une partie de son enfance dans le manoir de sa famille à Sainte-Catherine-de-la-Jacques-Cartier avant de s'établir à Montréal. Il a suivi des études classiques ainsi que des cours de peinture qu'il devra interrompre à cause de problèmes de santé. Il est l'un des fondateurs de la revue *La Relève*. Il est l'auteur d'un seul recueil de poèmes, *Regards et jeux dans l'espace* (1937), qui a marqué un tournant dans la littérature canadienne-française.

⁷ Marcel Dubé (1930-2016) est un dramaturge québécois. Il gagne plusieurs prix avec sa pièce *De l'autre côté du mur*, devenue *Zone* (1953). En 1953, il reçoit une bourse du ministère du Bien-être social et de la Jeunesse: il part en France où il visite les théâtres et les écoles d'art dramatique parisiens. À son retour, il travaille pour Radio-Canada et devient l'un des auteurs vedettes de la société. Les œuvres qu'il écrit pendant cette période – entre autres *Un simple soldat* (1957) et *Au retour des oies blanches* (1966) – marquent la dramaturgie québécoise.

⁸ Gratien Gélinas (1909-1999) est un auteur, dramaturge, directeur, producteur et administrateur québécois. Il est considéré comme l'un des fondateurs du théâtre et du cinéma contemporains. Après avoir abandonné ses études en 1929 à cause de la crise économique, il se dédie à la vie artistique par le théâtre amateur et, ensuite, il fonde une troupe avec d'anciens camarades du Collège de Montréal. Sa carrière d'acteur professionnel commence en 1937 dans le feuilleton radiophonique *Le curé du village*, mais c'est en 1938 qu'il monte sur scène avec *Fridolinades*, première d'une longue et fructueuse série de revues d'actualité qui se poursuit jusqu'en 1946. En 1948, sa première pièce, *Tit-Coq*, est présentée au Monument-National et connaît un grand succès: elle sera jouée plus de 600 fois au cours de sa carrière et sera aussi adaptée au cinéma. En 1956, il achète l'immeuble de l'ancien Théâtre Gayety, le rénove et inaugure la Comédie-canadienne en 1958. Son but était de fonder un théâtre qui contribue, par la création d'œuvres canadiennes-françaises, à l'établissement d'une identité nationale dans les arts de la scène.

⁹ Morley Edward Callaghan (1903-1990) est un romancier et dramaturge canadien, qui a travaillé aussi pour la radio et la télévision. Dans les années 1920, il a travaillé au *Toronto Daily Star* où il a fait la connaissance d'Ernest Hemingway. Il a publié son premier roman *Strange Fugitive* en 1928 et, en 1929, il a séjourné à Paris avec d'autres écrivains de l'époque tels qu'Hemingway, Ezra Pound, Gertrude Stein, Francis Scott Fitzgerald et James Joyce. Ce séjour a fait l'objet de *That Summer in Paris* en 1963. Entre 1937 et 1950, il a peu publié; toutefois, pendant cette période, il a écrit des articles pour des périodiques tels que *New World* et *National Home Monthly*. Il a remporté le prix du Gouverneur général avec *The Loved and the Lost* (1951).

¹⁰ Irving Peter Layton (1912-2006), pseudonyme d'Israel Pincu Lazarovitch, est un poète canadien d'origine roumaine. Dès son arrivée au Canada, il a eu du mal à être accepté à cause de son origine et de sa religion, sa famille étant juive. Dans les milieux artistiques, il était connu pour sa pensée anti-bourgeoise et sa critique politique. Parmi les prix et les distinctions honorifiques qu'il a remportés, mentionnons le prix du Gouverneur général pour *A Red Carpet for the Sun* (1959) et le prix Pétrarque de poésie (il est le premier non Italien à gagner ce prix).

¹¹ Gilles Vigneault (1928) est un poète, auteur de contes et de chansons, et auteur-compositeur-interprète québécois. Il a commencé à écrire des poèmes pendant qu'il étudiait au séminaire de Rimouski et, dans les années 1950, il a publié des poèmes et a composé des chansons pour différents interprètes. En 1959, il a fondé sa maison d'édition, les Éditions de l'Arc, où il a publié son premier recueil, *Étraves*. Il a écrit plus de quarante livres, incluant des recueils de contes, qu'il a lui-même édités en version imprimée, et parfois enregistrés et publiés en version vocale; et plus de quatre cents poèmes devenus, pour la plupart, des chansons, qu'il a interprétées et enregistrées. Il s'est ainsi forgé, à partir des années 1960, le statut de véritable légende vivante en

Amérique francophone, mais aussi en Amérique anglophone et en Europe, notamment en France, en Suisse, au Luxembourg et en Belgique. Ses chansons les plus célèbres sont *Mon pays* et *Gens du pays*; cette dernière, au fil du temps, est devenue une sorte d'hymne national non officiel des Québécois. Dans ses écrits, il préfère des thématiques qui concernent le Québec et ses gens, mais aussi les relations humaines, l'amour, la vie de tous les jours et l'environnement.

[12] Monique Leyrac (1928), née Monique Tremblay, est une chanteuse et comédienne québécoise. Elle travaille quelques années à la radio avant de s'orienter vers la chanson et le cabaret, où elle interprète des chansons sud-américaines ainsi que celles d'Édith Piaf. Son répertoire compte des chansons écrites par Gilles Vigneault, Claude Léveillée et Michel Conte. Pendant les années 1970 et 1980, Monique Leyrac a écrit et monté plusieurs spectacles dans lesquels elle a chanté et joué.

[13] Claude Léveillée (1932-2011) est un acteur, pianiste et auteur-compositeur-interprète québécois. En 1956, il abandonne ses études et commence sa carrière à la télévision de Radio-Canada où il crée Clo-Clo, un personnage pour enfants, et écrit des centaines de chansons. En 1959, il fait la connaissance d'Édith Piaf: la rencontre est fructueuse et la chanteuse l'invite à composer des chansons pour elle à Paris. Son séjour parisien est enrichissant et contribue à établir sa notoriété. Piaf enregistre plusieurs des chansons qu'il lui a écrites, parmi lesquelles *Boulevard du crime*, *Ouragan* et *Le vieux piano*. Tout au long de sa carrière, Claude Leveillée a composé plus de quatre cents chansons, de nombreuses musiques instrumentales et a écrit quelques comédies musicales.

[14] Jean-Pierre Ferland (1934) est un auteur, compositeur et interprète québécois. En 1954, il travaille à la Société Radio-Canada comme commis tout en développant son talent pour la chanson. Pendant les années 1960, il voyage beaucoup en Europe et participe à plusieurs manifestations à Paris, à Bruxelles, à Cracovie, mais aussi au Canada où il fait une tournée au Québec, en Ontario, à l'Île-du-Prince-Édouard, au Nouveau-Brunswick et en Nouvelle-Écosse. La sortie de son album *Jaune*, en 1970, marque un tournant dans la chanson québécoise aussi bien pour sa musique moderne que pour la qualité de son enregistrement et l'amène à faire de nombreux spectacles à la Place des Arts, dont un avec l'Orchestre symphonique de Montréal.

[15] Stéphane Venne (1941) est un auteur-compositeur, arrangeur musical et producteur québécois. Sa carrière commence au début des années 1950, quand il compose des musiques chantées par Pierre Létourneau et Gilles Vigneault. Plus tard, il fait la connaissance de la chanteuse Renée Claude, qui devient sa muse: pour elle, il a écrit plusieurs de ses plus grands succès entre 1968 et 1972 dont *Le début d'un temps nouveau*. En 1981, il a composé la musique du film *Les Plouffe* de Gilles Carle, dont la chanson-thème, *Il était une fois des gens heureux*, est devenue l'un des plus grands succès de sa carrière et a été couronnée du prix Génie de la meilleure chanson de l'année 1981 au cinéma.

[16] Hervé Brousseau (1937) est un auteur-compositeur-interprète, animateur, comédien et réalisateur québécois. Sa carrière multiple l'a mené à jouer comme comédien dans *Opération mystère*, une série de science-fiction pour enfants, alors que comme chanteur il obtient quelques succès avec *Mon patin* et *Au bassin Louise*.

[17] Raymond Lévesque (1928) est un auteur-compositeur-interprète, poète, romancier et dramaturge québécois. Il a étudié le piano et l'art dramatique pendant son enfance. Dans les années 1940, il travaille dans les cabarets montréalais; il interprète ses chansons et il en compose pour des vedettes de l'époque. De 1954 à 1959, il séjourne à Paris et, à son retour, il fonde la première boîte à chansons, Chez Bozo. Au cours d'une carrière multiple et variée, Lévesque a écrit plus de cinq cents chansons, cinq pièces de théâtre, une cinquantaine de revues humoristiques, sept recueils de poésie, un recueil de lettres imaginaires humoristiques et une autobiographie.

[18] Claude Gauthier (1939) est un auteur-compositeur-interprète et acteur québécois. Issu d'une famille qui aimait la musique, Gauthier a écouté les classiques tels qu'Édith Piaf et Charles

Trenet à la radio; toutefois, son inspiration principale a été Félix Leclerc: il voulait écrire de la musique et chanter des textes très simples sur la vie de tous les jours. En 1959, il a connu le succès quand il a remporté une compétition de chant avec *Le soleil brillera demain*. Il a signé un contrat avec la Columbia Records Company et il a participé à plusieurs festivals au Canada ainsi qu'en France. En 1973, il a commencé sa carrière cinématographique, son premier film étant *Les ordres* (1974) de Michel Brault. Dans les années 1990, sa carrière s'est réorientée vers la télévision où il a travaillé à des séries et à quelques documentaires.

[19] Ginette Ravel (1940), née Marie Thérèse Ginette Gravel, est une chanteuse québécoise. Elle a étudié le piano et suivi des cours d'art dramatique et de diction quand elle était très jeune. Elle a commencé sa carrière de chanteuse en 1958. Tout au long de sa carrière, elle a donné des concerts en Europe ainsi que des conférences sur les thèmes de l'alcoolisme et de la spiritualité. Elle a donné son dernier récital-conférence en France en 1986.

[20] Donald Lautrec (1940), né Donald Bourgeois, est un auteur et chanteur québécois surtout célèbre pendant les années 1960 et 1970. En 1961, il lance sa carrière de chanteur avec un 45 tours, *Personne au monde*, et il devient l'une des vedettes de la musique pop québécoise. Vers la fin des années 1960 et le début des années 1970, il abandonne son style pop pour le style rock. Il quitte alors le monde du spectacle pour y revenir de temps en temps avec des albums – *Lautrec* (1981), *Lautrec à jamais* (2009).

[21] Renée Claude (1939), née Renée Bélanger, est une chanteuse et actrice québécoise. Elle a étudié le chant, le piano et l'art dramatique dès un très jeune âge. Sa carrière débute à la fin des années 1950 avec un répertoire aussi bien français que québécois. Pendant les années 1960, Renée Claude se fait connaître du public canadien ainsi qu'international grâce aux tournées en Europe. Son style est différent des chanteuses de l'époque: elle choisit des sujets et une musique recherchés, originaux, et non pas des traductions de chansons anglaises.

[22] Les feux-follets est un ensemble folklorique amateur qui a fait ses débuts dans les années 1950 et est devenu professionnel en 1964. Son répertoire s'inspire d'événements historiques ainsi que des coutumes des Autochtones. Ils ne présentent aucun spectacle depuis 1975.

[23] Les Grands ballets canadiens est une compagnie de ballet fondée en 1957 par Ludmilla Chiriaeff, sous le nom *Les Ballets Chiriaeff*. Située à Montréal, la compagnie est dirigée par Gradimir Pankov depuis 2000.

[24] Roger Peyrefitte (1907-2000) est un écrivain, diplomate et activiste français. Après une carrière diplomatique qu'il est obligé d'abandonner, il se consacre à l'écriture et devient l'un des écrivains français les plus brillants et les plus controversés. Son premier roman, *Les amitiés particulières* (1943), a suscité le scandale en raison de son contenu homosexuel: il raconte une liaison amoureuse entre deux garçons de quatorze et de douze ans au sein d'un internat catholique. Le caractère quasi mythique ainsi que l'érudition de l'auteur ont fait des *Amitiés particulières* un livre qui lui a valu le prix Renaudot; Jean Delannoy en a réalisé une version cinématographique en 1964 qui a reçu un accueil triomphal à la Biennale de Venise. Les romans de Peyrefitte, empreints de poésie et d'un fort contenu polémique et provocateur, ont connu des succès de ventes et ont suscité la controverse, notamment avec François Mauriac et le pape Paul VI. Peyrefitte est l'auteur de pamphlets sur les problèmes moraux et de plusieurs essais historico-politiques tels qu'*Alexandre le Grand* (1981), *Voltaire, sa jeunesse et son temps* (1986), *Réflexions sur de Gaulle* (1992). Avec Oscar Wilde, André Gide, Jean Genet et Jean Cocteau, Peyrefitte représente l'avant-garde d'un mouvement d'écrivains homosexuels qui ont parlé d'eux-mêmes sans masque.

[25] Yevgeny Yevtushenko (1932), né Yevgeny Aleksandrovich Gangnus (il a pris plus tard le nom de sa mère Yevtushenko), est un poète et romancier russe, mais aussi un essayiste, drama-turge, scénariste, éditeur, acteur et réalisateur de plusieurs films. Il a vécu son enfance à Moscou

et à Zima: après le divorce de ses parents, il reste avec sa mère, qui le quitte pour aller chanter pour les soldats au front. Abandonné à lui-même, le jeune Yevgeny néglige les études et commence à écrire ses premiers vers. En 1949, il rentre à Moscou où il se consacre au sport et à la poésie. En 1952, son premier recueil, *Les explorateurs de l'avenir*, voit le jour et il devient le membre le plus jeune de l'Union des écrivains soviétiques. Sa carrière prend son envol dès 1957. Il est récipiendaire de plusieurs prix en Russie – prix Znak Poceta – ainsi qu'à l'étranger. En 1991, le Comité national hébraïque lui a décerné une médaille pour ses activités à la défense des droits civils. Depuis 1993, il enseigne la littérature russe à l'Université de Tulsa (Oklahoma).

²⁶ Jason Nelson Robards Jr. (1922-2000) est un acteur états-unien. Il est le fils de Jason Robards Sr., un acteur du cinéma muet. Avant de suivre les traces de son père, il a servi dans la marine états-unienne et il est un vétéran de la Seconde Guerre mondiale. C'est dans la bibliothèque du bateau Nashville qu'il a trouvé une copie de *Strange Interlude* d'Eugene O'Neill, texte qui lui a donné le goût de devenir acteur. Sa carrière a commencé lentement avec des rôles mineurs, mais il est devenu très populaire, menant une carrière prolifique sur le grand et le petit écran. Son film le plus célèbre est peut-être *Il était une fois dans l'Ouest* (1968) de Sergio Leone, mais on pourrait citer aussi les plus récents *Philadelphia* (1993) et *Magnolia* (1999).

[6]

¹ André Langevin (1927-2009) est un écrivain québécois. De 1945 à 1948, il a travaillé pour des quotidiens et il a été rédacteur de l'information pour Radio-Canada jusqu'en 1985. Ses premiers romans – *Évadé de la nuit* (1951), *Poussière sur la ville* (1953) et *Le temps des hommes* (1956) – marquent une rupture avec le roman du terroir qui avait jusqu'alors dominé la prose de langue française au Canada. Après un long silence, il reviendra à l'écriture au début des années 1970 avec deux romans, *L'élan d'Amérique* (1972) et *Une chaîne dans le parc* (1974), dont la réception critique a été positive.

² Henri Troyat (1911-2007), pseudonyme de Lev Aslanovič Tarasov, est un écrivain et historien français d'origine arménienne-russe. Obligé de quitter la Russie en 1917 à la suite de la révolution d'Octobre, il s'est établi avec sa famille au Caucase, puis en Crimée, à Istanbul, à Venise et finalement à Paris (1920) où il a fait ses études. Troyat a obtenu une licence en droit et est ensuite devenu rédacteur à la préfecture de la Seine. En 1935, son premier roman, *Faux jour*, a reçu le prix du roman populiste et, en 1938, à vingt-sept ans, il a remporté le prix Goncourt pour *L'araigne*. Deux ans plus tard, il a commencé à écrire une grande épopée inspirée de ses souvenirs de Russie, *Tant que la terre durera*, composée de sept tomes. Troyat a été élu membre de l'Académie française en 1959, au fauteuil 28.

³ Katherine Mansfield (1888-1923), pseudonyme de Kathleen Beauchamp, est une écrivaine de nouvelles britannique d'origine néo-zélandaise. En 1903, elle se rend à Londres où elle étudie au Queen's College. Elle rentre ensuite en Nouvelle-Zélande et écrit des nouvelles qui seront publiées dans des revues telles que *The Native Companion*: c'est à ce moment qu'elle abandonne l'idée de poursuivre une carrière de violoncelliste et décide de devenir écrivaine. En 1908, Mansfield retourne en Angleterre et se consacre à l'écriture grâce à une pension annuelle que son père s'engage à lui verser. Ses nouvelles sont publiées dans le magazine *The New Age*. Mansfield a voyagé en Europe entre 1903 et 1906, notamment en Belgique et en Allemagne, et son séjour allemand a été la source d'inspiration de son recueil de nouvelles *In a German Pension* (1911). Ses recueils de nouvelles les plus connus sont *Bliss* (1920) et *The Garden Party* (1922).

⁴ Saul Bellow (1915-2005) est un écrivain canadien-américain. Après la mort de son père en 1924, la famille s'installe à Chicago, qui sera la ville la plus présente dans son œuvre. Il étudie à l'Université de Chicago, à la Northwestern University et ensuite abandonne ses études doctorales à la Wisconsin University pour devenir écrivain. À la fin des années 1930 et au début des

années 1940, il enseigne dans un collège et travaille au service éditorial de l'*Encyclopædia Britannica*. Pendant la Seconde Guerre mondiale, Bellow fera son service dans la marine marchande états-unienne avant de retourner à l'enseignement dans plusieurs universités états-uniennes. Bellow commence à écrire dans les années de la guerre: son premier roman, *Dangling Man* (1944), décrit les tensions d'un jeune homme enrôlé et est influencé par *Les carnets du sous-sol* (1864) de Dostoïevski. Bien que Bellow ne soit pas un écrivain autobiographe, ses racines canadiennes ainsi que son héritage juif jouent un rôle dans ce roman. Bellow a reçu le prix Pulitzer en 1975 et le prix Nobel en 1976; il a remporté trois fois le National Book Award pour *Les aventures d'Augie March* (1953), *Herzog* (1964) et *La planète de M. Sammler* (1969).

⁵ James Arthur Baldwin (1924-1987) est un écrivain états-unien. Issu d'une famille nombreuse et pauvre, et très marqué par la situation des Noirs aux États-Unis, James Baldwin a été l'une des figures du mouvement pour les droits civiques. Son premier roman, *Go Tell it on the Mountain* (1953), est une œuvre autobiographique sur sa jeunesse à Harlem. Le recueil d'essais *Notes for a Native Son* (1955) et le conte *Giovanni's Room* (1956) abordent des sujets tabous de l'époque, tels que l'homosexualité et les relations entre des gens de races différentes. Baldwin a influencé beaucoup d'artistes tels que Jean Genet, Miles Davis et Allen Ginsberg.

⁶ Jefferson Airplane est un groupe rock états-unien, l'un des précurseurs du mouvement psychédélique qui s'est développé à San Francisco vers le milieu des années 1960. Parmi les groupes de l'époque, Jefferson Airplane a été le premier à se produire à la Longshoreman's Hall en octobre 1965 ainsi qu'à signer un contrat discographique avec un label important, à obtenir un record de ventes et à faire une tournée sur la côte atlantique et en Europe. L'album *Surrealistic Pillow* (1967) est considéré comme l'un des albums clé du mouvement psychédélique. Jefferson Airplane a joué aux trois principaux festivals de la fin des années 1960: Monterey (1967), Woodstock (1969) et Altamont (1969). Tout au long des années, la formation originale a changé et le groupe s'est séparé en 1973, si l'on exclut une réunion spontanée en 1989.

⁷ Johnny Mathis (1935) est un chanteur états-unien. Il commence à prendre des cours de chant classique et lyrique adolescent, quand son père découvre son talent. Il signe un contrat avec Columbia Records et commence sa carrière en 1956 en enregistrant *Johnny Mathis: A New Sound in Popular Song* ainsi que des chansons pour des films. En 1958, il enregistre le premier album de compilations de l'Histoire, *Johnny's Greatest Hits*.

⁸ Lana Eleanor Cantrell (1943) est une chanteuse et avocate états-unienne d'origine australienne. Elle a enregistré sept albums pour RCA Records. Au début des années 1980, Cantrell s'est retirée du monde de la musique et elle est devenue avocate au service de d'autres artistes dans la même situation.

⁹ Peggy Lee (1920-2002), pseudonyme de Norma Deloris Egstrom, est une chanteuse, compositrice et actrice états-unienne. Issue d'une famille nombreuse, elle trouve dans la musique une échappatoire et elle obtient sa propre série radiophonique tout en étudiant et en faisant de petits travaux. Son premier succès date de 1941, *Somebody Else Is Taking My Place*, suivi de *Why Don't You Do Right?* (1943) qui s'est vendu à plus d'un million d'exemplaires et l'a rendue célèbre. En tant qu'actrice, Peggy Lee a joué dans plusieurs films et a reçu une nomination aux Oscars pour son rôle dans *Pete Kelly's Blues*.

¹⁰ Andy Williams (1927-2012) est un chanteur états-unien. Il a commencé à chanter dans un chœur d'enfants à l'église et, à la fin des années 1930, a formé un quartet avec ses frères, les Williams Brothers. En 1952, le quartet s'est séparé et Williams a continué sa carrière en solo. Il s'est fait connaître à la télévision et ses chansons sont entrées dans le top dix états-unien dès 1956. Pendant les années 1960, Williams est devenu l'un des chanteurs les plus célèbres.

¹¹ Barbara (1930-1997), pseudonyme de Monique Andrée Serf et aussi connue comme Barbara Brodi, est une autrice-compositrice-interprète française. Marquée par la guerre et par

une enfance difficile, Barbara quitte sa famille très jeune et fait ses premières auditions. Barbara se produit dans de petits cabarets en interprétant des chansons de Léo Ferré et de George Brassens et, en 1957, elle fait paraître son premier 45 tours. En 1961, elle connaît le succès quand elle signe un contrat avec Bobino-Music Hall à Montparnasse où elle chante Brassens, Brel, Moustaki ainsi que des textes qu'elle a composés. En 1964, Barbara signe un contrat avec la Philips Records et sa carrière prend son envol avec la parution de *Barbara chante Barbara*, qui obtient un énorme succès du public et de la critique, et remporte le Grand prix du disque de l'Académie Charles-Cros. En 1967, Barbara fait sa première tournée en Europe et au Canada. Dans les années 1970, elle apparaît dans des émissions à la télévision et dans des films.

[12] Philippe Clay (1927-2007) est un acteur et chanteur français. Il a étudié au Conservatoire national d'art dramatique. Après avoir gagné un concours de chant amateur, où certains de ses amis l'avaient inscrit, on lui a proposé une tournée en Afrique, qu'il a acceptée, et il est parti avec un répertoire de chansons, dont plusieurs écrites par Charles Aznavour, encore peu connu à cette époque. Il est rentré à Paris un an plus tard et a commencé à fréquenter les cabarets de Saint-Germain-des-Prés où il fait la connaissance de Serge Gainsbourg, Jacques Prévert et Boris Vian. Plus tard, il se produit à l'Olympia et fait des tournées à l'étranger. Au cinéma, parmi d'autres, il joue le rôle de Clopin, le chef de la Cour des miracles, dans *Notre-Dame de Paris* de Jean Delannoy.

[7]

[1] William Hanley (1931-2012) est un dramaturge, romancier et scénariste états-unien. Avant de s'inscrire à l'American Academy of Dramatic Arts – il ne poursuivra pas la carrière d'acteur –, il a suivi des cours à la Cornell University et il a servi dans l'armée au début des années 1950. Dans les années 1960, Hanley a été un dramaturge à succès à Broadway. Pendant une trentaine d'années, il a écrit plus d'une vingtaine de textes pour la télévision. Hanley a aussi publié trois romans dans les années 1970: *Blue Dreams* (1971), *Mixed Feelings* (1972) et *Leaving Mount Venus* (1977).

[2] Mae West (1893-1980), pseudonyme de Mary Jane West, est une actrice, chanteuse et dramaturge états-unienne; elle est en outre le premier vrai sex-symbol du cinéma, qui a scandalisé l'Amérique bien-pensante et puritaine de son époque avec son ironie et ses sous-entendus. West a atteint le succès après ses quarante ans et a eu le privilège d'écrire ses propres textes et de choisir ses partenaires cinématographiques. Ses débuts au cinéma datent de 1932, quand la Paramount l'a engagée pour participer au film *Night After Night*. L'année suivante, elle a été la protagoniste dans ce qui est considéré son meilleur film, *She Done Him Wrong* (1933) de Lowell Sherman. Parmi ses films les plus connus, on peut citer *I'm No Angel* (1933), *Belle of the Nineties* (1934) et *Klondike Annie* (1936).

[3] Tallulah Bankhead (1902-1968) est une actrice états-unienne connue pour sa voix rauque et sa personnalité excentrique. Elle a commencé sa carrière au théâtre à Broadway en 1918, s'est ensuite rendue en Angleterre où elle a connu un grand succès avec *The Dancers* (1923). De retour aux États-Unis, elle a fait partie de l'Algonquin Round Table, un cercle d'écrivains, d'acteurs, de littéraires et de critiques qui se réunissait à l'Algonquin Hotel à New York. Puis, elle a signé un contrat avec la Paramount pour une série de films hollywoodiens, parmi lesquels *Tarnished Lady* (1931). Après cette parenthèse cinématographique, Bankhead est revenue au théâtre à Broadway où elle a obtenu un grand succès avec *Forsaking All Others* (1933). *A Streetcar Named Desire* (1947) est un texte de Tennessee Williams écrit pour elle.

[4] André Maurois (1885-1967), pseudonyme d'Émile Salomon Wilhelm Herzog, est un romancier, biographe, essayiste et conteur français. Pendant la Première Guerre mondiale, il a été interprète militaire et officier de liaison auprès du BEF (Corps expéditionnaire britannique) en

France et en Flandres. Les événements de la guerre lui ont fourni son nom de plume, tiré du nom d'un village du Nord de la France. En 1918, il a écrit *Les silences du colonel Bramble* qui a connu un grand succès en France ainsi que dans les pays anglo-saxons. Il a contribué à faire connaître et aimer les Anglais dans son pays grâce à cet ouvrage. Le 23 juin 1938, il a été élu à l'Académie française, au fauteuil 26, qu'il a occupé pendant vingt-six ans.

[5] Carson McCullers (1917-1967), née Lula Carson Smith, est une romancière et nouvelliste états-unienne. Elle s'est consacrée à une carrière musicale pendant longtemps, dans l'espoir de devenir concertiste professionnelle. Toutefois, en raison d'une maladie, elle a décidé de devenir écrivaine. Elle a suivi des cours du soir en création littéraire à la Columbia University et, en 1936, elle a publié sa première nouvelle, *Wunderkind*. Après la Seconde Guerre mondiale, elle s'est installée à Paris avec son mari. Carson McCullers a publié quatre romans – *The Heart Is a Lonely Hunter* (1940), *Reflections in a Golden Eye* (1941), *The Member of the Wedding* (1946) et *Clock Without Hands* (1961) –, ainsi qu'un recueil de nouvelles – *The Ballad of the Sad Café* (1951) – et d'autres nouvelles et adaptations théâtrales.

[6] Norman Mailer (1923-2007) est un écrivain états-unien. Il a également travaillé pour le cinéma en tant qu'acteur, réalisateur et scénariste. Mailer a étudié l'ingénierie aéronautique à Harvard, où il a obtenu un baccalauréat ès arts *cum laude* en 1943. Par la suite, il s'est découvert un fort intérêt pour l'écriture. En 1944, il s'est enrôlé dans l'armée et a été envoyé aux Philippines pour participer à la Seconde Guerre mondiale: cette expérience lui inspire un roman sur la guerre dans le Pacifique: *The Naked and the Dead* (1948). Ce roman l'a rendu célèbre et riche, bien que les romans d'après n'ont pas eu le même succès. Pendant les années 1960 et 1970, il s'oppose à la guerre du Viêt Nam, raison pour laquelle il est emprisonné. Mailer a été aussi un biographe: il a écrit sur Marilyn Monroe, Pablo Picasso et Lee Harvey Oswald.

[7] Simone Signoret (1921-1985), née Simone-Henriette-Charlotte Kaminker, est une actrice française, la première Française à remporter l'Oscar de la meilleure actrice. Elle travaille comme secrétaire à Paris et commence à faire de la figuration au cinéma au début des années 1940. Sa carrière est lancée avec *Macadam* (1946), grâce auquel elle obtient le prix Suzanne-Bianchetti de la révélation. Après son mariage avec le réalisateur Yves Allégret, qui lui offre ses premiers rôles importants – *Dédée d'Anvers* (1948) et *Manèges* (1950) –, elle travaille avec d'autres réalisateurs – Jacques Becker pour le *Casque d'or* (1951), Marcel Carné pour *Thérèse Raquin* (1953) et Henri-Georges Clouzot pour *Les diaboliques* (1954). En 1951, elle épouse le chanteur et acteur Yves Montand et leur demeure deviendra un haut lieu de rencontres artistiques et intellectuelles avec des personnalités marquantes de l'époque, telles que Jean-Paul Sartre, Simone de Beauvoir, Serge Reggiani, Pierre Brasseur, Luis Buñuel et Jorge Semprún. En 1959, elle reçoit le prix d'interprétation féminine pour *Les chemins de la haute ville* et l'année suivante, avec le même film, elle remporte un Oscar. En 1978, son interprétation de Madame Rosa dans le film *La vie devant soi* lui vaut le César de la meilleure actrice. Simone Signoret a aussi publié son autobiographie, *La nostalgie n'est plus ce qu'elle était* (1975) ainsi que deux romans, *Le lendemain, elle était souriante...* (1979) et *Adieu Volodia* (1985).

[8] Eva (1943) est une chanteuse allemande qui a interprété, pendant sa carrière, des chansons de Barbara, d'Anne Sylvestre et de Marlène Dietrich, et a partagé la scène avec Georges Brassens, Serge Reggiani et Michel Sardou. Elle a chanté en Europe, en Afrique et au Canada.

[9] Claude Mauriac (1914-1996) est un écrivain et journaliste français, fils de François Mauriac. Avant d'entreprendre une carrière de critique littéraire et cinématographique, il a été le secrétaire particulier de Charles de Gaulle de 1944 à 1948. Considéré comme «gaulliste de gauche», il est amené à créer et à diriger la revue *Liberté de l'esprit* (1949-1953). Pendant la même période, il collabore avec *Le Figaro* en écrivant une chronique régulière, «La semaine d'un Parisien», puis il tient la chronique hebdomadaire de cinéma au *Figaro littéraire*. Les recherches formelles qu'il mène le rapprocheront du Nouveau Roman et il inventera le concept

d'«alittérature», auquel il consacre deux œuvres, *L'alittérature contemporaine* (1958) et *De la littérature à l'alittérature* (1969). Après la mort de son père (1970), il se consacre à la rédaction de sa grande œuvre, *Le temps immobile*, qu'il publiera en dix volumes de 1972 à 1986.

[10] Alain Bosquet (1919-1998), né Anatole Bisk, est un poète et écrivain français d'origine russe. Il a étudié à l'Université libre de Bruxelles et à la Sorbonne. En 1940, il a été mobilisé et a fait la guerre dans les armées française, belge et états-unienne. En 1942, il devient rédacteur du premier journal de Charles de Gaulle, *La Voix de France*, à New York. Il est débarqué en Normandie en 1944 avec l'armée états-unienne. Après la guerre, Bosquet est professeur de littérature française aux États-Unis (1958) et de littérature américaine à Lyon (1959-1960). Il est directeur littéraire des éditions Calmann-Lévy (1961-1971), journaliste, traducteur et critique littéraire (*Combat* [1952-1974], *Le Monde* [1960-1984], *Le Figaro* et *Le Quotidien de Paris*), et il se consacre à la poésie, au roman et à l'essai. Il a fondé la revue *Nota Bene*, qu'il a dirigée de 1981 à 1995. En 1986, Alain Bosquet a été élu membre de l'Académie royale de langue et de littérature françaises de Belgique.

[8]

[1] Pierre Mac Orlan (1882-1970), pseudonyme de Pierre Dumarchais ou Dumarchey, est un artiste et écrivain français. Mac Orlan a été bohémien, écrivain, soldat, peintre et reporter. Il a écrit cent trente livres et soixante-cinq chansons qui ont été interprétées, entre autres, par Germaine Montero, Monique Morelli et Juliette Gréco. Il est l'auteur de *Quai des brumes* (1927), qui est devenu un film en 1938 sous la direction de Marcel Carné, d'*À bord de L'Étoile Matutine*, (1920) et de *La bandera* (1931).

[2] Florence Véran (1922-2006), pseudonyme d'Éliane Meyer, est une compositrice et chanteuse française. Elle créera plusieurs grands succès durant les années 1950.

[3] Phyllis Diller (1917-2012), pseudonyme de Phyllis Ada Driver, est une humoriste états-unienne. Mère de cinq enfants, elle a mené une vie de femme au foyer avant de commencer sa carrière. Encouragée par son mari, elle se produit sur scène à l'âge de 37 ans et puis anime des émissions de télévision; joue la comédie à Broadway où elle interprète le rôle de Dolly Levi dans la comédie musicale *Hello, Dolly!*. Elle joue aussi dans des séries et des longs métrages, tel que *La fièvre dans le sang* (1961).

[9]

[1] Georges Duhamel (1884-1966) est un médecin et écrivain français. Pendant la Première Guerre mondiale, Duhamel s'enrôle en qualité de médecin: cette expérience douloureuse sera une source d'inspiration pour les œuvres *Vie des martyrs* (1917), un recueil de récits, et *Civilisation* (1918), un livre-témoignage sur les horreurs de la guerre qui lui a valu le prix Goncourt la même année. Après la guerre, il quitte définitivement la profession médicale et se consacre à la littérature. En 1920, il écrit *Confession de minuit*, le premier tome de *Vie et aventures de Salavin* (1920-1932), son premier cycle romanesque, aujourd'hui considéré par la critique comme précurseur de l'existentialisme. Toutefois, le cycle qui le rendra célèbre est la *Chronique des Pasquier* (1933-1945), une sorte de roman-fleuve souvent comparé à la saga des *Rougon-Macquart* de Zola, et qui représente la transposition romanesque de sa vie. En 1935, il devient directeur du *Mercure de France* et est élu à l'Académie française, au fauteuil 30. Deux ans plus tard, il est élu à l'Académie de médecine.

[2] Mireille Darc (1938-2017), née Mireille Aigroz, est une actrice et réalisatrice française. Après ses études au Conservatoire de Toulon, elle s'installe à Paris en 1959 où elle suit les cours de théâtre de Maurice Escande et gagne sa vie en faisant du mannequinat et de la garde d'enfants.

En 1960, elle joue dans *La grande Bretèche* de Claude Barma et l'année suivante Jean Prat lui confie le rôle féminin principal dans *Hauteclaire*. Puis, Darc amorce une collaboration avec le réalisateur Georges Lautner, avec lequel elle travaillera dans treize films. Lautner fera d'elle une star avec *Les barbouzes* (1964) en lui confiant son premier rôle principal: sous sa direction, elle interprète des personnages anticonformistes. Dans les années 1960, elle travaille beaucoup pour le cinéma, notamment dans *Pouic-Pouic* (1963), *Des pissenlits par la racine* (1964), *Galia* (1966), *Week-end* (1967). Elle joue aux côtés d'Alain Delon dans *L'homme pressé*, *Mort d'un pourri*, *Madly, Jeff, Les seins de glace, Borsalino*. Elle est l'actrice phare de la décennie soixante-dix et confirme son statut de sex-symbol grâce aux films *Le grand blond avec une chaussure noire* (1972) et *Le retour du grand blond* (1974).

³ Françoise Madeleine Hardy (1944) est une chanteuse et actrice française. Elle débute en 1962 avec la chanson *Tous les garçons et les filles* et obtient un succès immédiat. Après des années sur scène, Hardy décide de poursuivre une carrière essentiellement discographique. En 2008, elle publie son autobiographie, *Le désespoir des singes... et autres bagatelles* et en 2012, pour célébrer ses cinquante ans de carrière, deux publications paraissent sous le titre de *L'amour fou*, un roman et un album.

⁴ Tony Bennett (1926), pseudonyme d'Anthony Dominick Benedetto, est un chanteur états-unien de pop et de jazz. Bennett est né et a grandi à Astoria dans une famille italo-américaine, et a commencé à chanter très tôt. Il s'est enrôlé dans l'armée états-unienne lors des dernières années de la Seconde Guerre mondiale; après cette expérience, il s'est dit pacifiste. Rentré aux États-Unis en 1946, il a développé sa technique de chant, a signé un contrat avec la Columbia Records et a obtenu son premier succès avec *Because of You* en 1951, suivi d'autres succès tels que *Rags to Riches* et *I Left My Heart in San Francisco*.

⁵ Edward Vincent Sullivan (1901-1974) est un animateur de télévision et journaliste états-unien. Ancien boxeur devenu journaliste sportif, Ed Sullivan est connu pour les émissions de variété *The Toast of the Town*, puis *The Ed Sullivan Show* dont il a été l'hôte et présentateur, de 1948 à 1971, établissant ainsi un record dans l'histoire de la télévision états-unienne. Sullivan est un pionnier dans son domaine et on lui a consacré l'un des théâtres de Broadway.

⁶ Sarah Lois Vaughan (1924-1990) est une chanteuse états-unienne de jazz, en particulier de be-bop. Elle est née dans une famille qui aimait la musique et a appris à chanter et à jouer du piano très tôt au sein de l'Église baptiste et dans son école. Elle a remporté un concours d'amateurs au Théâtre Apollo à Harlem et a rejoint l'orchestre d'Earl Hines et de Billy Eckstine. Dans les années 1940, Vaughan a enregistré une version d'*A Night in Tunisia* sous le nom d'*Interlude* avec Charlie Parker et Dizzie Gillespie. Dans les années 1950, elle signe un contrat avec Mercury Records pour lequel elle enregistre des succès commerciaux tels que *Make Yourself Comfortable, How Important Can It Be, Whatever Lola Wants, The Banana Boat Song, You Ought to Have a Wife, Misty and Broken Hearted Melody*, qui est devenu son premier disque d'or. Elle se produit avec les plus grands musiciens de jazz de l'époque, tels que Miles Davis et Jimmy Jones.

⁷ Lena Mary Calhoun Horne (1917-2010) est une chanteuse états-unienne de jazz, de chanson populaire ainsi qu'une danseuse, une actrice de films musicaux et une activiste pour les droits civils. Elle a débuté comme danseuse dans la troupe du Cotton Club en 1934, où elle devient chanteuse en 1937. Puis, Horne se fait remarquer à Broadway et elle commence sa carrière cinématographique. Lena Horne est la première femme afro-américaine à signer un contrat de longue durée avec un studio d'Hollywood, la MGM: elle joue un rôle dans *Panama Hattie* en 1942 et devient célèbre l'année suivante grâce à son interprétation dans *Stormy Weather* et *Cabin in the Sky*.

⁸ Pearl Bailey (1918-1990) est une actrice et chanteuse états-unienne. Elle a commencé sa carrière en dansant et en chantant dans les clubs de Philadelphie dans les années 1930. Pendant la Seconde Guerre mondiale, Bailey a voyagé à travers le pays en faisant des spectacles avec les

USO pour les troupes états-uniennes. Puis, elle s'est installée à New York et a débuté à Broadway dans *St. Louis Woman* et a remporté le Donaldson Award pour son interprétation. Son rôle le plus célèbre a été celui de Dolly Levi dans la version *all-black* de *Hello, Dolly!* pour lequel elle a obtenu un Tony Award spécial. Pearl Bailey a écrit plusieurs livres – *The Raw Pearl* (1968), *Talking to Myself* (1971), *Pearl's Kitchen* (1973) et *Hurry Up America and Spit* (1976) – et elle a obtenu un B.A. en théologie à la Georgetown University de Washington, D.C. en 1985.

[9] Dinah Washington (1924-1963), pseudonyme de Reth Lee Jones, est une chanteuse états-unienne de blues, jazz et gospel. Washington a commencé à jouer du piano et à chanter du gospel dans les églises de Chicago. Sa voix puissante et émouvante a séduit de nombreux musiciens de jazz, parmi lesquels l'arrangeur Quincy Jones. Pendant les années 1950, Washington a atteint le sommet de la popularité et a obtenu un Grammy Award en 1959 pour *What a Difference a Day Makes*.

[10] Les Ice Capades étaient un spectacle itinérant de danse sur glace. La compagnie a été fondée en 1940 à Hershey, en Pennsylvanie, et a prospéré pendant cinquante ans, donnant son dernier spectacle vers 1995. Les patineurs étaient souvent d'anciens champions nationaux ou olympiques.

[11] Robert Lee Frost (1874-1963) est l'un des poètes états-uniens du XXᵉ siècle les plus connus et appréciés par la critique. Bien qu'il soit célèbre pour son portrait réaliste de la vie rurale américaine, il a grandi en réalité en ville et ses premières œuvres ont été publiées en Angleterre. Frost a étudié à Harvard de 1897 à 1899, mais il a dû abandonner ses études à cause de maladie. Il a travaillé sur une ferme pendant neuf ans, écrivant ses poèmes tôt le matin. Il a été professeur d'anglais au New Hampshire. Les thèmes et les images de sa poésie sont inspirés de la campagne américaine et rappellent à l'esprit l'idée du «paysan heureux» de Thomas Jefferson. Son écriture épurée et ses sujets à l'apparence concrète sont un moyen de raconter la complexité du monde, comme dans *Dust of Snow* ou *Birches*, qui se rapprochent aussi des haïkus et des poèmes bouddhistes. Frost s'éloigne des poètes de son temps, qui s'enthousiasment pour la modernité; il se situe du côté de poètes tels que Pessoa, Neruda et Ponge qui sont plus intimistes. Parmi les prix et les distinctions qu'il a remportés, il faut mentionner quatre Pulitzer pour la poésie – en 1924, pour *New Hampshire: A Poem With Notes and Grace Notes*; en 1931, pour *Collected Poems*; en 1937, pour *A Further Range*; et en 1943, pour *A Witness Tree*.

[12] Pierre Roche (1919-2001) est un chanteur, pianiste et compositeur français naturalisé canadien. Il a formé un duo vocal avec Charles Aznavour de 1942 à 1949 et a collaboré avec Lawrence Riesner et Pierre Saka. À partir des années 1950, il s'est installé au Québec.

[13] Cora Vaucaire (1918-2011), pseudonyme de Geneviève Collin, est une chanteuse et interprète française. Pendant plusieurs années, elle a chanté les textes de Jacques Prévert, s'imposant comme l'une des interprètes les plus raffinées de la chanson française. Vaucaire a contribué à faire connaître Barbara, Léo Ferré et Raymond Lévesque. Son répertoire se compose de chansons du Moyen Âge, du Café-Concert et de la bande sonore de quelques films. Cora Vaucaire a été l'interprète de plusieurs chansons phares telles que *Le pont Mirabeau* (poème de Guillaume Apollinaire sur une musique de Léo Ferré), *Maintenant que la jeunesse* (poème de Louis Aragon mis en musique par Lino Leonardi) et *L'écharpe* (paroles et musique de Maurice Fanon).

[14] Catherine Sauvage (1929-1998), pseudonyme de Jeanine Marcelle Saunier, est une chanteuse et comédienne française, l'une des interprètes privilégiées de Léo Ferré. Passionnée de la chanson et du théâtre amateur, elle suit des cours d'art dramatique à Paris en 1947. En 1950, Sauvage rencontre Léo Ferré et contribue à faire connaître ses chansons qui, à ce moment-là, étaient interdites à la radio. Sauvage travaille à la radio, au cabaret et au théâtre, et joue dans *L'échange* de Paul Claudel, *Le cercle de craie caucasien* de Bertolt Brecht et *Frank V* de Friedrich Dürenmatt. Plus tard, elle revient à la chanson et renoue avec le succès en interprétant non seulement Léo Ferré, mais aussi Louis Aragon et Gilles Vigneault – qui était encore inconnu en France.

¹⁵ Lys Gauty (1900-1994), pseudonyme d'Alice Gauthier, est une chanteuse française. Issue d'une famille modeste et dotée d'une voix remarquable, elle prend des cours de chant et entreprend une carrière de music-hall en 1924; l'année suivante, elle chante à l'Olympia. Ses premiers disques seront lancés en Belgique en 1928, où son mari dirige le Théâtre de 10 Heures de Bruxelles. En 1930, Gauty commence sa carrière d'actrice dans le film parlant *Jour de noces* de Maurice Gleize; en 1938, elle répétera l'expérience dans *La goualeuse* de Fernand Rivers. Lys Gauty est très connue pour son interprétation de la valse *Le chaland qui passe* (1933), version française de la chanson italienne *Parlami d'amore Mariù*, chantée par Vittorio De Sica.

¹⁶ Joseph Kosma (1905-1969), né József Kozma, est un compositeur français d'origine hongroise. Il a commencé à jouer du piano à l'âge de cinq ans et, six ans plus tard, il écrit son premier opéra, *Christmas in the Trenches*. Il a étudié à l'Académie de la musique à Budapest avec Leo Weiner et à la Liszt Academy avec Béla Bartók, où il a obtenu des diplômes en composition et en direction d'orchestre. Puis, il a gagné une bourse pour étudier à Berlin en 1928, où il a fait la connaissance de Bertolt Brecht. En 1933, Kosma a émigré à Paris où il a rencontré Jacques Prévert et Jean Renoir. En raison de l'Occupation, il est assigné à résidence et on l'empêche de composer de la musique: toutefois, Prévert lui a donné l'occasion d'écrire la musique pour des films. Parmi ses musiques les plus célèbres, on cite *La grande illusion* (1937), *La bête humaine* (1938), *La règle du jeu* (1939), *Voyage surprise* (1946), *Le testament du docteur Cordelier* (1959) et la musique pour la pantomime *Les enfants du paradis* (1945), composée pendant l'Occupation et distribuée après la Libération.

¹⁷ Guy Béart (1930-2015), pseudonyme de Guy Béhart-Hasson, est un auteur-compositeur-interprète français. Il a grandi dans plusieurs villes de l'Europe, du Mexique et du Liban avant de s'inscrire à l'École nationale de musique à Paris, où il devient multi-instrumentiste, parallèlement il étudie à l'École nationale des ponts et chaussées, où il obtient le diplôme d'ingénieur en 1952. Après avoir dirigé la construction d'un pont près de Nancy, il se lance dans sa carrière artistique en 1954, débutant dans des cabarets de la Rive gauche, tels que La Colombe et Les Trois Baudets. Son premier succès, *Bal chez Temporel*, une adaptation du poème *Le Tremblay* d'André Hardellet, lui vaut le Grand prix du disque de l'Académie Charles-Cros, et sera suivi d'autres succès qui deviennent des classiques, tels que *L'eau vive* et *Qu'on est bien* (1958), *Les grands principes* (1965), *Le grand chambardement* (1967), *La vérité* (1968). Puis, il enregistre deux albums de chansons françaises traditionnelles et écrit pour plusieurs artistes. Dans les années 1960, Béart est producteur et animateur de l'émission *Bienvenue chez Guy Béart*: il y reçoit plusieurs artistes et personnalités de l'époque. Guy Béart quitte la scène pendant quelques années, mais il y revient en 1986 avec *Demain je recommence*.

¹⁸ Jean Ferrat (1930-2010), pseudonyme de Jean Tenenbaum, est un auteur-compositeur-interprète français. Issu d'une famille qui appréciait la musique et le chant, et marqué par l'expérience de la guerre – son père a été déporté à Auschwitz –, il doit quitter les études pour aider sa famille et il travaille comme aide-chimiste dans un laboratoire spécialisé. Il suit pendant plusieurs années un cursus au Conservatoire national des arts et métiers afin de devenir ingénieur chimiste, tout en prenant des cours de théâtre et en expérimentant avec l'interprétation et l'écriture musicale. Finalement, il abandonne son métier pour se consacrer à la musique et au théâtre: il se produit dans des cabarets de la Rive droite, entre dans un groupe de comédiens et compose quelques chansons. En 1956, il met en musique le texte du poème d'Aragon *Les yeux d'Elsa*, qui sera chanté par André Claveau et le rendra célèbre; toutefois, ses premiers 45 tours n'ont pas de succès. Il faut attendre la sortie de son premier 33 tours, *Deux enfants au soleil* (1961), qui obtient le prix de la SACEM, pour que sa longue carrière soit lancée. Parfois écarté par la censure à cause de son esprit libre, Ferrat a mis en musique ses propres textes ainsi que ceux de plusieurs amis – tels que Henri Gougaud, Georges Coulonges – et poètes – dont Apollinaire et Aragon.

[19] Troy Donahue (1936-2001), pseudonyme de Merle Johnson Jr., est un acteur états-unien. Étudiant de journalisme à la Columbia University, il déménage à Hollywood en 1957 pour entreprendre une carrière d'acteur. Parmi ses premiers films, on peut citer *Monster on the Campus* et *The Tarnished Angels* en 1958. *A Summer Place* (1959) l'a rendu célèbre en faisant de lui une idole des adolescentes des années 1960.

[20] Shelley Winters (1920-2006), pseudonyme de Shirley Schrift, est une actrice états-unienne. Elle a débuté sur la scène comme amatrice dans de petits théâtres de New York et a tenu des rôles mineurs à Broadway avant de travailler pour la Columbia en 1943. Après des rôles secondaires, elle obtient un rôle dramatique dans *Othello* (1948) de George Cukor, quitte la Columbia, qui voulait garder son image de «blonde sexy», pour la Paramount Pictures. Elle joue notamment dans *The Great Gatsby* (1949) d'Elliott Nugent et dans *Une place au soleil* (1951) de George Stevens, pour lequel elle obtient sa première nomination aux Oscars. Grâce au rôle de Petronella Van Daan, Shelley Winters gagne son premier Oscar (de la meilleure actrice dans un second rôle) dans le film *Le journal d'Anne Frank* (1959) de George Stevens. Dans les années 1960, Winters travaille aussi bien au théâtre qu'au cinéma: elle joue dans les pièces *A Streetcar Named Desire* et *The Night of the Iguana* de Tennessee Williams, et gagne son deuxième Oscar pour *A Patch of Blue* (1965) de Guy Green.

[10]

[1] John Hoyer Updike (1932-2009) est un écrivain états-unien. Fils de l'écrivaine Linda Grace Hoyer Updike, il commence à s'intéresser à la littérature et à l'écriture en regardant sa mère au travail. Il étudie d'abord à Harvard avant de s'installer en Angleterre afin de poursuivre des études en art. Rentré aux États-Unis, il travaille à la rédaction du *New Yorker*, qu'il quitte en 1957 pour se consacrer à l'écriture. Updike se fait connaître avec son roman *The Centaur* (1963), qui remporte le National Book Award, et pour sa tétralogie sur le personnage de Harry «Rabbit» Angstrom: *Rabbit Run* (1960), *Rabbit Redux* (1971), *Rabbit Is Rich* (1981) et *Rabbit at Rest* (1990); grâce à ces deux derniers romans, il remporte trois des prix littéraires américains les plus prestigieux, soit deux Pulitzer, l'American Book Award et le National Book Critics Circle Award. Updike est un écrivain très prolifique: il écrit vingt-six romans et de nombreuses nouvelles, chroniques et poèmes publiés principalement dans le *New Yorker* et dans le *New York Review of Books*.

[2] Il s'agit d'un vers tiré du poème «Junkman's Obbligato», publié dans le recueil *A Coney Island of the Mind* de Lawrence Ferlinghetti.

[3] Judith Marjorie Collins (1939), connue sous le nom de Judy Collins, est une chanteuse, compositrice et musicienne états-unienne. Après avoir reçu une formation classique, elle se consacre à la musique folk; elle chante et joue de la guitare dans des clubs de New York où elle interprète des chansons traditionnelles ainsi que des textes de Bob Dylan et de Pete Seeger, parmi d'autres. En 1961, elle lance son premier album, *A Maid of Constant Sorrow*, et signe un contrat avec Elektra Records. Grâce à l'album *Wildflowers*, Judy Collins connaît ses premiers succès. Dans la décennie suivante, elle consolide sa réputation de chanteuse folk et élargit son répertoire au gospel avec des chansons comme *Amazing Grace*, qui obtient un grand succès. Artiste engagée, Judy Collins est représentante de l'UNICEF.

[4] The Four Seasons est un groupe de musique pop rock états-unien, aussi connu sous le nom de Frankie Valli & The Four Seasons. Le groupe s'est formé grâce à la collaboration de Bob Gaudio et de Frankie Valli à la fin des années 1950: leur premier succès est *Sherry*, rapidement suivi de nombreux autres tels que *Big Girls Don't Cry*, *Walk Like a Man* et *Can't Take My Eyes Off of You*. Au début de sa carrière, le groupe se distinguait par un son italo-américain traditionnel.

[5] Jakob Ludwig Felix Mendelssohn Bartholdy (1809-1847), mieux connu comme Felix Mendelssohn, est un chef d'orchestre, pianiste et compositeur allemand. Souvent décrit comme enfant prodige, Mendelssohn était considéré de son vivant comme l'un des plus grands compositeurs européens. Ses sonorités orchestrales sont très colorées et raffinées, douées d'une grande vivacité: parmi ses œuvres les plus célèbres, on peut citer le *Songe d'une nuit d'été*, le *Concerto pour violon en mi mineur op. 64*, les *Symphonies n° 1, n° 3 «Écossaise» et n° 4 «Italienne»*, ainsi que quelques-unes de ses 64 romances sans paroles pour piano. Nonobstant sa brève vie, il a laissé un œuvre très fécond – symphonies, concerti, oratorios, œuvres pour piano seul, musique de chambre, etc. –, a participé à la redécouverte de la musique baroque et a renouvelé l'art du contrepoint, pour lequel il sera considéré comme «le classique des romantiques».

[6] Jerome Robbins (1918-1998), pseudonyme de Jerome Wilson Rabinovitz, est un danseur, chorégraphe, metteur en scène et réalisateur états-unien. Issu d'une famille de Juifs russes, il a reçu une formation qui incluait la danse classique et moderne, des cours de théâtre, de piano et de violon; il a également fait des études universitaires en chimie. À partir de 1939, il s'est produit dans des comédies musicales et, en 1940, est entré à l'American Ballet Theatre de New York. Le succès obtenu avec sa première chorégraphie, *Fancy Free*, lui ouvre les portes de Broadway et il en devient l'un des chorégraphes majeurs. En 1962, il gagne l'Oscar de la meilleure mise en scène pour la version cinématographique de *West Side Story*, qu'il avait déjà dirigée au théâtre en 1958.

[7] Peter Gennaro (1919-2000) est un danseur et chorégraphe états-unien. Il a débuté à Broadway en 1948 et a participé aux comédies musicales *Kiss Me, Kate* (1948) et *Guy and Dolls* (1950). Gennaro s'est attiré l'attention du public avec ses rôles dans *The Pajama Game* (1954) et *Bells Are Ringing* (1956) et il a collaboré comme chorégraphe avec Jerome Robbins dans *West Side Story*.

[11]

[1] Jean Simard (1916-2005) est un écrivain québécois. Après avoir terminé ses études au Petit Séminaire de Québec et à l'École des beaux-arts de Montréal, Simard est devenu professeur, conférencier et rédacteur. En tant que romancier, dramaturge et essayiste, il a été récipiendaire de plusieurs prix, tels que le prix Kormann de l'Académie française en 1947, le prix du Cercle du livre de France en 1956, le prix Duvernay en 1963 et le prix de la traduction du Conseil des arts du Canada en 1976. Simard a été élu membre de la Société royale du Canada en 1962.

[2] Pierre-Jules Renard (1864-1910), dit Jules Renard, est un écrivain français. Malgré sa fréquentation des milieux littéraires, sa collaboration à des journaux, la publication de poèmes et de nouvelles, Renard n'a pas connu un succès immédiat. Il était parmi les actionnaires du *Mercure de France*, fondée en 1889, et membre de la Société des gens de lettres en 1894. Le succès est arrivé avec la publication de *L'écornifleur* (1892) et de *Poil de carotte* (1894). Grâce à son *Journal*, rédigé entre 1897 et 1910 et publié de façon posthume, il est possible de reconstruire la vie littéraire de la Belle Époque. Jules Renard a été élu à l'Académie Goncourt le 31 octobre 1907, au fauteuil ayant appartenu à Huysmans.

[3] Pierre Calvé (1939) est un auteur-compositeur-interprète québécois. Après une période passée dans la marine marchande, il entreprend une carrière de chansonnier. Il fait la connaissance de Claude Gauthier et de Gilles Vigneault et écrira avec ce dernier son plus grand succès, *Quand les bateaux s'en vont*. Il publie trois albums chez Columbia et se produit au Québec et à Paris pendant les années 1960. De 1968 à 1970, il a joué dans le téléroman *Rue des Pignons* puis est revenu à la chanson avec l'album *Vivre en ce pays... ou ailleurs* (1973). Calvé est un artiste nomade et ses chansons parlent souvent de voyage. Après quelques années de silence, il revient sur scène à la fin des années 1990 avec *Les refrains d'abord*, une compilation de ses succès, et *Aquarelle*, un nouvel album. Son dernier album, *Tout est vrai*, date de 2015.

[4] Rod McKuen (1933-2015) est un poète, compositeur et parolier états-unien. Après une enfance difficile, il a entrepris une carrière de chanteur dans des clubs avant de signer un contrat avec Decca Records, avec qui il a lancé quelques albums dans les années 1950. Pendant cette décennie, il a également joué des rôles dans plusieurs films, tels que *Rock, Pretty Baby* (1956), *Summer Love* (1958) et *Wild Heritage* (1958). Dans les années 1960, McKuen s'est installé à Paris où il a fait la connaissance de Jacques Brel et a commencé à traduire ses textes en anglais, dont la chanson *If You Go Away* (*Ne me quitte pas*). À la fin de la décennie, McKuen a publié des recueils de poésie – *Stanyan Street & Other Sorrows* (1966), *Listen to the Warm* (1967) et *Lonesome Cities* (1968) – qui l'ont rendu célèbre. Ses recueils ont été traduits en plusieurs langues et *Lonesome Cities* a remporté un Grammy en 1968. Tout au long de sa carrière, McKuen a composé des albums de musique populaire, de musique classique ainsi que des bandes originales pour des films; il a été nommé deux fois aux Oscars pour *Jean*, chanson du film *The Prime of Miss Jean Brodie* (1969), et pour *A Boy Named Charlie Brown*, générique du film homonyme.

[5] Il s'agit d'un extrait du poème « Twenty-Three » dans *Listen to the Warm*, New York, Random House, p. 38.

[12]

[1] Salvatore Quasimodo (1901-1968) est un écrivain italien et l'un des plus grands poètes de l'hermétisme contemporain. Quasimodo a enseigné la littérature italienne au Conservatoire de musique Giuseppe Verdi à Milan de 1941 à 1968 et a collaboré à plusieurs périodiques et quotidiens, surtout à titre de critique théâtrale. En outre, il a traduit des tragédies grecques et latines ainsi que des pièces de Molière et de Shakespeare. Ses recueils les plus connus sont *Eaux et terres* (1930), *Et soudain c'est le soir* (1942), *Jour après jour* (1947), *Le faux et le vrai vert* (1956). L'œuvre de Quasimodo est souvent partagée en deux périodes: la période hermétique, avant la Seconde Guerre mondiale, et la période post-hermétique jusqu'à sa mort. Le dégoût que lui a inspiré la guerre, son absurdité ont eu un impact sur sa langue poétique, et ont ouvert la voie à une œuvre plus mûre qui réfléchit sur le monde. Parmi les prix et les distinctions reçus, on peut nommer le prix San Babila en 1953, le prix Etna-Taormina qu'il a partagé avec le poète Dylan Thomas, le prix Viareggio en 1958 et le prestigieux prix Nobel de littérature en 1959.

[13]

[1] Alphonse Daudet (1840-1897) est un écrivain et auteur dramatique français. Originaire de Nîmes et désireux de poursuivre une carrière littéraire, il s'installe à Paris en 1857 où il mène une vie de bohème et fréquente les salons littéraires et mondains. Il collabore à plusieurs journaux, tels que *Paris-Journal*, *L'Universel* et *Le Figaro* et, en 1858, publie un recueil de vers, *Les amoureuses*. De 1860 à 1865, il travaille comme secrétaire du duc de Morny. Puisque ce travail lui laisse beaucoup de temps libre, il écrit des contes et des chroniques. Ce ne sera que plus tard qu'il se consacrera à l'écriture de romans. Daudet connaît son premier succès avec *La dernière idole* (1862-1865), une pièce montée à l'Odéon et écrite en collaboration avec Ernest Manuel (pseudonyme d'Ernest Lépine). En 1866, il publie en feuilleton *Chroniques provençales* dans *L'Événement* et, en 1868, il publie enfin son premier roman autobiographique, *Le Petit Chose*, dans lequel il mêle fiction et réalité.

[2] Katherine Anne Porter (1890-1980), née Callie Russel Porter, est une journaliste et écrivaine états-unienne. Après une enfance difficile, elle décide en 1915 de se consacrer à l'écriture, et deux ans plus tard, elle écrit des articles pour *Forth Worth Critic* et *Rocking Mountain News*. En 1918, Porter a failli mourir de la grippe pandémique qui s'était répandue à Denver: cette

expérience est décrite dans la trilogie *Pale Horse, Pale Rider* (1939), pour laquelle elle a reçu en 1940 la médaille d'or pour la littérature décernée par la Society of Librairies de la New York University. En 1919, Porter s'est installée à New York où elle gagne sa vie en écrivant des contes pour enfants et des publicités pour des compagnies cinématographiques. De 1920 à 1930, elle a voyagé entre le Mexique et New York, période au cours de laquelle elle a écrit des nouvelles et des essais. En 1930, Porter publie son premier recueil de nouvelles, *Flowering Judas and Other Stories*. Elle a été élue membre du National Institute of Arts and Letters en 1943 et a été écrivaine en résidence ainsi que professeure dans plusieurs universités américaines. Porter a publié un seul roman, *Ship of Fools* (1962), basé sur ses souvenirs d'une croisière faite en 1931 de Vera Cruz, au Mexique, jusqu'en Allemagne. Le roman a obtenu un énorme succès et elle a pu bénéficier d'une certaine sécurité financière grâce à la vente des droits cinématographiques. Son œuvre appartient à la tradition littéraire du Sud des États-Unis et elle est considérée comme l'écrivaine la plus importante du Texas. Katherine Anne Porter a obtenu le prix Pulitzer et l'American National Book Award pour *The Collected Stories of Katherine Anne Porter* en 1966.

[14]

[1] Hippolyte Jean Giraudoux (1882-1944) est un écrivain et diplomate français. Originaire de la Haute-Vienne et passionné par la culture allemande, il voyage en Europe et, grâce à des bourses d'études, il s'inscrit à l'Université de Munich et ensuite à Harvard. Giraudoux retourne en France en 1910 et il travaille au ministère des Affaires étrangères. Il a servi la France lors de la Première Guerre mondiale et a été le premier écrivain à recevoir la Légion d'honneur. Giraudoux a écrit l'ensemble de son œuvre dans l'entre-deux-guerres, ses premiers succès étant *Siegfried et le Limousin* (1922) et *Églantine* (1927). Dès 1928, il collabore avec Louis Jouvet, un acteur et metteur en scène qui a encouragé sa création théâtrale: des œuvres comme *Amphitryon 38* (1929), *Intermezzo* (1933) et *Judith* (1931) voient le jour pendant cette période. *La guerre de Troie n'aura pas lieu*, mise en scène en 1935, est la plus célèbre pièce de l'auteur.

[2] Harold Pinter (1930-2008) est un écrivain, dramaturge, acteur et metteur en scène britannique d'origine russe et de religion juive. Dans sa jeunesse, il a connu le racisme, l'antisémitisme et la misère au Royaume-Uni, à l'aube de la Seconde Guerre mondiale, un contexte qui a nourri sa vocation. Pinter a été admis à l'École centrale des arts et de la scène en 1951 ainsi que dans une troupe théâtrale ambulante irlandaise spécialisée dans Shakespeare. Pendant les années 1950, il écrit sa première pièce, *The Room*, qui est interprétée par les étudiants de l'Université de Bristol en 1957. Son théâtre se caractérise par une situation en apparence anodine qui devient menaçante et absurde, et une intrigue réduite au minimum. À partir des années 1970, Pinter se consacre à la mise en scène; il est nommé directeur associé du National Theatre en 1973; ses sujets deviennent plus politiques et sont souvent des allégories de l'oppression. Pinter a écrit pour le théâtre, la radio, la télévision et le cinéma. Il a reçu le prix Nobel de littérature en 2005.

[3] John James Osborne (1929-1994) est un dramaturge britannique. Issu d'une famille de classe moyenne, il commence à travailler comme acteur dès l'âge de dix-neuf ans. En 1956, il est admis dans l'English Stage Company et devient célèbre grâce à la pièce *Look Back in Anger*, un portrait de la société de l'époque, considérée comme l'une des premières manifestations du mouvement des *Angry Young Men* anglais de la fin des années 1950. Aussi bien *Look Back in Anger* que *The Entertainer* (1957) seront portés à l'écran quelques années plus tard par Tony Richardson.

[4] Jacques de Lacretelle (1888-1985) est un écrivain français. Fils de consul général, il a passé son enfance à Salonique, à Alexandrie et à Florence; il a étudié à l'Université de Cambridge.

Lacretelle a publié son premier roman, *La vie inquiète de Jean Hermelin*, en 1920. Deux ans plus tard, paraît *Silbermann*, son chef-d'œuvre, publié chez Gallimard et récipiendaire du prix Femina. Lacretelle a été élu à l'Académie française le 12 novembre 1936 et il y est resté presque cinquante ans.

⁵ Pierre Conrad Nicolas Jean Schlumberger (1877-1968) est un éditeur et écrivain français. Issu d'une famille bourgeoise protestante, il quitte l'Alsace pour s'installer à Paris où il fait la connaissance d'André Gide. Avec ce dernier, Jacques Copeau et André Ruyters, Schlumberger cofonde *La Nouvelle Revue Française* (NRF) en 1908. Parmi ses œuvres, on peut nommer *Poèmes des temples et des tombeaux* (1903), *Le mur de verre* (1904), *Heureux qui comme Ulysse* (1906), *L'amour, le prince, la vérité* (1927), *Les yeux de dix-huit ans* (1928) et *Saint-Saturnin* (1930).

⁶ Kurt Weill (1900-1950) est un musicien et compositeur allemand. Issu d'une famille juive, il joue du piano et compose des musiques dès sa jeunesse. Pendant son adolescence, Weill accompagnait au piano une chanteuse locale et ainsi a fait entendre ses airs lors de soirées de chant. En 1918, il est admis à l'École supérieure de Berlin où il suit des cours de musique qui seront déterminants pour son esthétique de l'opéra. Dans les années 1920, Weill est engagé comme chef d'orchestre à Lüdenscheid et il collabore avec des écrivains importants tels que Georg Kaiser, Yvan Goll et Bertolt Brecht. Avec ce dernier il crée *L'opéra de quat'sous* en 1928. Puis, en raison du climat politique, Weill est obligé de quitter l'Allemagne et il se rend à Paris, Londres et New York. Weill est également l'auteur des *Sept péchés capitaux* (1933) et de la *Seconde symphonie* (1934). Aux États-Unis, il a connu le succès à Broadway avec des comédies musicales telles que *Lady in the Dark* (1941) et *One Touch of Venus* (1943).

[16]

¹ Alan Wilson Watts (1915-1973) est un philosophe, écrivain et conférencier états-unien d'origine anglaise. Initié au zen Rinzai, il étudie la théologie et est ordonné prêtre en 1945. Il quitte toutefois la prêtrise quelques années plus tard et s'installe en Californie où il entre à l'Académie américaine des études asiatiques. Watts est devenu célèbre en raison de sa présence à la radio de Berkeley, de ses émissions de télévision et de ses séminaires; il a obtenu une certaine renommée internationale dans les milieux philosophiques. Watts est considéré comme l'un des pères de la contre-culture et a écrit de nombreux livres et articles sur l'identité individuelle, la conscience et la recherche du bonheur, en s'appuyant sur la science, les religions et les philosophies d'Orient et d'Occident.

² Theodor Reik (1888-1969) est un psychanalyste autrichien. Issu d'une famille juive hongroise, il a fait des études de psychologie, de lettres et de philosophie à Vienne, où il a rencontré Sigmund Freud. Il est par la suite entré dans la Société psychanalytique de Vienne. Reik a été l'un des premiers analystes non formés en médecine: en 1925, il a été poursuivi en justice pour pratique illégale de la médecine. C'est à ce sujet que Freud a écrit *La question de l'analyse profane*, dans lequel il prend son parti. Reik a quitté l'Autriche pour s'installer en Allemagne, puis aux Pays-Bas et finalement aux États-Unis, où il a fondé la National Psychological Association for Psychoanalysis (NPAP), une association destinée aux psychanalystes-psychologues. Il est l'auteur de plusieurs ouvrages, dont *Le besoin d'avouer* (1925) et *Écouter avec la troisième oreille* (1948).

[17]

¹ Robert Gurick (1932) est un écrivain québécois né à Paris. Diplômé de l'École polytechnique de l'Université de Montréal, Gurick s'est toujours intéressé au théâtre, participant à la

fondation du Centre d'essai des acteurs dramatiques en 1965. Parmi ses œuvres, on peut citer *Le pendu* (1967) et *Les louis d'or* (1969) pour lesquelles il a reçu le prix du Gouverneur général.

[2] Hector Louis Berlioz (1803-1869) est un compositeur, chef d'orchestre et critique musical français. Fils d'un médecin passionné de musique, il a appris à jouer de la flûte et de la guitare dès son enfance et a commencé à composer à l'âge de douze ans. Son père l'a envoyé à Paris étudier la médecine, mais le jeune Berlioz, lui préférant la musique, s'est inscrit au Conservatoire de Paris où il a suivi des cours de composition. Après cinq tentatives, en 1830, il remporte le prestigieux prix de Rome avec sa cantate *Sardanapale*. Il s'est ensuite installé à Rome où il a fait la connaissance de plusieurs musiciens et compositeurs, parmi lesquels Mendelssohn. Son langage harmonique est très original et ignore souvent les traditions établies.

[18]

[1] Erich Pinchas Fromm (1900-1980) est un psychanalyste et sociologue allemand. Issu d'une famille juive, il a fait des études en droit, en histoire et en sociologie avant d'entrer à l'Institut psychanalytique de Berlin et d'entreprendre une carrière comme psychanalyste. Fromm a contribué à la création de l'Institut psychanalytique de Francfort et a fait partie de la Société psychanalytique de Vienne de Sigmund Freud. En 1934, il s'est installé aux États-Unis où il a enseigné à l'Université Columbia, à l'Université du Michigan et à Yale. Son nom est également lié à l'école psychodynamique américaine et à l'école culturaliste de Chicago. Entre 1949 et 1976, Fromm a vécu au Mexique où il a fondé puis dirigé la Société mexicaine de psychanalyse et enseigné à l'Université nationale autonome du Mexique.

[19]

[1] Dylan Marlais Thomas (1914-1953) est un écrivain gallois. Il a passé la majorité de son enfance à Swansea, où il a fréquenté la Grammar School de la ville et a écrit la moitié de son œuvre dans la maison familiale. Au contraire de ses contemporains qui étaient davantage orientés vers des thèmes politiques et sociaux, la poésie de Thomas était lyrique et intime et plus proche des romantiques. Il a été remarqué grâce à la pièce radiophonique *Under Milk Wood* pour son poème *Do Not Go Gentle into That Good Night* et pour les nouvelles *A Child's Christmas in Wales* et *The Outing*.

[2] John Marcellus Huston (1906-1987) est un réalisateur et acteur états-unien. Boxeur amateur dans les années 1920, il a commencé sa carrière hollywoodienne en tant que scénariste et dialoguiste, avant de la poursuivre comme acteur et réalisateur. Il est l'auteur d'une quarantaine de films, souvent tirés de pièces et de livres célèbres qui sont devenus des classiques tels que *Moby Dick* (1956), *The Man Who Would Be King* (1975) et *The Dead* (1987). Pendant les années 1960, il a joué des rôles dans plusieurs films comme *The Cardinal* (1963) d'Otto Preminger et *Chinatown* (1974) de Roman Polanski. Durant la Seconde Guerre mondiale, Huston faisait partie de l'équipe des cinéastes militaires de l'armée états-unienne et il a réalisé trois documentaires, dont *Let There Be Light* (1946), considéré comme un document capital sur le traitement psychiatrique des blessés de guerre. Tout au long de sa carrière, Huston a reçu quinze nominations aux Oscars, qu'il a gagné deux fois, et il a dirigé aussi bien son père Walter Huston que sa fille Anjelica Huston, qui ont remporté des Oscars à leur tour.

[3] Anouk Aimée (1932), pseudonyme de Nicole Françoise Florence Dreyfus, est une actrice française. Elle a débuté sa carrière au cinéma à l'âge de quatorze ans, dans le rôle d'Anouk dans *La maison sous la mer* (1947) d'Henri Calef. Puis, elle a travaillé en Grande-Bretagne, en Allemagne et en Italie, où elle s'est affirmée dans *La dolce vita* (1960) et *Huit et demi* (1963) de Federico Fellini. Pendant cette période, Anouk Aimée a joué des rôles dans *Lola* (1961) de

Jacques Demy et dans *Le farceur* (1961) de Philippe de Broca. En 1966, Claude Lelouch l'a choisie pour interpréter l'un des deux rôles principaux dans *Un homme et une femme* (1966) avec Jean-Louis Trintignant. Le film a obtenu un grand succès international et les deux acteurs sont devenus l'un des couples les plus connus du cinéma français. Son rôle lui a valu un Golden Globe de la meilleure actrice dramatique et une nomination aux Oscars.

⁴ Claude Gingras (1931) est un journaliste et critique musical québécois. Il a commencé sa carrière en collaborant avec différents périodiques puis il a écrit des chroniques pour *La Tribune* et *La Presse*. Critique musical depuis plusieurs décennies, Gingras a suivi l'évolution de nombreux ensembles symphoniques, dont l'Orchestre symphonique de Montréal, l'Orchestre métropolitain, l'Orchestre de chambre McGill et I Musici de Montréal.

⁵ Jacques Chardonne (1884-1968), pseudonyme de Jacques Boutelleau, est un écrivain français. Issu d'une famille de commerçants, son père étant aussi écrivain et sa mère descendante de la dynastie des Haviland, il a été éduqué selon la religion protestante et a été envoyé en Allemagne et en Angleterre pour améliorer ses connaissances et apprendre le commerce. Rentré en France, Chardonne a entamé des études en droit à l'École des Sciences politiques de Paris et obtenu sa licence en 1906. En 1909, il est nommé secrétaire puis directeur chez l'éditeur Pierre Victor Stock. Germanophile, Chardonne y a publié des écrits considérés comme collaborationnistes. Parmi ses romans, il faut mentionner *L'épithalame* (1921), qui a été en lice pour le prix Goncourt, et *Claire* (1931), qui lui a valu le Grand prix du roman de l'Académie française en 1932.

⁶ Herbert Marshall McLuhan (1911-1980) est un sociologue, philosophe, critique littéraire et professeur canadien. Après des études en ingénierie, il se tourne vers l'anglais et la philosophie tout en se passionnant pour la littérature. McLuhan a étudié à Cambridge où il a été initié à la théorie littéraire du *New Criticism* par F.R. Leavis et I.A. Richards. Il a consacré sa thèse de doctorat à l'étude de Thomas Nashe, un pamphlétaire anglais du XVIᵉ siècle, élargissant ainsi ses connaissances de l'histoire intellectuelle du Moyen Âge et de la Renaissance. Devenu professeur, McLuhan a enseigné à l'Université du Wisconsin et à l'Université Saint-Louis et a eu comme étudiant Walter J. Ong, devenu célèbre par ses travaux sur l'oralité. Rentré au Canada en 1944, il enseigne la littérature anglaise à l'Université de Toronto, mais il abandonne rapidement cette discipline au profit des théories de la communication et de l'étude des médias. Dans *The Mechanical Bride: The Folklore of Industrial Man* (1951), il étudie les effets de la publicité et fait une critique de la culture nord-américaine. En 1963, l'Université de Toronto crée pour lui le Centre for Culture and Technology. Parmi ses œuvres, il faut mentionner *La Galaxie Gutemberg* (1962) où il établit trois étapes du développement du processus de communication liées à l'impact du médium: selon McLuhan, le médium de communication a plus d'importance que son contenu. Il a également essayé d'entrevoir les bouleversements qu'engendrerait la télévision.

⁷ Thomas Malcolm Muggeridge (1903-1990) est un écrivain et journaliste britannique. Après des études en sciences naturelles à l'Université de Cambridge, il part en Inde pour enseigner la littérature anglaise. En 1932, attiré par le communisme, Muggeridge s'installe à Moscou où il est le correspondant du *Manchester Guardian*. Il écrit un roman, *Picture Palace*, librement basé sur ses expériences, qui toutefois n'est pas publié. Déçu par le communisme, il s'intéresse à la famine en Ukraine et recueille des témoignages qu'il envoie en Angleterre et qui sont publiés sous un pseudonyme. En 1934, il publie *Winter in Moscow*, un roman qui décrit l'utopie socialiste. Pendant la Seconde Guerre mondiale, Muggeridge travaille pour le gouvernement britannique dans le MI6 (Military Intelligence, section 6) et après la guerre, il écrit pour plusieurs journaux, tels que le *Calcutta Statesman*, *Evening Standard* et *The Daily Telegraph*. Muggeridge a également été recteur de l'Université d'Édimbourg.

⁸ Heinrich Theodor Böll (1917-1985) est un écrivain allemand. Après des études en littérature

à l'Université de Cologne, il entreprend une carrière d'écrivain avec une série de contes qu'il publie dans des journaux. Il fait paraître un premier roman, *Le train était à l'heure* (1949). Dans ses contes et ses romans, Böll offre un portrait de l'Allemagne de l'après-guerre, d'une société qui essaie d'oublier rapidement son passé en contribuant au renouveau de la littérature allemande. Considéré comme l'un des plus grands auteurs allemands de l'après-guerre, il a reçu le prix Georg Büchner pour l'ensemble de son œuvre en 1967 et le prix Nobel de littérature en 1972.

[9] The Fugs est un groupe rock états-unien fondé au milieu des années 1960 par les poètes Ed Sanders et Tuli Kupferberg, avec le batteur Ken Weaver, auxquels se sont ajoutés d'autres musiciens au fil du temps. Le nom du groupe est tiré d'un euphémisme utilisé par Norman Mailer dans son roman *The Naked and the Dead* (1948). The Fugs mélange la musique rock avec la poésie et s'en sert comme moyen de satire politique. Ils ont participé à plusieurs manifestations contre la guerre du Viêt Nam et d'autres interventions qui impliquaient les États-Unis. Leur dernier concert date de 2012.

[10] Ernest Christopher Dowson (1867-1900) est un poète et romancier anglais. Après ses études, il travaille avec son père tout en continuant d'écrire. Il entre dans le Rhymers' Club, où il fait la connaissance de W.B. Yeats et Lionel Johnson. Dowson a fréquenté des clubs de music-hall et a écrit pour des revues littéraires telles que *The Yellow Book* et *The Savoy*. Il a également été le traducteur de plusieurs romans français dont *Les liaisons dangereuses* (1782) de Choderlos de Laclos ainsi que des œuvres de Balzac et des frères Goncourt.

[20]

[1] James Otis Purdy (1914-2009) est un romancier et poète états-unien. Après avoir obtenu un baccalauréat en français du Bowling Green State College et avoir enseigné le français à la Greenbrier Military School, il a obtenu en 1937 une maîtrise en anglais de l'Université de Chicago. Puis, Purdy est entré dans l'armée et, plus tard, il est revenu à l'Université de Chicago pour étudier l'espagnol. Après une expérience d'études au Mexique, Purdy a enseigné l'anglais à Cuba et est ensuite rentré aux États-Unis pour enseigner l'espagnol. Au milieu des années 1950, il a tout quitté pour se consacrer à l'écriture. En 1956, il publie son premier conte, *63: Dream Palace*, et à partir de ce moment, il a créé une douzaine de romans, des pièces de théâtre et plusieurs recueils de nouvelles et de poésie. Purdy a remporté le Morton Dauwen Zabel Fiction Award en 1993 de l'Académie américaine des arts et des lettres pour *On Glory's Course* (1984). Il a en outre obtenu deux Guggenheim Fellowship (1958 et 1962) et des bourses de la Ford Foundation (1961).

[2] Kitty Wells (1919-2012), pseudonyme d'Ellen Muriel Deason, est une chanteuse états-unienne de musique country. Née dans une famille qui aimait la musique, Wells a commencé à chanter dès son enfance et a appris à jouer de la guitare grâce à son père. À l'âge de dix-huit ans, Wells s'est mariée à Johnnie Wright, chanteur country et membre du duo Johnnie and Jack. Elle a commencé à se produire avec lui en duo, mais aussi en quatuor avec sa belle-sœur Louise et son beau-frère Jack. En 1949, Wells a signé un contrat avec la RCA Victor avec qui elle n'a produit que quelques chansons. En 1952, la Decca Records lui propose d'enregistrer *It Wasn't God Who Made Honky Tonk Angels* et elle accepte – une chanson controversée en raison du sentiment de rébellion exprimé par une femme. Interdite par plusieurs radios, la chanson s'est vendue à plus de 800 000 exemplaires et est devenue la première chanson d'une chanteuse country à occuper la première place dans le *Billboard*. Après ce succès, il y en a eu d'autres, comme *Paying for That Back Street Affair*, *Cheatin's a Sin*, *Hey Joe*, *Making Believe* et *Lonely Side of Town*, qui ont confirmé que les femmes pouvaient avoir une carrière dans le country. En 1991, elle a reçu un Grammy Award pour sa carrière et, en 2009, elle a été intronisée au Country Music Hall of Fame.

³ *Nègres blancs d'Amérique* (1968) est à la fois un essai et une autobiographie de Pierre Vallières, qui y dresse un portrait de la société québécoise des années 1950 et 1960. Selon Vallières, le Québec francophone de l'époque est la patrie d'un peuple colonisé qui pourra se libérer seulement par le biais d'une révolution. Considéré comme le manifeste du mouvement de libération nationale, ce livre représente un important témoignage sur le bouillonnement propre à ces années.

⁴ Henri-Georges Clouzot (1907-1977) est un scénariste, dialoguiste, réalisateur et producteur de cinéma français. Après des études classiques, il s'est consacré d'abord au journalisme puis a écrit des scénarios et travaillé à des adaptations des films *Les inconnus dans la maison* (1942) d'Henri Decoin et *Le dernier des six* (1941) de Georges Lacombe. Clouzot a fait sa première mise en scène en 1942 et, pendant l'Occupation, il a réalisé *Le corbeau* (1943), qui a donné lieu à plusieurs polémiques et a été comparé à *Mein Kampf.* Selon ses accusateurs, Clouzot donnait une image négative de la France. À la Libération, Clouzot a été condamné à une suspension professionnelle à vie, mais grâce à l'intervention de quelques personnalités de l'époque, il est revenu à la réalisation et a remporté plusieurs prix aux festivals de Venise, de Cannes et de Berlin avec *Quai des Orfèvres* (1947), *Miquette et sa mère* (1949) et *Le salaire de la peur* (1953). Clouzot a été surnommé le « Hitchcock français ».

[21]

¹ Claire Martin (1914-2014), née Claire Montreuil, est une écrivaine québécoise. Après des études à Québec, sa ville natale, elle a entrepris une carrière à la radio, qu'elle a abandonnée après son mariage. Plus tard, elle s'est consacrée à la traduction littéraire. Pendant sa longue carrière littéraire, Claire Martin a obtenu de nombreux prix: son premier recueil de nouvelles, *Avec ou sans amour* (1958), a été couronné du prix du Cercle du livre de France et son premier roman, *Doux-amer* (1960), a été parmi les finalistes du prix Femina. Elle a en outre gagné le prix de la Province de Québec, le prix Jean-Hamelin et le prix du Gouverneur général du Canada avec son autobiographie en deux volumes, *Dans un gant de fer: La joue gauche* (1965); *La joue droite* (1966), basée sur ses souvenirs d'enfance où elle décrit la condition des enfants battus dans le silence du Québec catholique. Après un silence littéraire de vingt-cinq ans, Claire Martin est revenue à l'écriture en 2000 et a publié son dernier recueil, *Le feu purificateur*, en 2008, à l'âge de quatre-vingt-quatorze ans.

² Roch Carrier (1937) est un écrivain québécois. Après des études au Canada, il a obtenu un doctorat en littérature en France. Il a enseigné la littérature au Collège militaire royal de Saint-Jean puis à l'Université de Montréal. Carrier a remporté le prix littéraire du Québec pour son roman *Jolis deuils* (1964) et est très connu parmi les jeunes pour son conte *Le chandail de hockey* (1979). Ce classique de la littérature jeunesse au Canada a été adapté en dessin animé. En racontant l'histoire d'un garçon qui commande le chandail de l'équipe des Canadiens de Montréal mais qui en reçoit un des Maple Leafs de Toronto, le conte représente une allégorie des tensions culturelles et linguistiques entre anglophones et francophones.

³ Rodney Stephen « Rod » Steiger (1925-2002) est un acteur états-unien. Après avoir étudié à l'Actors Studio de New York, il a entamé une carrière d'acteur avec *Teresa* (1951) de Fred Zinnemann puis a joué dans *The Big Knife* (1955), *Oklahoma!* (1955) et *Across the Bridge* (1957). Steiger a reçu une nomination pour l'Oscar du meilleur acteur dans un second rôle pour *On the Waterfront* (1954) d'Elia Kazan et a remporté l'Oscar du meilleur acteur en 1967 pour son rôle du shérif dans le film de Norman Jewison *In the Heat of the Night* (1967). Dans les années 1970, il a travaillé de plus en plus dans des productions européennes telles qu'*Il était une fois la révolution* (1971) de Sergio Leone et à partir des années 1980, il a joué dans des films à petit budget jusqu'à sa dernière apparition dans *The Hurricane* en 1999.

⁴ Yvette Brind'Amour (1918-1992) est une actrice québécoise. Elle a étudié l'art dramatique avec Yvonne Duckett et a participé à la fondation du Théâtre de l'Équipe de Pierre Dagenais ainsi qu'au Théâtre du Rideau vert avec Mercedes Palomino.

[23]

¹ William Seward Burroughs II (1914-1997), également connu sous son nom de plume William Lee, est un écrivain, essayiste et peintre états-unien. Né dans une famille bourgeoise qui l'a soutenu financièrement pendant toute sa vie, il a étudié la littérature anglaise à Harvard puis fait des études médicales à Vienne. Tout au long de sa vie, Burroughs voyage beaucoup – Mexique, Maroc, France. Il s'est consacré à l'écriture après la mort de sa femme et est devenu célèbre grâce à son premier roman, *Junkie* (1953); toutefois son œuvre la plus connue est *Naked Lunch* (1959), premier chapitre d'une tétralogie qui suit avec *The Nova Trilogy* (1961-1964). Connu pour ses romans hallucinés mêlant drogue et homosexualité, sa dernière publication, *My Education: A Book of Dream*, date de 1994.

² Danielle Darrieux (1917) est une actrice française. Elle a entamé sa carrière d'actrice pendant son adolescence dans *Le bal* (1931) de Wilhelm Thiele; et elle a poursuivi dans des rôles de jeune fille fantasque aux côtés d'acteurs célèbres du cinéma de l'époque. Avec Albert Préjean, ils ont formé un couple dans plusieurs comédies musicales: *La crise est finie* (1934), *Dédé* (1935) et *Quelle drôle de gosse* (1935). La carrière de Danielle Darrieux s'est déployée sur huit décennies et on peut citer de nombreux films tels que *L'or dans la rue* (1934), *J'aime toutes les femmes* (1935), *Le domino vert* (1935), *Mademoiselle ma mère* (1937), parmi d'autres. Elle a reçu nombre de prix et distinctions, dont le Victoire de la meilleure comédienne du cinéma français en 1955, en 1957 et en 1958, un César d'honneur en 1985, un Molière d'honneur en 1997, un Molière de la meilleure comédienne en 2003 et un Globe de cristal en 2010.

³ Georges Dor (1931-2001), pseudonyme de Georges-Henri Dore, est un auteur, essayiste, compositeur, dramaturge, chanteur, poète, traducteur, producteur et réalisateur de théâtre québécois. Il a d'abord entrepris une carrière à la radio comme animateur dans une émission musicale avant de travailler pour Radio-Canada à titre de réalisateur au téléjournal. De 1965 à 1978, Dor a chanté professionnellement, tout en écrivant des pièces, des téléromans, des romans et des recueils de poésie.

[24]

¹ René Lévesque (1922-1987) est un journaliste, animateur de radio et de télévision, et politicien québécois. Dans les années 1940 et 1950, il a entamé une carrière de journaliste, puis, dans la décennie suivante, il a été élu député pour le Parti libéral du Québec et nommé ministre dans le gouvernement Lesage. En 1968, déçu par son parti, Lévesque fonde le Parti Québécois et quand le parti prend le pouvoir en 1976, il devient premier ministre du Québec. Indépendantiste, Lévesque est connu pour avoir tenu un référendum sur la souveraineté du Québec en 1980, où le «non» l'a emporté. Il s'est retiré de la vie politique en 1985.

² Bertrand Vac (1914-2010), pseudonyme d'Aimé Pelletier, est un médecin, nouvelliste, dramaturge et essayiste québécois. Après des études en médecine à l'Université de Montréal, il a exercé cette profession dans l'armée canadienne de 1942 à 1946 puis a poursuivi des études en chirurgie. Vac a écrit plusieurs œuvres et remporté trois fois le prix du Cercle du livre de France pour *Louise Genest* en 1950, *Deux portes, une adresse* en 1952 et *Histoires galantes* en 1965.

[26]

[1] Françoise Loranger (1913-1995) est une écrivaine québécoise. Après avoir publié des nouvelles dans la *Revue populaire* et des feuilletons radiophoniques, Françoise Loranger a fait paraître le roman *Mathieu* (1949), qui est devenu un succès littéraire. Avec l'arrivée de la télévision, dans les années 1950, elle s'est consacrée à l'écriture de dramatiques destinées à ce médium ainsi qu'à des téléromans, en plus de pièces de théâtre. En 1967, Loranger a remporté le prix du Gouverneur général pour la pièce *Encore cinq minutes*.

[2] Jean Éthier-Blais (1925-1995) est un écrivain, professeur, critique littéraire et diplomate canadien. Après un baccalauréat en lettres à l'Université de Montréal, il fréquente le salon de François Hertel et rédige des articles pour *L'Ami du peuple*. Plus tard, il se rend à Paris et à Munich pour poursuivre ses études. Dans les années 1950, Jean Éthier-Blais entreprend une carrière de diplomate au ministère des Affaires extérieures du Canada. Rentré au Canada la décennie suivante, il entame une carrière universitaire et de critique littéraire. Parmi ses textes, il faut mentionner ses essais autobiographiques *Fragments d'une enfance* (1989) et *Le seuil des vingt ans* (1992) qui, avec son roman *Les pays étrangers* (1982), rappellent son enfance et sa vie franco-ontarienne pendant les années 1930. Le roman souligne la complexité de la relation entre Franco-Ontariens et Québécois à l'époque.

[27]

[1] Han Suyin (1917-2012), pseudonyme de Chou Kuanghu, également connue comme Elizabeth Comber, est une médecin, sinologue et écrivaine chinoise et belge. Née en Chine d'un père chinois et d'une mère belge, elle a reçu une éducation européenne et n'a appris la langue paternelle qu'à quinze ans. Han Suyin a écrit principalement en anglais, mais aussi en français, des récits autobiographiques ainsi que des études historiques sur la Chine moderne. Son roman *A Many-Splendoured Thing* (1952), son plus grand succès, a été adapté au grand écran par Henry King sous le titre *Love Is a Many-Splendoured Thing* (1955). Favorable au maoïsme, Han Suyin a joué un rôle diplomatique comme porte-parole officieux de la Chine de Mao Tsé-toung en Occident; à ce titre, elle a été souvent critiquée par des défenseurs des droits de l'Homme et des sinologues occidentaux. Bien que ses œuvres aient été traduites dans plusieurs langues, aucune n'a été publiée en Chine.

[28]

[1] Eric Hoffer (1902-1983) est un écrivain et philosophe états-unien. Fils d'un couple d'immigrés alsaciens, il a perdu ses parents à un très jeune âge. Il s'est ensuite installé à Los Angeles où il a fait de petits travaux pour gagner sa vie, a beaucoup lu et a occasionnellement écrit. En 1941, Hoffer a essayé de s'engager dans l'armée, sans succès : c'est à cette époque qu'il commence à écrire sérieusement. Hoffer est devenu célèbre grâce à son essai *The True Believer: Thoughts on the Nature of Mass Movements* (1951), qui a été bien accueilli par la critique et est devenu un classique, même s'il considérait *The Ordeal of Change* (1963) son meilleur travail. Hoffer a écrit une dizaine de livres et a reçu la médaille présidentielle de la Liberté en 1983.

[31]

[1] *Neighbours* est une pièce du dramaturge britannique James Saunders (1925-2004).

[2] Frances Hyland (1927-2004) est une actrice canadienne. Après avoir étudié à l'Université de la Saskatchewan, Hyland s'est inscrite à la Royal Academy of Dramatic Art en Angleterre et

elle a débuté sa carrière d'actrice avec le rôle de Stella dans *A Streetcar Named Desire*. Dans les années 1950, Hyland est rentrée au Canada où elle a poursuivi sa carrière. Dans les décennies suivantes, elle a obtenu nombre de prix et distinctions.

³ André Major (1942) est un écrivain, animateur et réalisateur d'émissions de radio québécois. Connu pour son œuvre de fiction et ses carnets autobiographiques, Major se considère comme un écrivain mineur. Il est l'un des fondateurs de la revue *Parti pris* et a travaillé pendant vingt-cinq ans à la Société Radio-Canada, où il a réalisé des émissions culturelles.

⁴ John Phillip Law (1937-2008) est un acteur états-unien. Il a fait ses débuts au cinéma quand il était un enfant dans *The Magnificent Yankee* (1950) de John Sturges. Law a ensuite étudié l'art dramatique à l'University of Hawaii et au Lincoln Center Repertory Theatre à New York tout en jouant de petits rôles. Law s'est installé en Italie où il a travaillé dans plusieurs productions cinématographiques, telle que *The Russians Are Coming, the Russians Are Coming* (1966) de Norman Jewison. Il a joué les héros de films d'action, de science-fiction, dans des comédies, des westerns, des films dramatiques et de guerre. Son rôle le plus mémorable est celui de l'ange aveugle Pygar dans *Barbarella* (1968).

[32]

¹ Anna Karina (1940), pseudonyme de Hanne Karin Bayer, est une actrice, chanteuse et écrivaine française d'origine danoise. Elle a commencé sa carrière au Danemark où elle chantait dans des cabarets, travaillait comme mannequin et jouait dans des publicités et des courts métrages. Après un déménagement à Paris, elle a fait la rencontre de Coco Chanel, qui lui a donné son pseudonyme, et de Jean-Luc Godard, avec lequel elle s'est mariée en 1961. Avec Godard, Anna Karina tourne plusieurs films et obtient le prix de la meilleure actrice au festival de Berlin en 1961 pour son interprétation d'Angela dans *Une femme est une femme*. Anna Karina travaille aussi avec d'autres réalisateurs, dont Jacques Rivette, Luchino Visconti et George Cukor. En 1973, Anna Karina réalise un premier film *Vivre ensemble*, dans lequel elle joue également. En 2007, elle réalise un road-movie, *Victoria*, au Québec. Parallèlement à sa carrière d'actrice, elle a continué sa carrière de chanteuse, obtenant un grand succès en 1967 avec *Sous le soleil exactement* et *Roller Girl*. Anna Karina a également écrit des romans.

² John Fowles (1926-2005) est un écrivain anglais. Après avoir étudié le français à l'Université d'Oxford, il a enseigné en France et en Grèce. Le succès international de son premier roman, *The Collector* (1963), met fin à sa carrière d'enseignant. Dès lors, Fowles s'est consacré à la littérature et écrit des textes tels que *The Magus* (1965), *The French Lieutenant's Woman* (1969) ainsi que *The Aristos: A Self-Portrait in Ideas* (1964), son œuvre la plus célèbre.

³ Michel Simon (1895-1975) est un acteur suisse. À l'âge de seize ans, il s'est installé à Paris où il a exercé de petits métiers et s'est consacré à sa passion pour la lecture. Il a fait ses débuts dans le monde du spectacle de façon modeste, comme clown, acrobate et assistant d'un prestidigitateur. En 1920, Simon entre dans la troupe des Pitoëff, et il deviendra plus tard acteur de théâtre de boulevard et de comédies musicales. Sa carrière prend son envol en 1929 avec la pièce *Jean de la lune* de Marcel Achard et se poursuit avec plusieurs succès dans des pièces de Shakespeare, Shaw, Pirandello et Wilde, parmi d'autres. Simon se révèle un artiste éclectique – comique, dramatique, tragique, vaudeville – mais il s'affirme surtout dans la comédie, où il joue plus de 150 rôles entre 1920 et 1975. Il doit toutefois son immense popularité au cinéma (muet), où il débute en 1925 dans *Feu Mathias Pascal* de Marcel L'Herbier, d'après Pirandello.

⁴ Alain Cohen (1958) est un acteur français connu pour son rôle de Claude Langmann enfant dans *Le vieil homme et l'enfant* de Claude Berri. Après ce premier tournage, il a reçu d'autres propositions de films que ses parents ont refusées. Il est revenu au cinéma en 1970 avec le même personnage dans *Le cinéma de papa* de Berri. Il a ensuite quitté le grand écran pour y

revenir en 1976 avec *La première fois* de Berri. Abandonnant la carrière d'acteur, il est devenu architecte, puis marchand de fruits et de légumes jusqu'en 2004, quand il a joué dans *Ils se marièrent et eurent beaucoup d'enfants* d'Yvan Attal, produit par Claude Berri.

[35]

[1] Jacques Galipeau (1922) est un acteur québécois. Il a joué dans des séries québécoises entre la fin des années 1950 et le début des années 1980. Il a aussi obtenu quelques rôles au cinéma dans *Ça peut pas être l'hiver, on n'a même pas eu d'été* (1980), *Emporte-moi* (1999) et *La turbulence des fluides* (2002).

[36]

[1] Paul Villeneuve (1944-2010) est un écrivain québécois, connu surtout pour son roman *Johnny Bungalow* (1974), un roman d'apprentissage à forte teneur politique très remarqué à sa sortie. Il a publié plusieurs romans dans les années 1960 et 1970.

[2] Alfred Luc Granger (1940) est un écrivain, chanteur et acteur québécois. Dans les années 1960, il a interprété des chansons de Léo Ferré, avec lequel il est devenu ami lors d'un séjour à Paris. Granger est connu pour ses trois romans *Ouate de phoque* (1969), *Amatride* (1974) et *L'impliable* (1994). En 1970, il a joué le premier rôle dans le film *Maudits sauvages* de Jean-Pierre Lefebvre. Après un séjour en Islande, il est revenu au Québec en 1976 où il a été animateur de radio pendant plusieurs années.

[3] Geneviève Bujold (1942) est une actrice québécoise. Issue d'une famille d'origine française et irlandaise, elle a étudié au Conservatoire d'art dramatique de Montréal. Elle a débuté au théâtre dans le rôle de Rosine dans le *Barbier de Séville*. Dans les années 1960, elle est en France et joue dans les films *La guerre est finie* (1966) d'Alain Resnais, *Le roi de cœur* (1966) de Philippe de Broca et *Le voleur* (1967) de Louis Malle. Rentrée au Canada, Bujold joue dans plusieurs films, tels qu'*Entre la mer et l'eau douce* (1967), *Isabel* (1968), *The Act of the Heart* (1970), *Journey* (1972) et *Kamouraska* (1973), pour lequel elle remporte le prix Génie de la meilleure actrice au Festival du film canadien. Avec *Anne of the Thousand Days* (1969) de Charles Jarrott, elle devient une vedette internationale: elle remporte le Golden Globe de la meilleure actrice dans un film dramatique en 1970 et est mise en nomination pour l'Oscar de la meilleure actrice.

[4] Roger Vadim (1928-2000) est un réalisateur, scénariste, acteur et écrivain français. À l'âge de dix-neuf ans, il abandonne ses études pour entreprendre la vie d'artiste peintre et d'acteur à Paris. Il s'inscrit à des cours de comédie et devient l'assistant et ensuite le scénariste de Marc Allégret, tout en gardant son travail de journaliste et de photographe pour *Paris Match*. Vadim a écrit et réalisé plusieurs films – *Et Dieu... créa la femme* (1956), *Et mourir de plaisir* (1960), *Le vice et la vertu* (1963), *Barbarella* (1968) – qui ont fait de ses conjointes Brigitte Bardot, Annette Stroyberg, Catherine Deneuve et Jane Fonda des stars du grand écran.

[5] Hubert Aquin (1929-1977) est un écrivain, cinéaste et intellectuel québécois. Diplômé de l'Université de Montréal en 1951, il part étudier les sciences politiques à Paris. De retour à Montréal, il travaille comme réalisateur et scénariste pour la télévision de Radio-Canada et pour l'Office national du film. Interné dans un hôpital psychiatrique pendant quatre mois, il entreprend l'écriture de son roman le plus connu, *Prochain épisode* (1965), au sujet d'un révolutionnaire emprisonné. Ses textes sont publiés dans plusieurs revues dont *Parti pris*, *Voix et images du pays* et *Liberté*. Dans les années 1970, il a enseigné dans plusieurs universités nord-américaines et il a été directeur littéraire aux Éditions La Presse.

[37]

[1] Sir Rex Harrison (1908-1990), né Reginald Carey Harrison, est un acteur de cinéma et de théâtre britannique. Il a débuté sa carrière d'acteur à l'âge de dix-huit ans au Liverpool Rep Theatre et est devenu célèbre grâce à son rôle dans *French Without Tears* de Terence Rattigan. Dans les années 1930 et 1940, il a joué divers rôles au théâtre et au cinéma en Angleterre, mais il est devenu une étoile du grand écran à Hollywood avec des films tels qu'*Anna et le roi de Siam* (1946) de John Cromwell, *L'aventure de Madame Muir* (1947) de Joseph Mankiewicz et *Qu'est-ce que maman comprend à l'amour?* (1958) de Vincente Minnelli. Dans les années 1960, il a interprété le rôle du professeur Henry Higgins dans la comédie musicale *My Fair Lady*, inspirée de la pièce *Pygmalion* de G.B. Shaw, rôle pour lequel il a gagné un Tony. En 1964, *My Fair Lady* a été repris au cinéma, dans un film de George Cukor; Harrison a remporté un Oscar. Il a remporté un deuxième Tony pour *Anne of the Thousand Days* (1969) de Charles Jarrott.

[2] Melina Mercouri (1920-1994), pseudonyme de María Amalía Mercoúri, est une actrice, chanteuse et politicienne grecque. Elle est devenue célèbre dès son premier rôle au cinéma, dans *Stella* (1955), mais c'est avec *Jamais le dimanche* (1960) que Mercouri a obtenu la renommée internationale et reçu le prix d'interprétation féminine au festival de Cannes ainsi qu'une nomination aux Oscars. En 1967, lors du coup d'état en Grèce, Mercouri s'exile en France, où elle devient chantre de la résistance à la dictature. En 1974, après la chute du régime, Mercouri rentre dans son pays. Elle est élue députée du Mouvement socialiste panhellénique en 1978 et nommée ministre de la Culture en 1981, poste qu'elle occupera jusqu'en 1989, et ensuite de 1993 jusqu'à sa mort. En 1985, en vue de contribuer au rapprochement des peuples européens, Melina Mercouri a créé le concept des capitales européennes de la culture pour accueillir des manifestations artistiques et mettre l'accent sur le patrimoine historique et culturel des villes choisies.

[39]

[1] Jean Basile (1932-1992), né Jean Basile Bezroundnoff, est un journaliste et écrivain québécois d'origine russe et française. Après avoir été journaliste et critique littéraire au *Devoir*, il a créé, en 1970, le mythique magazine contre-culturel *Mainmise*. Parmi ses œuvres, on peut citer sa trilogie des Mongols: *La jument des mongols* (1964), *Le grand Khan* (1967) et *Les voyages d'Irkoutsk* (1970).

[41]

[1] Colette Audry (1906-1990) est une romancière, dramaturge, dialoguiste et scénariste française. Après des études à l'École normale supérieure de Sèvres, elle a été professeure à Caen et ensuite à Rouen, où elle est devenue l'amie de Simone de Beauvoir. En 1934, Audry devient directrice de la revue *L'avant-garde syndicale* et, en tant que membre du bureau national du Comité de vigilance des intellectuels antifascistes, participe à la création du courant de gauche de la Section française de l'Internationale ouvrière, dont elle sera exclue quatre ans plus tard. Audry est parmi les fondateurs du Parti socialiste ouvrier et paysan, est ultra-pacifiste et signe le « manifeste des femmes contre la guerre ». Après la guerre, elle est chargée de mission au ministère de l'Information et reprend ensuite son poste de professeure. De 1952 à 1957, Audry continue ses études et rédige une thèse sur le double en littérature sous la direction de Gaston Bachelard. Pendant cette période, elle se détache de l'action militante et se consacre à des activités artistiques et littéraires: elle collabore à l'écriture de *La bataille du rail* (1946) de René Clément, aux *Temps modernes* de Sartre ainsi qu'aux scénarios de films de sa sœur Jacqueline, *Les malheurs de*

Sophie (1946) et *Fruits amers* (1967), et publie des œuvres littéraires. Dès 1964, Colette Audry dirige la collection «Femme» aux Éditions Denoël: c'est la première fois qu'on propose des œuvres françaises et étrangères écrites par des femmes au rythme d'un titre par mois. Sa correspondance avec un moine bénédictin où elle parle de littérature a été publiée à titre posthume sous le titre de *Rien au-delà* (1993).

   [2] Jacques-Laurent Bost (1916-1990) est un écrivain, traducteur, journaliste, scénariste et dialoguiste français. Fasciné par son professeur de philosophie du lycée, Jean-Paul Sartre, Bost l'a suivi à Paris où il s'est inscrit à la Sorbonne. À la Libération, il a été correspondant de guerre en Allemagne pour *Combat* où il a découvert l'horreur des camps de concentration. En 1946, Bost a publié son journal de guerre, *Derniers des métiers*, dans la collection «Espoir» dirigée par Albert Camus chez Gallimard. Il a été membre de *Temps modernes* avec Sartre et de Beauvoir. Bost a été scénariste: il a collaboré avec Sartre aux dialogues du film *Les jeux sont faits* (1947) de Jean Delannoy d'après le roman de Sartre; il a adapté à l'écran *Les mains sales* (1951) et *La putain respectueuse* (1952), deux pièces éponymes de ce dernier. Bost a travaillé à l'adaptation du roman *Les Ragazzi* (1955) de Pier Paolo Pasolini pour le film *Les garçons* (1959) de Mauro Bolognini. L'activité de Bost comme traducteur l'a amené à traduire des romans de J. Hadley Chase, P. Cain, Horace McCoy, parmi d'autres, pour la collection «Série noire».

   [3] Glen Campbell (1936) est un chanteur, musicien et acteur états-unien. Il a débuté sa carrière avec son oncle Dick Bill, avec qui il a formé un groupe de 1954 à 1958. Il a effectué plusieurs tournées aux côtés des Western Wranglers et des Champs. Pendant les années 1960, après s'être installé à Los Angeles, il a été musicien sur scène pour les Beach Boys. Dans les années qui ont suivi, il a effectué une tournée avec les Bee Gees, a fait partie d'un collectif de musiciens, The Wrecking Crew, et a joué dans *Baby, the Rain Must Fall* (1965) aux côtés de Steve McQueen. En 2011, lors de la parution de son album *Ghost on Canvas*, il a annoncé qu'il abandonnait la scène musicale. Glen Campbell est un multi-instrumentiste: il sait jouer de la guitare, de la basse, du banjo et de la cornemuse.

   [4] Ian and Sylvia est un duo canadien de musique folk et country composé d'Ian et Sylvia Tyson (née Fricker). Ils ont commencé à se produire en duo en 1959, se sont mariés en 1964 et après leur divorce en 1975, ils ont abandonné leur carrière commune pour continuer comme artistes solo. En duo, ils ont créé une dizaine d'albums, dont *Ian & Sylvia* (1962), *Early Morning Rain* (1965), *Lovin' Sound* (1967) et *You Were on My Mind* (1972).

   [5] Gordon Meredith Lightfoot (1938) est un poète, auteur-compositeur-interprète et chanteur folk canadien. Multi-instrumentiste, Lightfoot a appris à jouer du piano, de la batterie, des percussions et de la guitare folk dès son adolescence. En 1958, il s'est installé en Californie où il a étudié la composition et l'orchestration de jazz au Hollywood Westlake College of Music. Durant cette période, il a écrit et enregistré des jingles commerciaux et a été influencé par la musique de Pete Seeger, d'Ian and Sylvia, de Bob Gibson et The Weavers. En 1960, Lightfoot est rentré à Toronto où il a joué avec The Swinging Eight dans une émission de musique country, ce qui lui a permis de se faire connaître et, en 1962, deux de ses singles sont devenus des succès locaux. En 1963, il a voyagé en Europe et a animé une émission de musique sur la BBC TV. De retour au Canada, il s'est forgé une réputation de compositeur et a écrit des chansons interprétées par Ian and Sylvia et Peter, Paul and Mary, *Early Mornin' Rain* et *For Lovin' Me*. En 1965, Lightfoot a signé un contrat avec United Artists et a publié le single *I'm Not Saying*. Dans les années 1960, ses apparitions se font de plus en plus fréquentes – au Newport Folk Festival, à *The Tonight Show* et au Town Hall de New York – et ses fans et sa renommée augmentent grâce à la parution de son premier album, *Lightfoot!* (1966), qui lui vaut une reconnaissance aussi bien

comme chanteur que comme compositeur. Son plus grand succès de l'époque est une interprétation de *Just Like Tom Thumb's Blues* de Bob Dylan. Durant les décennies suivantes, il continue à se produire sur scène.

[43]

¹ Arthur Koestler (1905-1983), né Artúr Kösztler, est un romancier, essayiste et journaliste hongrois, naturalisé britannique. Koestler a étudié aussi bien l'ingénierie que la philosophie et la littérature de 1922 à 1926 à Vienne. Il a adhéré à la cause sioniste révisionniste pour créer un État juif moderne et démocratique en Palestine et a présidé des associations d'étudiants sionistes. En 1926, Koestler abandonne ses études et il se rend en Palestine comme ouvrier agricole dans un kibboutz: il s'inspire de cette expérience pour écrire *La tour d'Ezra* (1946). De 1931 à 1938, il est membre du Parti communiste allemand et se rend plusieurs fois en Union soviétique. Il se rend en Espagne durant la guerre d'Espagne. Emprisonné par les franquistes puis libéré, il a publié *Un testament espagnol* (1937) pour témoigner de cette expérience. Pendant la Seconde Guerre mondiale, Koestler s'est engagé dans la Légion étrangère, a changé d'identité, a ensuite quitté les rangs de la Légion et s'est enfui à Londres: cette période française de sa vie est racontée dans *La lie de la terre* (1941). Après la guerre, Koestler décrit la création de l'État d'Israël dans *L'analyse d'un miracle* (1998). Dans *La treizième tribu* (1976), il se lance à la recherche de ses origines et conteste la thèse de l'expulsion des Juifs de Palestine par les Romains, avançant l'hypothèse d'une conversion des non-Juifs par des prédicateurs en Europe orientale et en Afrique septentrionale.

² Alice Parizeau (1930-1990), née Alicja Poznańska, est une écrivaine, journaliste et criminologue québécoise d'origine polonaise. Parmi ses œuvres, on peut citer *Voyage en Pologne* (1962), *Une Québécoise en Europe «rouge»* (1965), *Rue Sherbrooke ouest* (1967) et *Côte-des-Neiges* (1983).

³ Henri Perruchot (1917-1967) est un écrivain, philosophe, biographe, historien de l'art, éditeur et directeur de revue français. Diplômé en anglais de la Faculté des lettres de l'Université d'Aix-Marseille, il travaille d'abord comme professeur. Puis, il s'installe à Paris où il se consacre à l'écriture, à l'édition, et rédige des biographies.

[44]

¹ Gore Vidal (1925-2012), né Eugene Louis Vidal, est un romancier, essayiste, auteur pour le théâtre, le cinéma et la télévision ainsi qu'acteur et scénariste états-unien. Vidal a publié un premier roman, *The City and the Pillar* en 1948 et ce fut un scandale, car pour la première fois dans une œuvre de fiction des personnages homosexuels ne connaissaient pas de fin tragique pour avoir défié les conventions sociales. Pendant les années 1950, il a travaillé à Hollywood comme scénariste et aussi à la télévision. Il a fréquenté le milieu littéraire et s'est lié d'amitié avec Truman Capote, Tennessee Williams, Anaïs Nin et Jack Kerouac. Il est l'un des grands stylistes de la littérature américaine. Ses mémoires sont parues en 1995 sous le titre *Palimpsest*.

² Thomas Merton (1915-1968), aussi connu sous le nom de père Louis, est un moine cistercien-trappiste états-unien. Il est né en France d'un père néo-zélandais et d'une mère états-unienne, tous deux peintres, qui l'ont amené avec eux pendant leurs voyages aux États-Unis, aux Bermudes, en France. En 1933 et 1934, il a étudié les langues modernes (français et italien) à Cambridge en Angleterre, et, de 1935 à 1938, il a étudié à l'Université Columbia à New York. En 1938, il s'est converti au catholicisme et, en 1941, est entré à l'abbaye trappiste américaine de Gethsemani au Kentucky, où il est ordonné prêtre en 1949. Entretemps, il a publié une

autobiographie, *The Seven Storey Mountain* (1948), qui est devenue un best-seller et sera traduite dans plusieurs langues. Thomas Merton est un écrivain prolifique et profond, l'un des auteurs spirituels catholiques les plus influents du XXe siècle grâce à ses poèmes et à ses essais sur les questions morales et éthiques portant sur la guerre et le racisme. Il s'est également intéressé au dialogue interreligieux intermonastique.

[46]

[1] Francis Jeanson (1922-2009) est un philosophe français. En 1943, il a fui par l'Espagne le Service du travail obligatoire pour rejoindre l'armée de la Libération. En 1945, alors qu'il était reporter pour le quotidien *Alger républicain*, il a fait la connaissance d'Albert Camus et de Jean-Paul Sartre; ce dernier l'a nommé directeur de la revue *Les Temps Modernes*. Il est plus tard devenu membre du comité de lecture des Éditions du Seuil. Lors de la guerre d'Algérie, Jeanson a créé le «Réseau Jeanson» chargé de fournir des fonds au Front de libération nationale, un parti algérien. Pour cet appui, il sera reconnu coupable de haute trahison et condamné à dix ans de réclusion. Il est finalement revenu à Paris après avoir été amnistié en 1966.

[2] Robert Charlebois (1944) est un musicien, auteur-compositeur-interprète et acteur québécois. De 1962 à 1965, il a fait des études à l'École nationale de théâtre. Il a entrepris sa carrière de chansonnier en 1965 avec un premier album, *Vol. 1*. Son plus grand succès, «Lindberg», figure sur le quatrième album, *Robert Charlebois avec Louise Forestier* (1968). Charlebois a mis en musique des textes de plusieurs poètes, dont Réjean Ducharme et Arthur Rimbaud. En tant qu'acteur, il joue dans *Entre la mer et l'eau douce* (1967), *Jusqu'au cœur* (1968) et, en 1975, il a été la vedette d'un western-spaghetti avec Terence Hill dans *Un génie, deux associés, une cloche* de Sergio Leone.

[47]

[1] David Warren «Dave» Brubeck (1920-2012) est un pianiste et compositeur états-unien de jazz. Fils d'une pianiste et d'un médecin vétérinaire, il a appris à jouer du piano grâce à sa mère, mais il envisageait de poursuivre la carrière paternelle. Il a suivi des cours d'éducation musicale avec Darius Milhaud et Arnold Schönberg et, ensuite, a fondé le Jazz Workshop Ensemble, qui deviendra célèbre en 1951 sous le nom de Dave Brubeck Quartet. La sortie de l'album *Time Out* (1959) a marqué l'apogée de leur succès: leur musique était très innovatrice et présentait des rythmes atypiques qui changent d'un morceau à l'autre. En 1961, la parution de l'album *Time Further Out* a marqué un autre succès alors que le rythme des pièces est inspiré par les chiffres qui se trouvent en haut du tableau de Joan Miró reproduit sur la pochette. En 1967, le quartet s'est dissous, mais Brubeck a continué sa carrière en invitant d'autres musiciens, dont Gerry Mulligan, à jouer en trio – piano/basse/batterie. Brubeck a composé de nombreuses œuvres pour formations de jazz et orchestres, des pièces pour piano seul ainsi que deux ballets, quatre cantates, une messe et une comédie musicale.

[2] Cole Albert Porter (1891-1964) est un parolier et compositeur états-unien. Issu d'une famille aisée, Porter a appris les premiers rudiments musicaux, au violon et au piano, dès un très jeune âge. À dix ans, il a écrit sa première opérette, *Song of the Birds*, avec l'aide de sa mère. Son grand-père l'a poussé à embrasser une carrière d'avocat et le jeune Porter a étudié à la Worcester Academy, à Yale et à Harvard avant de se rendre compte que la musique était sa passion et de s'inscrire au Département de musique de Harvard. *See America First* (1916), sa première œuvre publique à Broadway, a été un échec. Bouleversé, Porter part en France en 1918 afin de s'engager dans la Légion étrangère. Puis il s'installe à Paris où il étudie avec le compositeur Vincent d'Indy à l'École supérieure de musique. Ses premiers succès, inspirés de Fred Astaire, sont liés à des comédies musicales et des chansons commandées pour Broadway. Son répertoire a été repris par plusieurs musiciens et chanteurs de jazz.

³ Iris Murdoch (1919-1999) est une écrivaine britannique d'origine irlandaise. Née à Dublin, elle a déménagé à Londres avec sa famille pendant sa jeunesse et a fait des études classiques, d'histoire ancienne et de philosophie à Oxford et à Cambridge. En 1948, Murdoch est embauchée comme enseignante et, en 1954, elle publie *Under the Net*, le premier d'une vingtaine de romans. Elle a également publié des essais philosophiques, des études et des pièces de théâtre. Raymond Queneau, Platon, Freud et Sartre ont influencé l'écriture de Murdoch: ses textes à l'origine réalistes, mais en même temps ambigus et remplis d'humour noir, sondent la partie cachée de personnages issus de la classe sociale supérieure et ils explorent l'homosexualité, comme dans *The Bell* (1958) et *A Fairly Honourable Defeat* (1970). Son roman *The Sea, the Sea* (1978) lui a valu le prix Booker.

[50]

¹ Pierre Laporte (1921-1970) est un journaliste, avocat et homme politique québécois. Après des études classiques, il a étudié le droit à l'Université de Montréal et, parallèlement à sa carrière d'avocat, Laporte a poursuivi des activités journalistiques et politiques. Il s'est lancé en politique et a milité dans la Ligue d'action civique tout au long des années 1950. Député de Chambly de 1961 à 1970, il a occupé différentes fonctions ministérielles sous les gouvernements Lesage et Bourassa. Le 10 octobre 1970, Pierre Laporte a été enlevé devant sa résidence par des membres du Front de libération du Québec (FLQ). Les négociations pour sa libération entre le gouvernement du Québec et les felquistes n'ont pas abouti. Le corps de Pierre Laporte a été retrouvé dans le coffre d'une voiture sur un terrain vague près de l'aéroport de Saint-Hubert. Cet événement a été au cœur de la crise d'Octobre 1970.

² Leroy Eldridge Cleaver (1935-1998) est un militant des droits civiques, membre du Black Panther Party et essayiste états-unien. Cleaver a eu une adolescence difficile et a vécu dans des prisons pour mineurs. Il a été condamné pour trafic de drogue, viol, violence et tentatives de meurtre. Libéré en 1966, il a rejoint le Black Panther Party en Californie dont il est devenu le porte-parole. En 1967, il a été l'un des fondateurs de Black House, un centre politico-culturel de San Francisco, et, en 1968, il a été candidat du Parti paix et liberté à la présidence des États-Unis, bien qu'il n'ait pas l'âge requis pour se présenter. Blessé dans une émeute, il a été accusé de tentative de meurtre et s'est exilé en Algérie. Puis, il s'est rendu à Cuba et en France. La parution de son essai *Soul on Ice* (1968) a influencé le mouvement du Black Power et est aujourd'hui considéré comme un classique. En 1975, Cleaver est rentré aux États-Unis et a renoncé aux Black Panthers. Dans *Soul on Fire* (1978), il a révélé des aspects de son exil en Algérie.

³ Elsa Triolet (1896-1970), née Ella Yurievna Kagan et aussi connue sous le pseudonyme de Laurent Daniel, est une écrivaine et résistante française d'origine russe. Issue d'une famille juive très cultivée, Triolet a fait des études à l'Institut d'architecture de Moscou. Au début de la guerre civile russe, Triolet s'est mariée avec un officier de la cavalerie française et a émigré en France. Plus tard, elle a épousé Louis Aragon, et, comme lui, elle a été membre du Parti communiste français et elle a participé à la Résistance. Triolet a publié plusieurs livres, dont *À Tahiti* (1925, en russe, traduit par elle-même en français en 1964), *Fraise des bois* (1926) et *Camouflage* (1928). En 1944, Elsa Triolet a été la première femme à remporter le prix Goncourt pour le recueil de nouvelles *Le premier accroc coûte 200 francs*.

⁴ William Frank Buckley Jr. (1925-2008) est un journaliste et essayiste états-unien. Né à Paris d'un père irlandais et d'une mère suissesse, il a immigré aux États-Unis durant sa jeunesse. Son principal apport intellectuel a été de rapprocher le conservatisme politique américain traditionnel au libertarianisme. Il est devenu célèbre à la parution de *God and Man at Yale* (1951). Buckley a fondé la *National Review* en 1955 et a présenté de nombreux épisodes de l'émission télévisée *Firing Line* de 1966 à 1999.

⁵ Le Black Panther Party, à l'origine le Black Panther Party for Self-Defense, est un

mouvement révolutionnaire afro-américain nationaliste et socialiste actif aux États-Unis de 1966 à 1982, auquel il faut ajouter un épisode international, en Algérie de 1969 à 1972. Le mouvement a été fondé le 15 octobre 1966 en Californie par deux jeunes militants de la cause noire, Bobby Seale et Huey P. Newton, et avait pour but de surveiller le comportement des agents de police et défier leur violence. L'organisation a donné naissance à plusieurs programmes sociaux dont « Free Breakfast for Children » avant de cesser ses activités en raison de tensions internes et des actions menées par l'État.

[51]

[1] Angela Yvonne Davis (1944), née d'une famille afro-américaine à Birmingham en Alabama, est une militante des droits de l'Homme, professeure de philosophie et militante communiste états-unienne. Durant sa jeunesse, elle est profondément marquée par le racisme, les humiliations dues à la ségrégation et le climat de violence qui règne dans son environnement quotidien. Cette expérience s'accompagne des premiers éléments de socialisation politique. Elle découvre les œuvres de Jean-Paul Sartre et d'Albert Camus à l'université et à partir de la troisième année d'études, elle effectue plusieurs séjours en France et en Allemagne pour y étudier la philosophie. Frustrée de ne pas participer à l'effervescence militante du combat de libération des Noirs, et notamment le Black Power, elle rentre aux États-Unis. Elle a rejoint le Comité international de soutien (CIS) aux victimes vietnamiennes de l'Agent Orange et au procès de New York dirigé par André Bouny. Elle lutte contre les abus du système carcéral et la peine de mort aux États-Unis et dans le monde.

[2] Gaston Miron (1928-1996) est un poète et éditeur québécois, considéré comme poète national du Québec. Dès les années 1950, il publie ses textes dans divers quotidiens et périodiques, dont *Le Devoir*, *Liberté* et *Parti pris*. Il a publié avec Olivier Marchand le recueil *Deux sangs* (1953). Son principal recueil, *L'homme rapaillé* (1970), affirme, à travers la dépossession et la résistance, la liberté et l'universalité d'une langue, d'une culture et d'une collectivité nationale; il a été couronné de nombreux prix.

[3] Gérald Godin (1938-1994) est un écrivain, poète et homme politique québécois. Il a d'abord été journaliste au *Nouvelliste* avant de s'établir à Montréal, où il travaille comme recherchiste à Radio-Canada. Il travaille aussi pour le magazine *Maclean* et pour *Québec-Presse* à titre de directeur de l'information. Élu député du Parti Québécois en 1976, il sera nommé ministre des Communautés culturelles et de l'Immigration. Son œuvre poétique, dont *Les cantouques* (1966), se caractérise par une utilisation de la langue populaire du Québec.

[4] Jacques Larue-Langlois (1934-2001) est un journaliste, militant socialiste et indépendantiste québécois. Il a dirigé le Mouvement pour le désarmement nucléaire et la paix, puis a été assimilé au Front de libération du Québec et licencié par son employeur, Radio-Canada, en 1968. Il a fondé alors l'Agence de presse libre du Québec. Arrêté pendant la crise d'Octobre, il a été emprisonné pendant quatre mois et accusé de « conspiration séditieuse ». Il a publié un recueil de poésie *Plein cap sur la liberté* (1971).

[5] Fabienne Julien (1934-2007) est une journaliste québécoise. Elle a fait ses premières armes dans la presse écrite au *Soleil*, au *Nouveau Journal* et à *Photo-Journal*. Elle a ensuite poursuivi sa carrière comme journaliste pour diverses émissions d'information et d'affaires publiques à la télévision. Elle a publié *Agathe de Repentigny, une manufacturière au XVIIe siècle* en 1996.

[6] Johannes Brahms (1833-1897) est un compositeur, pianiste et chef d'orchestre allemand. Il est l'un des plus importants compositeurs de la période romantique. Sa première symphonie ayant été décrite par Hans Guido von Bülow comme « la dixième symphonie de Beethoven », beaucoup le considéraient comme le « successeur » de Beethoven. Il est à la fois un

traditionaliste et un novateur. Sa musique utilise largement les structures et techniques de composition des maîtres baroques et classiques. En 1857, Brahms occupe les fonctions de professeur de musique à la Cour du prince de Lippe et de directeur de la Société de chant à Detmold. Les travaux des musicologues parlent de trois périodes dans la création des œuvres chez Brahms. La première se caractérise par la prédominance du sentiment romantique, la deuxième est marquée par une inspiration forte du classique, et la troisième est un mélange des deux influences précédentes. Dans les dernières années de sa vie, il a essentiellement composé de la musique de chambre (sonates pour violon et violoncelle). En 1886, il devient président d'honneur de l'Association des musiciens de Vienne. Pendant les vingt dernières années de sa vie, Brahms, une personnalité influente de la scène musicale internationale, est admiré et vénéré en tant que pianiste, chef d'orchestre et compositeur.

[52]

[1] Peter Yarrow (1938) est un chanteur et compositeur américain qui a connu la gloire avec la musique folk au sein du trio Peter, Paul and Mary dans les années 1960 et 1970. Il est également actif en politique et soutient des causes qui vont de l'opposition à la guerre du Viêt Nam à la création d'Operation Respect, une organisation qui promeut la tolérance et la civilité dans les écoles.

[2] Boris Vian (1920-1959) est un écrivain, poète, parolier, chanteur, critique et musicien de jazz (trompettiste) français. Ingénieur de l'École centrale, il est aussi scénariste, traducteur (anglo-américain), conférencier, acteur et peintre. Sous le pseudonyme de Vernon Sullivan, il a publié de nombreux romans dans le style américain, parmi lesquels *J'irai cracher sur vos tombes* (1946) qui a fait scandale et qui lui a valu un procès retentissant. Il a souvent utilisé d'autres pseudonymes, parfois sous forme d'anagramme, pour signer une multitude d'écrits. Il est l'auteur de peintures, de dessins et de croquis exposés pour la première fois à l'annexe de la NRF en 1946. Réputé pessimiste, il adorait l'absurde, la fête et le jeu. Il invente des mots et des systèmes parmi lesquels figurent des machines imaginaires et des mots devenus courants de nos jours. Son œuvre littéraire, peu appréciée de son vivant, a été saluée par la jeunesse dès les années 1960 et 1970. *L'écume des jours* (1947) en particulier, avec ses jeux de mots et ses personnages à clé, a fait de lui un véritable mythe.

[53]

[1] Louise Forestier (1943) est une chanteuse et comédienne québécoise. Née à Shawinigan, elle étudie à l'École nationale de théâtre de Montréal et obtient son diplôme en 1964. Elle chante en duo avec Robert Charlebois. Elle connaît du succès surtout dans les années 1970, en chantant notamment en duo avec Renée Claude (*L'amante et l'épouse*), puis plus tard en animant des variétés à la télévision.

[2] Lionel Villeneuve (1925-2000) est un acteur québécois, né à Roberval. Il a commencé sa carrière avec les Compagnons de Saint-Laurent, à Montréal. À partir des années 1950, il multiplie les rôles à la télévision. Il se produit sur les scènes québécoises pendant près d'un demi-siècle. Il a également participé au doublage de nombreuses productions, dont la série de dessins animés *Robin Fusée*. Il a joué dans plusieurs séries, parmi lesquelles *Cap-aux-sorciers* (1955), *Radisson* (1957), *La pension Velder* (1957-1961) et *Ouragan* (1959-1962).

[3] Francis Steegmuller (1906-1994) est un biographe, traducteur et auteur de fiction états-unien, spécialiste de Flaubert. Il a publié de nombreuses nouvelles et des articles dans *The New Yorker* et a également écrit sous les pseudonymes de Byron Steel et David Keith. Il a traduit *Madame Bovary* (1957), *Lettres de Gustave Flaubert* (1960), *Flaubert en Égypte* (1972) et *Flaubert-Sand: la correspondance* (1993).

[54]

[1] *Le visage du plaisir* est un film britannique produit en 1961 par Seven Arts – Warner Bros., dont le réalisateur est José Quintero. Le scénario, écrit par Gavin Lambert et Jan Read, est inspiré de *The Roman Spring of Mrs. Stone*, un roman de Tennessee Williams.

[2] Michel Chartrand (1916-2010) est un syndicaliste québécois et militant socialiste. Après avoir quitté le collège, il entre à l'abbaye cistercienne de Notre-Dame-du-Lac près d'Oka, qu'il quitte à cause de problèmes de santé. En 1950, il est actif au sein de la Confédération des travailleurs catholiques du Canada (CTCC), qui devient la CSN en 1960. Impliqué dans quelques opérations syndicales en 1953, il est élu membre de l'exécutif de la CTCC. Son travail syndical l'a placé en tête de plusieurs importantes interventions, lors de grèves hautement médiatisées. À partir des années 1980, il milite principalement pour les droits des travailleurs et travailleuses accidentés; il est l'instigateur de la Fondation pour l'aide aux travailleuses et aux travailleurs accidentés (FATA) en 1983, où il travaille bénévolement jusqu'en 1988. Il est considéré comme un ambassadeur de la justice sociale au Québec, un détracteur du capitalisme et de l'impérialisme et surtout comme l'une des figures de proue du syndicalisme québécois.

[3] Robert Lemieux (1941-2008) est un avocat québécois actif dans la défense des libertés civiles. Il fait ses études de droit à l'Université McGill de Montréal. Il travaille d'abord dans le cabinet d'avocats anglophone O'Brien, Home et associés, ainsi qu'au Bureau d'assistance judiciaire du barreau de Montréal, où il est affecté notamment à la défense de Robert Lévesque ainsi qu'à celles de Pierre Vallières et de Charles Gagnon, accusés en raison de leurs écrits et dont il obtiendra l'acquittement.

[4] Pierre Vallières (1938-1998) est un journaliste et écrivain québécois. Il est surtout l'auteur d'essais militants très polémiques et de livres traitant de l'indépendance du Québec. En 1966, il devient, avec Charles Gagnon, l'un des chefs idéologiques du Front de libération du Québec (FLQ) et entame une grève de la faim au siège des Nations unies pour protester contre la situation difficile du Québec. Il est l'un des dirigeants du groupe Vallières-Gagnon du Front de libération du Québec arrêté à New York. En 1967, il est appréhendé au moment de son entrée au Canada pour l'homicide involontaire de Thérèse Morin, puis condamné à la prison à vie en même temps que Charles Gagnon. Le jugement est cassé en appel, mais Vallières est jugé coupable à la suite d'un nouveau procès, puis condamné à 30 mois de prison au cours desquels il se consacre à l'écriture. Il a été libéré en 1970. Son ouvrage le plus connu est *Nègres blancs d'Amérique* (1968) qui compare la situation des Québécois à celle des Afro-Américains en lutte pour leurs droits civiques.

[5] Charles Gagnon (1939-2005) est un homme politique, ancien felquiste et leader communiste québécois. À la suite de l'échec du Front de libération du Québec (FLQ), il rompt avec le «nationalisme bourgeois» pour fonder l'organisation marxiste-léniniste canadienne En lutte!. Parmi ses œuvres, on peut mentionner *Feu sur l'Amérique: écrits politiques I* (2006), *En lutte!: écrits politiques II* (2008) et *Crise de l'humanisme: écrits politiques III* (2011).

[58]

[1] Yvon Deschamps (1935) est un monologuiste et humoriste québécois. Pionnier de l'humour au Québec, il monte sur les planches pour la première fois au Théâtre universitaire canadien, tenant le rôle de Pylade dans *Andromaque* (1957). En 1964, il obtient un premier rôle au cinéma dans *Délivrez-nous du mal* de Jean-Claude Lord. Il monte une revue musicale, *L'Osstidcho* (1968), un spectacle qui va révolutionner la chanson québécoise. S'inspirant d'*Alice's Restaurant* (1967) d'Arlo Guthrie, Deschamps écrit un premier monologue, *Les unions, qu'ossa donne?* (1968), dans lequel le personnage naïf vante la grande générosité et la bonté de

son patron, alors qu'on comprend bien que la réalité est tout autre. Les monologues de Deschamps proposent une ironie constante et cherchent souvent à exprimer un message à l'opposé des propos tenus par deux types de personnages, le naïf tendre et soumis, ou le colérique primaire et obtus.

[60]

¹ Antonine Maillet (1929) est une romancière et dramaturge acadienne. Elle obtient une bourse du Conseil des arts du Canada afin d'étudier à Paris, où elle entreprend des recherches sur François Rabelais. En 1966, elle effectue des recherches sur le folklore acadien en vue de sa thèse de doctorat. Elle enseigne au Collège des Jésuites de Québec en 1968 et 1969. Elle effectue alors des recherches sous la supervision de Luc Lacourcière et obtient un doctorat en lettres de l'Université Laval en 1969. Sa thèse, *Rabelais et les traditions populaires en Acadie*, est publiée en 1971. Ses œuvres les plus connues sont la pièce *La Sagouine* (1971) et le roman *Pélagie-la-Charrette* (1979). À la suite du succès de *La Sagouine*, elle quitte l'enseignement universitaire en 1975 pour se consacrer à l'écriture. En 1979, *Pélagie-la-Charrette* remporte le prix Goncourt. Ce roman ouvre la voie à une écriture plus complexe, basée davantage sur la narration que sur l'intrigue, construite autour de la relation entre les personnages et l'autrice. Maillet utilise le français normatif ou le vieux français acadien dans ses œuvres, le tout dans une recherche constante de l'oralité.

² Ronald Després (1935) est un musicien, poète et traducteur acadien. Après avoir terminé ses études, il devient journaliste au quotidien *L'Évangéline* de Moncton. Il se rend ensuite à Ottawa, où il est embauché comme traducteur des débats de la Chambre des communes du Canada, puis interprète à la même institution. Il occupe différents postes de traduction au sein de la fonction publique fédérale. Considéré comme le premier poète moderne acadien, il remporte le prix David en 1959 pour son premier recueil, *Silences à nourrir de sang* (1958). Le roman *Le scalpel ininterrompu* (1962) offre une vision tragicomique du monde moderne; il le considère lui-même comme une sotie. En 1984, il reçoit le prix d'excellence Pascal-Poirier pour l'ensemble de son œuvre.

³ Claude Roussel (1930) est un sculpteur, peintre canadien et professeur d'arts visuels. Il est considéré comme un pionnier de la sculpture en Acadie. Il a été conservateur adjoint de la galerie d'art Beaverbrook à Fredericton de 1959 à 1961. C'est là qu'il sculpte sa première œuvre monumentale, *Les deux castors* (1959), que le gouvernement du Nouveau-Brunswick donne à Lord Beaverbrook à l'occasion de son 80ᵉ anniversaire. En 1961, une bourse du Conseil des arts du Canada lui permet de se rendre en Europe, où il s'intéresse surtout à la décoration architecturale en Angleterre, en France et en Italie. Roussel a jusqu'à ce jour réalisé 40 expositions solos et 110 expositions de groupe; il a créé plus de 30 sculptures monumentales. Ses œuvres se trouvent dans plusieurs pays, mais surtout au Nouveau-Brunswick et au Québec.

⁴ Édith Butler (1942), née Marie Nicole Butler, est une chanteuse acadienne. Sa carrière débute au milieu des années 1960 à Moncton et est propulsée à l'échelle du Canada grâce à l'émission *Singalong Jubilee*, durant les années 1961 à 1974. Elle est invitée à participer aux différents festivals folk du Canada et des États-Unis. Au début des années 1970, elle représente le Canada à l'Exposition universelle d'Osaka et donne 500 représentations au Japon. Puis, elle effectue plusieurs tournées notamment en Irlande, en Angleterre et aux États-Unis. Elle enregistre *Madame Butterfly* (2003) et *Le retour* en 2013.

⁵ Raymond Leblanc (1945) est un poète et musicien acadien. Il obtient un baccalauréat en beaux-arts en 1966 et une maîtrise en philosophie en 1974 à l'Université de Moncton. Leblanc publie *Cri de terre* (1972), premier livre des Éditions d'Acadie; il devient donc du jour au lendemain le « chantre » de l'Acadie. Il publie également *Chants d'amour et d'espoir* (1988), *La mer*

en feu (1993) et *Empreintes* (2011). En 1998, il reçoit le prix d'excellence Pascal-Poirier pour l'ensemble de son œuvre.

⁶ Roméo Savoie (1928) est un architecte, peintre et poète acadien. Après avoir obtenu un baccalauréat en architecture, il travaille à Montréal et dans plusieurs villes du Nouveau-Brunswick jusqu'en 1970, lorsqu'il décide de se consacrer à la peinture. En 1985, il entreprend une maîtrise en arts visuels à l'Université du Québec à Montréal, qu'il obtient en 1988. Par la suite, il se consacre avant tout à la peinture mais écrit aussi des poèmes. Il écrit par «couches successives» et interprète même des tableaux dans *Trajets dispersés* (1989). Il publie *L'eau brisée* (1982), *Dans l'ombre des images* (1991) et *Une lointaine Irlande* (2001). Savoie n'a jamais été chansonnier; Leblanc veut sûrement parler de Jacques Savoie, qui débutait à cette époque.

⁷ Pierre Godin (1947) est un travailleur social et homme politique acadien. Il a été député provincial de 1978 à 1991. Il a également été maire de Petit-Rocher de 1975 à 1979 et de 2008 à 2012. Il a relaté son expérience de préposé aux soins dans le livre *Cinq ans de trop* (1971), publié à compte d'auteur.

⁸ Les Gélélou est un groupe de musique acadien formé en 1968 par Louise Boudreau, Gérard Arsenault et Paul-Émile Benoît.

⁹ Donat Lacroix (1937) est un auteur-compositeur-interprète et pêcheur d'origine acadienne. Il chante autant ses propres chansons que celles de Calixte Duguay, Sylvain Rivière et Valmont Léger, en plus de chansons traditionnelles. Il a été nommé officier de l'Ordre du Canada en 2008 pour «sa contribution à la promotion de la culture et des traditions acadiennes à travers ses chansons et sa poésie».

¹⁰ Leblanc veut plutôt parler de Calixte Duguay, qui était effectivement connu au Québec et en Acadie à l'époque.

¹¹ Herménégilde Chiasson (1946) est un artiste acadien majeur et ex-lieutenant-gouverneur du Nouveau-Brunswick. Il se décrit lui-même avant tout comme un artiste visuel mais il crée aussi dans les domaines de la poésie, du cinéma et du théâtre. Depuis la fin des années 1970, il se consacre surtout aux arts. Parmi ses recueils de poésie les plus importants, on retrouve *Mourir à Scoudouc* (1974), *Existences* (1991), *Climats* (1996), *Conversations* (1998, prix du Gouverneur général en poésie) et *Autoportrait* (2014). En 1975, il écrit sa première pièce de théâtre, *Becquer bobo*. Il écrit en tout quelque trentaine de pièces, que ce soit pour enfants – *Les aventures de Mine de Rien* (1980), *Atarelle et les Pacmaniens* (1983) –, pour adolescents – *Pierre, Hélène et Michael* (1990), *Cap Enragé* (1992) –, ou adultes – *Aliénor* (1997), *Laurie ou la vie de galerie* (1998), *Pour une fois* (1999), *Le Christ est apparu au Gun Club* (2003).

¹² Edouard (Edward) Léger est un peintre acadien autodidacte qui a participé à la première exposition professionnelle organisée par Claude Roussel en 1967. Il a cessé de peindre depuis et a fait une carrière d'administrateur dans le domaine des arts pour le gouvernement du Nouveau-Brunswick.

¹³ Claude Picard (1932-2012) est un peintre acadien. Il s'est perfectionné chez les maîtres Mazzoli, Stultus et Beddini à Florence et à Rome. En 1992, il a peint quatre tableaux sur l'histoire des Acadiens pour le Musée de la citadelle de Belle-Île-en-Mer, en France. En 2005, il a réalisé les six murales *Les grandes heures du peuple acadien* (1881-2001) pour le Musée acadien de l'Île-du-Prince-Édouard. Ses œuvres sont exposées à l'Assemblée législative du Nouveau-Brunswick, à Bibliothèque et Archives Canada, au Musée du Nouveau-Brunswick, au Sénat du Canada et à l'Université de Moncton.

¹⁴ Marcel Arland (1899-1986) est un écrivain, essayiste, critique littéraire et scénariste français. En 1924, il publie dans *La Nouvelle Revue française* un article intitulé «Sur un nouveau mal du siècle» qui aura un grand retentissement. Il y critique les postures des surréalistes et demande

une littérature qui soit en même temps une éthique. Il reçoit le prix Goncourt pour *L'ordre* (1929), un long roman de formation. Parmi ses nombreuses œuvres, on peut mentionner *Les âmes en peine* (1927) et *Zélie dans le désert* (1944).

[15] Max Ophüls (1902-1957) est un cinéaste français d'origine allemande. En 1933, il se réfugie en France après l'incendie du Reichstag et il y réalise entre autres *Werther*, adaptation du roman homonyme de Goethe, et deux films, *Sans lendemain* (1939) et *De Mayerling à Sarajevo* (1940). Devenu citoyen français en 1938, il gagne les États-Unis après la défaite de 1940, en passant par la Suisse et l'Italie. Réfugié à Hollywood, il ne trouve cependant pas de travail et doit attendre 1948 pour réaliser, avec l'aide du réalisateur et producteur Preston Sturges qui admire son travail depuis longtemps, l'un des films les plus remarquables de cette période: *Lettre d'une inconnue*. Il revint en Europe en 1950 et y tourne dans une série de chefs-d'œuvre: *La ronde* (1950), *Le plaisir* (1952), *Madame de...* (1953).

[61]

[1] Pierre Teilhard de Chardin (1881-1955) est un prêtre jésuite, chercheur, paléontologue, théologien et philosophe français. Il est considéré comme l'un des théoriciens de l'évolution les plus remarquables de son temps. Dans *Christologie et évolution* (1932), Teilhard propose sa vision évolutive de la création, qui oblige à relire autrement les notions de création, de mal, de péché originel. Dans son œuvre *Le phénomène humain* (1955), il trace une histoire de l'Univers, depuis la pré-vie jusqu'à la Terre finale, en intégrant les connaissances de son époque, notamment en mécanique quantique et en thermodynamique. De 1955 à 1976, son œuvre est publiée à titre posthume par sa secrétaire et collaboratrice Jeanne Mortier, héritière éditoriale de son œuvre dite non scientifique.

[2] Sans être une citation exacte d'Orwell, Leblanc fait ici référence à l'essai de 1946 intitulé *Politics and the English Language*.

[3] Herbert Marcuse (1898-1979) est un philosophe, sociologue marxiste états-unien d'origine allemande. Sa pensée est fortement inspirée de la lecture de Marx et de Freud. Il est notamment l'auteur d'*Éros et civilisation* (1955) et de *L'homme unidimensionnel* (1964), qui veut démontrer le caractère inégalitaire et totalitaire du capitalisme des «Trente Glorieuses». Les sources de sa pensée ne se trouvent pas seulement dans la lecture combinée de Marx et de Freud, mais aussi dans celle de Hegel, Husserl et Lukács.

[4] Étiemble (1909-2002), pseudonyme de René Étiemble, est un écrivain, linguiste et universitaire français, reconnu notamment comme éminent sinisant, spécialiste du confucianisme et du haïku et traducteur de poésie. Défenseur des littératures extra-européennes, il est reconnu comme l'un des principaux initiateurs et animateurs de la littérature comparée de son époque. Passionné par la Chine et la philosophie, il entreprend des études à l'École des langues orientales. Ses travaux en littérature comparée se fondent sur l'idée de littérature universelle, inspirée de Goethe (Weltliteratur).

[64]

[1] James Richard Cross (1921) est un diplomate britannique au Canada. Il est enlevé en octobre 1970 par les membres de la cellule Libération du Front de libération du Québec (FLQ). Il a été libéré en décembre de la même année en échange d'un sauf-conduit vers Cuba pour ses ravisseurs.

[2] Alain Resnais (1922-2014) est un réalisateur, scénariste et monteur français. Réalisateur d'*Hiroshima mon amour* (1959) et de *L'année dernière à Marienbad* (1961), il est rapidement considéré comme l'un des grands représentants de la Nouvelle Vague et comme l'un des pères de la modernité cinématographique européenne, à l'instar de Roberto Rossellini, Ingmar Bergman et Michelangelo Antonioni, dans sa manière de remettre en cause la grammaire du cinéma classique et de déconstruire la narration linéaire. Il est également reconnu pour sa capacité à créer des formes inédites et à enrichir les codes de la représentation cinématographique par son frottement à d'autres arts: littérature, théâtre, musique, peinture ou bande dessinée. Ses films, du côté de l'artifice et de l'imaginaire, peuvent paraître déroutants pour le grand public même si beaucoup ont rencontré le succès.

[66]

[1] Mordecai Richler (1931-2001) est un romancier, essayiste et critique social canadien. Il est l'auteur de plusieurs romans, parmi lesquels *The Apprenticeship of Duddy Kravitz* (1959), *Cocksure* (1968), *Solomon Gursky Was Here* (1989) et *Barney's Version* (1997). Il a été nommé compagnon de l'Ordre du Canada, a remporté deux fois le prix du Gouverneur général (1968 et 1971) et une fois le prix Giller en 1997.

[2] Jean-Guy Pilon (1930) est un poète québécois. Il a dirigé les Éditions de l'Hexagone de 1959 à 1961, pendant l'absence de Gaston Miron. Il est l'un des fondateurs de la revue *Liberté*, qu'il a dirigée de 1959 à 1979. Il a publié plusieurs recueils, dont *Les cloîtres de l'été* (1954), *Recours au pays* (1961), *Pour saluer une ville* (1963) et *Comme eau retenue* (1969). Il a dirigé un numéro de la revue *Liberté* (août-septembre-octobre 1969) portant sur l'Acadie.

[67]

[1] Kenneth Colin Irving (1899-1992) est un homme d'affaires du Nouveau-Brunswick. Après avoir fondé Irving Oil, il a pris le contrôle de la scierie J.D. Irving appartenant à son père. Il a développé un empire commercial dont dépend un emploi sur douze au Nouveau-Brunswick.

[2] Napoléon Landry (1884-1956) est un curé et poète acadien, originaire de Memramcook. L'Académie française lui a décerné un Grand prix de la langue française en 1955 pour *Poèmes de mon pays* (1949). Il a également fait paraître *Poèmes acadiens* (1956).

[3] Alexandra David-Neel (1868-1969), pseudonyme de Louise Eugénie Alexandrine Marie David, est une orientaliste, tibétologue, chanteuse d'opéra, journaliste, écrivaine et exploratrice, franc-maçonne et bouddhiste de nationalités française et belge. Elle a été, en 1924, la première femme d'origine européenne à séjourner à Lhassa au Tibet, exploit dont les journaux se sont fait l'écho un an plus tard et qui fortement contribué à sa renommée.

[4] Hubert Benoit (1904-1992) est un chirurgien et psychiatre français connu surtout pour ses écrits sur le bouddhisme zen. En 1949, il a publié un premier ouvrage dans lequel il a tenté d'élaborer une synthèse entre les théories psychologiques occidentales et la métaphysique orientale. En 1952, il s'est installé à Paris comme psychiatre. Ses trois derniers ouvrages, parus entre 1952 et 1979, constituent à la fois une étude théorique du zen et une exploration des techniques de la réalisation intérieure.

[5] Marcel Granet (1884-1940) est un sinologue français, spécialiste de la Chine ancienne. Ancien élève de l'École normale supérieure et agrégé d'histoire, il a été professeur à l'École pratique des hautes études et, à partir de 1925, à l'École nationale des langues orientales vivantes à Paris. Il a été le cofondateur en 1921 de l'Institut des hautes études chinoises.

⁶ Martin Buber (1878-1965) est un philosophe, conteur et pédagogue israélien et autrichien. En 1892, il est retourné dans la maison paternelle à Vienne, en proie à une crise religieuse qui l'a amené temporairement à se détacher du judaïsme. Au cours de cette période, il s'est initié à Kant et à Nietzsche. Pendant la Première Guerre mondiale, il a participé à la création de la Commission nationale juive afin d'améliorer les conditions d'existence des Juifs d'Europe de l'Est. En 1923, il a rédigé son chef-d'œuvre, *Je et tu (Ich Und Du)*. De 1924 à 1933, il a enseigné la philosophie religieuse juive à l'Université Johann Wolfgang Goethe de Francfort-sur-le-Main et démissionne quand Hitler accède au pouvoir. Il quitte l'Allemagne en 1938 et s'installe à Jérusalem. Après la Seconde Guerre mondiale, Martin Buber a entamé une tournée de conférences en Europe et aux États-Unis et esquissé un rapprochement avec les intellectuels allemands. Il reçoit le prix Goethe de l'Université de Hambourg en 1951.

⁷ Rutebeuf (1230-1285) est un poète français du Moyen Âge. Son œuvre, très diversifiée, rompt avec la tradition de la poésie courtoise des trouvères. Elle comprend des hagiographies (*Vie de sainte Elysabel*), du théâtre (*Miracle de Théophile*), des poèmes polémiques et satiriques (*Renart le Bestourné ou Dit de l'Herberie*) envers les puissants de son temps. Les poèmes de Rutebeuf ont inspiré Léo Ferré qui a créé une chanson intitulée *Pauvre Rutebeuf*.

⁸ Georges Moustaki (1934-2013), pseudonyme de Giuseppe Mustacchi, est un auteur-compositeur-interprète d'origine italo-grecque naturalisé français en 1985. Il est aussi artiste peintre et écrivain. En 1958, le guitariste Henri Crolla lui a présenté Édith Piaf, pour laquelle il a écrit une de ses chansons les plus connues, *Milord*, et avec qui il a eu une liaison d'un an.

⁹ Billie Holiday (1915-1959), surnommée Lady Day, de son vrai nom Eleanora Fagan, est une chanteuse états-unienne de blues et de jazz, considérée comme l'une des plus grandes chanteuses que le jazz ait connues. Avec Ella Fitzgerald, Nina Simone et Sarah Vaughan, elle a été l'une des principales représentantes du jazz vocal.

¹⁰ Charlie Parker Jr. (1920-1955) est un saxophoniste alto de jazz états-unien. Parker, aussi surnommé Bird, est considéré comme l'un des créateurs et principaux représentants du style bebop. Avec Louis Armstrong et Duke Ellington, il compte parmi les musiciens les plus importants et influents de l'histoire du jazz.

¹¹ Django Reinhardt (1910-1953), né Jean Reinhardt, est un guitariste de jazz belge. Son style de jeu et de composition a donné naissance à un style de jazz à part entière, le jazz manouche.

[68]

¹ Muddy Waters (1915-1983), pseudonyme de McKinley Morganfield, est un musicien états-unien de blues, l'une des figures historiques du Chicago blues. Son influence a été énorme sur de nombreux genres musicaux: blues, rhythm and blues, rock, folk, jazz et country.

² Lizzie Miles (1895-1963), pseudonyme d'Elizabeth Mary Landreaux, est une chanteuse de blues créole.

[70]

¹ Luc Lacourcière (1910-1989) est un écrivain, ethnographe et folkloriste québécois. Après des études classiques et universitaires à Québec, il s'est rendu en France puis en Suisse où il a fait un stage comme professeur au Collège Saint-Charles en Suisse. Par la suite, il a enseigné le latin au Collège Bourget de Rigaud et est devenu directeur adjoint des cours d'été de français à

l'Université Laval. De 1944 à 1978, il a été professeur de folklore et d'ethnographie à l'Université Laval. Il est fondateur et éditeur des cahiers *Archives de folklore* dans lesquels il a publié de nombreux articles. Son influence dans le domaine du folklore canadien-français et acadien est majeure.

[2] Maurice Coune de Murville (1907-1999) est un haut fonctionnaire, diplomate et homme d'État français. De collaborationniste, il est devenu partisan de la France combattante en 1943. Il s'est rallié dans un premier temps au général Giraud, puis au général de Gaulle. Il a mené ensuite une carrière d'ambassadeur de France durant les années 1950.

[71]

[1] Lee Gagnon (1934) est un saxophoniste ténor et alto, flûtiste, arrangeur et compositeur québécois. Dès le début des années 1960, il travaille dans les cabarets de Montréal et dirige son propre orchestre de jazz de 1960 à 1966. Après 1966, Lee Gagnon dirige un quatuor et il se produit un peu partout avec ce dernier, notamment à l'Exposition universelle de 1967, à la radio et à la télévision de la Société Radio-Canada ainsi qu'avec l'Orchestre symphonique de Montréal. Il participe également aux albums de d'autres artistes en tant que musicien.

[2] Jacques Savoie (1951) est un écrivain et scénariste d'origine acadienne. En 1972, il collabore à l'ouvrage *L'étoile maganée*, qui réunit ses poèmes, des photos de son frère Gilles et des dessins d'Herménégilde Chiasson. Ils définissent l'ouvrage comme un anti-livre – c'est d'ailleurs sous ce titre qu'il est publié – et ils sont au cœur de la naissance de la modernité en Acadie, étant les premiers jeunes auteurs à publier localement. Savoie publie son premier roman, *Raconte-moi Massabielle*, en 1980. *Les portes tournantes* (1984) met en scène un garçon, Antoine, son père Blaudelle et sa mère Lauda dans une intrigue familiale centrée sur la musique et les arts visuels. Savoie a aussi été membre du groupe Beausoleil Broussard et il est également connu comme scénariste. Parmi ses œuvres télévisuelles, on compte *Bombardier* (1992), *Les bâtisseurs d'eau* (1997), *Les orphelins de Duplessis* (1997), *Ces enfants d'ailleurs II* (1998), *Rue l'Espérance* (1999-2001), *Les Lavigueur, la vraie histoire* (2008) et *René II* (2008) portant sur la vie et la carrière politique de René Lévesque. Il a surtout publié des romans policiers dans les années 2000.

[3] Isabelle Roy (1959), née à Caraquet au Nouveau-Brunswick, est une chanteuse, musicienne et comédienne acadienne. Elle a commencé très tôt à chanter, et s'est jointe au groupe Beausoleil Broussard en 1976. Après six ans avec cette formation, elle s'est tournée vers le cinéma et le théâtre tout en continuant à chanter. Elle compte à son actif trois albums solos: *Pays de barbarie*, *Quand les hommes vivront d'amour* et *Amour fantôme*. Elle a participé à plus d'une vingtaine de productions en théâtre et au cinéma.

[4] Arlo Davy Guthrie (1947) est un musicien états-unien. En tant que chanteur et compositeur, il suit la route de son père, Woody Guthrie, un chanteur folk. Arlo Guthrie écrit la chanson *Alice's Restaurant Massacree* en 1967, une critique satirique du service militaire obligatoire aux États-Unis au moment de la guerre du Viêt Nam.

[5] John Sebastian (1944) est un chanteur, guitariste et compositeur états-unien de folk rock. Il est d'abord le leader du groupe The Lovin' Spoonful, puis il poursuit une carrière en solo. Plus récemment, il a joué avec le groupe John Sebastian and the J-Band. En 2007, il a lancé un album en duo avec le mandoliniste David Grisman.

[6] Viola Léger (1930), née à Fitchburg aux États-Unis, est une comédienne acadienne. Elle est surtout connue pour son rôle de la Sagouine, personnage de la pièce éponyme de l'écrivaine acadienne Antonine Maillet, qu'elle a incarné plus de 2 500 fois, récoltant de nombreuses critiques élogieuses. Elle a interprété la pièce pour la toute première fois en 1971 et, ensuite, dans les deux langues officielles au Canada, aux États-Unis et en France. Elle a créé la Fondation Viola-Léger en 1999 afin de promouvoir et développer le théâtre en Acadie.

⁷ Roger Savoie (1933) est un professeur de philosophie acadien. Fils de Calixte Savoie, sénateur, il a fait ses études supérieures à l'Université de Montréal et à l'Université de Strasbourg. Brièvement prêtre, il a été professeur au Collège l'Assomption de Moncton (1957-1962), à l'Université de Moncton (1965-1967), puis au Cégep de Saint-Laurent pendant plus de 25 ans. Il a contribué à l'anthologie *Acadie/Expérience*.

⁸ Rina Lasnier (1910-1997) est une poète et dramaturge québécoise. En 1939, elle publie sa première pièce, *Féerie indienne*, et devient membre de la Société des écrivains canadiens. En 1944, elle assiste à la réunion de fondation de l'Académie canadienne-française en compagnie d'une douzaine d'écrivains, dont Victor Barbeau, Philippe Panneton, Marie-Claire Daveluy et Alain Grandbois. On considère qu'elle fait partie des quatre plus grands poètes de sa génération, aux côtés d'Anne Hébert, d'Alain Grandbois et de Saint-Denys Garneau. Ses recueils les plus importants sont *Présence de l'absence* (1956), *Mémoire sans jours* (1960) et *L'arbre blanc* (1966).

[72]

¹ André Dumont (1929-2018) est un professeur du Collège de Bathurst, militant et auteur acadien. Acteur important du Parti Acadien, il a publié quelques livres, entre autres *Jeunesse mouvementée* suivi d'*Acadie, Acadie: poésie et prose* (1979). Il a également participé à l'anthologie *Acadie/Expérience*.

[75]

¹ Eugène Gallant (1939), né à Rogersville au Nouveau-Brunswick, est comédien et directeur de théâtre. Diplômé de l'École nationale de théâtre de Montréal, il met en scène, en 1971, la pièce de théâtre *La Sagouine*. Au fil de sa carrière, il dirige plusieurs compagnies de théâtre, dont le Théâtre du Rideau vert à Montréal et l'Escaouette à Moncton.

² Sławomir Mrożek (1930-2013) est un dessinateur satirique, écrivain et dramaturge polono-français. Son œuvre dramatique est souvent associée au théâtre de l'absurde. En 1958, il a écrit sa première pièce de théâtre, *La police*. Grâce à ses dessins, à ses nouvelles humoristiques et à ses pièces, il est très populaire en Pologne. Il a également écrit *Tango* (1964), une pièce de théâtre reconnue à l'international. En 1968, il publie dans *Le Monde* une lettre ouverte protestant contre l'intervention des armées du pacte de Varsovie en Tchécoslovaquie. Il s'exile alors en France. Il est l'un des auteurs les plus lus en Pologne.

[77]

¹ José Triana (1931-2018) est un dramaturge espagnol, né à Cuba. Après ses études, il s'établit à Madrid en 1955 et se consacre au théâtre comme acteur, metteur en scène et dramaturge. Il écrit une première pièce en 1956, *El mayor general hablará de Teogonía*. En 1965, sa pièce de théâtre *La nuit des assassins* reçoit le prix Casa de las Américas, ce qui a une résonance internationale et de fortes répercussions en Amérique latine. Il s'exile à Paris en 1980. Il révèle ses talents de conteur avec *Fragmentos y humo* (1999).

² Fernando Arrabal (1932) est un poète, romancier, essayiste, dramaturge et cinéaste espagnol. Il a réalisé sept longs métrages, publié une centaine de pièces de théâtre, quatorze

romans, huit cents livres de poésie, plusieurs essais et sa célèbre *Lettre au général Franco* du vivant du dictateur. Son théâtre complet est publié en de nombreuses langues (en deux volumes de plus de deux mille pages). Influencé par Lewis Carroll et son monde magique, mais aussi par Kafka, Beckett, Artaud ou encore Alfred Jarry, il a brisé les conventions, notamment au théâtre. Bien que controversé, son œuvre est reconnu partout dans le monde (grand prix de théâtre de l'Académie française, prix Nabokov du roman, Espasa d'essai, World Theater, Pasolini de cinéma, Mariano de Cavia de journalisme, Alessandro Manzoni de poésie, etc.). Il vit en France depuis 1955.

[78]

[1] Georges Langford (1948) est un auteur-compositeur-interprète madelinot. Il grandit à Havre-aux-Maisons et poursuit ses études à Bathurst, au Nouveau-Brunswick, où il écrit ses premières chansons. En 1967, il compose la musique du film *La noce n'est pas finie*, produit par l'ONF, et effectue des tournées dans les provinces de l'Atlantique. Il s'installe à Montréal en 1970, où il fait la tournée des boîtes à chansons. En 1971, Tex Lecor obtient un succès international avec une chanson composée par Langford, *Le frigidaire*, qui a depuis été interprétée en 10 langues.

[2] Calixte Duguay (1939) est un enseignant et artiste multidisciplinaire acadien. De 1960 à 1964, il enseigne dans des écoles de Caraquet et Bathurst. Il s'inscrit ensuite à la Faculté des lettres de l'Université Laval à Québec et il y obtient une maîtrise en français en 1966. Il termine son doctorat à la même université en 1968. Il devient professeur au Collège de Bathurst la même année. Il est également présent sur la scène artistique, où il poursuit une carrière nationale et internationale. Il a écrit, entre autres, la pièce *Louis Mailloux*. Son plus grand succès demeure sans contredit la chanson *Les aboiteaux*.

[3] Rino Morin Rossignol (1950) est un écrivain acadien, né à Saint-Basile au Nouveau-Brunswick. En 1971, il obtient un baccalauréat en arts visuels au Collège Saint-Louis-Maillet, affilié à l'Université de Moncton. Il signe une chronique dans *L'Acadie Nouvelle* depuis 2001. Rino Morin Rossignol signe une première pièce de théâtre, *Le pique-nique*, en 1982. Cette comédie ironique met en scène Lord Durham accompagné d'un chœur représentant les trois grandes régions de l'Acadie. Son premier recueil, *Les boas ne touchent pas aux lettres d'amour* (1988), est à mi-chemin entre le journal intime et la nouvelle. C'est en 1994 qu'il s'affirme en tant que poète avec la sortie de *La rupture des gestes*, un recueil de textes écrits entre 1970 et 1988. L'ouvrage témoigne aussi de son homosexualité. *L'éclat du silence* (1998) suit, le titre reprenant le dernier vers du recueil précédent. *Intifada du cœur* est publié en 2006.

[79]

[1] Anne Sexton (1928-1974), de son vrai nom Anne Gray Harvey, est une écrivaine et poète états-unienne. Après avoir vécu un épisode dépressif en 1955, le docteur Martin Orne l'a encouragée à écrire de la poésie, ce qu'elle a fait en s'inscrivant à un premier atelier de poésie animé par le poète John Holmes. Ses poèmes ont été publiés dans des revues prestigieuses aux États-Unis, telles le *New Yorker*, *Harper's Magazine* et *Saturday Review*. Anne Sexton a non seulement ouvert la voie pour les femmes poètes, mais elle a contribué dans ses textes à lever le voile sur les problèmes spécifiquement féminins. Elle s'est suicidée en 1974.

[2] Paul Chamberland (1939) est un poète et essayiste québécois. Il a étudié en philosophie et en littérature. Il a enseigné la littérature à l'Université du Québec à Montréal. Il est notamment reconnu pour son engagement souverainiste et ses textes pamphlétaires sur le sujet. En 1985, ses

recueils des années 1960 ont été publiés dans une nouvelle édition sous le titre *Terre Québec*. *Les pantins de la destruction*, paru en 2012, porte un regard critique sur les systèmes d'oppression, les nouveaux oligarques et le concept du néolibéralisme.

[3] Raôul Duguay (1939) est un poète et auteur-compositeur-interprète québécois. Il a commencé dès 1965 à présenter, un peu partout au Québec, des spectacles où il était tout à la fois chanteur, guitariste, trompettiste, pianiste et conteur. Il a publié de nombreux recueils de textes et poèmes, parmi lesquels *Le manifeste de l'infonie: le ToutArtBel* (1970), et a collaboré aux revues *La barre du jour* et *Mainmise*. Il écrit des pièces de théâtre, en plus d'y tenir fréquemment le rôle principal aux côtés de comédiens, de chanteurs et de danseurs. Il joue dans plusieurs films, dont le documentaire *L'infonie inachevée* est le plus connu.

[4] Michel Garneau (1939) est un poète, dramaturge, musicien et comédien québécois. Annonceur de radio à 15 ans, il est connu dans les années 1950 et 1960 comme animateur de différentes émissions à Radio-Canada, où il est également réalisateur et scripteur. Il enseigne pendant plus de vingt ans à l'École nationale de théâtre du Canada à Montréal. En 1986, il est nommé directeur artistique de la section française de l'école. Il a créé quelque 30 pièces, effectué des traductions et des adaptations majeures d'œuvres de Shakespeare, de García Lorca et d'autres grands auteurs. Toutes les pièces de Garneau font appel au langage populaire québécois, structuré dans des vers souples et non rimés. Il a remporté plusieurs prix.

[5] Yves-Gabriel Brunet (1938) est un poète québécois. Il a surtout publié ses poèmes en marge des grands éditeurs québécois.

[6] Denis Vanier (1949-2000) est un poète québécois. Il a publié un premier recueil, *Je*, préfacé par Claude Gauvreau, à l'âge de 16 ans. Il est devenu codirecteur d'*Hobo-Québec* et critique à *Mainmise*. En 1981, ses *Œuvres poétiques complètes* sont rééditées. Il a reçu le prix de poésie Terrasses Saint-Sulpice de la revue *Estuaire* pour *Le fond du désir* en 1994, puis le prix de la Ville de Montréal, à titre posthume, pour un recueil, *L'urine des forêts*. Il a publié plus d'une vingtaine de recueils.

[7] Gatien Lapointe (1931-1983) est un écrivain et poète québécois, surtout connu pour son *Ode au Saint-Laurent* (1963). Il a obtenu une maîtrise en littérature à l'Université de Montréal. Il a publié *Jour malaisé* en 1953 et *Otages de la joie* deux ans plus tard. Il est embauché comme professeur à l'Université du Québec à Trois-Rivières en 1969. En 1980, après 13 ans de silence, il reprend son œuvre. Paraissent alors successivement *Arbre-radar*, *Barbare inouï*, *Corps et graphies*, *Corps de l'instant* et *Le premier paysage*.

[8] Guy Arsenault (1954) est un poète et artiste visuel acadien, né à Moncton au Nouveau-Brunswick. Il écrit, entre l'âge de 16 et 18 ans, un premier recueil de poésie, *Acadie Rock*, publié en 1973 aux Éditions d'Acadie. *Acadie Rock* a un impact important sur la culture acadienne: Arsenault est le premier auteur à utiliser le chiac, alors condamné par l'élite acadienne. Il publie *Y'a toutes sortes de personnes* en 1989 et *Jackpot de la pleine lune* en 1997, composés surtout de poèmes inédits écrits à la même époque qu'*Acadie Rock*.

[80]

[1] Cesare Pavese (1908-1950) est un écrivain italien. Il a étudié la littérature anglaise à Turin. Il a collaboré à la revue *Culture* dès 1930, publiant des articles sur la littérature états-unienne, et a fait paraître un recueil, *Travailler fatigue*, en 1936, année où il est devenu professeur d'anglais. En 1939, il a écrit le récit *Le bel été*, qui ne paraît qu'en 1949, accompagné de deux autres textes: *Le diable sur les collines* et *Entre femmes seules*. Après la Seconde Guerre mondiale, Cesare Pavese a adhéré au Parti communiste italien. Il ne cesse d'écrire durant ces années, publiant notamment en 1949 un roman: *La lune et les feux*.

² Il s'agit d'un inédit. Le roman n'est jamais paru, mais deux fragments en ont été tirés pour publication: «La nouvelle institutrice», *Les lettres nouvelles*, décembre 1966-janvier 1967, p. 88-100; «Testament de Jean-le-Maigre à ses frères», *Liberté*, vol. XIV, n° 3, mai-juin 1972, p. 74-83.

[82]

¹ Ulysse Landry (1950-2008) est un romancier, poète et artiste acadien. Après avoir obtenu un baccalauréat ès arts de l'Université de Moncton, il travaille comme auteur-compositeur-interprète et lance un album, *Prendre le temps*, en 1997. Il écrit aussi des romans et de la poésie révélant les injustices et les abus de pouvoir. Ses œuvres les plus importantes sont les recueils *Tabous aux épines de sang* (1977) et *L'espoir de te retrouver* (1992) ainsi que les romans *Sacrée montagne de fou* (1996) et *La danse sauvage* (2000).

² Claude Gauvreau (1925-1971) est un poète, dramaturge, peintre et critique d'art québécois. Il a obtenu un baccalauréat en philosophie de l'Université de Montréal. Seul poète du mouvement automatiste, il est l'un des signataires du manifeste *Refus global*. Après le suicide de celle qu'il aime, Muriel Guilbault, il a écrit le roman *Beauté baroque* dans lequel il relate sa relation avec la comédienne. En juillet 1971, Gauvreau a été retrouvé mort près d'un immeuble de Montréal. Ses œuvres complètes ont été publiées par les Éditions Parti pris, après sa mort, en 1977.

³ John Allyn McAlpin Berryman (1914-1972), de son vrai nom John Allyn Smith Jr., est une figure majeure de la poésie états-unienne de la seconde moitié du XXᵉ siècle; il est considéré comme l'un des fondateurs du courant littéraire du confessionnalisme. Il a publié sa première œuvre, *Poems* (1942), pendant la Seconde Guerre mondiale, et sa deuxième, *Dispossessed*, six ans plus tard. *The Dream Songs*, son recueil le plus connu, lui a valu le prix Pulitzer de poésie.

⁴ André Arsenault (1931) est un peintre acadien né à Baie-Egmont à l'Île-du-Prince-Édouard. Il a enseigné les arts visuels à Bouctouche de 1966 à 1973. Il a publié des poèmes dans les *Écrits du Canada français* (n° 38, 1974) et dans *Acadie/Expérience* (1977).

⁵ Corinne Gallant (1922-2018) est une intellectuelle acadienne. Elle a été vice-doyenne de la Faculté des arts, directrice du programme de philosophie et professeure émérite de l'Université de Moncton. Elle a coprésidé le comité de travail ayant mené à la création du Conseil consultatif sur la condition de la femme au Nouveau-Brunswick et présidé l'Institut canadien de recherches sur les femmes. Le livre *Corinne Gallant: Une pionnière du féminisme en Acadie*, biographie écrite par Simone LeBlanc-Rainville, raconte l'histoire du féminisme en Acadie.

⁶ Gérard Vergniaud Étienne (1936-2008) est un poète, écrivain, linguiste, critique et journaliste haïtien. Participant aux différents mouvements socioculturels et littéraires contre le gouvernement de son pays, il a été emprisonné et torturé plusieurs fois et s'est exilé au Québec en 1964. Il a collaboré à différents journaux du Canada, tels que *Le Devoir*, *Le Matin*, *Le Moniteur acadien* et *Haïti-Observateur*, où il a poursuivi sa lutte pour un changement démocratique dans son pays d'origine. Il a remporté le prix du meilleur éditorialiste et la médaille d'or de La Renaissance française à Montréal.

⁷ Roland Giguère (1929-2003) est un poète, écrivain, peintre, graphiste et graveur québécois. Il a été le fondateur des Éditions Erta. Il a séjourné pendant plusieurs années en France, où il a participé très activement à la vie culturelle. La publication, en 1965, d'une rétrospective de ses poèmes, *L'âge de la parole: poèmes 1949-1960*, marque une étape majeure dans la poésie québécoise. Ses autres recueils marquants sont *La main au feu 1949-1968* (1973) et *Forêt vierge folle* (1978). En novembre 2012, le chanteur québécois Thomas Hellman a fait paraître un livre-disque dans lequel il a mis en musique treize poèmes de Roland Giguère.

[85]

[1] Victor-Lévy Beaulieu (1945) est un écrivain, essayiste et chroniqueur québécois. En 1968, il a publié son premier roman, *Mémoires d'outre-tonneau*. Il a également écrit des téléromans importants : *Race de monde*, *L'héritage* et *Montréal P.Q.* Il est reconnu pour le nombre considérable et l'originalité de ses essais liés à de grands personnages littéraires tels Victor Hugo, Jack Kerouac, Voltaire et Friedrich Nietzsche. Il a fondé les Éditions de l'Aurore, VLB éditeur et les Éditions Trois-Pistoles.

[86]

[1] Fernand Ouellette (1930) est un poète, romancier et essayiste québécois. Après avoir publié son premier recueil de poèmes, *Ces anges de sang*, en 1955, il a écrit plusieurs textes sur des écrivains pour Radio-Canada. Cofondateur de la revue *Liberté* en 1959, il en est devenu le rédacteur en chef trois ans plus tard. Il a été producteur et réalisateur d'émissions culturelles à Radio-Canada (1960-1991). En 2000, une rétrospective intitulée *Choix de poèmes (1955-1997)* a été publiée.

[2] Paul-Marie Lapointe (1929-2011) est un écrivain, poète et journaliste québécois. En 1948, il a publié *Le vierge incendié*, recueil peu remarqué au départ mais qui est devenu l'une des sources principales de la nouvelle poésie au Québec, après 1970. Il est l'un des membres fondateurs de la revue *Liberté* (1959). Son dernier recueil, *Espèces fragiles*, a été publié en 2002.

[3] Michel Beaulieu (1941-1985) est un poète, romancier et essayiste québécois. Il s'est consacré très tôt à la poésie après avoir fait des études en lettres à l'Université de Montréal. De 1961 à 1964, il était rédacteur puis directeur de la revue *Quartier latin*. Il est le fondateur de la revue *Estérel* en 1965 et le cofondateur de la revue *Quoi* en 1967. Il a écrit quelques pièces de théâtre, trois romans, mais surtout de la poésie: *Le pain quotidien* (1965), *Pulsions* (1973), *Le cercle de justice* (1977), *Anecdotes* (1977), *Visages* (1981) et *Kaléidoscope ou Les aléas du corps grave* (1984).

[4] Louis Geoffroy (1947-1977) est un poète québécois. Il a fondé les Éditions de l'Obscène Nyctalope où il a publié *Les nymphes cabrées* en 1968, qui a été suivi par *Graffiti* et *Poker*. Ses recueils témoignent de l'influence de la Beat Generation et de la contre-culture états-unienne. Ses chroniques de jazz à *Hobo-Québec* (de 1972 à 1974), intitulées « Mi Bémol », ainsi que de nombreux textes inédits, offrent diverses réflexions sur l'origine et les fondements du jazz. Il est mort accidentellement dans l'incendie de son appartement.

[87]

[1] Les Éditions de l'Hexagone ont été fondées en 1953 à Montréal. La maison d'édition se consacre d'abord à la poésie, et les poètes importants de l'époque y graviteront. L'Hexagone est également à l'origine de la revue *Liberté*, qui publiera en 1969 un numéro consacré à l'Acadie.

[88]

[1] Elia Kazan (1909-2003), né Elias Kazantzoglou, est un réalisateur, metteur en scène et écrivain états-unien d'origine grecque. Dans les années 1930, il s'intéresse au théâtre puis se tourne vers le cinéma durant la décennie suivante. Il est l'un des fondateurs de l'école d'art dramatique Actors Studio, en 1947. Il a, entre autres, réalisé *A Streetcar Named Desire* (1951), *Viva Zapata!* (1952), *On the Waterfront* (1954), *East of Eden* (1955) et *The Arrangement* (1969).

[2] Jane Kramer (1938) est une journaliste états-unienne. Elle a vécu en Europe pendant plus de

dix ans durant lesquelles elle a raconté dans une chronique régulière, «Letter from Europe» du *New Yorker*, divers aspects de la culture, de la politique et de l'histoire de ce continent. Ses chroniques ont été rassemblées dans les livres *Unsettling Europe* (1980) et *Europeans* (1988).

[3] Gregory Nunzio Corso (1930-2001) est un poète états-unien. Il est le quatrième parmi les principaux membres de la Beat Generation, aux côtés de Jack Kerouac, d'Allen Ginsberg et de William Burroughs. Son premier recueil, *The Vestal Lady on Brattle*, a été publié en 1955. Le deuxième, *Gasoline*, est paru en 1958 alors que le poète vivait à Paris dans le célèbre Beat Hotel. C'est également à Paris qu'il a écrit *The Happy Birthday of Death* (1960) et qu'il a publié son unique roman, *The American Express* (1961).

[4] Richard Brautigan (1935-1984) est un écrivain et poète états-unien. Il a rejoint le mouvement littéraire de San Francisco en 1956, où les artistes de la Beat Generation s'étaient réunis. En 1967, durant le Summer of Love, il a connu la gloire avec *Trout Fishing in America*, et il a été identifié comme le dernier des Beats. Ses écrits suivants ont eu moins de succès et dès les années 1970, il est tombé progressivement dans l'anonymat. Il a mis fin à ses jours en septembre 1984 à Bolinas.

[5] Bruce Alexander Cook (1932-2003) est un journaliste et écrivain états-unien. Il a travaillé en relations publiques, puis s'est tourné vers le journalisme, se consacrant à des critiques littéraires et cinématographiques pour le *National Observer*, *Newsweek*, *Detroit News* et *USA Today*. Il a publié plusieurs essais avant de s'orienter vers le roman à partir de 1978. Il a publié *Mexican Standoff*, premier d'une série de quatre romans policiers (1988-1994). Il a accédé à une notoriété internationale grâce à ses romans policiers historiques mettant en scène sir John Fielding, dont le premier, *Blind Justice*, est publié en 1994. Le personnage dont il s'est inspiré a été un célèbre magistrat aveugle, réformateur social.

[6] Tom Wolfe (1931-2018) est auteur et journaliste états-unien. Il est l'un des créateurs du *New Journalism* aux États-Unis dans les années 1960. Ses récits à mi-chemin entre journalisme et littérature, comme *The Right Stuff*, *The Electric Kool-Aid Acid Test* et *Radical Chic & Mau-Mauing the Flak Catchers* l'ont fait connaître du grand public dans les années 1970. Ses œuvres présentent une critique implicite de différents aspects de la société états-unienne. Son premier roman, *The Bonfire of the Vanities* (1987), dans lequel il aborde Wall Street et tous les codes sociaux des États-Unis, est un best-seller mondial.

[7] Pierre-André Arcand (1942) est un artiste multidisciplinaire et poète québécois. Dans les années 1970, il a été chargé d'enseignement au Département d'études françaises de l'Université de Moncton puis professeur adjoint en 1973. Il est l'un des membres fondateurs des Éditions d'Acadie et a travaillé de près avec les jeunes écrivains dans le cadre de revues et d'anthologies.

[8] Il s'agit des *Écrits du Canada français*, n° 38, 1974, p. 53-134.

[9] Crosby, Stills & Nash est un groupe de folk rock états-unien, formé à la fin des années 1960, dont les membres étaient David Crosby, Stephen Stills et Graham Nash. Leur premier disque, paru en 1969, a connu un succès immédiat. Par la suite, le chanteur canadien Neil Young les a rejoints et leur groupe s'est alors appelé Crosby, Stills, Nash & Young. Leur album *Déjà vu*, paru en 1970, a eu un énorme succès tant en Amérique du Nord qu'en Europe. Ils sont connus pour leurs harmonies vocales complexes et leur influence durable sur la musique états-unienne.

[10] David Crosby (1941) est un chanteur, guitariste et compositeur états-unien. Il a également travaillé de façon marginale pour le cinéma et la télévision comme compositeur, acteur et producteur. Crosby a été l'un des membres fondateurs du groupe The Byrds. En 1971, Crosby a lancé un premier album solo, *If I Could Only Remember My Name*.

[89]

[1] Shawn Phillips (1943) est un musicien de folk rock. Ce chanteur-compositeur-guitariste a enregistré une quinzaine d'albums et a travaillé avec plusieurs musiciens, dont Eric Clapton, Steve Winwood et les Beatles. Sa musique touche plusieurs genres tels le folk rock, le jazz, le rock progressif, la pop et même le classique. Parmi ses albums, on note *Contribution* (1970), *Transcendence* (1978), *The Truth if It Kills* (1994) et *Reflections* (2012).

[2] The Band est un groupe de rock canadien, composé de Robbie Robertson, Levon Helm, Garth Hudson, Richard Manuel et Rick Danko. Le groupe s'est formé progressivement à la fin des années 1950 sous le nom The Hawks, accompagnant alors Ronnie Hawkins dans ses tournées au Canada. The Band a été célèbre à la fois pour ses propres albums, notamment *Music from Big Pink* (1968) et *The Band* (1969), mais aussi pour avoir accompagné Bob Dylan de 1965 à 1974. Le 25 novembre 1976, le groupe a donné son concert d'adieu au Winterland Ballroom, immortalisé dans le film *The Last Waltz* de Martin Scorsese.

[3] Leblanc veut dire les Éditions d'Acadie, qui ont existé à Moncton de 1972 à 2000.

[90]

[1] Germaine Montero (1909-2000), de son vrai nom Germaine Berthe Caroline Heygel, est une actrice et chanteuse française. En 1932, elle commence sa carrière comme comédienne à Madrid en jouant dans des pièces de Federico García Lorca. Revenue en France en 1938, elle joue au théâtre des pièces de Jean Anouilh et *Mère Courage* de Bertolt Brecht. À la même époque, elle chante du folklore espagnol au cabaret Chez Agnès Capri. Elle est connue pour ses rôles dramatiques au théâtre, entre autres dans *Noces de sang*, *Yerma* ou *La maison de Bernarda Alba* de Federico García Lorca. Elle a joué également dans quelques films comme *Lady Paname* (1950), *Don Juan* (1956), *Dis-moi qui tuer* (1965) et *Robert et Robert* (1978).

[91]

[1] Paul-Eugène Leblanc (1945) est un producteur et militant acadien. Premier secrétaire général de la Fédération des étudiants de l'Université de Moncton, il a produit plusieurs œuvres cinématographiques pour le compte de l'ONF, dont *Les gossipeuses* (1978) de Phil Comeau. Depuis 1968, il a participé à de nombreuses luttes pour le peuple acadien.

[92]

[1] William Franklin « Billy » Graham Jr. (1918-2018) est un théologien et prédicateur chrétien évangélique états-unien. Célèbre télévangéliste, il met l'accent sur la conversion et le pardon des péchés par Jésus Christ.

[95]

[1] Patrick Straram (1934-1988) est un écrivain québécois d'origine française. Au début des années 1950, il fréquente les cafés et caves de Saint-Germain-des-Prés, y fait la connaissance de Guy Debord et Ivan Chtcheglov, puis quitte la France pour échapper à la conscription. Il débarque à Vancouver et y travaille comme barman, puis bûcheron. À partir de 1958, ayant déménagé à Montréal, il écrit pour Radio-Canada. Il obtient la citoyenneté canadienne et fonde, avec Jean-Paul Ostiguy, le premier cinéma d'art et essai du Québec (Centre d'art de l'Élysée). En

1975, son roman *La faim de l'énigme*, inspiré par les œuvres de Boris Vian, paraît aux Éditions de l'Aurore. En 1978 et 1979, il a animé l'émission *Blues clair* à Radio-Canada, sous le pseudonyme de Bison Ravi.

[2] Henri Lefebvre (1901-1991) est un universitaire français d'orientation marxiste. Il s'est consacré à la sociologie, à la géographie et au matérialisme historique en général. Il est allé à Paris en 1919 et a étudié la philosophie à la Sorbonne, où il a rencontré quelques étudiants, Pierre Morhange, Norbert Guterman, Georges Politzer auxquels il s'est joint en 1924 pour animer un groupe nommé *Philosophies*, qui est également le nom de la revue qu'ils ont publiée. Avant la guerre, il a publié des ouvrages sur sa conception du marxisme, seul ou en collaboration avec Norbert Guterman. En 1947, il a réintégré l'enseignement à Toulouse. L'année suivante, sous les auspices de Georges Gurvitch, il est entré au Centre national de la recherche scientifique (CNRS) pour des études de sociologie rurale. Il a été alors l'une des figures de proue des philosophes communistes. Il a fait partie du comité de rédaction de *La Nouvelle Critique*. En 1962, il est professeur de sociologie à l'Université de Strasbourg, puis à l'Université de Paris-Nanterre de 1965 à 1968. Il a influencé directement les étudiants qui ont initié le mouvement de Mai 68, puis a livré une analyse à chaud des événements.

[3] En décembre 1974, après l'enlèvement de Raymond Stein (14 ans), libéré en échange d'une rançon, deux policiers de Moncton sont portés disparus. Les deux policiers ont été tués par Richard Ambrose et James Lawrence Hutchison. L'incident a causé tout un émoi à l'époque.

[4] Claude Bourque (1945) est né à Moncton au Nouveau-Brunswick. Il obtient un baccalauréat en arts de l'Université de Moncton en 1966. En 1967, il est diplômé en études littéraires pratiques, mention journalisme, de l'Université de Strasbourg. Il devient courriériste parlementaire à l'Assemblée législative du Nouveau-Brunswick pour le compte de *L'Évangéline* dès son retour au Canada. Claude Bourque est embauché par le quotidien *L'Évangéline* en 1971, à titre de rédacteur en chef. Il est président de l'Imprimerie acadienne en 1972, directeur-général de l'Imprimerie acadienne en 1975 et 1976 et éditeur du journal de 1977 à 1980. Il devient la même année chef du service des nouvelles de Radio-Canada Acadie, alors appelé Radio-Canada Atlantique, puis directeur des services en français de Radio-Canada Atlantique en 1982. Il quitte Radio-Canada en 1996 pour s'impliquer dans le milieu communautaire. Il publie en 1997 *Rêves de visionnaires: historique de l'Hôtel-Dieu/Hôpital Dr Georges-L. Dumont*.

[5] Louis J. Robichaud (1925-2005) est avocat et homme politique acadien. Il est le premier Acadien à devenir premier ministre du Nouveau-Brunswick, poste qu'il occupera de 1960 à 1970. Il a par la suite été sénateur. Après avoir étudié à l'Université du Sacré-Cœur et à l'Université Laval, puis pratiqué le droit, il a représenté le comté de Kent à l'Assemblée législative à compter de 1952. Son gouvernement libéral a modernisé les lois concernant les boissons alcoolisées, aboli la taxe sur les primes d'hospitalisation, adopté la *Loi sur les langues officielles du Nouveau-Brunswick*, mis sur pied l'Université de Moncton, accru la présence des Acadiens au sein de l'administration et encouragé le développement des industries minières et forestières. En 1970, son gouvernement a été défait par Richard Hatfield et Robichaud a démissionné comme chef de parti et comme député en 1971 pour prendre la présidence de la section canadienne de la Commission mixte internationale. En 1973, il a été nommé au Sénat, où il a continué d'appuyer le bilinguisme et l'unité nationale.

[6] Alain Jouffroy (1928-2015) est un poète, écrivain et critique d'art français. Sa carrière littéraire est profondément influencée par la lecture des œuvres d'André Breton. C'est au tournant des années 1960 que s'est affirmée pleinement son influence dans l'art d'avant-garde. Il a été l'un des premiers introducteurs en France des artistes du pop art et des poètes de la Beat Generation, dont il a réalisé en 1965 une anthologie. Réconcilié avec André Breton, il a contribué également à rendre accessible la poésie surréaliste dans la collection de poche « Poésie », qu'il a fondée avec Antoine Gallimard pour la NRF. Il a créé alors la part la plus significative de son œuvre, aussi

bien à titre de critique d'art (*Les pré-voyants*, 1974) qu'en poésie (*Dégradation générale*, 1974; *Éternité, zone tropicale*, 1976). Il a publié d'importants essais (*De l'individualisme révolutionnaire*, 1975; *Le gué*, 1977) et un roman autobiographique (*Le roman vécu*, 1978). Sa pensée, progressivement condensée en une méditation poétique héritière de Nietzsche et de Rimbaud, a trouvé une nouvelle résonance auprès d'une génération de jeunes écrivains regroupés au sein du mouvement Avant Post.

[98]

[1] Guy Borremans (1934-2012), né en Belgique, est un photographe et directeur photo québécois. Il présente sa première exposition en 1956. Inspiré par le surréalisme, il se lie aux artistes du mouvement automatiste. Il participe comme directeur photo à plusieurs films québécois, notamment d'Arthur Lamothe et de Gilles Carle, et il travaille pendant trois ans au service cinématographique de l'ONU. Il a enseigné dans plusieurs universités, au Québec (Université de Montréal, UQAM, Université Concordia), au Nouveau-Brunswick (Université de Moncton) et en Pologne.

[2] Régis Brun (1937-2015) est un historien, essayiste et écrivain acadien. Après avoir complété un baccalauréat en histoire de l'Université de Moncton en 1970, il se rend à Londres, où il étudie l'archivistique. Il a travaillé au Centre d'études acadiennes Anselme-Chiasson de l'Université de Moncton jusqu'en 1973. Il a publié un premier roman, *La Mariecomo*, en 1974, puis *Cap-Lumière* en 1986. Il a obtenu une maîtrise en histoire de l'Université de Moncton en 1988. Régis Brun a également publié des ouvrages historiques et des essais, dont *Shédiac* (1994), *Les Acadiens à Moncton* (1999), *Les Acadiens avant 1755* (2003) et *Histoire de Cap-Pelé* (2005), le dernier en collaboration avec Ronnie-Gilles Leblanc.

[99]

[1] Gilles Deleuze (1925-1995) et Félix Guattari (1930-1992) sont des chercheurs et philosophes français. Ils ont développé un cycle intitulé «Capitalisme et schizophrénie», qui comprend *L'anti-Œdipe* (1972) et *Mille plateaux* (1980). Ils ont écrit ensemble deux autres ouvrages: *Kafka. Pour une littérature mineure* (1975) et *Qu'est-ce que la philosophie?* (1991). Ils ont créé les concepts de rhizome et de déterritorialisation.

[2] Jean-François Lyotard (1924-1998) est un professeur émérite, philosophe français associé au poststructuralisme et surtout connu pour son usage critique de la notion de postmodernisme. Il est l'un des membres fondateurs du Collège international de philosophie à Paris. Lyotard a enseigné dans plusieurs universités en France jusqu'en 1987. Il a été ensuite professeur invité aux États-Unis et au Canada. Il a écrit plusieurs œuvres, dont *La phénoménologie* (1954), *La condition postmoderne. rapport sur le savoir* (1979), *Au juste* (1979, avec Jean Loup Thébaud), *Le différend* (1983) et *Misère de la philosophie* (2000).

[3] LeRoi Jones (1934-2014), connu comme Imamu Amear Baraka et aussi Amiri Baraka, est un intellectuel, dramaturge, écrivain et essayiste afro-américain. À l'avant-garde d'une forme de théâtre engagé, il s'est fait le chantre de la révolte des Noirs états-uniens contre l'ordre, l'hégémonie et la culture blanche. Il a publié en 1961 un premier recueil de poèmes, *Preface to a Twenty Volume Suicide Note*, suivi en 1963 d'un essai, *Blues People: Negro Music in White America*, l'une des œuvres critiques les plus influentes sur le blues et le jazz. En 1964, Jones a remporté un grand succès avec sa première pièce de théâtre *Dutchman*, qui lui a valu un prix Obie.

[101]

[1] Edgar Lawrence Doctorow (1931-2015) est un romancier états-unien. Ses parents ont choisi son prénom en hommage à Edgar Allan Poe. Grand lecteur, il se passionne tôt pour la littérature. Il est employé aux studios de la Columbia Pictures, puis à la New American Library et est aussi le rédacteur en chef de *Dial Press* de 1964 à 1969. Il est l'auteur de plusieurs romans à succès qui mêlent histoire et critique sociale, dont *Ragtime* (1975), adapté au cinéma sous le titre éponyme par Miloš Forman en 1981, et *Billy Bathgate* (1989), lui aussi adapté au cinéma sous le titre éponyme par Robert Benton en 1991.

[103]

[1] Daniel-Rops (1901-1965), né Henri Petiot, est un écrivain et historien français. Inscrit aux facultés de droit et de lettres de Grenoble, il effectue des recherches dans le domaine de la géographie sous la direction de Raoul Blanchard, père de la géographie alpine, et son mémoire «Briançon, esquisse de géographie urbaine» est publié en 1921. Il prépare ensuite l'agrégation d'histoire et de géographie à l'Université de Lyon. En 1923, il fonde avec Georges Gimel la revue littéraire trimestrielle *Tentatives*, qui paraîtra en 1923 et 1924. Outre des synthèses sur de grands écrivains, un numéro spécial est consacré à Stendhal. La revue se fait le relais des publications de la NRF et propose des passages traduits de livres en langue étrangère. Dès son premier volume d'essais, *Notre inquiétude* (1926), il adopte le nom de plume Daniel-Rops, qu'il utilisera tout au long de sa prolifique carrière littéraire. Un roman est publié en 1929, *L'âme obscure*, et de nombreux articles dans divers périodiques, dont *Le Correspondant*, *Notre Temps*, *La Revue des vivants*. Jusqu'en 1940, il publie plusieurs romans et dirige chez Plon la collection «Présences», dans laquelle il édite l'ouvrage *La France et son armée* du général de Gaulle dont il devient l'ami. Daniel-Rops est sans doute l'écrivain le plus lu dans les milieux catholiques de la France d'après-guerre, ayant écrit une vingtaine d'ouvrages sur l'histoire du christianisme.

[2] 1755 est un groupe musical acadien formé de Kenneth Saulnier, Pierre Robichaud, Roland Gauvin, Donald Boudreau et Ronald Dupuis. Il s'est produit sur scène régulièrement de 1977 à 1984. Alliant le folk, le country et le rock sur des paroles de chansons traditionnelles, ou écrites par des membres du groupe ou le poète Gérald Leblanc, le groupe est la figure emblématique de la musique acadienne pour toute une génération au Nouveau-Brunswick. C'est 1755 qui a réellement propulsé le mouvement musical acadien sur la scène internationale. Le groupe chante en français, en anglais et en chiac.

[3] Kate Millett (1934-2017) est une écrivaine féministe états-unienne. Elle est connue dans le monde pour son combat politique. Son essai, *Sexual Politics*, thèse soutenue en 1970 à l'Université Columbia, a connu un véritable engouement dès sa parution. Elle y souligne le sexisme et l'hétérosexisme des œuvres de D.H. Lawrence, Henry Miller et Norman Mailer, qu'elle oppose à celles de Jean Genet, qui donnent selon elle une vision plus nuancée des rapports entre les sexes et de genre. Ses romans *Flying* (1974) et *Sita* (1976) rendent compte sous le voile de la fiction de ses expériences homosexuelles avec des femmes. Son œuvre *Going to Iran* (1979) relate la lutte pour les droits des femmes qu'elle a menée dans ce pays avant d'en être expulsée.

[105]

[1] Frances FitzGerald (1940) est une journaliste et autrice états-unienne. Elle reçoit le prix Pulitzer et le National Book Award pour son livre *Fire in the Lake: The Vietnamese and the Americans in Vietnam* (1972). Elle est membre du comité de rédaction de *Nation* et de *Foreign Policy*, ainsi que vice-présidente du PEN International.

[107]

[1] Hélène Cixous (1937), née en Algérie, est une femme de lettres, dramaturge et universitaire française, connue pour ses engagements féministes. Elle est reçue à l'agrégation d'anglais en 1959, obtient un doctorat ès lettres en 1968. Elle obtient un poste de professeure au Centre universitaire de Vincennes, où elle fonde le Centre d'études féminines et d'études de genre, pionnier en Europe. En 1969, elle participe à la fondation de la revue *Poétique* avec Tzvetan Todorov et Gérard Genette. Son œuvre, composé d'une soixantaine de titres, a été publié essentiellement aux éditions Grasset, Gallimard, Des femmes et Galilée. Elle est également autrice de théâtre. En 1963, elle rencontre Jacques Derrida, avec lequel elle entretient une longue amitié et partage de nombreuses activités à la fois politiques et intellectuelles, comme les commencements de l'Université Paris-VIII et du Centre national des lettres (aujourd'hui Centre national du livre). Ils partagent certaines publications communes ou croisées, comme *Voiles* (1998), *Portrait de Jacques Derrida en jeune saint juif* (2001) et *H.C. pour la vie, c'est-à-dire...* (2002). Elle a écrit plusieurs essais, portant sur les œuvres de Maurice Blanchot, Franz Kafka, Montaigne, Thomas Bernhard, la poète russe Marina Tsvetaeva, etc. Son essai *Le rire de la Méduse* (1975) est considéré comme une œuvre déterminante pour le féminisme moderne.

[108]

[1] Michel Tournier (1924-2016), né Michel Marie Édouard Tournier, est un écrivain français. Il publie en 1967 son premier roman *Vendredi ou les limbes du Pacifique*, qui lui vaut rapidement le succès et l'estime du monde littéraire. Le roman est couronné par le grand prix du roman de l'Académie française. En 1970, son deuxième roman, *Le roi des aulnes*, marque les esprits et obtient à l'unanimité le prix Goncourt. Il se consacre dès lors entièrement à la littérature avec, en plus de ses romans et nouvelles, des textes pour la jeunesse comme *Vendredi ou la vie sauvage* (1971) ou *Barbedor* (1980). Il publie également des essais: *Le vent Paraclet* (1978), autobiographie et réflexion littéraire et philosophique, et *Célébrations* (1999).

[109]

[1] Dyane Léger (1954) est une artiste peintre et poète acadienne. Le désir de créer un univers fantastique et merveilleux et de jouer avec les formes domine sa création. Avec *Graines de fées* (1980), elle est la première Acadienne à publier un recueil de poésie; c'est également le premier titre des Éditions Perce-Neige. Il lui vaut le prix France-Acadie. Elle a publié plusieurs recueils, dont *Sorcière de vent* (1983), *Comme un boxeur dans une cathédrale* (1996) et *Le dragon de la dernière heure* (1999).

[111]

[1] Yolande Villemaire (1949) est une poète et romancière québécoise. Après ses études en théâtre et en lettres à l'Université du Québec à Montréal, Villemaire s'est consacrée à l'écriture de romans, dont *Meurtres à blanc* (1974) et *India, India* (2007), et de recueils de poésie dont *Machine-t-elle* (1974) et *La lune indienne* (1994). Récipiendaire de plusieurs prix et distinctions, elle dirige la collection «Hiéroglyphe» aux Éditions XYZ depuis 1999.

[2] Cécile Chevrier est une productrice acadienne. Figure marquante de la production cinématographique indépendante ainsi que de la francophonie canadienne et acadienne, Cécile Chevrier a cofondé la maison de production Phare Est en 1988 et, depuis 2006, en est la seule

actionnaire et présidente. Sa première production, *Acadie-Liberté* (1991), a été suivie d'environ quatre-vingts films indépendants, dont plusieurs ont gagné des prix et distinctions.

[3] Kate (1946-2010) et Anna (1944) McGarrigle sont un duo de chanteuses-compositrices québécoises. Issues d'une famille irlandaise et franco-canadienne, elles ont appris à jouer du piano dès l'enfance. Les deux sœurs ont commencé à se produire et à écrire des chansons pendant les années 1960 lors de leurs études en génie (Kate) et en beaux-arts (Anna). C'est d'abord comme autrices-compositrices que la renommée de Kate et Anna McGarrigle se crée, plusieurs jeunes interprètes obtenant du succès, sur disque et en spectacle, avec des œuvres de qualité composées par elles. C'est le cas de Linda Ronstadt en 1974, avec *Heart Like a Wheel* (d'Anna McGarrigle), chanson qui donne son titre à l'album qui sera mis en nomination pour deux prix Grammy. Kate et Anna McGarrigle se voit offrir, dès lors, l'appui requis pour créer et lancer leur premier album éponyme qui bénéficiera d'une large diffusion et fera connaître leur originalité et qualité comme interprètes. En trois décennies, de 1975 à 2005, Kate et Anna McGarrigle ont lancé 10 albums, soit plus de 100 chansons dont elles sont en majorité autrices-compositrices. Deux d'entre eux (*Entre Lajeunesse et la sagesse*, 1980, et *La vache qui pleure*, 2003) étaient destinés particulièrement aux marchés francophones, mais ont reçu un accueil général très favorable.

[112]

[1] Thomas Ruggles Pynchon Jr. (1937) est un romancier états-unien. Il est entré à la Cornell University pour y étudier le génie physique, mais a quitté après deux ans pour rejoindre la marine états-unienne avant de revenir compléter un diplôme en anglais. Ses premières nouvelles paraissent dans le *Cornell Writer* à la fin des années 1950 et au début des années 1960. Pynchon a publié huit romans dans les décennies suivantes et il est l'un des écrivains contemporains les plus commentés. Son premier roman, *V.* (1963), a été finaliste pour le National Book Award et a remporté le William Faulkner Foundation Award. Son troisième roman, *Gravity's Rainbow* (1973), a gagné le National Book Award. Pynchon est connu pour la complexité de ses romans: ses textes traitent de thématiques différentes dont l'histoire, la musique, la science, les mathématiques, le racisme, l'impérialisme et la religion. Aimant la musique populaire, le jazz et le rock'n'roll, il a introduit des paroles de chansons et des thèmes musicaux dans ses romans. Pynchon, surnommé « l'écrivain anonyme » en raison de son refus de toute apparition publique, est considéré, avec Don DeLillo, Philip Roth et Cormac McCarthy, comme l'un des plus grands romanciers états-uniens contemporains.

[114]

[1] Il s'agit d'un roman autobiographique inédit, écrit en anglais, qui raconte les souvenirs d'un enfant né à Leominster, Massachussetts. En raison de l'origine acadienne de ses parents, le personnage principal voyage entre le sud-est du Nouveau-Brunswick et le nord-est des États-Unis. Le manuscrit se trouve dans le fonds Gérald-Leblanc LMS-0254 2005-06, boîte 18, chemise 11.

[115]

[1] Chögyam Trungpa Rinpoché (1939-1987) est un maître bouddhiste tibétain, un intellectuel, un poète, un artiste ainsi que le fondateur d'une voie laïque de méditation dans la lignée Shambala. Né dans la famille Mukpo, d'origine nomade et descendante du roi Guésar de Ling, il a été reconnu comme maître réincarné par le 16e karmapa. Ensuite, il a entrepris une

formation de dix-huit ans fondée sur la pratique de la méditation et l'étude théorique de la philosophie bouddhiste. À l'âge de huit ans, il a été ordonné moine novice et a étudié les disciplines monastiques ainsi que les arts dont la calligraphie, la peinture de thangka et la danse monastique. En 1958, Rinpoché a été ordonné moine et a reçu les titres de docteur en théologie (kyorpön) et de maître d'études (khenpo). Quand les militaires chinois sont entrés au Tibet et se sont emparés des monastères, Chögyam Trungpa a quitté son pays et a suivi le chemin du dalaï-lama vers l'Inde. Il a ensuite voyagé en Europe, aux États-Unis et au Canada, a quitté son ordre monastique pour devenir un enseignant laïc. Il a donné des séminaires Vajradhatu, a publié des livres et a fondé un monastère bouddhiste au Cap-Breton, en Nouvelle-Écosse. Au cours des années 1980, il a élargi ses enseignements à d'autres activités dont le tir à l'arc japonais, l'ikebana, la calligraphie, la cérémonie du thé, le théâtre, la danse et la psychothérapie, en soutenant l'importance de l'art dans la vie quotidienne.

[2] Zora Neale Hurston (1891-1960) est une écrivaine états-unienne. Après des études en anthropologie à l'Université Howard et au Barnard College, Hurston est devenue l'une des chefs de la renaissance littéraire de Harlem en produisant le magazine littéraire *Fire!!* avec Langston Hughes et Wallace Thurman ainsi qu'en publiant son roman *Their Eyes Were Watching God* (1937). Grâce à ses connaissances en ethnographie, elle a pu illustrer le folklore afro-américain dans son livre *Mules and Men* (1935) et a créé un groupe de danse folklorique mettant en scène la culture du Sud des États-Unis, notamment lors d'un spectacle présenté à Broadway. Dans les années 1930, Hurston a reçu une bourse Guggenheim pour conduire des recherches sur la culture haïtienne: ses travaux ont fait la lumière sur les sociétés secrètes et l'utilisation des drogues lors des cérémonies vaudou.

[117]

[1] James J. Bishop est un professeur de littérature anglaise et de création littéraire à la retraite. Il a enseigné à l'University of Maine pendant toute sa carrière et a été l'un des enseignants de Stephen King.

[2] Sweet Honey in the Rock est un groupe a cappella afro-américain composé uniquement de femmes qui s'est formé en 1973 aux États-Unis. Le nom du groupe tire son origine du Psaume 81:16 qui parle d'une terre très riche qui a fait sortir du miel de la roche. Leurs chansons de style gospel, blues et spokenword traitent de divers sujets, dont les questions raciales et fémi-nines, les injustices relatives à l'immigration, le manque de compassion entre citoyens et le déséquilibre écologique.

[118]

[1] Miriam Makeba (1932-2008), pseudonyme de Zenzile Makeba Qgwashu Nguvama, est une chanteuse d'ethno-jazz ainsi qu'une militante politique sud-africaine. À l'âge de vingt ans, Makeba a commencé à chanter avec les Cuban Brothers avant de devenir choriste pour les Manhattan Brothers. En 1956, elle a obtenu un grand succès international avec *Pata Pata*. Devenue rapidement célèbre, elle s'est servie de sa renommée pour dénoncer le régime de l'apartheid. En 1959, Makeba est obligée de s'exiler à cause de sa participation au film anti-apartheid *Come Back, Africa* (1960) de Lionel Rogosin. Elle a pu retourner dans son pays seulement après la libération de Nelson Mandela en 1990. Makeba a rêvé d'une Afrique unie et a toujours tenu un discours anti-apartheid, ses chansons parlant de tolérance et de paix.

[119]

[1] Odetta (1930-2008), pseudonyme d'Odetta Holmes, est une chanteuse, guitariste, compositrice, actrice et militante des droits de l'Homme états-unienne. Née en Alabama, Odetta a grandi et a étudié à Los Angeles où elle s'est produite pour la première fois en 1944. À partir des années 1950, elle s'est consacrée à la musique folk et a joué partout aux États-Unis, enregistrant avec Larry Mohr *Odetta and Larry* (1954), suivi des disques solos *Odetta Sings Ballads and Blues* (1956), *At the Gate of Horn* (1957) et *Odetta Sings Folk Songs* (1963). Son répertoire musical se compose de musique folk, blues et jazz.

[2] Maya Angelou (1928-2014), nom de plume de Marguerite Johnson, est une poète, écrivaine, actrice et militante états-unienne. Issue d'une famille pauvre, Angelou a grandi avec sa grand-mère en Arkansas, l'un des États où la ségrégation était en vigueur. À la suite d'agressions commises par son beau-père, Maya Angelou a cessé de parler et n'a repris l'usage de la parole qu'avec l'aide de Mrs. Flowers, qui lui a fait découvrir la littérature. Elle a beaucoup voyagé et elle a vécu à New York, en Égypte, au Ghana; elle est rentrée aux États-Unis en 1965 pour travailler avec Malcolm X et coordonner la section new-yorkaise de l'organisation de Martin Luther King. Poussée par James Baldwin, Angelou a commencé à écrire après la mort de King. À partir des années 1980, elle a tenu la Chaire d'études américaines à l'Université de Wake Forest en Caroline du Nord. En 1995, elle a participé comme oratrice à la Million Man March. Connue pour ses œuvres autobiographiques telles que *I Know Why the Caged Bird Sings* (1969) et *All God's Children Need Traveling Shoes* (1986), Maya Angelou a lu le poème *On the Pulse of Morning* (1993) lors du discours inaugural de Bill Clinton à la Maison-Blanche. Maya Angelou a été une figure importante du mouvement américain pour les droits civiques ainsi qu'une figure emblématique de la vie artistique et politique; elle a influencé plusieurs personnalités afro-américaines, dont Oprah Winfrey.

[120]

[1] Samuel Ronzon (1957) est un poète mexicain. Il a étudié l'administration publique à l'Universidad Nacional Autónoma de México (UNAM) et a participé à des ateliers littéraires donnés par les poètes Juan Bañuelos et Mario Bohórquez. Ses poèmes ont paru dans plusieurs publications, parmi lesquelles le volume bilingue *Poesía México-Quebec*.

[2] Carlos Fuentes Macías (1928-2012) est un écrivain et essayiste mexicain. Né au Panama de parents diplomates d'origine mexicaine, Fuentes a vécu son enfance dans plusieurs pays de l'Amérique latine avant de s'installer au Mexique, où il a fait des études en droit qu'il a poursuivies en Suisse. Fuentes a travaillé pour l'État mexicain auprès de l'Organisation internationale du travail et a été ambassadeur du Mexique en France de 1975 à 1977. En 1955, Fuentes a fondé la *Revue mexicaine de littérature* avec Octavio Paz et la maison d'édition Siglo XXI. Il a enseigné dans plusieurs universités états-uniennes, dont Harvard et Princeton, et à Cambridge en Angleterre. Fuentes a écrit des nouvelles, publiées sous le titre de *Jours de carnaval* (1954) et un premier roman, *La plus limpide région* (1958), qui critique la société mexicaine. Parmi ses romans, il faut citer *Le chant des aveugles* (1964), *Peau neuve* (1967), *Terra Nostra* (1975), *La tête de l'hydre* (1978) et *Le vieux gringo* (1985). Il a également écrit pour le cinéma et pour le théâtre ainsi que des essais critiques et politiques. Fuentes a remporté plusieurs prix et distinctions, dont le prix Rómulo Gallegos en 1977 pour *Terra Nostra* et le prix Cervantes en 1987 pour l'ensemble de son œuvre.

[3] Malcolm Lowry (1909-1957) est un poète et romancier britannique. Pendant sa jeunesse, il a beaucoup voyagé, se rendant en Extrême-Orient comme matelot sur un navire de la marine

marchande et visitant l'Allemagne et l'Amérique pendant ses vacances. Lowry a étudié à Cambridge, où il a obtenu son diplôme en 1931. Puis, il a habité à Londres où il a côtoyé les milieux littéraires et a fait la rencontre de Dylan Thomas. Son premier roman, *Ultramarine* (1933), est inspiré de son voyage en Extrême-Orient. En Espagne, il a rencontré Jan Gabrial, actrice et romancière états-unienne qui est devenue sa femme ainsi que l'héroïne de son roman *Under the Volcano* (1947), son chef-d'œuvre.

[121]

¹ Jonathan Demme (1944-2017) est un scénariste, réalisateur et producteur états-unien. Demme se passionne pour le cinéma pendant ses études à l'University of Florida. Avant de réaliser ses premiers films, *Caged Heat* (1974) et *Crazy Mama* (1975), il a écrit et produit *Angels Hard as They Come* (1971), mais c'est *The Silence of the Lambs* (1991) qui marque un tournant décisif pour sa carrière, lui apportant la renommée internationale et cinq Oscars. Après quelques échecs critiques et commerciaux, Demme s'est voué aux documentaires et à la fiction, pratiquant un cinéma plus indépendant.

² Spalding Rockwell Gray (1941-2004) est un acteur et écrivain états-unien. Après des études à la Fryeburg Academy, il s'est inscrit à l'Emerson College à Boston où il a obtenu un baccalauréat ès arts en 1963. Deux ans plus tard, il déménage en Californie où il enseigne la poésie à l'Esalen Institute. À partir de 1967, Gray s'installe définitivement à New York où il entame une carrière théâtrale. Dans les années 1970, Gray s'est uni à la troupe The Performance Group avec laquelle il a cofondé la compagnie théâtrale The Wooster Group avant de se consacrer à la rédaction de monologues autobiographiques. Gray a connu une certaine popularité avec *Swimming to Cambodia* (1985) qui a été adapté au grand écran par Jonathan Demme en 1987. Grâce à ce monologue, il a gagné le Guggenheim Fellowship et le National Book Award en 1985. En 1992, il a publié un unique roman, *Impossible Vacation*, basé sur ses expériences de vie; y sont inclus son éducation au sein d'une église de la science chrétienne et le suicide de sa mère. Il a également écrit un monologue sur le même sujet, *Monster in a Box* (1992). Après sa mort, Steven Soderbergh a réalisé un documentaire sur la vie de Spalding Gray, *And Everything Is Going Fine* (2010).

[122]

¹ Jasper Johns Jr. (1930) est un dessinateur, peintre et graveur états-unien. Après des études à l'Université de Caroline du Sud, ses professeurs l'ont poussé à aller à New York, où il a étudié à la Parsons School of Design. Durant cette période, il a fait la connaissance de Robert Rauschenberg, Merce Cunningham et John Cage, avec qui il a exploré l'art contemporain et, ensemble, ils ont développé leurs idées sur l'art. Ses premiers chefs-d'œuvre datent des années 1950: *Flag* (1954-1955) et *Green Target* (1955) entre autres. Ces œuvres ont marqué une rupture avec l'expressionnisme abstrait de l'époque qui était en train de s'épuiser. En 1958, sa première exposition dans la galerie de Leo Castelli a obtenu un énorme succès. Au fil du temps, son style a évolué, les couleurs primaires sont devenues de plus en plus importantes sous l'influence de Sonia Delaunay.

² Robert Creeley (1926-2005) est un écrivain états-unien. Il a fait une partie de ses études à Harvard avant d'entrer dans l'American Field Service, une organisation à but non lucratif, et il a séjourné en Birmanie et en Inde en 1944 et 1945. À son retour aux États-Unis, il a obtenu un baccalauréat du Black Mountain College. Lors d'un voyage à San Francisco, il a fait la connaissance d'Allen Ginsberg, de Jack Kerouac et de Jackson Pollock. De 1951 à 1955, Creeley a vécu avec sa famille à Mallorca, une île espagnole où il a écrit environ la moitié de ses œuvres, dont le

recueil de nouvelles *The Gold Diggers* (1954) et le roman *The Island* (1963). En 1960, Creeley a obtenu une maîtrise de l'University of New Mexico. Creeley est devenu célèbre en 1962 grâce au recueil de poésie *For Love*.

[3] Louis Zukofsky (1904-1978) est un poète états-unien. Issu d'une famille lituanienne juive orthodoxe, il a grandi en parlant yiddish et a appris l'anglais à l'école. Même si sa famille était très pauvre, ses parents l'ont inscrit à la prestigieuse Columbia University où il a étudié la philosophie et l'anglais et y a obtenu sa maîtrise en 1924. Il a commencé à écrire des poèmes à l'université et à les publier dans des revues étudiantes. En 1927, il a envoyé le poème *Poem Beginning «The»* à Ezra Pound, qu'il considérait comme le poète le plus important de sa jeunesse. Impressionné par le texte, Pound l'a publié l'année suivante dans la revue *Exile*. Zukofsky a travaillé avec le Work Projects Administration de 1934 à 1942, puis il a enseigné au Brooklyn Technical High et finalement au Département d'anglais du Polytechnic Institute of Brooklyn jusqu'à sa retraite en 1965. Tout au long de sa carrière, il a publié quarante-neuf ouvrages incluant des recueils de poésie, des romans et des essais critiques. Zukofsky a été l'un des fondateurs et le premier théoricien du groupe de poètes objectivistes et a ainsi influencé les générations suivantes de poètes aux États-Unis et à l'étranger.

[4] Darryl Pinckney (1953) est un romancier, dramaturge et essayiste états-unien. Issu d'une famille afro-américaine et bourgeoise, Pinckney a étudié à la Columbia University à New York. Il a écrit aussi bien des pièces, telles que *The Forest* (1988) et *Orlando* (1989), que des romans comme *High Cotton* (1992), un roman semi-autobiographique sur la réalité afro-américaine et bourgeoise des États-Unis des années 1960. Il a souvent collaboré avec des revues telles que *The New York Review of Books*, *Slate*, *Granta* et *The Nation*.

[123]

[1] Marcia Babineau est une comédienne et metteure en scène acadienne. Elle est la directrice artistique du Théâtre l'Escaouette à Moncton, qu'elle a cofondé en 1978. Marcia Babineau est également professeure d'art dramatique à l'Université de Moncton.

[2] Anthony Robert «Tony» Kushner (1956) est un dramaturge et scénariste états-unien. Issu d'une famille juive de musiciens originaires de la Russie et de la Pologne, il a fait des études médiévales à la Columbia University, où il a obtenu son baccalauréat en 1978. Kushner a ensuite étudié à la Tisch School of the Arts jusqu'en 1984 et, pendant l'été, il a produit aussi bien des pièces originales (*Masque of the Owls* et *Incidents and Occurrences During the Travels of the Tailor Max*) que des pièces shakespeariennes (*A Midsummer Night's Dream* et *The Tempest*) avec les enfants du Governor's Program for Gifted Children. L'œuvre la plus célèbre de Kushner est *Angels in America: A Gay Fantasia on National Themes*, qui comprend deux parties, *Millennium Approaches* (1991) et *Perestroika* (1992), et qui traite de l'épidémie du SIDA pendant la présidence de Reagan. Kushner a également coécrit le scénario de *Munich* (2005), un film de Steven Spielberg sur le massacre qui a eu lieu lors des Jeux olympiques de 1972 en Allemagne.

[125]

[1] Il s'agit de la revue *Vallium*, dont 6 numéros ont été publiés en 1994 et 1995. Créée par le peintre Mario Doucette, la revue s'intéressait à la scène artistique de Moncton. Le premier numéro montre effectivement Gérald Leblanc nu.

[127]

[1] Zachary Richard (1950) est un multi-instrumentiste, auteur-compositeur-interprète et poète cadien. Ses grands-parents étaient de la dernière génération unilingue francophone de la Louisiane. Dès son enfance, l'influence des deux cultures façonne son identité. Richard a fait des études en histoire à l'Université Tulane et s'est ensuite rendu à New York pour y poursuivre une carrière de compositeur-interprète. Au cours des années 1970, il a été le premier à interpréter et à mélanger musique traditionnelle cadienne et celle de sa génération. En 1976, il s'est installé au Québec où il a obtenu beaucoup de succès, produisant sept albums. En 1986, Richard est retourné en Louisiane et a continué sa carrière en langue anglaise, obtenant un succès international. En 1994, il s'est produit au premier Congrès mondial acadien à Shédiac, où il a chanté *Réveille*, l'un des moments marquants de la chanson en langue française en Amérique du Nord. L'année suivante, Richard s'est rendu en Acadie et a recommencé à composer en français; *Cap Enragé* (1997) sera l'album le plus populaire de sa carrière. En parallèle à sa carrière musicale, Richard a travaillé sur des films et des documentaires. Richard a obtenu nombre de prix et distinctions, dont un doctorat *honoris causa* de l'Université de Moncton en 2005.

[128]

[1] Marie-Jo Thério (1965) est une autrice-compositrice-interprète et actrice acadienne. Elle a grandi à Moncton, où elle a appris à jouer du piano dès un très jeune âge. Elle s'est plus tard installée à Montréal pour étudier la littérature et le théâtre. Elle s'est jointe à une troupe de théâtre pour enfants et a monté le spectacle *Brecht-Weill* avec quelques amis. Michel Tremblay l'a remarquée et l'a invitée à passer une audition pour le rôle de Gertrude dans l'opéra romantique *Nelligan*. Thério a obtenu des rôles à la télévision, au cinéma et dans des comédies musicales. En 1995, son premier album, *Comme de la musique*, est suivi d'un spectacle et d'une tournée. Son album *Les matins habitables* (2004) est entièrement dédié à Gérald Leblanc, qui décédera l'année suivante.

[2] Barenaked Ladies est un groupe rock canadien formé en 1988 en Ontario, qui réunit Ed Robertson et Steven Page, auxquels se sont ajoutés les frères Jim et Andy Creeggan en 1989, et Tyler Stewart en 1990. Aujourd'hui, le groupe est composé de Robertson, Jim Creeggan, Tyler Stewart et Kevin Hear. Au fil des années, le style musical du groupe a changé, proposant un mélange d'acoustique, de pop, de rock, de hip hop, de rap, etc. L'album qui les a rendus célèbres est *Gordon* (1992) et leur succès s'est accru avec les albums suivants, *Rock Spectacle* (1996) et *Stunt* (1998).

[129]

[1] Marky Mark (1971), pseudonyme de Mark Wahlberg, est un chanteur, acteur et producteur états-unien. Issu d'une famille catholique et marqué par le divorce de ses parents, il a mené une vie de délinquant qui l'a conduit en prison à l'âge de dix-sept ans. Puis, grâce à l'aide de son frère Donnie, membre du groupe New Kids on the Block, Wahlberg a développé son talent musical et est devenu chanteur du groupe hip hop Marky Mark and the Funky Bunch, avec lequel il est devenu célèbre aux États-Unis. Ils ont lancé deux albums, *Music for the People* (1991) et *You Gotta Believe* (1992). Puis, Wahlberg a entamé une carrière d'acteur et a reçu des prix et des nominations, dont une pour l'Oscar du meilleur acteur dans un second rôle dans *The Departed* (2006) de Martin Scorsese. Après quelques films qui ont eu moins de succès, sa

carrière a pris un nouvel élan grâce au film de David O. Russell, *Fighter* (2010), pour lequel il a remporté le Golden Globe du meilleur acteur dans un film dramatique.

[2] Robert Altman (1925-2006) est un producteur, réalisateur et scénariste états-unien. Issu d'une famille catholique, il a reçu une éducation stricte. Il a étudié à l'Académie militaire de Wentworth dans le Missouri avant de s'enrôler dans l'armée lors de la Seconde Guerre mondiale. Pendant son entraînement dans l'armée de l'air en Californie, il s'est mis à rêver d'Hollywood et, à la fin de son service, il s'est installé à Los Angeles. Il a travaillé comme scénariste pour la Calvin Company et est ensuite devenu réalisateur, se spécialisant dans le tournage rapide de films selon les délais imposés par les productions. Il a réalisé plusieurs épisodes de séries télés, dont *Bonanza*. Après quelques années difficiles, il a connu le succès grâce à *M*A*S*H** (1970) et sa carrière a été relancée avec des succès critiques tels que *John McCabe* (1971) ou *Nashville* (1975). Il a remporté les grands prix des trois principaux festivals européens (Cannes, Berlin et Venise).

[3] Raymond Clevie Carver Jr. (1938-1988) est un écrivain états-unien. Issu d'une famille ouvrière, il a passé son enfance et son adolescence à lire des nouvelles de Mickey Spillane ou des magazines comme *Outdoor Life* et *Sports Afield*. Il s'est marié à l'âge de dix-neuf ans et, à cette époque, il gagnait sa vie comme ouvrier, portier et vendeur. Carver s'est installé en Californie où il a pris des cours de création littéraire avec John Gardner, qui l'a beaucoup influencé. Son premier recueil de poèmes, *Near Clamath*, a été publié en 1968. De 1967 à 1970, il a travaillé comme rédacteur pour *Science Research Associates* et dans les années 1970 et 1980, il a enseigné dans diverses universités. Carver a remporté plusieurs prix O. Henry pour ses nouvelles, dont un posthume. Poète et nouvelliste, il est surtout connu pour sa maîtrise de la forme courte.

[4] Pauline Kael (1919-2001) est une critique cinématographique états-unienne. Issue d'une famille polonaise, elle a fait des études en philosophie et en littérature à l'University of California, mais a abandonné avant de les compléter. Elle est partie pour New York avec le poète Robert Horan. Plus tard, elle est rentrée à San Francisco où elle a mené une vie de bohème, écrivant des pièces et travaillant dans des films expérimentaux. Un éditeur de la revue *City Lights* l'a entendue par hasard dans un café parler de films avec une amie et lui a proposée de faire la critique de *Limelight* (1952) de Charlie Chaplin. À partir de ce moment, Kael a commencé à publier des critiques cinématographiques dans des revues et a travaillé pour *The New Yorker* de 1968 à 1991. Elle est considérée comme l'une des personnalités les plus influentes dans le domaine de la critique cinématographique américaine de son époque.

[130]

[1] Daniel Roland Lanois (1951) est un musicien, auteur-compositeur-interprète et producteur de musique canadien. Il a travaillé comme producteur avec des groupes de musique locaux, comme Martha and the Muffins, pour lequel sa sœur était bassiste. Il a aussi collaboré avec Brian Eno et a travaillé sur de nombreux albums de U2 à partir des années 1980 dont *The Unforgettable Fire* (1984). Lanois a également produit *Oh Mercy* (1989) et *Time Out of Mind* (1997) de Bob Dylan, une collaboration qui lui a valu le Grammy du meilleur album. Il a créé et lancé dix albums à son nom, dont *Acadie* demeure le plus connu. Y figure la chanson «Jolie Louise», qu'il chante aussi bien en français qu'en anglais.

[132]

[1] Leblanc veut certainement dire Barbra Streisand.

[133]

[1] Robert Milton Ernest Rauschenberg (1925-2008) est un artiste plasticien états-unien. Après des études en pharmacie à l'Université du Texas, Rauschenberg s'engage dans l'armée au cours de la Seconde Guerre mondiale. Puis, il s'inscrit au Kansas City Art Institute où il étudie la peinture, la sculpture, l'histoire de l'art, l'anatomie et la mode. En 1948, il part à Paris étudier l'art à l'Académie Julian, et poursuit plus tard ses études au Black Mountain College en Caroline du Nord et à l'Art Students League of New York. Ses premières expositions ont lieu à la Betty Gallery de New York en 1951 et au Charles Egan Gallery en 1954. Dans les années 1950, il participe à la Biennale de Paris et au premier *Happening* de l'histoire de l'art organisé par John Cage, où il propose une projection de films au plafond tout en faisant écouter de la musique éclectique et en exposant ses monochromes blancs. Il s'installe à New York où il expose ses œuvres et, pendant une dizaine d'années, il collabore avec la Merce Cunningham Company en tant que directeur artistique. Sa première rétrospective a lieu au Musée juif de New York en 1963. Trois ans plus tard, il fonde les Experiments in Art and Technology, un groupe qui a pour but de faciliter les échanges entre artistes et ingénieurs. L'année suivante, Rauschenberg s'unit à un groupe d'artistes qui retirent leurs œuvres du Pavillon des États-Unis à la Biennale de Venise pour protester contre l'action militaire au Viêt Nam. Devenu célèbre, Rauschenberg a consacré des millions de dollars à la philanthropie et a fait des dons pour la recherche médicale et en faveur des femmes et des enfants. Rauschenberg a fait partie du mouvement Néo-Dada et a été l'un des précurseurs du Pop Art.

[134]

[1] France Daigle (1953) est une écrivaine acadienne. Après des études en arts à l'Université de Moncton, elle devient journaliste pour le quotidien *L'Évangéline* de 1973 à 1977. Alors que ses premiers romans poétiques sont écrits dans un français normatif, les romans publiés à partir de 1998 laissent une place grandissante au chiac, langue vernaculaire du sud-est du Nouveau-Brunswick. Depuis son premier livre, *Sans jamais parler du vent* (1983), une dizaine de romans sont parus, dont *La vraie vie* (1993), *1953. Chronique d'une naissance annoncée* (1995), *Pas pire* (1998) et *Pour sûr* (2011). France Daigle a remporté plusieurs prix littéraires dont le prix du Gouverneur général (2012). Elle a également écrit de la poésie et du théâtre.

[135]

[1] Joséphine Baker (1906-1975), née Freda Josephine McDonald, est une chanteuse, danseuse, actrice et résistante états-unienne naturalisée française. Fille d'une danseuse métisse noire et autochtone, Baker a quitté l'école à l'âge de treize ans. Baker a rejoint le Jones Family Band, un trio d'artistes qui plus tard s'est uni à la troupe itinérante des Dixie Steppers. Puis elle s'est rendue à Broadway où, après quelques refus, on lui a offert un rôle mineur dans la comédie musicale *Shuffle Along*, un spectacle populaire à la distribution entièrement noire. Baker s'est jointe aux Chocolate Dandies et au Plantation Club, où elle a fait la connaissance de Caroline Dudley Reagan, qui a vu le potentiel en elle et lui a offert un salaire hebdomadaire, à condition qu'elle la suive en France: Reagan envisageait de monter le spectacle *Revue nègre* et de faire d'elle la vedette. Baker a accepté et, en 1925, elle est partie à Paris où elle s'est produite au Théâtre des Champs-Élysées. Au cours des années 1920, Baker a fait des tournées en Europe et à travers le monde. Grâce à son succès, des cinéastes lui ont proposé des rôles dans des films tels que *Zouzou* (1934) et *Princesse Tam Tam* (1935). En 1937, elle a acquis la nationalité française en épousant un Français et, en 1939, elle est devenue un agent du contre-espionnage et s'est

mobilisée pour la Croix rouge. En 1940, Baker s'est engagée dans les services secrets de la France libre. Baker est connue pour s'être acquittée de missions importantes et pour avoir utilisé ses partitions musicales pour dissimuler des messages. Ses activités lors de la Seconde Guerre mondiale lui ont valu la Médaille de la résistance française et les insignes de chevalier de la Légion d'honneur et la Croix de guerre 1939-1945. Cette expérience est décrite dans l'ouvrage *Joséphine Baker contre Hitler* (2006). En 1947, Baker a épousé Jo Bouillon et le couple a adopté douze enfants de toutes origines qu'elle appelait sa «tribu arc-en-ciel». Au début des années 1950, Baker est rentrée aux États-Unis et a été victime de la ségrégation raciale. Dans les années 1960, elle a joint le mouvement des droits civiques de Martin Luther King et a participé à la Marche vers Washington. Les années suivantes ont été difficiles et Baker a reçu de l'aide de Brigitte Bardot et de la princesse Grace de Monaco. Joséphine Baker est considérée comme la première célébrité noire. Elle a su exploiter sa popularité en soutenant l'émancipation des Noirs et la lutte contre le racisme.

[2] Jo Bouillon (1908-1984), ou Joseph Bouillon, est un chef d'orchestre et violoniste français. Issu d'une famille de musiciens, son père et son frère étant musicologues, il a dirigé l'ensemble Jo Bouillon et son orchestre avant de se consacrer à l'accompagnement de sa femme, Joséphine Baker.

[3] Denis Hale Johnson (1949) est un écrivain états-unien. Né en Allemagne, il a grandi aux Philippines, au Japon et aux États-Unis. Johnson a fait des études à l'University of Iowa où il a ensuite enseigné. Johnson a publié son premier recueil de poésie, *The Man Among Seals* (1969), à l'âge de dix-neuf ans. Il est devenu célèbre grâce à *Jesus' Son* (1992), un recueil de nouvelles, et à *Tree of Smoke* (2007), le roman qui lui a valu le National Book Award for Fiction. Johnson est également l'auteur de plusieurs pièces de théâtre et a obtenu la Chaire en création littéraire à la Texas State University.

[4] Robert Stone (1937-2015) est un écrivain états-unien. Il a écrit son premier roman en 1967, *A Hall of Mirrors*. Puis il a découvert la contre-culture des années 1960 et le monde de la drogue. En 1971, il s'est rendu au Viêt Nam comme correspondant de guerre pour *The Guardian* et, inspiré de cette expérience, il a écrit *Dog Soldiers* en 1974, pour lequel il a remporté le National Book Award. Stone a écrit plusieurs romans et recueils de nouvelles.

[142]

[1] Alain Gautreau est l'alter ego de Gérald Leblanc dans le roman *Moncton mantra*. Dans ce roman, Gautreau fait un rêve: il veut devenir écrivain. Il espère accroître ses connaissances et atteindre son but en s'inscrivant à l'Université de Moncton, un lieu qui lui servira de tremplin pour connaître d'autres jeunes gens qui, comme lui, sont originaires de petits villages acadiens. Gautreau entre dans le milieu des intellectuels et des artistes de la ville. La vie de Gautreau se déroule à Moncton dans les années 1970. Il plonge dans un univers de drogue, de poésie, de musique, d'art et de littérature.

[145]

[1] Deborah J. Clifton (1948) est une poète francophone et créole états-unienne. Enfant de la diaspora louisianaise, Clifton a fait des études en linguistique anthropologique et en français et détient un doctorat de l'Université Southwestern de la Louisiane. *À cette heure, la louve* (1999), son premier recueil de poésie, a été publié aux Éditions Perce-Neige.

[146]

[1] Jean-Philippe Raîche (1970) est un écrivain acadien. Il détient un baccalauréat en études françaises de l'Université de Moncton et une maîtrise en lettres modernes de l'Université Paris-VII. Il a contribué à la relance des Éditions Perce-Neige à la fin des années 1980. Il a publié deux recueils chez cet éditeur: *Une lettre au bout du monde* (2001) et *Ne réveillez pas l'amour avant qu'elle ne le veuille* (2007).

[2] Marilyn Hacker (1942) est une poète, traductrice et critique états-unienne. Issue d'une famille cultivée, Hacker détient un baccalauréat en langues romanes et s'est fait connaître dès l'université grâce à ses poèmes, certains d'entre eux ayant été publiés dans *Babel 17* (1966), un roman de son mari, Samuel R. Delany dont elle a inspiré l'héroïne. Parmi ses recueils de poésie, on peut citer *Presentation Piece* (1974, National Book Award), *Love, Death, and the Changing of the Seasons* (1986) et *Going Back to the River* (1990). Son ton personnel et son goût de la recherche formelle l'ont poussée à s'intéresser à la forme poétique de la villanelle. Hacker a également traduit des poètes français tels qu'Hédi Kaddour, Claire Malroux et Vénus Khoury-Ghata. Marilyn Hacker enseigne la littérature anglaise à la City University de New York.

[151]

[1] Erykah Badu (1971), née Erica Abi Wright, est une chanteuse états-unienne de soul, hip hop, jazz et R&B. Elle débute sa carrière musicale pendant son adolescence au sein d'un duo rap, MC Apples. Au début de la vingtaine, elle décide de se consacrer à la musique à plein temps. Elle se produit avec son cousin dans le groupe Erykah Free et avec d'autres groupes. En 1997, Erykah Badu enregistre un premier album solo, *Baduizm*, suivi de *Mama's Gun* (2000), *Worldwide Underground* (2003), *New Amerykah Part One (4th World War)* (2008) et *New Amerykah Part Two (Return of the Ankh)* (2010).

[2] Laura Nyro (1947-1997), née Laura Nigro, est une autrice-compositrice-interprète et pianiste états-unienne. Après avoir étudié à la Manhattan High School of Music, elle a quitté ses études et a décidé de vivre de sa musique. Nyro est connue surtout pour les textes qu'elle a écrits pour d'autres chanteurs, tels que The 5th Dimension, Blood, Sweat and Tears, Three Dog Night et Barbra Streisand. Laura Nyro est l'une des premières femmes de son époque à écrire ses compositions et à les interpréter. Sa musique est un mélange de rock, jazz, R&B, gospel et Brill Building Pop. Son premier album, *More than a New Discovery*, est paru en 1967.

[3] BeauSoleil est un groupe états-unien de musique cadienne fondé en 1975 par les frères Michael et David Doucet, Jimmy Breaux, Billy Ware, Tommy Alesi et Mitchell Reed. Leur répertoire est composé de musique traditionnelle cajun et zydeco sur des paroles en français cadien mais aussi en anglais.

[152]

[1] Antonio D'Alfonso (1953) est un écrivain, traducteur, éditeur, rédacteur et réalisateur canadien. Issu d'une famille italienne, il a fait des études à l'Université Concordia et à l'Université de Montréal. D'Alfonso a été parmi les fondateurs des Éditions Guernica, qu'il a dirigées pendant de nombreuses années, et de la revue *Vice Versa*. Critique de livres à la radio, il a également enseigné à l'Université de Californie et à l'Université de Toronto. Son roman *Fabrizio's Passion* (2000) a remporté le prix Bressani ainsi que le prix Internazionale emigrazione en Italie.

[153]

[1] Nicole Brossard (1943) est une écrivaine québécoise. Féministe engagée, Brossard a contribué au renouveau de la poésie québécoise avec la parution d'*Aube à la saison* (1965), son premier recueil, et *L'écho bouge beau* (1968). Elle a contribué à la revue *La barre du jour* et participé à plusieurs manifestations culturelles. À compter de 1975, elle s'implique dans la lutte féministe après une rencontre d'écrivains sur le sujet. Sa poésie devient plus personnelle: on retrouve dans son écriture du modernisme et de l'avant-gardisme aussi bien que de l'écriture militante plus suggestive. Son œuvre compte plus de trente recueils de poésie et une dizaine de romans, et a été récompensé par de nombreux prix.

[156]

[1] Il s'agit plutôt du recueil *Twenty-One Love Poems*, publié en 1976.

[159]

[1] Dorothy Tennov a publié cet ouvrage en 1979.

[160]

[1] Il s'agit de l'*Anthologie de la poésie acadienne*, dirigée par Leblanc et Claude Beausoleil.
[2] Il s'agit de *L'extrême frontière*.
[3] Il s'agit certainement du Conseil international d'études francophones (CIÉF), fondé en 1987.

[161]

[1] Il s'agit du recueil *Les matins habitables*.

REMERCIEMENTS

La parution de ces lettres de Gérald Leblanc à Joseph Olivier Roy n'aurait pu se réaliser sans le support et le travail de nombreuses personnes. Merci à Paul J. Bourque, ayant-droit des archives de Leblanc, pour toutes les permissions. Merci à David Bélanger et Cassie Bérard qui, en couple efficace, à l'époque étudiants aux cycles supérieurs à l'Université Laval, ont retranscrit toutes les lettres à l'ordinateur. Merci à tous les étudiants des cycles supérieurs de l'Université de Moncton qui ont travaillé sur les notes de fin et à la révision linguistique: Maria Cristina Greco, Mona Hosseini, Meysa Ariafar et Farzeneh Sadatian.

INDEX DES CRÉATEURS

INDEX DES ŒUVRES

www.ingramcontent.com/pod-product-compliance
Lightning Source LLC
Chambersburg PA
CBHW050119030726
47505CB00007B/1950